KB063292

오동나무 아래에서 역사를 기록하다

오동나무 아래에서 역사를 기록하다 — 황현이 본 동학농민전쟁

초판 1쇄 발행 2016년 8월 30일
초판 3쇄 발행 2017년 5월 2일

지은이 황현
옮긴이 김종익
펴낸이 정순구
책임편집 조수정
기획편집 조원식 정윤경
마케팅 황주영

출력 블루엔
용지 한서지업사
인쇄 한영문화사
제본 한영제책사

펴낸곳 (주) 역사비평사
등록 제300-2007-139호 (2007.9.20)
주소 10497 경기도 고양시 덕양구 화중로 100 (비전타워21), 506호
전화 02-741-6123~5
팩스 02-741-6126
홈페이지 www.yukbi.com
이메일 yukbi88@naver.com

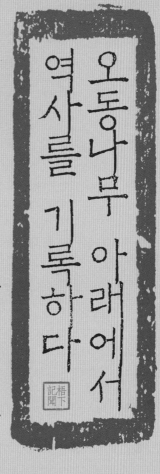

오동나무 아래에서
역사를 기록하다

梧下
記聞

황현이 본 동학농민전쟁

[오하기문]

황현 지음
김종익 옮김

역사비평사

일러두기

1 이 책은 『동학농민전쟁사료대계』 1권(여강출판사, 1994년 5월판)에 실린 「오하기문梧下記
聞」의 수필首筆, 2필, 3필, 오하기문 첨지籤紙를 옮겼으며, 번역본의 이름인 『오동나무
아래에서 역사를 기록하다』는 梧下記聞의 한자를 풀어 쓴 제목이다.

2 이 책의 각주와 본문의 내주內註(괄호 안에 간단히 용어나 개념을 설명한 것)는 모두 옮긴이
가 달았다.

3 이 책에 표기된 연월일은 다른 설명이 없으면 모두 음력이다.

4 본문의 기사는 연월일에 따라 기록되어 있다. 그러나 다른 자료나 기록을 서로 비교
해서 살펴보았을 때 본문의 연월일이 오기로 확인된 경우, 또 본문에 연월일 표시를
해 놓지 않은 기사이지만 연월일의 확인이 가능한 경우에는 각주를 달아 해당 연월일
을 밝혀주었다.

5 원서에는 '일日'만 표시되어 있는 경우가 많지만, 독자의 이해를 돕기 위해 옮긴이가
'월月'을 표기했다.

6 『오하기문』 원문에는 간혹 오·탈자와 오기, 내용의 누락 등이 있다. 특히 상소문이나
외국과 맺은 조약문, 의안 등은 오기로 인해 뜻이 모호해질 때가 있는데, 그런 경우에
는 해당 글의 원사료를 찾아 번역했다. 각주에서 말하는 '원문'이란 『오하기문』 원서
를 말하고, '원사료'란 『조선왕조실록』이나 『승정원일기』, 문집 등 1차 사료를 말한다.
그러나 원서에 보이는 그 밖의 오·탈자 및 오기, 오류는 여러 참고 서적을 통해 근거
를 들어 잘못되었음을 각주에서 따로 설명했다.

7 황현이 인용한 고사故事와 고사古史는 맥락의 이해를 돕기 위해 본문에 일부 풀어서
옮겼다. 그러나 앞뒤 설명이 좀 더 자세하게 필요한 경우에는 각주를 달아 해당 고사
의 역사적 배경과 인물에 얽힌 일화를 소개했다.

8 인명 표기 가운데 나중에 개명한 사람의 경우에는 그 사실을 각주에서 밝히고, 본문에 는 한국학중앙연구원의 인명 표기 방식을 따랐다. (예) 민영준閔泳駿 → 민영휘閔泳徽

9 원서에는 이름에서 성姓이 생략된 경우가 종종 있는데, 사실의 이해를 돕기 위해 일부 러 성을 붙이기도 했다. 그러나 문맥을 이해하는 데 문제가 없다고 판단되면 원문대 로 성을 뺀 채 옮겼다.

10 원서의 인명 오기는 번역하면서 본문에 바로잡은 뒤, 그 사실을 각주에 밝혀 놓았다. 단, 처음 나올 때 이 사실을 언급하고 이후에는 바로잡은 이름으로 옮겼다.

11 외국의 인명·지명과 관련하여 중국인 이름과 중국 지명은 우리식 한자 발음대로 표 기하고 한자를 병기했으며, 일본인과 일본 지명, 그리고 그 밖의 외국인 이름 및 외 국 지명은 국립국어원의 외래어표기법을 따랐다.

12 서명은 『 』, 편명과 작품명은 「 」로 표시했다.

13 이 책은 부록으로 「제도·기관·관직 등 주요 용어 사전」과 「인명록」을 제공한다. 용 어 사전에 실린 용어는 『고법전용어집古法典用語集』, 『한국학대백과사전』, 『관직명사 전』, 『한국민족문화대백과』 등을 참고하여 약간의 교정을 거친 뒤 실었다. 인명록은 한국학중앙연구원의 '한국역대인물종합정보시스템', 『발굴 동학농민전쟁―인물 열 전』, 『유교대사전』, 『이십사사』, 『대한화사전』, 『한어대사전』, 『한국인물유학사』 1~4 등을 참고하되, 『오하기문』에서 황현이 서술한 인물평도 덧붙여 놓았다.

14 『오하기문』은 황현이 친필로 기록한 초고본草稿本이라고 전해진다. 원서에는 중간중 간 붙임쪽지(부전지附箋紙)로 부족한 기술을 보충해 놓은 곳도 있고, 또 군데군데 ×표 시를 해놓은 곳도 있다. 이 책에서는 붙임쪽지 부분과 ×표시 부분을 다음과 같이 표시했다.

(1) 원서의 붙임쪽지(부전지) : 해당 부분에 다음과 같이 옅은 먹색의 밑바탕을 깔았다.

그리하여 단지 그들의 집을 불태우고 날마다 노략질을 일삼았다.

4월 28일
아침, 홍계훈은 완산完山에 진을 쳤다. 오시(오전 11시~오후 1시) 무렵에 도적 수백 명이 남문을 나와 멀리 돌아서 투구봉(兜鍪峯) 쪽으로 가다가 경군에게 패하여 수십 명이 죽고 나머지 수백 명은 달아났다. 이때 바퀴가 달린 장태를 도적으로부터 빼앗았다. 이날 오후에 경군이 서문 밖의 민가 800~900채를 불태워버렸다.

홍계훈은 도적들이 서쪽으로 이동하고 있다는 소식을 듣고 뒤를 밟으며 쫓아갔다.

(2) 원서의 ×표시 : 해당 부분에 다음과 같은 모양의 선으로 표시했다.

이 무렵 그는 가오루의 비호 아래 조금씩 권세를 부리는 조짐이 있었다.

도적이 법무아문 협판 김학우金鶴羽를 살해했다.
학우는 관서 지방 출신이다. 미관말직으로 관직에 나와 개화파를 추종하여 몇 달 만에 파격적으로 협판에 발탁되었다. … 사건이 일어난 날(10월 3일) 밤, 학우는 손님을 불러 함께 술을 마시고 있었다. … 임금은 경무청에 자객을 잡아들이라는 엄중한 지시를 내렸지만, 끝내 잡지 못했다.

이때 호남의 도적 대부대가 봉준과 개남을 따라 호서로 들어왔다.

* 사진으로 제공한 원서와 그 옆에 제시한 본문은 단지 모양을 보여주기 위한 것으로, 같은 내용이 아니다.
  * 참고로, 덧붙인 종이에 쓴 내용은 황현이 아니라 그의 친구 박문호朴文鎬 등이 가필했다는 설도 있다.

오동나무 아래에서 역사를 기록하다

차례

책머리에

반성하지 않는 역사는 되풀이된다
― '오늘의 거울'로 삼아야 할, 황현의 역사 기록

『오하기문梧下記聞』(이 책 『오동나무 아래에서 역사를 기록하다』를 말한다. 이 책의 이름은 '梧下記聞'의 한자를 우리말로 풀어 쓴 것이다. ―편집자 주)은 120여 년 전의 기록이지만 기시감이 드는 역사서이다. 권력의 농단으로 부패의 극한까지 내달렸던 그 시대 몇몇 인물의 이름을, 권력을 사익 확대의 도구쯤으로 여기는 오늘날 부패한 고위 관료들의 이름으로 환치하면, 120여 년 전의 역사가 현실의 정치와 하등 다를 바 없음을 적나라하게 보여준다.

저자 매천梅泉 황현黃玹 선생은, 장재張載(북송 시대의 철학자)가 도학가道學家를 정의한 "하늘과 땅을 위해 마음을 세우고, 생민을 위해 도를 세우고, 과거 성인을 위해 끊어진 학문을 잇고, 만세를 위해 태평을 연다.(爲天地立心, 爲生民之道, 爲去聖繼絶學, 爲萬世開太平)"는 말을 삶으로 체현한 인물인 듯하다. 그래서 이 책에는 치란治亂을 궁구하고 선악을 판별하여 왕도王道 국가의 태평 시대를 꿈꾸었던 당대 지식인의 분만憤懣과 탄식이 교차한다. 그 분만과 탄식은 우리가 살아가는 현실이 끊임없이 '재생산되는 과거'라는 사실을 알려준다. 그러니까 『오하기문』은 권력의 부패와 제국의 침탈에서 헤어나지 못한 채 망국으로 향해 가는 봉건 왕조를 애도하는 만가輓歌이자, '재생산된 과거'가 초래한 한반도의 위기를 극복하고 태평 시대를 열어가기 위해 오늘의 대한민국이 자기 모습을 비춰 보아야 할 '거울' 같은 역사서이다.

책에 담긴 함의가 이토록 뚜렷하기 때문일까? 이 책을 출간하려는 역사비평사 구성원들의 의지는 분명하고 강렬했다. 마치 '시대의 요청'에 부응해야 한다는, 좀 낡고 시대착오적인 '1980년대식 사명과 전의戰意' 비슷한 분위기마저 풍겼다. 설마 그렇기야 할까마는, 어쨌든 출판 불황이 문명의 필연적 추세인 듯한 시대에 기꺼이 『오하기문』 출판을 결행하겠다는 그 의지는 내게도 이상야릇한 형태로 전염되었다. 하여 마침내 각오를 단단히 다지고 작업 계획을 세웠다.

1. 시간에 쫓겨 작업한 탓에 정확함과 세밀함이 부족했던 1994년판 『번역 오하기문』은 아예 무시하고 전면적인 새 번역에 임한다.
1. 원문의 내용, 일자, 인명 등은 『조선왕조실록』, 『승정원일기』 등의 사료를 통해 철저하게 고정考訂을 행한다.
1. 원문에서 인용한 경서經書(사서오경四書五經)와 사서史書(이십사사二十四史) 등의 구절과 낱말의 출전을 밝혀 확실한 해석을 추구한다.
1. 주요 사건·인물의 기록과 평가는 다양한 자료를 부기하여 저자의 관점과 다른 역사의 다층적 해석을 추구한다.
1. 저자가 인용한 고사故事 가운데 일부는 풀어서 본문에 표현하고, 좀 더 자세한 설명이 필요한 고사는 각주에서 그에 얽힌 이야기와 함께 저자가 말하고자 하는 바를 정리하며, 어렵고 생소한 한자 용어는 가급적 우리말로 풀어 쓴다.

1. 책의 내용 이해를 돕기 위해 본문에 등장하는 관직과 제도, 인물에 대한 부록을 따로 만든다.

고정考訂은 생각하기에 따라 자칫 매천 선생께 무례를 범하는 일일 수도 있다. 그러나 나는 고정 작업이 오히려 지금과는 비교가 안 될 만큼 척박한 여건 속에서 선생이 기록한 '역사'를 온전하게 만드는 일이라고 생각했다. 그래서 상주문, 조약문, 의안議案 등은 원문의 오기와 결락을 감안하여 사서 史書, 문집, 일기 등 국내 자료와 중국·일본 측의 자료 등 원사료를 찾아 옮겼다. 또 『조선왕조실록』, 『승정원일기』, 『주한일본공사관기록』, 『중국근대사자료휘집中國近代史資料彙集 — 청계중일한관계사료淸季中日韓關係史料』, 『조선문제여갑오전쟁朝鮮問題與甲午戰爭 — 청·일 갑오전쟁과 조선』 등의 기사를 활용하여 매천 선생이 쓴 기록에 비정批正을 행했다.

출전을 밝히는 작업은 경서經書 및 28권의 이십사사二十四史와 벌이는 지루하고 반복적인 숨바꼭질의 연속이었다. 이 책에서 출전은 경서와 사서의 해당 구절을 인용하여 해석하고 주석을 다는 방식으로 근거를 제시했다.

생각건대, 한자가 기록과 소통을 주재하던 시대의 학인들은 수정난束景南이 『주자평전』에서 주희의 사상을 정리하며 말했듯 "모든 역사서는 '고금의 흥망, 치란, 득실의 변화를 포괄하는 것'이기 때문에 선비(士子)가 응당 전부 겸하여 익혀서 '통달하지 않은 경이 없고 익히지 않은 역사서가 없으면 모두 당세에 쓰일 수 있는' 경지에 도달할 수 있다"(『주자평전』 하, 753쪽)고 여겼던 것 같다. 그래서 문경지치文景之治 뒤에는 왕망王莽의 난亂이 따랐고 개원지치開元之治 뒤에는 천보天寶의 난이 이어졌음을 구구절절이 설명하지 않고도 글을 쓰고, 읽고, 소통했었나 보다. 한 세기 전엔 어쩌면 평범했을 교양을 번역의 텍스트로 삼아 단어와 구절이 의미하는 현실의 지점과 역사(서지書誌)적 연원을 밝히는 일은 이식된 교양에 의해 지워진 과거의 교양을 확인하는, '허구로 현실을 부정하는' 행위처럼 정처 없고 허무했다.

매천 선생이 인용한 고사故事는, 오늘날 지적 환경의 변화와 독자의 가독성을 고려하여 본문에 풀어서 옮긴 부분이 있다. 그러나 한편, 자칫 '기록의 훼손'으로 이어질 수도 있다는 편집진의 의견에 따라, 앞뒤 맥락을 좀 더 자세하게 밝혀야 하는 경우에는 따로 각주를 달아 설명해 놓았다. 그 외에 이 책의 부록으로 제공하는 「인명록」에도 고사와 관련된 상세한 내용을 싣는 방식을 취했다. 이 작업에 참고한 주요 도서는 경서, 『이십사사』(경인문화사 영인본), 『대한화사전大漢和辭典』 1~12권(1968년, 일본판), 『한어대사전漢語大辭典』 1~12권(1994년, 중국판), 『한국한자어사전』 1~4권(2002년, 단국대학교 동양학연구소) 등이다.

동학東學 관련 기사의 이해와 해석은 오지영吳知泳의 『동학사東學史』(1987년, 대광문화사), 박맹수가 옮긴 『동경대전東經大全』(2012년, 지식을만드는지식), 천도교 홈페이지(http://www.chondogyo.or.kr)의 여러 자료를 참고했다.

관직과 제도는 『고법전용어집』(1981년, 육지사), 『한국학대백과사전』 1~3권 (1989년, 을유문화사), 『고문헌용어해례古文獻用語解例 ― 조선왕조 편』(1982년, 배영사), 『유교대사전』(1990년, 박영사) 등을 참고했다. 인명은 한국학중앙원구원의 '한국역대인물종합정보시스템', 이이화의 『발굴 동학농민전쟁 ― 인물 열전』 (1994년, 한겨레신문사), 『유교대사전』, 『이십사사』, 『대한화사전』, 『한어대사전』, 『한국인물유학사』 1~4권(1996년, 도서출판 한길사) 등을 참고했다.

『오하기문』은 1990년대 초 역사문제연구소에서 이이화 선생이 이끌었던 『한국 민중운동사 자료집 ― 1894년의 농민전쟁 편』의 강독반에서 처음 글을 읽고 뜻을 밝히는 작업이 시작되었으며, 나는 강독에 참여하면서 그때 이루어진 해석을 바탕으로 번역했다. 그 결과 1994년 12월에 『번역 오하기문』이 출판되었다. 그리고 어느새 20여 년의 시간이 흐르고 그 책은 절판되었다. 이번에 새롭게 펴내는 『오동나무 아래에서 역사를 기록하다(梧下記聞)』는 단순히 기간본의 수정·보완에 그치지 않았다. 그때와 전혀 다른, 완전히 새롭게 탄생한 책이다. 번역의 원전原典은 『동학농민전쟁사료대계 1』(1994년, 여강출판사)에 수록된 「오하기문」을 사용했다.

출간을 제의하고 어려운 교정·편집을 거쳐 출판해준 역사비평사의 정순구 대표, 조원식 기획실장과 조수정 편집장에게 감사의 말씀을 드린다. 특히 조수정 편집장은 『사통史通』과 『주자평전』 등을 작업한 전문 편집자의 면모를 유감없이 발휘하여 교정하는 긴 시간 동안 '역시 전문가'라는 탄성을 연발케 하는 치밀한 비정批正을 해주었다. 특별한 감사를 드린다.

"번역자의 몫은 고정考訂에 있으며, 이 책의 의의와 가치에 대한 평가, 비판은 연구자의 몫이다"라는 나의 말에 흔쾌히 동의하고 해제 작업을 맡아준 박맹수 선생께 감사드린다.

'壯金磚趙'의 독음이 '장김전조'가 아니라 사실은 '장김박조'라는 실마리와 그에 관련된 자료(이 책의 30쪽 각주 8과 668~669쪽 참조)를 제공해준 북촌연구소의 은정태 선생께 감사드린다.

'금金은 족적足跡이 없고 사람은 완인完人이 없다', '옥玉의 진위를 알려면 3일을 불태워야 하고 사람의 진심을 알려면 10년을 지켜보아야 한다'는 옛말이 있다. '굶어 죽는 것은 극히 작은 일이지만 지조를 잃는 것은 아주 큰 일이다(餓死事極小, 失節事極大)', 다시 말해 가난하더라도 우리의 도를 지키며 살자는 말을 함께 새기며, 완인도 뭐도 아닌 자와 누실陋室의 삶을 30년 넘게 함께해준 아내 심영하에게 감사한다.

정문程文(과거 시험에 쓰이는 특수한 형식의 문장)을 익히는 남다른 재주는 갖추었지만 경이직내敬以直內하고 의이방외義以方外해야 한다(경으로써 내면을 바르게 닦고, 의로써 세상을 바르게 세운다)는 인세人世의 문리文理는 깨우치지 못한 탐관오리의 실체와, 또한 바로 이들이 움켜쥔 권세를 빌려 국정을 농단하는 현실이 『오하기문』의 시대와 크게 다르지 않은 비애에 압도당해 '작업'이 잘 진행되지 않을 때, 나는 고독한 한 영혼을 떠올리고는 했다. 차가운 가을 달빛이 오동나무 그림자를 드리운 창호 너머로 상투 튼 머리를 꼿꼿이 들어 저 빛 없는 세상, 아우성이 무성한 세상을 밝히 보려 깨어 있던 도학자道學者, 역사의 흥망성쇠는 자신의 힘으로 어찌할 수 없지만 역사의 시비是非와 세간의 진위眞僞는 능히 판별하여 기록하고자 권세에 초연했던 고풍청절高風淸節의 은사隱士, 끝내 차가운 달빛 속에 적멸의 길을 걸어간 망국의 한사寒士, 매천 황현 선생. 선생의 고독했을 영혼을 헤아리며, 내 작업이 선생의 고혼孤魂을 위무하는 만가輓歌이기를 소망하면서 다시 자리에 앉고는 했다.

마지막 교정지를 덮으면서, 나는 조선 팔도에 미만한 비명을 '혁명'으로 전화한 사회적 실천이 끝내 '반역의 죄명'으로 처단되었던 역사, 탐관오리의 가렴주구와 기아에 내몰린 인민이 혁명을 일으켰지만 혁명은 도리어 인민에게 가렴주구와 기아에 더해 외세에 국권을 빼앗기는 망국의 설움까지 가져다준 역사, 그리고 망해가는 봉건 왕조를 애도하는 만가가 오늘을 사는 우리에게 사회의 진보를 추동하는 '역사의 거울'이 되어 한반도의 미래에 작은 기여를 하길 감히 바란다.

2016. 8.

김종익

梧下記聞

梧下記聞

憤惋儒者士眡視而莫敢救世無真道學其流
邪説之興偏於儒學之衰儒學之衰痼於黨已
黨之禍未審至凶國者人多怪之而末梢壞五
畏也或曰予以邪學之禍推源於朋黨似矣而
亦朋黨之盯崇嫉惡是何言也自古黨禍之極

既久屈思有以振之一朝得志波～優待宗籍校攬南
與壯金異其餘皆壯金也巳而大興土木重建景福宮
觀東國昕未有財用匱絀無以繼之逐開聚斂之門自
遍悟冨室謂之顧納顧納不足又轉當百大錢當百不
清國小錢其行令之日皆随以峻法八域爲之騷然因

흥선대원군 이하응

영조의 5대손이며 26대 국왕인 고종의 아버지다. 철종이 후사 없이 죽
자, 안동 김씨 세력을 견제하려는 신정왕후(풍양 조씨)의 후원에 힘입어
둘째 아들을 왕위에 올릴 수 있었다. 고종이 친정親政을 시작하기 전까
지 섭정하면서 세도정치를 타파하고 왕권을 강화하는 한편, 대외적으로
는 쇄국을 강화하여 민씨 정권과 잦은 충돌을 빚었다. 임오군란과 갑오
개혁을 거치며 은퇴와 재집권을 반복했다.

척화비와 경고비

1871년 신미양요를 겪고 난 뒤 흥선대원군은 더욱 강경한 척사斥邪 정책을 펼쳤다. 전국 각지에는 척화비(왼쪽)를
세우고 강화도 덕진진에는 이른바 경고비(오른쪽)를 세웠다. 척화비에는 '洋夷侵犯 非戰則和 主和賣國 戒我
萬年子孫 丙寅作辛未立'(☞ 본문 99쪽 참조), 경고비에는 '海門防守他國船愼勿過'(바다 문을 막고 지켜라. 다른
나라의 배는 삼가하여 지나지 말라.)라고 음각되어 있다.

당백전과 당오전

당백전(왼쪽)은 1866년 경복궁 중건에 필요한
자금을 조달하기 위해 상평통보의 100배에 해
당하는 명목 가치로 만들어진 고액 동전이며,
당오전(오른쪽)은 1883년에 상평통보의 5배 가
치를 지닌 동전으로 발행되었다. 그러나 당오
전의 실질 가치는 상평통보의 2배에 지나지
않았다.(☞ 본문 33쪽, 64쪽 참조)

강화 진무영 열무당

1876년 2월, 조선은 강화부 진무영鎭撫營의 연무당練武堂에서 일본과 조일수호조규(병자수호조약, 강화도조약)를 체결하였다. 회담 기간 내내 일본은 열무당閱武堂 안에 군대와 포砲를 도열해 놓고 무력시위를 하면서 조선 교섭단을 위협했다.

우정국과 갑신정변의 주역

1884년 10월 17일, 김옥균을 비롯한 개화 세력은 우정국 낙성식을 계기로 반대파를 죽이고 정변을 일으켰다. 이들은 일본을 끌어들여 정변을 성공시킨 뒤 서구의 제도를 본받아 개혁을 이루려고 했다. 사진은 1885년 초 일본 망명 시절의 갑신정변 주역들(왼쪽부터 박영효, 서광범, 서재필, 김옥균) 그리고 근대식 우편 업무를 위해 세워진 우정총국이다.(☞ 본문 66~68쪽 참조)

고창 선운사 도솔암 마애불

높이 17m에 이르는 이 거대한 마애불에는
명치 부근에 네모진 흔적이 있다. 동학농민
전쟁이 일어날 무렵 그곳의 신기한 비결이
세상에 나오는 날 한양이 망할 것이라는 소
문이 유포되었다.(☞ 본문 111쪽 참조) 1892년
손화중이 그 비결을 꺼냈다는 말이 돌면서
그의 접接으로 수많은 사람이 모여들었다고
한다.

동학농민혁명 삼례 봉기 역사광장

삼례는 전라도와 경상도에서 서울로 통하는 역참이 있던 곳으로, 교통이 편리한 지역이었다. 1892년 동학교도들
이 탐관오리의 척결과 교조 신원을 위해 집결한 곳이 삼례이다. 또한 이곳에서 농민군은 '척왜양창의斥倭洋倡義'
를 내걸고 동학농민전쟁 2차 봉기를 단행했다. 사진은 삼례 봉기 역사광장의 '대동의 장'(왼쪽)과 '추념의 장'(오른
쪽)이다.

보은 동학농민혁명위령탑

보은은 동학교도들이 교조 신원을 위한 광화문 복합 상소 직후 1893년 3월 대도소大都所가 있는 장내리에서 보국안민輔國安民과 척왜척양斥倭斥洋의 깃발을 내걸고 조직적인 집회를 연 곳이다.(☞ 본문 112쪽 참조) 또한 1894년 12월에는 관군에 맞서 치열한 전투를 벌였던 곳이기도 하다. 사진은 1894년 12월 보은 북실 전투에서 죽은 농민군을 기리기 위해 세운 위령탑이다.

만석보 유지비

배들 평야의 물을 대기 위해 세워진 보洑는 아무리 가뭄이 들어도 풍년 농사를 짓도록 해주기 때문에 '만석보'라는 이름이 붙었다. 그런데 고부 군수로 부임해 온 조병갑은 이곳에 새로운 보를 다시 세우고 농민들로부터 과도한 수세를 징수했다. 보는 지금 남아 있지 않지만, 그 터였음을 알려주는 비가 세워져 있다. 전봉준이 이끈 고부 민란의 원인을 제공한 역사의 현장이다.(☞ 본문 118~120쪽 참조)

사발통문

1893년 11월, 조병갑의 학정에 항거하여 봉기에 동참할 것을 알리는 통문이다. 참가자들은 주모자를 알 수 없도록 둥글게 사발 모양으로 서명했다. 이 통문에는 4대 결의 사항도 적혀 있는데, 첫째 고부성을 격파하고 군수 조병갑을 효수할 것, 둘째 군기창과 화약고를 점령할 것, 셋째 군수에게 빌붙어 인민을 침탈한 탐관오리를 징치할 것, 넷째 전주 감영을 함락하고 서울로 향할 것이다.

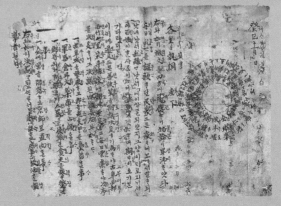

말목장터 감나무

전북 정읍시 이평면의 말목장터는 1894년 1월 전봉준 등 농민들이 고부 관아로 나아가기 전에 집결했던 곳이다. 고부 봉기가 본격적으로 시작된 곳으로, 이곳의 감나무는 그때의 현장을 지켜봤을 터다. 그러나 2003년 태풍 매미로 죽는 바람에 동학농민혁명기념관으로 옮겨져 보관 전시되고 있으며(오른쪽), 지금은 새로 심은 감나무가 서 있다(왼쪽).

장성 황룡 전적의 동학농민군전승기념탑, 장태

1894년 4월 6일 황토재 전투에서 전라 감영군을 대파한 동학농민군은 남쪽으로 내려가다가 4월 23일 양호 초토사 홍계훈이 보낸 이학승의 경군과 전남 장성에서 마주쳐 접전을 벌였다(황룡강 전투). 이 전투에서 농민군은 승리를 거두고 또 홍계훈이 이끄는 경군과도 전투를 벌여 다시 한 번 승리했는데, 이때 경군의 총알을 막을 수 있도록 대나무를 원통 모양으로 엮어 만든 장태(오른쪽)라는 신무기를 이용하여 경군을 무찔렀다.(☞ 본문 154~156쪽 참조) 농민군은 이 전투의 승리를 바탕으로 마침내 4월 27일 전주성까지 함락했다.

전주 풍남문

풍남문은 현재 전주성 4대문 가운데 유일하게 남아 있는 성문이다. 1894년 4월 27일 동학농민군은 전주성 입성 당시 풍남문과 서문을 통해 들어왔다.(☞ 본문 161쪽 참조) 전주성이 함락되자 홍계훈은 청나라 군사를 불러들이자는 요청을 정부에 올렸고, 정부도 마침내 청에 정식으로 원병을 요청했다.

농민군, 농민군 지휘관, '제중의소' 인장

총을 둘러멘 농민군 그림은 일본의 〈니로쿠신보二六新報〉 1894년 8월 11일자에 실려 있다. 니로쿠신보사 주필 스즈키 덴간鈴木天眼은 그림에 "동학당원들은 황색, 청색, 흑색의 띠로 각기 부서의 구분을 두었으며, 의복은 진한 적색 마포로 해서 입었고, 등에는 화승총을, 허리에는 약통과 화승을 차고 있다."라고 설명을 달았다. 우산을 쓴 농민군 지휘관의 모습은 8월 12일자에 실린 삽화다.(☞ 본문 149~150쪽 동학농민군의 행렬 모습 참조) 인장에 대해서는 동학당원의 도장이라면서 '濟衆義印(제중의인)'으로 표시했다. 그러나 이 인장은 '濟衆義所(제중의소)'라고 새겨져 있으며, 동학당원의 인장이 아니라 농민군 지휘부의 인장이다.(☞ 본문 131~132쪽 참조)

首筆

　나는 국가와 백성에게 큰 피해를 입히는 재난이나 변란이 우연히 발생한
다고는 생각지 않는다. 정치가 제 역할을 수행하여 백성이 편안한 삶을 누리
는 세상, 혹은 정치가 제 역할을 수행하지 못하여 백성이 고통을 받는 세상
은 각각 그 나름의 운수가 있으며, 행불행은 서로 번갈아 발생하기 마련이고
시대의 운수는 그 변화가 정해져 있기에 사람의 힘으로는 바꿀 수 없다고 한
다. 하지만 나는 이것들 또한 사람이 어떻게 대응하느냐에 따라 대세가 결정
되는 일이지 어느 날 갑자기 그렇게 된 일은 아니라고 생각한다.

　우리 조선은 나라를 세운 지 500년이 지나 어느덧 유학을 존숭하고 문치
文治가 풍속을 이루었다.[1] 건국 초기에는 유학에 정통한 훌륭한 인재를 계속

1　조선의 문치에 대하여 장도빈張道斌(1888~1963)은 황현과 관점을 달리한다. "우선 첫째, 고려
　왕씨가 무신의 작란作亂으로 망한 것을 전감前鑑 삼아 자기네는 문신을 우대하고 무신을 억
　압하기로 하여, 이에 문文을 숭상하고 무武를 경시하였다. 둘째, 고려가 불교를 숭상하다가
　그 말세에 사회가 미신과 음란에 빠져 왕씨의 멸망을 최촉催促하였음을 이조李朝 태조·태종
　은 (인식하고서) 그 시대 인심을 유교로 인도하여 불교를 누르고 유교를 크게 장려한 결과
　유교의 영향으로 인민이 점점 문약文弱에 들어갔다. 셋째, 고려시대에 몽고의 대란을 당하

배출하였으므로 자못 중국의 기풍이 있었다. 그러나 오래지 않아 유림은 정치적 입장에 따라 파벌이 갈리고 당파와 문벌의 국면을 조성했다. 그리하여 붕당으로 인한 정국의 변동이 잇달아 일어났고, 조정의 안위와 치란이 당파와 문벌에 매이게 되었다.[2] 당파는 서로 재기와 좌절을 반복했기 때문에 전적으로 어느 한쪽을 추궁할 수도 없었다.

정조正祖 이후에 마침내 노론이 대를 이어 국정을 장악하면서 국시國是가 겨우 안정되었다. 그러나 이른바 안정되었다는 것은 사람들의 입을 억지로 틀어막은 데 지나지 않았을 뿐, 온 세상의 공론이 그러한 것은 아니었다. 이

여 그것에 강경하게 저항하다가 마침내 국가가 심히 피폐하여 인민이 대전란을 싫어함에 이조 태조·태종이 또한 시대 심리에 투합하여 당시 명나라를 무서워해 비사후폐卑辭厚幣로 외교를 개시하고 다시는 중국과 대항할 생각을 하지 못하였다. 이렇게 이조 초엽부터 시작된 문약 정치는 점점 더 국가 인민을 문약하게 만들어서 결국은 고칠 수 없는 고질이 되어 마침내 조선 멸망정滅亡政의 큰 원인이 되었다." 장도빈, 「갑오동학란과 전봉준」, 동학농민전쟁100주년기념사업추진위원회 편, 『동학농민전쟁연구자료집 1』, 여강출판사, 1991.

2 당쟁의 시발과 사색당파의 형성에 대해 장도빈은 이렇게 정리했다. "당초 선조 시대에 동인, 서인의 당쟁이 생겼으니 그것은 곧 당시 인심이 분열하는 기회에 김효원金孝元, 심의겸沈義謙을 중심으로 하여 당쟁이 일어났다. 당초에 심의겸이 재상 윤원형尹元衡의 집에 갔는데 그 협실夾室에 김효원의 침구가 있거늘 심의겸이 소위 청년 명사가 대신의 집에서 자는 것을 비루하게 여겼다. 그 후에 이 김효원이 전랑(이조좌랑吏曹佐郞)으로 추천되자 의겸이 말하기를, 효원은 비루한 사람이니 전랑의 요직을 가질 수 없다고 하여 그를 배척하였다. 후에 의겸의 아우 충겸忠謙이 전랑으로 추천되었을 때 효원이 그를 배척하여 말하기를, 충겸은 왕의 외척인즉 전랑이 되는 것이 불가하다고 하였다. 이에 의겸의 당은 효원을 공격하고 효원의 당은 의겸을 공격하여 조야에 인사의 대隊가 두 파로 나뉘어 효원의 당은 동인東人(김효원이 도성의 동쪽 건천동에 살았기 때문에 붙여진 말—옮긴이)이 되고, 의겸의 당은 서인西人(심의겸이 도성의 서쪽 정릉방에 살았기 때문에 붙여진 말—옮긴이)이 되어, 이것이 당쟁의 시초가 되었다. 그 후에 동인은 남인南人·대북大北·소북小北으로 나뉘었고, 서인은 노론老論·소론少論으로 나뉘었으니, 대북은 소멸하고 마침내 노론·소론·남인·소북으로 분리하니 이것이 곧 사색당인이다." 장도빈, 「갑오동학란과 전봉준」.

때부터 사색당파는 각각 자신들의 기득권을 고수했는데 마치 억지로 동맹을 맺고 전쟁을 멈춘 것 같았다. 그중에서 특히 노론은 대대로 왕실과 혼인을 맺어 권력을 행사했고, 벼슬길을 좌우하는 패자霸者로 자처하면서 나머지 세 당파를 마음대로 부렸다. 이런 모습은 마치 세 당파가 노론에 기대어 살아가는 것 같았다. 그래서 지위와 녹봉이 비록 높지 않더라도 미래가 보장되는 벼슬자리와 조정의 중요한 직책은 노론이 아니면 차지할 수 없었다. 어쩌다가 노론이 아닌 사람이 그런 자리를 차지했다고 하더라도 오래갈 수 없었다. 이렇게 되자, 노론 가운데 재야에서 글을 읽는 선비로 약간의 명성과 덕망만 있으면 그 사람을 뽑아 은일隱逸 학자라는 구실로 천거했다. 그러면 조정에서는 적임자를 뽑았다는 명분을 더해 경연관經筵官으로 불러들여 임금의 스승으로 대우했다. 그런 다음 이들을 통틀어 '산림山林'3이라고 일컬으며 유학자의 소임을 마쳤다고 했다. 그래서 근세의 산림은 노론일 뿐이며, 노론이면서 대를 이어 산림을 계승한 집안은 오로지 은진恩津 송씨宋氏 밖에 없었다.

노론이 왕실과 혼인을 맺은 일을 역사적 사실에 비유하자면 마치 원元나라 때 색목인色目人이 몽골인과 혼인을 맺어 경제적 이익을 취했던 것과 같으며, 송씨 집안의 산림을 또한 역사적 사실로 비유하자면 후한後漢 시대에 병을 고쳐주는 대가로 쌀 다섯 말을 받은 오두미교五斗米教의 창시자인 장릉張陵이 교주로 대접받고 이후 용호산龍虎山으로 이주한 그 후손들이 계속해서 교주를 세습한 것과 같다. 아아! 나는 이 또한 이상한 일이라고 생각한다.

---

3 조선 중기, 민간에서 학문적 권위와 세력을 바탕으로 정치에 참여한 인물을 말한다. 산림은 특히 인조 때부터 파격적인 대우를 받으면서 국가 운영 및 국왕과 세자의 교육에 참가했다. 사족士族의 주도권을 강화해가는 정치를 운영했으나, 18세기 이후 노론과 외척 세력이 정국의 주도권을 장악하면서 점차 위상이 격하되었다.

　　유학자의 소중한 임무는 격물格物·치지致知·성의誠意·정심正心을 이념으로 삼아 나라를 잘 다스려서 온 세상을 평안하게 하는 것이다. 그래서 유학자의 마음이란 한 사람의 백성이라도 태평성세의 혜택을 누리지 못하면 자기가 마치 길거리에서 매를 맞는 것처럼 아파해야 하고, 유학자의 예법이란 임금이 부르면 수레를 기다리지 않고 달려갈 정도로 간절하고 정성스러워야 하며, 유학자의 올바른 도리란 임금의 눈치를 보지 않고 옳고 그른 것에 대한 자신의 생각을 과감하게 진술하여 임금의 잘못을 바로잡고, 탐욕스러운 사람을 청렴하게 만들며, 나약한 사람을 부추겨 떨쳐 일어나게 만들어야 한다.

　　그런데 근세의 산림이라는 사람들은 그렇지 않았다. 그들은 저마다 춘추시대 노魯나라의 설류泄柳[4]를 흉내 내는가 하면, 또한 후한의 주당周黨[5]을 따라 하면서, 집집이 문을 닫아걸고는 임금이 부르면 부를수록 더욱더 꼼짝도 하지 않았다. 사정이 이러하니, 그들이 아무리 정호程顥·정이程頤·주희朱熹의 도덕과 학문을 닦았다 한들 나라에 무슨 효용이 있겠는가? 그 실상은 아무 쓸모도 없건만 공연히 예의를 지켜 정중히 대접했을 뿐이다. 또한 대대로 높이 벼슬한 집안의 벼슬아치라 하더라도 형세에 떠밀려 산림과 긴밀한 관계

4　설류는 중국 춘추시대 노나라의 현사賢士이다. 진秦나라 목공穆公이 군주에 올라 어진 이로 명망 높은 설류를 만나고자 찾아왔지만, 설류는 문을 닫아걸고 집에 들이지 않았다. 『맹자』 「등문공滕文公」 하下에 설류의 행적이 기록되어 있다. "옛날에는 그 신하가 되지 않으면 가서 만나지 않았다. 단간목은 담을 넘어서 피하고, 설류는 문을 닫고서 들이지 않았다.(古者 不爲臣不見. 段干木踰垣而辟之. 泄柳閉門而不內)"

5　『후한서後漢書』 「일민열전逸民列傳」에 따르면 "주당의 자는 백황伯況으로, 태원太原 광무廣武 사람이다. … 왕망王莽이 왕위를 찬탈하자, 아프다는 핑계로 문을 닫아걸었다. 이 일이 있고 난 뒤, 도적이 난폭하게 이리저리 휩쓸고 다니며 여러 지방을 짓밟을 때도 오로지 광무 땅에 들어오면 성을 지나치고 들어가지 않았다."라고 했다. 주당의 사람됨과 일화에 관한 좀 더 자세한 내용은 부록의 「인명록」 참조. 왕망에 대해서는 115쪽 각주 149 참조.

를 맺지 않을 수 없었다. 그리하여 때때로 나라의 의식儀式을 논의할 일이 생기면 산림이라는 사람들은 세도가로부터 먼저 사주를 받은 뒤 반드시 그들의 뜻에 영합했다. 결국 조정의 안팎이 서로 호응하면서 시비是非를 전도해 버리고는 했다.

이리하여 세상에서 흔히 일컫기를, 노론 명가名家의 후예인 송덕상宋德相은 세도가 홍국영洪國榮을 위해 목숨을 내놓을 정도로 사사로운 충성을 바치는 사람이 되었고, 당대에 가장 뛰어난 유학자라는 명성을 누리며 경연관과 당상관마저 사양했던 홍직필洪直弼은 안동 김씨 세도가인 김병기金炳冀의 허물없는 객이 되었으며, 경연관 임헌회任憲晦는 민씨 일족의 대표적 정객인 민규호閔圭鎬의 둘도 없는 단짝이 되었다고 했다. 이러한 사실은 겉으로 드러난 것일 뿐이니, 드러나지 않은 것은 미루어 짐작할 수 있다. 이 때문에 세상 사람들 모두가 그들을 싫어하며 하찮게 여겼다. 역대 임금들도 때때로 산림 가운데 한두 사람의 명성은 허명임을 간파하고 시험 삼아 예물을 곧잘 보내기는 했지만, 그들이 잘난 체하며 거들먹거릴 것을 미리 알고 일찍이 선대 왕조에서 퇴계退溪(이황)와 율곡栗谷(이이), 송시열宋時烈과 송준길宋浚吉을 예우했던 것처럼 대접하지는 않았다. 기껏해야 한때 보기 좋은 모양새만 겨우 갖추었거나, 아니면 형식적인 관례에 지나지 않았을 뿐이다.

그 밖의 소론·남인·북인은 학행이 뛰어나 대관臺官이 되었다고 하더라도 벼슬은 대부분 정5품 지평持平이나 정4품 장령掌令에 한정되었으며, 잘돼야 참판에 그쳤다. 대관은 남대南臺라고도 불렸는데, 그 관직 서열은 기존 품계와 구별하여 특별히 산림 아래 두었다. 이 때문에 남대는 일반적으로 관리가 아니라 학자學者로 불렸다. 사색당파 가운데서도 북인은 그 처지가 가장 궁색해 외톨이나 다름없었으며, 수백 년 동안 한 사람의 학자도 배출하지 못했다. 소론과 남인에서는 이따금 학자를 배출하기는 했지만 고작해야 남대에 그쳤다. 산림은 오로지 노론의 차지였다.

또한 당파에 더해 출신지를 중시하는 풍속도 생겨났는데, 경기도와 충청도 출신을 으뜸으로 삼은 반면에 전라도와 경상도 출신은 상대적으로 경시했다. 그래서 다 같은 노론 학자라도 경기도와 충청도 출신만 산림이 되었다. 그렇다면, 이른바 학자는 은사隱士가 아닌데도 은사로 추천하는 거짓 핑계에 불과하고, 산림은 조상 덕에 벼슬자리를 얻는 정해진 장난에 불과했을 따름이니, 이런 속사정을 알고 나면 학자나 산림은 별로 선망할 만한 대상이 아님을 알게 된다. 학자나 산림은 단지 조정의 은혜와 예의가 변하지 않아서 그렇게 되었을 뿐이지만 당사자나 가문에는 이보다 더한 존귀와 영화가 없었다.

이때부터 문벌은 그럴듯하나 재능이 없는 사람들과 재능은 있지만 문벌이 보잘것없는 사람들이 학자와 산림에 매달렸다. 심지어 천하고 어리석은 부류, 미련하고 흐리멍덩한 부류, 성격이나 행동이 이상야릇한 부류들까지 옷깃을 여미고 조정에 나가서 이기理氣에 관한 가당찮은 이론을 만들어내는가 하면, 예절에 관한 엉터리 학설을 지어냈다. 또한 예물을 두둑이 가지고 노론 세도가의 집을 찾아가는 수많은 사람은 하나같이 남대와 산림을 꿈꾸면서 노론 세도가에 빌붙어 자신의 꿈을 이루고자 했다.

요즘 들어 유학의 진흥이 몹시 왕성하다고는 하지만 진정한 재능과 견실한 학문은 몰락해서 시들어버리고, 끝내 온 세상에는 진리를 추구하는 참된 학문이 하나도 존재하지 않는 지경에 이르렀다. 결국 유학은 국가에 도움을 주지 못할 뿐만 아니라 향촌의 본보기로도 부족하게 되었으며, 퇴계와 율곡같이 성인에 버금가는 어질고 총명한 인물의 배출은 고사하고 정인홍鄭仁弘과 이현일李玄逸처럼 젊은 시절에 이름을 떨친 인물조차 배출하지 못하고 있다. 아아! 나는 우리 조선의 유림전儒林傳에 길이 남을 이 수치로 인해 몸 둘

바를 모르겠다.

유림에 인물이 없다 보니 마침내 도道가 온 세상을 여러 갈래로 갈라놓았고, 결국은 천주설이 우리나라에 점차 스며들었다. 도깨비처럼 괴이하고 근거도 없는 허황한 것들이 모두 학문을 자처했다. 이른바 유학을 대표하는 원로라는 인물들은 눈을 부릅뜨고 바라보면서도 사학邪學으로부터 세상을 구제하겠다고 과감하게 나서지 않았다. 진리를 추구하는 참된 학문이 없어지자 그 여파가 이처럼 심각했다. 그렇다면 사설邪說이 판치는 오늘날의 현상은 유학의 쇠퇴에서 비롯되었으며, 유학의 쇠퇴는 붕당이 고착되면서 만들어낸 고질병이 아닐 수 없다. 많은 사람이 우리나라가 붕당의 폐해로 망하지 않는 것을 이상하게 여겼지만, 결국은 여지없이 무너져서 수습조차 할 수 없게 되었다. 아아! 나는 두려울 따름이다.

어떤 사람이 내게 말했다.

"그대가 사학邪學의 재앙이 일어난 근원을 붕당에서 유추하는 것은 그럴 수 있다고 생각합니다. 그러나 민생의 곤궁까지 붕당에서 비롯되었다고 하는 것은 지나치지 않습니까?"

아아! 이게 무슨 말인가? 옛날부터 붕당의 폐해가 극에 달하면 그 나라는 반드시 망했고, 망국의 백성이 곤궁에 빠졌음은 너무나 명백한 사실이다. 더욱이 옛날의 붕당은 한 시대에 그쳤지만, 오늘날의 붕당은 300여 년에 걸쳐 계속되면서 출신을 따지는 나쁜 풍습까지 더해졌다. 또 옛날의 붕당은 신하들만 참여했지만, 오늘날의 붕당은 임금까지 관여하여 왕실의 혼인 대상이 노론에 편중되는 결과를 낳고 말았다. 이때부터 노론은 대를 이어 임금의 외척이 된 뒤 자칫하면 권력의 주도권을 잃어버리지는 않을까, 자칫하면 붕당의 주도권을 빼앗기지는 않을까 전전긍긍하게 되었다. 그리하여 엉뚱하게도 노론 가문의 여성이 아니면 왕자를 낳지 못한다고 주장하며, 임금으로 하여

금 노론의 말만 듣고 믿게 만들어서 세자빈을 간택하거나 공주를 시집보낼 때 노론 이외의 가문에서는 혼처를 정할 수 없게 만들었다.

노론이 왕실의 외척으로 국정을 장악한 초기에는 광성부원군光城府院君 김만기金萬基나 청성부원군淸城府院君 김석주金錫冑처럼 덕망을 갖춘 인물이 왕을 보필했고, 나라 또한 일찍이 그들에게 의지한 적이 있었다. 그러나 영조英祖 대에 들어온 뒤부터 그 이후로 홍봉한洪鳳漢·김구주金龜柱·홍국영洪國榮 등은 권세를 탐하고 세도 부리기를 즐겨서 번갈아 가며 흥망성쇠를 반복했다. 처음에는 학문을 연구하고 덕을 닦은 선비의 신분으로 왕실의 외척이 되었지만 끝내 노론의 사당私黨으로 변질했다. 노론의 중심 세력은 여러 차례 바뀌었음에도 이런 일이 거듭되는 것은, 생각해보면 어제오늘만이 아니다. 그러나 당시에는 적어도 지혜와 결단력을 갖춘 임금이 국정의 모든 일을 직접 살펴서 챙겼고, 권세를 가진 외척들 또한 대부분 기대와 존경을 받는 원로로서 물의를 일으키는 것을 꺼리고 염려하여 함부로 악행을 저지르지 않았다.

순조純祖 임금은 왕위에 오른 뒤 어느 정도 세월이 흐르자 조정에 나가지 않고 궁중 깊숙이 들어앉아 팔짱만 끼고는 국정 운영을 김조순金祖淳에게 맡겨버렸다. 조순은 자못 언행을 삼가며 조심했고, 성품 또한 너그럽고 후덕한 면이 있어 다른 당파 사람들의 마음을 사로잡았다. 그리하여 그들을 자기 쪽으로 끌어들여서 자기의 부족한 부분을 보충했다. 이런 점을 높이 평가한 사람들이 지금도 간혹 그를 칭찬하기도 한다. 그러나 정조가 탕평 정책으로 노론이 주도하는 정국을 변화시키고 왕권 강화를 도모했을 때, 찬성을 표명한 정파(시파時派)와 반대를 표명한 정파(벽파僻派)를 가린다는 명분으로 만만찮은 상대를 비열하게 죽여 없애는 등 권세를 휘두르는 간신의 잔인한 면모 역시 지니고 있었다. 그의 아들 유근逌根·좌근左根, 손자 병기炳冀 등이 계속 대를 이어서 조만영趙萬永·조병구趙秉龜 등과 어울려 권력을 틀어쥐고 제멋대로 휘둘렀는데, 그들의 교만과 사치, 음탕과 포학은 상상을 초월했다.

김조순의 딸로 순조의 왕비가 된 순원왕후純元王后는 자신이 낳은 왕세자 영旲[6](익종翼宗)이 갑자기 사망하고 4년 뒤 순조마저 죽자, 당시 여덟 살인 왕세손(익종의 아들) 헌종의 대왕대비로서 수렴청정垂簾聽政을 했다. 헌종이 즉위 15년 만에 죽고 철종이 즉위한 뒤에도 수렴청정을 계속하면서 친정인 안동 김씨 집안을 싸고돌았다. 그 결과 안동 김씨의 세도가 풍양 조씨보다 배는 강했다. 김씨들은 장동壯洞[7]에 살았고 조씨들은 박동磚洞[8]에 살았기 때문에 세상에서는 이들을 가리켜 장김壯金·박조磚趙라고 불렀다. 김씨가 국정을 주도하는 상황이 철종 말기까지 이어졌는데, 권력을 독점하고 상당한 세월이 흘러 어느덧 60여 년에 이르렀다. 이는 고려의 최충헌崔忠獻이 국정을 좌지우

---

6 旲의 독음은 '대'이지만 '영'으로 부르도록 했다. 이와 관련해 알려진 바에 따르면 1812년 (순조 12) 7월 6일, 네 살의 원자를 세자로 책봉하면서 종묘에 고할 때, 세자의 이름을 '일日' 자에 '대大' 자를 붙인 햇빛 '대旲' 자로 정하고 '영'이라 부르도록 했다고 한다. 왕세자 영은 조만영趙萬永의 딸을 맞아들여 가례를 올렸으며, 사후에 익종으로 추존되었다.

7 지금의 서울시 종로구 청운동 창의문 아래 북악산 기슭을 일컫던 동네 이름이다. '장동'이라 불리게 된 것은 당시의 지명 '자하동紫霞洞'의 '하' 음을 생략하여 '자동紫洞'이 되었다고도 하고, 또 급하게 불러 '장동'이 되었다고도 한다. 『매천전집』 하권 918쪽 참조.

8 지금의 서울시 종로구 수송동이다. 황현은 『오하기문』에서 순원왕후(순조 비)의 친정인 안동 김씨 일족을 '壯金', 신정왕후神貞王后(익종 비)의 친정인 풍양 조씨 일족을 '磚趙'라고 표현했으며, 『매천야록』에서는 각각 '壯洞', '磚洞'으로 표현했다. 이전에 한글 번역본으로 간행된 『오하기문』과 『매천야록』에서는 이를 '장김' '전조' 및 '장동' '전동'으로 옮겼다. 그러나 여러 자료를 살펴볼 때 磚洞은 전동이 아니라 박동으로 불린 것으로 확인된다. 아마도 이는 磚과 礴이 '박'이라는 이형동음의 글자로 사용되었기 때문인 듯싶다. 또한 礴의 목판 글자가 갖추어지지 않았던 탓에 이형동음 글자인 磚를 채용했다는 추측이 가능하다. 이 책에서는 지도, 연구 자료, 신문 자료 등에 근거하여 磚洞을 박동으로, 磚趙를 박조로 옮겼다. 이와 관련된 참고자료는 이 책의 668~669쪽에 실어 놓았다.

지했던 기간과 거의 비슷했다. 장김의 문하생과 아전이 전국의 벼슬아치 가운데 절반을 차지하고 있기 때문에, 세상 사람들은 장김이 있다는 것은 알아도 국가가 있다는 것은 몰랐다. 지금도 어리석은 백성은 걸핏하면 우쭐대며 서로 말한다. "장김 중에는 인물도 많다. 장김이야말로 나라의 기둥이다."

아아! 원통해서 통곡이라도 하고 싶다. 우리나라를 망친 원흉이 바로 장김이 아닌가? 그런데 어떻게 이런 말을 할 수 있단 말인가? 오늘날의 잘못된 수많은 정치는 모두 장김이 여러 대에 걸쳐 국정을 농단했던 시대에 발생했다. 공공연히 뇌물을 받고 부패한 탐관오리를 제대로 응징조차 하지 않았기 때문에 그예 백성을 수탈하는 근원을 조성했다. 백성은 고통의 나락에 빠져 하소연할 곳조차 없었다. 이리하여 막힌 것이 극에 달하자 저절로 터졌다.

임술년壬戌年(1862, 철종 13년)

남쪽 세 도에서 대규모 민란이 일어났는데 가까스로 무마하여 진정시켰다.[9] 그러나 난을 일으킨 사람들은 간악한 아전들을 죽여 그 시체로 젓을 담고, 부패한 수령을 내쫓아 뼈에 사무친 원한을 눈앞에서 시원하게 풀고 난뒤에야 그만두었다. 만약 간사한 영웅이 그 틈을 노리고 임금의 주변을 빌미로 삼았다면 누군가 한 사람이 나서서 큰소리만 쳤어도 충청도·전라도·경상도가 모두 호응할 터인데, 어떻게 나라가 망하지 않을 수 있겠는가?[10]

---

9 "1862년은 전국에서 70여 건의 민란이 폭발적으로 발생했다. 1862년은 말하자면 민란의 해였다고 할 수 있다." 정창렬저작집 간행위원회 엮음, 『정창렬 저작집 1 — 갑오농민전쟁』, 도서출판선인, 2014, 59쪽.

10 민란의 원인에 대해 『철종실록』은 다음과 같이 기록한다. "근일 삼남三南에서 발생한 민요民擾는 진실로 무슨 변괴인가? 그들은 하夏·은殷·주周 삼대에도 다 함께했던 백성이다. 진실로 덕으로 인도하고 예로 다스려 위로는 부모를 섬기고 아래로는 처자를 양육하면서 편

계해년癸亥年(1863, 철종 14년)

철종이 왕위를 계승할 후손을 남기지 못하고 죽었다. 대왕대비(익종 비, 조만영의 딸)는 왕실의 종친 가운데 흥선군興宣君 이하응李昰應의 둘째 아들(고종, 1863년 등극 당시 열두 살)을 익종의 양자로 입적시켜 왕위를 잇게 했다. 흥선군 이하응은 임금의 친아버지로 정사를 보필하면서 장김의 잘못을 모두 바로잡는 듯했다. 그러나 하응은 헌종 시대에 태어나서 철종 시대에 성장했기 때문에 보고 배운 대상이라고는 오로지 장김밖에 없었다. 그래서 은연중에 장김의 교만과 사치에 물들었으며, 그 혁혁한 세도를 몹시 선망했다. 당시 왕실의 종파宗派나 지파支派[11]는 하나같이 힘을 잃고 가세마저 기운 탓에 임금의 외척들에게 업신여김을 당했다. 그리하여 병학炳學(철종의 장인인 김문근金汶根의 조카)과 병국炳國(김병학의 동생) 같은 안동 김씨 가문의 사람들에게 고개를 숙이고 조심하며 포부를 펼치지 못했다.

하응의 선대는 당파로 치면 남인南人이다. 남인은 오랫동안 뜻을 펴지 못하고 움츠려 있었기 때문에 한번 떨쳐 일어나서 뜻을 펴고 싶어 했다. 그러

안히 살며 생업을 즐길 수 있다면, 비록 한두 명의 완악하고 패려한 무리가 있다고 한들 어찌 선동하여 이런 짓을 할 수 있겠는가? 탐오한 관리들이 침학하고, 간사한 향임鄕任과 교활한 아전들이 강제로 빼앗아가, 이 때문에 뼈를 깎는 듯한 원통함과 살을 에는 듯한 고통이 있지만 살 수도 죽을 수도 없어 스스로 분수를 범하고 기강을 범하는 데 귀착되었음을 깨닫지 못한 것이다. 그 실정을 따져본다면 또한 슬프다고 할 수 있다. 대저 민사民事에 관계되어 크게 제거해야 할 부분은 오로지 삼정三政(전정, 군정, 환곡)이라고 하며, 난민들이 구실로 삼고 있는 것도 여기에 있지 않은 적이 없었다. 팔도의 삼정에 대해 묘당廟堂(의정부)에서 국청鞫廳을 설치하고 강구하게 함으로써, 개혁할 만한 것은 개혁하고 교정할 만한 것은 교정하여 저 가난하고 의지할 곳 없어서 울부짖는 무리로 하여금 모두 편안히 휴식하면서 차별 없이 똑같게 여기는 은정恩政을 고루 입게 하라." 『철종실록』 1862년 5월 25일자 기사 참조.

11 종파는 종가의 계통을 이은 것을 말하며, 지파는 종파에서 갈라져 나간 파를 말한다.

다 하루아침에 뜻한 바를 이루자 왕실의 종친을 우대하고, 그때까지 정치권력에서 배제되었던 남인과 북인을 발탁하는 등 당파를 초월하여 인재를 등용했다. 오직 이 점만 장김과 달랐을 뿐 나머지는 장김과 똑같았다.

고종이 즉위한 지 2년 만에 홍선군은 대대적인 토목공사를 일으켜 경복궁을 중건했는데, 그처럼 크고 화려한 궁궐은 일찍이 우리나라에 있은 적이 없었다. 그러나 재정이 바닥나 공사를 계속할 수 없게 되자, 기어코 백성들로부터 재물을 마구 거두어들이기 시작했다. 서울에서 시골에 이르기까지 부잣집이란 부잣집은 거의 빠짐없이 재물을 바쳤다. 이것을 '원납願納, 즉 자원해서 재물을 바쳤다'고 했다. 그러나 원납으로도 부족한 공사비를 충당하지 못했기 때문에 다시 당백전當百錢[12]을 발행했다. 그럼에도 공사비는 다 메울 수 없었다. 결국 청나라 동전의 통용까지 허용했다. 그 명령이 시행된 날, 모두 엄격한 법을 따르느라 전국이 한바탕 난리법석을 떨었다.[13]

---

12 1866년(고종 3)에 발행하여 유통시킨 화폐이다. 경복궁 중건 때 홍선대원군이 재정적 궁핍을 극복하기 위해 발행했으며, 당백전 1푼은 엽전 100푼의 가치와 같았다. 화폐의 가치가 폭락하는 결과를 초래하여 1년 만인 1867년에 폐지되었다.

13 1867년(고종 4)에 주로 관리들이 밀수입한 청전淸錢을 국내에서 합법적으로 통용할 수 있도록 허가했다. 청전의 유통을 허가한 것은 당백전 주조 사업이 중단되어 국가의 재정적 손실을 보충해야 했기 때문이다. 이때 국내에 유통되던 청전의 종류는 가경통보嘉慶通寶, 도광통보道光通寶, 동치통보소治通寶 등이었다. 하지만 이들 수입 청전은 소재 가치가 상평통보의 1/3~1/2에 지나지 않는 싸구려 주화였다. 1874년(고종 11)에는 청전이 300만~400만 냥에 달하여 상평통보 유통량의 30~40%에 육박했다. 청전의 대량 유통은 또다시 물가 폭등으로 이어져 백성의 살림을 곤경에 빠뜨렸으며, 화폐에 대한 불신 풍조를 더욱 고조했다. 결국 1874년 1월에 청전의 사용을 금지했다. 그러나 청전 사용 금지는 아무런 대안도 없이 즉각적으로 실시되었기 때문에 나라 경제에 거듭 혼란을 야기했다. 갑작스럽게 청전의 유통이 금지되자 화폐량이 격감하면서 경제활동의 침체로 이어졌고, 나라의 재정수입이 격감하여 결과적으로 백성의 조세 부담만 늘어났다.

병인년丙寅年(1866, 고종 3년)

가을에 프랑스 군대가 강화도를 침범했다.[14] 포성이 날마다 서울까지 들렸다. 경복궁 중건 공사는 끝나지 않아 공사장의 소음과 포성이 뒤섞여 들려왔지만, 하응은 태연한 모습으로 꿈쩍도 하지 않은 채 잠시도 공사를 멈추지 않고 진행시켰다. 만약 하늘이 도와주지 않아서 도적들이 걷잡을 수 없이 일어났다면, 하응은 김경징金慶徵과 같은 신세가 되었을 것이다.[15] 그러나 당시 사람들은 하응의 이런 행위를 영웅다운 수완이라고 했다. 아아! 나는 가소롭기 짝이 없다고 생각한다.

---

14 1866년 초에 대원군은 천주교 금압령을 내려 프랑스 신부와 조선인 천주교 신자 수천 명을 학살했다. 이 박해(병인사옥) 때 프랑스 선교사 12명 가운데 9명이 잡혀 처형되었고 3명은 화를 면했다. 화를 면한 3명 가운데 리델Ridel 신부가 중국으로 탈출하여 주중 프랑스 함대 사령관 로즈Roze, P.G(로세魯勢)에게 박해 소식을 알리고 보복 원정을 촉구했다. 이에 로즈가 함대를 이끌고 강화도를 침범했다. 프랑스군은 10월 14일 강화도에 상륙하여 거의 한 달 동안 강화도를 점거했으며, 11월 10일 함대를 철수했다.

15 김경징(1589~1637)은 자字가 선응善應이며, 1623년 인조반정 때 세운 공으로 정사공신靖社功臣 2등이 되어 순흥군順興君에 봉해졌다. 1636년(인조 14) 병자호란이 일어나자 강도 검찰사江都檢察使에 임명되어 강화도 방어의 임무를 띠고 부임했다. 이 무렵 강화도에는 빈궁과 원손 및 봉림대군鳳林大君·인평대군麟坪大君을 비롯하여 전·현직 고관 등 많은 사람이 피난 와 있었다. 하지만 그는 섬 안의 모든 일을 독단적으로 지휘, 명령하면서 대군이나 대신의 의사를 무시했다. 또한 강화도를 금성철벽金城鐵壁(쇠로 만든 성과 철로 만든 벽이라는 뜻으로, 방어 시설이 잘되어 있어서 공격하기 어려운 성을 이르는 말)으로만 믿고, 청나라 군사가 건너오지 못한다고 호언하면서 아무런 대비책도 강구하지 않은 채 매일 술만 마시며 무사안일에 빠졌다. 청나라 군사가 침입한다는 보고를 받고도 전혀 대책을 마련하지 않다가 결국 적군이 눈앞에 이르러서야 서둘러 방어 계책을 세웠다. 군사가 부족했기 때문에 그는 해안 방어를 포기하고 강화성 안으로 들어가 성을 지키려 했으나 백성들마저 흩어지는 바람에 성을 지키기 어렵게 되자 나룻배를 타고 도망갔다. 끝내 성이 함락되었다.
황현이 말하는 '김경징과 같은 신세'란 병자호란 당시 태연하게 있다가 결국 청나라 군대의 공격을 받고 방어를 포기한 채 도망친 것처럼 흥선대원군도 경복궁 공사만 하다가 프랑스군의 침략을 제대로 막지 못했을 수도 있음을 말하는 것이다.

기사년己巳年(1869, 고종 6년) 3월

봄에 호남 지방에서 무장한 도적 떼가 일어나 광양光陽을 함락했지만, 곧
바로 평정되었다.[16]

신미년辛未年(1871, 고종 8년) 3월

봄에 영남 지방에서 무장한 도적 떼가 일어나 영해寧海를 함락했지만, 곧
바로 평정되었다.[17] 그러나 민중은 더욱 난리를 일으킬 생각에 빠져들었다.

대원군의 3대 개혁 정치인 사창社倉의 설치, 서원의 철폐, 호포戶布의 고른
부과는 칭찬할 만했지만, 이마저도 급하게 시행하는 바람에 폐단이 생겼다.

사창의 경우 돈 2문文을 빌려주고 쌀 한 섬을 강제로 빼앗아가는 폐단이
나타났고, 서원의 경우 보존할 곳과 없앨 곳을 가리지 않고 모두 헐어버리는
폐단이 생겨났으며, 호포(병역세)의 경우 군대의 제도는 정비하지 않은 채 군
역 소집 대상만 군적軍籍에서 줄이는 폐단이 나타났다. 그리하여 선대 임금
들이 만든 훌륭한 법제와 아름다운 취지를 원망의 대상으로 돌렸을 뿐이었

---

16 "방금 전라 감사 서상정徐相鼎이 올린 보고서를 보니, '이달(3월) 24일 광양현에 난민 수백
　　명이 머리에 흰 두건을 두르고 동헌에 뛰어들어 현감을 위협하며 부절符節과 군기시軍器寺
　　와 사창社倉의 환곡還穀을 빼앗으려고 했습니다. 그래서 성문을 닫았는데 아전과 백성이 모
　　두 흩어졌습니다. 해당 현감인 윤영신尹榮信이 일을 제대로 하지 못하여 이런 변고를 초래
　　했으니, 먼저 파출하고 그 죄상을 해당 관청에서 아뢰어 처리하게 하십시오.'라고 했습니
　　다." 『고종실록』 1869년 3월 29일자 기사 참조.

17 "경상 감사 김세호金世鎬가 보고했다. '영해부寧海府에서 도적 무리 수백 명이 밤중에 들이닥
　　쳐 관장官長을 죽이고 인신印信과 병부兵符를 빼앗은 일이 발생했는데, 그 무리에 대한 토벌
　　을 조금도 늦출 수 없습니다. 영해 부사 이정李㻛은 항의하며 꾸짖다가 결국 목숨까지 잃어
　　서 매우 비참하게 되었습니다. 시체를 염하고 장사 지내는 일을 착실히 돌보도록 해야 할
　　것입니다.'" 『고종실록』 1871년 3월 18일자 기사 참조.

다. 다만 탐관오리와 토호들이 조금 움츠러드는 효과는 있었다.

대체로 장김은 권력을 한 사람이 독점하지 않고 여럿이 공유했다. 어떤 사람은 장김의 핵심 권력자로 병炳 자 항렬에 속한 여덟 사람을 가리켜 팔병八炳(병학炳學·병필炳弼·병익炳翊·병시炳始·병덕炳德·병기炳冀·병국炳國·병교炳喬)이라 했고, 또 어떤 사람은 행랑이 열두 채나 되는 큰 집을 가진 사람을 가리켜 십이랑十二廊이라고 했다. 그러나 하응은 10년의 섭정 기간 동안 홀로 권력을 독점했다.

장김은 왕실의 인척에 불과하지만 하응은 임금의 친아버지다. 그 존엄한 신분과 권력의 독점은 사람의 생사여탈조차 마음만 먹으면 내키는 대로 조종할 수 있게 만들었다. 달리 말하면 하응은 임금의 자리에 오르지만 않았을 뿐 그 자신이 바로 임금이었다. 자연스레 그는 백성의 재물을 빼앗는 가장 악질적인 관리이자 대토호가 되고 말았다. 그는 아랫사람 가운데 뇌물을 받거나 위세를 부리는 사람이 있으면, 제齊나라 위왕威王 때 뇌물죄에 걸린 아阿의 대부大夫를 끓는 물에 삶아 죽인 형벌을 내린 것처럼,[18] 그리고 한漢나라 무제武帝 때 불경죄에 걸린 관부灌夫에게 일가족을 몰살하는 법률[19]을 적용했

---

18 『사기史記』「전경중완세가田敬仲完世家」에 "위왕이 아대부를 불러 말했다. '그대가 아阿 지역을 다스리면서부터 칭찬하는 말이 날마다 들려오므로 사람을 시켜 살펴보게 하였더니, 전야田野는 개간되지 않았고 인민들은 가난하여 굶주리며, 조趙나라가 견鄄 지역을 침공했는데도 그대가 구원하지 못했고, 위衛나라에서 설릉薛陵을 취했는데도 그대가 몰랐으니, 이는 그대가 후한 선물로 나의 좌우를 섬겨 칭찬을 구한 것이다.' 그날로 아대부를 삶아 죽이고, 옆에서 아대부를 칭찬했던 자들도 모두 함께 삶아 죽였다."라고 했다.

19 관부(?~기원전 131)는 전한前漢 시대의 사람이다. 교위校尉 관맹灌孟의 아들로, 아버지와 함께 오吳와 전투를 치르는 전장에 출정했다. 아버지가 전사하자 수하 몇 명을 이끌고 오나라 본진까지 쳐들어가 몇 십 명을 살상하고 자신은 목숨이 위험할 정도의 큰 상처를 입었다. 마침내 한군漢軍은 오군吳軍을 격파하고, 관부의 용맹은 천하를 진동시켰다. 무안후武安侯 전

던 것처럼 극형으로 다스렸다. 곧 뇌물죄와 불경죄가 발견된다면 아끼는 측근이라도 절대 용서하지 않았던 것이다. 대원군의 분부가 적힌 편지가 바람처럼 지나가면 온 나라가 숨을 죽이고 벌벌 떨면서 무조건 분부에 따랐으며, 행여 분부를 제때 받들지 못할까 두려워했다. 그래서 세금 징수가 아무리 번거로워도, 형벌이 아무리 무거워도, 힘없는 서민들은 간혹 이를 도리어 요행으로 여겼다.

임금의 친족으로 오랫동안 관직에 나오지 못했던 사람들은 칭찬 일색의 과장된 천거를 받고 높은 지위에 올랐다. 이들 가운데 많은 사람이 대신의 지위에까지 올라 왕실은 점차 든든한 기반을 갖게 되었다.

그 밖에 관청의 수선, 국경 요새의 정비, 곡식 창고를 채우는 일 따위는 모두 원래 모습대로 정돈하고 고친 것으로, 속담에서 말하는 '제 살 깎아 먹기'[20]에 지나지 않았다.

대원군 이하응에 대한 평가를 편견 없이 공정하게 한다고 할 때 공功이

분田蚡은 효경제孝景帝의 황후인 왕태후王太后의 친동생이다. 효경제가 죽고 무제가 즉위하자, 전분은 외척의 신분으로 무제의 총애를 받으며 6년 뒤 승상이 되었다. 관부는 성격이 강직하고 호기로워 아첨을 싫어했고, 특히 고위직이나 명문 세도가 사람들에게 조금도 굽히지 않았다. 무안후 전분이 연왕燕王의 딸을 아내로 맞이하며 잔치를 열자 왕태후가 조칙을 내려 열후列侯와 황족들에게 모두 가서 축하를 올리라고 했다. 관부 또한 마지못해 잔치에 참석하여 전분에게 술잔을 올렸지만, 전분은 이를 거절하고 받지 않았다. 이에 분을 참지 못한 관부가 술에 취해 손님들에게 욕을 하며 전분에게 모욕을 주었다. 전분 또한 화가 나서 관부를 결박시켜 옥사에 가두었다. 무제는 이 사건을 심리할 때 결국 외삼촌 전분의 편을 들어 관부와 그 가족을 모두 처형했다. 『사기』「위기무안후열전魏其武安侯列傳」참조.

20 '제 살 깎아 먹기'는 원문에 '割肉充腸할육충장'이라 되어 있다. 이는 자기 살을 베어 배를 채운다는 말인데, 『정조실록』 1784년 3월 18일 기사에 다음과 같은 실례가 있다. "그리고 이무렵에 거둬들인 발매 가격도 들어가는 것은 있지만 나오는 것이 없으니, 제 살점을 베어 배를 채우는 것과 비슷하다.(又際此時收發賣之價, 有入而無出, 無幾近於割肉充腸)"

열 개라면 죄는 백 개라고 나는 생각한다. 그러나 왕실을 위하는 그의 마음만은 장김에 비할 바가 아니었다. 그럼에도 불구하고 나라의 원기를 손상하고 국정을 떳떳하게 운영하지 못한 것도 사실이다. 게다가 국가가 중흥의 기회를 맞이했지만, 일할 만한 위치에 있으면서 겨우 터진 곳이나 메웠을 뿐이다. 이런 일로 미루어 보면, 장김·박조와 어울려 함께 목욕하면서 그들을 벌거벗었다고 흉보는 것이나 다름없다. 그의 일생과 마음 씀씀이를 살펴보건대, 결국 하찮은 원한이라도 반드시 갚았던 것은 마치 전국시대戰國時代 위魏나라의 응후應侯(범수范雎)가 재상이 된 뒤 과거의 사소한 원한까지 갚은 것과 비슷했고, 잘난 체하며 독단적으로 일을 처리한 것은 송나라 신종神宗 때 왕안석王安石의 완고함과 닮았으며, 사소한 것까지 속속들이 권력으로 독단한 점은 명나라의 재상 장거정張居正의 강력한 권력 독점에 견줄 만했다. 이런 점들을 종합하면, 그는 지식과 재주도 없으면서 나이 어린 임금을 보좌하며 마음껏 권력을 휘둘렀던 전한前漢의 곽광霍光을 빼어 닮은 또 한 사람의 살아 있는 곽광일 뿐이었다. 아아! 때는 다시 오지 않는다는 사실을 나는 안다. 그래서 애석할 뿐이다.

하응이 권력을 장악하고 세월이 제법 흐른 뒤에는 모든 권력이 그에게서 나왔다. 아무리 아들이나 조카 또는 친척이라 하더라도 권력 행사에는 일절 간여할 수 없었다. 이 때문에 하응의 철없는 아들 재면載冕과 사위 조경호趙慶鎬, 처남 민승호閔升鎬 등이 밤낮으로 한통속이 되어 하응의 허물을 임금에게 일러바쳐 부자 사이를 이간했다. 임금 또한 나이가 들 만큼 들었고 계속해서 제약받는 것이 싫었기 때문에, 부자 사이는 조금씩 벌어지기 시작했다.

계유년癸酉年 10월(1873, 고종 10년)

겨울에 장령掌令 벼슬을 지낸 최익현崔益鉉이 하응의 죄목을 낱낱이 열거한 글을 임금께 올렸는데, 하응에 대해서 권세를 부리는 신하로 지목하는 데 까지 이르렀다.

임금은 익현의 글에 좋은 말을 달아 답하고, 갑자기 그를 가선대부嘉善大夫(호조 참판)로 발탁했다.[21] 직각直閣 벼슬을 지낸 서석보徐奭輔 등이 글을 올려 익현을 논박했지만 임금은 오히려 이들을 귀양 보냈다.[22] 하응은 임금의 처사에 분개하여 몹시 화를 내고 양주楊州 곧은골(直谷)로 거처를 옮겨버렸다. 그러자 성균관과 각 도의 유생들, 남인과 소북小北 계열로 하응에 의지했던 사람들이 한꺼번에 글을 올려 사리의 옳고 그름을 따지며 하응을 두둔했다. 그러나 임금은 엄한 비답을 내려 그들의 주장을 모두 배척했을 뿐만 아니라, 마침내 대원군을 추종하는 무리를 대대적으로 축출하고 조정을 일신했다.[23]

---

21 최익현의 계유 상소癸酉上疏(1873년 10월 25일)는, 신미양요를 승리로 이끈 대원군이 그 위세를 몰아 만동묘萬東廟를 비롯한 서원 철폐를 단행하자 이에 대한 시정을 건의한 글이다. 이 상소를 계기로 대원군의 10년 집권이 무너지고 고종의 친정親政이 시작되었다. 최익현은 고종의 신임을 받아 호조 참판에 임명되고 누적된 시폐를 바로잡으려 했다. 그러나 권신들이 반발하면서, 대원군의 하야를 불러일으킨 최익현의 상소를 도리어 부자간 이간 행위로 규탄했다. 이에 최익현은 「사호조참판겸진소회소辭戶曹參判兼陳所懷疏(호조 참판의 사직을 청하며 아울러 소회를 진술하는 상소)」(1873년 11월 3일)를 올려 민씨 일족의 전횡을 비난했으나, 상소의 내용이 과격하고 방자하다는 이유로 제주도로 유배되었다(1873년 11월 12일).

22 서석보는 최익현의 계유 상소를 논박하여 귀양을 간 것이 아니라, 최익현에 대한 제주도 유배가 해제되려 하자 그에 반대하는 상소(1875년 2월)를 올린 일로 1875년 5월 17일 유배 처분을 받았다. "남간옥南間獄에 가두어둔 죄인 이순영李純榮과 서석보徐奭輔를 특별히 목숨만은 살려주고 우선 원악도遠惡島에 안치하라." 『고종실록』 1875년 5월 17일 기사 참조.
한편, 원문에는 서석보가 '徐碩輔'라 되어 있지만 '徐奭輔'의 오기이므로 바로잡는다.

23 본문은 최익현의 계유 상소 → 서석보의 논박과 귀양 → 대원군의 하야가 일련의 사태로 서술되었으나, 각 사건이 발생한 배경과 시점은 다르다(주21, 주22 참조). 대원군이 1873년 양주로 내려간 뒤, 이를 두고 벌어진 상소 소동은 1873년 바로 그해가 아니라 1875년(고종 12) 5월에 일어났다. "하교하기를, '요즘 유생들이 상소한 일로 한결같이 시끄러운데 무슨

왕비의 오빠인 민승호가 중간에서 이 일을 주도했다.

하응이 떠나고 나자 안팎이 고무되어 모두 시원하게 여겼지만, 근본을 아는 사람들은 자신을 낳아준 아버지를 하루아침에 지나치게 야박스럽게 대하는 임금의 처사가 오히려 임금의 덕망에 해를 끼칠까 싶어 걱정했다. 임금이 직접 정사를 주관하게 되자 전국은 기대로 부풀어 올랐다. 그러나 궁 안의 일은 왕비가 주도했고, 궁 밖의 일은 승호에게 맡겨짐으로써 갑자기 민씨들이 잇달아 기용되고 간악한 자들이 번갈아 조정에 진출했다. 이로부터 오늘날의 재앙이 양성되었다.

지난날 철종이 죽었을 때, 조정의 문무백관은 왕위를 누구에게 계승시킬 것인가를 두고 논의를 벌였다.

당시 국정은 모두 김씨들에 의해 좌지우지되었기 때문에, 하응은 위기를 느끼고 김병학金炳學의 딸을 왕비로 맞이하겠다는 약속을 장김과 했다. 그 덕분에 장김의 도움을 받아 지금의 임금을 옹립할 수 있었다. 그러나 왕위 계

까닭인가? 애당초 대원군의 행차는 바로 한가하게 쉬기 위한 것인데 외간 사람들이 무슨 일이 있는 것처럼 알았다. 그동안 상소한 말이 대부분 사실이 아닌 것을 주장하고 핍박하며 은근히 대원군의 행차를 지나친 거조로 돌리고, 또 내가 정성을 다하지 않은 허물이 있는 데로 귀결했다. 이것은 모두 이 무리가 없는 일을 만들어내어 뜻대로 희롱하기 위한 것이다. 비록 대등한 위치에 있거나 그 아래에 있는 관계라도 윤리와 기강에 관한 것은 사람들이 말하기 어려운데, 더구나 오늘 나를 임금으로 섬기는 자들이야 더 말할 나위가 있겠는가? 그리고 여러 대신들이 말로 하더라도 필시 이 무리가 무엄하다는 사실을 알고 있을 터인데 예사롭게 여기면서 오히려 응징하는 말 한마디도 하지 않고 있으니 개탄하지 않을 수 없다. 이 무리가 툭하면 동가動駕(임금의 수레가 대궐 밖으로 나가는 것)라고 칭하는 것도 협박에 가까운데, 내가 동가하고 말고를 어떻게 이 무리의 말로 인하여 진퇴할 수 있겠는가? 여러 대신은 나의 뜻을 다 알 것이니 빈청에 물러가서 상소문을 주동한 유생을 불러다가 잘 타일러서 돌려보내라. 이렇게 한 뒤에 다시 이 일을 가지고 상소하는 자가 있으면 이것은 고의로 범하는 것이니, 단연코 윗사람에게 대드는 무도의 법률로 다스릴 것이다.'라고 했다." 『고종실록』 1875년 5월 17일자 기사 참조.

승이 마무리되자 하웅은 장김 일족의 세력이 너무 강해진 탓에 제어하기 어렵다 생각하고 그들과 한 약속을 저버렸다. 차라리 민씨라면 자신의 처가일 뿐만 아니라 정치적으로도 고립되어 세력이 미약하므로 함께하기가 쉽고, 또 겹사돈을 맺으면 틀림없이 자신의 뜻을 거스르지 않을 것이라 판단했다. 그리하여 승호의 누이를 왕비로 간택했다. 하웅의 아내는 민치구閔致久의 딸이며, 임금의 왕비는 민치록閔致祿의 딸이다. 치록에게는 대를 이을 아들이 없어 치구의 둘째 아들 승호를 양자(승호는 치록의 11촌 조카뻘이다)로 들였다. 그런 까닭에 승호는 부대부인府大夫人(대원군의 아내)의 동생이자 왕비에게는 오빠뻘이 되어 두 사람 모두에게 형제인 셈이다.

민씨는 왕비로 책봉된 후 점차 나이가 들어가면서 순원純元(순조 비)·신정神貞(익종 비) 두 대비가 장성한 임금을 휘어잡고 마음대로 권력을 행사하는 모습을 보고 배우며 마음속으로 선망했다.

하웅이 떠나자 왕비는 상당한 힘을 행사하게 되었다. 자연히 조정의 모든 정무에 끼어들어 결정을 내렸고, 승호는 단지 왕비의 뜻을 받들어 실행할 뿐이었다. 승호는 천성적으로 어리석고 사리를 분별할 능력조차 없었지만, 하웅의 독단과 전횡이 불러온 실책을 경계할 줄은 알았다. 마침내 그 패거리 가운데 권문세가 출신으로 제법 이름난 관리 및 소론 출신으로 성격이 유순하고 언행이 공손한 사람들을 모집하여 돌아가면서 대궐에서 숙직을 하게 했다. 이것이 이른바 '별입시別入侍'이다. 저 김병시金炳始·김보현金輔鉉·심순택沈舜澤·정범조鄭範朝·윤자덕尹滋悳과 같은 인물이 떼를 지어 붙좇았다.

몇 년 사이에 신령과 부처에게 기도나 제사를 올리는 일이 창성했다. 신령과 부처에게 올릴 향과 예물을 가지고 날마다 전국의 명산을 찾아다녔으며, 무당과 방술을 부리는 자들은 대궐을 들락거리며 함부로 권력을 농단했다. 이렇게 대궐에 드나드는 이들은 돈이나 재물을 받고 벼슬을 시켜주거나 죄인의 죄를 경감해주었고, 거리낌 없이 뇌물을 주고받았기 때문에 백성들이 탄식하며 울분을 터뜨렸다.

병자년丙子年(1876, 고종 13년)

큰 가뭄이 들어 전국의 백성이 굶주렸다.

일본이 바로 이해 봄에 조약[24]을 어기고서 병선兵船 수십 척을 이끌고 곧장 강화도로 들어왔다. 겉으로는 우호를 돈독히 하고 조약을 개정한다는 명분을 내세웠지만, 속셈은 당시 세계 여러 나라가 서로 통행하는 예와 같이 우리나라의 항구를 개방시켜 외국과 무역을 하게 만들고 그에 따른 요령을 전수할 작정이었다.[25]

조정의 모든 관리가 놀라서 허둥거리며 이런저런 의견을 내놓았지만, 조약대로 할 수밖에 없었다. 결국 일본 사람들은 덕원德源(함경남도 문천군 덕원면)

---

24 1876년 2월 3일에 체결한 조일수호조규朝日修好條規를 가리킨다. "오늘, 3일 진시辰時에 일본국 특명전권변리대신特命全權辨理大臣 구로다 기요타카黑田淸隆, 특명부전권변리대신特命副全權辨理大臣 이노우에 가오루井上馨와 수호조관修好條款 2책冊에다 상호간에 서명 날인하고, 이어서 영하營下의 연무당鍊武堂에서 연회를 차렸으며 수행원도 참여하였습니다." 『고종실록』 1876년 2월 3일자 기사 참조.

25 정창렬은 개항의 역사적 의미를 다음과 같이 설명했다. "1876년의 개항 이후 조선의 객관적 조건은 크게 달라지게 되었다. 개항 이전의 조선 역사는 바깥의 영향, 특히 동아시아 국제 질서의 규정을 크게 받고 있었지만, 그러나 그 규정은 어디까지나 부차적인 것이었고, 본질적으로는 조선 사회 내부 모순의 갈등·대립에 의하여 전개된 자기 완결의 역사였다. 그러나 개항 이후의 역사는 세계 자본주의 체제에 연계되고 종속된 것이었기 때문에 종래의 자기 완결성을 상실하지 않을 수 없었다. 개항 자체는 일본에 대한 것으로서, 일방적인 치외법권의 설정, 일방적인 영토 주권의 침해, 일방적인 영해 주권의 침해, 관세자주권·관세의 전면적 부정, 일본 화폐의 유통권과 조선 화폐의 운출권運出權 등을 자유무역의 이름 밑에서 강요한 불평등조약이었다는 점에서 일본에 대한 종속이었다." 『정창렬 저작집 1─갑오농민전쟁』, 51쪽.

의 원산元山과 인천의 제물포를 차지하고 사용했으며, 동래東萊의 옛 왜관倭館까지 포함하여 이들 세 곳을 항구로 만들었다. 세 항구에는 해마다 영사를 파견하여 상업에 관한 사무를 전적으로 맡아 관리하게 했다. 또 그들은 일본에 사신을 보내 답례를 표할 것을 요구했다. 조정에서는 김기수金綺秀를 수신사修信使로 임명하여 일본으로 보냈다.[26]

이 무렵 조정은 물론 민간에서조차 강화조약講和條約이 잘못되었다는 여론이 들끓었지만 아무도 이런 사실을 드러내 놓고 말하지 못했다. 오직 최익현만이 우탁禹倬의 고사와 조헌趙憲의 고사[27]를 좇아 「병자지부복궐소丙子持斧伏闕疏(병자년에 도끼를 등에 지고 대궐 앞에 엎드려 올리는 상소)」를 올려 일본과의 화의가 잘못되었다고 강력히 개진하다, 며칠 후 흑산도黑山島로 귀양을 갔다.[28] 이에 앞서 최익현이 대원군을 공격했을 때, 사람들은 그가 누군가의 사주를 받았을 거라며 의심하고 비난과 칭찬의 여론이 반반이었는데, 이때에 이르러서야 비로소 그의 진심을 인정했다.

---

26 김기수가 수신사에 임명된 날짜는 1876년 2월 22일이다. 그는 4월 29일 부산포를 출발하여 5월 7일 도쿄에 도착했으며 20여 일 동안 머물렀다. 그러고서 5월 27일 도쿄를 출발하여 윤5월 7일 부산포에 도착했다. 『고종실록』 1876년 2월 22일자 기사 및 윤5월 18일자 기사 참조.

27 우탁은 고려 말기의 학자로, 충선왕이 아버지의 첩(숙창원비淑昌院妃)과 간통하자 흰옷을 차려입은 뒤 도끼를 들고 거적자리를 짊어진 채 대궐로 들어가 온 힘을 다해 간했다. 조헌은 조선 선조 때의 문신이다. 그는 대궐 앞에서 정여립鄭汝立을 논박하는 만언소萬言疏와 일본 사신을 배척하는 글을 올려 왕의 진노를 사는 바람에 삭탈관직당하였다. 최익현이 「병자지부복궐소」를 올린 일은 바로 우탁과 조헌의 뜻과 행동을 좇은 것이었다.

28 최익현이 일본과 맺으려는 화친조약을 문제 삼아 상소를 올린 날은 1876년 1월 23일이며, 그에게 흑산도로 귀양을 보내라는 명령이 내려진 날은 1월 27일이다. 『고종실록』 참조.

정축년丁丑年(1877, 고종 14년)

정월에 민승호가 불에 타서 죽었다.[29] 그리고 얼마 안 되어 경복궁에 화재가 발생했고, 이어서 영의정 홍인군興仁君 이최응李最應(흥선대원군 이하응의 형)의 집도 불길에 휩싸였다.

이 무렵 경상우병사慶尙右兵使(경상우도 병마절도사)를 지낸 신철균申哲均[30]은 관직에서 물러나 한가하게 지내고 있었다. 철균은 본디 대원군의 문하로서 대원군이 권력투쟁에서 밀려나 실권하게 되자 민씨 가문을 원망했다. 이에 조정에서는 방화 사건을 대원군이 주도하고 철균의 식객이 저질렀다고 의심하여 철균을 잡아들이고 고문을 가해 거짓 자백을 받아냈다. 그에 더해 경복궁 화재까지 철균에게 덮어씌워 대역죄를 적용해서 참형에 처하고, 그 아내와 자식들은 관청의 노비로 삼았다. 그러나 많은 사람들은 그가 누명을 쓰고 억울하게 죽었다고 생각했다.[31]

---

29 민승호는 정축년(1877) 정월에 사망한 것이 아니라 1874년(고종 11) 11월 28일에 사망했다. "민승호가 어린 아들과 함께 한창부부인韓昌府夫人(민비의 생모이자 민승호의 양어머니)을 모시고 식사할 때 어떤 사람이 지방 고을에서 진상하는 봉물封物 비슷한 자그마한 함 하나를 가지고 와 바쳤다. 즉시 내실內室로 들이도록 했는데, 그 사람은 돌아가버렸다. 민승호가 그 함을 보니 매우 기묘하게 생긴지라 직접 자물쇠를 여니 갑자기 굉음이 나면서 크게 폭발하여 어머니, 아들, 손자 세 사람이 모두 해를 당하였다. 그런데 그 함이 어디에서 왔는지 조사해내지 못하였다고 한다." 『고종실록』 1874년 11월 28일자 기사 참조.

30 원문에는 '申孝哲신효철'로 되어 있지만, 이는 신철균申哲均의 초년 이름이며 나중에 철균으로 개명했다. 이 책에서는 신철균으로 표기한다. 한국학중앙연구원의 '한국역대인물종합정보시스템'(people.aks.ac.kr) 인명 목록 참조.

31 신철균이 처음 체포된 이유는 화적을 맞닥뜨렸는데도 그에 맞서 합당한 조치를 취하지 않았다는 혐의 때문이었다. "방금 포도청 관리들이 모여서 의논한 문안을 보니, 전 병사兵使 신철균이 화적을 만나고서도 그냥 두었다는 것이 이미 도적의 공초에서 나왔다고 한다. 우선 의금부로 하여금 잡아서 가두도록 하라." 『고종실록』 1876년 2월 14일자 기사 참조.

승호는 일가족이 몰사했기 때문에 대를 이을 자식이 없었다. 그래서 일가친척들이 대를 잇는 문제를 의논했다. 승호의 먼 친척인 전前 승지 규호奎鎬는 자신의 형 태호台鎬를 설득하여 그의 외아들 영익泳翊을 승호의 양자로 입적시켜 대를 잇게 했다.

규호의 이런 조치는, 왕비의 뜻을 받들어 실행함으로써 자신의 정치적 입지를 강화하려는 목적이 있었기 때문이다. 과연 얼마 지나지 않아 규호는 이조 판서 겸 내영 도통사內營都統使로 발탁되었다.[32] 규호의 됨됨이는 노련하고 신중하면서 눈치가 빨라 임금 내외의 기분을 잘 맞추었고 아부도 잘했다. 이윽고 국정 전반을 통할하게 되자 전국의 이목이 모두 그에게 쏠렸다. 그 서슬 푸른 위엄과 기세는 승호와 비교가 안 될 정도로 대단했지만, 또한 물의를 일으키는 것은 겁냈으므로 매사에 다른 사람의 잘못을 감싸주고 잘못된 일은 바로잡으려고 노력했다. 규호의 이런 행동은 마치 저 진晉나라의 장화張華에 비교할 만했다.[33]

그러나 왕비는 기도하는 일에 절제할 줄을 몰랐고, 기도를 위해 하사하는 재물이 엄청나서 그 비용을 도저히 감당할 수 없었다. 끝내는 돈을 받고 수령守令 자리를 헐값으로 마구 팔았는데, 군과 읍의 재정 형편, 급료의 많고

---

32 『고종실록』에 따르면 민규호가 이조 판서로 임명된 날짜는 1875년 8월 3일이다. 또한 민규호는 1875년 8월 6일, 내영 도통사內營都統使가 아니라 무위 도통사武衛都統使에 임명되었다. 이는 황현의 오기로 보인다. 『고종실록』 1875년 8월 6일자 기사 참조.

33 사람을 대하고 관리하는 태도로써 민규호와 장화를 비교한 내용에 관계된 장화의 일화는 다음과 같다. 진나라의 장화는 오吳나라가 망하자 뛰어난 재능을 지닌 육기陸機·육운陸雲 형제를 적국 장수의 아들임에도 개의치 않고 받아들여 천거했으며, 불우한 환경으로 어려웠던 촉한蜀漢의 진수陳壽(나중에 『삼국지』를 저술한 인물)도 조정에 추천했다. 『진서晉書』 상上 「열전列傳 제6, 장화張華」 참조.

적음을 고려하여 가격을 불렀다. 규호 또한 어떻게 해볼 도리가 없었다. 관리 한 사람을 임명할 때마다 임금 내외가 의논하여 벼슬시킬 사람의 성명을 직접 적은 문서를 내려보냈는데, 문관이면 이조吏曹에, 무관이면 병조兵曹에 보내고, 그 사람을 포함한 세 명의 후보자를 올려서 결재를 받도록 했다. 이처럼 관리로 임용할 사람의 성명을 임금이 직접 적어서 내려보내는 것을 '서하書下'라고 했다. 때로는 임금이 직접 누구를 어떤 관직에 임명한다고 써서 내려보내고 그대로 실행하게 했다. 이처럼, 정해진 추천 절차를 밟지 않고 임금이 직접 벼슬을 내리는 것을 '제수除授'라고 했다. 서울이나 지방을 가리지 않고 권세가를 통해 부탁하면 반드시 임금이 손수 이름을 쓰고 관리들에게 명령대로 시행하게끔 하는 일이 벌어졌다. 이렇게 임금이 친히 써서 내린 문서를 '봉서封書'라고 했다. 대체로 이런 절차를 통해 감사와 수령으로 임명된 사람에게는 그 자리에 대한 원래의 가격 외에도 반드시 그 지방의 토산물을 사사로이 바치게 했다. 임금에게 사사로이 바치는 이런 선물을 '복정伏呈'이라고 했다. 지방의 수령들은 자신의 급료 수준을 따져본 뒤 부족한 부분은 강제로 군량軍糧을 징수하여 채웠다. 이와 같이 강제로 징수한 군량을 '연보捐補'라고 했다. 재물을 마련하는 방법은 이렇듯 다양했다.

　　세자가 태어난 이후에는, 이에 더해 임금·왕비·세자의 생일을 축하한다는 관례가 생겨나면서 진귀한 물품이나 토산품을 올리게 하는 경우도 있었다. 서울의 관청에서 근무하는 관리들은 아예 급료를 받지 못한 지 두서너 해가 되었고, 오영五營의 군사들에게는 급료와 군량을 지급하지 못하는 일이 잇따라 벌어졌다. 이러한 상황인데도 세자와 관련된 일이라면 돈을 흙 뿌리듯이 써댔다. 이 때문에 사대부와 약삭빠른 관리들은 경쟁적으로 세자시강원世子侍講院(세자의 교육을 담당하는 관아)과 세자익위사世子翊衛司(세자의 시위를 맡아보는 관아)의 자리를 차지했다. 아전과 하인 가운데 교활한 이들도 오직 이 두

곳에서 근무하는 관리들 밑에서만 일했는데, 마치 임금·왕비·세자가 사적으로 고용한 사람 같았다.

무인년戊寅年(1878, 고종 15년)

여름에 철인대비哲仁大妃 김씨(철종의 비)가 죽었다. 장례 비용이 막대했지만 왕실의 창고가 텅텅 비어 있었으므로 일을 주관하는 호조와 선혜청의 책임자는 아무런 조치도 취할 수 없었다.

이에 앞서, 대원군은 훈련도감 본부에 상평전常平錢[34] 20만 꿰미를 돈궤에 넣고 자물쇠를 단단히 채워서 비밀리에 따로 보관해 둔 일이 있었다. 임금과 왕비는 이런 사실을 알지 못했다. 이때 하응이 대궐로 들어가 임금을 만나서 말했다.

"천자의 나라가 돈이 없어 장례를 치를 수 없다면, 이는 천하에 웃음거리가 될 것입니다. 비록 제 몸이 고달프더라도 힘껏 노력하여 일을 풀어보겠습니다."

하응은 곧바로 훈련도감 본부에 보관해 두었던 돈을 꺼내서 일을 시작했다. 용도에 따라 돈을 배분하고, 상인들을 불러 먼저 물품부터 들이라고 했다. 상인들은 모두 하응의 조치에 호응하며 말했다.

"이것은 운현雲峴의 명령인데 어떻게 어길 수 있겠습니까!"

마침내 일이 잘 마무리되었다. 무릇 대원군의 집이 운현에 자리하고 있던지라[35] 세상에서는 흔히 하응을 '운현'이라고 불렀는데, 마치 별명처럼 되

---

34 조선 시대에 통용된 엽전으로, 상평통보라고 한다. 인조 11년(1633)부터 조선 후기까지 주조하여 사용했다.

35 흥선대원군의 사저인 운현궁은 현재 서울특별시 종로구 삼일대로(운니동)에 소재한다. 운현

었다. 운현이 폐출된 뒤 민씨들이 세상을 더욱 어지럽히자 안팎에서 운현을 그리워하고 동정하는 분위기가 일어났다.

이 무렵 운현을 추종했던 인물들은 대부분 멀리 귀양을 가서 쫓겨나 있었지만, 우의정을 지낸 한계원韓啓源과 좌의정을 지낸 강로姜㳰만은 여전히 별 탈 없이 한가하게 지내고 있었다. 이런 까닭에 민규호는 이 두 사람을 미워했다. 마침내 두 사람이 대비의 장례식 때 곡하는 관리의 대열(곡반哭班)에 늦게 참여했다면서 거짓을 사실처럼 꾸며 모함하고, 대사헌 이인명李寅命을 부추겨 두 사람을 탄핵하게 만들었다.[36] 결국 두 사람은 먼 곳으로 귀양을 갔는데, 이 일은 왕비의 의향에 따른 것이었다. 왕비는 새삼스럽게 운현을 미워하여 때때로 보복 같은 것을 했으며, 그 보복이라는 것은 모두 이런 종류였다.

일본과 조약을 체결한 후 일본 사람들이 허가도 없이 함부로 들어와 각 항구를 차지하고 아무 거리낌 없이 행동했다. 이 무렵 그들은 신문新門[37] 밖

은 당시 서운관書雲觀(기상관측을 담당하던 관청)이 자리한 곳의 앞에 있는 고개 이름이었다. 서운관은 세조 때 관상감觀象監으로 개칭되었으나 별호로서 똑같이 통용되었다. 서운관의 명칭인 운관雲觀과 그 앞의 고개를 가리키는 운현雲峴이라는 명칭은 그대로 변함없이 사용되었다.

36 『고종실록』 1878년 6월 15일자 기사 및 『승정원일기』 1878년 6월 15일자 기사에 따르면, 한계원과 강로에 대한 탄핵 사유는 '곡반에 늦게 참여한 일'이 아니라 '곡반에 참여하지 않은 일'이다. 또 『고종실록』 1878년 6월 16일자 기사에도 양사兩司(사헌부와 사간원)에서 두 사람이 '곡반에 참여하지 않은 일'을 들어 탄핵하고 있다. 따라서 정치적 이해관계에 따라 탄핵이 이루어졌다고 할 수 있으나, 모함 여부는 분명하지 않다.

37 신문은 서울 성곽의 사대문(흥인문, 돈의문, 숭례문, 숙청문) 가운데 하나로, 서대문西大門·새문·돈의문敦義門이라고도 한다. 1396년(태조 5) 한양 도성의 제2차 공사가 끝나고 팔대문이 완성되던 때 처음 세워졌다. 이후 폐쇄와 수리를 거듭하다가 1711년(숙종 37)에 다시 보수하여 지었으나, 1915년 일제의 도시계획에 따른 도로 확장 공사로 철거되었다.

천연정天然亭[38]에 들어가 살고 있었는데, 기이하고 교묘한 기예를 부리면서 날마다 임금의 거처를 들락거렸다. 임금과 왕비는 매우 즐거워하면서 조약을 늦게 맺은 것을 오히려 아쉬워했다. 이 때문에 많은 사람이 걱정스러워했다.

한편 이 무렵에 근거 없는 논의로 민심을 선동하는 두 당파가 있었다. 일본과 화친해야 한다고 주장하는 부류는 '개화당開化黨', 화친을 해서는 안 된다고 주장하는 부류는 '수구당守舊黨'이었다. 이른바 개화당이라고 불리는 부류 가운데 치욕을 참고 견디며 나라를 위해 계책을 세우는 사람은 단 한 명도 없었고 오로지 눈앞의 권력에 빌붙어 수단과 방법을 가리지 않고 명성과 이익을 추구했다.[39] 운현은 권좌에서 물러난 뒤 사람들의 발길이 끊어지면서, 수구가 아님에도 어쩔 수 없이 수구가 될 수밖에 없었다. 그리하여 자연스레 수구를 주도하는 인물로 지목되었다. 또한 운현과 친분이 있는 사람들은 '운변인雲邊人'(운현의 주변 사람이라는 뜻)이라고 일컬어졌다.

---

38 현재 서울특별시 서대문구 천연동에 소재한다. 서울에는 동대문 밖에 동지東池, 남대문 밖에 남지南池, 서대문 밖에 서지西池가 있었는데 모두 연꽃이 피었다고 하며, 서지의 서북쪽에는 천연정이 있고 그 밑에 기우제단이 있었다. 무악재를 오가는 관원들을 맞이하고 전송하는 행사장으로 사용되었고, 조선 말에는 경기 중군영京畿中軍營으로 쓰였으며, 또한 최초의 외국 사관使館인 일본 공사관으로 사용되었다.

39 원문에는 '蠅營狗嗅승영구후'라는 말로 표현되어 있는데, 이는 수단과 방법을 가리지 않고 권세에 빌붙어 명리를 탐한다는 말이다. 한유韓愈의 「송궁문送窮文」에 동일한 표현이 나온다. "이익을 찾아 파리처럼 날아다니고 개처럼 분주히 쏘다니며 몰아내도 다시 돌아온다.(蠅營狗苟 驅去復還)"라고 했다.

기묘년己卯年(1879, 고종 16년)

겨울에 민규호가 죽었다.[40]

규호는 예전에 자신의 조카 영익을 승호의 양자로 입적시켜 대를 잇게 하는 일을 주도했다. 그때 그는 영익이 아직 나이가 어리기 때문에 다른 마음을 품지 않을 것이라고 믿었다. 그러나 영익은 상복을 벗고 처음 벼슬길에 나오자 은근히 세도勢塗로 자처하면서 알게 모르게 규호의 권력을 잠식했다. 규호는 화가 났지만 창피스러워 겉으로 드러내지 못하고 속으로만 끙끙거리다 결국 울화병이 나서 매일 석고石膏 두 냥을 복용하다가 죽었다.

일반적으로 세도란 권력을 행사하는 신하를 가리키는 말로, 영·정조 시대에는 '귀인貴人'이라고 했으며, 순조·익종 이후에는 '세도'라고 바꿔 불렀는데, 그 호칭이 더욱 아름답지 못했다.

규호가 죽자 규호의 형 태호, 승호의 동생 겸호謙鎬, 그리고 영익이 권력을 삼분했다. 태호는 그나마 흑백 정도는 가릴 줄 알았지만, 겸호는 욕심 많고 야비한 데다 어리석고 세상 물정에도 어두웠다. 이들 가운데 영익이 가장 교활하고 약삭빨라 임금과 왕비의 총애를 독차지했다.

경신년庚申年(1880, 고종 17년)

봄에 김홍집金弘集이 수신사修信使로 일본을 방문하고 가을에 돌아왔다.

예전에는 일본을 '왜노倭奴'라고 불렀는데, 일본 사람들은 이 호칭을 몹시 싫어했다. 그래서 병자수호조약(조일수호조규, 이른바 강화도조약)을 맺은 이후부터 그들을 가리키는 언어와 문자는 모두 '일인日人', '일본日本'이라고 했다.

---

40 민규호는 1879년 겨울이 아니라 1878년 겨울(10월 15일)에 사망했다. 『고종실록』 1878년 10월 15일자 기사 참조. "우의정 민규호가 죽었다.(右議政閔奎鎬卒)"

홍집의 귀국으로 화의和議는 더욱 단단해졌다. 홍집은 귀국하면서, 당시 외교관 신분으로 일본에서 근무하던 중국인 황준헌黃遵憲이 저술한 『이언易言』이라는 책을 얻어와 임금에게 바쳤다.[41] 임금이 이 책을 읽고 그 내용을 조정에 전달했다. 이 책은 서양인의 학업과 기예의 정밀함을 극찬하면서 반드시 세계 여러 나라와 교류하여 서양인의 장점을 모두 배우고 익혀 서로 외교 관계를 맺고 연합해야만 러시아를 막아낼 수 있다고 주장했다. 이 책의 내용이 알려지자 조정과 재야가 한바탕 시끄러워졌다.

홍집은 천주학을 배운 뒤 임금도 천주학으로 인도해 빠져들게 함으로써 온 나라가 천주학을 따르게 하려고 했기 때문에 인심이 놀라서 분통을 터뜨

---

41 『고종실록』과 『고종시대사』에 따르면 황준헌이 김홍집에게 선물한 책은 『기우자이언杞憂子易言』, 『조선책략朝鮮策略』 등으로 확인된다.

『기우자이언』은 청나라 말기 국정 폐단의 시정과 부국강병책의 방법을 주장한 『관각이언管刻易言』으로 저자는 기우생杞憂生으로 알려져 있다. 그러나 기우생은 필명이며, 청나라 말기의 상황에 관심을 지닌 인물이라는 정도만 파악될 뿐 출신과 행적은 알려져 있지 않다. 이 책은 서구 열강의 중국 침략과 부국강병에 대한 대책을 정치·경제·재정·군사·외교·종교·교육·과학기술 등으로 구분하여 논했다. 상, 하 두 권으로 이루어져 있으며 「논공법論公法」 「논세무論世務」 「논아편論鴉片」 「논상무論商務」 「논개광論開壙」 「논화차論火車」 「논전보論電報」 「논개간論開墾」 「논치한論治旱」 「논기기論機器」 「논선정論船政」 「논주은論鑄銀」 「논우정論郵政」 「논염무論鹽務」 「논유력論遊歷」 「논의정論議政」 「논변방論邊防」 「논교섭論交涉」 「논전교論傳敎」 「논출사論出使」 「논수사論水師」 「논화기論火器」 「논연병論練兵」 「논민단論民團」 「논치하論治河」 「논허비論虛費」 「논겸봉論兼俸」 「논서사論書史」 「논초공論招工」 「논의도論醫道」 「논범인論犯人」 「논서류論棲流」 「논차관論借款」 「논리족論裏足」 등이 실려 있다.

『조선책략』은 황준헌의 저서 『사의조선책략私擬朝鮮策略』을 말하며, 이 책은 제정 러시아의 남하 정책에 대비하기 위해 조선·일본·청나라가 장차 시행해야 할 외교 정책을 논하고 있다. 『고종실록』에 따르면 김홍집이 고종에게 올린 책은 『조선책략』이다. "김홍집이 수신사로 일본에 갔을 때 청나라 공서 참찬公署參贊 황준헌을 만났는데, 그가 쓴 『조선책략』 1책을 증정 받아 가지고 돌아와 임금께 열람하도록 올렸었다." 『고종실록』 1880년 9월 8일자 기사 참조.

렸다. 그러나 관리들은 직위 고하를 불문하고 모두 입을 닫은 채 이런 사실을 입에 올리지 않았다. 마침내 영남의 유생들이 앞장서서 대궐 문 앞에 엎드려 논의를 주도하자, 각 지방에서 일제히 호응하며 잇달아 상소문을 올려 홍집을 공격했다. 어떤 글은 영의정 이최응까지 공격했지만, 감히 임금을 직접 공격하지는 못하였다. 마지막에 올라온 포천抱川 사람 홍재학洪在鶴[42]의 상소문은 말투가 더없이 준열하고 과격했기 때문에, 그를 잡아다가 중죄인을 다루는 국청鞫廳에서 목을 베어 죽였다. 또, 먼저 나온 여러 상소문에서 맨 앞에 이름을 올린 소두疏頭는 모조리 귀양을 보냈다. 홍집은 일련의 사태로 낭패를 당하자 서울을 벗어나 교외의 강가에서 머물며 1년 가까이 처벌을 기다렸지만, 임금은 끝내 죄를 묻지 않았다.

이 몇 해 동안 잇단 가뭄으로 기근이 들어 전국적으로 도적이 들끓었다. 서울은 더욱 심각해 밤낮없이 약탈이 벌어졌는데, 이런 짓을 하는 사람들을 '화적'이라고 했다. 간혹 은밀히 그들의 행적을 뒤쫓은 끝에 사로잡기도 했지만, 도적들은 뒤를 봐주는 후원자를 통해 뇌물을 바치고 번번이 임금의 봉서封書로 풀려났다. 좌우포도청의 어느 누구도 감히 어떻게 할 수 없었다.

신사년辛巳年(1881, 고종 18년)

봄에 오군영五軍營을 개편하여 두 개의 군영으로 만든 뒤 각각의 명칭을

---

42 홍재학은 경기도 포천 사람이 아니라 강원도의 유생이다. "승정원에서, '방금 대궐 문 앞에 엎드린 유생들이 올린 상소를 봉입하라는 명을 받고 네 도道의 소본疏本을 가져다 보니, 그 중 강원도의 유생 홍재학 등이 올린 상소는 종이에 장황하게 써 놓은 구절이 더없이 흉측하고 패악스럽습니다. 원소原疏는 비록 봉입하지 않을 수 없다 하더라도 소두疏頭(상소문에 맨 먼저 이름을 적은 사람. 여기서는 홍재학을 가리킨다)는 예사롭게 처리할 수 없으니, 삼가 바라건대 속히 처분을 내리소서.'라고 아뢰었다." 『고종실록』 1881년 윤7월 6일자 기사 참조.

'무위영武衛營'과 '장어영壯禦營'이라고 했다. 결국 서울의 경비와 군사훈련을 담당했던 훈련도감의 종전 규칙은 폐지되었다. 그 대신 부역에 나가지 않은 장정을 모집하여 일본인 교사로부터 치고 찌르는 무술을 배우게 했다. 이 부대를 '병대兵隊'라고 했다.

조정 관리 가운데 3품 이상의 관리 13명을 선발해서 일본으로 보냈다. 이들을 '유람조사遊覽朝士'라고 했다.[43]

이어, 청나라의 앞선 문물제도와 생활양식을 받아들이자는 논의(북학北學)가 있었다. 가을에 영선사領選使 김윤식金允植, 종사관從事官 윤태준尹泰駿, 관변官辨 백낙륜白樂倫을 천진天津에 파견했다. 천진에 주재하는 이들 사신을 통틀어 '주진대원駐津大員'이라고 했다. 그리고 배경이 좋은 집안 출신으로 비교적 나이가 어리고 총명과 지혜를 겸비한 젊은이를 선발하여 영선사에 딸려 보내 기술을 배우게 했다. 이들을 '생도生徒'[44]라고 했다.

이런 제도는, 만드는 데 번잡스러울 뿐 아니라 이름은 그럴듯하지만 실

---

43 예전에는 이때 파견한 시찰단을 '신사유람단紳士遊覽團'이라고 불렀으나, 관제에 따른 정식 명칭은 '신사信使'이다. '신사유람단' 또는 '유람조사'라는 말은 『조선왕조실록』에는 전혀 기록되어 있지 않다. 『고종실록』1881년 2월 27일자 기사에는 이전의 통신사通信使를 신사信使로 변경한다는 내용이 나온다. "통신사 일행을 3명의 사신으로 하는 것이 기왕의 전례라 하더라도 이번에는 참작하여 줄이되, 사신은 신사信使로 부르면서 아경亞卿과 경리당상經理堂上 가운데서 차출하고, 종사관從事官은 주사主事 가운데서 차출하는 것이 어떻겠습니까?' 신사유람단의 실질적 책임자인 김홍집은 신사로 임명되어 일본에 파견되었는데, 바로 이로부터 신사信使가 신사紳士로 변용된 것으로 추정된다. 또한 유람遊覽은 관제에 따른 명칭이 아니라 당시 시중에서 조성된 말로 보인다. "김홍집을 신사信使로 삼고, 윤태준尹泰駿을 종사관으로 삼았다."『고종실록』1881년 2월 27일자 기사 참조.

44 『고종실록』의 기사에 따르면 '학도學徒'가 정확한 명칭이다. 『고종실록』1881년 9월 26일자 기사 참조. 영선사 김윤식의 인술 아래 천진으로 간 학도는 69명이며, 이들은 주로 무기를 만드는 두 개의 공장에 나누어 배치되었다.

속은 거의 없었다. 그저 쓸데없이 남의 흉내를 내다가 자신의 장점까지 잃어버리는 꼴[45]이 될 따름이다.

가을에 북쪽 하늘에 혜성이 나타났다.

이해 겨울, 이재선李載先을 왕으로 추대하고 왕비 민씨를 추종하는 세력을 몰아내려는 모의가 사전에 발각되어 관련자 대부분이 사형을 당하는 사건이 발생했다.

재선은 하응의 서자로 임금의 배다른 형이다. 하응은 이전부터 재선을 추종하는 무리를 싫어하여 가까이하지 않았고, 재선은 아버지의 이런 처사에 낙담하여 하응을 원망했다. 남인 안기영安驥泳·권정호權鼎鎬[46]·채동술蔡東述 등이 재선을 왕으로 추대하고 하응을 재기시켜 민씨들과 노론의 명문대가를 모조리 쓸어버리려고 몰래 모의했다. 그러나 하응은 정작 이런 사실을 모르고 있었다. 그 일당 가운데 한 명이 배반하여 반역 행위를 고발함으로써 역적들은 모두 주살되었다. 민씨들은 떠들썩하게 운현을 배후 인물로 지목하며 더욱 그를 미워했다. 왕비는, 운현과 함부로 왕래하는 사람이 있다면 엄하게 처벌하라고 지시했다. 이 때문에 하응은 더욱더 문을 닫아걸고 찾아오는 손님마저 사절했다.

---

45 원문에서 이 구절은 '效顰효빈'이라 써 있다. 찡그림을 흉내 낸다는 이 말의 유래는 다음과 같다. 옛날, 월越나라의 미녀 서시西施가 속병이 있어 눈살을 찌푸리며 아픔을 참았는데 그 모습이 색다른 매력을 풍겼다. 어떤 추녀가 찡그린 그녀의 얼굴을 보고는 아름답다고 여겨서 똑같이 따라 했다. 훗날 사람들은 이 추녀를 '동시東施'라고 부르며 비웃었다. '효빈效顰'은 이렇듯 남의 결점을 장점인줄 알고 덩달아 흉내 내서 더욱 나빠졌다는 비유로 쓰이는 말이다.

46 원문에 권정호는 '權正鎬'로 되어 있으나 權鼎鎬의 오기이므로 바로잡는다. 『고종실록』 1881년 8월 29일자 기사 참조.

임오년壬午年(1882, 고종 19년)

봄가물이 3월부터 6월까지 계속되었다.

6월 9일

경영京營(서울에 있는 군영軍營을 통틀어 일컫던 말) 소속의 군대가 큰 난리를 일으켜 대궐을 침범했다. 이날 큰비가 내렸다.

민씨들이 집권한 뒤로 풀무치 떼가 농작물을 모조리 먹어치우는 재난이 발생하여 계속 흉년이 들었다. 여기에다 거듭된 무절제한 씀씀이가 겹쳐 국고와 식량을 관리하는 관청의 관리들은 모두 빈 창고를 지킬 뿐이었다. 그래서 매달 지급해야 할 병사들의 급료를 걸핏하면 빼먹은 지가 벌써 몇 해째 이어져[47] 원망과 욕설이 자자했다. 마침 이때 남쪽 세 도에서 거둔 세미稅米가 경창京倉에 도착했으므로 우선 몇 달치 급료를 나누어 주었다. 그런데 민겸호의 하인이 선혜청 출납을 주관하면서 입쌀(粳米)을 몰래 뒤로 빼돌렸다. 이 사실을 알아챈 각 병영의 병사들이 큰소리를 지르면서 겸호의 집으로 몰려가 그의 집을 때려 부수었다. 겸호는 도망쳐 대궐 안으로 들어갔다. 한편, 난을 일으킨 병사들은 이미 죄를 저지른 뒤라, 혹 그로 인해 처형당할 것을 두려워했다. 마침내 떼를 지어 운현궁으로 몰려가서 하응에게 살길을 열어달라고 사정했다. 하응은 그들의 우두머리를 불러 은밀히 분부하고 헤어졌는데, 말이 비밀스러워 다른 사람들은 아무도 상세한 내용을 알 수 없었다.

---

47 이 시기의 상황을 『고종실록』은 다음과 같이 전한다. "임금이 '군사들에게 급료를 내주지 못한 것이 얼마나 되는가?'라고 하자, 홍순목洪淳穆이 '지난번 접견 석상에서 아뢰었지만, 지급하지 못한 급료는 지금 13개월분이나 됩니다.'라고 대답했다." 『고종실록』 1882년 6월 10일자 기사 참조.

6월 10일

난을 일으킨 병사들이 창덕궁을 침범해서 떠들썩하게 왕비를 찾았다. 왕비를 해치려는 흉악한 소리는 차마 듣고 있을 수 없을 만큼 모질었다. 그들은 끝내 왕비의 소재를 알아내지 못했으나 조정의 요직에 있던 이최응李最應·김보현金輔鉉·민겸호閔謙鎬·민창식閔昌植 등은 모두 살해하였다. 민영익은 삭발하고 달아났다.

임금은 급히 대원군을 대궐로 불러들여 그로 하여금 난리를 일으킨 병사들을 진정시키고 국사를 처리하게 했다. 이때 서울은 혼란이 극에 달해 칼을 든 병사들이 길거리에 가득했다. 사람들은 경쟁이라도 하듯이 들고일어나 일본 사람을 찾아냈으며, 기어이 여섯 명을 죽였다. 일본 공사 하나부사 요시모토花房義質[48]는 살아남은 일본 사람들을 데리고 인천항에서 배를 타고 도망쳐 일본으로 돌아갔다.

하응은 대궐로 들어와서 왕비를 보지 못했기 때문에 이미 죽었다고 판단했다. 그리하여 문무백관을 거느리고 임금에게 발상發喪을 보고했다.[49] 왕비의 옷으로 염을 하고, 전국에 상복을 입으라는 반포를 내렸다.[50] 중국에도 왕

---

48 하나부사 요시모토(1842~1917)는 일본의 외교관이다. 임오군란이 일어나자 일본으로 도망쳤는데, 그 뒤 군대를 이끌고 다시 돌아와서 제물포조약의 체결을 주도했다. 일본은 이 조약을 통해 손해배상 청구와 일본군의 서울 주둔 등을 관철했다.

49 왕비의 사망과 장례 결정은 군병이 궐내로 침입한 바로 그날 6월 10일에 이루어졌다. "중궁전中宮殿이 오늘 오시午時에 승하했다. 거애擧哀하는 절차는 규례대로 마련하고 망곡처望哭處는 명정전明政殿 뜰로 하라." 『고종실록』 1882년 6월 10일자 기사 참조.

50 성복成服을 한 날은 1882년 6월 18일이다. "대행왕비大行王妃의 성복을 행했다." 『고종실록』 1882년 6월 18일자 기사 참조. 대행이란 왕이나 왕비가 죽은 뒤 시호諡號를 올리기 전에 높여 부르던 말이다.

비의 죽음을 알렸다.

난리가 점차 진정되자 임금은 대원군의 수고를 위로하고 공로에 보답하고자 기존의 격식과 다른 특별한 의식을 하사했다. 대궐에 출입할 때 한 쌍의 파초선芭蕉扇(파초 잎 모양처럼 만든 부채)을 가리개로 사용하게 하고, 여덟 사람이 메는 가마(팔인교八人轎)를 타게 하고, 조정에서 입는 예복의 흉배에는 한 쌍의 거북을 수놓은 옷을 입게 했다.[51] 당시 사람들은 이러한 조치를 옛날 중국의 천자가 특별한 공이 있는 신하에게 하사했던 구석九錫[52]에 비유했다.

하응은 이전에 내쫓기듯 조정에서 물러났지만 임금의 부름을 받고 조정에 나온 지 겨우 며칠 만에 자신의 측근인 이회정李會正·임응준任應準·조경호趙慶鎬 등을 다시 끌어들여 이런저런 요직에 앉혔다. 그의 득의양양한 모습은 갑술년(1874) 이전과 조금도 다르지 않았다. 그래서 사람들은 혹시 그가 난을 일으킨 병사들을 배후에서 지휘한 것이 아닐까 의심하기도 했고, 지난해 일어났던 이재선의 역모 사건도 틀림없이 모를 리 없다고 여겼다. 또한 그가 은혜와 원한을 지나치게 분명히 하는 옛 습관을 고치지 않았기 때문에, 상식

---

51 이때 정한, 대원군을 받드는 의식과 절차는 다음과 같다. "1. 대신大臣은 '시생侍生'이라 하고 보국숭록대부輔國崇祿大夫 이하는 '소인小人'이라 칭한다. 1. 가마(교자轎子)는 팔인교八人轎로 한다. 1. 흉배胸褙는 거북의 무늬를 쓴다. 1. 품대品帶는 청색의 가죽에 수정을 박은 것을 쓴다. 1. 초선蕉扇은 일산日傘으로 대신하되, 흰 바탕에 푸른색으로 테두리를 한다. 1. 부대부인府大夫人의 품대는 청색의 가죽에 수정을 장식한 것으로 마련한다." 『고종실록』1882년 6월 11일자 기사 참조.

52 구석이란 나라에 큰 공을 세운 사람에게 천자가 내리는 아홉 가지의 은전恩典이다. ① 거마車馬, ② 의복衣服, ③ 악기樂器, ④ 주호朱戶(붉은색으로 칠한 문), ⑤ 납폐納陛(천자가 거처하는 전상殿上의 댓돌에 신을 신고 오를 수 있는 권리), ⑥ 호분虎賁(위나라 조조가 구석을 수여할 때 내린 것 중 하나로, 용맹한 군사 300명을 문지기로 하사하는 것), ⑦ 궁시弓矢(활과 화살) ⑧ 도끼, ⑨ 거창秬鬯(수수와 향초를 섞어 빚은 술)을 말한다.

적인 사람이라면 그가 틀림없이 실패하리라는 것을 알았다.

어윤중魚允中은 지난해 봄, 유람단의 일행으로 일본에 갔다가 그곳에서 바로 천진으로 가서 영선사 김윤식과 함께 기거했다. 이 무렵 전보를 통해 본국의 상황을 알고 크게 놀라, 북양총독北洋總督 이홍장李鴻章에게 역적을 토벌하고 법에 따라 처벌해줄 것을 읍소했다.[53]

홍장은 평소 조선이 줏대 없이 이랬다저랬다 했기 때문에 한번 톡톡히 징계함으로써 정신을 차리게 만들어야겠다는 생각을 하고 있었다. 마침내 자신이 관할하는 병선兵船을 내어 마건충馬建忠과 황사림黃仕林[54]을 서둘러 조선으로 출발시켰다. 시랑侍郎 오장경吳長慶이 이들을 통솔하여 수원에 배를

---

53 청나라의 조선 파병은 어윤중이 이홍장에게 읍소하는 사적 경로와 동기로 일어난 것이 아니다. 일본 정부는 하나부사가 나가사키長崎에서 보낸 전보를 통해 임오군란이 발생했음을 알았고, 임오군란을 일으킨 흉도의 체포와 처벌, 배상을 요구하기 위해 이노우에 가오루에게 군함 세 척과 800명의 병사를 내주어 조선으로 출발시켰다. 그리고 곧 이어 1,000여 명의 육해군을 증파했다. 청나라 정부는 주일 공사 여서창黎庶昌의 보고로 이런 사실을 알게 되었다. 마침 천진에 체류 중인 김윤식과 어윤중도 청나라 정부에 파병을 요청했다. 청나라 정부는 "만일 일본 군함이 조선에 먼저 도착할 경우 이노우에는 반드시 교활하고도 지독한 계책을 실행할 것이다. 일본이 조선을 노린 지는 어제오늘의 일이 아니다. 만약 이노우에가 군함을 거느리고 조선의 서울로 진입한다면 아마도 난을 일으킨 무리를 진압하고 나서 임금까지 폐위시키거나 이하응과 결탁하여 임금을 폐위시킬 것이다. 아니면 이하응을 도쿄로 압송하여 조선 측의 호감을 살 수도 있을 것이다. 앞의 어떤 경우라도 모두 우리에게 불리하다."는 설복성薛福成의 건의를 받아들여 마건충馬建忠과 정여창丁汝昌을 조선으로 파견했다. 그런 뒤 다시 오장경吳長慶에게 대군을 거느리고 신속히 조선으로 출동하도록 지시했다. 청나라는 '오로지 난을 일으킨 무리만을 토벌한다(專討亂黨)'는 방침하에 대원군을 납치하여 난의 근원을 제거한다는 계획을 세웠다. 한편, 당시 이홍장은 모친상을 당하여 고향 안휘성安徽省에 가 있었다. 천웨이팡陳偉芳 지음, 권혁수 옮김, 『청·일 갑오전쟁과 조선(淸·日 甲午戰爭과 朝鮮)』, 백산자료원, 1996, 84~87쪽 참조.

54 이때 마건충과 함께 조선으로 들어온 이는 정여창丁汝昌이며, 황현이 '황사림'이라 기록한 것은 오기이다. 주53 참조.

대고 곧바로 서울로 들어왔다. 그리고 곧 운현궁으로 하응을 찾아가 정중하게 노고를 위로한 뒤 돌아가서 하응의 답례 인사 방문을 기다렸다. 며칠 후답례 인사 차 온 하응을 바로 결박해서 부인용 가마에 태워 수원으로 보냈다가 남양南陽의 마산포馬山浦에서 배에 태워 쏜살같이 중국으로 가 북경 남서쪽에 위치한 보정保定에 유폐했다.[55] 이 일이 일어난 날이 7월 22일이다. 일이 너무나 급작스럽게 발생했기 때문에 미처 방어할 겨를도 없었지만, 청나라의 위세에 맞설 수도 없었다고 한다.[56]

---

55 청나라의 오장경, 마건충, 정여창은 7월 13일 운현궁을 방문하여 대원군을 만났다. 대원군은 이날 오후 둔지미屯地尾의 청군 군영으로 답례 방문을 했고, 이때 청군은 대원군을 납치하여 천진으로 떠났다. 청나라는 대원군을 압송하면서 조선 정부에 다음과 같은 효유문을 보냈다. "조선은 중국의 속국으로서 본래부터 예의를 지켜왔다. 얼마 전부터 권신들이 실권을 잡아 나라의 정사가 사가私家의 문에서 나오더니 마침내 올해 6월의 변고가 있었다. 지난번 이 변고가 황제께 보고되자 황제는 장수들에게 명하여 군사를 파견했다. 먼저 대원군을 중국에 들어오게 하여 일의 진상을 직접 물으시고, 한편으로 죄인들을 체포하여 엄하게 징벌하되 그 수괴는 처단하고, 추종한 자는 석방하여 법을 정확히 준수하라고 했다. 이제 북양 수군을 통솔하는 정丁 제독이 잠시 대원군과 함께 바다를 건너 황제가 계신 곳으로 갔다. 남의 혈육지간의 일에 대해 은정을 온전하게 하고 의리를 밝히는 것은 우리 대황제가 참작해서 알맞게 잘 처리할 것이며, 너희 대원군에게는 반드시 대단한 추궁을 하지는 않을 것이다. 그런데 행차가 갑자기 있었으므로 혹시 너희 상하 신민들이 이 뜻을 알지 못하고 함부로 의심과 두려움에 사로잡혀, 원元나라가 고려의 충선왕과 충혜왕을 잡아간 전례와 같은 것으로 생각한다면 황제의 높고 깊은 뜻을 저버리는 것이다. 이 밖에 지난번 난을 일으킨 무리가 혹시 다시 음모를 꾸민다면, 지금 바다와 육로로 일제히 진출한 대군의 숫자가 벌써 20개 부대나 되니 너희는 화와 복을 깊이 생각하여 일찌감치 해산하고, 그릇된 악한 감정을 고집함으로써 스스로 죽음을 재촉하지 말라. 아! 대국과 너희 조선은 임금과 신하의 관계이므로 정의情誼는 한집안과 같다. 본 제독은 황제의 명령을 받고 왔으니, 곧 황제의 지극히 어진 마음을 체득하는 것이 군중軍中의 규율이다. 이것을 믿어야 할 것이다. 특별히 절절하게 타이른다." 『고종실록』 1882년 7월 13일자 기사 참조.

56 청나라가 대원군을 납치한 데는 두 가지 뚜렷한 목표를 가지고 있었다. 첫째, 군사 실력과 함께 외교 수단을 이용하여 일본이 조선을 협박하지 못하게 하고, 나아가 조·일 회담을 조

어윤중과 김윤식 두 사람은 평소 개화를 추구했기에 하응으로부터 미움을 샀다. 만약 하응이 다시 국정을 장악한다면 틀림없이 자신들을 용납하지 않을 것이라 생각하고, 형(흥선대원군의 형, 곧 이최응)을 죽이고 왕비를 시해했다고 모함하여 이런 일을 꾸며냈다. 오장경은 대규모 병력을 투입하여 서울을 도륙하고 난을 일으킨 병사들을 모조리 죽여버리려고 했다. 마침 청나라 관련 외교를 담당하는 조영하趙寧夏가 열 번이나 오장경을 찾아가 간절히 사정하자, 청군은 동대문 밖 왕십리를 포위하고 수백 명을 죽이는 데 그쳤다. 왕십리는 바로 이전에 오영五營의 병사들이 모여 살던 마을이 있는 곳이다.

하응이 집권에 실패한 뒤 민씨들이 다시 조정에 들어왔다. 왕비는 8월에 복위했다.

난이 일어난 초기에 왕비는 군인들에게 끌려 나와 어떤 화를 당할지 예측할 수 없었다. 그런데 이때 별감別監 홍계훈洪啓薰[57]이 거짓으로 깜짝 놀란 체하며 소리쳤다.

"이 사람은 궁녀인 내 여동생입니다. 엉뚱한 사람을 죽이지 마십시오."

홍계훈은 곧바로 왕비를 업고 대궐을 빠져나와 몰래 충주로 가서, 왕비

정하여 조선에서 청나라의 지위를 강화한다. 둘째, 난을 일으킨 무리를 대신 토벌함으로써 중국이 책봉한 조선의 왕통과 봉건 통치 질서를 유지하고 조선 정부에 대한 영향력을 더욱 강화한다. 대원군을 체포한 이유도 바로 그가 난을 일으킨 무리와 결탁하여 왕명을 거역하고 대권을 찬탈하여 봉건 통치 질서를 파괴했기 때문이며, 난을 일으킨 무리를 탄압한 것은 또한 조선 인민의 생명을 희생시켜서라도 일본의 인명 배상 요구를 만족시키고 일본인들의 복수 심리를 무마하기 위해서였다. 『청·일 갑오전쟁과 조선』, 86~87쪽 참조.

57 원문에 홍계훈은 '洪在熙홍재희'로 되어 있으나, 이는 洪在義홍재희의 오기이다. 재희는 초명이며 나중에 계훈啓薰으로 개명했다. 이 책에서는 홍계훈으로 표기한다.

를 민응식閔應植의 집에 은신시켰다.[58] 그리고 왕비가 생존해 있다는 사실을 서울에 알렸다. 전前 부사府使 서상조徐相祖가 상소를 올려 이런 사실을 알리면서 왕비의 복상을 중지할 것과 예법에 따라 왕비를 다시 맞아들일 것을 요청했다.[59] 임금이 그의 의견을 따랐다.

이홍장은 하응을 압송해서 중국으로 데려온 뒤에도 오장경을 그대로 서울에 머물게 하여 조선을 진압하는 한편, 병영을 설치하고 그에게 제독 직책을 부여하여 조선의 정치·군사·통상 사무를 장악하게 했다.

얼마 지나지 않아 일본 사람들이 다시 우리나라에 들어왔다. 이들은 우리나라 사람들이 아무런 이유도 없이 트집을 잡아 일본 사람을 많이 살해했다는 핑계를 대면서 "만약 은으로 배상하지 않으면 군대를 동원하여 보복하겠다"고 했다. 조정에서는 어쩔 수 없이 은 10만 냥을 배상했다.[60] 이 때문에

---

58 이 기록은 실록의 기사와 차이가 있다. 『고종실록』에는 "6월 10일, 반란 군사들이 대궐에 침범하자 왕비는 몸을 피해 사어司禦 윤태준尹泰駿의 화개동花開洞 집에 은신해 있었다. 무감武監 홍재희(홍계훈)가 따라가 호위했다. 이어 익찬翊贊 민응식의 충주 장호원 시골집에 은신했다."라고 기록되어 있다. 『고종실록』 1882년 7월 25일 기사 참조.

59 서상조는 당시 봉상시 정奉常寺正으로 근무하는 현직 관리였다. "봉상시 정 서상조가 상소를 올렸다. 내용은 대략 다음과 같다. '지난 6월에 있었던 군사들의 난은 천고의 큰 변고입니다. 중궁 전하께서 급히 화를 피하실 적에 호위하는 반열에 있던 모든 사람들은 혼비백산하여 나아가신 곳을 살피지 못하였습니다. 어찌 이와 같은 망극한 일이 있을 수 있단 말입니까? 근래 듣자 하니 매우 다행스럽게도 중궁 전하께서 조용히 변란에 대처하시어 누추한 곳에 은신해 계신다고 합니다. 삼가 바라건대, 거처하고 계신 곳을 널리 수소문하여 의장儀仗을 갖추고 예법에 따라 왕후의 자리로 맞아들이소서.' 하였다"『고종실록』 1882년 7월 25일자 기사 참조.

60 1882년 7월 17일에 체결된 조일수호조규 제4조에는 "흉도들의 포악한 행동으로 일본국이 입은 손해 및 공사公使를 호위한 해군과 육군의 비용 중 50만 원을 조선국에서 보전한다. 매년 10만 원씩 지불하여 5년 안에 청산한다."라고 되어 있다. 본문에서 '은 10만 냥'이란 50만 원을 은으로 환산한 것으로 추정된다. 『고종실록』 1882년 7월 17일자 기사 참조.

국가재정은 한층 어려워졌으며, 일본 사람들은 더욱더 거침없이 행동했다. 종내 남산 밑에 들어가 살면서 공관을 설치하고 시장을 열었다. 서양의 영국·독일·미국 등 여러 나라 공사들 또한 일본을 좇아 모두 대정동大貞洞과 소정동小貞洞에 공관을 설치했다.[61] 청나라 공관은 종로의 큰길을 차지했다. 이에 따라 서울 거리는 피부색이 다른 사람들로 넘쳐났다. 사람들은 겁을 먹고 술렁거렸으며 거리 풍경은 스산하기 짝이 없었다. 많은 사람이 난을 피해 사방으로 나갔다.

이해(1882)에 정치·군사에 관한 사무를 총괄하여 맡아보던 통리기무아문統理機務衙門을 두 개로 나누었다. 하나는 외국과 교섭 및 통상을 관할하는 통리아문統理衙門(11월 17일)이고, 다른 하나는 나라 안의 살림을 관할하는 통리내무아문統理內務衙門(11월 18일)이다. 또한 대신大臣을 총리總理로, 2품 이상 관원을 협판協辦으로, 6품 이상 관원을 주사主事로, 그 호칭을 변경했다.

민영익閔泳翊이 전권대신全權大臣으로 임명되어 서양으로 갔다.[62]

---

61 조선시대에 작성된 각종 지도를 살펴보면 대정동과 소정동은 그 위치가 항상 일치하는 것은 아니지만 대체로 현재의 서울시 중구 정동길을 중심으로 그 서쪽 일대를 대정동, 그 동쪽 일대를 소정동으로 불렀던 것 같다. 실제로 1820년대에 그려진 지도로 추정되는 〈수선전도首善全圖〉를 보면 그와 비슷한 위치에 대정동과 소정동이 표시되어 있다. 다만, 대정동과 소정동이 모두 서부西部 황화방皇華坊에 속해 있기는 하나 시대에 따라 소정동 지역이 여경방餘慶坊으로 표시된 경우도 있다. 한국콘텐츠진흥원, 『문화원형백과』 「구한말 외국인 공간—정동」, 2007.

62 민영익이 미국 답방 전권대신으로 임명된 날짜는 1883년 6월 5일이다. '서양'은 미국을 그렇게 표현한 것으로 보인다. "미국 공사가 국서를 가지고 와서 우호 관계가 이미 돈독해졌다. 마땅히 답방이 있어야 할 것이다. 협판교섭통상사무協辦交涉通商事務 민영익을 전권대신

민영휘閔泳徽 또한 전권대신으로 임명되어 일본으로 갔다.[63] 두 사람 모두 기선을 타고 출발했다.

계미년癸未年(1883, 고종 20년)

봄에 오장경이 본국으로 소환되어 돌아가던 중 금주錦州에서 죽었다.[64] 오장경의 참모로 조선에 와 있던 원세개袁世凱가 오장경의 역할을 대신 수행했다. 원세개는 대체로 사람됨이 관대하고 명민했으므로 서울 사람들의 마음을 사로잡았다.

3월

전선電線을 가설했다.

동쪽은 동래東萊를 거쳐 일본까지 이르렀고, 서쪽은 의주義州를 거쳐 북경까지 이르렀다.

으로, 협판교섭통상사무 홍영식洪英植을 부대신副大臣으로 임명하여 떠나게 하라." 『고종실록』 1883년 6월 5일자 기사 참조.

63 민영휘는 원문에 '閔泳駿민영준'으로 되어 있는데 이는 초년 이름이며, 영휘는 관명冠名이다. 한국학중앙연구원의 인물 정보 표기 방식에 따라 앞으로 민영준은 모두 민영휘로 옮긴다. 황현의 기록과 달리, 민영휘는 1887년 5월 16일에 전권대신이 아닌 특파주차特派駐箚 일본 관리대신辦理大臣으로 임명되었다. "일본에 파견할 공사를 아직도 보내지 못했으니, 이웃 나라와 좋게 지내는 우의에서 볼 때 실로 흠이 된다. 도승지都承旨 민영준閔泳駿(민영휘)을 특별히 일본 주재 관리대신으로, 부사과副司果 김가진金嘉鎭을 참찬관參贊官으로 임명하니, 도쿄에 가서 공사의 일을 잘 처리하도록 하라." 『고종실록』 1887년 5월 16일자 기사 참조.

64 오장경은 1882년 조선에 들어와서 임오군란을 진압하고 1884년에 귀국해 금주金州의 방위를 담당하다가 병사했다. 본문의 '금주錦州'는 요녕성遼寧省에 위치한 서남부의 지명이며, 오장경의 실제 사망지인 금주金州는 요녕성 대련시大連市의 구명區名이다.

4월

조병창趙秉昌·조채하趙采夏·정현덕鄭顯德·이원진李源進·조우희趙宇熙·이회
정李會正·임응준任應準·이재만李載晚이 모두 임금의 특별 명령에 따라 사약을
받고 죽었다. 이들은 모두 세상에서 운현의 주변 인물로 불리던 사람이다.[65]

왕비는 복위한 이후 분을 참지 못하고 독한 마음으로 운현을 벼르고 있
다가, 운현을 따랐던 사람들에게 그 분심을 풀었다. 병창은 아들 채하와 함
께 죽었기 때문에 사람들이 더욱 동정하였다.

이때 민겸호는 이미 죽은 뒤고, 민영익은 외국을 돌아다니고 있었다. 오
로지 민태호가 정사를 도맡아 처리했다. 세자(1907년 순종으로 즉위)는 이해 열
살이 되었으며, 지난해(1882) 봄에 태호의 딸을 세자빈으로 맞았다. 태호는
영익에게 의지하지 않고 스스로 세자의 장인이 되었는데, 그가 이른바 근래
우리나라의 '당래세도當來勢塗'였다.

봄에 당오전當五錢을 주조해서 유통시켰지만, 물가는 폭등하고 당오전의
가치는 폭락하여 유통이 잘 안 되었다.[66] 오직 정부의 행정력이 비교적 쉽게

---

65 이들은 대원군과 한편이 되어 임오군란에 가담했다는 죄목으로 탄핵되어 사약을 받고 죽었
    다. 이재만은 원문에 '李在晚'으로 되어 있지만, 李載晚의 오기이므로 바로잡는다. 『고종실
    록』 1883년 4월 28일자 기사 참조.

66 당오전은 1883년(고종 20) 2월에 주조되어 1894년 7월까지 유통되었던 화폐이다. 명목 가
    치는 상평통보의 5배였으나, 실질 가치는 상평통보의 약 2배에 지나지 않았다. 조선 정부
    는 세도정치 이래의 만성적인 재정난과 1876년 개항 이후에 해외 사절단의 파견 비용, 부
    산·원산·인천의 개항 비용, 신식 군대의 창설 비용 등 신규 재정지출로 극심한 재정 압박
    을 받았다. 이러한 재정난을 타개하기 위해 1882년 일시적으로 대동삼전大東三錢을 주조하
    기도 했다. 그러나 임오군란과 인천 개항 이후 격증하는 경비 지출을 타개하기 위한 좀 더
    적극적인 통화개혁이 필요했다. 그리하여 1883년 2월 민씨 일파가 주동하여 당오전 주조
    를 결정했다. 명목 가치를 상평통보의 5배로 결정했음에도 불구하고 당시 세상에서는 명
    목 가치보다 실질 가치를 더 중시하는 인식이 뿌리 깊었기 때문에, 당오전은 그 명목가대로

미치는 기호畿湖(경기·충청) 지방과 양서兩西(황해도·평안도) 지방에서만 사용되었다.

가을에 혜성이 동쪽에서 나타나 하늘에 뻗쳐 있다가 한 달이 지나서야 없어졌다. 이해 큰 가뭄이 들었다.

겨울에 감생청減省廳을 설치하고[67] 어윤중이 일을 주관했다. 국가재정이 고갈되었기 때문에 불필요한 정부 기구와 비용, 정부 각 부처의 인원을 줄이고자 했지만, 일은 실효를 거두지 못하고 위아래의 원망만 샀다.

갑신년甲申年(1884, 고종 21년)

봄에 민영익閔泳翊·홍영식洪英植·서광범徐光範 등이 미국에서 돌아왔다.

영익은 세계 여러 나라를 두루 돌아다니며 국제 정세를 살펴본 뒤 우리

유통되지 못하였다. 이 때문에 경기도·황해도·충청도 등 정부의 행정력이 비교적 쉽게 미칠 수 있는 지역에서만 통용되었고, 설사 통용되고 있는 지역이라도 상평통보와 거의 같은 유통 가치로 쓰였다. 당오전의 화폐가치가 이처럼 폭락하자 지방관들은 이를 이용해서 조세를 양화良貨인 상평통보로 징수한 뒤 악화인 당오전으로 바꾸어 내는 등 여러 가지 폐단이 성행했다. 그 결과 국고의 손실 역시 적지 않았다. 더우이 화폐가치의 폭락에 반비례하여 물가는 폭등했다. 그뿐만 아니라 외국 화폐에 대한 국내 화폐의 비가절하比價切下로 인해 국제무역에서 발생하는 손실도 컸다. 결국 당오전의 주조는 화폐제도에 커다란 혼란을 초래함으로써 물가 폭등 등 사회경제적 모순을 더욱 확대 심화한 원인이 되었다.

67 황현은 1883년(계미년) 겨울에 감생청이 설치되었다고 기록했으나, 실제로는 1882년(임오년) 10월에 설치되었다가 1883년 5월에 폐지되었다. "지금 감생에 관한 모든 일은 매우 신중히 해야 하므로 관청을 설치하고 강구하게 해서 지극히 타당하게 하도록 힘써야 합니다. 관청의 명칭은 '감생청減省廳'으로 하고 처소는 관상감觀象監에 두겠습니다." 『고종실록』 1882년 10월 20일자 기사 참조 ; "감생청에서, '감생減省하는 일이 끝났으니 본청은 오늘부터 철폐하겠습니다.'라고 아뢰었다." 『고종실록』 1883년 5월 1일자 기사 참조.

나라가 융통성 없이 끝까지 변화를 거부한다면 끝내 부강해질 가망이 없다고 하면서 감개한 표정으로 무령왕武靈王의 고사를 들먹였다.[68]

그는 밤낮없이 임금에게 복장을 양복洋服으로 바꾸라고 권했다. 임금도 영익의 의견을 지지했다. 여름이 되자 드디어 사복을 바꾸는 조례를 반포했다. 넓은 소매통과 끈을 길게 늘어뜨리는 복장 제도는 모두 없애고, 두루마기(周衣)는 입되 관원인 경우에는 그 위에 전복戰服(무관이 입는 옷으로, 깃·소매·섶이 없고 등솔기가 허리부터 트여 있다)을 걸치라는 명령을 내리고 곧바로 시행했다. 조정의 대신은 말할 것도 없고 대관臺官·간관諫官과 산림에 이르기까지 모두 글을 올려 사복 제도의 변경을 간곡히 반대했다. 특히 우의정 김병덕金炳德이 앞장서서 강력하게 반대했지만, 모두 받아들여지지 않았다. 병덕은 결국 서울 밖으로 쫓겨났다.[69]

이 무렵 김옥균金玉均·박영효朴泳孝 등은 외국과 내통하면서 경망스럽게

---

68 민영익이 말한 '무령왕의 고사'란 다음과 같다. 춘추전국시대 조趙나라는 사방으로 적에게 둘러싸여 있어 늘 전쟁에 시달려야 했다. 특히 동쪽과 서쪽에 자리 잡은 유목 민족은 조나라를 끊임없이 약탈했다. 그럼에도 조나라는 오랑캐의 풍속을 멀리하는 중원의 문화와 문물에 빠져 부국강병을 소홀히 했다. 이 같은 상황에서 즉위한 무령왕(?~기원전 295)은 부국강병책을 이루고자 신하들의 강력한 반대를 무릅쓰고 제일 먼저 호복胡服(오랑캐의 옷)으로 복장을 개혁했다. 생활하는 데 간편할 뿐만 아니라 말타기와 활쏘기에 적합한 오랑캐 옷을 군사들에게 입혀 전장에 나감으로써 전쟁에 승리하고, 동시에 영토 확장을 이루었다. 『사기史記』 「조세가趙世家」 참조.
   민영익이 무령왕의 고사를 언급한 데는, 조선이 부국강병을 이루기 위해서 조나라의 무령왕처럼 의복 개혁을 포함하여 전반적인 제도 개혁을 단행해야 한다는 뜻이 담겨 있다.

69 사복 제도의 변경은 1884년 6월 3일 임금의 재가를 얻어 15일 뒤에 반포되었다. 김병덕은 의복 제도의 변경과 관련하여 그 부당함을 계속 주장했으나, 수용되지 않자 사임을 요청했다. 고종이 그를 불러 타일렀지만, 계속 사임을 고집한 탓에 결국 임금의 지시를 존중하지 않았다는 죄를 물어 성문 밖으로 내쫓는 형벌을 내렸다. 『고종실록』 1884년 6월 5일자 기사 참조.

부강富强을 마음에 두고 있었다. 이들은 우리나라의 제도에 융통성이 없다고 자기들끼리 모여서 비난했는데, 이것이 결국 역모로 이어졌다. 먼저 영익을 우롱해서 의복 제도를 변경하는 일을 가지고 인심의 향배를 떠보았다. 그랬더니 백관 가운데 올바른 도리를 가진 사람이 별로 없다는 사실을 알아채고 일이 잘 풀릴 것이라고 판단했다. 마침내 일본 공사 다케조에 신이치로竹添進一郎[70]와 결탁하여 일이 성공되면 조선을 반으로 나누어 갖기로 약속하고, 옥균 등이 번갈아 가며 군장君長을 맡는 체제로 미국의 대통령제 같은 것을 시행하려고 했다.

이들은 마침내 10월(음력 10월 17일, 양력 12월 4일)에 거사를 감행했다. 먼저 전의감典醫監에서 연회를 열고 주요 인사들을 초청했다.[71] 영익이 다른 인사들보다 먼저 연회장에 도착했다. 옥균은 청지기에게 영익을 칼로 베어 죽이라고 시켰지만 한쪽 귀만 베었다.[72] 서양 사람 묄렌도르프(한국 이름 : 목인덕穆

---

70 원문에는 다케조에 신이치로의 한자가 '竹添鎭一郎'로 되어 있으나, 이는 竹添進一郎의 오기이므로 바로잡는다. 다케조에 신이치로는 1882년 하나부사 요시모토花房義質의 후임으로 조선 주재 일본 공사가 되었다.

71 연회는 전의감에서 열린 것이 아니라 우정국에서 열렸다. 우편제도의 도입에 따라 별도의 우정총국郵征總局이 이미 설치되었는데, 그 낙성식을 기념하는 연회였다. "우정총국을 설립하도록 명하니 우선 연해 각 항구에 오가는 신함信函(편지, 서신)을 맡아서 처리하고 내륙의 우편에 대해서도 점차 확장하여 공사公私에 이롭게 하라." 『고종실록』 1884년 3월 27자 기사 참조 ; "이날(17일) 밤 우정국에서 낙성식 연회를 가졌는데 총판總辦 홍영식洪英植이 주관했다." 10월 17자 기사 참조.

72 이 내용은 『고종실록』의 기사와 다르다. 『고종실록』에 따르면, 민영익이 먼저 연회장에 도착하여 칼을 맞은 것이 아니라, 연회가 끝나갈 무렵 담 밖에서 불길이 일어났는데 민영익이 불을 끄려고 먼저 일어나 문밖으로 나가자 바깥에 있던 여러 명이 칼을 휘두르며 달려드는 바람에 그들과 맞붙어 싸우다가 칼을 맞고 쓰러졌다고 한다. 『고종실록』 1884년 10월 17일자 기사 참조.

麟德)가 영익을 부축해 달아났다. 연회에 참석했던 사람들은 변고가 일어났다는 말을 듣고 모두 흩어졌다. 옥균 등은 대궐로 들어가 청나라 사람들이 난을 일으켰다며 공포 분위기를 조성하고, 임금을 협박하여 거처를 경우궁景祐宮[73]으로 옮겼다. 그리고 임금에게 손수 문서를 쓰게 한 뒤 그것을 가지고 일본 사람들을 불러들여 대궐을 호위하게 했다. 다케조에는 병사들을 거느리고 칼을 뽑아 든 채 궁궐의 담장을 둘러쌌다. 옥균 등은 또 임금의 명령으로 민태호閔台鎬·조영하趙寧夏·민영목閔泳穆·윤태준尹泰駿·이조연李祖淵·한규직韓圭稷 등을 불러들여 차례로 죽여버렸다. 내시 유재현劉載賢[74]은 욕을 퍼붓다가 죽임을 당했다. 또한 임금이 명령을 내린 것처럼 가장해서 자기네 일당인 박영교朴泳敎·홍영식洪英植·서광범徐光範·서재필徐載弼로 하여금 병권과 재정을 장악하게 했다.

원세개는 변란이 일어났다는 소식을 듣고 궁궐로 들어가 주동자들을 닥치는 대로 잡아 죽였다. 홍영식과 박영교는 칼에 맞아 죽고,[75] 나머지 역적들

---

73 서울시 종로구에 소재하는 궁정동宮井洞 칠궁七宮의 하나이다. 궁정동 칠궁은 조선시대 7명의 왕 또는 추존왕의 모친을 모신 사당인데, 그중 경우궁은 정조의 후궁이자 순조의 생모인 수빈綏嬪 박씨朴氏를 모신 사당이다.

74 유재현은 원문에 '柳在淵유재연'으로 되어 있으나 '柳載賢'의 오기이므로 바로잡는다. 뒤에 서술하는 내용에서도 이름의 오기는 수정했다. 유재현(?~1884)은 고종과 민비의 신임이 두터운 내시였으나, 갑신정변 때 개화파에 가담했다. 10월 17일 갑신정변이 일어나자 고종은 경우궁으로 거처를 옮겼는데, 이 과정에서 왕비와 세자가 환궁을 재촉하는 등 왕비 주위에 잡음이 일었다. 이에 기밀이 누설될 것을 우려한 개화파는 서재필의 지휘하에 유재현을 살해하였다. 『고종실록』 1884년 10월 18일자 기사 참조.

75 『고종실록』 1884년 10월 19일자 기사에 따르면, 이때 청나라 군사를 이끌고 궁궐로 들어온 사람은 원세개가 아니라 청나라 통령統領 오조유吳兆有이다. 또 홍영식과 박영교는 고종을

은 다케조에 신이치로와 함께 인천으로 가서 곧바로 일본으로 달아났다. 임금은 창덕궁으로 돌아왔다.

얼마 후 일본 사신 이노우에 가오루井上馨가 와서 임금에게 말했다.[76]

"사신(다케조에 신이치로를 가리키는 듯하다)이 본분을 망각하여 체면을 잃었습니다. 그러나 일본 정부의 뜻은 아닙니다. 지나간 일은 접고 조약을 새로 맺었으면 합니다."[77]

조정은 그 형세를 감당할 수 없어 네 명의 역적(김옥균·박영효·서광범·서재필을 가리킨다)을 풀어준 일에 대해 따져 묻지도 못했고, 세상인심이 몹시 분하게 여기는 것에도 신경 쓰지 못했다.

이에 앞서 민태호의 아내(민영익의 친어머니)가 죽었는데, 그때 영익은 관복을 입은 채 곧바로 상을 치렀다. 이번에는 아버지 태호가 죽었지만 복상服喪도 하지 못하고 묄렌도르프를 따라 중국으로 갔다.

태호가 죽고 영익이 중국으로 가버렸기 때문에 민씨들 가운데 일을 주도하는 중심인물이 없었다. 결국 민응식이 왕비를 보호하는 데 공을 세웠다는 명분으로 절차도 거치지 않고 발탁되어 과거에 급제한 지[78] 2년 만에 갑자기 정헌대부正憲大夫가 되었다. 그러나 응식은 주변머리가 없어 태호 따위에도

───

호위하던 조선 병사에게 죽임을 당했다.

76 이노우에 가오루가 고종을 접견한 날짜는 1884년 11월 21일이다. 『고종실록』 참조.

77 이때 체결된 조약이 한성조약이다. 1884년 11월 24일, 갑신정변 때 입은 일본인의 피해를 보상하기 위해 '조선은 일본에 11만 원圓을 배상한다'(제2조)는 내용으로 한성조약을 체결했다. 『고종실록』 1884년 11월 24일자 기사 참조.

78 민응식은 1882년(고종 19) 증광 문과增廣文科 별시別試에 병과丙科로 급제했다.

미치지 못하였다. 오로지 밤낮없이 술만 퍼마셨을 뿐이다.

을유년乙酉年(1885, 고종 22년)

가을에 바람이 심하게 불고 흉년이 들었다.

8월에 대원군 하응이 풀려나 청나라에서 돌아왔다.[79]

임금은 숭례문 안에서 대원군을 맞이했다. 부자가 3년 만에 만나건만 서로 말 한마디를 나누지 않아서 사람들이 깜짝 놀랐다.

병술년丙戌年(1886, 고종 23년)

여름에 전염병이 온 나라에 창궐하였다. 괴질怪疾(콜레라)이라는 전염병이었다.

철종 임금 경신년(1860, 철종 11년)과 고종 임금 기묘년(1879, 고종 16년)에도 전염병이 돈 적이 있지만, 이번에 전염병으로 사망한 사람은 그때와 비교하면 열 배나 많았다. 전국적으로 사망자가 너무 많아 그 숫자조차 제대로 파악할 수 없었다.

정해년丁亥年(1887, 고종 24년)

여름에, 홍양興陽의 여도呂島로 귀양 보냈던 죄인 신기선申箕善을 다시 잡아 오라는 어명이 내렸다. 임금이 몸소 국문하고 다시 귀양지로 돌려보냈다.

대체로 갑신정변을 일으킨 역적들은 대부분 법망을 빠져나갔고, 그들에

---

79 대원군은 1885년 8월 27일에 돌아왔다. 『고종실록』 1885년 8월 27일자 기사 참조.

대한 성토 또한 엄격하지 않았다. 그래서 세상인심은 오랫동안 분을 삭이지 못했다. 지난 을유년(1885) 봄에, 비록 확실한 증거는 없지만 그 일당인 이도재李道宰·신석유申錫游·안종수安宗洙·신환申桓·신기선이 틀림없이 역모에 가담하고 그 내막을 알고 있었을 것이라 추측하여 모두 섬으로 귀양을 보냈었다. 2년이라는 세월이 흘렀지만 임금은 명망 있는 선비인 기선이 역적들과 관계를 맺은 행위를 더욱 괘씸하게 여겼기에 특별 명령으로 다시 잡아들여 직접 신문했던 것이다. 그러나 기선이 죽음을 무릅쓰고 사실을 부인했기 때문에, 어쩔 수 없이 다시 귀양지로 돌려보내고 끝냈다.

병자년(1876) 이후로 화의和議를 주장하는 이들은 노론이었고, 갑신년의 역모에 가담한 역적들 또한 노론의 인물이었다. 이런 까닭에 노론은 나라를 망치고 마침내 나라를 팔아먹었다는 오명에서 벗어날 수 없었다. 그래서 길거리나 세상 사람들 사이에 떠도는 이야기 역시 반드시 "우리나라를 망친 것은 노론"이라고 했다. 붕당의 폐해가 이처럼 비참하고 끔찍하다니! 그저 슬플 뿐이다!

무자년戊子年(1888, 고종 25년)

이해에 큰 가뭄이 들었다.

가뭄으로 천 리에 걸친 넓은 땅에 풀 한 포기 자라지 않았다. 이상한 점은, 쌀은 기껏해야 4,000석 남짓인데도 굶어 죽은 사람은 없었다는 사실이다. 아마도 병술년(1886)의 전염병으로 인구가 많이 줄었기 때문일 듯하다.

이해에 육영공원育英公院[80]에 서양어과를 만들어 서양의 말과 글을 가르

---

80 육영공원은 1886년에 국가에서 세운 최초의 현대식 교육기관으로, 양반 고관의 자제들을 수용하여 근대 교육을 실시했다. 1894년 정부의 재정난으로 운영이 어렵게 되자 폐교했다.

쳤다. 명문가의 자제와 승지承旨 이하 유생에 이르기까지 모두 40명을 선발하여 가르쳤다.

민영휘가 기축년己丑年(1889, 고종 26년)과 경인년庚寅年(1890, 고종 27년) 2년 동안 평안도 관찰사로 재직하다가 선혜청 제조宣惠廳提調가 되어 조정으로 들어왔다.[81]

영휘는 평안도 전역에서 가혹하게 세금을 거두어들이고 무리하게 재물을 빼앗아 금송아지를 만들어 가지고 돌아와 임금에게 바쳤다. 임금은 영휘를 충성스럽다고 여겨 그에게 국정 운영을 일임했다. 무릇 재물을 긁어모으는 데 관련된 모든 일은 영휘가 주관했다. 이때부터 응식은 점점 소외되었으며, 겸호의 아들 영환泳煥, 규호의 아들 영소泳韶, 승호의 오촌 조카 영달泳達 등이 서로 경쟁하면서 권력을 장악했다.

개화 이래 세계 여러 나라를 맞아들이고 또한 상대국에 전권공사全權公使를 파견했다. 그 비용이 해마다 헤아릴 수 없을 만큼 많이 들었다. 그러나 세자의 복을 비는 기도에 따른 하사 물품 비용은 갈수록 늘어만 갈 뿐 줄어들지 않았고, 세상의 진귀한 보물과 기이한 노리개가 대궐 계단에 흘러넘쳤다. 또 임오군란과 갑신정변을 겪으면서 어두운 밤에 사고가 일어날 것을 두려워하여 매일 밤 궁중에 전기등 수십 개를 아침까지 환하게 켜 놓았다. 전기등 하나의 값이 엽전 3,000꿰미나 되었다. 그 밖에 자질구레한 낭비는 이루 다 말할 수 없었다. 국고는 이미 바닥났으며 달리 비용을 마련할 수단도 없었다. 마침내 매관매직으로도 모자라 다시 과거科擧의 대과와 소과까지 팔기

---

81 이 기록은 사실과 다르다. 민영휘가 평안도 관찰사로 임명된 날짜는 1887년 12월 15일이며, 평안도 관찰사에서 특별히 발탁되어 지경연사知經筵事에 임명된 날짜는 1889년 11월 8일이다. 또 선혜청 제조에 임명된 날짜는 1890년 3월 27일이다. 『고종실록』 참조.

시작했다. 여기에 더해 물 좋은 아전 자리까지도 팔았다. 심지어 광산을 개발하고 석탄을 채굴할 때 정부가 그 석탄 매매까지 독점함으로써 이익을 챙겼다. 생선·소금·구리·무쇠 등 시장에서 유통되는 모든 물건에도 세금을 매겼다. 더 나아가 홍삼 매매를 나라에서 독점하고 민영익을 시켜 중국에 팔아 이익을 챙겼지만, 여전히 재정은 부족했다. 결국 서양과 일본에서 빚을 냈는데 그 액수가 어마어마했다. 대체로 헤아려보건대, 돈을 마련하는 방법은 그 경로가 다양했다. 위로는 조정 대신으로부터 아래로는 하인이나 장사치에 이르기까지 직위나 신분을 가리지 않고 불러서 만났다. 이렇게 임금이 사적으로 사람을 불러들여 만나는 일을 '별입시別入侍'라고 하는데, 이때 별입시를 한 사람이 400~500명에 이르렀다. 그러나 이렇게 하고도 끝내 재정 부족을 메울 수는 없었다.

영휘는 돈을 마련하고자 하는 임금의 마음을 지레짐작한 뒤 온갖 명목의 조세를 남발하여 교묘하게 거두고 강제로 빼앗는 데 온 힘을 쏟았다. 관찰사와 유수留守 자리를 해마다 한 번씩 교체했고, 매달 대여섯 차례씩 문무관의 인사 담당자를 불러다가 인사 회의를 열어서 미리 뽑아둔 전국의 부자들을 참봉參奉·도사都事·감역監役과 같은 초임 벼슬자리에 억지로 끼워 넣었다. 그 뿐만 아니라 해마다 응제과應製科(임금이 특명을 내려 치르는 임시 과거)를 10여 차례나 실시했고, 아울러 대과와 소과도 같이 뽑았다. 처음에는 벼슬자리를 사고 싶어 하는 사람에게만 팔았으나 나중에는 억지로 떠안겼다. 또한 증광과增廣科(나라에 큰 경사가 있을 때 이를 기념하여 실시하는 임시 과거)는 한 해 걸러 한 번씩 실시했고, 식년과式年科(3년마다 한 번씩 돌아오는 자子·묘卯·오午·유酉의 간지가 들어 있는 해에 치르는 과거)의 예비시험인 소과의 합격자를 1,000여 명으로 늘렸다.

수령을 교체할 때면 매번 가짜 직함을 몇 번 팔고 나서 실제로 근무할 사람을 임명했다.[82] 또한 인사 회의가 열릴 때마다 증직贈職(나라에 공을 세우고 죽은 관리 등에게 정1품 이하의 벼슬을 하사하는 것)과 정려旌閭(충신·효자·열녀를 표창하는 일)를 수여하는 사람도 수십 명에 이르렀다. 관찰사와 유수 자리는 엽전 100만 꿰미에서 40만~50만 꿰미를 호가했고, 초임 벼슬자리는 5천~1만 꿰미를 호가했다. 과거의 대과 합격은 5만~10만 꿰미, 소과 합격은 2만~3만 꿰미로, 부르는 값이 일정하지 않았다. 실제로 근무는 하지 않으면서 명목만 얻는 벼슬자리라도 역시 2만~3만 꿰미를 호가했다. 증직과 정려도 수천 꿰미에 이르렀다.

이리하여 시골의 교활한 자들이 서울에 북적이며 원한을 갚기 위해 무리하게 벼슬을 사고 과거 합격증을 샀다. 이렇게 수령이 된 이들의 봉급은 임금에게 올리는 연보捐補(오늘날로 치면 일종의 기부금)나 탄신 축하 선물 따위에 녹봉의 대부분이 들어갔기 때문에, 이전에 벼슬을 사는 데 들어갔던 원금조차 회수할 수 없었다. 결국 이들은 돈을 모으기 위해 탐관오리가 되었으며, 그에 걸맞게 고기 잡고 사냥하는 서민들에게까지 볼기를 치고 항쇄(죄인의 목에 씌우던 형틀)·족쇄를 채웠다. 이들의 이름은 관장官長이지만 사실은 강도나 다름없었다. 아전들 또한 이들에게 빌붙어 간악한 짓을 자행했기 때문에 가혹한 세금은 날이 갈수록 늘어났다. 전국의 서민들은 비록 백금百金에 달하는 많은 재산을 가진 사람이라도 결국에는 파산할 수밖에 없었다. 폭정의 압박을 견디지 못한 백성이 곳곳에서 들고일어났는데, 이것이 바로 '민란民亂'

---

82 전봉준은 공초에서 매관매직에 대해 다음과 같이 진술했다. "문 : 정부 안에서 관직을 파는 자는 누구인가? / 답 : 혜당惠堂 민영준閔泳駿(민영휘), 민영환閔泳煥, 고영근高永根 등이다. / 문 : 이들 뿐인가? / 답 : 이들 외에도 많지만 다 기억할 수 없다. / 문 : 이 사람들이 관직을 판 것을 어찌 분명하게 아는가? / 답 : 온 세상에 소문이 자자하여 모르는 사람이 없다." 「전봉준 공초全琫準供草, 재초再招」

이다. 대체로 폐단이 큰 정치는 모두 지난 10년 사이에 발생했지만, 영휘가 국정을 주도하면서 더욱 심해졌다. 민란 또한 이전에 없지는 않았지만, 이때처럼 심한 적이 없었다.

우리나라는 어질고 도타운 덕으로 나라를 세웠고, 임금들은 은택을 베풀었다. 백성은 모두 덕德을 사모하고 의義를 경외했으므로 반드시 막다른 곳에 몰려 어찌할 수 없을 때에 이르러서야 마지못해 난을 일으켰다. 그래서 난을 일으켰다 하더라도 함부로 관리를 죽이거나 성지城池를 약탈하지 않았고, 장대를 치켜들고 억울함을 호소하다가도 임금이 타이르면 이내 진정했다. 그랬기 때문에 조정과 민간에서는 모두 민란을 예사로운 일로 여겼다.

아아! 슬프고 안타까울 뿐이다. 끊이지 않고 졸졸 흐르는 시냇물이 끝내 강물을 이룬다. 만약 나라가 망한다면 권력을 가진 신하라고 한들 어찌 혼자서 살아남을 수 있겠는가?

아아! 유림이 쇠퇴하자 천주교와 동학 같은 사학邪學이 발흥하게 되었고, 척신戚臣이 대를 이어 권력을 독점하자 난민들이 들고일어났다. 그 근원을 따져보면 모두 당파의 폐해에서 비롯되었다고 나는 감히 말한다.

아아! 내가 지금 사학과 난민의 발흥을 유림의 당파가 초래한 폐해에 혐의를 두자, 어떤 사람은 그것이 너무 심하다고 한다. 그러나 큰 강물도 그 근원은 술잔이 넘칠 정도의 작은 물에서 시작되고, 서리가 내리면 머지않아 얼음이 언다. 고질병을 치료하는 데도 단계가 있거늘, 하물며 난리가 일어나는 데는 또한 그럴 만한 원인이 있다. 세상사의 변천과 풍속의 변화는 단순한 지식을 뛰어넘는 원대한 식견이 없으면 파악할 수 없다. 그래서 주周나라 정치의 초석을 다진 주공周公이 노魯나라를 다스릴 때 마땅히 친해야 할 사람을 친애하고 어질고 착한 사람을 받들어 공경했지만, 후대에 이르러서는 저절로 흐지부지되고 말았다. 또한 제齊나라 시조인 태공망太公望이 제나라를 다스릴 때 어질고 착한 사람을 받들어 공경하고 공로를 중시했음에도 불구하고 후대에 이르러서는 기어코 왕을 시해하고 왕위를 찬탈하는 일이 벌어지고 말았다. 이런 까닭에 역대의 많은 왕들이 덜고 보탠 것은 당시의 폐단을 구제하는 급한 일에서 벗어나지 않았던 것이다. 이렇게 본다면 결국 세상의 모든 법에는 그 나름의 폐단을 지니고 있다.

더욱이 우리 조선은 나라를 세우고 다스림에 학문과 법으로 세상을 다스렸던 송나라[83]의 정치를 표방했다. 그러나 세월이 흘러 건국의 정신이 약화되면서 진작하는 일조차 어려워졌다. 정치는 관대함과 보정 능력을 잃어버리고 미봉책으로 근근이 세월을 견디었다. 겉치장에만 몰두하여 풍속은 피폐해졌으며, 사특하고 거짓된 일이 한꺼번에 나타났다. 이에 밖으로는 틈을 보이게 되었고 안으로는 분쟁이 일어나, 나라가 내부로부터 무너져 내려 봇물이 터지듯 걷잡을 수 없이 빠르게 망하지 않을까 하는 우려가 생겨났다.

아아! 나는 슬프기만 하다. 기개와 절조가 지나친 나머지 동한東漢(후한後漢의 다른 명칭)이 멸망했다. 이학理學이 지리멸렬해지자[84] 남송南宋이 멸망했다. 동림東林이 혼란해지자 명나라 말기에는 유적流賊의 난이 발생했다.[85] 후세에

---

83   원문의 '趙宋조송'은 중국 송나라(960~1279)를 말한다. 조광윤趙匡胤이 송나라를 창건한 뒤 조趙는 송 왕실의 성姓이 되었다. 남북조 시대의 송나라(유송劉宋, 420~479)와 구별하기 위해 흔히 조송趙宋으로도 표기했다.

84   '이학이 지리멸렬해졌다'라는 말은, 경원慶元 연간(1195~1200)에 주희의 학문이 위학僞學이라는 낙인이 찍히고, 위도僞徒라고 불리는 그의 동지와 문인들이 유형을 당하거나 임관의 길이 막혔던 경원당금慶元黨禁을 가리키는 듯하다.

85   중국 명나라 신종神宗 때 이부 낭중吏部郎中 고헌성顧憲成(1550~1612)이 벼슬을 버리고 고향에 돌아가 무석無錫에 있는 동림서원東林書院을 중수하여 고반용高攀龍(1562~1626) 등과 강학을 하였는데, 민중의 여론을 배경으로 정치 비판을 감행하여 정국에 커다란 영향을 미쳤다. 이들이 명성을 떨치자 세상에서는 이들을 '동림당'이라 했다. 그러나 환관 위충현魏忠賢

역사의 배경을 탐구하는 나로서는 이러한 사실이 너무나 안타까워 몇 번이나 탄식하지 않을 수 없었다.

대체로 살펴보면, 임금의 병폐는 성인으로 자처하는 것보다 심한 것이 없으며, 신하의 죄는 임금의 총명을 가리는 것보다 더 무거운 것이 없다. 옛날부터 권세를 가진 신하가 나라를 전횡하고자 하면, 반드시 사람들의 입을 먼저 막아버리고 임금의 총명을 가린 다음, 임금에게 아첨하고 순종하면서 한마디 말도 거역하지 않았다. 이런 상황 아래서는 주색에 빠져 무도한 짓을 일삼다가 살해된 저 유왕幽王(주나라 12대 왕)도, 폭정과 부패로 민란을 유발시켜 왕좌에서 쫓겨난 저 여왕厲王(주나라 10대 왕)도, 국정을 관중管仲에게 일임하고 방탕을 일삼다가 관중이 죽은 뒤에는 간신과 아첨꾼들을 등용하여 국정을 망친 저 환공桓公(제나라 16대 군주)도, 곰 발바닥 요리를 제대로 하지 못했다고 요리사를 죽이고 부인에게 시체를 끌어내게 하는가 하면 옳은 말을 간하는 신하 조순趙盾을 죽이려다 살해된 저 영공靈公(진晉나라 26대 군주)[86] 같이 난폭하고 어리석은 군주들조차 오만하게 성인을 자처했다. 심한 경우에는 목에 칼이 들어와도 오히려 후회하지 않았다. 그러므로 나라가 잘 다스려지고 있어도 언로가 막혀 있으면 장차 세상이 어지러워지리라는 것을 알 수 있고, 비록 세상이 어지럽더라도 언로가 열려 있으면 간혹 난리가 수습되는 경

(1568~1627)이 권력을 휘두르며 탄압을 자행함에 따라 동림서원은 폐쇄되고 지도자들은 투옥되는 고난을 겪었다. 동림학파는 군주 비판, 지방 분권적 발상, 강학 및 결사의 자유를 요구하는 등 그 시대 사회변혁을 반영하는 진보적 사고방식을 가지고 있었다. 그러나 비동림당과 격심한 당쟁을 일으킴으로써 이후 명나라가 패망하는 데 하나의 원인으로 작용했다. 『명사明史』 중中 「열전 119, 고헌성顧憲成」 및 『명사』 하下 「열전 193, 환관宦官 위충현魏忠賢」 참조.

86 환공과 영공은 주나라 제후국의 군주이기 때문에 '왕'이 아닌 '공公'으로 지칭했다.

우도 있다. 그래서 고대의 성인들은 임금에게 과감하게 간언하려는 사람을 위해 궁문에 큰북을 매달아 놓기도 하고, 백성이 임금에게 고통을 호소하고 소원을 고할 수 있도록 나무 기둥을 세워 놓기도 했다.[87] 이런 일이 어찌 옹졸하게 그것을 즐겨서 번거로움을 마다하고 그렇게 했겠는가? 오로지 난이 일어나기 전에 다스리고자 했기 때문에 그렇게 했을 뿐이다.

그러나 중국은 땅도 넓고 인물 또한 많아서 관직과 직무를 배분해준 공경公卿[88]과 집사執事의 인원이 늘 수만 명에 이르렀다. 아무리 간악하고 교활하더라도 한 사람의 총명으로는 그 많은 사람을 다 알 수도 없고, 또한 측근의 사람만으로 그 많은 관직을 다 채울 수도 없기 때문에, 자기 쪽의 사람을 천하의 모든 관직에 언제나 기용할 수는 없었다. 따라서 아무리 간사한 사람이 권세를 장악하고 국정을 농단하더라도 사대부는 스스로 풍모와 절개를 지키며, 변함없이 글을 올려 잘못을 탄핵하는 일에 자긍심을 가졌고, 목이 날아가는 것도 두려워하지 않는 인물이 역사에 면면히 이어졌던 것이다.

하지만 우리나라는 중국과 조건부터 다르다. 국토는 협소하고 문벌 또한 한정되어 있을 뿐만 아니라, 높고 낮은 관리를 통틀어도 겨우 1,000여 명에 지나지 않는다. 이런 탓에 천박한 자질과 평범한 품성을 지닌 사람일지라

---

87 원문에 '敢諫之鼓감간지고', '誹謗之木비방지목'이라 되어 있는데, 이는 과감하게 간하는 북, 비방하는 나무라는 뜻으로서 임금에게 간하고 싶은 사람이 언제나 간하고 비판할 수 있도록 하는 제도를 가리킨다. 『회남자淮南子』「주술훈主術訓」에 "요임금은 과감하게 간하는 북을 설치했고, 순임금은 비방할 수 있는 나무를 세웠다. [주] 간하고 싶은 사람은 그 북을 쳤다.(堯置敢諫之鼓, 舜立誹謗之木. [注] 欲諫者 擊其鼓)" 하였다.

88 공경公卿은 주나라 때 관직인 삼공三公과 구경九卿을 함께 이르는 말이다. 삼경은 태사太師·태부太傅·태보太保이며, 구경은 소사少師·소부少傅·소보少保·총재冢宰·사도司徒·종백宗伯·사마司馬·사구司寇·사공司空이다.

도 충분히 한 시대를 농락할 수 있었다. 비록 저 역참을 관리하는 우승郵丞이나 지방에 주둔하는 군대를 통솔하는 진장鎭將 같이 보잘것없는 자리마저 세도가와 안면을 익히지 않으면 죽는 날까지 후보에조차 오를 수 없으니, 이것이 바로 모든 관리가 나라를 위해 일하는 공인公人이 아니라 세도가가 부리는 사인私人이라는 뚜렷한 증거이다. 세도가의 추천으로 관직에 나온 관리가 어떻게 자신을 추천한 세도가의 죄를 성토할 수 있겠는가? 중국에서는 비록 대를 이어 권세를 부리는 신하가 있다 한들 오래 가봐야 수십 년을 넘기지 못했다. 권세를 부리는 신하가 죽으면, 아침까지만 해도 타오르던 그 권세는 저녁이면 싸늘하게 식어버린다. 그러했으므로 탄핵하고 공격하는 사람들은 거리낌이 없었다. 그러나 우리나라로 말하자면, 어떤 때는 200년 동안 한 당파가 권세를 독점하기도 했다. 노론이 바로 그런 당파이다. 또 어떤 때는 4~5대를 내리 한 가문이 권세를 독점하기도 했다. 장김壯金이 바로 그런 가문이다. 죽은 사람은 죽었을 뿐인데도 그 뒤를 잇는 사람은 그의 자손이 아니면 인척이거나 오랫동안 뜻을 함께한 동지에 한정되었다. 여우가 죽으면 같은 무리인 토끼가 슬퍼하고,[89] 나쁜 사람들은 서로 도와가며 함께 나쁜 짓을 한다는 말은 이런 경우를 두고 하는 말이 아닐까?

비록 어떤 때는 시대의 일시적 공론에 밀려 잠시 굴복한 적도 있지만, 앙심을 품고 있다가 급작스럽게 보복을 자행함으로써 사람들을 놀라게 했다. 때로는 몇 백 년이 흐른 뒤에도 그런 일이 일어났으므로 보복에서 벗어난 운

---

89 여우가 죽으니 토끼가 슬퍼한다, 곧 호사토읍狐死兎泣은 같은 부류의 슬픔이나 괴로움 따위를 동정하는 것을 비유적으로 이르는 말이다. 『송사宋史』 「이전전李全傳」에 "여우가 죽으니 토끼가 우는데, 이씨가 멸망하면 하씨가 어떻게 홀로 존재할 수 있을까?(狐死兎泣, 李氏滅夏氏寧得獨存)" 하였다.

좋은 사람은 아무도 없었다. 그 결과 한 사람이라도 비분강개하는 사람이 있으면 주변 사람들이 손사래를 치면서 그를 말렸기 때문에, 언로가 막혀버린지 이미 100여 년이라는 세월이 흘렀다. 자신의 의사를 밖으로 내보이지 않는 태도가 풍속을 이루었고, 난리로 망할 조짐은 이미 오래전에 드러났다. 조정에는 임금에게 옳지 못한 일을 고치라고 간절히 간하는 신하가 한 사람도 없고, 임금에게 올리는 글을 관리하는 부서에는 오직 사직을 요청하는 상소문만 수북하게 쌓였을 뿐이다. 약은 사람들은 차라리 대놓고 임금을 공격할지언정 세도가에 대해서는 감히 한마디도 언급하지 못했다. 이따금 옳은말을 간하는 신하의 경우에 임금이 기꺼이 용납한다는 명분을 보여야 했으므로 몇몇 사람에 대해서는 너그러이 포용하기도 했지만, 세도가를 거역하면 반드시 화를 입었다. 대신은 나라의 제도에서 가장 중요한 존재이기 때문에, 만약 그가 사정을 설명하면서 간절히 요청하면 대체로 임금도 마지못해 자신의 뜻을 굽히고 대신의 요청을 들어주었다. 그래서 강직한 대신이 있으면 권문세가의 귀족들은 더욱 그를 미워했다. 순종 임금과 익종 임금 시대에 김재찬金載瓚·이재수李在秀·이상황李相璜 같은 몇몇 사람을 명재상이라고 일컬었지만, 실상 그들은 장김·박조와 협력 관계를 유지하고서야 겨우 자리를 보전할 수 있었다.

철종 임금 이후로 오늘에 이르기까지 풍속은 나날이 쇠퇴했다. 재상 자리에 있는 사람들도 대부분 기개와 매가리가 없을 뿐 아니라 나약하고 재주 또한 평범해서 그저 아첨이나 일삼으며, 오직 권문세가의 뜻을 받들어 행할 따름이었다.

최근에는 이최응이 9년 동안 혼자서 영의정·좌의정·우의정을 겸직했지만 규호와 영익의 의견에 따라 직무를 수행했을 뿐이다. 심순택沈舜澤 또한 10여 년간 홀로 삼정승의 자리를 겸직했지만 응식과 영휘의 명령을 따라야만 했다. 두 사람은 다 심사가 완고하고 인품이 비루할 뿐만 아니라 파렴치하기까지 했기 때문에 부녀자와 어린아이들까지 그들에게 '더러운 놈'이라고 침을 뱉어가며 욕을 했다. 오직 신응식申應植 같은 인물만이 열 번을 불러도 벼슬길에 나오지 않았다. 저 김병덕金炳德과 송근수宋近洙 같은 인물은 자못 인망을 갖추었으며, 김병시金炳始는 그런대로 자신을 낮출 줄 알았다. 김홍집은 제법 재주와 지혜를 갖춘 인물이라고 했다. 그러나 이들 역시도 뚜렷한 주관을 갖지 못한 채 하릴없이 권세에 영합하여 옳지 않은 일에 부화뇌동했을 따름이다. 공자의 말 가운데 "위태로운데도 도와주지 않고 넘어지는데도 붙잡아주지 않는다면 그런 조수를 앞으로 어디에 쓰겠는가?"[90]라는 말이 있다. 아아! 나는 또한 슬플 뿐이다.

병자년丙子年(1876, 고종 13년)에 일본의 특명판리대신 구로다 기요타카黑田淸隆와 부대신 이노우에 가오루井上聲가 우리나라에 왔다.[91]

조정의 모든 관리가 매일같이 의정부에 모여 대책을 논의했다. 그 가운데 한 사람이 "그 일은 이렇게 해야 한다"고 하면, 이최응은 "네"라고 했고, 또 다른 사람이 "그 일은 저렇게 해야 한다"고 하면, 또 "네"라고 했다. 아무런 자기주장도 없이 그저 "네, 네"라는 말만 되풀이했다. 그래서 세상에서는

---

90 『논어論語』「계씨季氏」에 "주임이 말하기를 '능력을 발휘할 수 있다면 벼슬자리에 나아가고 그렇게 할 수 없다면 그만두라.'고 했다. 위태로운데도 도와주지 않고 넘어지는데도 붙잡아주지 않는다면 그런 보조자를 어디에 쓸까?(周任有言曰, 陳力就列, 不能者止. 危而不持 顚而不扶, 則將焉用彼相矣)"라고 했다. 이는, 무릇 신하라 한다면 목숨을 걸어서라도 군주의 잘못을 막아야 한다는 의미를 담고 있다.

91 『고종실록』 1876년 1월 19일자 기사 참조. "접견대관接見大官이 이달 17일에 일본국의 특명전권변리대신 구로다 기요타카, 부대신 이노우에 가오루와 군영軍營 안의 연무당鍊武堂에서 회견하고 주고받은 말을 기록하여 문서에 이름을 적은 뒤 급히 올렸다."

최응을 가리켜 '네네 대신'이라고 했다.

갑신년甲申年(1884, 고종 21년)에 여섯 명의 역적이 정변을 일으켰을 때, 원세개는 날마다 의정부로 사람을 보내 자초지종을 캐물었다. 영의정 심순택은 마땅히 응대할 방법을 찾지 못한 까닭에 자루를 가지고 침실로 들어가 스스로 목을 매 죽으려고 했지만, 동생 이택履澤에게 구조되어 살아났다. 그래서 세상에서는 순택을 가리켜 '자루 대신'이라고 했다.

예로부터 나라가 어지러워지면 망하는 일이 흔히 있었다. 그러나 임금의 비위를 거스르는 것을 두려워하지 않고 강직하게 간언하는 대간臺諫이 100년 가까이 한 사람도 없던 때가 있었는가? 설령 임금의 노여움을 산다 해도 과감하게 직언하는 재상이 한 사람도 없던 때가 있었는가? 붕당의 폐해가 깊어지고 공경의 작위 세습이 오래 계속되자, 오로지 세습에만 몰두하여 그 방법을 옹호하며 양심은 송두리째 잃어버린 채 선대로부터 쌓아 온 위세를 가지고 겁탈하는 데서 스스로는 빠져나올 수 없게 되고 말았다. 마침내 500년 종묘사직이 이 무리의 손에서 끝장나고 말았다. 아아! 슬프다. 망국의 죄를 따진다면 어찌 모든 죄가 노론에만 있다고 하겠는가? 아무리 변명해도 나는 믿지 않는다.

이때 청나라 사람들은 이미 우리나라에 오래 머물러 있으면서 임금이 함께 일을 도모하기에는 부족하다는 사실을 눈치챘다. 그래서 세자에게 임금의 자리를 물려줌으로써 시국을 전환하고 새로운 정치를 시행하기 바란다는 뜻을 여러 차례 표명했다.[92]

---

92 원세개의 '조선국왕폐립설朝鮮國王廢立說'은 1886년 7월 무렵에 처음 제기되었다. 조선 정부
   의 친러시아 대신들은 민비의 지지와 고종의 묵인하에 러시아 공사 베베르에게 조선에 대

왕비가 가장 두려워한 상황은, 일이 잘못 풀려 운현이 다시 조정에 들어오는 것이었다. 이 때문에 세자를 높여 임금의 자리에 앉히고 조정 대신의 축하 조회를 받게 하며 모든 정무에 참여하게 하자는 제안을 함으로써 청나라 사람들의 기대에 다소나마 부응했다. 그러나 세자가 바보스럽고 또한 선천적으로 고자병을 가지고 있는지라 세상 여론이 따라 주지 않았다. 만약 임금이 살아 있으면서 세자에게 양위한다면 명령이 양쪽에서 나오기 때문에 일이 쉽게 꼬일 수 있고, 따라서 도리어 위태로운 사태를 초래할 수도 있다. 그러나 조정 백관들은 감히 왕비의 뜻을 거역할 수 없어 양위에 따른 의식과 절차를 미리 정해버렸다.

참판 벼슬을 지냈던 이용원李容元이 글을 올려 '세자에게 양위해서는 안 된다'며 문제를 제기했다.[93] 그가 올린 상소문 가운데 "하늘에는 두 개의 태

한 군사 보호를 요청하고, 러시아가 군함을 파견하여 영국 해군의 조선 침략을 제지해주기를 바랐다. 그 후 내무 대신 심순택의 명의로 베베르에게 밀서를 보내 조선이 청·일 양국과 동등한 자주 독립국이 되도록 러시아가 도와줄 것을 요청하면서, 만약 청나라가 반대한다면 러시아 군함을 파견하여 조선을 지지해달라고 했다. 그러나 일찍부터 이 일을 반대하던 민영익이 원세개에게 밀고함으로써 사실이 폭로되었다. 원세개는 이홍장에게 러시아에 앞서 무력간섭을 먼저 하자는 전보를 보내면서 조선 국왕의 폐립을 건의했다. "저의 소견으로는 조선이 설령 러시아에 문서를 보냈다고 하더라도 러시아 군대는 신속히 조선으로 출동할 수 없으므로 조선이 러시아를 크게 끌어들이기 전에 우리나라에서 먼저 해군을 파견하고, 육군도 약간 출동시켜 신속히 조선으로 나와 이 어리석은 국왕을 폐하고, 이씨 가문에서 현명한 자를 새로 국왕으로 세우고, 그런 다음 또 수천 명의 군대를 증파하는 것입니다. 러시아는 우리 군대가 먼저 출동하고 조선의 국왕도 바뀐 것을 보고 혹시 군대를 출동하지 않을 수도 있습니다. …"『청·일 갑오전쟁과 조선』, 131쪽.

93 이용원이 세자 양위와 관련하여 글을 올린 때는 1891년(고종 28) 2월 13일이며, 당시 관직은 행호군行護軍이다. 그 글에 "참으로 사람에게는 두 하늘이 없고 하늘에는 두 해가 없기 때문에 삼왕三王 이래로 아래로는 당唐·송宋에 이르기까지 거슬러 올라가 상고해보더라도 대개 남면南面하는 분은 오직 임금 한 사람뿐이었습니다.(誠以人無二天, 天無二日, 溯考三王

양이 있을 수 없고, 백성에게는 두 임금이 있을 수 없다"[94]는 말이 있었는데, 이를 본 임금이 크게 노여워하며 용원을 흑산도로 귀양을 보내버렸다.

지나간 계미년(1883, 고종 20년) 8월, 왕비가 복위하고 1주년이 되는 날에 왕비는 덕을 기리는 존호와 조정 대신의 축하 인사를 받으려고 했다. 축하 반열이 미처 정해지지 않은 상황에서 용원이 글을 올려 하례 인사 행사를 열어서는 안 된다고 간곡하게 간했다.[95] 왕비는 용원을 죽여 없애려고 했지만, 민태호가 사람들의 말을 두려워해 애써 구제하여 풀어주었다. 대체로 용원이 미운털이 박힌 것은 어제오늘의 일이 아니었다. 지난 20여 년 동안 최익현과 이용원만이 비교적 괜찮은 인물이었는데, 시류에 편승한 무리가 익현을 두고 정직을 자랑한다면서 비방했고, 용원을 두고 안하무인이라고 헐뜯었다. 아아! 나는 온 세상이 모두 병들어 제정신이 아니라고 생각한다.

예의염치禮義廉恥가 신장되지 않으면 나라는 곧 멸망한다. 입으로는 공자와 맹자를 들먹이면서 오히려 관중管仲에게도 죄인이 되었으니, 유학을 숭상한 효과가 진실로 이와 같을 뿐인가?

그 사이 홍재학洪在鶴과 백낙관白樂寬의 상소가 나왔다. 재야의 논의 치고는 상심이 지나치고 어투가 격렬하여 어떤 면에서는 상소문의 격식을 소홀히 한 점이 없지 않았다. 그러나 아무리 그렇다고 하더라도 어떻게 죽이는

以來下至唐·宋, 蓋南面惟君一而已)"라는 구절이 있었다. 『고종실록』 1891년 2월 13일자 기사 참조.

94 『맹자』 「만장萬章·상上」에 "공자가 말했다. '하늘에는 두 개의 태양이 있을 수 없고, 백성에게는 두 임금이 있을 수 없다.(孔子曰, 天無二日 民無二王)"라고 했다.

95 당시 형조 참판 이용원은 1883년 7월 20일, 왕비에게 존호를 올리고 조정 대신의 축하 인사를 받는 행사에 반대하는 상소를 올렸다. 『고종실록』 1883년 7월 20일자 기사 참조.

데 급급해서 역적을 다스리는 법률로 죽여야만 속이 시원하단 말인가?[96] 나는 도무지 이해할 수 없다.

명나라 가정嘉靖 연간(1522~1566)에 해서海瑞가 상소했는데,[97] 그 언사가 매우 격렬하여 황제 가정제嘉靖帝를 거의 욕하며 꾸짖는 지경에 이르렀다. 그러나 가정제는 마음속으로 해서를 가상하게 여기고 탄식하면서 말했다.

"대신大臣이 말하지 않는 것을 소신小臣이 말하는구나! 중국 사람이 말하지 않는데 섬사람이 말하는구나! 충성스럽고 충성스럽도다."[98]

결국 가정제는 해서를 오래 가두어 두기는 했으나 마침내 풀어주었다.

오늘날 군자라는 사람들은 자신들의 임금을, 간언을 수용한 가정제만큼으로도 대하지 않는다. 맹자는 말했다. "우리 임금은 할 수 없다고 생각하여 간하지 않는 것을 적賊이라고 한다."[99]

---

96 홍재학을 사형한 날은 1881년 윤7월 20일이며, 백낙관의 사형은 1883년 8월 30일 이후로 추정된다. "윗사람을 범한 무도한 죄인 홍재학이 이미 자복하였으므로 사형에 처하였습니다." 『고종실록』 1881년 윤7월 20일자 기사 참조. "양사兩司에서 합사合辭하여 신계新啓를 올려 '백낙관에게 속히 노륙帑戮의 법을 시행하소서.'라고 하니, 비답하기를 '이미 처분이 있었으니 번거롭게 하지 말라.'고 했다." 1883년 8월 30일자 기사 참조.

97 가정제(명明 세종世宗)는 도교에 빠져서 불로장생의 방술에 몰두하며 오랫동안 정사를 돌보지 않아 나라가 내우외환에 시달렸다. 조정 대신들은 감히 아무도 간하지 못했지만, 미관말직에 불과한 해서(1514~1587)가 나서서 민생이 도탄에 빠진 근본 원인은 황제에게 있다며 통렬히 꾸짖는 상소를 올렸다. 이 상소가 이른바 「직언천하제일사소直言天下第一事疏(천하의 대사에 대해 직언을 올리는 상소)」이다. 『명사明史』 중中 「열전 114, 해서海瑞」 참조.

98 가정제는 해남도海南島 출신의 해서가 미관말직인 호부 주사戶部主事라는 직위에서 상소를 올린 일을 가상하게 여겼다.

99 『맹자』 「이루장구離婁章句 · 상上」에 "맹자가 말하길, '임금에게 어려운 일을 책임 지우는 것을 공恭이라 하고, 선한 말을 개진하여 악을 막는 것을 경敬이라 하며, 우리 임금은 능히 하지 못한다고 말하는 것은 적賊이라 한다.(孟子曰, 責難於君 謂之恭, 陳善閉邪 謂之敬, 吾君不

아아! 누가 충신이고 누가 임금을 해치는 자인가?

민영익은 갑신년(1884, 고종 21년)부터 중국을 두루 돌아다닌 뒤 홍콩에 머물면서 빈둥거리고 있었다. 임금이 여러 번 불렀지만, 돌아오지 않은 지 이미 일고여덟 해나 경과했다. 나라를 위해 만 리 밖에서 노심초사한다고 속이면서 국고를 낭비하여 재정을 더욱 어렵게 만들었다.

민영휘는 세금을 강제로 거둬들이거나 뇌물을 긁어모으는 역할을 수행하면서 임금과 뗄 수 없는 관계를 유지하며 권력을 전횡한 지 오래되었다. 전국의 모리배가 그에게 몰려들었으므로 인심이 들끓었다. 그의 크고 화려한 집, 음란하고 사치스러운 첩들, 호기를 부리는 하인들은 세도가 생겨난 이래 처음 보는 것들이었다. 논밭에서 거두어들이는 소작료가 100만 섬이나 되는데, 조선·중국·일본 세 나라에서도 손꼽히는 갑부로 중국 신문에 실려 세상에 알려졌다. 이 또한 추하기 짝이 없다.

지난 임오년(1882, 고종 19년) 변란 당시에 왕비는 충주에 머물면서 요사스러운 한 무당[100]과 자주 왕래했다.

能 謂之賊)'고 했다."라고 했다. 이는 다시 말해 신하가 임금에게 어려운 일을 하도록 책선하는 것은 그 임금이 훌륭한 임금이 되도록 하는 것이기 때문에 임금에 대한 존경이 큰 것이요, 선한 도를 말하여 임금의 사악한 마음을 막는 것은 그 임금이 잘못된 곳에 빠지는 것을 염려하기 때문에 임금을 공경함이 지극한 것이요, 임금이 능력이 없다고 해서 그 잘못을 아뢰지 않는 것은 임금을 해치는 자라는 뜻이다.

100 민비의 신임과 총애를 받은 진령군眞靈君이라는 무당이다. 궁중을 수시로 출입하면서 농간을 부려 대단한 세도를 행사했다. 관우를 신주神主로 모시면서 스스로 관우의 딸이라고 칭했다. 안효제安孝濟가 그녀를 제거하려고 상소했으나 민비의 반대로 실패했고, 이후 그녀로 인한 정치적 폐단은 더욱 심해졌다.

그 무당은 길흉화복을 기막히게 알아맞혔다. 왕비가 몇 월 며칟날 복위할 것이라고 예언했는데, 그대로 들어맞았다. 왕비는 그 무당에게 홀딱 반해, 마침내 서울로 불러들여 북묘北廟(관우를 모시는 사당)에 살면서 기도를 주관하게 했다.[101] 무당은 왕비가 머리가 아프다고 하면 머리를 쓰다듬고 배가 아프다고 하면 배를 쓰다듬었는데, 그 손길을 따라 통증이 가라앉았기 때문에 잠시도 서로 떨어져 있지 않았다. 왕비는 그 무당을 '언니'라고 불렀으며, 때에 따라서는 '진령군鎭靈君' 또는 '북관부인北關夫人'으로 부르기도 했다. 무당은 궁중을 출입한 지 겨우 1년밖에 안 되었지만 날이 갈수록 더욱 막강한 영향력을 행사했다. 윤영신尹榮信·조병식趙秉式·이용직李容直 등이 그 무당과 의형제를 맺고 누이라고 불렀다. 이들은 모두 그녀의 도움으로 관찰사 자리를 꿰찼다.

민승호의 후처 이씨李氏는 사람들을 매혹시킬 만한 아리따운 미모와 대단한 권세를 가졌지만, 대체로 조신하지 못하다는 평판이 있었다. 그녀는 때에 따라 민영달閔泳達이나 민영주閔泳柱를 내세우며 궁중을 들락거렸다. 그녀가 한글로 쓴 청탁 편지는 전국 어디서나 통하지 않는 곳이 없었다. 그래서 사람들은 그녀의 집이 죽동竹洞에 있음을 빗대어 그녀를 '죽부인竹夫人'이라고 했다. 영휘는 자신의 앞길에 그녀가 걸리적거리는 게 싫어서 왕비에게 그녀가 음란하다고 귀띔했고, 결국 둘 사이를 점차 멀어지게 만들었다. 그러나

---

101 관우를 숭배하는 사당은 임진왜란 후 명나라 신종神宗(만력제萬曆帝)이 사신을 보내 "임진왜란 때 관우의 영靈이 조선을 크게 도왔으니 묘廟를 세워 그 공에 보답하라."고 하여 조선에 처음 세워졌는데, 서울 동묘東廟와 남묘南廟가 그것이다. 북묘는 1883년(고종 20) 혜화전문학교 자리에 고종이 세웠다.

진령군만은 극진하게 섬겼다.

임진년壬辰年(1892, 고종 29년)

가을과 겨울 사이에 서울에는 화적 떼가 기승을 부렸다. 궁궐에서 임금이 사용하는 물건도 때때로 탈취당했다. 임금이 어쩔 수 없이 좌우포도대장 한규설韓圭卨과 이종건李鍾健을 파면하고, 인망이 높은 전 포도대장 신정희申正熙를 좌변포도대장으로 기용했다.[102] 그러자 한 달 만에 도둑들이 겁을 집어먹고 소리 없이 조용해졌다. 그러나 진령군으로 말하자면 잡아다가 처벌하지 못했다. 아아! 신정희는 맹사성孟思誠이 조대림趙大臨을 다스린 일과 변협邊協이 보우普雨를 처단한 일을 떠올리면서 또한 부끄러운 줄 알아야 한다.[103]

건국 초기의 군사 제도는 오위五衛, 즉 의흥위義興衛(중위中衛)·용양위龍驤衛(좌위左衛)·호분위虎賁衛(우위右衛)·충좌위忠佐衛(전위前衛)·충무위忠武衛(후위後衛)를 설치한 뒤, 도성 밖은 병마절도사兵馬節度使와 수군절도사水軍節度使가 통솔하

---

102 『고종실록』 1892년 10월 29일자 기사 참조. "신정희를 좌변포도대장으로, 이봉의李鳳儀를 우변포도대장으로 삼았다."

103 태종의 사위 조대림이 역모 사건에 휘말리자 태종은 그를 무죄방면하라고 명했다. 그러나 대사헌 맹사성은 죽음을 각오하고 태종에게 보고하지도 않은 채 원칙대로 조대림을 잡아들여 심문했다. 이 일로 맹사성은 태종의 진노를 사서 죽음 직전까지 가기도 했다.
보우는 중종·명종 대의 승려로, 문정왕후의 총애를 받았다. 숭유억불 정책 속에서도 도첩제와 승과 제도를 부활시키는 등 불교 중흥을 위해 힘썼기 때문에 유생들의 거센 반발을 받았다. 문정왕후가 죽은 뒤 보우는 곧 탄핵을 받고 제주도로 유배되었는데, 제주 목사 변협에게 죽임을 당했다.
이 구절은 저자 황현이, 신정희가 맹사성의 강직과 변협의 의기를 본받았어야 한다는 주장을 담고 있다. 조대림과 보우에 관한 좀 더 자세한 설명은 부록의 「인명록」 참조.

고, 도성 안은 삼군부三軍府에서 통할하는 방식이었다. 따라서 오위에는 따로 전임 대장大將을 두지 않았다.

선조宣祖 임금 임진년(1592, 선조 25년)에 오위를 없애고 훈련도감訓練都監을 설치했다. 나중에는 결국 금영禁營이나 어영청御營廳 같은 여러 군영을 설치하는 제도를 마련하여 무신을 각 군영의 대장으로 뽑았다. 그러나 태평세월이 오래 지속되고 나라에 전쟁이 없다 보니, 문신과 훈척勳戚이 대장 자리의 절반가량을 차지하는 일이 벌어졌다. 무신 또한 세습한 장수로서 지체 높은 부잣집의 자제들이었다. 그들은 분장을 하면 기생이 따로 없을 만큼 가냘팠다. 당연히 병법을 공부한 적도, 활을 쏘아본 적도, 말을 타본 적도 없었다. 그런데도 충무공忠武公 이순신李舜臣이나 요동백遼東伯 김응하金應河의 후손이라고 하면, 사람들은 "대장감으로 손색이 없다"고 했다. 더구나 나라의 풍속마저 문文을 귀하게 여기고 무武를 천하게 여겼으며, 조정의 의식에서도 등급이 뚜렷했다. 무과는 과거를 치를 때마다 합격자를 많게는 수천 명까지 배출하여 천한 종들도 어렵지 않게 합격할 수 있었다. 무관의 기용은 저처럼 편협하고, 무관의 선발은 이처럼 천박했다. 만일 위급한 사태가 발생하여 교섭과 담판으로 나라의 모욕을 막아내야 하고 적의 깃발을 빼앗아야 하고 적진을 함락해야 할 경우, 누가 그 책무를 감당하겠는가?

개화 이후에 군사 제도는 자주 변경되었다. 서울의 경우, 종래의 오군영五軍營을 통합해서 무위영武衛營·장어영壯禦營으로 재편했다가 다시 두 영을 나누어 전영·후영·좌영·우영·중영의 다섯 개 군영으로 변경했다.[104] 또 내

***

104 1881년(고종 18) 11월에 종래의 오군영을 통합하여 무위영과 장어영의 이군영 체제로 개편했다. 1882년 임오군란 뒤 수도 방위군을 정비·강화할 방책을 모색하던 조선 정부는 청나라에 군대의 훈련과 신식 무기의 원조 등을 청하고, 그들의 감독과 훈련 아래 1,000명의 친

영內營은 호위영扈衛營으로 바꾸었다.[105] 서울 이외의 경우, 한강 입구의 군사 요충지인 통진通津에는 해방영海防營을 창설했고,[106] 남양南陽에는 경기 지역의 군무를 총괄하는 총위영總衛營을 창설했다.[107] 또한 충청 병영을 변경하여 삼도통어영三道統禦營을 만들었는데[108] 기존의 삼도수군통제사의 법식과 비슷했고, 북병영北兵營을 변경하여 안무영按撫營을 만들었는데[109] 함경도 감사監司의

군 좌영左營을, 500명의 친군 우영右營을 편성했다. 이때부터 1884년까지 친군 전영前營·후영後營과 별영別營이 편성됨으로써 친군 5영의 새로운 중앙 군제가 성립하였으며, 여기에 구식 군영인 용호영龍虎營·금위영禁衛營·어영청御營廳·총융청摠戎廳의 4영을 흡수했다. 『대전회통大典會通』 참조.

105 내영은 제도상의 명칭이 아니며, 궁중이나 도성 안의 군영을 서울 외곽에 있던 병영에 상대하여 이르는 말이다. 호위영은 호위국扈衛局의 오기로 보인다. 1897년(광무 1) 대한제국이 출범하자 협련挾輦·협여挾輿(임금의 가마를 호위하는 것)의 수종을 맡기기 위해 호위대를 두어 총관摠管(칙임관任官)으로 하여금 지휘하게 했는데, 1905년(광무 9)에 이를 궁내부宮內府 주전원主殿院으로 이관하면서 호위국으로 개칭했다. 1907년 군대 해산 때 호위국도 폐지했다. 『대전회통』 참조.

106 통진은 경기도 김포시 월곶면 군하리에 있는 옛 읍으로, 한강 입구를 지키는 중요한 요충지였다. 그런데 해방영은 통진이 아니라 부평에 설치되었다. "경기 연해의 해방영을 부평부富平府에 설치했다." 『고종실록』 1882년 1월 4일자 기사 참조.

107 총위영은 임진왜란 후 군제를 정비하면서 총융청으로 설치되었다. 1846년(헌종 12)에 총위영으로 개칭되었다가 1849년에 다시 총융청으로 복귀되었다. 1882년(고종 19)에 잠시 폐지했다가 곧 다시 설치하였으나 1884년에 아주 없앴다. 총위영은 남양·수원水原·장단長湍 등 3진鎭의 군무를 관장했으며, 남양에 새로 창설된 것은 아니다. 『대전회통』 참조.

108 삼도통어영은 정식 명칭이 아니며, 충청 병영을 바꾸어 만든 군사 조직도 아니다. 충청 병영의 병마절도사에게 삼도육군통어사三道陸軍統禦使의 임무를 겸하게 한 것이다. "청주는 삼남三南의 요충지이다. 지금부터는 충청 병사忠清兵使를 삼도육군통어사 겸 충청 병사로 고쳐 하비下批하고, 영營의 제도를 전부 통영統營의 규례대로 시행하라." 『고종실록』 1888년 8월 18일자 기사 참조.

109 북병영의 정식 명칭은 함경도북도병마절도사영咸鏡道北道兵馬節度使營이며, 안무영은 1883년

법식과 비슷했다.

서울에 소재하는 부대는 그나마 무신들로 구성되었지만, 지방에 소재하는 부대는 모두 문관들이 그 자리를 차지했다. 이에 따라 사무와 권한이 서로 대립하게 되어 무신은 더욱 무력해졌다. 나라에 군대가 없다는 것은 있을 수 없는 일이다. 그래서 이 무렵 군대를 훈련시켜야 한다는 주장이 제기되었다. 결국 청나라와 일본에서 교관을 초청하고, 군적에 등록되어 있지만 병역에 복무하지 않으면서 놀고 있는 장정[110]을 모집하여 훈련시켰다. 그 인원이 서울의 경우 거의 1만 명에 이르고, 각 도의 감영이나 병영의 경우 어떤 곳은 500명, 어떤 곳은 300명가량 되었다. 월급을 상당히 후하게 지급했으며, 군복과 장비는 모두 새것이었다. 세상에서는 이들 부대를 가리켜 '되놈 부대(胡兵隊)' 혹은 '왜놈 부대(倭兵隊)'라고 했다. 훈련을 받는 대원들은 대부분 교만하고 탐욕스러울 뿐만 아니라 성정이 거칠고 흉악한 부류여서 밤이면 대열을 이탈하여 도적질을 하다가 날이 새면 대열로 복귀했다. 이들은 대장의 명령도 우습게 여기고 나라에서 금지하는 일도 하찮게 여기면서 제멋대로 날뛰었기 때문에 서민들이 심한 고통을 받았다. 그럼에도 임금은 그들로부터 힘을 얻고자 했으므로 모두 너그럽게 용납하라고 했다. 그러나 응석받이

(고종 20) 함경도 경성에 설치한 안무사按撫使의 영營이다. 본문에서 서술한 것처럼 북병영을 안무영으로 변경한 것이 아니라, 함경북도 병마절도사에게 안무사를 겸직하게 한 것이다. "조병직趙秉稷을 함경북도 병마수군절도사 겸 안무사로 삼았다." 『고종실록』 1884년 3월 21일자 기사 참조.

110 원문에는 이들을 가리켜 '한정閒丁'이라 했는데, 『고금석림古今釋林』 27권 「동한역어東韓譯語」 '석명釋名'에 "한정閒丁: 촌백성으로 군적에 올라 있는 사람을 한정이라고 한다.(鄕民之隷軍伍者 謂之閒丁)" 했다. 『고금석림』은 1789년(정조 13)에 이의봉李義鳳이 엮은 사전이다. 우리말을 비롯하여 중국, 베트남, 일본, 여진, 미얀마 등의 말과 1,500여 종의 문헌에서 뽑은 신라·고려의 이두에 주석을 달았다. 총 40권이다. 『한국한자어사전韓國漢字語辭典』 4권.

첫 번째 기록 91

자식은 기르기 어려운 법이며, 그런 사람을 군사로 쓸 수 없음은 명백한 사실이다. 아아! 이런 수준의 대장이 이런 수준의 병사를 지휘하고 있다는 사실은 너무 위험한 일이다.

이 무렵 세상에서는 민씨들 가운데 세 사람을 도둑놈으로 지목했다. 서울의 민영주라는 도둑놈, 관동의 민두호閔斗鎬라는 도둑놈, 영남의 민형식閔炯植이라는 도둑놈이 바로 그들이다. 두호는 영휘의 아비이고, 영주는 영휘의 사촌 형이며, 형식은 영위泳緯의 서자이다.

민영주는 유생 시절부터 서울의 부자들과 서울 근교의 주요 나루인 오강五江[111]의 거상들을 약탈했다. 법을 무시하면서 사적으로 사람들의 주리를 틀고 거꾸로 매다는 등 온갖 악형을 가해 날마다 많은 돈을 긁어모았으며, 일상생활은 거의 임금 수준의 호사를 누렸다. 과거에 급제한 지 사오 년 만에 파격적으로 참판에 임명되었지만, 거칠고 악독한 성품은 조금도 달라지지 않았다. 사람들은 영주를 가리켜 '민閔 망나니'라고 불렀다. 우리나라 사람은 사형 집행인을 속된 말로 '망나니'라고 불렀는데, 대개 이루 말할 수 없이 악하고 천한 자를 표현하는 말이다.

민영휘는 춘천에 새로 유수留守 자리를 만들어서 자신의 아비인 두호를 발탁하여 앉히고, 임금이 서울을 떠나 피란하거나 거둥할 때 머물 숙소로 쓸 것이라며 행궁을 지었다. 두호라는 위인은 어리석고 천박할 뿐만 아니라 흉악하고 악독한 데다 욕심이 끝이 없었다. 두호가 유수로 부임한 지 몇 년 지나지 않아 강원도 백성들은 먹고살기 힘들어져 가족이 뿔뿔이 흩어지는 사

---

111 오강이란 서울 근교에 중요한 나루가 있던 다섯 군데로, 한강·용산·마포·현호玄湖·서강을 일컫는다. 현호는 마포와 서강 사이에 있던 나루이다.

태가 줄지어 일어났다. 백성들은 두호를 가리켜 '민 쇠갈고리'라고 불렀다.

민형식은 응식의 사촌 형제이다. 몇 년 전 임오군란 때 왕비가 머물렀던 집의 주인이라는 인연으로 미천한 무관직에서 벗어나 비로소 제법 권력을 누리는 벼슬자리에 임명되었다.[112] 이후 파격적인 발탁이 이어지면서 나이 서른이 채 안 되어 임금의 특별 명령으로 삼도수군통제사三道水軍統制使가 되었다.[113] 형식이 통제영에 부임한 지 1년 만에 군교들이 사방으로 나가 부자들을 잡아들였는데, 밭 사오백 이랑가량을 소유했다면 모두 붙잡아 가두었다. 계속되는 수감으로 육로와 수로에는 끌려오는 사람들이 줄을 이었고, 억울함을 호소하는 애끓는 목소리가 도로에 넘쳐났다. 연이어 영남에서 호남까지 부자들을 찾아내 그들로부터 갈취한 돈꿰미가 산더미처럼 쌓였지만, 그래도 형식은 여전히 욕심을 다 채우지 못하였다.

일반적으로 민씨 성을 가진 사람들은 하나같이 탐욕스러웠다. 그런 민씨들이 전국 큰 고을의 수령 자리를 대부분 독차지했다. 평안도 관찰사와 삼도수군통제사는 이미 10년 넘게 민씨가 아니면 차지할 수 없었다. 그 가운데서도 저 형식이라는 놈은 고금에 다시없는 탐관오리였다. 오죽했으면 백성들이 그를 '악귀'라고 불렀을까? 그것도 모자라 '미친 호랑이(狂虎)'라고 부르기도 했다. 이런 말들은 그가 사람을 산 채로 씹어 먹을 만큼 포악하다는 표현이었다. 그리하여 조선 팔도에는 원망하는 소리로 뒤덮였고, 세태를 풍자하는 동요가 널리 퍼졌다. 사람들은 한결같이 "왜 난리가 일어나지 않을까?"라

---

112 민비가 피신했던 집은 민형식의 집이 아니라 민응식의 집이다. 민형식은 이때 무관으로 발탁된 것이 아니며, 이미 무관의 신분으로서 민비가 충주로 피신할 때 호종하며 따라갔다.

113 민형식은 1891년(고종 28) 12월 3일 삼도수군통제사로 임명되었다. 이때 그의 나이는 33세(1859년생)였다. 『고종실록』 1891년 12월 3일자 기사 참조.

고 반문했다. 또 어떤 사람들은 "무슨 좋은 팔자라고 난리를 볼 수 있겠냐?"
며 장탄식을 하기도 했다. 형식은 봄에 교체되어 통제영을 떠났다.

계사년癸巳年(1893, 고종 30년)

1월

동학교도들이 보은에 모여 집회를 여는 변고가 있었다.[114] 대체로 동학東
學이란 서학西學을 바꾸어 부른 것이며,[115] 서학은 이른바 천주교이다.

명나라 말기에 마테오 리치(중국 이름 : 이마두利瑪竇)와 사바티노 데 우르시
스(중국 이름 : 웅삼발熊三抜), 에마누엘 디아스(중국 이름 : 양마락陽瑪諾), 페르디난트
페르비스트(중국 이름 : 남회인南懷仁), 요한 아담 샬 폰 벨(중국 이름 : 탕약망湯若望)
같은 서양 여러 나라 사람이 잇달아 중국에 들어왔다.[116] 그들은 천체의 운

---

114 동학교도가 보은에 모인 시기는 1월이 아니라 3월이다. "전국의 교도들에게 보은군 장내리
로 모이도록 통문을 보내라고 지시한 최시형은 이튿날인 3월 11일(양력 4월 26일)에 보은으
로 갔다. 최시형이 도착했을 때는 이미 교도 수만 명이 모여 있었다." 동학농민혁명참여자
명예회복심의위원회 지음, 『동학농민혁명사 일지』, 2006, 19쪽.

115 동학은 서학을 소멸하기 위해 창도되었다. 따라서 '동학이 서학을 바꾸어 부른 것'이라는
서술은 사실과 다르며, 이는 동학과 서학이 천주를 숭상하는 점에서 다를 바 없다는 황현
의 인식을 드러낸다.(본문 102쪽 참조) 경상 감사 서헌순徐憲淳은 동학의 시원에 대해 다음과
같이 보고했다. "최제우는 경주의 백성으로서 훈장을 업으로 삼고 있었는데, 양학洋學(서학)
이 크게 번지는 것을 차마 보고만 있을 수 없어 경천순천敬天順天의 마음으로 '위천주고아
정爲天主顧我情 영세불망만사의永世不忘萬事宜'라는 13자의 주문을 짓고, 이름하여 동학이라
고 하였음은 동국東國의 뜻을 딴 것이다. 양학은 음陰이고 동학은 양陽이라, 양으로써 음을
제압하려고 한 것이다. … 최제우는 말하기를 '이 양인들은 화공火攻을 잘하여 무력으로는
막을 수 없다. 오직 동학만이 그 자들을 모두 섬멸할 수 있다.'고 하며, 또 말하기를 '양인
이 일본에 들어가 천주당天主堂을 세우고 우리나라에도 들어와 또 천주당을 세웠다. 내가
마땅히 그들을 소멸하겠다.'고 했다." 『일성록日省錄』 고종 1년(1864) 2월 29일 기사 참조.

116 마테오 리치Matteo Ricci(1552~1610)와 사바티노 데 우르시스Sabbathin de Ursis(1575~1620)

행과 위치 관측에 관한 분야, 대포나 총과 같은 화약 무기 제조에 관한 분야, 수상 운송이나 관개灌漑 같은 물의 이용에 관한 분야에 전문적인 지식을 갖추고 있어 경제에 도움이 되었다. 그래서 서광계徐光啓를 비롯한 여러 사람이 마음속 깊이 따르며 서양을 본받는 데 앞장섰다. 그러나 이른바 야소학耶蘇學과 천주설天主說은 저속하고 황당했기 때문에 더불어 논쟁할 거리조차 안 되었다. 그래서 중국의 선비들은 관심을 갖지 않고 못 본 체했으며, 단지 야소(예수)와 천주를 추종하는 사람들이 야소학과 천주설을 중국말로 옮겨 책으로 만들었을 뿐이다.

청나라 초기에 정성공鄭成功이 대만臺灣을 공략하여 네덜란드 사람들을 쫓아내고 점거했다. 청나라는 강희제康熙帝 시대에 대만을 평정했다.[117]

네덜란드 사람들이 점차 다시 동쪽으로 와서 복건福建과 광동廣東 지역 사람들과 서로 거래를 하기 시작했다. 이 무렵까지는 청나라 군대의 힘이 막강하여 서양 오랑캐들도 함부로 허튼짓을 하지 못했으므로 100년 가까이 서양 사람들에 대한 걱정이 없었다. 그러나 도광제道光帝 연간(1820~1850)부터 서양 사람들이 해안 지역에서 점차 내륙 지역으로 넘어왔다. 처음에는 천주설로 어리석은 대중을 속여 꾀어냈고, 아편의 독을 동남 지방에 널리 퍼뜨렸다. 이때 임칙서林則徐가 강서성江西省과 강소성江蘇省의 총독을 겸하면서 겨우 아편 밀수를 저지해 진정시켰지만, 서양 오랑캐들을 국경 밖으로 모두 몰아내

두 사람 모두 이탈리아 사람으로 로마 예수회 선교사이다. 에마누엘 디아스Emmanuel Diaz(1574~1659)는 포르투갈 사람으로 로마 예수회 선교사이다. 페르디난트 페르비스트 Ferdinand Verbiest(1623~1688)는 벨기에 태생으로 예수회 선교사이다. 요한 아담 샬 폰 벨 Johann Adam Schall von Bell(1591~1666)은 독일 사람으로 예수회 선교사이다. 각 인물에 대한 상세한 설명은 부록으로 제공한 「인명록」 참조.

117 청나라 4대 황제인 강희제가 대만을 평정한 해는 1683년이다.

지는 못하였다.[118]

함풍제咸豊帝(1850~1861) 말년에는 양수청楊秀淸과 홍수전洪秀全이 이끄는 태평천국의 난리가 일어나서 흐르는 피가 천 리를 물들였을 정도로 많은 사람이 죽었다. 도둑 무리는 모두 천주를 신봉했는데, 사람을 죽여 하늘에 제사를 지내는 등 몹시 흉측하고 악독했다. 증국번曾國藩과 이홍장李鴻章이 몇 년에 걸쳐 수많은 전쟁을 벌인 덕에 비록 난은 평정되었지만, 중국은 골병이 들대로 들었다.

경신년庚申年(1860)에는 영국과 프랑스 연합군이 천진天津을 불태우고 북경을 침범했다(제2차 아편전쟁, 1856~1860). 결국 청나라는 천주교의 예배당 설치와 통상 무역을 허용하는 굴욕적인 조약을 맺어야만 했다. 최근에는 이홍장이 북양北洋을 통할하고 좌종당左宗棠이 남양南洋을 통할하면서,[119] 기차·기선·무기 등 서양의 장점과 여러 가지 기술을 받아들여 서양과 교류하는 이점이 있는 것처럼 보였다. 그러나 서로 말이 달라 잘 알아들을 수 없는 데다, 기발하지만 쓸모없는 것에 마음을 빼앗기고, 본질을 버리고 말단을 추구한 결과 온 세상이 피폐해져 예전과 같은 중국의 위용을 회복하지 못하였다.

청나라를 세운 종족은 원래 만주의 여러 종족 가운데 하나에 불과했지만, 중국을 궁지로 몰아넣어 졸지에 한漢·당唐·송宋의 옛 영토를 차지해서 200여 년 동안 세상을 잘 다스렸다. 그러나 국력이 쇠약해지자 서양 오랑캐에게 곤란을 당하게 되었다. 이 또한 하늘의 교묘한 보복이니 이상하게 여길

---

118 임칙서는 호북성湖北省과 호남성湖南省의 총독을 겸임했으며, 이후 아편 밀수를 막기 위한 조치는 흠차대신欽差大臣 신분으로 수행했다.

119 북양은 청나라 말기에 강소성江蘇省 이북의 직예直隸·산동山東·요녕遼寧 세 성의 연해를 통틀어 가리키는 말이며, 남양은 양자강 이남의 해안 지방을 가리키는 말이다.

일도 아니다.

우리나라에서 가장 가까운 나라는 중국이다. 따라서 풍속의 건전함과 문란함, 정치와 교육의 흥성과 침체 같은 우리나라의 사회적 현상은 중국의 그것들과 추세가 비슷했다. 우리 조선으로 말하자면 나라를 잘 다스려 태평성세가 이어졌고, 유학을 숭상하고 도를 중시하는 교화는 선조宣祖 시대에 이르면 한마디로 최고의 경지에 이르렀다고 할 만했다. 그에 앞서 인조仁祖 시대에 정사호鄭賜湖가 사신으로 중국을 다녀오면서 서양인이 제작한 자명종, 물을 퍼 올리는 수차의 일종인 용미거龍尾車 등 여러 가지 기계를 처음으로 가지고 와서 임금에게 올렸다.[120] 우리나라 사람들은 이때야 비로소 이른바 서양이라는 존재가 있다는 사실을 알게 되었다.

정조 말년에 이르러서는 유림이 붕당으로 치닫고 패권이 빠르게 변하면서 서로 풀을 베듯 죽인 나머지, 세속의 기호는 더욱 변하여 새로운 것을 좋아하고 신기한 것을 추구했다. 마침내 천주학에 관한 책자가 점차 유행하기

---

120 이 기록은 착오가 있는 듯하다. 정사호는 명종·선조·광해군 대의 인물이며, 진하사은사進賀謝恩使로 명나라를 다녀온 바 있고 중국 사신을 접대하는 접반사接伴使를 역임했다. 인조 대에 실제로 중국에서 서양 문물을 가지고 들어온 사람은 정두원鄭斗源이다. 그는 1631년(인조 9)에 사신으로 명나라에 가서 화포·천리경·자명종 등의 기계와 함께 마테오 리치의 천문서天文書·『직방외기職方外記』·『서양국풍속기西洋國風俗記』·『천문도天文圖』·『홍이포제본紅夷砲題本』 등의 서적을 서양 선교사인 로드리게스Johannes Rodriguez(중국 이름 : 육약한陸若漢)로부터 얻어서 이듬해 돌아왔다. 화약의 제조법도 이때 전해졌다고 한다. 정두원은 17세기 서양 문물이 조선에 전해지는 데 큰 역할을 했던 사람들 가운데 이름이 알려진 최초의 인물이다. "진주사陳奏使 정두원이 명나라 수도에서 돌아와 천리경·서포西砲·자명종·염초화焰硝花·자목화紫木花 등의 물품을 바쳤다. 천리경은 천문을 관측하고 백 리 밖의 적군을 탐지할 수 있다고 하며, 서포는 화승火繩을 쓰지 않고 돌로 때리면 불이 저절로 일어나는데 서양 사람 육약한陸若漢(로드리게스)이란 자가 중국에 와서 두원에게 기증한 것이다. 자명종은 매 시간마다 종이 저절로 울고, 염초화는 곧 염초(화약의 주원료)를 굽는 함토鹹土이며, 자목화는 곧 색깔이 붉은 목화이다."『인조실록』1631년 7월 12일자 기사 참조.

시작했다. 사대부들 가운데 허황한 것을 좇는 경박한 자들이 남보다 앞서 천주교를 좋아했다. 이에 나라에서는 이들을 엄히 징치하고자 난적을 다스리는 법률로 이가환李家煥·이승훈李承薰[121] 같은 자들을 모두 죽여버렸고, 천주교를 엄격하게 금지했다(1801년 신유박해). 그 후에 정약동丁若銅·윤지충尹持忠의 옥사가 벌어졌다.[122] 나라에서는 천주교인이 나타나는 족족 잡아 죽였지만, 천주교인은 끊임없이 생겨나서 남의 눈을 피해가며 은밀하게 전도했다. 대체로 천주교인은 남인南人 집안에서 많이 나왔다. 그래서 세상에서는 남인을 가리켜 '천주학의 종가'라고 했는데, 이에 대해 남인이 변명조차 할 수 없었던 것은 앞뒤로 천주교와 관련되어 잡혀 죽은 사람들이 모두 남인이었기 때문이다.

고종 임금이 등극한 초기에도 서학의 열풍이 거세게 불어 반역 행위가 예사롭지 않았지만, 차례로 사로잡아 남종삼南鍾三·홍봉주洪鳳周 등을 처형했다(1866년 병인박해). 또한 나라 안에 숨어 있는 서양 사람들을 체포하여 모두 참수했다.[123] 그 결과 간사한 무리는 공포에 떨었고, 나라 안에서 호응하는

---

121 원문에는 '朴承薰박승훈'이라 되어 있지만 이승훈李承薰의 오기이므로 바로잡는다. 『순조실록』 1801년 2월 9일자 기사 참조.

122 이 기록은 착오가 있는 듯하다. 윤지충은 1791년 신해박해 때 죽었으며, 이때 윤지충과 함께 죽은 사람은 권상연權尙然이다. "호남의 죄인 윤지충과 권상연을 사형에 처했다." 『정조실록』 1791년 11월 8일자 기사 참조. 한편 정약동은 정약전 또는 정약용을 지칭한 것으로 여겨진다. 정약전과 정약용 두 사람은 형제이며 모두 신유박해(1801) 때 귀양을 갔다(정약동이라는 인물은 신해박해와 신유박해에 희생된 인물 중에 등장하지 않는다). 황현은 이가환·이승훈의 처형이 이루어진 신유박해(1801)를 먼저 서술하고 그 뒤 윤지충의 옥사 사건이 일어났다고 함으로써 신해박해(1791)가 나중에 일어난 일처럼 서술했지만, 이는 사실과 다르다.

123 남종삼과 홍봉주가 처형된 날은 1866년 1월 20일이다. 이때 함께 처형된 서양인은 모두 4명이다. "… 종삼, 봉주는 모두 바로 참수하고, … 서양인 네 명도 군문에 넘겨 효수했다."

일도 마침내 잦아들었다. 이에 따라 해상에서 체류 중인 서양 사람들도 머뭇거리다가 물러났으며, 다행히 나라가 안정되고 민심도 차분하게 진정되었다.

이런 일을 겪고 난 뒤, 각 군郡과 읍邑에 '척화비斥和碑를 세우라'는 지시가 있었다. 비석 표면에 큰 글자로 다음과 같은 글을 새겨 넣었다.

"서양 오랑캐가 침범해오는데 싸우지 않으면 화친하는 것이요, 화친을 주장하는 것은 나라를 팔아먹는 것이다. 이를 자손만대에 경계하노라."[124]

계속하여 온 나라를 샅샅이 뒤져서 천주교에 오염된 사람들을 모두 잡아 죽였고 조금도 용서하지 않았다. 앞뒤를 통틀어 천주교와 관련되어 처형된 사람은 거의 1만여 명에 이르렀다. 운현이 권력을 행사한 10년 정치 가운데 이 일이 가장 통쾌했다.

그러나 운현이 몰락하자 서양에 대한 금지가 매우 느슨해졌다. 서양 사람들은 서울에 천주교회를 세우고, 강좌를 개설하고, 돈을 대어주며 학생들을 모집해 가르쳤다. 이에 따라 천주교가 널리 퍼질 것 같았는데, 오히려 인적이 뜸해지고 아무런 소식이 없었다. 오직 부녀자와 어린아이 그리고 천한 노비들처럼 사리 분별을 제대로 하지 못하는 이들이 이따금 천주교에 귀의했다. 처음 천주교가 들어왔을 때는 죽음을 무릅쓰고 금령을 어겼지만, 금지하는 것이 느슨해지자 도리어 범하지 않았다. 또 초기에는 사대부들이 떼를 지어 미친 듯이 몰려갔지만, 나중에는 오직 어리석고 미련한 사람만이 천주

『고종실록』 1866년 1월 20일자 기사 참조.

124 "서양 오랑캐가 침범해오는데"에 해당하는 원문은 '洋夷來侵양이래침'으로 되어 있으나, 이는 '洋夷侵犯양이침범'의 오기이다. 『고종실록』 1871년 4월 25일자 기사 참조. 또한 비에는 "洋夷侵犯, 非戰則和, 主和賣國"을 큰 글자로 새기고, "戒我萬年子孫. 丙寅作, 辛未立(이를 자손만대에 경계하노라. 병인년에 만들고 신미년에 세우다.)"는 작은 글자로 새겼다.

교를 추종했다. 도대체 왜 이런 현상이 벌어졌을까?

사람들은 일반적으로 나라에서 금하는 것이 엄중해질수록 금지한 그것에는 반드시 돌을 녹여 금을 만들고 산을 옮겨 바다를 메우는 신기한 술수가 있을 것이라고 의심한다. 그리하여 그것으로 충분히 세상을 미혹시키고 대중을 속일 수 있다고 생각한다. 이 때문에 죽음조차 두려워하지 않고 가진 것을 모두 털어서라도 그것을 구하려고 천주교를 추종했던 것이다. 그러다 발각되면 종적을 감추고 멀리 도망쳤지만, 실상 법망을 빠져나간 사람은 한 사람도 없었다. 천주교의 효력은 도리어 중국에서 전해진 방기임둔方技壬遁[125]의 효능만도 못했다. 손발이 묶여 죽음을 눈앞에 두고서도 "나는 죽은 뒤에 천당에서 다시 태어날 것이다. 그러니 빨리 죽여달라."고 중얼거리는 것이 고작이었다. 사형을 집행하는 관리들이 이들을 불쌍히 여겨 사실을 인정하지 말고 변명이라도 하면 용서받을 수 있다고 꾀어보았지만, 끝내 말을 듣지 않았다. 그래서 죽은 사람이 더욱 늘어났다.

천주학은 저속하고 허황하여 노자老子의 맑고 깨끗함, 불교의 현묘함 같은 것도 없었다. 구차하게 천당과 지옥을 꾸며내고는 천주교를 믿으면 복을 받아 천당에 가고, 믿지 않으면 죄를 받아 지옥에 간다는, 이러한 터무니없는 말로 속였는데 오로지 어리석은 대중이 여기에 놀아났다. 이런 까닭에 글줄이나 읽는 사람은 모두 천주교를 비난했다. 민간에서는 서로 욕을 할 때 번번이 "너는 천주쟁이다"라고 했는데, 이 말은 대체로 '망나니'에 버금가는 욕이었다. 이런 사실을 놓고 살펴보면 '금지하지 않아도 저절로 금지된다'고 할 수 있는데, 나는 이치와 상황이 바로 그렇게 만드는 것이라고 생각한다.

---

125 방기方技는 의술·신선술 따위를 말한다. 임둔壬遁은 육임六壬·둔갑遁甲·태을太乙 등 점치는 방법을 아울러 일컫는 말이다. 『대한화사전大漢和辭典』 권2, 1147쪽, '육임六壬' 참조.

그러나 장차 나라가 망하려 할 때는 반드시 불길한 재앙이 있고, 난민의 발흥은 반드시 집단을 핑계로 삼는다. 요망한 말로 대중을 홀리지 않고는 어리석은 사람들을 꾀어낼 수 없기 때문에, 옛날부터 간사하고 교활한 도적은 반드시 난을 꿈꾸는 백성을 통해 인심을 혼란하게 만드는 요사스러운 말을 퍼트리고 앞날의 길흉을 예언하는 말을 지어내 슬금슬금 세상에 퍼뜨려서 마침내 걷잡을 수 없이 번지게 만들어 반역의 음모를 실현했다.

장각張角이 부적을 태워 만든 물로 병을 치료해준다고 한 수법, 손은孫恩이 『노자』 5,000자를 외우고 쌀과 고기를 기부하는 선행을 하면 속죄를 받는다고 한 수법,[126] 원나라와 명나라 때부터 천상의 미륵불이 현세에 도래하여 극락세계를 세울 것이라면서 어리석은 대중을 미혹했던 백련교白蓮教[127]의 수법이 바로 그런 것들이다.

---

126 장각(?~184)은 한漢 왕조 타도를 목표로 거병한 황건적의 지도자이다. 그는 후한 말기에 정치가 문란해지고 사회가 어지러워지자 주술을 행하고 부적을 태운 물이나 영수靈水를 마시게 하여 병을 고친다는 요법으로 민심을 모아 태평도太平道를 일으켰다. 손은은 5호 16국 시대 동진東晉에서 오두미도五斗米道의 교도를 이끌고 민란을 일으켰다. 오두미교는 후한 말기에 장릉張陵이 창시한 종교인데, 입도자에게 다섯 말의 쌀을 바치게 한 데서 그 이름이 유래한다. 종교적인 믿음으로 질병을 치료하고 장생할 수 있다고 하여 사람들에게 큰 호응을 얻었다. 태평도와 오두미교는 도교의 원류를 이루며, 정치적으로 혼란한 상황에서 기도에 의한 치료와 종교적 구원을 설파하여 크게 성행하였다. 『후한서後漢書』 「열전 61, 황보숭皇甫嵩」 및 『후한서』 「효령제기孝靈帝紀」 참조.

127 백련교는 남송南宋(1127~1279) 때의 승려 모자원茅子元이 창건한 백련종白蓮宗(정토종의 일파)에서 기원하나, 그 후 미륵 신앙으로 바뀌었다. 16세기 후반 민간 종교인 티베트 불교의 영향을 받았다. 교리에는 민간신앙과 불교가 혼합되어 있으며, 교도들은 향을 피우고 불공을 드리며 무술도 배웠는데, 점차 민간에 널리 퍼졌다. 원 대元代부터 무장 반란을 일으켜, 여러 차례 조정의 탄압을 받았다. 시간이 흐르면서 100여 종 이상의 다양한 종파가 생겼는데, 청 대淸代의 용화교龍華敎·혼원교混元敎·홍양교弘陽敎 등이 대표적인 지파이다. 현재 타이완을 비롯하여 동남아시아의 화교들이 백련교를 믿고 있다.

철종 말기에 이르러 장김杜金의 가혹한 정치는 더욱 기승을 부렸고, 백성은 장김이라면 치를 떨었다. 이때 경주 땅에 최제우崔濟愚라는 인물이 있었는데 자칭 하늘님으로부터 계시를 받았다면서,[128] 글을 짓고 유언비어를 날조하고 주문을 외우고 부적을 나누어 주었다.

그의 학문이라는 것 또한 천주를 숭상하는 것이었다. 그런데도 서학西學과는 다르다면서 특별함을 드러내고 싶어 '동학東學'이라고 고쳐 불렀다.[129] 그는 지례知禮와 금산金山, 호남의 진산珍山과 금산錦山의 산골짜기를 오가면

---

128 최제우는 「포덕문布德文」에서 접신을 다음과 같이 설명했다. "그런데 뜻하지 않게 1860년 4월에 마음이 섬뜩해지고 몸이 떨려 무슨 증세인지 잡을 수도 없고 말로도 표현하기 어려울 때에 어디선가 신선의 말씀이 문득 들려왔다. 깜짝 놀라 일어나 여쭈었더니 말씀하시기를 '두려워하지 말고 겁내지 마라. 세상 사람들이 나를 상제라고 부르는데, 너는 상제도 모르느냐? 이렇게 나타난 까닭을 물으니 '나 역시 이 세상에 끼친 공이 없어 너를 이 세상에 내보내 사람들에게 이 법을 가르치도록 하려고 하나니 의심하지 말고 의심하지 말지어다.' 묻기를 '그러면 서양의 도로써 사람들을 가르치라는 것입니까?' 상제가 대답하기를 '그렇지 않다. 나에게 신령한 부적이 있나니 그 이름은 신선의 약이요, 그 모양은 태극이며, 또 다른 모양은 궁궁弓弓이다. 나의 이 신령한 부적을 받아 사람들을 건지고 나의 주문을 받아서 사람들로 하여금 나를 지극히 위하도록 하면 너 또한 길이 살 뿐만 아니라 덕을 천하에 널리 펼 수 있을 것이니라.' 나는 상제의 그 말씀에 감동해 그 신령한 부적을 받아 붓으로 한지에 쓴 다음 (불에 태워 그 재를 물에 타서) 마시니 곧바로 몸이 윤택해지고 병에 차도가 있어서 그것이 바로 신선의 약인 줄 알게 되었다. 그런데 사람들의 병에 사용해보니 어떤 사람에게는 차도가 있고, 또 어떤 사람에게는 차도가 없어서 왜 그런지 단서를 알지 못하여 그 까닭을 살펴보니 정성을 들이고 또 들여서 지극한 마음으로 하늘님을 위하는 사람은 매번 들어맞았고, 천도와 천덕을 따르지 않는 자는 조금도 효험이 없었나니, 이 같은 차이는 곧 신령한 부적을 받는 사람의 태도, 즉 정성과 공경하는 자세의 차이가 아니고 무엇이겠는가?' 박맹수 옮김, 『동경대전』, 지식을만드는지식, 2012, 4쪽.

129 최제우는 동학의 연원에 대해 다음과 같이 말했다. "서양 학문(서학)은 (나의 도와) 같은 것 같지만 다르며, 주문을 외는 것도 같으나 서학 주문에는 결실이 없다." "나 또한 동쪽 나라 조선에서 태어나 동쪽에서 도를 받았으니, 도는 비록 하늘의 도라 할 수 있지만 학문으로 말하면 동학이라 해야 한다." 『동경대전』, 14쪽.

서 선량한 사람들을 속여 하늘에 제사를 지내고 계율을 받게 했다. 그리고 다음과 같이 선언했다.

"앞으로 이씨李氏가 망하고 정씨鄭氏가 일어난다. 큰 난리가 나서 동학을 믿는 사람이 아니면 살아남을 수 없다. 우리 동학을 믿는 사람들은 다만 가만히 앉아서 천주를 생각하며 하늘이 점지한 어진 임금을 보좌하여 앞으로 태평한 복을 누릴 것이다."[130]

최제우가 동학을 포교한 기간은 경신년(1860)과 신유년(1861) 두 해에 불과했다.[131] 그리고 얼마 후 체포되어 처형되었다. 그를 추종했던 무리는 겁을 먹고 숨을 죽인 채 동정을 살폈다. 그러나 제우가 죽은 뒤 어리석은 백성은 동학에 미쳐 점점 빠져들었고, 심지어 제우의 행적을 신기하게 만들려고 여러 가지 말을 지어냈다. 그 가운데 어떤 것은 "칼을 풀었다(죄인에게 씌운 칼을 스스로 벗어났다는 뜻)"고 하고, 어떤 것은 "날아서 하늘로 올라갔다"고 하는가 하면, 또 어떤 것은 "모습을 감추어서 죽지 않고 지금 살아 있다"고 했다.[132]

---

130 동학은 민간을 중심으로 널리 유행했던 샤머니즘은 물론이고 『정감록鄭鑑錄』 같은 비기도참秘記圖讖 사상도 수용했지만, 정작 최제우가 지은 동학의 경전인 『동경대전東經大全』에는 이러한 내용이 전혀 없다.

131 이 기록은 사실과 다르다. 최제우는 1861년에 포교를 시작하였고, 1863년 11월 20일에 체포되어 1864년 3월 10일 대구의 경상 감영 안 관덕정觀德亭 뜰 앞에서 참형을 당했다. 『고종실록』 ; 용담연원 엮음, 『동학·천도교 약사』, 보성사, 1990 참조.

132 오지영吳知泳은 『동학사東學史』에서 이 부분을 다음과 같이 기록하고 있다. "선생이 사형을 받아 이 세상을 떠난 이후 그 도道를 하던 사람들은 언론이 분분하여 어느 말이 정견正見인 줄을 알 수가 없었다. 혹은 말하되 선생이 비록 죽었으나 아주 죽고 만 것이 아니요, 다시 살아나서 남해 섬 속으로 들어가 있다고 하는 자도 있으며, 혹은 말하되 선생이 죽기는 죽었으나 또다시 살아날 날이 있다고 하는 자도 있으며, 혹은 말하되 선생의 육신은 비록 죽었으나 그 영靈으로써 출세한다고 하는 이도 있었다. 이 여러 가지 관측에 대하여 일언一言을 가할 것 같으면 이러하다. 선생이 비록 죽었으나 다시 살아 있다고 하는 말은 선생을 한

이 때문에 그 무리는 비록 숨을 죽이고 엎드려 있기는 했지만 그의 가르침을 계속 이어가면서 동학이 서학과 다르다는 점을 주장하는 데 주력했다. 그들의 주장은 대체로 다음과 같았다. 서학은 사람이 죽으면 매장도 하지 않고 제사도 지내지 않지만, 동학은 매장도 하고 제사도 지낸다. 서학은 재물과 여색을 탐하지만, 동학은 재물과 여색을 탐하지 않는다. 이런 까닭에 동학을 추종하는 무리는 그것을 믿고 진짜 도학이라고 여겼다.[133] 그러나 그 실상은 저속하고 천박하며, 천주학의 잡다한 내용을 그대로 취했다고 할 수 있다.

호남 한 도는 우리나라의 남쪽 울타리로, 자연경관도 빼어나게 아름다울 뿐 아니라 생산물 또한 풍부하다. 국가는 이용후생利用厚生에 필요한 전체 재원의 절반을 호남에 의존하고 있다. 호남 지역에는 재주가 있고 민첩하며 여러 가지 일에 능숙한 인물이 많아 옛날부터 지략과 지모를 갖춘 걸출한 선비가 종종 배출되었다. 그래서 백제가 그들을 기용해 신라·고구려와 병립하는 구도를 만들어냈고, 견훤甄萱도 그들을 발탁하여 왕건王建에게 지지 않고 맞설 수 있었다. 우리 조선 중엽의 김덕령金德齡·정충신鄭忠信 같은 인물은 모두 한 시대를 풍미한 용맹한 장수가 되었으며, 김천일金千鎰·고경명高敬命 등 여

도술로 보아 그리하는 말이라 할 수 있는 것이요, 선생이 죽기는 죽었으나 또다시 살아 돌아온다는 말은 야소耶蘇 부활의 말과 같은 말이라 할 수 있는 것이요, 선생의 육신은 죽었으나 영으로써 출세한다는 말은 선생의 영과 제자의 영이 똑같은 영임을 말한 것이다."

133 동학의 역사적 등장에 대해 김지하는 『남녘땅 뱃노래』에서 다음과 같이 정리했다. "우리 민족 특유의 민중적인 생명 사상을 확고한 중심으로 하여 그 기초 위에서 유교, 불교, 노장 사상과 도교와 기독교 등 제 사상의 핵심적인 생명 사상을 통일하되, 특히 민중적인 생명 사상, 민중적인 유교, 민중적인 불교, 민중적인 도교와 민중적 차원에서 새로 조명된 노장 사상과 선禪 사상, 민중적 기독교 사상 등의 핵심적인 생명 원리를 창조적으로 통일한 보편적 생명 사상이다." 김지하, 『남녘땅 뱃노래』, 두레, 1985, 110쪽.

러 사람은 의병장으로 떨치고 일어나 나라의 아름다운 빛이 되어 사람들에게 깊은 인상을 남겼다. 세상에서는 흔히 이렇게 말한다. "호남은 인재도 많고, 절개와 의리를 숭상하며, 참으로 속이지 않는다."

그러나 비옥한 땅에 사는 백성은 편안하고, 편안하면 절제를 하지 못해 삐뚤어진 생각을 하게 된다. 그리하여 호남 지역에서는 살림이 넉넉한 백성이 늘어나면서 사치를 즐기고 경박하게 호걸 흉내를 내는 사람이 나오는가 하면, 사람들의 성품은 쉽게 동요하고 참을성이 없어졌다. 또한 농업은 전적으로 논농사에 의존했기 때문에 큰 가뭄이 들 때마다 항상 다른 지역보다 먼저 굶주림에 시달렸다. 그 결과 좌·우도[134]의 바닷가 너른 개펄에는 옛날부터 사람을 쇠뭉치로 때려죽여서 묻어버리고 재물을 약탈하는 간사한 무리가 끊이지 않았다. 고려 때 일어났던 저 둔산屯山과 나주羅州의 도적이 바로 이런 무리이다. 우리 조선에 들어와서는 숙종肅宗 때 남원 부사 박정朴炡이 자신이 관할하는 지방에서 떼 지어 일어난 도둑 수천 명을 죽였다. 임술년(1862)의 민란[135]과 최근의 화적도 전라우도가 가장 심했다.

134 좌·우도란 조선시대에 전라도 지방의 행정구역을 동서로 나누었던 때의 명칭이다. 고려 때 전라도 지역은 전북 지방을 강남도江南道, 전남 지방은 해양도海洋道라 했다. 1018년(고려 현종 9)에 두 곳을 합하여 전라도라고 했다. 그 뒤 1407년(조선 태종 7)에 군사행정상의 편의를 위하여 전라도와 경상도를 각각 좌·우도로 나누었는데, 이때 전라도는 동쪽 산악 지대를 좌도, 서쪽 평야 지대를 우도라 했다. 그러나 관찰사는 따로 두지 않았으며, 다만 병마절도사·수군절도사 등 군사상 직제만 좌·우도로 나누어 두었다. 좌·우도의 배치는 경기도·충청도 등에서도 시행된 적이 있다. 좌·우도의 구분은 궁궐이 있는 한성에서 남쪽을 바라볼 때를 기준으로 한다. 『탁지지度支志』에 수록된 전라좌도의 고을은 남원·담양·순창·용담·창평·임실·장수·곡성·옥과·운봉·진안·무주·광주 등의 24개 고을이다. 전라 좌·우도는 1896년(건양 1년, 고종 33)에 남·북도 체제로 바뀌었다.

135 임술년의 민란이란 1862년(철종 13) 삼남 지역을 중심으로 일어난 농민항쟁을 말한다. 1862년의 농민항쟁은 경상도·전라도·충청도 지역을 중심으로 전국에 걸쳐 70여 개 고을에서

또한 호남 사람들은 다재다능할 뿐만 아니라 지혜가 뛰어나서 사물의 이치를 깨닫고 이해하는 데 소질이 있고, 방술方術[136]과 도참圖讖[137] 같은 공부를 즐겨했다. 이를테면 단가丹家[138]의 권극중權克仲, 의가醫家의 유상柳瑺, 풍수지리로 묘지나 집터의 길흉을 가리는 감여가堪輿家의 이의신李義新과 박상훤朴尙誼은 생몰 연대가 그리 오래되지 않았기 때문에 모두 확실한 근거를 바탕으로 꼼꼼하게 검증할 수 있다. 그 밖에 괘명卦命, 풍감風鑑, 성력星曆, 사복射覆, 태을점복술太乙占卜術, 육임점법六壬占法, 둔갑점복술遁甲占卜術[139]에 관한 책들

일어났다. 최초의 항쟁이 일어난 곳은 2월 4일, 진주 바로 위쪽에 있는 작은 고을인 단성이다. 단성에서 시작된 항쟁은 3월에는 경상도로, 4월에는 전라도로, 5월에는 충청도로 확산되었다. 정부가 조세 문제를 개혁하겠다고 약속하자 항쟁이 수그러졌다가 끝내 개혁이 이루어지지 않자 다시 터져 나왔다. 9월부터 제주 지역, 함경도 함흥, 경기도 광주, 경상도의 몇몇 고을에서 농민항쟁이 발생했다. 농민항쟁이 일어난 주요 원인은 삼정三政의 문란을 비롯하여 봉건 정부와 관리들이 농민을 억압하고 수탈했기 때문이다. 항쟁 과정에서 고리대나 고을의 소작료를 통해 지역 내 농민 수탈에 앞장섰던 토호 양반과 지주 부호가 공격받았다는 사실은 농민층 분해에 따른 계급 대립이 농민항쟁의 주요한 원인 가운데 하나였음을 말해준다.

136 자연계의 각종 변화 현상을 인사·정치·사회의 변화와 연계하여 이 두 가지 변화 사이의 내재적 관련성을 통해 일정한 방식으로 미래를 예측하는 각종 술수를 일컫는다.

137 도참이란 부도符圖와 참어讖語를 합한 말로, 대개 부명符命(하늘이 제왕이 될 사람에게 내리는 징조)을 알리는 내용으로 이루어져 있다. 형식상 대부분이 글자 모양의 분리와 조합, 은유의 방식을 취한다. 중국의 수·당 교체기에 정권이 바뀌는 사회적 변동으로 인해 도참설이 세상에 성행했고, 정권 획득에 관심을 둔 인물들은 이런 추세에 편승해서 도참을 이용했다. 잔스촹詹石窗 지음, 안동준·런샤오리任曉禮 옮김, 『도교 문화 15강』, 알마, 2012, 127쪽.

138 단丹은 정신을 단전에 모아 심신을 수양하는 도가의 전통적 수련 방법으로, 여기서 단가는 도가를 가리키는 듯하다. 실제로 권극중은 조선의 도교 사상을 대표하는 『참동계주해參同契注解』를 저술했는데, 이 책은 중국 동한東漢 때 위백양魏伯陽이 『역경』의 형식을 빌려 도교에 관한 내용을 담아 쓴 『주역참동계周易參同契』를 주석한 것이다.

139 괘명은 팔괘八卦로 수명과 운수를 점치는 것이고, 풍감은 사람의 용모와 풍채로 성질

이 집집마다 시렁에 수북하게 쌓여 있어, 사람들이 그 같은 책을 보는 것으로 소일거리를 삼았다. 지난 수십 년 동안 서울의 권문세가와 귀족의 꽁무니를 따라다니며 머리를 숙이고 관상과 운명에 대해 이야기하는 사람들 가운데 열에 일고여덟은 호남 사람이었다.

호남은 돈과 재물을 만들어내는 땅을 차지하고 있기 때문에 치부致富를 쉽게 할 수 있는 곳이었다. 전주와 장성 사이에는 작록爵祿이나 봉토封土를 받지 않았음에도 그것을 받은 사람에 못지않게 서민 부자가 즐비했다. 이들은 과거科擧의 합격증과 벼슬자리를 팔고 사는 일이 벌어지자 채찍을 휘두르며 서둘러 마차를 몰고 가서 아침까지 미천했던 신분을 저녁에는 귀한 신분으로 바꾸어버렸다. 돈이야 얼마든지 있었으므로 아무리 가격이 올라도 조금도 아까워하지 않았다.[140] 이런 탓에 과거 합격증과 벼슬자리의 가격이 날로 치솟았는데, 모두 호남 사람이 그 값을 올려놓았기 때문에 그렇게 된 것이다.

을 감별하는 것이며, 성력은 별의 운행을 관찰하여 역법曆法을 만드는 것이고, 사복은 그릇 속에 숨겨 둔 물건이 무엇인지를 알아맞히는 것(또는 시나 글귀, 고사성어로 암시된 사물을 알아맞히는 것)이다. 태을점복술은 군주·재상·장수·관리·백성 등을 부호로 표시해서 1·8·3·4·9·2·7·6의 숫자를 사방에 배열하고 가운데에다 5를 배치해서 부호의 숫자와 결합하여 점을 치는 것을 말한다. 육임점법이란 육십갑자 가운데 '임壬' 자를 가진 여섯 개의 간지(임신壬申·임오壬午·임진壬辰·임인壬寅·임자壬子·임술壬戌)를 사용해서 길흉을 점치는 것이고, 둔갑점복술이란 십간十干의 첫머리인 '갑甲'을 육십갑자와 접목하여 점을 치는 것이다.

140 신분 상승을 위해 재물을 아까워하지 않았던 배경에는 다음과 같은 까닭이 있었다. "하나는 승격된 양반층은 각종 면세의 혜택을 받는 반면에 잔여 농민층에게는 부담이 가중된다는 것이고, 다른 하나는 아무리 가난한 농민이라도 재력만 있으면 양반층으로 승격할 수 있다는 사실이 일반화되었기 때문에 유교적인 윤리성 위에 구축된 이조 봉건사회의 양반층의 절대적인 권위가 민중 앞에 상실되어갔다는 것이다." 김용섭, 「전봉준 공초 분석」, 노태구 엮음, 『동학 혁명의 연구』, 백산서당, 1982, 159쪽.

호남의 풍속은 타락했고 인심은 극도로 야박해졌다. 사람들은 교활하고 간사해졌을 뿐만 아니라 줏대 없이 이랬다저랬다 하였다. 그런가 하면 계략으로 남을 궁지에 빠뜨리는 일을 즐겼으며, 청탁을 넣어 일을 해결하는 데 남다른 수완을 발휘했다. 어두운 밤이면 냄새를 맡고 대체로 임금의 시중을 드는 내시나 궁중에서 궂은일을 하는 사람의 집, 혹은 하급 관리의 집을 찾아가 청탁을 넣음으로써 선량한 사람들을 곤경에 빠뜨리고, 또 다른 지역에 피해를 입힌 이들 역시 대부분 호남 사람이었다. 인재의 지방으로 소문나고 절개와 의리의 고장으로 명성을 날렸던 호남은 바야흐로 풍속이 비루한 곳으로 변해버려서 점차 사람이 살 수 없는 곳이 되고 말았다.

호남은 나라 안에서 일반적으로 송도松都(개성)나 서북西北(평안도)과 같은 대우를[141] 받았기 때문에 뛰어난 인재임에도 벼슬길에 나가지 못하고 파묻혀 있게 된 세월이 제법 오래되었다. 결국 갈 곳 없는 선비들이 잇달아 산림의 문하로 기어들어가 버젓이 학자로 행세했다. 그리하여 근래의 산림은 호남의 수준 낮은 선비를 다투어 초청하고 목이 빠지게 기다렸다. 호남은 본디 물산이 풍부하여 수업료를 넉넉하게 냈을 뿐만 아니라 안부를 묻고 예물을 올리는 일도 자주 있었기 때문이다. 아아! 나는 인재의 출세와 시대의 운수가 모두 막혀버리고 아래로부터 풍속이 변하는 세태를 걱정하지 않을 수 없다. 그러나 이것이 어찌 호남 사람만의 불행이겠는가!

근세에는 부패한 관리들의 탐욕과 부정이 날이 갈수록 심해졌다. 호남

---

141 관서 지방의 인재 등용에 대한 차별을 이용석李容晳은 상소에서 이렇게 말했다. "신은 관서 사람입니다. 관서 사람들은 한 나라에서 길러낸 몸으로 여러 열성조列聖朝에서 중요한 직책에 기용되었으나 끝내 다른 지방의 사람과 동등한 대우를 받지 못한 지가 지금 거의 300년이 되었습니다." 『고종실록』 1896년 10월 19일자 기사 참조.

은 재물이 풍부한 덕에 부패한 관리들이 끝없는 욕심을 채울 수 있었다. 이 곳에서 벼슬살이를 하는 자들은 대체로 백성 보기를 양이나 돼지 보듯 하며, 마음 내키는 대로 마구 잡아 죽였다. 평생 놀고먹을 수 있는 기반을 네 번의 고과考課 기간(관리의 근무 성적은 6개월에 한 번씩 평가한다. 따라서 '네 번의 고과 기간' 이란 2년을 가리킨다)에 모두 마련했다. 이 지경이라 서울에서는 이런 말도 떠돌았다. "아들을 낳아 호남에서 벼슬살이를 시키는 것이 소원이다."

그 결과 관리는 중국 춘추시대의 대도大盜인 도척盜跖이 되고 말았다. 아전은 이 같은 도척의 앞잡이가 되어 살갗을 벗기고 골수를 발라내듯 백성들을 쥐어짜서 거둬들인 장물을 서로 나누어 가졌다. 감영의 아전은 감사監司의 위세를 빌려 마치 고래가 작은 물고기를 집어삼키듯 여러 고을을 함부로 약탈했는데, 그 기세가 실로 하늘을 찌를 듯했다. 그들의 일상생활 및 부모를 모시는 예절은 서울의 권문귀족에 못지않았다. 단지 깃이 뻣뻣한 무관의 옷을 입고 상관 앞에서는 공손한 자세로 자신을 '소인'이라 칭했기 때문에, 그것을 보고 사람들은 그들이 재상이 아니라는 사실을 알아챌 수 있었다. 어쩌다 청렴결백한 암행어사가 그들의 죄상을 들춰내 탄핵이라도 하면, 세도가들이 발 벗고 나서서 그들을 비호했다. 심지어는 암행어사에게 급히 편지를 보내 너그럽게 봐달라는 청탁도 서슴지 않았다. 암행어사는 간신을 잡으려다가 혹 임금에게 누를 끼칠까, 임금이 아끼는 신하의 부탁은 곧 임금의 명령과 같은 것일지도 모른다고 생각하면서 마침내 사실을 뒤바꾸어 청탁을 들어줄 수밖에 없었다. 이러한 고질병이 쌓이고 쌓여 결국 그 증상은 심각한 상태에 이르렀고, 병을 조장하는 세력이 이미 만들어져서 나라와 함께 모두 망할 형편이었다. 대원군 이하응은 일찍이 이렇게 탄식했다.

"우리나라에는 세 가지 큰 폐단이 있다. 충청도의 사대부, 평안도의 기생, 전라도의 아전이 바로 그것이다."

아아! 곽공郭公이 망한 까닭 또한 악을 미워하면서도 끝내 버리지 못했기 때문이 아닐까?[142] 백성과 아전은 서로를 증오하면서 원수를 갚기 위해 이를 갈며 억지로 참고 견디었으니, 아무리 긴 세월이 흘러도 반드시 복수할 것만 같았다.

조필영趙弼永은 세곡稅穀의 운반을 주관하는 전운사轉運使가 된 것을(1886년 호남 전운사 부임) 틈타 교묘한 명목으로 세금에 세금을 더해 불법적인 수탈을 자행했다. 해마다 임금에게 사적으로 엽전 100만 꿰미를 바치고도 3년 사이에 일약 소론小論의 갑부가 되었다. 그러나 호남 전역은 모두 골병이 들고 말았다.

김창석金昌錫은 농지의 측량과 정확한 조사를 통해 민정을 살피는 임무를 맡은 균전어사均田御史로 파견되었지만(1890년 호남 균전관 부임), 수확이 없어서 면세를 받아야 할 땅에 억지로 세금을 매기어 거두는가 하면, 조세 대상으로 토지대장에 올라 있는 논밭의 면적을 떼어내 자신의 사유지에 편입시켜 제 이익을 취하는 데 몰두했다. 이런 짓을 자행하면서도 임금에게는 끊임없이 예물을 바친 덕에 총애를 샀다. 그러나 백성의 원성은 자연히 날로 높아졌다. 또한 직무를 팽개치고 시골집에서 빈둥거렸는데도 공로를 세웠다고 기록되어 관직이 승지에 이르렀다. 이런 상황으로 인해 전라우도는 더욱 피폐해졌다.

---

142 곽공은 춘추전국시대에 자신의 나라 곽국郭國을 잃고 조▒나라에 귀순한 군주이다. 곽공은 착한 사람을 좋아하고 악한 사람을 미워했지만, 그럼에도 착한 사람을 등용하지 못하고 악한 사람을 퇴출시키지 못했기 때문에 결국 나라가 망했다. 『춘추공양전春秋公羊傳』「장공莊公」24년 참조.

여기에 김규홍金圭弘(1889년 전라도 관찰사 부임)[143]·김문현金文鉉(1893년 전라도 관찰사 부임)의 탐학과 어리석음이 더해져, 부자들은 밤에도 편히 잠들지 못했고 가난한 백성들은 식량을 빌릴 곳조차 없어 입을 오물거리며 죽을 날만 기다렸다.

아아! 호남의 백성은 재주는 있지만 천박해졌으며, 원한이 사무쳤지만 거의 죽을 지경에 이르렀다. 이를 빌미로 난을 꿈꾸는 간악한 무리가 때맞춰 그들을 선동했다. 백성은 장터에 가듯이 동학으로 몰려가 몸을 의탁했다. 우도에서 좌도의 산골짜기에 이르기까지 동학도가 없는 곳이 없었는데, 그 무리가 수십만 명이나 되었다. 그들은 "무장茂長의 산골 절벽 속에서 용당 선사龍塘禪師[144]의 예언서를 얻었다. 지금은 거사를 할 시기이니 때를 놓쳐서는 안 된다."며 헛소문을 퍼뜨렸고, 계사년(1893) 2월에 충청도 보은 땅으로 모두 모이라는 소식을 은밀히 전파했다.

지난날 최제우가 사로잡혀 처형되자 조카 시형時亨은 멀리 보은의 산속으로 달아났다.[145] 시형은 그곳에 살면서 제우로부터 배운 것을 이웃 지방의

---

143 김규홍은 원문에 '金圭弘'이라 되어 있는데, 이는 金奎弘의 오기이므로 바로잡는다. "김규홍金奎弘을 전라도 관찰사로 삼았다." 『고종실록』 1889년 4월 20일자 기사 참조.

144 용당 선사는 검당 선사黔堂禪師의 오기로 짐작된다. "앞서 임진년 8월간의 일이다. 전라도 무장현 선운사禪雲寺 도솔암兜率菴 남쪽 수십 보쯤 되는 곳에 오십여 장이나 되는 층암절벽이 있고, 그 절벽 바위 전면에는 큰 불상 하나가 새겨져 있었다. 전설에 의하면 그 석불은 지금으로부터 삼천 년 전 검당 선사의 진상眞像이라고 하며, 그 석불의 배꼽 속에는 신기한 비결이 들어 있다고 하며, 그 비결이 나오는 날은 한양漢陽이 다된다는 말이 자자하였다." 오지영, 『동학사東學史(대광민속총서 1)』, 대광문화사, 1987년, 100쪽.

145 황현은 최시형을 최제우의 조카라고 기록했으나, 그 두 사람의 인척 관계는 확인되지 않는다. 천도교 측의 자료에는 최시형의 입도 과정이 다음과 같이 정리되어 있다. "일찍이 부모를 여읜 해월신사海月神師는 남의 집 머슴살이를 하다가 제지소製紙所 용인庸人 또는 화전민

사람들에게 전수했다. 충청 지방의 서민은 평소 사대부의 횡포에 시달려왔기 때문에 하나같이 마음으로 시형을 따랐다. 대개 충청·전라 지방의 동학은 모두 시형에게서 시작되었다. 이때 시형은 나이가 예순 살이 넘었으며 스스로 해월海月이라는 호를 지어 불렀다. 시형을 따르는 무리는 그를 법사法師라고 불렀는데, 마치 황건적黃巾賊이 장각張角을 따르던 행태와 비슷했다. 이런 까닭에 그들이 모이는 곳은 꼭 보은이어야만 했다고 한다.

서쪽의 임피臨陂·함열咸悅에서부터 동남쪽의 광양·순천에 이르기까지, 각 지방의 모든 동학도가 소와 땅을 팔아 양식을 마련한 뒤 살림살이 보따리를 짊어지고 보은에서 모이기로 한 날짜에 맞추고자 한꺼번에 길을 나섰기 때문에 인파로 길이 막힐 정도였다. 민간에서는 놀라 술렁이며 불안에 떠는 모습이 역력했는데, 수령들은 두려워서 몸을 사렸고, 감사 또한 아무런 조치도 취하지 않은 채 잠자코 있었다. 용기를 내어 명령 한마디 내리거나 병사 한 명이라도 내보내서 이들을 잡아들여 따져 묻는 관리는 한 사람도 없었다.

보은에 모인 인원은 8만 명이나 되었다. 이들은 보루를 쌓고 제단을 설치하는 한편, 척왜양창의斥倭洋倡義라고 쓴 큰 깃발을 높이 세우고 북을 울리며 금방이라도 사방으로 치고 나갈 것처럼 기세등등했다. 조정에서는 어윤중을 선무사宣撫使로, 홍계훈을 초토사招討使로 임명하고,[146] 이들에게 군대

등으로 살아갔는데, 포덕 2년(1861) 대신사(수운대신사, 곧 최제우를 가리킴 — 옮긴이)가 경주 용담에서 세상을 건질 새로운 도를 편다는 풍문을 듣고 용담으로 찾아가 대신사를 뵙고는 동학에 입도하였다. 동학에 입도한 해월신사는 낮에는 일하고 밤에는 대신사의 가르침에 따라 열심히 수련에 임하여 마침내 천어天語를 듣는 깊은 경지에까지 이르게 된다." 천도교 홈페이지(http://www.chondogyo.or.kr) 자료실, 「해월신사 약력」 참조.

146 보은 집회(1893년 3~4월) 당시에 홍계훈은 초토사가 아니라 장위영 정령관壯衛營正領官으로 파견되었다. 그가 양호 초토사兩湖招討使에 임명된 것은 1894년 동학농민전쟁이 일어났을

500명을 배정한 다음 대포를 싣고 서둘러 보은으로 내려가게 했다. 그리고 보은에 모인 이들을 차라리 위로하고 어루만져 달랠지언정 죽이지는 말라고 은밀히 지시했다. 윤중이 보은에 도착하여 대포를 쏘니 포성이 천지를 진동했으며 포탄의 파편이 소낙비처럼 쏟아졌다. 동학의 무리는 크게 겁을 먹고 살려달라고 애걸했다. 윤중이 그들의 보루에 들어가 조정의 위엄과 덕망으로 타이르자 무리는 마침내 해산했다.[147]

시형은 지난날 어리석은 백성을 유혹하면서 단지 몸에 부적을 지니고 주문만 외우면 물에 빠지지도 않고, 불에 타지도 않고, 비에 옷이 젖지도 않고, 심지어 화살·돌·총알 같은 것도 살을 뚫고 들어오지 못한다고 했다. 어리석은 백성은 그 말을 믿고 추종하는 자가 날이 갈수록 늘어났다. 그러나 그들이 보은에 모였을 때, 마침 비가 억수 같이 내리는 바람에 밖에 서 있던 많은 사람이 비를 맞아 옷이 흠뻑 젖어버렸다. 그제야 그들은 조금씩 의심하기 시작했다. 마치 나무가 빽빽하게 들어선 것처럼 많은 사람이 모여 있었지만, 제대로 된 무기라고는 눈을 씻고 보아도 찾을 수 없었다. 기껏해야 손에 든

때이다. 『고종 실록』 1894년 3월 29일자 기사 참조.

147 보은 집회 때 선무사로 파견된 어윤중이 동학교도를 향해 대포를 발사한 사실은 『고종실록』 등의 자료로는 확인되지 않는다. 4월 1일(양 5월 16일)에 동학교도들이 해산을 약속한 것은, 어윤중이 들고 온 임금의 두 번째 효유문에 '너희의 충정은 잘 알고 있다는 것', '지방 수령과 관속들의 침탈을 인정한 것', '해산하면, 빼앗겼던 토지와 재산을 돌려줄 것이니 겁먹지 말고 해산하라는 것', '조정에서 동학교도들을 백성으로 인정한 것'이 포함되었음을 확인했기 때문이었다. 보은 집회의 경과는 다음과 같다.
1893년 3월 11일. 동학교도 4만~5만 명이 보은 장내에서 교조신원운동 시작 → 4월 1일. 양호 선무사 어윤중과 보은 집회의 지도자 서병학徐丙鶴이 만남. 어윤중이 고종의 윤음을 제시하고, 동학교도에 대한 지방관의 탄압을 금지할 것을 약속하며 집회의 해산을 종용함. 서병학은 3일 이내에(4월 4일까지) 해산을 약속 → 4월 3일 해산.(『정창렬 저작집 1 — 갑오 농민전쟁』, 91쪽 ; 『고종실록』 1893년 4월 1일자 기사 ; 『동학농민혁명사일지』, 25쪽 참조)

죽창이나 몽둥이가 고작이었다. 윤중은 이런 사정을 미리 간파하고 먼저 대포를 쏘아 겁을 주었던 것이다. 포탄이 터지자 파편에 맞은 사람들이 즉사했다. 무리는 깜짝 놀라 비로소 서로를 돌아보면서 조정이 타이르는 대로 따랐다. 그러나 윤중은 기회가 있음에도 그들을 크게 징벌하거나 혼내지도 않았고, 그 우두머리까지 풀어주는 실책을 범하고 말았다. 이 때문에 충청과 호남의 양식 있는 선비들은 모두 윤중의 실책으로 도적들이 달아나 숨어버리는 결과를 초래했으며, 도리어 우환거리를 키웠다고 비난했다.

3월에 윤중 등이 동학도를 진압한 뒤 규대를 철수하여 서울로 돌아오자 조정은 그제야 한시름 놓았다. 조정에서는 충청도·전라도·경상도 감사에게 백성을 어루만지고 안심시켜 편안히 살 수 있도록 하고, 그 효과를 몸으로 느낄 수 있는 조치를 취하라고 지시했다. 그러나 지방의 관리들은 조정의 뜻과는 달리 도리어 동학도 가운데 형편이 조금 넉넉한 사람들을 붙잡아서 사학邪學을 추종했다는 죄목으로 협박했는데, 기어이 뇌물을 받아내고서야 풀어주었다. 이 때문에 재산을 모두 빼앗기고 망한 사람들이 줄을 이었다.

도적 무리는 서울로 들어가 광화문 앞에 엎드려서 억울하게 죽은 최제우의 원한을 풀어달라고 상소했다.[148] 승정원에서는 상소를 받아들이지 않고 오로지 몰아내서 쫓아버렸다. 포도대장 신정희는 이들을 모두 죽여 없애려

---

148 동학교도들이 교조 신원을 위해 복합伏閤 상소를 올린 것은 보은 집회에 앞서 1893년 2월 11~13일에 걸쳐 광화문 앞에서 이루어졌다. 조정에서는 동학교도들이 올린 상소문이 격식에 맞지 않는다는 이유를 들어 받아들이지 않고, 구두로 "집으로 돌아가 생업에 종사하면 소원을 들어줄 것"이라는 임금의 교지를 전했다. 이때가 1893년 2월 13일(양 3월 30일)이다. 14일, "복합 상소를 위해 상경한 교도들은 해산하라"는 최시형의 지시에 따라 동학교도들은 14~15일에 걸쳐 해산했다. 그리고 본문의 각주 바로 아래 서술에 '포도대장 신정희'라고 했는데, 당시 신정희의 관직은 한성 판윤이었다. 『고종실록』 및 『동학농민혁명사일지』 14~15쪽 참조.

고 했으나 임금이 허락하지 않았다. 대부분의 동학도는 당시의 해산을 후회 했지만, 이미 해산한 뒤라 형편상 다시 모이기도 어려웠다. 그래서 꾹 참고 때를 기다렸는데 원한은 더욱 깊어졌다.

그리고 얼마 뒤 민영휘가 다음과 같이 주장했다.

"동학이 기승을 부리는 것은 풍속이 어지러워졌기 때문이다."

그리하여 호남과 영남에 공문을 보내, 호남에는 권선징악과 상부상조를 권장하는 향약법鄕約法을 시행하게 했고, 영남에는 유생들을 불러 모아 향약 을 읽고 술을 마시는 향음주례鄕飮酒禮를 시행하게 했다. 아울러 나이가 많은 노인들에게는 쌀과 고기를 하사했으며, 80세 이상의 관원 출신과 90세 이상 의 백성에게는 정3품의 명예직을 수여한다는 임명장을 보냈다.

지방의 수령들은 윗사람에게 잘 보이려고 무더위가 기승을 부리는 6월에 향약과 향음을 시행했다. 참석자들은 땀을 뻘뻘 흘리면서 엎드려 절을 했고 돈을 추렴하여 잔치를 벌였다. 그러나 이런 행사는 농사일에 방해가 되었으 므로 농민들은 매우 불편해했다. 게다가 나이 많은 사람에게 내리는 명예직 의 임명장에 억지 명분을 붙여서 한 장당 돈 30꿰미를 강제로 받아냈다. 돈 없는 가난한 노인들은 돈을 꾸어서 이 임명장을 받는 기막힌 일이 벌어졌다. 세상에서는 이 어처구니없는 일을 가리켜 '노인 난리老人亂離'라고 했다. 나는 그저 슬플 뿐이다. 어떻게 저와 같은 난리를 현실과는 동떨어진 임시변통의 계책으로 진정시킬 수 있단 말인가! 왕망王莽이 주周나라 관제에 따라 시행했 던 제도에도 이런 식으로 노인을 봉양하는 법은 없었다.[149]

---

149 왕망(기원전 45~23년)은 중국 한나라 원제元帝의 황후(효원황후孝元皇后)의 조카이다. 애제哀帝 가 후사 없이 죽은 뒤 왕망은 쿠데타로 실권을 잡아 원제의 손자인 평제平帝를 옹립했으나 곧 독살했다. 그리고 선제宣帝의 현손으로 두 살밖에 안 되는 유영劉嬰을 세운 뒤 당시 유행

어윤중이 서울로 돌아온 뒤, 참의 벼슬을 지낸 이건창李建昌이 상소하기를, 백성에게 위로는 있었지만 도적에 대한 토벌은 없었으며 명을 받은 신하가 제 역할을 수행하지 못했다면서 성토했다.[150]

정언正言 벼슬을 지냈던 영남 선비 권봉희權鳳熙는 당시의 정치적 과오를 논했는데, 말이 매우 간절하고 의분에 차 있었다. 권봉희와 같은 고향 사람으로 정언을 지냈던 안효제安孝濟도 진령군을 표적으로 삼아 공박하는 글을 임금에게 올렸는데, 말이 위태하고 과격했다. 그 글을 읽어본 사람들은 모두 혀를 내둘렀다. 왕비는 너무 화가 나서 주먹을 불끈 쥐고 책상을 내리치며 소리쳤다.

"내 무슨 일이 있어도 반드시 이 말을 한 놈을 잡아 죽여서 분을 풀고 말 것이다."

임금이 곁에서 달래며 해명했다.

"역대 어느 조정에서도 임금에게 직언한 사람을 함부로 죽이지 않았습니다. 지금 죽이고자 하면 죽일 수야 있겠지만, 세자가 무엇을 본받겠습니까?"

말이 세자에 미치자 왕비도 화를 조금 풀었다. 봉희와 효제는 모두 외딴

하던 오행참위설五行讖緯說를 이용하여 인심을 모았다. 마침내 자신에게 천명天命이 내려졌다고 하면서 유영을 몰아낸 뒤 한나라를 멸망시켰다. 그리고 국호를 신新이라 하고 황제에 오름으로써 선양혁명禪讓革命에 성공했다. 역사상 최초로 선양혁명에 의해 황제 권력을 찬탈한 인물로 간주된다. 왕망은 주周나라 정치를 이상적으로 생각하여 그 관제를 도입하였다. 『한서漢書』「왕망전王莽傳」참조. 본문의 '주나라 관제'는 원문에 '周官주관'이라 되어 있는데, 이는 『서경書經』「주서周書」의 소제목이기도 하다.

황현은, 제왕의 자리를 찬탈하여 간신의 표상으로 간주되는 왕망도 주나라의 정책을 받아들여 시행하는데, 그 법에서조차 가난한 노인들에게 돈을 뜯어내지는 않았다고 한탄했다.

150 이건창의 이 상소는 1893년 8월 21일에 나왔다. 상소의 구체적인 내용은 『고종실록』 1893년 8월 21일자 기사 참조.

섬으로 귀양을 보냈으며, 건창 또한 그 한 말에 죄목이 있으나 비교적 가벼운 법률을 적용하여 먼 곳으로 귀양을 보냈다.[151] 이런 일이 있고 나서 임금이 승정원에 지시했다.

"오늘 이후로 나랏일에 관한 상소는 접수하지 말라."

바로 이해 여름, 동학의 수뇌 서병학徐丙學을 포도청에 잡아 두었다가 얼마 후 풀어주었다.[152]

---

151 권봉희는 흑산도에, 안효제는 추자도에, 이건창은 보성군에 유배되었다. 『고종실록』 1893년 8월 23일자 기사 참조.

152 『고종실록』 1893년 4월 10일자 기사에는 "지금 양호 선무사 어윤중의 장계를 보니, '윤음을 선포한 후에 보은에 모였던 비적들은 이미 다 귀순하거나 해산하였으며, 무리를 모은 연유는 이미 서병학의 입에서 드러났습니다. 발표한 통문通文과 게시한 방문榜文에는 원래 이름이 있지만 정상을 헤아릴 수 없으니 자세히 조사하여 실상을 밝혀내야 할 것입니다.' 라고 하였습니다. 호서의 서병학, 호남의 김봉집金鳳集, 서장옥徐長玉은 모두 각각 해당 도의 도신道臣(관찰사)으로 하여금 잡다가 옥에 가두고 엄하게 조사하여 등문䎃聞하게 … 하소서. …"라는 의정부의 제안을 임금이 허락했다는 내용이 있으나, 당시 서병학 등의 체포 사실은 확인되지 않는다. 『천도교회사 초고天道敎會史草稿』에서는 "이때 서병학이 체포되어 포도대장 겸 도순찰사(군대의 총책임자) 신정희에게 빌붙어서 남부 도사 한 자리를 얻어 가지고 비밀히 돌아다니며 동학 교인을 정찰했다."고 기록되어 있다. 이 기록에서 말하는 시기는 1894년 9월 무렵이다.
한편, 보은 집회 때 선무사로 내려간 어윤중을 만난 서병학이 다음과 같은 말을 했다고 어윤중은 보고했다. "그중에 한 사람이 스스로 이름을 밝히면서 '내가 바로 서병학이라는 이름을 가진 사람인데, 불행하게도 동학에 들어와서 남들에게 지목을 받은 지가 오래되었습니다. 마땅히 모이게 된 내력을 자세하게 말하겠습니다.'라고 하였고, 또 '호남에 모인 무리는 겉으로 보면 비록 다 같지만 종류가 다르다고 할 수 있습니다. 통문을 만들어 걸어 놓은 것은 모두 그들이 한 것이고 형편 또한 매우 다르니, 원컨대 공께서는 자세하게 살펴 처리하시어 우리 무리와 혼동하지 말고 옥석을 구별하십시오.'라고 했는데, 신은 그 말을 따로 기록하여 올려 보내오며 …" 국사편찬위원회, 『동학농민혁명 자료총서 2권』 「취어聚語」, '선무사 재차 장계宣撫使再次狀啓'.

갑오년^{甲午年}(1894, 고종 31년)

정월

고부^{古阜}에서 난민들이 들고일어나자 군수 조병갑^{趙秉甲}이 달아났다.[153]

병갑은 서자 출신으로, 영의정을 지낸 조두순^{趙斗淳}의 조카이다.[154] 여러 고을의 수령을 거치면서 재물을 탐하는 흉악한 성품이 버릇으로 굳어졌다. 지나간 계사년(1893)에 호남우도 일대는 심한 가뭄으로 흉년이 들어 세금을 거둘 수 없는 형편이었다. 고부의 지형은 산과 바다가 들쑥날쑥하여 북쪽은 흉년이 들었지만 남쪽은 그나마 곡식이 조금 여물었다. 병갑이 감영에 가뭄 피해를 보고하자 감영에서는 북쪽 네 개 면^面의 논밭에 대한 세금을 면제해 주었다. 그러나 병갑은 다음과 같이 선언했다.

"감영에서 재해로 인한 세금 감면을 해주지 않았다."

그러고는 북쪽의 세금을 남쪽으로 옮겨서 부과하고, 배로 늘어난 세금의 납부를 독촉했다. 또 북쪽에다가는 세금을 다른 곳으로 이관했다면서 자

---

153 고부 민란의 경과를 정리하면 다음과 같다.

1892년 4월 28일. 조병갑이 고부 군수로 부임, 온갖 약탈을 자행 → 1893년 11월. 전봉준이 고부 농민 40여 명과 함께 고부 군아에 가서 조병갑에게 폐정 개혁을 요구하는 소장 제출 → 전봉준 일시 수감 → 11월 말. 전봉준이 사발통문 거사를 계획 → 11월 30일. 조병갑이 익산 군수로 전임 발령 → 12월. 전봉준이 고부 농민 60여 명을 이끌고 재차 고부 관아에 폐정 개혁을 요구하는 소장 제출 → 소장 수리 거부 및 방축 → 1894년 1월 9일. 조병갑의 고부 군수 잉임 발령 → 1894년 1월 11일. 고부 민란 발발 및 고부 관아 점거 → 1월 17일. 말목 장터로 이동 → 2월 25일. 백산으로 이동 → 3월 13일. 해산. (『동학농민혁명사 일지』 및 『정창렬 저작집 1 ― 갑오농민전쟁』 참조)

154 대개 조병갑을 영의정 조두순의 서질^{庶姪}이라고 하는데, 이는 조병갑이 서자 출신임을 나타내는 듯하다. "당시 고부 군수 조병갑(국모 조 대비의 사촌 정승 아무개의 서자로, 생모는 어떤 기생)은 선치^{善治}에는 마음을 쓰지 않고 악행을 일삼으며 백성의 재물을 탈취하는 데 눈이 벌게 있었다." 장봉선^{張奉善}, 「전봉준 실기^{全琫準 實記}」, 『정읍군지』, 1936.

기의 공치사를 늘어놓고, 그에 대한 대가를 거듭 요구하며 백성을 들볶았다. 논 1경頃(약 3,000평)당 거두는 세금이 쌀 100말(斗)이나 되었다. 이는 실제 국세보다 세 배나 많은 양이었다. 또 자신이 관할하는 지역 안에 집을 짓고 첩이 살 집도 사들였다. 부역도 국가에서 정한 것보다 훨씬 심하게 부과했으므로 백성은 이를 도저히 감당할 수 없는 지경에 이르렀다. 그리하여 사전에 아무런 약속도 하지 않았지만 수천 명이 모여들어 사정을 호소하고자 했다. 상황이 이러하자 병갑은 황급히 전주로 달아났다. 이 사건이 일어난 때가 2월 초순이다.[155]

---

155 고부 민란의 원인이 된 조병갑의 학정은 다음과 같다.

- 만석보 밑에 신보新洑를 쌓고, 남의 산에서 수백 년 묵은 구목邱木(무덤가에 있는 나무)을 강제로 베었다.
- 태인泰仁 군수를 지낸 그 아비의 비각碑閣을 짓는다고 1,000여 냥을 강제로 거두었다.
- 고부 경내에 집을 짓고, 첩이 살 집을 사고, 백성을 사역하기를 공적인 요역徭役보다 더 급하게 하여 백성들이 살 수가 없었다.
- 개간한 묵정논에서 땔나무로 쓸 풀을 징수하고, 개간하지 않은 묵정논에서도 땔나무로 쓸 풀을 징수했다.
- 미곡을 집집마다 징수하여 장차 바다로 나아가 판매하려고 했다.
- 만석보·팔왕보八旺洑 밑에 필요 없이 신보를 쌓았는데, 돈 한 푼 주지 않고 농민들을 사역했고, 1두락마다 농사가 잘되는 논은 두 말, 잘 안 되는 논은 한 말의 물세를 받아 착복한 것이 조租 700여 석이었다.
- 왕실에서 논밭을 개간하면 소작료를 받지 않는다고 약속했다가, 개간하자 소작료를 함부로 받았다.
- 버려두어서 거칠어진 땅에 농사를 짓도록 백성들에게 허용하여 소유권을 증명하는 문서를 만들어 준 뒤 징세하지 않는다고 하고서는 추수 때가 되자 그 세를 강제로 징수했다.
- 대동미大同米를 농민들로부터 징수할 때는 1결에 정백미精白米 16말의 대금납代金納을 징수하고, 정부에 상납할 때는 나쁜 쌀을 사서 1결에 12말씩 바친 뒤 그 차액을 모조리 착복했다.
- 계사년(1893)에 전라우도에 대흉년이 들어 징세할 수 없었다. 고부는 산과 바다가 섞여 북쪽은 아주 흉년이 들었고 남쪽은 조금 수확이 있었다. 조병갑이 재결災結의 승인을 요

병갑은 지난번(1893년 11월)에 이미 임기가 찼기 때문에 당연히 교체되었어야 했다. 그런데 감사 김문현은 자신의 인척이고 서로 친하다는 이유로 병갑이 선정을 펼쳤다고 임금에게 보고하여 오히려 유임시켰다. 그러나 이때에 이르러서는 어쩔 수 없이 파면했다.[156]

임금이 전교를 내렸다.

"고부의 민란은 확실히 쌓이고 쌓인 원망과 평온한 삶의 분위기를 해친

청하여 감영에서는 북쪽 4개 면의 전결田結을 재결로 인정하여 전세를 면제했다. 그러나 조병갑은 감영에서 재결을 승인하지 않았다고 거짓 선언을 하고 북쪽 4개 면의 결세結稅를 남쪽에 가중하여 납부를 독촉하고, 북쪽 4개 면에는 자기가 이결移結한 공로를 과시하면서 농민들에게 무거운 보상을 요구하여 논 1경마다 조 100말까지 받아냈다. 그것이 국세보다 3배나 무거운 것이었다.

● 고부 세미를 전운사가 경창京倉에 납입했지만 경창에서 다시 되질했더니 부족이 났다고 하면서 그것을 고부 농민들에게 다시 내게 했는데, 조병갑도 그것을 구실로 민간에 늑봉勒捧했다.

● 1893년 가을, 고부 지방은 풍작이었음에도 불구하고 곡식을 다른 곳으로 실어 보내지 못하게 명령을 발하여 측근인으로 하여금 대량으로 미곡을 매입하게 하고는 쌀값이 폭등하자 이를 방매하여 순식간에 거액의 이익을 보았다.

● 부민富民에게 불효不孝·불목不睦·음행淫行·잡기雜技 등의 죄목을 덮어씌워 엽전 2만여 냥을 늑탈했다.

● 유망결세流亡結稅가 미수未收되었다.

(『정창렬 저작집 1 ─ 갑오농민전쟁』 참조)

156 조병갑을 둘러싼 인사 난맥은 다음과 같다.

1893년 11월 30일. 조병갑을 익산 군수로 전임 발령하고, 이은용李垠鎔을 고부 군수로 임명 → 12월 24일. 이은용을 안악安岳 군수로 전임 발령하고, 신좌묵申佐默을 고부 군수로 임명 → 25일. 신좌묵이 신병으로 사직 → 26일. 이규백李奎白을 고부 군수로 임명 → 27일. 이규백이 신병으로 사직, 하긍일河肯一을 고부 군수로 임명 → 28일. 박희성朴喜聖을 고부 군수로 임명 → 29일. 강인철康寅喆을 고부 군수로 임명 → 1894년 1월 2일. 강인철이 신병으로 사직 → 9일. 조병갑을 고부 군수로 재임명.(『승정원일기』 1893~1894년 기사 참조) 조병갑은 익산 군수로 전임 발령된 1893년 11월 30일부터 잉임 발령된 1894년 1월 9일까지 39일 동안 고부 군수로 계속 복무했다. 『정창렬 저작집 1 ─ 갑오농민전쟁』, 145쪽.

정치에서 비롯되었다. 생각해보면 이런 변고는 어제오늘의 일이 아니다. 해당 수령이 직무를 제대로 수행하지 않아 일을 망쳤음은 말하지 않아도 알 수 있다. 그런데 처음에는 선정을 펼쳤다고 했다가 나중에 파직하고 잡아들였으니 어떻게 이다지 앞뒤가 맞지 않을 수 있는 것이냐! 참으로 경계하지 않을 수 없다. 전라 감사 김문현에게는 우선 봉급의 10분의 3을 깎는 법률을 적용하여 시행하며, 전 군수 조병갑은 난을 불러오고 뇌물죄를 저질렀으니 의금부에서 체포하여 철저하게 조사한 다음 법에 따라 죄를 주도록 하라. 장흥 부사 이용태李容泰를 고부 안핵사按覈使로 임명하니 밤을 새워 달려가서 엄중히 조사하여 낱낱이 보고하라. 용안龍安 현감 박원명朴源明을 고부 군수로 임명하니 힘써 난민을 무마하도록 하라."

일반적으로 민씨들이 세상의 이목을 꺼리지 않고 재물에 욕심을 부리기 시작한 것은 갑술년(1874, 고종 11년) 이후이다. 그러나 그리 오래되지 않은 옛날부터 서울의 세도가 가운데 조씨趙氏 성을 가진 사람들은 당파나 본관에 관계없이 모두 탐욕이 습관화되어 마치 이런 성품을 타고난 것 같았다. 이런 까닭으로 민간에서 지어낸 다음과 같은 말이 유행하기도 했다.

"서씨徐氏는 깨끗하고, 심씨沈氏는 혼탁하고, 민씨閔氏는 탐욕스럽고, 조씨趙氏는 도둑놈이다."

병갑의 일족은 다른 조씨에 비해 그 정도가 훨씬 심했다. 이른바 세상에서 말하는 노론사대신老論四大臣[157]의 가문 가운데 하나가 병갑의 집안이다.

---

157 1721년(경종 1)에 세제世弟(연잉군, 나중의 영조)의 책봉을 주장한 노론 출신의 네 대신인 김창집金昌集·이이명李頤命·이건명李健命·조태채趙泰采를 가리키는 말로, 모두 소론에 의해 쫓겨나서 역모죄 등으로 살해되었다. 『영조실록』 1730년 9월 2일자 기사 참조. 조병갑은 노론 사대신 중 한 사람인 조태채와 똑같이 본관이 양주이다.

지금 와서 따져보면, 충청도·전라도·경상도 삼남에서 일어난 난리, 동학의 반란, 청나라와 일본의 잇따른 전쟁, 온 나라의 동요, 눈앞에 닥친 종묘사직의 몰락, 이 모두가 저 일개 소인배인 몹쓸 놈의 병갑이 일으킨 사건에서 비롯되었다. 아아! 이런 일이 일어난 것은 시대 때문인가, 아니면 운수 때문인가? 설령 그놈의 살점을 떼어내 젓을 담고, 그놈의 가죽을 벗겨내 베고 잔다해도, 이미 엎질러진 물을 어떻게 다시 퍼 담을 수 있겠는가!

김문현은 장교에게 병사 40명을 거느리고 고부로 가서 난민을 효유하게 했지만, 오히려 그들에게 사로잡혀 감금되었다.[158]

2월 12일
밤에 천둥이 두 번 쳤다.

2월 22일
김문현이 오진영五鎭營과 금구·정읍·부안·김제·담양·무장·태인·홍덕 등 11개 읍에 공문을 보냈다.
"군대를 점검하고 만일의 사태에 대비하라."

---

158 "감영에서 병정 50명을 변장시켜 (농민군) 진영에 침투한 다음 틈을 보아 3인(전봉준, 정익서, 김도삼)을 체포하려고 했으나, 오히려 농민군에게 간파당해 50명이 모두 사로잡혀버렸다. 이러한 싸움 속에서 병정 1명이 즉사했고, 그 통솔자도 살육당했다는 소문이 있다. 이때부터 사방의 출입을 엄하게 하고 동진강東津江의 도강渡江을 금하여 군내의 요소는 모두 그들의 손에 장악되었다. 여행자라도 눈에 띄는 대로 그들 진영에 잡아들여 병정으로 사역했다고 한다." 국사편찬위원회 편찬 발행, 『주한일본공사관기록駐韓日本公使館記錄 1』「전라도 고부 민요 일기」.

2월 25일

순천부順天府의 백성 수천 명이 부 동쪽에 모였는데, 난리로 번질 기미가 역력했다. 부사 김갑규金甲圭가 백성들에게 애걸했다.

"요청하는 것을 다 들어주겠다."

이 말에 백성들은 곧바로 흩어졌다. 갑규는 민영휘의 매부로, 관직에 나온 지 겨우 2년밖에 안 되었다. 그런데도 백성의 살가죽을 벗겨내고 생살을 도려내듯 가혹하게 재물을 착취하는 작태는 오히려 민씨를 능가했다. 바로 지난해에는 흉년이 든 탓에 백성들이 어렵사리 정해진 세금을 납부했다. 그러나 봄이 되자 갑규는 다시 백성들에게 논밭 1결結[159]마다 추가 세금으로 쌀 7말을 부과했다. 이는 백성들이 도저히 감당할 수 없는 부담이었으므로, 그로 인해 거의 난리로 번질 뻔했다.

2월 28일

영광군靈光郡에서 민란이 일어났다.

난민들이 "고질적인 폐단을 바로잡자"고 주장했다. 그들은 각자 죽창을 들고 갑자기 군청으로 뛰어들어 건물을 부수고 군교軍校를 찔러 죽였다. 군수 민영수閔泳壽도 창에 찔렸다. 난을 주도한 김국현金國炫 등이 감영에 와서 사정을 호소했다.

3월 1일

일식이 있었다.

---

159 결結은 수확 단위이다. 면적으로 환산하면 토지의 비옥도에 따라 차이가 있지만 평균 30~40마지기 정도에 해당한다.

3월 3일

고부 군수 박원명이 난민들을 불러 음식을 푸짐하게 대접하고 위로하는 한편,[160] 조정에서 그들의 죄를 용서하고 농사일로 돌아가 생업에 종사하는 것을 허락했다는 내용을 알렸다. 이 말을 듣고 난민들은 모두 해산했다. 그런데 장두狀頭 전봉준全琫準 등 세 사람은[161] 행방이 묘연했다.

얼마 후 안핵사 이용태가 고부에 도착했다. 용태는 거의 모든 일에서 원명이 조치했던 것과는 거꾸로 했다. 병갑을 두둔하면서 도리어 난민들을 반역의 죄목으로 몰아 죽이려고 했다. 김문현 또한 부자들을 잡아들여 가두고, 이들이 앞장서서 난을 일으켰다며 없는 사실을 날조하여 혐의를 씌우고는 두둑한 뇌물을 내놓으라고 을렀다. 이런 상황에 백성들은 너무나 분하고 원통해서 다시 술렁거리기 시작했다.

예전에 전봉준은 집안이 가난했기 때문에 생계를 유지할 수단이 없어서 약을 팔아 겨우 생계를 유지하며 방술方術[162]을 배웠다. 언젠가 지관地官을 불러다가 묏자리를 보면서 말했다.

"만약 크게 일어날 자리가 아니라면, 아주 폭삭 망해서 대가 끊기는 자리를 원한다."

지관이 의아해하자 봉준이 탄식하며 말했다.

---

160 "새로 고부 군수로 부임한 박원명은 대대로 광주光州에서 살아온 부유한 집안 출신으로 자 못 임기응변의 능력이 있었고, 또 본토 사람으로 지방 민정民情을 훤히 알고 있었다."『정창 렬 저작집 1 ─ 갑오농민전쟁』, 153쪽.

161 이른바 장두 3인은 무장 포고문('무장 창의문')에 이름을 올린 전봉준, 손화중, 김개남이다.

162 방술은 의술醫術·점占·점성占星·관상觀相 등에 관한 기술을 말한다.

"오랫동안 남의 밑에서 구차하게 대를 이어가느니 차라리 멸족하는 편이 홀가분하다."

봉준은 오래전부터 동학에 물들어 있었다. 또한 요망한 참서讖書에 미혹되어 늘 답답해하면서 언젠가 한번은 이름을 떨치고 싶어 했다. 때마침 고부에서 민란이 일어나자 대중의 추천으로 장두가 되었다. 그러나 그의 간계가 미처 펼쳐지기도 전에 군중이 갑자기 해산해버렸기 때문에 그 역시도 급히 달아나 몸을 숨길 수밖에 없었다. 관군이 인근 지역을 샅샅이 훑으며 수색의 그물망을 점점 좁혀오자 봉준은 벗어나지 못할까봐 두려워했다. 그래서 일당인 김기범金箕範(김개남金開南)·손화중孫化中·최경선崔敬善 등과 더불어 백성을 꾀어내 전화위복의 계교로 삼고, 백성을 끼고서 반란을 일으켰다. 그들은 공언했다.

"동학이 하늘을 대신하여 세상을 정리하고 나랏일을 도와 백성을 편안하게 할 것이다. 우리는 절대로 사람을 죽이거나 재물을 뺏는 짓은 하지 않을 것이다. 그러나 탐관오리만은 절대 용서하지 않을 것이다."

어리석은 백성은 이 말에 솔깃해하며 호응했다. 전라우도 일대의 10여 개 읍이 일시에 봉기했고, 열흘 사이에 난에 참여한 인원이 수만 명으로 늘어났다. 동학이 난민과 어우러진 것은 바로 이때부터 시작되었다.[163] 봉준 등은 무장茂長에서 큰 집회를 열고 그들의 생각을 대중에게 널리 알렸다. 그 내용은 다음과 같다.(무장 포고문)

"세상에서 사람을 가장 귀하게 여기는 까닭은 바로 사람에게 인륜이 있

---

163 동학도의 참여에 대해 전봉준은 공초에서 다음과 같이 말하였다. "문 : 고부에서 기포起包할 때 동학도가 많았는가, 원한이 쌓인 일반 민중이 많았는가? / 답 : 일반 원민寃民과 동학도가 비록 합해졌으나, 동학도는 적었고 원민이 많았다." 「전봉준 공초全琫準供草, 재초再招」.

기 때문이다. 임금과 신하, 부모와 자식의 관계는 인륜의 요체이다. 임금은 어질고 신하는 강직하며, 부모는 자식을 사랑하고 자식은 부모에게 효성을 다해야만 비로소 가정과 나라가 이루어지고, 끝없는 복을 누릴 수 있다. 지금 우리 임금은 인자하고 효성스러운 성품과 이치를 밝히 아는 총명한 자질을 겸비하신 분이다. 만약 선량하고 정직한 신하가 임금을 보필하며 나라를 다스린다면, 요순堯舜의 덕화德化를 이룸은 물론이요, 한나라 문제文帝·경제景帝 시대[164]와 같은 훌륭한 정치에 도달하는 것은 그리 오래 걸리지 않는다.

그러나 오늘날 신하라고 하는 이들은 나라에 충성할 생각은 하지 않고, 한낱 녹봉과 벼슬자리나 훔치고 아첨만 일삼으면서 임금의 총명을 가리고 있다. 또한 임금에게 간언하는 충신의 말은 요언으로 매도하고, 정직한 인물은 도적으로 매도하는 짓을 하고 있다. 조정에는 진정을 다해 나라에 충성하는 인재가 없고, 조정 밖에는 백성을 수탈하는 관리만 득실대고 있으므로 백성의 마음은 나날이 급변하고 있다. 집에 들어오면 즐겁게 종사할 생업이 없고, 집을 나가면 제 한 몸 간수할 방책도 없건만, 가혹한 정치는 날로 심해져서 원성이 끊이지 않고 있다. 임금과 신하 사이의 의리, 부모와 자식 사이의 윤리, 상하의 분별은 이미 모조리 무너지고 아무것도 남아 있지 않다.

그 옛날 관자管子는 "사유四維, 바로 예의염치禮義廉恥가 제대로 신장되지 않으면 그 나라는 결국 망하고 만다"고 말했다.

그런데 오늘날의 형세는 옛날보다 심하다. 위로는 공경公卿으로부터 아래로는 방백方伯, 수령守令에 이르기까지 모두 국가의 위기는 걱정하지 않고 단

---

164 중국 한漢나라의 문제文帝와 그의 아들 경제景帝가 연이어 통치하던 시절에 사회적 안정과 경제적 부를 성취했기 때문에 태평성대의 시기로 일컫는데, 이 시기를 가리켜 '문경의 정치(文景之治)'라고 한다.

지 자신과 자신의 집만 이롭게 하는 데 골몰하고 있다. 관리를 등용하는 과 거의 문은 돈벌이의 길로 간주되고, 과거장은 합격증을 사고파는 장바닥으 로 전락했다. 국고로 들어가야 할 허다한 세금은 어처구니없게도 뇌물로 변 해서 개인의 곳간을 채우고 있다. 나라의 빚은 점점 늘어만 가고 있는데 그 것을 갚을 생각은 하지 않고, 도리어 교만하고 사치할 뿐만 아니라 주색에 빠져 방탕하게 놀아나는 것이 도를 넘었다. 마침내 온 나라가 결딴나고 만백 성은 도탄에 빠졌다. 수재ᅮ宰들의 탐욕과 학정이 진실로 이런 지경에 이르 렀는데 어떻게 백성의 생활이 곤궁하지 않을 수 있겠는가?

백성은 나라의 근본이다. 근본이 약해지면 그 나라는 망할 수밖에 없다. 그런데도 보국안민輔國安民의 계책을 강구하기는커녕 고향에 집이나 짓고 오 로지 자기 한 몸의 이익과 안위만을 꾀하며, 쓸데없이 녹봉이나 축내면서 벼 슬자리를 차지하고 있다. 이런 것을 어떻게 정치라고 할 수 있겠는가?

우리는 비록 시골에 살면서 망해가는 나라의 이름 없는 백성일 뿐이지 만, 임금의 땅에서 먹고 입고 사는 까닭에 이 존망의 위기를 모른 척할 수 없 다. 그래서 팔도의 백성이 마음을 같이하고 수많은 백성의 의논을 거쳐 지금 의義의 깃발을 높이 치켜들고 보국안민에 생사를 걸 것을 맹세한다. 오늘 이 러한 광경은 비록 놀랄 만한 일이지만 절대로 겁먹지 말고, 각자 편안히 자 신의 생업에 종사하라. 다함께 태평세월을 축원하며 임금의 은덕을 누리게 된다면 천만다행이라고 생각한다."

처음에 동학은 그 무리를 '포布'라고 불렀다. 포에는 법포法布와 서포徐布 가 있었다.[165] 법포는 최시형을 종사宗師로 섬겼는데, 시형의 호가 법헌法軒이

---

165 동학의 기본 조직은 '접接'과 '포包'이다. 동학 창도 초기에 이루어진 접 조직은 인맥 중심의 조직이며, 포 조직은 1893년 보은 집회를 계기로 여러 개의 접 조직이 모여 군현 단위의

므로 그렇게 불렸다. 서포는 서장옥徐長玉(서인주徐仁周)을 종사로 섬겼다. 장옥은 수원 사람이다.

장옥과 시형은 모두 최제우의 문하에서 수학했다. 제우가 죽자 장옥과 시형은 각자 추종자를 모아서 몰래 동학을 가르쳤다. 이것을 '포덕布德'이라고 했다. 그들은 어느 포인지 식별하기 위해 서로 표식을 하였다. 그리고 서포가 먼저 봉기하고 법포는 나중에 봉기하기로 약속했는데, 이런 이유로 서포를 '기포起包', 법포를 '좌포坐包'라고도 했다. 봉준 등이 봉기했을 때 참여한 포는 모두 서포였다.[166]

3월 20일 이후부터 고부를 시작으로 잇달아 태인·홍덕·고창·금구·부안·김제·무장을 침범했다.

여러 읍의 수령들은 모두 달아났고, 아전과 군교들도 뒤따라 사방으로 흩어졌다. 미처 도적과 마주치기도 전에 읍내는 이미 텅텅 비어버렸다. 여러 읍은 본디 성곽조차 없었는데, 어쩌다 성곽이 있더라도 담은 허물어지고 성가퀴가 낮아서 말을 달리면 단숨에 뛰어넘을 수 있었다. 설령 방어 시설이 잘 갖추어진 철벽같은 성이 있다고 한들, 백성이 평소 관리를 원망하는데 누

지역 조직으로 새롭게 편성된 조직이다. 동학농민군은 바로 이 포를 기반으로 봉기했다. 그래서 '포가 일어난다'는 의미로 '기포起包'라고 불렀다. 황현은 아마도 이런 내용을 정확히 파악하지 못했기 때문에 '包'를 '布'로 기록한 듯하다. 강태완, 「동학의 조직과 커뮤니케이션」, 『커뮤니케이션연구』 5, 경희대학교, 1986 참조. 따라서 "법포法布와 서포徐布"는 '법포法包와 서포徐包'가 맞다. 앞으로, 황현이 기록한 '布'는 '包'로 바로잡아 놓는다.

166 동학의 포교 기반 지역이던 충청도(이른바 북접)에서는 전봉준의 제1차 봉기 동원령을 경계하는 최시형의 다음과 같은 통문이 나돌았다고 한다. "도道로써 난을 일으키는 것은 옳지 않은 일이다. 호남의 전봉준과 호서의 서장옥은 국가의 역적, 사문의 난적이다. 우리들은 재빨리 결속하여 이것들을 공격하자." 『동학사』, 147쪽.

구와 더불어 그 성을 지킬 수 있겠는가? 이런 까닭에 대중을 이끌고 성을 지켜낸 수령이 한 사람도 없었던 것이다. 성이 함락되었다는 보고가 날마다 날아들었지만, 사실 도적이 성을 포위하고 공격한 적은 단 한 번도 없었다.

도적들은 가는 곳마다 관아의 건물을 부수고 문서와 장부를 불태워버리는가 하면, 병장기를 탈취하고 관청의 재물을 약탈했다. 수령을 사로잡더라도 바로 죽이지 않고 항쇄족쇄를 씌운 다음 심한 치욕을 안겼다. 또한 아전의 경우에도 죽이지는 않되 곤장을 때리고, 주리를 틀고, 발에 차꼬를 채우는 형벌로 고통을 주었다. 일반 백성에게는 먹을 것이나 짚신 같은 것을 달라고 했을 뿐 부녀자를 겁탈하거나 재물을 약탈하는 짓은 하지 않았다. 그래서 이들을 추종하는 자들이 날로 늘어났고, 도적의 기세는 갈수록 거세졌다.

성이 함락된 지방의 수령들과 안핵사가 모두 전주로 모여들었다. 이들은 민란이 당연히 저절로 안정될 것이라고 생각했는지, 날마다 감사의 집무실인 선화당宣化堂에서 술을 마시고 골패 노름을 하는가 하면, 기생을 끼고 노래를 즐겼다. 이들이 웃고 떠드는 소리가 바깥까지 들렸다.

사태의 심각성을 알리는 보고가 날로 급박해지자, 김문현은 자못 걱정이 되어 직접 나주 금성산錦城山[167]에 있는 관우關羽 사당으로 가서 제비를 뽑아 점을 쳤다. 서른세 번째 제비를 뽑았는데 다음과 같은 점괘가 나왔다.

"남북과 동서를 분간하지 못하니 눈앞이 캄캄하고 귀가 먹먹하구나. 황정경黃庭經(도교의 대표적 경전) 한 권을 숙독하고, 귀천貴賤과 궁통窮通을 논하지 말라."

---

167 원문에는 '南鎭남진'이라 했다. 조선시대에 동진(태백산太白山), 서진(송악산松岳山), 남진(금성산錦城山), 북진(묘향산妙香山), 중진(백악산白嶽山)이 다섯 진산鎭山으로 꼽혔는데, 남진은 그중 하나인 나주의 금성산을 말한다.

점괘를 풀어보니 다음과 같았다.

"보고도 못 본 척하고, 듣고도 못 들은 척하라."

문현은 잔뜩 겁을 집어먹고, 전주에서 가까운 남원·장성·진안·용담 등 전라좌·우도 24개 읍에 잇달아 문서를 보내 명령했다.

"화포군火砲軍을 내어 서둘러 보내라."

이 무렵 읍의 수령들은 대부분 도망치거나 잠적해버렸고, 자리를 지키는 관리들 또한 모두 겁에 질려 갈팡질팡했다. 백성을 몰아쳐 병사로 만들고, 길을 막아 행상들을 잡아들이고, 부역에 나가지 않은 장정들에게 품삯을 준다면서 모집했지만, 이리저리 뛰어다니며 울부짖는 통에 군대의 대열조차 편성할 수 없었다. 이 꼴을 본 사람들은 너나없이 반드시 패할 것이라며 혀를 찼다.

오직 순창 군수 이성렬李聖烈만이 평소 청렴하고 사리에 밝았기 때문에 아전과 백성들이 그의 말을 믿고 따랐다. 그는 명령이 내려온 날, 요령 있게 사람들을 불러 모으고 직접 훈련 장소로 나가서 술을 권하며 노고를 치하했다. 또한 식량을 넉넉하게 지급하고, 도적과 싸우는 의기 및 위기에 처한 나라를 구하러 가는 뜻에 대해 깨우쳐주었다. 향병鄕兵들은 모두 환호작약하며 떠났다.

금산군에서 보고했다.

"이달(3월) 12일, 동학 무리 수천 명이 손에는 짧은 몽둥이를 들고 머리에는 흰 두건을 두르고 군郡 아래로 몰려와 아전들의 집을 불태워버렸다."

고부군에서 보고했다.

"바로 오늘 23일, 동학 무리 3,000여 명이 어떤 자들은 창이나 칼을 들고, 어떤 자들은 죽창을 들고, 또 다른 자들은 총을 쏘면서 난입하여 향교와 관아의 각 건물에 흩어져 주둔하고 있다."

홍덕현興德縣에서 보고했다.

"동학 무리 3,000여 명이 고창에서 흥덕으로 옮겨 와 주둔하고 있는데, 앞으로 부안으로 갈 것 같다."

금구현金溝縣에서 보고했다.

"이달 25일, 저 무리가 태인에서 점심을 지어 먹고 우리 현의 원평院坪에서 밤을 보냈다."

같은 날, 미시未時(오후 1시~3시)에 나온 고부군의 보고는 이러했다.

"저 무리가 우리 군에 들어와 주둔했다. 두지면斗池面에 있는 화약고를 다 태워버렸다."

3월 26일

술시戌時(오후 7시~9시)에 나온 태인현의 보고이다.

"저 무리가 고부의 백산白山과 예동禮洞에서 우리 현 용산龍山 화호禾湖의 신덕정新德亭으로 옮겨 와 주둔하고 있다. 총을 쏘며 함성을 질러대는데, 그 기세가 너무 엄청나서 어떻게 방어해야 할지 대책이 서지 않는다."

김제군에서 보고했다.

"저 일당이 우리 군에 전령을 보내와 '읍에서 거두어들이는 돈과 곡식의 양이 얼마인지 그 내용을 잘 아는 아전이 장부를 가지고 길가 역참에서 대기하라'고 한 일이 있다."

태인현에서 보고했다.

"29일 미시(오후 1시~3시)에 저 일당이 용산 화호에서 편지 한 통을 보내왔는데, '포수砲手와 창수鎗手 각각 100명을 거느리고 오되 북·나팔·징·바라를 가지고 와서 일제히 기다리라'고 했다. 편지 끝부분에는 제중의소濟衆義所(중생을 구제하는 의로운 곳)[168]라는 서명이 있었다."

이 무렵 여러 읍이 함락되었다는 보고가 잇달아 감영에 도착했다. 그러나 수령들은 이미 모두 달아나고 없었기 때문에 아전들이 보고를 올렸다. 문현은 감영과 관아의 아전과 군교를 소집한 뒤 감영의 아전에게는 서문西門을 지키게 하고, 관아의 아전에게는 남문南門을 지키게 했다. 또한 그 사이사이에는 병사를 배치하고 인원과 무기를 점검함으로써 성을 지킬 계책으로 삼았다.

이달에 역적 김옥균金玉均을 처단했다.

일찍이 서울 사람 홍종우洪鍾宇는 집안이 가난했기 때문에 뜻한 바를 얻지 못하고 실의에 빠져 이리저리 떠돌아다니다가 고금도古今島(전라남도 완도군 소재 섬)에 정착해 살고 있었다. 그러다 상선을 얻어 타고 일본으로 가서 김옥균 등과 어울리며 서로 각별한 사이가 되었다. 그렇게 5~6년의 세월이 흐르면서 친밀감은 더욱 깊어졌지만, 옥균이 저지른 반역 행위에 분노하던 종우는 직접 옥균을 제거할 생각을 남몰래 품고 있었다. 그러나 옥균의 패거리가 너무 많았기 때문에 행동으로 옮기지는 못하였다.[169]

---

168 "'제중의소'의 명칭은 여기서 처음 나타나고 있다. … 5월 4일 전주성에서 홍계훈에게 보낸 「적당소지賊黨訴志」에서도 나타나고 있는데, 이 경우는 명백히 전봉준이 보낸 소지訴志이다." 『정창렬 저작집 1 — 갑오농민전쟁』, 185쪽.

169 이 기록은 당시 서울 주재 일본 공사관이 홍종우의 신분을 기록한 내용 및 일반적으로 알려진 내용과는 많이 다르기 때문에 사실과 차이가 있는 것으로 판단된다. 일본 공사관의 기록은 다음과 같다. "4월 5일 상해로부터 김옥균의 시체와 홍종우를 태운 기선이 4월 6일 오전 12시 인천에 도착할 것이라는 전보가 왕궁에 도착했다(전보국 협판 조한근趙漢根이 상해에서 전보를 쳤다고 함). 군국기무처 협판 조희연趙羲淵을 인천에 파견해서 홍종우를 맞이하여 오라는 왕명에 따라 조씨는 4월 5일 오후 5시 반 출발하여 인천으로 갔다. 홍종우가 7,

옥균은 일본으로 도망쳐 숨어 지낸 지 오래되었기 때문에 답답한 상황을 벗어날 생각에 골몰해 있었다. 마침 그 무렵, 청나라 이홍장의 아들 경방經芳이 주일 공사로 일본에 와 있었다. 옥균은 매일같이 경방을 찾아가 중당中堂 어르신(이홍장을 지칭)의 힘을 빌려 본국(조선)이 자신에게 내린 제재를 풀게 해 달라고 부탁했다. 경방은 옥균의 악행을 익히 알고 있던 터라 겉으로는 응하는 척했지만 속으로는 미워했다. 경방은 천진으로 돌아간 뒤 옥균에게 편지를 보내 "천진으로 와서 얼굴을 맞대고 의논하면 일을 풀어갈 단서를 찾을 수 있을 것 같습니다."라고 했다.

옥균은 대단히 기뻐하며 중국으로 출발할 날짜가 다가오자 종우에게 함께 가자고 권했다. 종우는 짐짓 두세 번 사양하다가 못 이기는 척 따라나섰다. 상해上海에 도착한 뒤 유리창琉璃廠에 숙소를 정하고 옥균은 가운데 층, 종우는 위층에 거처했다. 한밤중에 종우가 호신용 구혈포九穴砲(회전식 연발 권총)로 옥균을 저격했다. 총을 맞고 아직 숨이 끊어지지 않은 옥균이 칼을 집으려고 손을 뻗었다. 종우는 재빨리 머리맡에 놓아두었던 칼을 집어 들고 뛰

8년 전 조씨의 식객이었던 연고가 있었으므로 국왕이 특별히 조씨에게 마중을 나가라고 명령했다고 한다. 또 조씨와 더불어 금부 도사禁府都事 1명에 예속隸屬 8명, 좌우포도청에서 포교 24명, 포졸 약간 명을 파견하여 김옥균의 시신을 인수해 오도록 동행시켰다. 그 시신을 인수한 후 서소문 밖에서 법에 따라 사지를 절단하여 효수 처분을 집행할 것이라고 했다. 단 오늘까지는 그 기선이 인천에 도착하지 않았다.
홍종우는 나이가 43세이며, 전 승지 홍 아무개의 손자로서 문벌가 출신이며, 그 부친은 지금 충청도 공주에 살고 있다고 한다. 종우는 7년 전 오사카를 여행하고 한때는 아사히신문사朝日新聞社에 고빙된 적도 있다. 나중에 프랑스로 건너가 3년을 머물다가 다시 일본에 돌아온 뒤 도쿄·오사카 간을 자주 왕래한 적이 있다고 한다. 이번에 김옥균 살해 사건은 조선인의 이목을 크게 놀라게 했고 갈채를 받았다. 귀국 후에는 나라의 충신으로서 크게 등용될 것이라는 풍설이 있다. 또 그는 서울에 들어오면 잠시 조희연의 집에서 동거할 것이라고 한다. 『주한일본공사관기록 3』「홍종우의 귀국 및 김옥균 시체 처분」.

어내리면서 옥균을 찔러 죽였다.[170] 옥균이 죽자 상해에 있는 여러 나라 사람들이 모두 와서 보았다. 그들은 이따금 마주 보고 속삭이면서 함께 비난했지만 차마 종우를 해치지는 못하였다. 종우는 마침내 옥균의 시신이 부패하지 않도록 페인트칠을 해서 배에 싣고 고국으로 돌아왔다.[171]

---

170 이 기록은 사실과 다르다. 유리창은 북경에 있는 거리이며, 홍종우는 1894년 3월 28일에 유리창의 숙소가 아닌 상해에 있는 미국 조계租界 내의 일본 호텔 동화양행同和洋行에 투숙한 김옥균을 권총으로 살해했다.

171 김옥균의 암살과 관련하여 중국 쪽의 자료는 전혀 다른 설명을 하고 있다.
"1892년 5월. 조선 정부는 이일직李逸稙을 일본으로 밀파해 김옥균과 박영효를 암살하게 했다. 이일직은 일본으로 가서 김옥균, 박영효에게 접근을 하였으나 좀처럼 암살의 기회를 얻지 못했다. 한편 일본 정부는 국제 여론을 의식해서 조선 정부의 역적으로 몰린 김옥균 등을 공개적으로 지지해주지 못하고 그들을 상당히 냉대하면서 심지어 김옥균을 오가사와라小笠原 등 섬에 연금하기도 하여, 김옥균 일당은 매우 소침해하고 있었다. 이에 이일직은 김옥균에게 중국으로 가서 청 정부를 설득하여 청 정부의 힘으로 조선에서 재기하라고 극력 권고했다. 김옥균도 그의 말에 수긍해 중국 상해로 출발하기로 결정했다. 이일직은 자객 홍종우를 동행시켜 중국에 가서 기회를 보아 김옥균을 암살하도록 지시했다. 이러한 음모를 전혀 모르는 김옥균은 홍종우를 데리고 1894년 3월 27일에 중국 상해의 공공公共 조계지에 도착했다. 바로 그 이튿날 홍종우는 여관에서 김옥균을 암살했다. 중국 정부는 자객 홍종우와 김옥균의 시신을 조선으로 보내주었고, 조선 정부는 김옥균의 시신을 찢어버리는 극형을 가하는 한편 홍종우를 중용하려고 했다." 『청·일 갑오전쟁과 조선』, 159쪽.
한편, 상해 주재 일본 총영사 대리 오고시 시게노리大越成德가 서울 주재 특명전권공사 오토리 게이스케大鳥圭介에게 보낸 전문은 또 다른 사실을 전해준다.
"본건과 아울러 홍종우를 취급하는 방책 등에 관하여 그저께 전문으로써 별지와 같이 말씀 드려 양지하셨을 것으로 생각합니다. 김옥균의 시체는 지난번 소식 중에도 말씀드렸듯이 따로 인수인이 없기 때문에, 김씨의 남자 종인 기타하라 노부지北原延次가 인수하여 지난 31일 새벽, 이곳 항구를 출발하는 사이쿄마루西京丸(배 이름)를 이용해 우리나라(일본)로 가져가기로 되어 있습니다. 본관은 오히려 조선 정부가 역적이라며 질시했던 김옥균의 시체를 우리나라로 옮겨 가서 공공연히 장례를 치르고 또한 영구히 우리 땅에 묻게 함은 심히 바람직스럽지 못한 일로 생각되었지만, 이미 기타하라는 형편상 시체를 인도받았고 또한 세관도 이의 없이 그 통관을 허락한 바, 우리 권리로는 이를 제지할 형편도 되지 못해 부득이 말로 타이르는데 그치고, 될 수 있는 대로 시체를 갖고 오지 않도록 기타하라에게 임금은 종우를 불러 친히 위로했다. 며칠 뒤 옥균의 시체를 관에서 꺼내 목을 베고 한강가에서 능지처참했다. 효수한 그의 머리는 높이 매달아 놓아 대중의 경계로 삼았다. 그를 처단할 때 유재현劉載賢(갑신정변 당시 개화파에 의해 죽은 내시)의 아들이 종우에게 거듭 절을 하고 눈물을 흘리면서 고맙다는 뜻을 표한 뒤, 옥균의 배를 갈라 간을 끄집어내 씹었다. 이조연李祖淵의 아들 탁倬도 처형 장면을 지켜보았다. 그러나 이 두 사람을 제외하면 역적 일당에게 죽임을 당한 사람들의 자손은 한 사람도 처형장에 나타나지 않았다. 왕비는 이 소식을 듣고 "재상의 아들이 내시의 양자만도 못하단 말인가?"라며 탄식했다고 한다.

그리고 얼마 안 되어 종우는 홍문관 교리로 발탁되고 집도 하사받았다.

권고했습니다. 그런데 기타하라는 타이르는 말에 응하지 않고 이미 30일 밤 10시경 시체를 운반해서 선착장으로 갔는데, 우편선박회사에서 이것저것 구실을 붙여 배에 실을 수 없었습니다. 그러던 중에 거류지 경찰서에서 순사가 나와 김옥균의 시체와 수하물 두세 개를 함께 압수해 갔고, 기타하라는 홀로 사이쿄마루 편으로 귀국했습니다. 사정이 이러해서 본관은 다음 날 아침, 경찰서장을 방문하여 왜 시체 등을 가져갔느냐고 일단 물었습니다. 경찰서장은 오랫동안 시체 등을 부두 또는 도로에 놓아두는 것은 거류지 규례상 허가되지 않는 터라 부득이 압수했다고 했습니다. 그러나 이는 전적으로 청나라 관리로부터 의뢰받은 일이라고 생각됩니다. 또한 경찰서장은 본관을 만나 시체의 처분 등에 대해서는 어떻게 할 것인지 영사회의領事會議에 의결을 청해야겠다는 뜻을 말하였음에도 불구하고, 그 다음 날 독단적으로 그 시체와 더불어 홍종우를 상해 현령에게 인도했다는 소식을 들었습니다. 더군다나 청나라 신문의 보도에 의하면, 홍洪이 김옥균을 죽인 것은 오로지 무죄일 뿐만 아니라 도리어 공로가 있으므로 마땅히 좋은 대우를 해달라는 취지의 전보 및 더 나아가 조선 정부는 조병직趙秉稷을 파견해 도대道台(중국의 행정감찰관)와 상의하게 한다는 취지의 전보가 조선으로부터 도착했다고 합니다. 생각해보니, 그 파견원이 이곳 항구에 도착하면 홍종우 및 김옥균의 시체를 함께 인수하여 귀국할 것 같습니다. 이상 보고드립니다." 『주한 일본공사관 기록 2』 「김옥균 시체 처분」.

4월 1일

태인현에서 보고했다.

"어젯밤 동학 무리가 바로 동헌으로 들이닥쳐 관아의 안채까지 들어와서 관원의 목에 칼을 겨누었다. 관인官印과 명부名符는 빼앗기지 않았지만 무기는 전부 빼앗겼다."

금구현에서 보고했다.

"저 일당이 와서 원평에 진을 치고 소를 잡아먹었다."

여산부礪山府에서 보고했다.

"포수 50명을 이끌고 삼례역에서 대기하고 있다."

포군砲軍을 보내지 않은 임실·옥구·고산·만경·부안·함열·임피·용안 등 여덟 개 읍에는 비밀리에 공문을 보냈다.

같은 날, 오시午時(오전 11시~오후 1시)에 나온 태인현의 보고이다.

"동학 무리가 오늘 사시巳時(오전 9시~11시)에 다시 곧장 원평의 큰길로 나아갔다."

4월 2일

감영의 병정 대관兵丁隊官 이재섭李在燮이 전초병前哨兵 및 각 읍의 포군을 이끌고, 송봉희宋鳳熙가 도내 보부상 부대를 이끌고 서문 밖 용머리 고개를 지켰다.

4월 3일

감영의 병정 영관兵丁領官 이곤양李昆陽이 좌초병左哨兵과 각 읍의 포군을 이끌고 용머리 고개로 출진하여 곧바로 금구의 큰길로 나아갔다.

백정의 별초군別抄軍, 기름 장수의 수초군水抄軍, 종이쟁이의 산초군山抄軍

이 통솔자의 인솔하에 따로따로 군영에 도착했다. 전 영교營校 정창권鄭昌權이 남원의 포군을 이끌고 청도원淸道院에 주둔했다.

금산錦山의 행상 우두머리인 김치홍金致洪과 임한석任漢錫 등이 앞장서서 상인과 읍의 백성 1,000여 명을 이끌고 진산珍山에 있는 도적들을 공격하여 114명을 베어 죽였다.

앞서 1일에 부안현에서 보고했다.

"저 무리 500여 명이 우리 현의 하동면下東面에 떼를 지어 모여 있다."

3일에는 태인현에서 보고했다.

"저 무리가 금구와 원평에서 뿔뿔이 흩어진 뒤 우리 현으로 들어와 북촌北村과 용산龍山 등지에서 밤을 보냈다."

같은 날, 해시亥時(오후 9시~11시)에 김제·부안·흥덕·고창·정읍·장성·태인 등 일곱 개 읍에 비밀 전령을 보냈다.

"동학 무리가 달아나면 추격해서 소탕하라."

4월 4일

태인·김제·부안·고부 등 4개 읍에 다시 비밀 전령을 보냈다.

"모든 통행로를 차단하고, 저들이 몰래 경계를 넘나들지 못하게 하라."

같은 날, 이름을 알 수 없는 전주의 중군장中軍將이 남원과 창평昌平의 군사를 이끌고 태인으로 갔다.

같은 날, 오시에 금구와 원평에서 도적 113명을 사로잡았다.

부안현에서 보고했다.

"저 무리가 갑자기 기세등등하게 우리 현으로 들이닥쳤다. 현감을 죄인이라며 붙잡았고, 아전들을 묶어 놓고 무기를 탈취했다. 상소산上蘇山에 진을 치고 있다."

4월 5일

신시申時(오후 3시~5시)에 나온 고부군의 보고이다.

"정창권이 정읍·장성·창평·남원 등 4개 읍의 포군 280명을 이끌고 한낮에 우리 군에 도착했다. 곧바로 부안의 둔포屯浦로 갔다."

4월 6일

묘시卯時(오전 5시~7시)에 나온 고부군의 보고이다.

"태인의 행상 우두머리 박화련朴化連이 도봇장수 80여 명을 이끌고 우리 군에 왔다."

4월 7일

관군이 도적을 추격하다가 고부 황토산黃土山에서 대패했다.

관군은 황토산 서쪽을 향해 향병鄕兵과 영병營兵이 한데 뒤섞여 전진했다. 영병은 이른바 훈련을 받은 정식 군대이나 실제로는 전투 경험이 없어 향병이나 다를 바 없었다. 교만하고 거칠기 짝이 없어, 부리는 데 애를 먹은 것이 하루 이틀이 아니었다. 행군을 할 때는 연도에서 노략질을 하는가 하면 점포를 부수고 상인들을 약탈했다. 또 떼를 지어 마을로 몰려가 닭이나 개조차 남겨 놓지 않았다. 마을 주민들은 하나같이 치를 떨었지만 겁이 나서 일단 피하고 보았다. 장교라는 사람도 기율이 없기는 마찬가지였다. 단지 칼을 뽑아 들고 전진하라고 몰아칠 뿐 사정 따위는 조금도 돌보지 않았기 때문에 병사들은 모두 허기와 갈증에 시달렸다.

반면, 도적은 감영과 고을의 관청에 이미 쌓이고 쌓인 원한이 있는 데다,

또 관군의 횡포에 대한 증오까지 겹쳐 관군이 하는 짓과는 반대로 하는 데 주력했다. 주변의 주민에게 폐를 끼치는 행위를 금지하는 명령을 내려 조금도 피해를 입히지 않았다. 심지어 행군하다가 주변에 쓰러진 보리를 보면 일으켜 세워 놓고 갔다.

이때 관군과 도적 양쪽은 모두 양식을 가지고 다니지 않았다. 오로지 민간에서 먹을 것을 구했는데, 강제로 할당한 뒤 갖다 바치게 했다. 도적의 진영에는 음식 광주리가 끊이지 않았지만 관군은 굶주린 기색이 뚜렷했다. 6일에 관군은 도적을 추격하여 고부의 도교道橋에 도착했다가 다시 좀 더 전진하여 백산에 이르렀다. 때마침 도적이 부안에서 고부의 매교梅橋로 옮겼다는 소식을 듣고, 바로 백산에서 내려와 추격에 나섰다. 도적은 거짓으로 패한 척하며 물러나서 황토재에 진을 쳤다. 관군은 추격의 고삐를 조여 황토재 아래에 진을 쳤다. 그곳의 지명이 손소낙등孫小落嶝이다.[172] 관군과 도적 양

---

172 '손소낙등'은 황토현 현지에서 확인되지 않는 지명이다. 박맹수는 손소낙등의 위치에 대해 다음과 같이 말한다.

"1894년 4월 6일(음력)~4월 7일 사이에 벌어진 황토현(황토재) 전투 당시, 동학농민군과 관군(전라 감영군)의 진로와 주둔지를 추적해보면, 손소낙등의 위치는 대략 다음과 같다.

전봉준이 이끄는 동학농민군의 주력 부대는 4월 6일 부안 방면에서 천태산의 자라고개를 넘어, 태인 방면에서 온 일부 농민군 부대와 합류하여 '황토산'(『오하기문』) 또는 '도교산'(『동비토록東匪討錄』)으로 불리는 황토현 인근에 집결한다. 관군은 4월 3일 전주에서 출정하여 금구, 원평, 신태인을 거쳐 4월 6일 동학농민군을 추격하기 위해 부안 백산 방면으로 이동한다. 그러나 동학농민군이 이미 백산을 거쳐 황토현 방면으로 이동했음을 안 뒤 그날 오후 황토현 인근에 주둔해 있던 동학농민군을 공격한다. 이에 동학농민군은 패배를 위장하고 남쪽으로 후퇴, 일명 '산적산'이라 불리는 시루봉(해발 104m) 근처에 주둔한다. 동학농민군을 추격해 온 관군은 날이 저물어 황토현 일대에 도착하여 주둔하게 된다. 관군이 주둔한 바로 이곳, 현재 황토현 북쪽 근방의 작은 언덕을 『오하기문』에서는 '손소낙등'으로 표기하고 있다. 이 지명은 『오하기문』에만 기록되어 있을 뿐이며, 군·읍지 등의 자료와 현지에서는 확인되지 않는다."

진영의 거리는 5리가량 되었지만, 이때는 이미 해가 져서 어둑어둑했기 때문에 양쪽은 모두 진영을 단속하며 움직이지 않았다. 다만 이따금 이쪽저쪽에서 신호용으로 쏘는 총소리만 났다. 밤이 깊어지자 도적의 진영에서는 아무런 기척도 없이 조용해졌고 신호용 총소리도 더 이상 나지 않았다. 이를 수상하게 여긴 관군은 소나무를 쪼개서 화톳불을 피웠다. 진영의 안쪽은 대낮처럼 밝았지만, 바깥쪽의 막사는 연기로 뒤덮였다. 때마침 안개까지 짙게 끼어 사방을 분간할 수 없었다. 갑자기 총소리가 콩 볶듯이 나면서 총알이 관군 진영으로 날아들어 병사들이 마치 바람에 삼대 쓰러지듯 무더기로 쓰러졌다.

도적은 세 방면을 에워싸고 한 방면은 열어 놓은 채 함성을 지르며 다가왔다. 관군은 순식간에 무너졌다. 날이 새고 안개가 걷히자 도적은 흰옷 차림의 향병에 대해서는 보고도 쫓지 않았으며, 검은 군복 차림의 영병과 등에 붉은 도장이 찍혀 있는 보부상만 끝까지 쫓아가서 이를 갈며 칼을 휘둘렀다. 그 모습이 마치 사적인 원수를 갚는 것 같았다. 산 아래 너른 들녘에는 때마침 봄갈이가 끝나고 물을 모아 둔 논이 끝없이 펼쳐져 있었는데, 패잔병들은 물을 보고 뛰어들었지만 물 아래 진창에 빠져 허우적거리다가 난무하는 창칼 아래 무참하게 죽어갔다. 시체에서 흘러나온 붉은 피가 땅을 적시고 논물을 붉게 물들였다. 길에는 관군이 달아나며 버린 군수품이 가득했다. 관군은 당초 6,000여 명가량이었지만 죽거나 부상을 입은 사람이 1,000여 명이나 되었다. 영관領官 이곤양李崑陽, 태인 보부상의 우두머리 유병직劉秉直, 서기書記 이돈승李敦昇은 모두 죽었고, 영관 이재섭李在燮·유수근柳壽根·정창권鄭昌權·백낙유白樂有 등은 모두 도망쳐서 돌아왔다.

7일에 초토사 홍계훈이 경병 800명을 이끌고 인천항에서 청나라로부터 빌린 정원함靖遠艦과 우리나라 배 창룡蒼龍·한양漢陽 두 척에 나누어 타고 군산항에 내려 전주로 들어갔다.[173] 원세개는 서방걸徐邦傑을 딸려 보내 정세를 살피게 했다. 청나라 병사 17명이 대환포 4대를 가지고 따라왔다.

이 무렵 김문현은 향병을 조련하여 토벌에 내보낸 인원이 앞뒤로 이미 5,000~6,000명에 달했다. 그러나 일이 잘못될까 두려워서 도움을 요청하는 전보를 잇달아 쳤다. 조정에서는 홍재희가 지난해 도적 무리를 안정시키고 어루만져 달랜 공을 참작하여 다시 그를 초토사로 파견했다. 홍재희는 이름을 계훈啓勳으로 고치고 서둘러 출정했다. 충청·전라 지방의 사대부들은 한결같이 문현이 백성을 어루만져 달래서 안정을 꾀할 방법은 강구하지 않은 채 오로지 서울에 도움을 요청하는 실책을 저질렀다고 비난했다.

같은 날, 미시(오후 1시~3시)에 나온 고부군의 보고이다.

"저 무리가 정읍으로 옮겨가 모여 있다."

4월 8일

인시寅時(오전 3시~5시)에 나온 정읍현의 보고이다.

"저 무리 수천 명이 7일 미시(오후 1시~3시)에 우리 읍에 들어와 모천강茅川江에 진을 쳤다. 술시(오후 7시~9시)에 읍내를 침범했다."

또 정읍현에서 보고했다.

---

173 정원함은 '평원병선平遠兵船'의 오기이다. 이때의 상황을 『고종실록』 1894년 4월 4일자 기사는 다음과 같이 기록하고 있다. "장위영 대관壯衛營隊官 이학승李學承, 이두황李斗璜 등이 병정 2대隊를 인솔하고 이달 3일에 먼저 인천항에 도착했고, 4일에는 대관 오건영吳建泳, 원세록元世祿 등이 병정 3대를 인솔하고 역시 인천에 도착했다. 같은 날 대관 원세록이 1대의 병정을 인솔하여 짐과 대포를 가지고 창룡선蒼龍船을 탔고, 대관 이두황은 1대의 병정을 인솔하고 한양선漢陽船을 탔다. 그 나머지 3대의 병정은 초토사가 직접 인솔하여 중국 평원병선을 타고 신시申時(오후 3시~5시)에 출발하여 호남으로 내려갔다. 5일 신시에 군산포에 도착하여 6일에 배에서 내렸다."

"저 무리가 우리 읍으로 쳐들어와서 관사뿐 아니라 아전들의 집을 모두 불태워버렸고, 보부상들이 음식을 사 먹고 잠을 자며 머무는 주막도 불태워 버렸다. 해시(오후 9시~11시)에 고부 삼거리 방면으로 떠났다."

같은 날, 오시(오전 11시~오후 1시)에 나온 고부군의 보고이다.

"저 무리가 어젯밤 우리 고을에서 밤을 보내고 흥덕 방면으로 갔다."

같은 날, 유시酉時(오후 5시~7시)에 나온 금구현의 보고이다.

"저 무리가 오늘 새벽 길을 돌려 흥덕 방면으로 향했다."

같은 날, 충청 감영에서 전보를 보냈다.

"동학 무리가 떼를 지어 회덕懷德과 진잠鎭岑 등지에서 소란을 피웠다. 충청·전라 지방의 경계에 인접한 고을들은 방비를 더욱 엄중히 하라."

김문현은 전보 내용에 따라 금산과 여산 등 여러 읍에 공문을 띄웠다.

충청 지방은 평소 사대부의 본거지로 불리며 훈신과 척신이 숲의 나무를 이루듯 즐비했다. 이들 권문세가는 서로 한통속이 되어 권세를 등에 업고 독단적으로 일을 처리하는 것이 풍속을 이루었다. 때로는 억지를 부려 논밭과 집을 사들이거나 묏자리를 강제로 빼앗는 일도 있었다. 그래서 도움을 청할 변변한 친척도 없는 평범한 서민은 이들 권문세가에 사무친 원한을 품고 있었다. 마침내 동학이 일어나 팔을 걷어붙이고 한번 소리치자 호응하는 사람이 100만이나 되었다. 저 대표적 세도가인 김金·송宋·윤尹 세 가문과 그 밖의 재상 명가로 떵떵거리며 백성 위에 군림하던 집안들 가운데 갑자기 무너져서 망해 버린 집안이 셀 수 없을 정도로 많았다.

좌의정을 지낸 신응조申應朝는 마침 이때 진잠에 살고 있었다. 그의 손자 일영一永은 불법을 많이 저질렀다. 도적들은 일영의 아들을 묶어 놓고 불알을 떼어내며 말했다. "이런 도둑놈의 종자는 씨를 말려야 한다."

또 수암遂菴 권상하權尙夏의 후손 호浩는 청풍淸風에 살고 있었는데 탐욕과 포악이 비할 데 없을 만큼 심했다. 도적들이 몰려오자 호는 재빨리 도망쳤다. 도적들은 분을 참지 못하고 수암서원을 가리키며 소리쳤다. "여기가 도둑놈의 소굴이다. 반드시 태워버리자."

이때, 나이 든 도적 가운데 젊은 시절에 수암서원 건축 공사에 참여했던 사람이 무릎을 꿇고 그 우두머리에게 간청했다. "호는 마땅히 죽여야 할 놈이지만, 어떻게 문순文純(권상하의 시호) 선생을 생각하지 않을 수 있겠습니까?"

마침내 중지시켰다.

충청 감사 조병호趙秉鎬[174]가 잇달아 감영의 비장裨將을 파견하여 간절하게 어루만지고 타이르자 도적들이 조금 수그러들었다. 그러나 길거리에서 들은 소문이라 확실하지 않다.

4월 9일

홍계훈은 경군 160명, 향병 200명, 경대관京隊官 1명, 향도관鄕導官 2명을 금구·태인 쪽으로 보내 도적을 추격하도록 했다.

같은 날, 술시(오후 7시~9시)에 나온 태인현의 보고이다.

"저 무리가 어제 정오에 흥덕을 지나 무장·고창 지방으로 옮겨 갔다."

무장현에서 보고했다.

"동학 무리 29명을 사로잡았다."

같은 날, 오시(오전 11시~오후 1시)에 나온 고창현의 보고이다.

"저 무리 수천 명이 흥덕에서 우리 현으로 들어와 감옥을 부수고, 죄수들을 풀어주고, 무기를 약탈했다. 또 호적을 탈취하고 동헌을 부쉈다. 현감은

---

174 조병호는 원문에 '趙秉浩'라 되어 있지만 趙秉鎬의 오기이므로 바로잡는다. 『고종실록』 1894년 4월 23일자 기사 참조.

관인을 가지고 몰래 피신했다. 저 무리는 무장으로 방향을 틀었다.”

같은 날, 신시(오후 3시~ 5시)에 나온 홍덕현의 보고이다.

“저 무리 수천 명이 정읍에서 우리 고을을 거쳐 무장으로 가려고 한다.”

4월 10일

인시(오전 3시~5시)에 나온 홍덕현의 보고이다.

“저 무리 수천 명이 고부에서 바로 우리 현으로 들어왔다.”

4월 11일

전 영장營將 김시풍金始豊을 처형했다. 김영배金永培·김용하金用夏·김동근金同根 또한 도적들과 내통한 죄를 걸어 처형했다. 이들 모두 목을 베어 풍남문豊南門 밖 높은 곳에 매달아 대중의 경계로 삼았다.

시풍은 전주 사람이다. 감영의 열교列校로 관직에 나와 죄인을 추적하고 잡아들이는 일을 잘 해냈으며, 공적을 쌓아서 마침내 영장에 이르렀다. 중영中營을 세 번, 전영前營을 두 번이나 맡았기 때문에 화적도 시풍을 두려워했다. 그러나 성격이 흉악하고 교활할 뿐만 아니라 매우 탐욕스러워서 극악한 큰 범행을 저지른 도적을 풀어주고 (그 대가로 받은) 그들의 장물을 나누어 가진 적이 많았다. 또한 부유한 백성 가운데 눈에 거슬리는 사람이 있으면 번번이 그 사람의 집을 도적의 소굴이라며 무고하고 재산과 집을 몰수했다. 몇 해 전부터는 동학에 물들어 난리를 일으키려고 했다. 동학과 난민이 합세하는 형국이 조성되자, 시풍은 조정에서 머지않아 반드시 장수를 임명하여 출정시킬 것이라고 예상했다. 그렇게 되면 서울의 장수들은 틀림없이 전쟁터에 나가는 것을 기피할 테고, 반면에 자신은 호남 사람으로서 도둑을 잡은 공이 있기 때문에 장수로 선발될 것이라고 생각했다. 그리하여 서울까지 걸어 올라갔는데, 도착하고 보니 이미 홍계훈이 초토사로 임명되어 남쪽으로 내려간 뒤였다. 시풍은 불만에 차서 전주로 돌아왔다. 계훈은 전주에 도착하여 10일에 시풍을 불러들여 의문에 찬 말투로 물었다.

"나랏일이 매우 위급한 까닭에 재주도 부족한 제가 외람되이 장수의 임무를 맡았습니다. 삼가 그대를 중군中軍으로 삼고자 하니 앞장서서 노력해주시기 바랍니다. 그대 생각은 어떠한지 모르겠습니다."

시풍은 한참 동안 계훈을 뚫어지게 바라보다가 말했다.

"너는 본디 대궐에서 심부름이나 하는 천한 종이지만, 나는 감영의 당당한 장교이다. 처음부터 우리는 서로 격이 다르다. 그런데 뭐? 나를 중군으로 삼겠다고? 내가 초토사가 되기에 무엇이 부족하단 말이냐?"

계훈은 시풍이 도적과 내통하고 있다는 소리를 얼핏 들었기 때문에 일부러 떠보았던 것이다. 시풍의 말에 계훈은 곧바로 크게 화를 내며 "끌어내라"고 명령하며 꾸짖었다.

"너는 촌구석의 천하기 짝이 없는 주제에 더할 수 없는 나라의 은혜를 입고 감영의 장교가 되었으니 마땅히 그 은혜의 만분의 일이라도 보답하기 위해 노력해야 한다. 그런데 그렇게 하기는커녕 비적의 우두머리가 되어 무리의 동원과 해산을 제멋대로 하고 있으니, 어떤 벌을 받아야 마땅하겠느냐?"

시풍은 격앙해서 머리를 치켜들고 말했다.

"어리석은 임금을 폐위하고 영명한 임금을 옹립하는 일은 옛날부터 있었다. 나는 7월 보름 안에 새 임금을 추대하여 잘못된 세상을 바로잡으려 했다. 이미 일이 어그러졌거늘 여러 말을 해서 무엇하겠는가."

곧 몸을 솟구치며 일어나자 낡은 오랏줄이 저절로 끊어졌다. 시풍은 좌충우돌하며 큰소리로 비적 무리를 불렀다. 계훈은 분노를 삭이지 못하고 경병에게 총으로 갈겨버리라고 소리쳤다. 결국 시풍은 여러 명이 한꺼번에 쏜 총을 맞고 쓰러졌다. 11일에 시풍의 목을 베어 높은 곳에 매달아 놓았다.[175] 감영의 남자와 여자들이 길에서 만나면 서로 축하했다.

시풍을 처단하고 나자 어떤 사람들은 계훈이 경솔하게 그를 죽였다고 나무라면서, 차라리 과거의 잘못을 용서하고, 그의 재간과 지략을 이용하여 앞장세우는 편이 좋았을 것이라고 했다. 그러나 도적과 내통한 증거가 있는데 어떻게 그를 효과적으로 쓸 수 있겠으며, 또한 군법에는 명령을 따르지 않는 자는 목을 베게 되어 있다. 더욱이 그의 말이 모반을 꾀하는 데까지 이르지 않았던가? 원숭환袁崇煥은 모문룡毛文龍의 목을 베었고, 손전정孫傳庭은 하인룡賀人龍을 처단했다.[176] 나는 계훈을 가리켜 식견이 없다고 말하는 것은 적절

---

175 김시풍의 처단과 관련하여 일본 공사관의 기록은 황현의 기록과 상반된다.
"14일 진북정鎭北亭에서 조련이 있었다. 이날도 나는 현장을 지켜보았다 … 이날 연습을 마치자 감사는 연무당演武堂에서 바로 연회를 베풀고 초토사와 청나라 빈객을 대접하였다. 성대한 술잔치를 벌여 기생 여러 명을 앉혀 놓고 구경꾼의 목전에서 음악을 연주하며 크게 즐겼다. 때가 때인 만큼 이런 짓은 대단히 불쾌한 일이라고 눈살을 찌푸리는 사람도 있었다. 이날 저녁 6시경 전임 감영 영장領將 김 모金某는 감영으로 가서 홍洪 초토사를 만나 동학도의 기세가 급함을 설명하고 영병營兵을 청하여 한쪽을 진압해줄 것을 상의했지만, 서로 의견 차이가 있었다. 이런저런 논쟁 끝에 마침내 홍이 격노하여 친병을 시켜 김 모에게 곤장을 치고 꾸짖었다. 이 때문에 김은 더욱 부끄럽고 화가 나서 항변하며 굴하지 않았다. 홍은 화를 내며 결국 측근에게 현장에서 김을 베어 죽이게 하여 영내營內의 소요가 이만저만이 아니었다. … 이날 밤 김이 효수된 광경을 볼 수 있었다. 그의 나이는 60세나 되는데 일찍이 동학도를 진압한 일도 있다고 하며, 이 지방에서는 제법 저명 인사였다. 영내에서는 그를 두고 동학과 내통했다는 혐의를 품는 사람도 있었고, 어쨌든 불쌍하게 되었다면서 비명에 간 그의 죽음을 안타깝게 여기는 사람도 많았다. 또 들은 바에 따르면, 감사와 초토사는 이래저래 생각이 달랐고, 김의 일에 대해서도 두 사람의 의논이 서로 용납되지 않는 바가 있었다고 한다." 『주한일본공사관기록 1』「전주 민란의 근황, 일본 거류지 제54호 이토 토시사부로伊藤利三郎 고원雇員 쓰누마 고메사쿠津沼米作 구술」, 1894년 6월 2일(양력).

176 명나라 말기 원숭환(1584~1630)은 후금後金의 침략에 맞서 요동 방어에 공을 세운 장군이다. 황제로부터 전권을 위임받은 그는, 조선의 가도椵島에 주둔하면서 후금과의 전쟁에서 승리

하지 않다고 생각한다.

4월 12일

무장현에서 보고했다.

"동학 무리가 우리 현에 들어와 아전과 병사 10여 명을 죽였다. 피살된 촌백성이 수십 명에 이르고 성안의 인가가 모두 타버렸다."

같은 날, 신시(오후 3시-5시)에 도적 1만여 명이 영광군을 침범했다.

군수 민영수閔泳壽는 마침 세미를 걷으러 법성창法聖倉(영광군 법성면에 설치되었던 조창漕倉)에 가 있었는데, 성이 함락되었다는 소식을 듣자 곧바로 배를 타고 바다로 달아났다.

홍계훈이 파견했던, 경병과 향병으로 구성된 일단의 부대가 9일 금구와 태인 쪽으로 갔다가 이날 전주로 돌아왔다.

4월 15일

홍계훈은 직접 경병을 이끌고 전주에서 나와, 도적들의 진로를 살폈다.

김문현은 정읍·나주·장성·고부·흥덕·무안·영광·함평·광주·고창 등 여러 읍에 공문을 보내 군량을 준비하게 했다. 공곡公穀이냐 사곡私穀이냐를 따지지 말고 모든 양곡을 압류한 채 기다리라고 했다.

를 거두었다고 거짓 장계를 올린 모문룡을 군법에 따라 목을 베었다. 『명사明史』 하下 「열전 147, 원숭환袁崇煥」 참조. 김용金鏞의 소설 『벽혈검碧血劍』에서는 원숭환의 유아遺兒 원승지袁承志가 아버지의 원통한 죄를 풀기 위해 활약하는 모습을 설정하여 묘사해 놓았는데, 원승지 자체가 가공인물로서 픽션이다.

또 명나라 장수 손전정(1593~1643)은 이자성李自成의 난이 일어났을 때 하인룡이 싸우지도 않고 달아나자 군법을 적용하여 처단했다. 『명사明史』 하下 「열전 150, 손전정孫傳庭」 참조.

전운사轉運使 조필영이 달아났다.

전라도 병마절도사 이문영李文榮이 여러 읍에서 징병을 실시했다.

좌·우도 바닷가 일대에서 산골 마을에 이르기까지 일시에 큰 소란이 일어나 백성들이 모두 짐을 꾸렸다. 강진·해남·영암·장흥·보성에서 처음으로 따로따로 50명씩 징발하여 감영으로 보내왔다. 그 가운데 200명을 12일에 나주로 보내 목사가 적절히 활용하게 하고, 나머지 인원은 전라 병영에 남겨 두었다.

포군砲軍의 경우 구례에서 50명을, 광양·낙안·곡성·홍양에서 각각 100명을, 순천에서 150명을, 창평과 동복에서 각각 50명을 감영으로 보내왔다. 20일에 그 가운데 200명을 무안으로 보내서 성을 지키는 데 투입하고, 나머지 인원은 전라 병영에 남겨 두었다. 또 우수영 관하의 병사들을 징발했다.

4월 18일

미시(오후 1시~3시)에 나온 함평군의 보고이다.

"저 무리가 우리 군에 들어와 진을 친 뒤 진지 부근에서 얼쩡거리는 사람은 군인과 민간인을 가리지 않고 한 명도 남김없이 죄다 죽였다. 아마 경군에게 뒤를 밟혔기 때문에 염탐꾼이 섞여 있을까 두려워서 그랬던 것 같다."

이 무렵 전라도 도내가 크게 어지러웠다.

도적들은 수령을 죽이지는 않았지만 창피와 모욕을 주며 협박했기 때문에 사실상 죽이는 것이나 다름없었다. 또 잇달아 성을 함락하고 병기고의 무기를 약탈했으니, 이들이 도적이 아니면 무엇이란 말인가? 그러나 김문현과 홍계훈은 말할 것도 없고, 그 아래로 각 읍의 아전과 군교에 이르기까지 모두 지레 겁을 먹고 움츠러들었다. 위에서 아래로 보내는 모든 공문에는 감히 '도적'이라고 드러내 쓰지 못하고, 단지 '동도東徒', '저 일당彼黨', '그 패거리

(厥徒)', '저 무리(彼類)'라고 지칭했을 뿐이다. 이런 탓에 위아래에서 서로 주고 받는 공문에도 하나같이 위에서 사용한 명칭을 그대로 따라 썼다. 아아! 사람의 생명을 좌우하는 막강한 권한을 가진 장수는 물론이고, 백성의 사정을 살펴서 어루만지고 위로할 임무를 지닌 감사가 그 기강과 기개에서 이미 도적의 간담을 서늘하게 하기에는 부족할 뿐이니, 이들이 도적과 다른 게 뭐란 말인가? 공자는 말했다. "명분이 바르지 않으면 말이 순리를 잃고, 말이 순리를 잃으면 일이 어그러진다."[177]

성인께서 우리를 속일 리야 있겠는가!

도적들이 함평에서 진을 치고 재주를 과시하며 사람들의 눈을 홀렸다. 평민 한 사람이 열네댓 살가량 된 아이 한 명을 업고 부대 앞으로 나왔다. 아이가 남색 홀기笏旗를 쥐고 지휘함에 따라 도적들이 따라가는 것 같았다.

먼저 날라리를 부는 사람이 뒤따랐고, 이어서 인仁 자, 의義 자가 쓰인 한 쌍의 깃발을 든 사람이 뒤따랐다. 이어서 예禮 자, 지智 자가 쓰인 한 쌍의 깃발을 든 사람이 뒤따랐고, 또 그 뒤를 백기 두 개가 뒤따랐다. 백기 가운데 하나에는 전서체로 보제普濟라는 글자가, 다른 하나에는 역시 전서체로 안민창덕安民昌德이라는 글자가 적혀 있었다. 이어서 황색 바탕에 해서체로 보제중생普濟衆生이라는 글자가 적힌 깃발 하나가 뒤따랐고, 그 뒤에 각 읍의 이름을 표시한 나머지 깃발들이 뒤따랐다. 이어서 갑옷과 투구로 무장한 사람이

---

177 『논어』「자로子路」에 "공자가 말했다. '천하고 속되구나, 유는. 군자는 자신이 알지 못하는 것에 대개 빠지는 법이다. 명분이 바르게 서지 않으면 말이 순리를 잃고, 말이 순리를 잃으면 일이 이루어지지 않는다.(子曰, 野哉 由也 君子於其所不知 蓋厥如也. 名不正則言不順, 言不順則事不成)'"라고 했다. 위나라 군주가 정사를 맡긴다면 무엇부터 먼저 하시겠냐는 제자 자로의 질문에 공자가 반드시 명분부터 바로잡겠다면서 한 말이다. 이는 곧 자신의 자리에서 각자의 명분에 맞는 합당한 본분을 수행해야 함을 강조한 말이다.

말 위에서 칼춤을 추며 뒤따랐고, 그 뒤에 칼을 들고 걷는 네댓 쌍이 뒤따랐다. 이어서 붉은 관복을 입은 두 사람이 피리를 불고 북을 치며 뒤따랐고, 그 뒤에 나발을 부는 두 사람이 뒤따랐다. 이어서 도인 복장에 남바위를 접어 쓰고 우산을 든 한 사람이 나귀를 타고 뒤따랐고, 그 뒤에 반소매 저고리 차림에 남바위를 접어 쓰고 우산을 든 채 말을 탄 여섯 사람이 나귀를 탄 사람을 에워싸고 뒤따랐다. 이어서 1만여 명이 총을 들고 두 줄로 뒤따랐다. 이들은 모두 머리에 두건을 둘렀는데, 두건의 색깔은 다섯 가지로 제각각 색이 달랐다. 이어서 죽창을 든 사람들이 씩씩하게 걸으면서 꺾어지고 회전하며 때로는 갈 지之 자를, 때로는 입 구口 자를 만들면서 진세陣勢를 펼쳤는데, 모두 선두의 아이가 쥔 남색 깃발이 가리키는 것을 쳐다보았다.

요컨대 도적들은 남자아이 가운데 키가 작고 교활한 아이를 뽑아서 진중에 두고 날마다 어떤 진세를 펼칠 것인가를 미리 가르쳤던 것이다. 또 그 아이를 가리켜 '신동神童'이라 부르면서 보고 듣는 사람들의 정신을 홀렸던 것이다. 이 수법은 제齊나라 전단田單이 연燕나라와 전쟁할 때 무명소졸無名小卒을 신이 보내준 스승이라고 받들면서 군령을 내릴 때마다 신이 내린 지시라고 한 일을 흉내 낸 것인데,[178] 어리석은 백성은 그런 줄도 모르고 아이가 진짜 신과 같은 사람이라고 생각했다.[179]

---

178 『사기史記』「전단 열전田單列傳」에 "전단이 이런 말을 퍼뜨렸다. '신선이 내려와 나를 가르쳤다.' 그리고 성안의 백성들에게 말했다. '이제 신선의 화신이 나타나서 나의 신사神師가 될 것이다.' 한 병사가 '제가 신사가 될 만합니까?'라고 말하고는 돌아서 가려고 했다. 전단이 일어나 그를 끌어들여 동쪽에 앉힌 뒤 신사로 삼았다. 그 병사가 말했다. '저는 장군을 속였습니다. 실은 무능한 인간입니다.' 전단이 말했다. '너는 아무 말도 하지 말라.' 그러고는 그를 신사로 모시고 군령을 내릴 때마다 신사의 뜻이라고 했다."라고 했다.

179 오지영은 『동학사』에서 다음과 같이 기록하고 있다. "이때 전하는 말에 의하면 전손 대장의

정읍의 도적들은 자신들이 살던 집을 모두 불태워 없애버림으로써 결전에 임하는 필사의 각오를 드러냈다.[180]

도적 무리가 나주의 아전에게 통지문을 보냈다. 그 내용은 대략 다음과 같다.

"우리가 오늘 정의의 깃발을 높이 치켜든 까닭은, 위로는 나라의 은혜에 보답하고 아래로는 도탄에 빠진 백성을 구하기 위해서다. 우리는 우리가 지나가는 고을에서 탐관오리는 징벌하고 청렴한 관리에게는 상을 주어 관리로 인한 폐단과 백성의 고통을 바로잡고 혁파할 것이다. 또한 세금으로 거둔 쌀을 서울로 운반하는 데 따른 폐단을 뜯어고쳐 백성의 오랜 골칫거리를 영원히 없애버릴 것이다. 또한 임금께 아뢰어 국태공國太公(흥선대원군 이하응의 존칭)을 받들어 국정을 대리하게 하고, 나라를 어지럽히는 불충불효한 무리 및 아첨이나 일삼는 무리를 모조리 파면하게 할 것이다. 우리의 진실한 의도는 고작 이런 것에 지나지 않는다. 그런데도 너희 관리들은 어째서 나라의 형편과 백성의 사정은 생각하지 않고, 각 읍에 군대를 보내 공격 위주로 사람들을 마구 죽이는 것이냐? 이것은 진정 무슨 심보인가? 너희가 저지르는 짓거리를 따져보면 맞붙어 싸울 수밖에 없다. 그러나 아무 잘못도 없는 관리와 백성이

부하에는 7세의 신동과 14세의 신동이 있어 전 대장을 많이 도와주었다고 떠들었다." 『동학사』, 130쪽.

180 '결전에 임하는 필사의 각오'는 원문의 '沈船破釜침선파부'를 풀이한 구절이다. 침선파부란 배를 가라앉히고 솥을 깨뜨린다는 뜻으로, 싸움터로 나가면서 살아 돌아오기를 바라지 않고 결전을 각오함을 이르는 말이다. 『사기』 「항우 본기項羽本紀」에 "항우가 군사를 이끌고 장하를 건너자 모든 배를 사용할 수 없게 물속에 침몰시키고, 솥과 시루 등 취사도구를 깨뜨리고, 막사를 불사른 뒤 3일분의 군량만을 휴대함으로써, 병사들에게 필사적으로 싸울 것이며 추호도 살아 돌아올 마음이 없다는 것을 내보였다.(項羽乃悉引兵渡河, 皆沈船破釜甑燒廬舍, 持三日糧, 以示士卒必死無一還心)"라고 했다.

함께 죽는 것은 안타까운 일이 아닐 수 없다. 옛 비결에 '광주와 나주 사이에 흐르는 피가 내를 이룬다'고 했고, 신라 말기의 풍수가 도선道詵은 '광주와 나주 지방은 영원히 인적이 끊어진다'고 했다.[181] 정말 소름이 끼치고 무섭기 짝이 없는 말이 아닐 수 없다. 이러한 뜻을 직접 관아의 너희에게 알리는 것이니, 각 고을에서 징발한 병사들은 모두 집으로 돌려보내 농사일에 전념하게 하라. 그리고 갇혀 있는 동학교도들을 바로 풀어준다면 우리는 너희가 관할하는 지역에는 들어가지 않을 것이다. 우리 모두 한 임금의 백성인데 어찌 공격할 생각을 가지고 있겠는가? 이러한 우리의 뜻을 수용할 것인지 아닌지를 속히 회답하기 바란다."

나주 목사 민종렬閔種烈이 다음과 같은 답변을 보냈다.

"명분 없는 거사는 법으로 따지면 당연히 죽을죄에 해당한다. 도리에 맞지 않는 말은 듣고 싶지 않다."

4월 19일

도적들은 함평에서 초토사에게 글을 올렸다. 그 내용은 대략 다음과 같다.

"피맺힌 원한을 가슴에 품고 있는 호남의 유생들은 삼가 거듭하여 절을 올리며, 엄정한 위풍으로 백성의 하소연을 잘 들어주시는 귀하에게 글을 올

---

181 『정감록』에는 "신년申年 봄 삼월, 성세 가을 팔월에 인천과 부평 사이에 밤에 배 천 척이 닿고, 안성과 죽산 사이에 쌓인 송장이 산과 같고, 여주와 광주 사이에 사람의 그림자가 영영 끊어지고, 수성과 당성 사이에 흐르는 피가 내를 이루고, 한강 남쪽 백 리에 닭과 개의 소리가 사라지고 사람의 그림자가 아주 끊어질 것이다.(申年春三月 聖歲秋八月 仁富之間 夜泊千艄 安竹之間 積尸如山 驪廣之間 人影永絶 隨唐之間 流血成川 漢南百里 鷄犬無聲 人影永絶)"라는 구절이 있다.

립니다. 저희는 하늘과 땅 사이에서 임금의 덕에 교화되어 살아가는 사람들입니다. 그러니 저희가 어찌 함부로 분별없이 불의한 짓을 저질러서 스스로 죽을죄에 빠져들겠습니까? 무릇 '백성은 나라의 근본이며, 근본이 튼튼하면 나라가 편안하다'는 옛 성현이 남긴 가르침은 지금도 여전히 중요하게 다루어야 할 요지입니다. 또한 감사와 수령은 백성을 다스리고 기르는 벼슬아치입니다. 이들이 역대 어진 임금들의 법으로 백성을 다스리기만 하면, 비록 천 년의 세월이 흐른다 해도 이 나라는 지속될 것입니다. 그러나 오늘날의 수령은 나라의 법을 무시하고 나라의 근본인 백성조차 안중에 두지 않을 뿐만 아니라 탐욕과 포학을 자행하고 있습니다. 아무 때나 불필요하게 부과하는 군전軍錢, 원곡의 회수를 독촉하는 환곡還穀, 정해진 액수에다 명분도 없이 더 징수해 가는 세미稅米, 날이 갈수록 늘어나는 갖가지 잡역, (재물을 뜯어내기 위해) 인척의 징계도 마다하지 않는 몰염치, 세금의 가혹한 징수와 독촉도 거리끼지 않는 전운영轉運營(전운소轉運所), 논밭의 면적을 거짓으로 부풀려 세금을 더 받아 가는 균전관均田官, 강압적으로 금품을 요구하며 가혹하게 구는 각 관아의 군교와 하인배, 하나같이 참고 견딜 수 없는 것들뿐입니다. 그래서 백성들 가운데 열에 여덟아홉은 삶의 터전을 잃어버렸습니다. 그들은 먹고 입을 것도 없어 여기저기 길바닥에 나앉아 노인과 아이들을 데리고 절망의 구렁텅이에 빠져 있습니다. 도무지 살아갈 길이라고는 만에 하나도 없는 이 불쌍한 백성은 죽기도 쉽지 않기에 여러 번 함께 모였습니다. 그러나 이러한 사정을 해당 고을의 수령에게 호소하면 세상을 어지럽히는 부류로 간주되고, 감영에 호소하면 도둑 떼로 지목됩니다. 이렇듯 저희를, 세상을 어지럽히고 도둑으로 몬 감사와 수령들은 임금이 몸소 거느리고 지휘하는 더없이 중요한 군대를 별 어려움도 없이 출정시키고, 여러 고을에서 병사를 징발하여 창칼을 휘두르며 사람들을 마구 죽이고 있습니다. 선정을 베풀어 백성을 다독여야 할 사람이 진실로 이렇게 해도 된단 말입니까? 오늘 저희의 행동은 이처럼 어쩔 수 없는 절박한 처지에서 비롯되었습니다. 비록 손에 무기를 들었다고는 하나, 이는 잠시 몸을 보전하려는 수단에 지나지 않습니다. 일이 이 지경에 이르렀지만, 오히려 저희는 모든 백성이 마음을 합치고 온 나라가 함께 의논해서 위로는 국태공을 모시어 부자의 윤리와 군신의 도리를 온전하게 하고, 아래로는 백성을 안정시켜 종묘사직을 온전히 보전하기를 간절히 원합니다. 죽어도 변하지 않을 것을 맹세할 수 있습니다. 삼가 엎드려 비오니 살펴주시기 바랍니다."

4월 21일

도적 1만여 명이 장성에 도착하여 월평月坪의 삼봉三峰 아래 진을 쳤다.

4월 23일

관군이 장성에서 도적을 기습했다. 그러나 대패하고 대장 이학승李學承이 죽었다.

홍계훈은 영광에 도착하여 학승에게 경병 270명을 내주고 먼저 출발시키면서 "섣불리 장성 부근에 들어가지 말라."고 당부했다.

또 거듭 당부했다.

"내일 사시(오전 9시-11시)에 내가 지원할 것이다."

학승은 지리에 어두웠던 탓에 이리저리 돌아서 월평에 도착했다. 그러나 사방이 온통 도적들로 꽉 차 있었기 때문에 나아갈 수도 물러날 수도 없는 형국이었다. 결국 계훈에게 격문으로 도적들을 효유해달라고 요청했다. 아직 회답이 오지 않은 상황이었지만, 학승이 보기에 도적의 수가 너무 많고 이 때문에 그들을 타일러서 이기는 일은 어렵다고 판단했다. 마침내 선제공격을 당할까 두려워서 서둘러 대포를 발사하며 공격했다. 포탄이 황룡강黃龍江을 넘어 건너편까지 날아가 폭발하자 도적들이 많이 죽었다. 도적들은 관군의 수가 매우 적고 게다가 지원군이 없는 것을 눈치채고는 죽음을 무릅쓰고 강을 건너와 사방을 에워싸고 포위망을 바짝 조여왔다. 경병은 결국 살길을 찾아 뿔뿔이 흩어져 달아났다. 이때 2명이 죽었다. 학승은 몸을 꼿꼿이 세우고 큰소리로 외쳤다.

"내가 바로 대장이다. 의로운 사람은 구차하게 삶에 연연하지 않는다. 역적들은 어찌하여 나를 죽이지 않는가?"

학승이 총에 맞고 쓰러지자 도적들이 그의 머리를 베어 가지고 갔다.[182]

4월 23일

홍계훈의 선봉대인 경병 200명이 영광에서부터 도적들의 뒤를 밟아 월평으로 이동했다. 멀리서 적진을 바라보니 정렬이 안 되어 있고 어수선해 보였다. 병사들은 수훈을 차지하고 싶은 욕심에 후원 부대를 기다리지 않고 먼 거리에서 대포를 쏘았다. 도적들은 병력을 철수하여 뒤로 조금 물러난 뒤 곧장 삼봉을 점거하고 진을 쳤다. 그 진세가 마치 학이 날개를 활짝 펴고 관군을 굽어보는 것 같았다. 잠시 후 도적들은 뜻밖에도 커다란 대나무 장태를 뒤에서 밀며 갑자기 앞으로 나아왔다. 장태는 길쭉하고 둥그스름한 것이 닭둥우리 모양과 비슷했는데, 안에서 밖으로 수십 개의 창칼을 내꽂은 형태라

---

182 이학승의 최후에 대해서는 다른 기록도 있다. "이학승은 패잔병을 이끌고 영광 방면으로 달아나다가 신호리 마을 뒤 구릉에서 농민군을 만나 최후의 항전을 했으나, 병사 다섯 명과 함께 농민군의 칼 아래 목숨을 잃었다." 우윤, 『전봉준과 갑오농민전쟁』, 창작과비평사, 1993, 184쪽.

얼핏 보면 고슴도치 같았다. 장태 아래쪽에는 한 쌍의 바퀴가 달려 있어 물 흐르듯 수월하게 굴러 왔다. 관군이 쏘는 총알이나 화살, 돌 같은 것들은 모두 장태에 막혀버렸다. 도적들은 장태 뒤에 바짝 붙어서 총을 쏘고 고함을 지르며 돌진해 왔다. 초토군 본진은 멀리서 이 광경을 뻔히 바라보면서도 구원하지는 못한 채 관군이 사방으로 달아나도록 그냥 맡겨 둘 수밖에 없었다. 도적들은 더 이상 추격하지 않고 부대를 거두어 스스로 물러났다. 이날 관군 7명이 죽고 대포 2대를 빼앗겼다. 도적 쪽은 도리어 자기편에 밟혀 죽은 자가 많았으며, 대포에 맞아 죽은 자도 더러 있었다. 시체를 거두어 17개의 무덤을 만들었는데 무덤마다 네다섯 구의 시체를 묻었다.

도적들은 다시 월평으로 들어가서 마을 가득 깃발을 세워 놓고 막 밥을 지으려 했다. 그러나 그때 경군이 습격해 온다는 소식을 듣고 바로 나팔을 한 번 부는 것을 신호로 군대를 재촉하여 관군이 들이닥치기 전에 떠났다. 그들 가운데 말을 탄 200여 명은 곧바로 정읍으로 향했다.

조정에서 선전관宣傳官 2명을 파견했다. 이들은 임금의 명령을 받들어 도적들을 효유하기 위해 적진으로 들어갔다.[183]

전라 감사 김문현과 전라도 병마절도사 이문영을 파직했다. 김학진金鶴鎭을 전라 감사로, 서병무徐丙懋를 전라도 병마절도사로 임명하고 서둘러 임지

---

183 장성에서 정읍 사이의 어딘가에서 이틀을 숙영한 동학농민군은 25일 정읍으로 들어갔다. 정읍에 들어간 동학농민군은 초토영招討營 운량감관運糧監官 김평창金平昌의 집에 난입하여 가산을 파괴하고 돈과 곡식, 의복을 모두 탈취했다. 동학농민군은 이것을 혹은 팔기도 하고 혹은 비축해 두기도 했다. 이어 25일 정오 무렵에는 원평으로 향했다. 원평에서 동학농민군은 국왕의 효유문을 가지고 온 이효응李斅應과 배은환裵垠煥을 살해했다. 『양호초토등록兩湖招討謄錄』 참조.

로 내려가게 했다.[184]

이 무렵 도적에 대한 경보가 점점 급박해지면서 서울은 하루에도 네댓 차례씩 깜짝깜짝 놀랐다. 조정의 여론은 한결같이 문현 등이 직무를 제대로 수행하지 못했기 때문에 일을 망쳤다면서 그 잘못을 민씨들에게 돌렸다. 이에 민영휘는 더 이상 그들을 비호할 수 없다고 여겨, 결국 그와 같은 인사 조치를 하게 된 것이다. 학진은 임금에게 하직 인사를 올리면서 바닥에 엎드려 일어나지 않았다. 임금이 학진에게 물었다.

"무슨 하고 싶은 말이라도 있느냐?"

그러자 학진이 대답했다.

"형편에 따라 일을 처리할 수 있는 재량권을 주신다면 바로 부임하겠습니다."

임금은 답을 주지 않았지만, 학진은 기어코 허락을 받고 싶어 했다. 마침내 임금이 억지로 그를 일으켜 세우며 말했다.

"그대가 하는 대로 맡겨 두겠다."

학진은 집안사람들과 작별할 때 눈물을 흘리며 흐느꼈다. 그 이야기를 들은 사람들이 걱정했다.

병무는 이전에 강진 군영에서 근무한 적이 있는데, 그 당시 제법 청렴하고 어질다는 평판이 있었다. 그래서 다시 임명되었을 뿐, 특별히 다른 장점은 없었다.

---

184 김학진이 전라도 관찰사로 임명된 날짜는 1894년 4월 18일이며, 서병무가 전라도 병마절도사에 임명된 것은 1894년 4월 12일이다. 한편 서병무는 원문에 '徐丙默서병묵'으로 되어 있으나, 오기이므로 바로잡는다. 『고종실록』 1894년 4월 12일자 기사 참조.

엄세영嚴世永을 삼남 염찰사三南廉察使로 임명하고, 이원회李元會를 양호 순변사兩湖巡邊使로 임명했다.[185]

홍계훈이 남쪽으로 내려간 지 제법 시일이 경과했지만 이 무렵 승전 소식은 없었다. 임금은 군대가 고립무원에 빠진 것은 아닐까 걱정했다. 그래서 원회에게 강화도와 청주의 군대를 통솔하여 급히 가서 도와주라고 양호 순변사로 임명했던 것이다. 아울러 계훈의 부대도 지휘 통솔하게 하였다. 세영에게는 잘못된 정치로 백성이 겪는 고통을 낱낱이 규명하고 폐단은 바로바로 제거하여 위무하게 함으로써 백성이 편안히 생업에 전념하는 효과가 나타나기를 기대했다.

애당초 동학과 난민이 어우러진 것은 죽지 못해 살아가는 고달픈 처지를 벗어나고 싶다는 생각에서 비롯되었다. 비록 무리를 이루어 모였다고는 하나 자위책에 지나지 않을 뿐, 감히 드러내 놓고 저항한 것은 아니었다. 만일 이때 위엄과 명망을 겸비하고 아울러 청렴하고 공정한 인물을 도적의 진영에 단신으로 들여보내서, 저 선명한 단청처럼 확실한 믿음으로 모두의 죄를 사면한다는 은택을 반포하고 탐관오리를 처단하여 백성의 원망을 깨끗이 씻어주었더라면 거의 무마되어 안정을 회복할 수 있었을 것이다. 호남 사람들은 모두 이성렬李聖烈을 고부 군수로, 이건창李建昌을 안핵사로, 서정순徐正淳을 전라 감사로 삼았다면, 절대로 고부에서 난리가 재발하지 않았을 것이라고 했다.

그러나 이용태가 갑자기 상황을 악화시켜 민심이 이반되고, 김문현이 도

---

185 엄세영이 염찰사로 임명된 날짜는 1894년 4월 27일이며, 이원회 또한 이날 순변사로 임명되었다. 『고종실록』 1894년 4월 27일자 기사 참조.

적들을 다그치는 바람에 전투가 일어났다. 이 무렵의 도적은 비록 기세는 치
열했지만 오합지졸에 지나지 않았고 단지 사태의 추이를 관망하고 있었을
뿐이다. 따라서 이때 초토사로 임명된 사람이 노련하고 신중하게 기세를 과
시하여 도적들의 노략질을 단절시키고 기습공격을 막아냈다면, 도적들은 먹
을 것이 떨어지고 계략이 다해 틀림없이 와해되었을 것이다. 그래서 이때 세
상 여론은 또, 신정희를 천거하여 출정 장수로 삼았다면 장성에서 거듭된 패
배는 없었을 것이라고 했다.

이원회로 말하자면, 덕망을 갖추었다는 명성은 있지만 장수로서 자질은
없었다. 게다가 너무 늙었기 때문에, 그가 부임하자 호남 백성들은 그를 경
시하였다.[186] 원회가 임지로 떠난 뒤 서울에는 잘못 전해진 말이 날마다 떠
돌았다. 어떤 말은 "도적들이 이미 전주를 함락했다"고 했고, 또 다른 말은
"도적들이 벌써 금강을 건넜다"고 했다. 민심은 갈수록 흉흉해졌다.

임금은 사태를 심각하게 걱정했다. 마침내 원세개를 불러서 중국에 도움
을 요청했다.[187]

원세개는 처음에는 난색을 표했지만 임금이 간절하게 요청하자 결국 천
진天津에 전보를 쳤다. 임금은 민영휘를 불러 중국에 도움을 요청한 사실을

---

186 이원회는 1827(순조 27)년생으로, 1894년 농민전쟁 당시 68세였다.

187 청나라의 조선 파병은 청·일 사이에 매우 민감한 문제였다. "청·일이 조선에 파병을 할 경
우 먼저 문서를 통해 사실을 알려준다"는 천진조약에 따라, 청의 조선 파병이 일본의 조선
파병을 비록 정당화하는 것은 아니지만 청의 파병에 따라 당연히 일본도 파병할 것이라는
인식을 청은 가지고 있었다. 그 때문에 청은 조선에 정식으로 파병을 요청하는 외교문서를
요구했고, 고종은 계속 망설이다가 4월 29일 구두로 파병을 요청했다. 그리고 4월 30일에
파병을 요청하는 정식 외교문서를 보냈다. 다이둥양戴東陽, 「갑오 중일전쟁 기간 청 정부의
대일정책」, 『청일전쟁기 한·중·일 삼국의 상호 전략』, 동북아역사재단, 2009.

알렸다. 영휘가 깜짝 놀라며 말했다.

"최근의 국제법 조약은 어떤 나라가 도움을 요청하면 그 나라와 조약을 맺은 모든 나라가 군대를 동원하게 되어 있습니다. 청나라는 진실로 우리나라를 돕고자 하여 별다른 악의가 없다고 보장할 수 있지만, 일본은 오랫동안 기회를 엿보고 있었습니다. 만약 국제법을 핑계로, 부르지도 않았는데 온다면 어떻게 하시겠습니까? 외국 군대가 모두 출동한다면 결국 호랑이를 막으려다 이리를 불러들이는 꼴이 되어 결과가 좋지 않을 것입니다."[188]

임금은 망연자실해하며 중국에 도움을 요청한 일을 중지시키라고 했다.

영휘가 원세개를 만나 임금의 뜻을 전했다. 원세개가 비꼬는 투로 말했다.

"이미 본국에 도움을 요청했습니다. 귀국의 임금과 신하는 어째서 이다지 사람답지 못합니까?"

홍계훈이 역참을 통해 도적들이 초토사에게 청원한 글을 조정에 올렸다.

왕비는 그 글을 읽다가 '위로는 국태공을 모시어'라는 대목에 이르러 영휘를 돌아보며 꾸짖었다.

---

188 구선희의 연구에 따르면 이 내용은 사실과 다르다. 실제로 청나라에 원병을 요청하자는 의견을 먼저 제의한 사람은 민영휘이며, 고종은 이 제의를 경솔하게 다룰 수 없다면서 거절했다고 한다. "민영준(민영휘)은 4월 8일 고종과 면담에서, 도적들의 기세가 창궐하여 진압할 수 없으니 청나라 군대가 와서 도와달라는 초토사 홍계훈의 전신이 있었는데, 이는 사정에 합당한 것이고 이미 원세개와 밀약이 되어 있다고 하면서 이에 대한 고종의 의견을 구하였다. 고종이 청에 청병請兵하는 것은 경솔하게 처리할 수 없다고 하자 민영준은 여러 대신 회의에서 결정하자고 제의했다. … 결국 청병 차병 문제는 민씨 척족을 비롯한 일부 관료들이 기존의 청에 대한 속방 관계에 가탁하여 자신들의 정권을 유지하고자 하는 데서 나왔고, 청측의 입장에서는 조선의 이러한 상황을 이용하여 조선에서의 지배를 더욱 공고히 하려는 목적에서 청병 차용에 응한 것이었다." 구선희, 「개화기 조선의 대청정책 연구」, 고려대학교 사학과 박사학위논문, 1997, 161~165쪽 참조.

"천한 놈들 같으니. 내가 차라리 왜놈의 포로가 될지언정 차마 임오년(1882)의 일을 다시 당하지는 않겠다. 내가 무너지면 너희는 죽게 될 뿐이니 여러 말 하지 마라."

영휘가 힘껏 왕비의 뜻을 따랐다. 마침내 비밀리에 일본에 도움을 요청했다. 그러나 국정을 논의하는 조정에서는 이런 사실을 거론조차 하지 않았다. 아아! 그다지 넓지도 않은 좁은 지역에서 소인배가 일으킨 버짐처럼 하찮은 일로 말미암아 온 나라가 흔들거리는데 아무런 대책도 없이 끝내 잇달아 만 리 밖의 외국에 도움을 요청했으니, 이는 천하가 비웃을 만한 일이다. 외국에 도움을 요청하는 일은 종묘사직과 백성의 안위가 걸린 막중한 일인데도 방 안에서 수군거리며 마치 심부름꾼을 부르듯이 처리하고 말았다. 아아! 10년 개화가 추구한 부강의 결과가 이렇다니 비웃을 수밖에 없다. 비록 조정에 인재들이 몰려 있다고는 하지만, 나라의 위기를 해소할 제대로 된 계책조차 내놓는 사람이 없으니, 나는 소용없는 줄 알면서도 흐느껴 울며 슬퍼하노라!

4월 27일

전주가 도적의 수중에 떨어지고, 전라 감사 김문현이 달아났다.

도적들은 멀리 장성과 정읍에서 파죽지세로 진격을 해왔다. 27일 동이 틀 무렵, 보병과 기마병 1만여 명이 바로 전주성 서문 밖에 도착하여 용머리 고개에서부터 일자진一字陣을 펼치고 함성을 질러댔는데 하늘과 땅이 들썩거리는 것 같았다. 문현은 사방의 성문을 걸어 잠그고 명령을 내려 서문 밖 민가 수천 채에 불을 질러버림으로써 도적들이 성벽을 타고 성안으로 넘어와 공격할 수 없게 만들었다. 정오가 지나자 서문이 저절로 열려서 도적들이 물밀듯이 성안으로 밀어닥쳤다. 성안의 백성은 사방으로 흩어졌다. 흩어진 백성은 살길을 찾아 성 위에서 무작정 아래로 뛰어내렸기 때문에 죽은 사람이 셀 수 없을 만큼 많이 발생했다.[189]

문현은 사인교를 타고 동문으로 갔지만 문이 막혔기 때문에 성 밖으로 나갈 수 없었다. 결국 가마를 버린 뒤 헌 옷과 짚신으로 행색을 위장하고 난민 틈에 끼어 성 밖으로 나갔다. 성에서 20리가량 떨어진 용진龍津 마을에 이르러서는 민간의 당나귀를 빌려 타고 직접 채찍질을 하며 달아났다.

이름을 알 수 없는 어떤 참봉이 경기전慶基殿에 봉안된 태조의 영정을 딴 곳으로 옮겨 모시려고 급한 김에 칼로 영정의 끈을 자른 뒤 둘둘 말아서 허리춤에 찔러 넣고 위봉산성威鳳山城을 향해 내달렸다. 참봉은 길에서 우연히 판관判官 민영승閔泳昇과 마주쳤다. 영승은 어차피 도망칠 바에는 태조의 영정을 보호하기 위해 도망했다는 핑계를 대고 그것으로 성을 버린 죄를 면해야겠다는 생각에 곧바로 태조의 영정을 빼앗아서 먼저 위봉산성에 들어갔다. 그러나 전보국 직원이 이미 전선을 걷어버리고 달아난 뒤라 또다시 노성魯城까지 가서 전보를 쳤다.

---

189 오지영은 당시 상황을 다음과 같이 전한다. "동학군들이 장성 싸움에서 얻은 대포와 양포洋砲를 가지고 그 자취를 감추어가면서 전주로 향하여 들어왔다. 이때는 4월 27일 전주 서문 밖 장날이라 무장, 영광 등지로부터 사잇길로 사방으로 흩어져 오던 동학군들은 장꾼들과 함께 싸이어 미리 약속이 정하여 있던 이날에 수천 명의 사람들이 이미 다 시장 속에 들어왔다. 때가 오시쯤 되자 장터 건너편 용머리 고개에서 한 발의 대포 소리가 터져 나오며 수천 방의 총소리가 일시에 장판을 뒤엎었다. 별안간 어지러운 대포 소리에 놀란 장꾼들은 정신을 잃어버리고 뒤죽박죽이 되어 헤어져 달아난다. 서문으로 남문으로 물밀 듯이 들어가는 바람에 동학군들은 장꾼과 같이 섞여 문 안으로 들어서며 일변 고함을 지르며 일변 총질을 하였다. 서문에서 파수 보던 병정들은 어찌 된 까닭을 몰라 엎어지며 자빠지며 도망질을 치고 말았다. 삽시간에 성안에도 모두 동학군의 소리요, 성 밖에도 또한 동학군의 소리다. 이때 전 대장(전봉준)은 천천히 대군을 거느리고 서문으로 들어와 자리를 선화당에 정하니 어시호於是乎 전주성은 이미 함락이 되었었다." 『동학사』, 133~134쪽.

이에 앞서 무자년戊子年(1888, 고종 25년) 봄에 경기전 앞의 은행나무 꼭대기에서 까치 떼와 백로 떼 수천 마리가 서로 싸움을 벌여 결국 까치 떼가 견디지 못하고 물러난 일이 있었다.

게다가 기축년己丑年(1889, 고종 26년) 정월에는 감영 및 전주부의 관노비와 심부름꾼들(사령使令), 그리고 시정의 천한 종들이 감영의 아전들로부터 멸시와 업신여김을 당한 것에 분노하여 무리를 지어 난동을 부린 일이 있었다. 그들은 아전들을 모두 죽여 없애려고 했지만, 도리어 아전들에게 지고 말았다. 아전들은 관노비와 심부름꾼들의 집에 불을 질렀는데, 그 불길이 남문 밖 반송리盤松里까지 번져서 가옥 천여 채가 모두 잿더미로 변해버린 일도 있었다. 사람들은 까치가 싸움에서 진 일이 바로 이 사건을 암시하는 조짐으로 여겼다.

그런데 이때에 이르러 태조의 영정이 옮겨지고 전주성이 살육장으로 변하자, 그 조짐이 더욱 확실하게 증험되었다고 여겼다. 당시 목숨을 구해 달아난 전주부의 관노비와 심부름꾼들 가운데 대다수는 도적에 투신하여 아전들에게 복수하려 했지만, 아전들은 이미 모두 달아나고 없었다. 그리하여 단지 그들의 집을 불태우고 날마다 노략질을 일삼았다.

4월 28일

아침, 홍계훈은 완산完山에 진을 쳤다. 오시(오전 11시~오후 1시) 무렵에 도적 수백 명이 남문을 나와 멀리 돌아서 투구봉(兜鍪峯) 쪽으로 가다가 경군에게 패하여 수십 명이 죽고 나머지 수백 명은 달아났다. 이때 바퀴가 달린 장태를 도적으로부터 빼앗았다. 이날 오후에 경군이 서문 밖의 민가 800~900채를 불태워버렸다.

홍계훈은 도적들이 서쪽으로 이동하고 있다는 소식을 듣고 뒤를 밟으며 쫓아갔다. 28일 사시(오전 9시~11시)에 전주에 이르렀다.

계훈은 도적들을 추격하면서, 자신이 거느린 경병이 평소 훈련을 받아 놓은 덕에 자못 쓸 만하지만 적의 숫자가 워낙 많기 때문에 적은 인원으로 대적하지 못할 것 같아 걱정했다. 또 도적들이 산만하게 이동하는 까닭에 한 꺼번에 죽일 수도 없고, 허실조차 예측할 수 없었으므로 틈을 엿보며 유리한 기회를 포착하려고 했다. 그래서 며칠 동안 머뭇거렸다. 그러는 사이에 거꾸로 도적들은 유서 깊은 전주성을 함락하고, 그 우두머리와 정예들이 모두 전주에 집결했다. 계훈은 이미 자기가 범한 죄에 두려움을 느꼈지만, 또 도적들이 모여 있었으므로 출로를 봉쇄하고 꼼짝 못하게 가두어 놓는다면 승리할 수 있다고 판단했다. 그리하여 포위망을 길게 만들어서 남산南山·건지산乾趾山·기린봉麒麟峯·오목대五木臺·황학대黃鶴臺 등 여러 곳을 연결하는 형태로 포진했다. 때마침 경기와 충청 지방의 지원군이 속속 도착하여 병력이 날마다 늘어났고, 호남의 여러 읍에서 새로 모집한 군대 또한 잇달아 도착했다. 계훈은 이들에게 도적들이 도망칠 수 없도록 험하고 좁은 길목마다 각각 맡아 단단히 지키게 했다. 자신은 날마다 진지를 둘러보면서 군사들에게 잠시도 방심하지 말라고 주의를 주며 위용을 과시했다. 또한 병사들이 총과 대포를 익숙하게 다룰 수 있도록 숙달시키는 한편, 성을 공격할 사다리 같은 도구를 만들게 함으로써 반드시 공격하겠다는 기세를 드러냈다.

4월 29일

도적들이 북문을 나와 황학대를 올려다보며 공격했다. 관군이 회선포回旋砲를 발사하여 수백 명을 죽였다. 도적들이 되돌아서 성으로 들어갔다.

4월 30일

계훈이 싸우자는 격문을 도적 진영으로 보냈지만, 도적들은 응답하지 않았다.

이달(4월)에 진사進士 합격자 1,300여 명 및 식년 문과式年文科의 명경과明經科 합격자 30명의 명단을 게시했다.[190]

우리나라의 과거제도에 따르면 진사는 200명만 뽑도록 되어 있다. 그러나 요 몇 해 사이에 임금은 군색한 나라 살림을 걱정하여 식년과의 합격자를 100명이나 더 늘려 뽑게 했으며, 임금의 특명으로 치르는 임시 과거인 응제應製도 매번 수십 명을 더 뽑으면서 합격자들로부터 돈을 받았다. 그런가 하면 신하에게 은덕을 베푼다면서, 대신大臣·산림山林·공주와 옹주·지난 시대 명신名臣의 제사를 받드는 후손, 세자궁에 근무하는 관리의 아들·사위·형제·손자·조카, 세자와 동갑내기, 여든 살 이상의 노인, 향시에 합격한 적이 있는 사람의 이름을 모두 합격자 명단의 말미에 올렸다. 이를 '은전恩典'이라고 하는 데, 인심을 위무하고 기쁘게 해주려는 조치였다. 그래서 머리도 세지 않은 사람이 여든 살이라고 속이는가 하면, 나이가 열 몇 살이거나 마흔 몇 살인 사람들은 모두 세자가 태어난 해인 갑술년(1874)생이라고 속였다. 그뿐 아니라 아침까지는 아전이던 사람이 저녁에는 명현名賢으로서 제사를 받는 일도 있었다. 심지어 조정의 요직에 있는 인물 가운데 염치없는 이는 시골의

---

190 식년과式年科란 식년마다 보는 과거 시험을 일컫는다. 식년은 자子, 묘卯, 오午, 유酉의 간지가 들어 있는 해를 말하는데(예컨대 갑자년, 정묘년 경오년, 계유년 등), 3년마다 한 번씩 돌아온다. 이해에 과거를 실시하거나 호적 조사를 했다. 명경과는 식년 문과 초시에서 『시경詩經』·『서경書經』·『역경易經』·『춘추春秋』를 중심으로 치른 시험이다.

부자들을 꾀어 많은 뇌물을 받은 뒤 자신의 일가친척으로 족보에 올리는 파렴치한 짓을 저지르기도 했다. 인륜을 어지럽히고 나라를 기만하는 간악한 부정행위는 실로 각양각색이었다. 이 때문에 은전을 받는 인원은 해마다 늘어났다.

이해(1894)는 초시初試 합격자를 대상으로 치르는 2차 시험인 회시會試가 2월에 있었지만, 임금을 알현하는 합격자는 3월이 되어서야 비로소 확정되었다. 합격자 명단이 나오자 돈을 낼 사람이 너무 많았기 때문에 전부 거두는 데 시간이 걸려 자연히 날짜가 지연되었고, 또 도적에 대한 경계로 여러 번 연기했다가 이때야 마침내 시행했다. 그러나 멀리서 올라온 선비들은 기어코 큰 난리가 일어났다고 생각하여 합격자 발표를 기다리지 못하고 바로 집으로 돌아간 사람도 많았다. 그런 까닭에 이들은 합격증도 받지 못하고 예복과 관모도 제대로 마련하지 못했다. 당시 사람들은 이들을 '공명 진사空名進士'라고 불렀다.

우리나라의 제도는, 통상 소과인 생원과生員科와 진사과進士科를 거쳐 대과에 합격한 인물에 대해서는 의리에 어긋나는 극악한 행위를 저지른 경우가 아니라면 합격을 취소하지 않는다. 식년 문과 초시의 시험관은 매번 합격자가 선발된 뒤 그 합격자의 얼굴에 먹물로 그림을 그리고 앞뒤로 왔다 갔다 하게 하는 이른바 신고식을 치르게 했다. 이 신고식은 새로 과거에 합격한 사람을 부른다는 의미에서 '호신呼新'이라고 했다. 호신을 한 번 치르고 나면 다음은 대과였다.

이해 봄, 돈을 내겠다는 약속을 하고 과거에 합격하여 신고식까지 치른 영남의 어떤 유생이 있었다. 그런데 민영휘는 그 유생이 가난하다는 소문을 듣고 서둘러 합격자 명단에서 이름을 삭제했다. 그 유생은 밤새 죽을힘을 다한 끝에 마침내 어느 부유한 상인을 보증인으로 내세웠다. 영휘가 비로소 다

시 합격자 명단에 이름을 올려주었다.[191]

아아! 시와 문장의 재주로 사람을 뽑는 것은 본디 실용적이지도 않을 뿐더러 이런 제도가 낳은 누적된 폐해는 마치 소금에 절인 냄새나는 물고기나 악취를 풍기는 썩은 쥐처럼 더럽기 짝이 없다. 뜻있는 선비들은 코를 막고 눈살을 찌푸리며 시나 문장이 오히려 사람을 더럽히는 것을 두려워했다. 널리 알려져 있듯이, 과거를 통해 관리를 선발하는 일은 임금이 한 시대를 고무하는 도구이다. 그런데 과거가 이 지경에 이르렀으니 다른 변고가 일어나지 않더라도 머지않아 나라가 망한다는 것은 뻔히 알 수 있다. 사람들은 "우리나라 진사는 올해(1894)로 끝났다"고 했는데, 을미년(1895)에 새로 법을 제정할 때 이전의 대·소과를 폐지함으로써 자연스럽게 사람들이 한 말이 들어맞는 꼴이 되었다.

이때는 민씨들이 권력을 장악하고 정치를 주도한 세월이 오래되었지만 국정은 날이 갈수록 잘못된 방향으로 흘러갔다. 조정과 민간에서는 입만 벙긋하면 "언제 망할꼬!"라며 탄식했다. 동학이 난을 일으켰을 때 백성을 괴롭히는 모든 폐해를 없앤다는 헛소문이 떠돌았다. 이 때문에 비록 여러 성과 읍이 잇달아 함락되고 사방에서 소동이 일어났지만 백성들은 도리어 기뻐하며 얼굴에 희색이 돌았다. 어쩌다 동학이 패했다는 소문이 전해져도 백성의

---

191 진사의 매매에 대하여 당시 서울 주재 일본 공사관은 다음과 같이 기록하고 있다. "이 나라에서 지방의 관직을 사고파는 일은 오랫동안 행해졌고 거의 왕실의 경상세입經常歲入에 속하는 종류였는데, 이번에 진사 100명을 덤으로 뽑으라는 명이 있었다. 1명당 조선 돈 3만 냥(일본 돈 약 1,000원圓)을 받아들이면 그 총액이 300만 냥(일본 돈 약 10만 원)이 된다고 한다. 그러나 3만 냥으로는 이에 응하는 사람이 별로 나타나지 않았으므로 점점 값을 줄여서 2만 5,000냥이 되었으나, 지원자는 겨우 60명에 불과했다고 한다." 『주한일본공사관기록 3』 「진사進士의 육매鬻賣」.

대부분은 사실로 받아들이지 않았고, 절대 그럴 리가 없다면서 오로지 관군이 패한 것만 이야기할 뿐이었다. 서울에서 내려온 사람들 또한 그렇게 말했다. 공경·재상들이 시골에서 올라온 사람을 만나서 도적의 동향에 대해 들으면 모두 탄식하며 말했다.

"어찌 그렇지 않겠는가?"

오직 민씨들만 걱정으로 날을 지새울 뿐이었다. 영휘는 도적들의 난을 불러오게 한 일로 임금에게 문책당하는 것이 두려워 조정의 모든 대신에게 함구령을 내리고, 밖에서 일어나는 일을 임금에게 알리지 못하게 했으며, 전보조차 숨기고 공개하지 못하게 하였다. 임금만 호남에서 일어난 난리를 몰랐던 것이 아니라 하급 관리들 가운데서도 기밀을 다루지 않는 사람들은 자세한 내용을 몰랐다. 하루는 조동윤趙東潤이 대궐에 들어가 임금을 만났다. 임금이 그에게 물었다.

"요즘 서울의 세태는 어떠하냐?"

동윤이 대답했다.

"난리를 피해 백성들이 사방으로 피난을 떠나고 있습니다."

잠시 후 영휘가 들어오자 임금은 영휘에게 똑같이 물었다.

"요즘 서울의 세태는 어떠하냐?"

영휘가 대답했다.

"아무 탈 없이 여전합니다."

임금이 말했다.

"조동윤은 백성들이 사방으로 피난을 떠난다고 하는데 너는 탈이 없다고 하니, 도대체 어떻게 된 일이냐?"

영휘가 대답했다.

"동윤 같은 소신이 난잡한 말로 폐하의 총명을 가렸을 따름입니다."

영휘가 나오자, 동윤은 인사를 하고 언성을 높이며 따졌다.

"전주가 벌써 도적의 수중에 떨어졌으며 서울은 텅 비어버렸습니다. 그런데 대감은 백성이 아무 탈 없이 여전하다고 하는군요. 대체 누가 난잡한 말을 하고 누가 총명을 가린 것입니까?"

영휘는 아무 대꾸도 하지 못한 채 다만 눈을 부라리며 자리를 떴다.

임금이 경복궁으로 거둥했다. 그곳에서 광화문이 요란한 굉음을 내며 무너지는 꿈을 꾸다가 잠에서 깨어났다. 결국 그곳이 싫어 2월에 창덕궁으로 거처를 옮겼다. 그리고 곧바로 세자가 거처할 동궁을 수리했다.

호남에서 올라오는 경보는 하루가 다르게 급박해졌지만 토목공사는 갈수록 활기를 띠었다. 매일 밤 전깃불을 환하게 켜 놓고 광대와 악공을 불러들여 새로 유행하는 사랑 노래를 연주하게 했다. 이 사랑 노래가 이른바 '아랑타령阿孃打令'이다. 타령이란 가요의 통속어이다. 민영주閔泳柱는 전임 규장각 관리로 이때 많은 광대를 통솔하면서 아랑 노래를 전담하며 관리했다. 광대에게 노래를 시켜 잘하는지 못하는지를 평가한 뒤 상방尙方(임금의 의복과 생활용품, 귀중품 등을 관리하는 곳)의 금전으로 상을 주었는데, 일본 사람들이 대궐을 침범하고 나서야 멈추었다.

청나라 북양대신 이홍장이 제독군무提督軍務 섭지초葉志超에게 육군 4,000명을 거느리고 조선으로 가게 했다. 정여창丁汝昌이 해안海晏·해정海靖·도남圖南·공북拱北 등 네 척의 군함을 이끌고 아산의 둔포에 정박했다.[192] 간략하

---

192 천웨이팡陳偉芳에 따르면 이 기록에는 오류가 있다. "6월 3일(양력), 원세개를 통하여 조선 정부의 원병 요청이 정식 제기되자 이홍장은 즉시 제독 섭지초와 총병 섭사성聶士成에게 1,500여 명의 청군을 거느리고 조선으로 출동하도록 명령하고, 또한 북양함대의 제독 정여

게 말하면, 원세개의 전보에 호응하여 우리나라를 도와주러 온 것이다. 조정에서는 이중하李重夏를 외국 사신을 접대하는 반접사伴接使 겸 운량관運糧官으로 임명하고 가서 돕게 했다. 이홍장은 또 군함 조강선操江船[193]에 소총 1,000여 자루와 탄약 10만 발을 실어 우리나라로 보냈고, 이어서 윤선輪船(옆에 달린 바퀴를 돌려서 운항하는 배) 네 척에 무기와 탄약, 군량을 실어 보냈다. 또한 파견군에게는 서울에 들어가지 말고, 일본 사람에게 전쟁의 빌미를 주는 경솔한 행동을 하지 말라는 주의를 주었다.

5월 1일

도적들이 남문으로 떼를 지어 한꺼번에 몰려나왔다. 관군이 회선포를 발사하자 도적들은 뿔뿔이 흩어져 달아났다. 이때 죽은 자가 300여 명이었다.

5월 2일

도적들이 서문을 열고 갑자기 몰려나와 바로 용머리 고개의 관군 진영을 공격하려고 했다. 관군이 다시 잇달아 대포를 쏘아대자 도적들은 더 이상 버티지 못하고 달아났다. 이날 포탄에 맞거나 도망치다가 밟혀 죽은 이들이 셀 수 없을 정도로 많았다. 관군은 큰 깃발과 흰 베로 만든 천막을 빼앗았다. 도적들의 사체를 조사한 결과 남색 깃발을 휘두르던 어린아이 역시 죽어 있었

창에게 제원濟遠·양위揚威 두 척의 군함을 인천으로 파견하게 하는 한편, 천진조약에 근거하여 일본 정부에게 출병의 사실을 통보하였다." 『청·일 갑오전쟁과 조선』, 167~168쪽.

193 조강선은 1869년 청나라 상해 강남 제조국에서 준공되어 북양함대에 소속되었던 군함 이름이다. 1894년 청일전쟁 때 풍도豊島 앞바다 해전에서 화물선 고승호高陞号를 호위하다가 일본 해군 순양함에 나포되었다. 일본 해군은 이 군함을 똑같이 '操江(소코)'라는 일본식 이름으로 계속 사용했다.

다. 이에 관군의 용기는 저절로 배가되었다.

　도적들은 지난번 고부와 장성 전투에서 관군을 물리치고 승리에 도취되면서 교만해졌다. 전봉준은 팔을 걷어붙이고 전주에 들어왔으므로 전라도와 충청도를 순식간에 평정할 수 있을 것이라고 생각했다. 그러나 관군이 날마다 늘어나 길게 포위망을 형성하자 외부의 도움이 끊기고, 이어진 전투에서 연전연패했다. 게다가 군량과 말먹이까지 거의 바닥이 났다. 총알은 소나기 쏟아지듯 날아드는 상황이라 성안에서도 삿갓을 쓰고 다녀야 했다. 매번 총소리가 천둥 치듯 울리면 모두 처마 밑으로 몸을 숨겼다. 이렇게 되자 성을 타고 넘어가 도망치는 사람들이 꼬리를 이었는데 곧바로 관군에 사로잡혔다. 도적들은 비로소 잔뜩 겁을 먹고 성문을 굳게 닫아건 뒤 감히 성 밖으로 나오지 못했다. 이렇게 며칠이 흘러가자 도적들은 봉준을 묶어서 계훈에게 바치고 목숨을 구걸하자는 모의를 했다. 봉준 또한 달리 뾰족한 수가 없었다. 그래서 손가락을 꼽아 팔괘 모양을 만들어 점을 치는 척 속이면서 말했다.

　"사흘 뒤 어느 시간이 되면 마땅히 좋은 소식이 있을 것입니다. 여러분은 걱정하지 마십시오. 여러분은 이미 제 말을 믿고 이 위험한 곳까지 들어왔습니다. 오직 다시 한 번 제 말을 믿고 조금만 더 참아줄 수 없겠습니까?"

　도적 무리는 평소 봉준을 믿었기 때문에 조금 더 기다려보기로 했다.

　이날 석양 무렵에 천둥이 심하게 쳤다. 천둥은 남쪽에서 거슬러 북쪽으로 올라갔다.

5월 3일

　도적들이 북문을 열고 성 밖으로 나왔다. 선봉에 선 이복룡李伏龍이 커다란 깃발을 앞세우고 유안대劉安臺를 거쳐 황학대를 지나 곧바로 완산으로 올

첫 번째 기록　171

라갔다. 도적들은 한 줄로 죽 늘어서서 앞만 보고 전진했으므로 좌우의 상황 파악은 가능했지만 앞뒤의 상황은 서로 파악할 수 없었다. 이 때문에 앞선 사람이 고꾸라져도 뒤에 오는 사람은 이런 사정을 모르고 투지를 불태우며 밀고 올라갔는데 그 기세가 자못 대단했다.

홍계훈이 칼을 뽑아 들고 진두에 서서 큰소리로 전투를 독려했다. 경병은 잇달아 대포를 발사했다. 복룡이 총탄에 맞아 쓰러졌다. 미처 숨을 거두기도 전에 경병이 달려가 재빨리 그의 목을 베었다. 도적들은 사기가 꺾여 뒤돌아서 달아났다. 이날 전투에서 죽은 사람이 300여 명이다. 수급 200급을 베었다.

홍계훈이 여러 읍에 공사를 막론하고 말을 거두어 식량 운반에 투입하라는 명령을 내렸다. 어떤 읍에는 스무 마리가 배정되고 또 어떤 읍에는 열 마리가 배정되어 그 수가 일정하지 않았다. 아전들이 뇌물을 받고 농간을 부렸기 때문에 이런 일이 벌어졌다. 민심이 크게 술렁였다.

5월 8일

계훈이 도적에 대한 임금의 사면령을 반포하고, 도적들을 놓아주어 가게 했다.

계훈은 전주를 포위한 이후 잇달아 전보를 쳐서 승전 소식을 보고했지만, 조정의 의사를 존중하지 않은 채 혼자서 일을 결정했다는 혐의를 받는 것이 두려워 매번 전보 끝부분에 반드시 "삼가 전하의 결재를 바랍니다"라는 말을 달았다. 임금은 걱정거리가 점차 해소되었기 때문에 굳이 도적을 평정할 필요는 없다고 생각했다. 게다가 임금은 성품이 어질기만 하고 모질지 못해서 "도적도 잘 다독인다면 모두 어진 백성으로 돌아올 텐데 차마 마구 죽일 수는 없다"고 했다. 마침내 "죽여 마땅한 죄를 용서하고, 스스로 새로워져 어진 백성으로 돌아오는 것을 허락한다"는 윤음을 내리고, 계훈에게는 포위를 풀고 도적들을 놓아주라고 했다. 그런데 묘하게도 포위를 푼 날이, 전봉준이 좋은 소식이 있을 것이라고 약속한 날짜와 맞아떨어졌다. 도적 무리는 봉준을 윗자리에 모셔 놓고 술을 올린 다음, 죽 늘어서서 절을 하며 말했다.

"접장님은 진실로 하늘이 내리신 분입니다."

마침내 북문을 열고 신바람이 나서 진을 정렬해 나왔다.[194] 도적들은 관군 진영을 가로질러 서쪽으로 갔다. 강화에서 파견된 병사들은 분을 참지 못하고 달려들어 공격하려 했지만, 계훈이 절대로 공격하지 말라고 명령했다.

아아! 보은 사건 때는 도적들이 8만 명이나 모였지만 맨손이기에 대포 한 방이면 바로 다 죽어서 가루로 만들 수 있었다. 그런데 문관들의 견제로 하늘이 마련해준 토벌의 기회를 놓쳐버렸다. 전주를 포위했을 때는 텅 빈 성에 도적들을 몰아 넣고 며칠을 굳게 지켰다. 진격의 북소리를 울리기만 하면 바로 평정할 수 있었다. 그러나 장수가 용렬하고 나약해서 순순히 포위망을 풀어주었다.

어떻게 크지도 않은 나라에서 독한 살무사에 손을 물리고 사나운 호랑이와 코뿔소를 우리에서 풀어놓는 실수를 거듭 저지를 수 있단 말인가? 옛말에 이런 말이 있다. "도적은 하루를 풀어주면 몇 대의 걱정거리를 낳고, 풀은 베

---

194 「전봉준 판결 선고 원본」에 따르면 동학농민군의 전주성 해산 날짜는 5월 8일이 아니라, 5월 5, 6일이다. "이에 초토사가 격문을 지어 성안으로 던지고 피고 등의 소원을 들어줄 터이니 속히 해산하라 효유하였는데, 피고 등이 곧 … 27조목을 내어 가지고 상주하기를 청하였더니 초토사가 즉시 승낙한 고로, 피고는 동년 5월 5, 6일에 쾌히 그 무리를 해산하여 각기 취업하게 하고 …" 「전봉준 판결 선고 원본」, 『한국학보』 제39집, 일지사, 1985, 188~189쪽.

어도 뿌리를 남기면 다시 살아나며, 타고 남은 재는 다시 불씨가 된다."

오늘의 상황을 이 말에 비춰보면, 계훈이 도적을 경시하다가 일을 그르친 책임에서 벗어날 수 없다고 생각한다. 그러나 어떤 사람은 이렇게 말한다. "임금의 뜻이 그러하거늘 계훈인들 달리 방법이 있었겠는가?"

아아! 이미 초토사를 보낸 마당에 다시 순변사를 보내고, 청나라에 도움을 요청한 마당에 일본에 도움을 청하다니, 이는 무슨 의도인가? 겨우 성을 포위한 마당에 갑자기 도적들을 풀어주라는 사면령을 내리다니, 이는 또 무슨 의도인가? 임금과 신하가 모두 사태를 해결할 수 있는 뚜렷한 견해도 없이 서로 천 리 먼 곳에 떨어져 있으면서 군사기밀을 결정했다. 조정에서는 잘못된 계책을 세웠으며, 장수는 자신의 임무를 가볍게 여겼다. 비록 '시대의 운수가 그러하다'고는 하나, 처음부터 자세히 따져보면 사람의 지모가 초래한 잘못이 아니라고 할 수 있겠는가? 고위 관리가 임금의 명을 받고 사신으로 외국에 갈 경우에, 만약 사직의 안녕이 걸린 일이라면 자신의 판단에 따라 결정할 수 있고, 또 장수는 전쟁터에 나가면 임금의 명령도 듣지 않을 수 있다. 나는 분노를 참으며 어쩔 수 없이 거듭 계훈의 처사를 안타까워하지 않을 수 없다.

이에 앞서 수십 년 전부터 호남 지방에는 다음과 같은 동요가 크게 유행했다.

"윗녘 새야, 아랫녘 새야, 전주 고부 녹두새야, 두루박 딱딱 우어어

(上道雀 下道雀 全州 古阜 菉豆雀 圓瓠橐橐后羿)"[195]

---

195 '탁탁橐橐'은 공이질하는 소리이다. 『시경詩經』「소아小雅」에 "담틀을 차곡차곡 쌓아 올리고 흙 이기는 공이 소리 울리는구나.(約之閣閣 椓之橐橐)" '후예后羿'는 하나라 때의 명궁으로

새를 쫓는 시골 아이들은 신나서 이 동요를 불렀지만, 정작 이 동요가 무엇을 의미하는지는 몰랐다. 전봉준은 몸집이 왜소하고 성품이 경박하면서도 익살스러운 구석이 있었다. 그래서 사람들은 허물없이 그를 '녹두兼豆'라고 불렀는데, 녹두는 봉준의 어렸을 때 이름이다. 바야흐로 난리가 일어나자 민간에서는 '동학 대장 전 녹두'라는 소문이 파다했고, 전주와 고부가 가장 심한 피해를 입고 나서야 비로소 뜬소문이 무엇을 의미하는지 알게 되었다.[196]

마조패馬弔牌라는 돈내기 노름이 있는데 서울과 시골의 무뢰배가 한 번 손을 대면 정신없이 빠져들었다.[197] 이 노름의 방식은 이렇다. 먼저 다섯 명

태강太康을 폐위하고 유궁有窮이라는 나라를 세웠는데, 뒤에 그의 신하 한착寒浞에게 살해되었다.

또 '두루박 딱딱'이란 두류박頭流朴, 곧 지리산의 박씨가 강한 것을 가리킨다는 해석도 있다. 김수산·이동민 엮음, 『정감록鄭鑑錄』, 명문당, 1981.

196 오지영은 『동학사』에서 당시의 동요에 대해 다음과 같이 기술했다. "선시先時 조선 안에 동요가 있었는데 아래와 같다. '새야 새야 녹두새야 윗녘 새야 아랫녘 새야 전주 고부 녹두새야 함박 쪽박 열나무 딱딱 후여.' 이 노래는 거금距今 육십 년 전부터 세상에 유행되어 여러 아해들이 벼밭에서 새 떼를 모는 소리였다. 그런데 전봉준 선생의 아명이 녹두綠豆라 하여 이 동요가 예언으로 나온 것이라고 전설이 분분하였었다. '새야 새야 녹두새야 녹두밭에 앉지 마라. 녹두꽃이 떨어지면 청포 장사 울고 간다.' 또 한 가지 노래가 있었는데 그 노래는 이와 같다. '새야 새야 팔왕八王새야 너 무엇하러 나왔느냐 솔잎 댓잎이 푸릇푸릇 하절인가 하였더니 백설이 펄펄 흩날리니 저 건너 청송녹죽青松綠竹이 날 속인다.' 이 노래의 팔왕은 전全을 의미한 말이오, 청송녹죽은 동학당의 신기운을 말함이오, 백설은 시기가 아직 일러 궁동설한窮冬雪寒中에 있어 봄소식이 미처 돌아오지 못함을 의미함이러라."

197 마조패는 중국 명나라 때 만들어진 골패의 일종이다. 우리나라에서는 조선 숙종 때 역관 장현張炫이 마조패를 간략화한 수투전數鬪錢을 만들었고, 후대로 내려오면서 점차 더 간단해진 40엽葉 투전이 만들어졌다. 투전은 영조 초기부터 크게 유행하여 심각한 폐해를 입혔기 때문에 관아에서 엄히 단속을 했지만, 효과가 없었다. 노름꾼들은 심지어 상가喪家에 대한 경계가 소홀한 틈을 이용하여 생판 모르는 집의 초상에도 문상객으로 가장해 들어가서 투전판을 벌였다고 한다. 『영조실록』 1791년 9월 19일자 기사 참조.

의 노름꾼에게 차례로 패를 한 장씩 모두 다섯 장을 각각 나누어준다. 노름꾼들은 그중 세 장의 수를 합해 10, 20, 30을 만들고, 나머지 두 장의 수를 합해 1에서 10을 만들어 승부를 결정한다. 나머지 두 장을 합한 수를 끝수라고 하는데, 이 끝수를 부르는 은어가 있다. 이를테면 끝수가 9이면 '갑오甲午'이다. 판돈은 끝수가 갑오인 노름꾼이 싹쓸이했다. 그래서 노름꾼들은 9의 끝수를 쥐게 되면 패를 바닥에 내리치면서 큰 소리로 "갑오갑자미甲午甲子尾"라고 외쳤다. 마치 쌍륙雙六을 할 때 주사위를 던지는 것과 비슷했다. 이 노름이 유행한 지는 오래되었지만, 또한 '갑오갑자미'가 무엇을 의미하는지는 몰랐다. 이 무렵에는 다음과 같은 뜬소문도 떠돌았다. "지금의 임금은 갑자년(1864)에 왕위에 올랐다. 올해는 갑오년(1894)으로 큰 난리가 일어나서 마침내 국운이 다할 것이다. 망국의 화는 갑오년에서 시작된다." 이는 '갑오가 반드시 갑자의 꼬리가 된다(甲午甲子尾)'는 것을 의미했다.

또 전주가 함락되고 다가정多佳亭(전주시 다가산多佳山 북쪽 기슭의 활터에 세워진 누정樓亭)에 불이 났을 때, 대들보 사이에서 전 재상 이서구李書九가 전라 감사 시절에 남긴 예언서가 발견되었다. 예언서의 내용은 다음과 같다.

"홍洪은 장수의 직분을 감당하지 못하고, 여섯 번째 일어나는 사람이 진짜이다."

또 청주에서는 오래된 우물을 청소하다가 석각을 발견했는데, 다음과 같은 시가 새겨져 있었다.

万里長城大可門만리장성대가문
天教雄鎭護東藩천교웅진호동번
八王倡亂誰能定팔왕창난수능정
披甲猶餘上馬人피갑유여상마인

사람들은 이 시를 다음과 같이 풀이했다.

"팔왕八王은 전全을 뜻하고, 피갑상마披甲上馬는 신申을 뜻한다. 비록 전全이 일어났지만 당연히 신申에게 평정된다."

또 예언서를 좋아하는 사람들은 억지로 다음과 같이 해석했다.

"대가大可는 기奇 자이고, 팔왕八王은 전全 자이다. 네 번째 구절은 곧 신申자이다. 이 시의 예언은 모두 적중했다."

그러나 어느 때 만들어진 예언인지조차 알 수 없었다. 이 따위 얼토당토 않은 소문으로 일어난 소동은 일일이 다 적을 수 없을 정도로 많았다.

전라 감사 김학진이 지난달(4월) 말일에 여산에 도착했다. 학진은 도적을 두려워하여 감히 더 이상 전주 가까이 다가오지 못하고, 날마다 서울에 도움을 요청했다. 단옷날에는 여러 고을에서 도망쳐온 수령들과 함께 위봉산성에 들어가 태조의 영정에 다례茶禮를 올리고, 곧바로 여산으로 돌아왔다.

이원회가 평양 감영의 병사 700명과 강화 병영의 병사 500명을 이끌고 법성포에서 하선했다.[198] 이두황李斗璜이 영관領官으로 수행했다.

순변사 이원회가 삼례에 도착하여 도적들을 풀어준 일을 들어 홍계훈을 책망했다. 그러나 계훈이 임금의 뜻에 따랐다고 대답했기 때문에 원회는 더 이상 따질 수 없었다.

---

198 이원회가 양호 순변사로 임명된 날은 1894년 4월 27일이다. 그런데 그는 평양 감영의 병사와 강화 병영의 병사를 이끌고 간 것이 아니라 이미 파견되어 있던 경군과 강화 병영의 군사에 대한 지휘권을 부여받은 것이다. 『고종실록』 1894년 4월 27일 기사 참조.

5월 10일

홍계훈이 군대를 정렬하여 전주성으로 들어갔다.

성 안팎 길거리에는 시체가 가득했다. 이때는 날씨마저 무더워 시체에서 풍기는 고약한 냄새가 코를 찌르고 속을 뒤집었다. 시체를 치우라는 명령을 내려 며칠 동안 치웠지만 다 치울 수 없었다.

전주는 남쪽 세 도 가운데 가장 부유한 곳이다. 특히 서문 밖에 줄지어 늘어선 가게와 부잣집들은 재물이 넘쳐나 '금혈金穴'이라 불렸지만, 이때에 이르러 횃불 하나에 모두 잿더미로 변해버렸다. 타고 남은 거적때기와 깨진 기와가 죽은 사람의 뼈와 뒤엉켜 있는 거리 풍경은 황량하기만 했다.

김학진은 도적들이 물러났다는 소식을 듣고도 오히려 며칠을 더 머뭇거리다가 보름이 되어서야 이원회의 군대를 따라 차례로 전주성에 입성했다.

학진은 병자호란 당시 강화도에서 순절한 선원仙源 김상용金尙容의 후손으로 선대부터 줄곧 장동壯洞에 살았다. 글을 제법 잘한다는 명성을 얻었는데, 벼슬 욕심이 없어 조정 안팎에서 '쓸 만한 사람'으로 인정받았다. 조정에서는 인망에 따라 마지못해 학진을 전라 감사로 임명했다. 조정 안팎에서 학식이 꽤 있다고 자부하는 인물들은 대부분 안도하면서 말했다.

"김 아무개가 감사가 되었으니 도적을 평정하는 일은 시간문제다."

그러나 막상 직무를 수행하게 되자 실무 능력은 오히려 김문현만도 못했다. 게다가 김개남이 전주에 들어오자 항복하는 예[199]를 취하고 목숨을 구걸했다. 사람들은 모두 그런 그를 비난했다. 그러나 나는 당당하게 말한다.

"비단 조정에 사람이 없을 뿐만 아니라, 학식 꽤나 있다고 자처하는 사람

---

199 '항복하는 예'는 원문에 '泥首이수'라고 나온다. 泥首衡玉이수함옥의 준말로, 머리에 진흙을 바르고 입에 구슬을 머금다는 뜻이다. 사죄하거나 항복할 때의 모습을 일컫는다.

들 또한 모두 학진과 같은 부류에 지나지 않는다. 아아! 세상에 쓸 만한 인재가 없음을 알 수 있으니 그저 슬플 뿐이다. 그래서 나는 학진을 비난하기에 앞서 학진이 임명되었을 때 안도했던 자들을 비웃는다."

민심을 살피기 위해 파견된 염찰사 엄세영이 삼례에 도착했다. 그는 다음과 같은 공문을 도내에 보냈다.

"본관은 이곳에 도착해서 귀를 기울여 잡다한 민심을 들어보았다. 아직 이런저런 문제를 모두 들어본 것은 아니지만, 시급히 서둘러야 할 일은 바로 백성을 안정시키는 정치의 시행이라는 점은 분명하다. 지금 눈앞에 보이는 것은 보따리를 이고 지고 가는 끝없는 행렬이요, 들리는 것은 구슬픈 울음소리뿐이다. 그 정경을 생각하면 어떻게 가엾게 여기지 않을 수 있겠는가? 이런 때는 백성을 안정시키는 구제가 다른 때에 비해 몇 배나 필요하다. 임금께서 내린 교서 가운데 '밤낮으로 걱정하고 애쓰는 것은 백성이 안정을 찾는 바로 그 한 가지 뿐이건만, 백성은 갈수록 쪼들리고 잘못된 소문으로 소동을 일으키고 있다. 대체 이게 어찌 된 까닭이냐? 나도 이런 폐단을 야기하는 원인을 종종 들어본 적이 있다. 이는 오로지 탐오한 관리들이 백성을 제대로 돌보지 않은 결과 백성이 생업에 안착할 수 없었기 때문에 이 지경에 이른 것이다. 지방 토호의 위세는 더러 고을 수령을 능가한다고 한다. 저 죄 없는 가련한 백성은 생업조차 꾸려갈 수 없는데, 토지세는 장부에 올린 것보다 더 거두어 원래 액수의 두 배에서 다섯 배까지 불어난다고 한다. 사정이 이러하다 보니 쌀독은 텅텅 비고 결국에는 가산을 탕진한 채 뿔뿔이 흩어져 떠돌게 된 것이 아니겠느냐? 명분도 없는 잡다한 세금을 강제로 징수하는 것이 허다하여 재원이 고갈되고 물자의 유통마저 막혀버렸다고 한다. 이것이 어떻게 백성을 사랑으로 돌보아야 할 수령이 공직을 수행하는 도리란 말인가?'라고

하셨다. 임금께서 밤낮으로 걱정하는 것이 이처럼 매우 간절한 데까지 이르렀으니, 누가 감히 우러러 본받지 않을 수 있으며, 누가 감히 임금의 명령을 받들어 그 진실한 뜻을 세상에 드높이지 않을 수 있겠는가? 탐오한 관리들의 불법, 지방에서 권세를 등에 업고 백성을 괴롭히는 토호들의 독단, 정당한 명분 없이 거두는 세금, 잡다한 세금의 부당한 징수 따위는 모두 통렬하게 혁파하고 실효를 거둘 수 있도록 할 것이니 혹시라도 잘못된 길로 빠져드는 실수를 범하지 않도록 하라. 여론의 평판에 따라 그 평판이 나쁜 사람은 벼슬을 몰수하고 평판이 좋은 사람에게는 상을 내릴 것이다. 이 모든 것은 법에 따라 가차 없이 조치할 것이다. 그리고 본인은 당연히 일을 처리할 때 정당한 절차에 따라 십분 삼가고 두려운 마음으로 임할 것이며, 절대로 사적인 감정으로 국법에 간여하는 죄를 범하지 않을 것이다. 그러니 각종 폐단의 근본 원인은 설명을 덧붙여 책으로 만든 뒤 밤을 새워서라도 서둘러 내가 도착하는 곳에서 보고하라. 사실 여부를 판단하는 근거로 삼을 것이다.”

이원회가 도내 백성에게 다음과 같이 고시했다.

“잇달아 내려온 임금의 말씀에는 너희를 불쌍히 여기는 간절한 마음이 넘쳐난다. 우리 임금께서는 도량이 하늘처럼 높고 땅처럼 넓은 분이다. 백성을 다친 사람 돌보듯이 감싸고 갓난아이를 보호하듯 은덕을 베푸는 우리 임금의 마음은, 비록 어리석고 미련한 하찮은 미물일지라도 감동하지 않을 수 없을 것이다. 그런데 어찌 된 셈인지 너희는 한결같이 잘못을 뉘우치지 않고 이처럼 꽉 막혀 있으니, 이 어찌 백성 된 자의 도리라고 할 수 있겠는가? 너희 가운데 특별히 성정이 흉악하여 앞장서서 선동하는 자는 한둘에 지나지 않을 것이다. 아무런 잘못이 없는 너희는 협박을 당해서 억울하게 점점 이런 지경에 이르렀으니 어찌 불쌍하고 가엾지 않겠는가? 너희가 오늘이라도 바로 너희 두목을 잡아 온다면, 위협 때문에 어쩔 수 없이 추종한 부류로 취급하고 모든 죄를 씻어주어 다 함께 새로워질 따름이다. 또한 그 공로를 따져 후하게 상을 내릴 것이며, 그러한 의로운 일에 앞장선 사람은 과거의 허물을 말끔히 씻어주고 발탁해서 등용하는 은혜로운 조치를 내릴 것이다. 만일 바보처럼 돌아오지 않고, 거짓말에 미혹되거나 혹은 두려워서 망설이며 바로 용단을 내리지 못하면, 대군이 밀어닥칠 때 너희가 후회한들 소용이 없다. 벼락이 내리치면 옥석에 관계없이 모든 것이 부서지듯이 착한 사람이나 악한 사람이나 모두 죽게 될 터다. 그러니 조금도 의심하거나 두려워하지 말고 곧바로 명령에 따르도록 하라."

도적들은 처음 들고일어났을 때 민간의 재물은 약탈하지 않고 군읍郡邑만 약탈했다. 그래서 어리석은 백성은 기대에 부풀어 이렇게 말하곤 했다.

"곧 우리가 살아갈 수 있도록 해줄 것이다."

그러나 장성에서 승리하고 전주를 함락할 즈음에 이르러서는 떼를 지어 돌아다니며 재물을 약탈한 것이 이루 헤아릴 수 없었다. 전주에서 물러난 뒤에는 전라좌·우도에 널리 흩어져서 민간의 말과 노새, 화약을 장전한 화살이나 화약통, 창과 칼 같은 각종 무기를 모조리 쓸어 갔다. 또한 부자들을 잡아다가 볼기를 치고 돈과 곡식을 빗자루로 땅 쓸듯이 긁어 갔다. 추종자들은 날로 불어났으며, 한데 모여서 흩어지지 않았다. 그리하여 평민들은 더욱더 살아갈 길이 막막해졌다. 홍계훈은 그제야 자신의 실책을 크게 후회하며, 각 고을에 공문을 보내서 도적들을 타일러 귀화시키라고 했다. 공문의 내용은 다음과 같다.

"하늘이 이 백성을 낳았을 때 그 성품은 본디 선했지만, 그릇되고 간사한 말에 미혹되어 화를 일으키길 좋아하고 윗사람의 명령을 거역하게 되었다. 이런 현상이 옛날부터 지금에 이르기까지 저 무리처럼 심한 경우는 일찍이 없었다. 아아! 동학의 학문과 도인道人의 도道에 이름을 붙이면 도학道學이 되지만, 그 실체를 파고들어 규명해보면 뜻밖에도 역적이 분명하다. 장차 역적질을 계획하고 감히 도학이라는 명칭을 빙자한 데는, 아마도 선량한 백성 가운데 두세 놈의 주모자가 도학과 비슷한 학설을 꾸며내어 어리석은 우리 백성을 속이면서 '도학이 여기 있다'고 했음이 틀림없다. 사람이 선각자가 아닌 이상 어떻게 전염되지 않을 수 있겠는가. 주문을 외우면 질병에 걸리지 않는다 하고, 부적을 몸에 지니면 칼날에 상처를 입지 않는다 하고, 또 아무것도 모르는 촌아이를 신령한 사람이라고 부르면서 모든 폐해를 없애준다고 속였다. 그런데 들고일어나서는 간악한 도적이 되었고, 싸움에 임해서는 등에다 '승승乘勝'이라고 써서 이 속임수에 빠진 무리를 모두 죽게 만들었다. 그렇다면 주문을 외운 것이 도리어 몸을 망치는 미끼가 되었고, 신동神童은 도리어 다른 사람에게 해를 끼치는 마귀가 되었으며, 이른바 폐해를 없애준다는 말은 결국 죽음을 재촉하는 것에 지나지 않았다. 자칭 승승장구한다고 했으나 패망에서 벗어날 수 없었다. 이와 같은 몇 가지 단서를 가지고 살펴보면, 비록 지극히 어리석은 백성이야 평상시에는 속아 넘어갈 수 있다고 하겠지만, 어떻게 아직까지 환히 깨닫지 못한단 말이냐?

슬프다! 이 죄 없는 백성은 저 흉악한 몇 놈 때문에 몸은 썩어 들판의 거름이 되고 피는 병장기를 붉게 물들이고 말았구나! 말이 나와서 이왕 하는 말이지만 오히려 가엾고 딱하지 않은가? 지금 갑자기 생각을 바꾸는 자라도 우리 임금의 백성임이 분명하다. 잠시 도리를 잃고 날뛰었던 지난 허물을 탓해 무엇하겠는가!

머지않아 부모처자와 서로 만나는 날, 함께 손을 맞잡고 감격에 겨워 틀림없이 '내가 잘못된 길에 빠져 저지른 과오는 만 번 죽을죄에 해당한다. 만약 조정에서 죽을죄를 진 죄인을 특별히 용서하는 은덕을 베풀지 않았다면 어떻게 살아서 돌아올 수 있었겠는가?라면서 본연의 양심이 이때부터 저절로 되살아날 것이다. 이처럼 순조롭게 인도된다면 우리 임금께서 백성을 사랑하시는 넓은 뜻이 어찌 천하에 드날리지 않겠는가! 해당 읍·면·리에서는 갑작스럽게 이들을 덮쳐 체포하는 일이 없도록 하고, 집이 파괴되고 생업을 잃어버려 살 곳이 없는 사람에 대해서는 그 숫자를 빠짐없이 파악하여 모두 거처를 마련해주고, 서로 도와 모자라는 것을 보충함으로써 생업에 안착할 수 있도록 하라. 일반 백성의 집이 도적들에 의해 불타버렸다면, 이들에 대한 구제 방법은 당연히 저들과는 아주 달라야 한다. 죄상 여부를 살핀 뒤 사실에 따라 구제를 시행하라. 옛 모습대로 인심의 순박함이 회복되기를 기대하노라."

4월 12일

홍계훈은 도내에 공문을 보내서 도적을 소탕하는 일과 무마하는 일을 동시에 힘써 행하라고 지시했다. 공문의 내용은 대략 다음과 같다.

"형벌과 상여賞與는 나라의 공정한 기준이고, 법령은 백성을 다스리는 참된 징표이다. 기준이 공평하면 형량의 경중에 대한 원망이 없고, 징표를 신뢰하면 멀고 가까운 것에 관계없이 모두 의심하지 않을 것이다. 지금 설처대는 동학 무리는 갈수록 종잡을 수 없으니 당연히 군대를 몰고 가서 무찔러 없애야 하지만, 절제가 없다면 어떻게 진정한 효과를 바랄 수 있겠는가?

지금부터 각 고을은 자체적으로 도적의 동향을 은밀히 파악하도록 하라. 만약 한데 모여 진을 친 곳이 있으면, 그 우두머리의 성과 이름, 모여 있는 사람의 숫자, 오고 가는 상황, 지명과 산천의 형세, 도로의 사정을 상세히 적어 신속하게 보고하라.

또 지금은 마침 농사일이 매우 바쁜 철이니, 까닥하면 달아나 생업을 잃게 만드는 폐단을 초래할까 걱정된다. 당연히 관에서는 일반인들을 잘 알아듣게 타일러야 하는데, 이 일은 더없이 신중하게 처리하여 자극하거나 놀라게 하는 일이 없도록 하라. 그리하여 그들이 자신들의 생업에 안착할 수 있도록 각별히 신경을 쓰도록 하라.

저 무뢰한 악당들로 말하자면 모름지기 앞으로 사로잡을 방안을 특별히 강구할 것이다. 아아! 저 어리석은 백성은 어쩌다가 저들의 꾐에 빠져 저 무리에 들어갔을 뿐이다. 물론 죄야 의당 다를 바 없지만, 그래도 참작할 여지는 있다. 잘못을 고치는 일을 소중히 여겨서 자신의 우두머리를 묶어 군영으로 끌고 온다면, 그 공으로 지금까지 지은 죄를 씻어주기 위해 잠시 지난 과오는 접어 두고 임금께 상을 내리도록 요청할 것이다. 이런 사실을 각 마을에 있는 저들에게 단단히 이르고, 저들 하나하나를 은밀히 살펴서 공무를 방해하는 범법 행위를 엄격하게 금지하라. 무릇 추격하여 체포할 때 저들이 간혹 군졸에게 투항하기도 하는데, 이때 군졸 중에 쥐꼬리만 한 권력을 내세워 금품을 요구하는 자가 있다고 한다. 만약 그런 일이 일어나면 해당 마을에서 잡아 놓고 나에게 보고하라. 그런 자는 마땅히 중형으로 다스릴 것이다.

이 문서가 내려간 뒤에도 만약 대수롭지 않게 여긴 채 제대로 살피지 못한 책임이 있다면, 당연히 그 책임을 물을 것이다. 백성을 위무하고 편안하게 생업에 종사하도록 일을 잘하는 사람, 도적을 사로잡거나 죽인 실적이 많은 사람에게는 상을 내려달라고 보고할 것이다. 형벌을 내리고 상을 주는 일은 마땅히 앞에서 말한 대로 할 것이니 각별히 유의해서 명령을 이행하도록 하라.

한문으로 된 이 문서를 언문으로 베껴 쓴 뒤 마을마다 내다 붙여 모든 사람이 알 수 있도록 하라.”

4월 17일

계훈은 길을 가는 도중에 또 공문을 보냈다. 공문의 내용은 대략 다음과 같다.

"내가 이번에 왕명을 받고 남쪽으로 내려온 까닭은 바로 민심을 어루만져 안정시키고 변란을 평정하려는 임금의 뜻을 실행하려는 데 있다. 그리하여 저 불만을 품고 못된 짓을 일삼는 무리만 남김없이 없애버리려고 하는데, 평민들은 무슨 의구심이 있기에 농사 지을 생각을 하지 않는가? 공문이 도착하면 각 면에 명령을 내려서 절대로 죄 없는 대중이 놀라 동요하는 일이 없도록 단단히 일러 경계하고, 농사꾼이든 장사꾼이든 누구라도 자신의 생업에 안착할 수 있도록 보살피기 바란다. 이를테면 시장 바닥에서 물건을 파는 한낱 장사치라도 예전처럼 사고팔 수 있게 해주어 누구라도 생업을 중단하는 폐해가 발생하지 않도록 하라."

4월 17일

감사 김문현이 도내에 공문을 보냈다. 공문의 내용은 다음과 같다.

"요사이 동학 무리가 일으킨 소란이 아직 가라앉지 않았고, 사실과 다른 말이 어지럽게 떠돌아서 인심이 놀라 동요하고 있다. 들에는 밭을 갈고 씨를 뿌리는 사람을 찾아볼 수 없고, 마을에는 짐을 이고 진 피난민들만 북적대고 있을 뿐이다. 말과 생각이 여기에 미치면 입맛도 없고 잠자리마저 불편하기 짝이 없다. 진심으로 백성을 위로하고 어루만져서 이리저리 흩어지는 일이 없도록 하라."

3월 17일

감사 김문현이, 관에서 춘궁기에 백성에게 돈을 빌려주었다가 가을에 이

자를 붙여 거둔 돈(還上錢)을 되돌려주라는 공문을 도내에 보냈다.

지금까지 우리나라 조적법糶糴法은 봄에 곡식을 풀었다가 가을에 거두어들였다. 거두어들일 때는 봄에 나눠 준 것에 10분의 2를 더 받아 새나 쥐 따위에 축이 난 양을 메웠다.[200] 이 제도를 '전환상곡田還上穀'이라고 했다.

처음 이 제도가 시행되었을 때 백성들은 편리하게 여겼다. 그러나 제도를 시행하고 세월이 흘러 몇 백 년이 지나자 관리들이 제도에 흠집을 냈다. 곡식이 관에 들어가기만 하면 모두 없어지는 일도 있었다. 가을에는 분명히 잘 익은 곡식을 거두어들였지만, 봄에 곡식을 풀 때는 양식으로 사용할 수 없는 쭉정이만 내놓았다. 결국 그 폐단이 매우 극심해져 이 불쌍한 백성들의 물자를 모조리 긁어가는 데까지 이르렀다.

지금의 임금이 등극한 초기에 대원군 하응이 이런 사실을 개탄하며 환곡의 폐단을 바로잡고자 곡식 대신 돈을 주고받도록 제도를 변경했다. 곡식 10말 대신 돈 3냥을 백성들에게 내주고, 매년 그 이자만 거두게 했다. 또한 그 이자는 원금의 2할을 받아 감영과 고을에서 지출하는 비용에 충당하도록 했다. 이 제도를 '전환錢還'이라고 했다. 이때부터 온 나라의 창고가 모두 텅텅 비게 되어 가뭄과 홍수는 말할 것도 없고, 전쟁이 일어나도 당장 믿고 의지할 곳이 없었다. 상식을 가진 사람들은 이런 현상을 걱정했다. 그러나 백성

---

200 조적법은 환상還上에 대한 모든 사항을 규정한 법이다. 나라에서 춘궁기 봄에 백성에게 곡식을 꾸어주는 것을 '조糶', 가을 추수기에 백성으로부터 그 빌려주었던 것에 10분의 1의 이자를 덧붙여 거두어들이는 것을 '적糴'이라 한다. 법제처, 『고법전용어집古法典用語集』, 도서출판 육지사, 1981.

한편, 원문의 '十加二(10분의 2)'는 '十加一(10분의 1)'의 오기로 보인다. "조적법(속칭 환상)을 정하여 봄에 백성들에게 대여하는데, 그 절반은 창고에 남겨 두어야 하고 … 가을에 곡식이 익으면 10분의 1의 이식을 더해 회수한다." 『전율통보典律通補』 「호전戶典」, '조적糶糴'.

은 오랫동안 환곡의 폐단에 시달려 왔던지라 오히려 전환 제도를 반겼다. 전환 제도가 시행되고 지금까지 또 20여 년의 세월이 흘렀다.

김문현이 전라 감사로 부임한 이후, 백성의 재물을 갈취하고 긁어모으는 가혹한 정치는 너무 많아 일일이 들 수조차 없다. 그런데 다시 전환으로 풀어준 원금과 이자를 몰수하려고 했다. 작년 가을만 하더라도 전라도 전역은 흉년이 들어 농작물의 수확이 형편없었지만, 문현은 각 고을을 심하게 독촉해서 전환을 회수하게 했다. 게다가 원금과 이자를 함께 받아내게 함으로써 도내의 민심이 들끓었지만 기어이 한 달에 걸쳐 모두 회수했다. 이때 전라 감영의 관할 지역에서 거둔 돈이 수천만 냥에 이르렀는데, 이 돈을 감영의 창고에 저장하고 이자를 불려 감영의 비용에 충당하겠다고 하거나, 가난한 집에서 이자를 거두는 폐단을 없애겠다는 그럴듯한 핑계를 댔다. 그러나 사실은 주체할 수 없는 사욕을 채우려고 한 짓에 지나지 않았다.

이런 상황에서 난민들이 들고일어나 시끄럽게 전환을 문제로 삼고 나오자 문현은 마지못해 돈을 되돌려주라고 했던 것이다. 그러나 돌려주기 위해 돈을 싣고 사방으로 운반하는 동안 축이 난 것과 운반하는 데 든 비용을 모두 합치면, 그것만으로도 1년치 이자에 맞먹었다. 더구나 돌려주라는 돈은 아전들의 손으로 들어갔고, 아전들은 이 돈을 서로 나누어서 착복했다. 관청의 장부에는 돈을 백성에게 되돌려주었다고 기록되었지만, 백성은 돈을 돌려받기는커녕 땡전 한 푼도 구경할 수 없었다. 그래서 호남의 백성은 또 돈한 푼 써보지도 못하고 돈을 물어내야 하는, 전환 제도가 야기한 폐단을 덮어썼다.

전 영광 군수 민영수閔泳壽가 바다로 도망쳐서 서울로 돌아갔다.

임금은 민영수가 돌아왔다는 소식을 듣고 손수 맞이해 동부승지同副承旨

로 임명했다.[201]

경상 감사 이용직李容直을 파직하고, 이헌영李𣄃永을 다시 경상 감사로 임
명했다.[202]

용직은 낫 놓고 기역 자도 모르는 일자무식으로 욕심 많고 야비한 성품
에 염치마저 없어, 지위가 정2품이라는 고위직에 이르고 나이도 일흔이 넘었
지만 조정이나 재야에서는 사람대접을 하지 않았다. 한때 진령군을 섬기며
돈 100만 냥을 바치고 경상 감사 자리를 꿰찼다.

그는 타고난 기골이 장대하고 튼튼했으며, 음란한 것을 좋아했다. 이때는
나이가 들 만큼 들었는데도 정력은 조금도 약해지지 않았다. 경상 감사로 부
임한 이후 날마다 기생 10여 명을 끼고 놀면서 함께 벌거벗고 뒹굴며 온갖
음탕한 짓을 일삼았지만 여전히 색욕을 다 채우지 못한 듯했다. 그래서인지
다시 양갓집 여인 여러 사람을 취해 강제로 첩을 삼았다. 그는 항상 부하들
앞에서 말했다.

"우리 집 재산이 천만 냥이나 되는데 내가 무슨 재미로 감사가 되었겠느
냐? 그나마 나의 색욕을 마음껏 채워 평생의 소원을 풀 수 있기 때문에 미련
을 가졌던 것이다."

---

201 민영수를 동부승지로 임명했다는 기록은 확인되지 않는다. 민영수는 1893년 영광 군수로
　　임명되었으며, 1894년 갑오농민전쟁이 발발했을 때 군량미를 제대로 지키고 못하고 빼앗
　　겼다는 이유로 균전사 김창석, 전 고부 군수 조병갑, 안핵사 이용태 등과 함께 관직이 삭탈
　　되었다. 그러나 1896년, 중추원 삼등의관中樞院三等議官에 임용되어 다시 관직에 나왔다.

202 이 기록은 황현의 착오로 보인다. 『고종실록』 1894년 4월 25일자 기사에 따르면, 경상도
　　관찰사에 조병호, 충청도 관찰사에 이헌영을 임명했다. 1894년 4월 이후 이헌영은 경상도
　　관찰사에 임명된 적이 없다.

　　1년 남짓한 사이에 경상도 전 지역은 마치 극악한 도적을 만난 것 같았다. 마침 호남에서 난리가 일어나자 영남 지방에 숨어 있던 동학 무리가 그 기세에 호응하여 한꺼번에 들고일어나서 하나같이 먼저 대구를 무너뜨리고 감사를 죽여버리자고 했다. 용직은 잔뜩 겁을 먹고 여러 번 도망치려고 했다. 조정에서는 이런 소식을 듣고 그를 파면했다. 그리고 이헌영이라면 영남의 백성이 진심으로 따를 것이라고 여겨, 다시 감사로 임명해서 임지로 보냈던 것이다.

　　청나라 제독군문提督軍門 섭사성聶士成[203]이 호남 난민을 타이르는 글을 발표했다. 그 내용은 다음과 같다.

　　"본 제독군문이 북양대신 이홍장으로부터 전보로 받은 의견을 접수하고 또한 통리조선교섭통상사의統理朝鮮交涉通商事宜 겸 전군익장全軍翼長 원세개가 접수하여 전보로 올린 조선 정부의 문서를 보니, 전라도 관할 여러 지방에서 도적 떼가 어지럽게 일어나 성읍 수십 곳을 공격해 함락하였고, 다시 북으로 올라가 전주성을 함락했다는 등 전보의 내용이 사뭇 절박했다. 북양대신 이홍장은 우리나라의 군대를 보내 조선을 대신하여 난리를 평정하겠다는 안건을 황제 폐하께 발의했고, 황제 폐하는 번복藩服[204] 조선을 배려하고자 발의된 안건을 내용대로 승인했다.

203　섭사성은 원문에 '聶士誠'으로 되어 있으나, 聶士成의 오기이므로 바로잡는다.

204　중국 주나라 때 수도를 중심으로 거리에 따라 나눈 행정구획을 말한다. 수도로부터 사방 1,000리 안을 왕기王畿라 하고, 그 다음부터 500리마다 차례로 후복侯服, 전복甸服, 남복男服, 채복采服, 위복衛服, 만복蠻服, 이복夷服, 진복鎭服, 번복藩服의 아홉 구역으로 나누었다. 여기서 번복은 속국의 의미로 사용되었다.

본 제독군문은 도적 떼를 토벌하라는 명을 받고 서둘러 바다를 건너왔다. 내가 이끌고 온 각 부대는 모두 전투 경험이 풍부한 정예병으로 편성되었기 때문에 북을 한 번 울려 난리를 평정하는 일은 식은 죽 먹기나 다름없다. 그러나 그렇게 하면, 협박에 견디지 못하고 시세에 내몰려 자신은 결코 도둑 떼에 가담할 뜻이 없었던 백성도 다 함께 죽을 수밖에 없으므로, 누가 선량한 백성이고 누가 도적인지를 가리지 못하는 안타까운 일이 벌어지게 된다. 내 마음은 그런 모진 일을 할 수 없기에, 마땅히 알아듣도록 타이르는 포고문을 내다 붙이고 이를 위해 명령한다.

여러 부류의 사람들은 각자 잘 알아듣도록 하라. 협박에 못 이겨 도적에 가담한 너희 선량한 백성은 반드시 기회를 틈타 즉시 해산하라. 만일 우리 부대로 찾아와서 스스로 투항한다면 본 제독군문은 마땅히 관용을 베풀어 결코 잘잘못을 깊이 따지지 않을 것이다. 바로 너희는 세상 물정을 모르는 어리석은 일반인으로 어쩌다 도적에게 협조하는 잘못을 저질렀을 뿐 진심에서 난리를 일으키지는 않았기 때문이다. 만약 과감하게 무기를 던져버리고 죄를 뉘우치며 투항한다면, 또한 파격적인 은전을 베풀어 반드시 새 출발할 수 있는 길을 열어줄 것이다. 그렇지 않고 끝끝내 잘못을 깨닫지 못하고 관군에 대항한다면 본 제독군문은 예외 없이 모두 소탕하여 천자의 군대가 어떻게 토벌하는지 무섭게 본때를 보여줄 것이다.

이제 나는 너희에게 약속한다. 싸움에 임해 무기를 버리고 투항하는 진실한 자는 절대 죽이지 않을 것이다. 그러나 무기를 들고 저항하는 자는 설령 총과 대포에 맞아 바로 죽지 않는다 하더라도 또한 반드시 사로잡아 목을 베어 본보기로 삼을 것이다. 너희는 마땅히 자신의 몸과 생명이 소중하다는 점을 다시 한 번 생각하고, 한낱 도적의 우두머리를 위해 목숨을 거는 어리석은 짓은 하지 말기 바란다. 특별히 준열하게 타일러 알리노라."

병마절도사 서병무가 강진에 도착했다. 각 고을로부터 모집되어 강진 군영에 머물고 있던 모든 병력을 돌려보냈다.

5월 27일

조정에서 우의정을 지낸 정범조鄭範朝를 능묘를 관리하는 봉심대신奉審大臣으로, 판서를 지낸 김종한金宗漢을 능묘의 건물을 관리하는 봉심각신奉審閣臣으로 임명하고, 딴 곳에 옮겨 놓았던 왕실 시조의 위패와 태조의 영정을 원래대로 전주의 조경묘肇慶廟와 경기전으로 옮겨 모셨다.

감사 김학진은 위패와 영정을 옮기면서 음식물을 이바지하는 데 든 비용과 서울에서 내려온 대신을 접대하는 데 소요된 비용을 각 읍에 배정하여 거두었다. 가장 적게 배정을 받은 고을의 부담액이 1,000냥이었다. 막 난리를 겪고 나서 어수선한 분위기가 채 가라앉지 않았기 때문에 사람들은 한결같이 새로 부임해 온 감사가 낡은 정치를 혁신하고 참신한 정치를 펼칠 것이라는 기대에 부풀어 있었다. 그러나 서울에서 내려온 관리들의 접대에 지나칠 정도로 신경을 써서 차려낸 음식이 도리어 나라가 태평했던 시절보다 풍성했다. 학진은 일찍부터 제법 문장을 잘한다는 평판이 자자했지만 부임 초기의 조치가 이처럼 형편없었다. 그래서 사람들은 다음과 같은 말을 했다.

"서울의 귀한 사람들 치고 쓸 만한 이는 한 명도 없다."

그나마 종한이 내려와서 간소하게 의식을 치르고 떠났다.

부호군副護軍 이설李偰이 상소했다. 그 내용은 대략 다음과 같다.[205]

---

205 황현이 정리한 이설의 상소는 문구의 누락과 오·탈자 등으로 인해 실제 원본과 다소 차이가 있다. 따라서 여기서는 이설의 문집인 『복암사집復菴私集』에 실린 내용에 따라 옮겼다.

"저는 조상 대대로 벼슬을 하던 집안의 후예로서 과거에 합격한 뒤 분에 넘치게도 전하를 모시는 시종의 반열에 올랐습니다. 그러니 전하의 은혜에 보답하고자 하는 충정은 그 어떤 신하에 못지않다고 자부하면서도, 뚜렷한 의견을 내놓지 못한 채 다수의 의견을 추종하며 세월을 보낸 지 어언 대여섯 해가 흘렀습니다. 비록 전하께서 특별히 대우하여 죄를 묻지는 않았지만, 저는 항상 마음속으로 이런 제 행실이 부끄럽고 두려워서 스스로 용납할 수 없었습니다. 이제 나라에 변고가 발생하여 사태가 위급하기 짝이 없는데도 말 한마디 아뢰지 않고 계책 하나 내놓지 않은 채 보잘것없는 저의 마음조차 바치지 않는다면, 이는 저의 선조를 욕보이고 전하의 은혜를 저버리는 것이니 제가 어떻게 그런 모진 마음을 가질 수 있겠습니까?

저는 오늘의 사태를 혼자서 곰곰이 생각해보았습니다. 생각하면 할수록 오늘의 사태는 마치 사람의 몸에 난 큰 종기가 곪아 터진 것 같다는 상념을 지울 수 없습니다. 현재의 상황을 살펴보면 위태롭기 그지없어 병이 든 원인을 파악하고 어떤 약을 쓸 것인가를 길게 설명할 겨를조차 없는 듯합니다. 그렇지만 저는 먼저, 악랄한 수법으로 사태를 이 지경으로 만든 자들의 죄를 말씀드리고, 계속해서 응급 처방과 대응 약제에 대해 말씀드리고자 합니다. 삼가 전하께서 허심탄회한 심정을 갖고 마음을 가라앉히시면서 어리석고 망령된 저의 의견을 받아주신다면 공적으로나 사적으로나 천만다행한 일이라고 생각합니다.

오늘날의 병세는 참으로 위급하지만 그 발병의 원인은 동학 무리와 난민이 아니고 무엇이겠습니까? 동학은 근거 없는 그릇된 주장으로 세상을 속이

또한 상소할 당시에 이설의 관직은 부호군이 아니라 홍문관 응교였다. 『복암사집』 권13 「소차疏箚 — 논남요진소회소論南擾陳所懷疏(남쪽의 소요를 논하고 느낀 점을 서술한 상소)」.

고 사람들을 미혹하기에도 부족한데, 그 세력이 이처럼 걷잡을 수 없이 퍼지는 것은 도대체 무엇 때문일까요? 지금 떼를 지어 어지럽게 몰려다니는 저무리는 본디 전하께서 사랑으로 기른 백성이니 틀림없이 전하의 은혜에 감화되어 귀순할 터이건만, 저들의 흐트러진 마음을 수습할 수 없는 것은 도대체 무엇 때문일까요?

저는 오랫동안 고향 마을에 살면서 요사이 부임해 온 관찰사와 수령이라는 자들의 행태를 직접 지켜보았습니다. 그들은 대체로 제 뱃속을 채우려는 욕심이 끝없는 데 비해 나라에 대한 충성심은 눈을 씻고 보려 해도 찾을 수 없습니다. 그들은 백성들 가운데 간혹 열심히 농사를 짓고 장사를 하여 끼니 걱정을 안 하고 그럭저럭 사는 사람을 발견하면 약육강식할 절호의 대상으로 여겨, 얼토당토않게 도적의 일당이라고 하면서 용서받을 수 없는 죄를 덮어씌워 감옥에 잡아넣고 항쇄족쇄를 채워버립니다. 그리하여 저 가련한, 어리석고 못난 백성들은 어디에도 하소연할 곳조차 없어 평생 고생하며 모은 재산을 죄다 호랑이처럼 가혹한 관리에게 바치고 나서야 겨우 풀려나서 실낱같은 목숨을 건져 집으로 돌아올 수 있습니다. 이 같은 사람들이 처자식을 이끌고 유랑에 나서서 지금 길을 가득 메우고 있습니다. 바로 이러한 때 동학 무리가 이들을 따라다니며 유혹합니다. '너희가 우리 동학에 들어오면 관리의 수탈에서 벗어날 수 있기 때문에 이런 고생을 더는 할 필요가 없다'고.

기댈 곳 없는 어리석은 백성이 이에 잇달아 동학에 귀의하여 바른 것을 버리고 사악한 것을 추종하며, 법을 위반하고 사람의 도리를 어기면서도 자신을 돌아볼 겨를조차 없었던 데는 이런 사정이 있습니다. 이것이, 동학 무리와 난민이 어우러져 하나가 되고, 한쪽에서 부르면 다른 쪽에서 따라나서서 날이 갈수록 늘어나고 달이 갈수록 번성하며, 마치 벌 떼처럼 모이고 개미 떼처럼 뒤엉켜 있기에 단지 긁어내기만 해서는 떼어버릴 수 없게 된 사연입니다. 오늘의 이 변란을 불러온 것은 과연 누구의 죄이겠습니까? 그런데도 저 관찰사와 수령들은 변명하기에 바쁩니다. '재물을 탐한 것은 나의 본심이 아니다'라고.

아아! 심해도 너무 심합니다. 이익은 자신에게 돌리고 원망은 누구에게 돌리자는 것일까요? 이 사람들의 뱃속에는 과연 임금의 은혜에 감사하고 백성과 나라에 대한 고민이 들어 있기는 한 것일까요?

아아! 전운사의 임무는 굉장히 중요하거늘, 나라의 살림살이는 모른 체하고 직무를 빙자해서 자기의 사적 이익만 채웠습니다. 역졸에게 넌지시 비밀 문서를 주어 온 도내를 두루 돌아다니며 법에서 정한 양보다 더 거둬들이고 강제로 금품을 요구한 일은 일일이 열거하기도 어렵습니다. 심지어 농간을 부려 나라의 곡식에 손을 대서 그것을 가지고 사익을 꾀한다는 소문이 파다하니, 백성의 원성은 날이 갈수록 높아만 갑니다.

이 난을 불러일으킨 원인을 처음 제공한 자는 조필영입니다. 겉으로는 논밭의 면적을 파악하고 세금을 고르게 부과한다는 균전사의 임무를 핑계로 내세웠지만, 속으로는 자기 잇속을 채우는 데 몰두했습니다. 토지세를 매기는 장부와 논밭의 면적을 교묘하게 조작한 뒤 마땅히 세금을 면제해야 하는 황무지에도 무리하게 세금을 매겨 세곡을 징수했습니다. 백성이 그러한 해악을 입은 지 벌써 여러 해가 되었습니다.

김창석 또한 난을 조성하는 데 한몫했습니다.

난이 처음 일어난 곳은 고부입니다. 온갖 방법으로 가혹하게 세금을 거두고 백성의 재물을 강제로 빼앗으며, 제 잇속을 채우는 일이라면 못하는 짓이 없었기 때문에 끝내 난을 불러온 자는 바로 전 고부 군수 조병갑이 아니고 누구이겠습니까?

난을 수습하라는 전하의 명령을 받들어 백성의 고충을 사실대로 자세히 조사하고 살피자면 당연히 언행을 조심하고 삼가야 합니다. 그런데 안핵사가 된 기회를 이용해서 재물을 약탈하고 도리어 탐욕을 부리며 백성을 들볶았던 탓에, 꺼져가는 불길에 부채질을 하여 난을 재촉한 자는 이용태가 아니고 누구이겠습니까?

전 감사 김문현은 이들보다 더욱 심합니다. 재물에 눈이 뒤집혀 더러운 짓도 서슴없이 자행함으로써 난을 조성했습니다. 또 실상을 파악하고도 어루만져 위로하지 않았기 때문에 백성은 어찌할 바를 몰랐습니다. 그런데도 끝내 과격하게 다그쳐서 결국 난을 일으킬 명분을 제공했습니다. 도적들의 깃발이 한번 펄럭이자 놀란 나머지 신발을 거꾸로 신고 허겁지겁 자신의 관할 구역에서 빠져나가 구차하게 목숨을 보전하고 살아남았습니다. 조경묘와 경기전의 소중함은 안중에도 두지 않았을 뿐 아니라 나라의 중요한 요충지인 전주성을 도적에게 빼앗기는 치욕적인 사태를 초래했습니다. 이렇게 하고도 신하의 도리를 다했다고 할 수 있겠습니까?

나머지 여러 고을 수령들의 죄상을 저는 일일이 늘어놓을 겨를이 없습니다. 다만 그 가운데는 난이 일어날 기미를 눈치채고 산으로 달아난 자도 있고, 화를 피해 자신의 관할 구역에서 벗어난 자도 있으며, 심지어 공무를 핑계로 감영으로 몸을 피한 자도 있습니다.

남쪽에서 들려오는 소문에는 깜짝 놀랄 만한 것이 매우 많습니다. 전 영광 군수 민영수는 양곡을 싣고 바다로 도망쳤습니다. 그 죄가 너무 분명하므로 엄중하게 따져 물어야 하지만, 아직 추궁도 하지 못한 상태에서 벼슬을 제수한다는 명이 먼저 내려왔습니다. 이 일은 틀림없이 전하께서 깊이 헤아리고 자세히 살피지 못하신 것입니다.

항간에 떠도는 소문 중에는 지나친 것도 있다고 생각됩니다. 어떤 사람은 김문현이 의리를 망각하고 구차하게 살기를 도모한 일을 가리켜 틀림없이 전하께서 자세히 살피지 않은 데서 비롯되었다고 떠들고 있습니다. 무릇 이런 죄인들은 비록 죄의 경중에 차이가 있겠지만 악랄한 방법으로 사태를 곪아 터지게 했다는 점에서 다를 게 없습니다. 나라에는 항상 변하지 않는 법이 있고, 법에는 범죄의 종류에 따라 해당 형벌이 정해져 있는데, 제가 굳이 말을 덧붙일 필요가 있을까요?

아아! 난리가 일어나고 나서 이런저런 의견을 내놓는 사람들은 한결같이 이러한 사태를 불러오게 된 원인으로 다음과 같은 것들을 꼽고 있습니다. 올바른 도리가 밝게 드러나지 않는다는 것, 공론이 행해지지 않는다는 것, 사사로이 바치고 별도로 올리는 일이 곧 법과 전례가 되었다는 것, 외교와 통상에 신중을 기하지 않는다는 것, 과거 합격자를 남발한다는 것, 세금을 너무 많이 거둔다는 것, 토목공사가 너무 많고 그 기간이 길다는 것, 경연을 시행하지 않은 지 오래되었다는 것, 경비를 무절제하게 사용한다는 것, 사치가 성행한다는 것, 관청의 임시비를 충당하기 위해 세금을 남발한다는 것, 잡세가 새로 생겼다는 것. 그 밖의 갖가지 명목은 이루 다 들 수조차 없습니다.

저는 이런 생각을 해보았습니다. 만약 아버지가 위급한 병에 걸렸는데 그 아들이라는 사람이 만사를 제쳐 두고 약을 지어 드릴 생각은 하지 않은 채, 다른 사람이 물어보면 '우리 어른은 평소 건강 관리를 소홀히 했습니다. 그래서 겉으로 드러난 증세를 다스리는 방법은 쓸 수가 없기 때문에 원기를 보강하는 처방에 대해 천천히 의논하고 있습니다.'라고 한다면, 이것이 어찌 초조하고 애끓는 자식의 도리라고 할 수 있겠습니까? 저는 개탄하지 않을 수 없습니다.

아아! 저는 이른바 오늘의 난관을 풀어가는 데는 뚜렷한 다섯 가지 조치가 필요하다고 생각합니다. 비록 세상 물정에 어두운 이 유생의 평범한 말이지만, 위급한 상황을 풀어가는 데 조금이나마 도움이 될 것입니다.

첫째, 하루 빨리 애통해하는 조서를 내리시어 전하께서 잘못을 깨닫고 뉘우치고 있음을 내보여 민심을 다독이십시오.

저는 이렇게 생각해보았습니다. 도리는 치세의 모범이 되는 요임금과 순임금이 그랬던 것처럼 스스로 성군이라는 말은 절대로 해서는 안 되고, 덕망은 다른 사람의 극간을 잘 받아들여 나라를 융성하게 만든 은나라의 탕왕과 주나라의 무왕처럼 자신을 낮추고 숙이는 뜻을 깊이 간직하고, 모든 책임을 전하 자신으로 돌려 자책함으로써 전하의 덕망을 한층 빛내야 한다고 생각합니다.

하물며 나라를 어지럽히고 위태롭게 하는 난리를 겪고 있는 바로 지금과 같은 때, 흩어진 민심을 수습하고자 하면서 실질적인 정치를 펼쳐 어떻게 해서라도 민심을 감응시키는 도리가 아니라 한갓 형식만 갖춘 듣기 좋은 말만 채택하여 대책으로 삼는다면, 지극히 어리석으면서도 신령스러운 것이 백성인데 어떻게 기꺼이 믿게 하고 따르게 하겠나이까?

반드시 애통해하는 뜻이 글에 넘쳐나고, 측은히 여기는 마음이 정치적 조치로 드러나고, 전하 자신이 통렬하게 자책하는 성덕을 보이시고, 전하께서 털끝만큼이라도 감추는 잇속이 없음을 명백하게 보여주신다면, 백성은 마치 해와 달을 번갈아 우러러보듯 전하를 받들고, 부모의 사랑을 믿듯이 전하의 사랑을 신뢰하고, 오로지 탈이 없기를 기원하는 축원과 적어도 무사하기를 바라는 염원이 자신도 모르는 사이에 저절로 생겨날 것입니다. 당나라 현종玄宗은 변방에서 못된 무리가 어지럽게 날뛰자 조서 한 장으로 교만하고 사나운 무리를 감동시켜 눈물을 흘리게 만든 적이 있습니다. 전하께서 이 점을 참작하시어 잘 판단하시기 바랍니다.

둘째, 흉년으로 고통을 겪고 있는 가난한 백성을 구제하는 정책을 서둘러 시행하고 흩어진 민심을 안정시키십시오.

저는 이런 말을 들은 적이 있습니다. '재물을 모으면 백성이 흩어지고, 재물을 나누어 주면 백성이 모여든다. 그래서 어진 사람은 재물을 나누어 주어 민심을 얻고, 어리석은 사람은 자신의 몸을 망치면서 재물을 늘린다.'[206]

민심을 얻으면 재물이 없는 것을 걱정하지 않아도 되지만, 민심을 잃으면 재물이 있다 한들 무슨 소용이 있겠습니까? 왕도로써 천하를 다스렸던 옛날 임금들의 정치에는, 일단 홍수나 가뭄 같은 재난이 발생하면 반드시 왕실의 창고를 열어 백성을 구제하는 법률이 있었습니다. 하물며 나라를 어지럽히고 위태롭게 하는 난리를 겪고 있는 지금과 같은 때, 재물을 나누어 주어 백성을 돌보고 감싸는 일을 어찌 조금이라도 늦출 수 있겠습니까?

제가 생각하기에는 최근 전하의 마음은 자나 깨나 오직 한 가지 걱정으로 날마다 남쪽으로 달려가고 있을 것 같습니다. 백성이 모두 생업을 잃어버리고, 틀림없이 농사철마저 놓쳐버리고, 때 아닌 난리까지 만나서 목숨을 구해 도망했을 것이라는 생각에 이르면, 그들이 노약자를 이끌고 고생에 시달리는 모습이 눈앞에 어른거리겠지요. 또 군대를 따라 싸움터에 나갔다가 죽은 사람이 있을 것이라는 생각에 이르면, 그들의 처자식이 울부짖고 침통하게 원망하는 소리가 귓가에 쟁쟁거리겠지요. 이런저런 근심 걱정으로 잠자리에 드신들 편안할 것이며, 맛있는 음식을 드신들 맛이 있겠습니까? 그러나 마음속으로만 번민하시기보다는 정책을 시행하여 백성을 구제하는 것이 제대로 된 도리가 아닐까요?

저는 간곡하게 요청합니다. 전하께서 특별히 담당 관리에게 명을 내려 하루속히 창고의 곡식을 풀어 여기저기 떠도는 백성을 불러 모으고, 생존자

---

206 『대학』 「대학전大學傳」 10장에 "재화를 모으면 민심이 흩어지고, 재화를 흩으면 민심이 모인다.(是故財聚則民散, 財散則民聚)"라는 구절이 있다.

와 사망자를 파악한 뒤 고르게 나누어 줌으로써 그들이 살아갈 방도를 마련해주십시오. 그리고 들판에 널려 있는 시체들은 모두 수습하여 땅에 묻어주고 까마귀나 솔개 따위가 쪼아 먹지 못하게 함으로써 백성의 고통을 전하의 고통으로 여기는 마음을 저들이 알게 하십시오.

비용을 절약하는 뜻과 재물을 소중히 여기는 마음의 진정한 의미가 본시 백성을 위한 배려에서 비롯되었다면, 민심을 감동시켜 붙잡는 데 이보다 더 좋은 방법이 있을 수 없습니다. 만약 나라의 재정이 부족해서 비축된 곡식으로는 계속 나누어 주기 어렵다면, 왕실의 창고까지 열어 재물의 많고 적음을 따지지 말고 특별히 나누어 주십시오. 그리하여 이 모든 것이 사심 없는 지극한 정성에서 나왔음을 보여준다면, 과연 이러한 정서가 사람의 마음을 파고들어 어떤 결과를 낳을까요? 지난 시대의 바른 신하인 이이李珥는 선조 대왕께 아뢰기를 '왕실 창고의 재물은 담당 관리에게 맡겨 두고 전하의 사유물로 생각하지 마십시오.'라고 했습니다. 전하께서는 이 점을 참작하시어 잘 판단하시기 바랍니다.

셋째, 궁궐의 방비를 더욱 엄중하게 하고, 간사한 소인배의 출입은 끊어 버리십시오.

저는 송나라 정호程顥가 임금께 이런 말을 했다고 들은 적이 있습니다. '폐하께서 하루의 시간을 훌륭한 사대부를 만나는 데 많이 쓰고 환관과 궁녀를 가까이하는 데 적게 쓰면, 기질을 함양하고 덕성을 기를 수 있습니다.'

환관과 궁녀는 궁궐 청소나 하면서 전하의 곁에서 시중드는 하찮은 존재일 뿐입니다. 간혹 이들 가운데 몇몇이 몸가짐과 언행을 조심하지 않는데도 전하께서 대수롭지 않게 여기어 가까이하시고 친밀하게 대하시면 천하의 환란이 이들에게서 비롯되어 일어납니다. 이는 과거의 역사가 분명하게 증명하고 있습니다. 하물며 무당같이 올바르지 못한 부류와 시중의 천한 기생 무리가 어떻게 지엄하기 짝이 없는 전하의 거처를 출입할 수 있단 말입니까? 저는 오래전부터 갑자기 소름이 끼치도록 무서운 느낌이 들었습니다. 지금과 같이 큰 난리를 겪는 어려운 때에 혹시라도 간사하고 못된 무리가 연줄을 대어 궁중의 기밀과 전하의 비책을 염탐하여 밖으로 누설한다면 앞으로 어떤 일이 벌어질까요? 이런 점에서 궁궐의 경계는 더욱 엄중하게 강화하고 간교한 싹은 처음부터 잘라버려야만 합니다. 주자朱子가 자신의 임금에게 올린 글에는 이런 말이 있습니다. '덕이 있는 자를 채용하고 음악과 여색을 경계하며, 엄중하고 예의 바른 자를 가까이하고 기예에 능한 자를 멀리하십시오.'

궁중 안의 말이 밖으로 새 나가지 않도록 하고, 바깥의 말이 궁중 안으로 들어오지 못하게 하며, 뇌물이 통하지 않게 하고, 청탁이 행해지지 않게 하는 것이 임금이 왕가를 다스리는 도리입니다. 전하께서는 이 점을 참작하시어 잘 판단하시기 바랍니다.

넷째, 바른말을 구하는 언로를 활짝 열어 많은 사람의 지혜를 수렴하십시오.

저는 이런 말을 들은 적이 있습니다. '세상이 무사할 때는 조정 대신의 말이라도 깃털처럼 가볍게 여길 수 있지만, 변고가 일어나 세상이 어지러울 때는 필부의 말이라도 태산보다 무겁게 여겨야 한다.'[207]

말이라는 것은 쓸 만하면 채택하고 별 볼 일 없는 것은 내버려 두면 그만입니다. 어차피 말하는 자에게 말의 내용을 문제 삼아 죄를 추궁하지 않고

---

207 송나라 소식蘇軾의 「어시제과책御試製科策」에 나오는 말이다. "신은 세상이 무사할 때는 공경의 말이라도 깃털처럼 가볍게 여기고, 세상이 어지러울 때는 필부의 말이라도 태산보다 무겁게 여긴다고 들었습니다.(臣聞天下無事 則公卿之言輕於鴻毛 天下有事 則匹夫之言重於泰山)"

이러저런 말을 하도록 그냥 두는 까닭은, 널리 여러 가지 쓸 만한 것을 채택할 때 한 가지 책략이라도 빠뜨리지 않고자 함입니다. 지금 돌이켜보면 언로가 막힌 지 이미 오래되었습니다. 사대부들은 입을 닫은 채 말을 하지 않고 있습니다. 이는 행여 말을 했다가 화를 입을지도 모른다는 의구심을 가지고 있기 때문입니다. 현실이 이러하다면, 설령 뛰어난 재능과 책략을 지닌 선비와 의리를 흠모하는 충절을 지닌 신하가 있다 한들 전하께서 어떻게 그의 말을 들을 수 있겠습니까? 만약 한漢 고조高祖 유방劉邦이 바른말을 받아들이는 도량을 지니지 않았다면 장량張良과 진평陳平이 자신의 재능을 마음껏 펼 수 있었겠습니까? 또 당唐 고종高宗 이치李治가 간언을 받아들이는 덕을 지니지 않았다면 방현령房玄齡과 두여회杜如晦가 자신의 충성을 드러낼 수 있었겠습니까? 『서경書經』에는 이런 말이 있습니다. '나무는 먹줄을 따르면 반듯하게 되고 임금은 간언을 따르면 성스러워진다.' 전하께서는 이 점을 참작하시어 잘 판단하시기 바랍니다.

다섯째, 구원병의 도움만 믿고 군사 방비를 소홀히 하지 마십시오.

제가 기억하기로는, 큰 나라가 약자를 구원한 의리와 작은 나라가 구원을 요청한 전례가 있습니다. 우리나라도 일찍이 절체절명의 순간에 명나라에 구원을 요청하여 나라를 다시 일으켜 세운 적이 있습니다. 그러나 그때는 외적이 우리나라를 침입하여 대대적인 공세를 폈기 때문에 전국의 거의 모든 지역이 적의 수중에 떨어지고, 임금은 도성을 떠나 피난길에 오르는 등 나라의 운명이 바람 앞의 등불처럼 매우 위급한 상황이었습니다. 그 때문에 어쩔 수 없이 구원을 요청하는 처지로 내몰렸던 것입니다.

오늘날 저 남쪽의 소요는 바로 아이들이 병정놀이를 하며 집안에서 칼을 들고 휘두르는 데 지나지 않습니다. 군대를 보내 저들을 토벌하는 것쯤은 일도 아닙니다. 예를 들어, 집안의 종놈이 거만하고 거칠게 군다면 주인이 스스로 벌을 주어 다스리면 될 일이지, 굳이 이웃의 힘센 사람에게 손을 봐달라고 부탁할 필요가 있겠습니까? 지금 중국의 군대가 움직여 이미 저 하찮은 도적들과 마주하고 있으니 틀림없이 며칠 안에 승전 소식이 들려올 것입니다. 그렇지만 우리가 해야 할 일은 당연히 더욱 군비를 정비하고 철저하게 자강의 대책을 마련하는 데 온 힘을 기울여야 하는 것이 아닐까요? 지금처럼 전적으로 남의 도움에 기댄 채 아무런 걱정도 하지 않고 가만히 앉아 있는 것은 제대로 된 대책이 아닌 것 같습니다.

대개 우리나라 군사 제도라는 것은 이름만 그럴듯하고 실속은 전혀 없습니다. 지휘관이라는 자들은 기습공격과 정면공격, 합병하고 변용하는 전술조차 제대로 모르고, 병사라는 자들은 전투의 기본 동작과 요령조차 모르고 있습니다. 여기에 더해 최근까지 평화로운 나날이 오랫동안 지속되는 바람에 군비는 더욱 소홀하게 다루어졌습니다. 식견이 있는 사람들이 이를 걱정한 지 또한 오래되었습니다. 지금 저 하잘것없는 좀도둑들 때문에 나라의 군대가 출동하는 지경에 이르렀지만, 헛되이 시간만 흘려보내고 시일을 끌면서 바로 소탕하지 못했습니다. 결국에는 중국에 구원을 요청하여 이웃 나라의 웃음거리가 되었으니 이 또한 창피한 일이 아니면 무엇이겠습니까? 만약 긴급한 사태가 발생해서 이보다 더 큰일이 벌어진다면 그때는 어떤 방법으로 대처하시겠습니까? 지금 시급한 계책은, 군대를 지휘할 만한 능력 있는 장수를 서둘러 뽑고 그로 하여금 군대를 조련시켜 만일의 사태에 대비하는 일입니다. 병법에는 이런 말이 있습니다. '임금이 장수를 제대로 뽑지 못하면 자신의 나라를 적에게 내주게 된다.'[208]

---

208 한나라 문제文帝 때 조조晁錯가 문제에게 말하기를 "병기가 예리하지 못하면 병졸들을 적에게 주게 되고, 병졸을 잘 쓰지 못하면 장수를 적에게 주게 되고, 임금이 장수를 잘 가려 쓰

또 공자는 이런 말을 했습니다. '백성에게 싸우는 방법을 가르치지 않고 싸우게 한다면, 이는 그들을 죽음으로 내모는 것이다.'

전하께서는 이런 점들을 참작하시어 잘 판단하시기 바랍니다.

결국 제가 말씀드린 이 다섯 가지 일은 비단 저만 알고 있는 것이 아니라 이 나라 사람이면 누구나 알고 있는 일이며, 비단 이 나라 사람만 알고 있는 것이 아니라 전하 또한 이미 알고 계시는 일입니다. 알면서도 말하지 않는 것은 저의 죄이며, 알게 되면 바로 실행해야 하는 것은 전하의 도리가 아닐까요? 전하께서는 과감하게 용단을 내리셔서 최대한 빨리 시행하도록, 마치 천둥과 바람처럼 빠르고 쇠와 돌처럼 의심의 여지가 없는 명명백백한 명을 내려, 온 나라 사람들이 그 명이 틀림없이 시행되리라는 믿음을 갖게 하십시오. 그런 다음에 한편으로는 그들을 타이르고 위로하여 사랑으로 감싸고, 또 한편으로는 소탕하고 체포하여 법으로 다스린다면, 구차하게 살기 위해 도적을 따라나섰던 백성도 감화되지 않을 수 없을 것이며, 감화된다면 근본을 생각하는 마음이 생겨날 것입니다. 또한 분수를 어기고 교화되지 않았던 도적들도 두려워할 것이며, 두려워하게 된다면 무리를 의심하는 마음이 생겨날 것입니다. 무리를 의심하는 도적이 근본을 생각하는 백성을 꾀어낼 수 있을까요? 제가 생각하기에, 그들은 서로를 원망함으로써 결국 세력 사이에 틈이 생겨 오래 유지할 수 없게 될 것이며, 굳이 칼에 피를 묻히지 않고도 그 우두머리의 머리를 길거리에 효수할 수 있을 것이며, 마침내 전하의 군대가 토벌하는 것이 어떤 것인지를 보여줄 수 있다고 봅니다. 그렇게 되면 나머지 무리는 농사일로 돌아가서 병장기를 팔아 소를 사는 변화가 곧 일어날

지 못하면 나라를 적에게 주게 된다.(器械不利, 則以其卒與敵也. 卒不可用, 則以其將與敵也. 君不擇將, 以其國與敵也)"라고 했다. 『한서漢書』 「조조전鼂錯傳」 참조.

것입니다.

저는, 진정으로 어려운 일이란 병을 치료하는 것이 아니라 병후 조리와 회복이라고 생각합니다. 마찬가지로 난을 평정하는 일보다는 난을 평정한 뒤 민심을 치유하는 일이 더욱 어렵다고 생각합니다. 그래서 저는 어쩔 수 없이 병에 걸린 원인을 드러내어 한번 논하고자 합니다.

널리 알려진 대로 병에 걸리는 원인은 참으로 다양합니다. 그러나 그 근원은 오직 '사私'라는 글자 하나에 뿌리를 두고 있습니다. 무릇 사심을 떨쳐버리지 못하면 공평하고 바른 도리를 실행하기 어렵다는 점은 이치로 보나 형세로 보나 당연할 따름입니다. 옛날부터 오늘에 이르기까지 나라를 위해 고심한 사람들 가운데 인심이 임금께 복종하기를 바라지 않은 사람이 누가 있겠습니까? 그런데도 인심을 복종시켜 따르게 할 수 없었던 것은 무엇 때문일까요? 옛날 주자는 송宋 효종孝宗에게 이렇게 간언했습니다.

'폐하와 같이 총명하신 분이 왜 국가의 중대사와 관련해서는 반드시 강직한 성품과 명석한 두뇌로 공명정대하게 일을 처리할 수 있는 사람에게 맡겨야 한다는 사실을 모르십니까? 평소 이런 사람이 등용되지 못했던 까닭은, 부당하게 높은 직위에 올라 봉록만 축내는 비속한 사람을 폐하께서 도리어 용납하시고, 또한 그들로 인해 한순간도 옳지 못한 것이 초래되는 폐단을 떨쳐버리지 못했기 때문입니다. 한갓 제 집안의 평안만 추구하는 무리 및 폐하를 모시면서 폐하의 사랑을 다투는 부류는 법도에 따라 일을 처리할 능력조차 없습니다. 만약 강직한 성품과 능력을 갖춘 공명정대한 인물이 등용되어 폐하를 도와 정치를 행했다면, 저 옳지 못한 무리의 그릇된 일은 막혀버렸을 것이며, 또 그 무리와 그들 패거리가 입을 피해를 두려워하여 감히 함부로 국정을 농단하는 일은 없었을 것입니다. 이런 까닭에 저 무리는 인재를 선발할 때 항상 강직하고 능력을 갖춘 공명정대한 인물을 배척하여 대상에서 먼저 제외하고, 대체로 겁이 많고 유약하며 평소에도 감히 정색한 얼굴로 바른 말 한마디 하지 못하는 자들을 골라 뽑습니다. 그렇게 선발된 이들 가운데 가장 어리석고 무식하여 결코 자신들에게 걸림돌이 되지 않으리라는 확신이 드는 사람만 천거해서 등용하고 있습니다. 이렇게 하여 현인과 군자가 발붙일 곳이 전혀 없게 만들었던 것입니다.'

저는 일찍이 주자의 이 말을 세 번이나 반복해 읽으면서 그 진실하고 간절함은 가히 만세의 귀감이라고 탄복했던 적이 있습니다. 삼가 바라옵건대 전하께서는 주자의 이 말을 거울삼아 목마른 자가 물을 찾듯이 어진 이를 구하셔서 강직하고 공명정대한 인재를 등용하도록 하십시오. 그리고 그에게 일을 맡겨 책임지고 성과를 이룰 수 있게 하십시오. 저 은殷나라 고종高宗은 한낱 공사장 일꾼에 지나지 않았던 부열傅說을 등용하여 국정을 믿고 맡겼으며, 유비劉備는 제갈공명諸葛孔明을 믿고 의심하지 않았습니다. 전하께서 일단 국정을 맡기신 다음에는 그를 의심하거나 하는 딴생각은 품지 마십시오. 그렇게 하시면, 사사로운 욕심은 없애겠다고 약속하지 않아도 저절로 없어질 터이며, 공정하고 올바른 도리 또한 기대하지 않아도 저절로 행해질 터입니다. 모든 법도가 올바르게 되고 온갖 교화가 새로워질 것이니 하늘에 국운이 영원하기를 비는 방법이 본시 여기에 있습니다. 옛말에 '많은 근심이 임금의 총명을 일깨우고, 많은 어려움이 나라를 흥성하게 한다'[209]고 했습니다.

---

209 원문에는 '殷憂啓聖은우계성, 多難興邦다난흥방'으로 표현되어 있다. 깊은 근심은 임금을 슬기롭게 만들고, 많은 어려움은 나라를 공고하게 만든다는 뜻을 지닌 '은우계성殷憂啓聖, 다난흥방多難興邦'의 유래는 다음과 같다. 중국 진晉나라 때 팔왕八王의 난이 일어나 황제가 잇따라 피살되고 나라는 혼란에 빠졌지만 당시 좌승상 사마예司馬睿는 건강建康(지금의 남경)을 지키면서 꿈쩍도 하지 않았다. 이에 감동한 조적祖逖과 유곤劉琨 등의 장수들이 사마예에게 「권진표勸進表」를 올리면서 제위에 오르기를 권하였다. 그 「권진표」에 다음과 같은 구절이

오직 전하께서 깊이 생각하시기를 바랍니다. 저는 하늘을 쳐다보고 전하를 우러르며 격렬하게 치솟는 간절한 마음을 억제할 수 없어 감히 죽음을 무릅쓰고 아뢰었습니다."

이 무렵 호남 사람들은 김문현 등 난의 빌미를 제공한 다섯 사람을 '오적 五賊'이라고 불렀다.[210] 전주가 이미 함락되고 주변 여러 군郡이 무너질 때, 자신의 관할 지역을 지켜내야 할 고관들 가운데 죽음으로 지켜낸 이는 한 사람도 없었다. 이들은 모두 문현 등이 앞장서 도망친 행태를 따라 했는데, 그 때문에 세상인심은 이 다섯 사람을 더욱 미워하여 '오역 五逆'이라고 부르며, 조정에서 이 다섯 놈의 역적을 반드시 사형으로 처벌하기를 간절히 바랐다. 그러나 다섯 놈의 역적 및 여러 읍에서 도망친 관리들은 모두 서울로 달아나 각자 자신의 후원자에게 선을 대고 다시 벼슬자리를 엿보았다. 이 같은 상황인지라 세상인심이 이를 갈며 분개한 지 오래되었다.

이런 분위기 속에서 이설의 상소가 나오자 여론은 자못 통쾌해하였다. 그러나 여전히 민영휘를 비롯한 민씨들을 대놓고 공격하지 못한 점에 대해서는 한스럽게 여겼다. 대체로 이 무렵의 서울은 혼란하지 않았으며, 영휘가 정권을 장악하고 태연하게 버티고 있었으므로 민씨들은 오히려 별다른 사고를 겪지 않으면서 무사하게 지냈다. 이런 까닭에 이설 역시 그들을 두려워했던 것이다. 임금은 거듭 공론을 따르지 않다가 마침내 김문현을 거제도로,

---

나온다. "많은 어려움은 우리나라를 공고하게 하고, 깊은 근심은 황제를 슬기롭게 만들기도 합니다.(或多難以固邦國, 或殷憂以啓聖明)" 이로부터 '은우계성殷憂啓聖, 다난흥방多難興邦'이라는 말이 나왔다. 『진서晉書』, 「열전 권62, 유곤劉琨·조적祖逖」.

210 이른바 오적은 조병갑, 김문현, 김창석, 김규홍, 조필영이다.

이용태를 해남의 섬으로 귀양 보냈다. 또 조병갑은 길주吉州로, 조필영은 함열로, 김창석은 홍주洪州로 귀양 보냈다.

5월 12일

일본 사람들이 인천에서 서울로 들어오면서 남산의 성가퀴를 부수고 성 안으로 들어왔다.

지난 임오년(1882)의 군사 변란과 갑신년(1884)의 반역 변란 때, 일본은 두 번 모두 우리나라를 협박해서 은으로 배상을 받아 갔을 뿐만 아니라 조약을 변경하는 등 오로지 자기의 이익만을 챙겼다. 그러면서도 오히려 우리나라가 일본의 제도를 따르는 것이, 일본이 서양을 좇는 것처럼 전력을 다하지 않는다면서 못마땅하게 여겼다. 그래서 항상 강제로 조약을 맺으려는 생각을 가지고 있었으며 우리나라가 청나라의 원조를 믿고 의지하는 것을 싫어했다.

원세개는 오랫동안 서울에 머물면서 적극적으로 일본을 견제하여 함부로 날뛰지 못하게 했는데, 이런 이유로 일본은 일찍부터 우리 정부를 향해 청나라와 맺은 조약을 폐기하고 조공을 단절함으로써 자주국가를 이루라고 적극 권유했다. 또한 원세개를 매우 싫어했기 때문에, 그와 이홍장을 이간하려고 근거 없는 말로 원세개를 헐뜯었다. 일본의 의도는 청나라의 원조를 끊어버림으로써 마음먹은 대로 조선을 좌지우지하려는 데 있었다.

당시 권력을 쥐고 있던 일부 소인배는 일본의 권유를 따르자고 임금을 설득했다. 그들은 조선이 자주국가가 되면 임금을 대황제로 부를 수 있으므로 300년 동안 조공을 바친 치욕을 충분히 씻을 수 있다고 하는가 하면, 다른 여러 나라와 동맹을 맺고 서로 도와 관계가 밀접해지면 청나라도 우리나라를 어찌할 수 없을 것이라고 했다. 또 동맹에 따라 세상 어느 나라도 함부로 먼저 움직일 수 없게 될 터인데, 그렇다면 청나라의 도움 따위는 더 이상 필요하지 않을 것이라고 했다. 임금도 이런 종류의 말을 귀가 닳도록 들어온 지라 마음으로는 은근히 그렇게 하고 싶어 했다.

마침내 병술년(1886)과 정해년(1887)에 외국과 수교를 했다. 전하묵全夏黙을 전권대신으로 러시아에 파견하고,[211] 박정양朴定陽을 전권대신으로 미국에 파견했다. 이들은 모두 현지의 청나라 공사에게 분명한 태도로 대등한 예를 취해 말썽을 일으켰다. 이윽고 청나라에서 사람을 보내 와 이 문제를 따졌다. 임금은 이 문제에 대해 서양 여러 나라와 일본이 도와주리라고 믿었지만, 이들 나라는 도리어 아무것도 모르는 것처럼 애매한 태도를 취했다. 결국 어쩔 수 없이 청나라에 대한 비례非禮를 신하들의 탓으로 돌리고, 하묵과 정양을 귀양 보내는 것으로 청나라에 사과했다.[212] 그러나 임금은 자주에 대한 미련을 버리지 못했으므로 조야가 한결같이 이를 걱정했다.

----

211 이 기록은 사실과 차이가 있다. 『고종실록』 1887년 6월 29일자 기사에 따르면 러시아 전권 대사로 파견한 인물은 심상학沈相學, 미국 전권대사로 파견한 인물은 박정양이다. 전하묵 은 『조선왕조실록』과 각종 인명사전에 올라 있지 않는 인물로, 그 행적 및 실재 여부가 확 인되지 않는다. 정하묵鄭夏黙의 오기인 듯싶지만, 그렇다 해도 정하묵이 외교관으로 임명된 적이 있던 것도 아니다. 정하묵과 관련해서는 『고종실록』 1892년 5월 26일자 기사에 "정 하묵을 홍문관 교리弘文館校理로 삼았다."는 내용이 발견된다.

212 당시 조선이 미국과 자주적 조약을 체결하고 외교관을 파견하는 일에 대해 원세개가 이의 를 제기했기 때문에 외교 사절의 현지 부임이 지연되었다. 조선은 청나라의 방해를 무릅쓰 고 마침내 전권대신을 임명하여 현지에 파견했으나, 청나라의 계속된 압력을 끝내 이기지 못하고 결국 외교관을 국내로 소환했다. 박정양은 1889년 7월에 귀국하여 11월 9일 홍문 관 부제학으로 임명되었다. 유배되었는지의 여부는 확인되지 않는다. 『고종실록』 1889년 7월 24일자 기사에는 "(임금이) 미국 주재 전권대신으로 근무하다가 돌아온 박정양을 불러 서 만났다."라는 내용이 나온다.

이 무렵 일본 공사 오토리 게이스케大鳥圭介는 중국의 천진에 머물고 있었다. 마침 우리나라가 청나라에 지원을 요청했다는 소식을 듣고 절호의 기회로 여겼다. 게이스케는 이홍장을 찾아가서 물었다.

"최근의 공법公法 조약은 어떤 나라가 지원을 요청하면 그 나라와 조약을 체결한 다른 나라들도 같이 출병하게 되어 있습니다. 조선이 유독 중국에만 지원을 요청한 것은 무엇 때문입니까?"

홍장이 말했다.

"조선은 우리나라의 속국이므로 다른 자주국가와 같은 전례대로 할 수는 없지요."

게이스케가 다시 물었다.

"그렇지만 조선에는 우리나라 상인들의 집이 수천 채나 있으므로 당연히 군대를 보내 보호해야 합니다. 또 듣자 하니 조선의 난민들이 우리 일본 사람을 모두 죽여 없애겠다고 공공연히 떠들어댄다고 합니다. 이런 점을 고려하지 않을 수 없습니다. 당신은 우리가 지원하러 가서는 안 된다고 하는데, 우리나라 상인을 보호하는 것도 마찬가지로 안 된다는 말씀입니까?"

홍장이 대답했다.

"그것이라면 괜찮겠지요."

게이스케가 거듭 물었다.

"저 원세개 같은 인물은 우리 일본 사람을 적대시하면서 항상 양국의 우호 관계를 깨뜨리려 하고 있습니다. 지금 우리나라가 조선에 거주하는 상인을 보호하는 조치를 취하면, 원세개는 틀림없이 우리나라가 군대를 출동시켜 혼란을 조성하려 한다며 왜곡하면서 장황한 내용으로 전보를 칠 것입니다. 당신은 지원군을 보내지 않겠다는 보장을 할 수 있습니까?"

홍장이 다시 대답했다.

"보장할 수 있습니다."

게이스케는 백금 두 수레를 홍장에게 선물로 보낸 뒤 서둘러 조선으로 출발했다. 일본군을 실은 배가 잇달아 인천항에 도착했다. 먼저 육군 500명을 서울로 출발시키고, 수군 3,000명을 뒤따라 보냈다. 12일 황혼 무렵 숭례문에 도착했지만 성문이 닫혀 있었다. 곧바로 성문 옆의 성가퀴를 부수고 남산에서 사다리를 타고 성안으로 들어와 잠두봉蠶頭峰(남산의 산봉우리 중 하나) 부근에 진을 친 뒤 둘레에는 대포를 배치했다. 일본군의 기세는 마치 적을 맞아 전투를 준비하는 것처럼 치밀했다. 성 밖의 서쪽은 인천까지, 남쪽은 수원까지, 몇 십 리마다 진을 하나씩 배치했다. 각각의 이 진들은 낮에는 연기를 피워 올려 서로 연락하고, 밤에는 징을 두드려 서로 신호를 주고받았다. 또한 출입을 엄격하게 통제하면서 만일의 사태에 대비했다. 서울을 비롯한 인근 지역에서는 일본군의 이 같은 움직임에 동요되어 큰 혼란이 일어났다. 원세개는 일본의 움직임에 의심을 품고, 문서를 보내서 중지할 것을 요구했다.

게이스케는 다음과 같이 회답했다.

"머지않아 강화조약講和條約이 개정되면 당연히 군대는 할 일이 없어질 텐데 무슨 걱정을 하십니까?"

원세개는 변고가 일어났음을 눈치채고 천진에 지원병을 요청하는 전보를 쳤다. 전보를 받은 홍장이 웃으며 말했다.

"게이스케가 나를 속인 것은 아니었구나."

그러고서 전보에 회답도 하지 않았다. 원세개가 전보를 대략 열세 번이나 쳤지만 홍장은 한 번도 회답하지 않았다. 이에 게이스케는 날마다 무력을 과시하면서 거침없이 떠들었다.

"원세개는 틀림없이 참수당해 죽을 것이다. 조선 사람들은 왜 죽을 사람에게 매달리는가?"

원세개는, 자국으로부터 지원병은 오지 않고 일본군의 기세는 점점 고조되는 데다 게이스케가 막 천진에서 왔는데 그전에 홍장에게 은으로 뇌물을 건넸다는 소문이 파다했으므로, 여기에는 틀림없이 이간질하는 사람이 있다고 추측했다. 그래서 바로 부하 수십 명을 데리고 샛길로 말을 달려 인천으로 가서 배를 타고 중국으로 돌아갔다.[213] 그런데 어떤 사람들은 원세개가 달아나기 바로 직전에 대원군 하응을 만나 다음과 같은 약속을 했다고 떠들었다.

"내가 직접 북경에 가서 지원을 요청하고 이달 그믐까지는 다시 돌아올 것입니다. 일본 사람들이 아무리 위협하더라도 죽기로 참으시고 절대 그들의 말을 따르지 마십시오."

원세개가 떠나자 조정과 민간에서 불안감은 더욱 고조되었다. 마치 금방이라도 무슨 일이 벌어질 것 같은 분위기가 감돌았다. 게이스케는 민심을 진정시키고자 글을 내다 붙였다.

"나라와 백성에게 피해를 주지 않는다는 점을 약속한다. 오로지 바라는 점은 화친조약을 개정하고 두 나라가 연합하여 선린 관계를 돈독히 하려는 것뿐이다."

실제로 피난 가던 부녀자들이 길을 잘못 들어 일본군의 진영에 들어가면, 일본군은 이들을 안내하면서 길을 찾아주며 민심을 달래려고 애썼다. 그러나 이와 동시에 날마다 우리 정부를 위협하며 다음과 같이 요구했다.

---

213 원세개가 중국으로 돌아간 날은 5월 16일이다. 『고종실록』 1894년 6월 21일자 기사 참조.

'자주의 명분을 내걸고 청나라에 대한 조공을 끊어라. 임금을 황제로 부르고, 중국의 연호가 아닌 새로운 연호를 만들어라. 관제를 개정하고, 옷차림을 바꾸고, 상투머리를 깎아라. 나라의 모든 제도를 일본과 서양의 제도로 변경하라.'

조정은 두려워서 갈팡질팡하면서도 이처럼 중대한 일을 경솔하게 처리할 수 없다며 정중하게 사절하는 한편, 변화에는 시간이 필요하다고 했다. 그리하여 조정에서는 닷새의 기한을 두고 일본의 요구에 따를 것인지에 대해 난상토의했지만, 그 기한을 물린 일만 네다섯 번이나 되었다. 일이 이렇게 진행된 데는 대체로 원세개가 떠나면서 한 약속에 기대를 걸었기 때문이다. 매번 기한이 지날 때마다 게이스케는 단지 논의 결과가 어떻게 되었느냐고 물어보며 군대를 정비했을 뿐, 다른 움직임은 없었다. 이 사람이 하는 짓은 종잡을 수가 없어, 마치 후한後漢 시대의 하진何進[214]을 보는 듯했다.

민영휘는 근심과 공포에 휩싸여 어찌할 바를 몰랐다. 날마다 창고에 들어가서 그곳에 쌓여 있는 은덩이를 어루만지다가, 서쪽 창고의 은을 동쪽 창고로 옮기는가 하면, 얼마 뒤에는 동쪽 창고의 은을 다시 서쪽 창고로 옮기는 등 쉴 새 없이 이리저리 옮겨 놓았다. 그러다가 땅이 꺼질 듯이 한숨을 쉬며 창고에서 나오고는 했다. 정승이나 판서와 같은 고관대작이 그의 사랑채에 우글거렸지만 그들은 정작 그의 얼굴조차 볼 수 없었다.

---

214 하진(?~189)은 중국 후한 말기의 무장이자 정치가이다. 원래 백정 출신이지만 그의 여동생이 영제靈帝의 후궁으로 들어가 나중에 황후가 되면서 정권을 장악했다. 황건적을 토벌하는 데 공을 세우고 대장군까지 올랐으나, 십상시十常侍(정사를 좌지우지했던 10명의 환관)의 정치 전횡에 우유부단하게 맞서면서 그들을 제거하려다가 도리어 그들에게 살해되었다. 『후한서後漢書』「열전 제59, 두하열전竇何列傳」 참조.

민두호는 아들 영휘와 별개로 돈과 곡식, 진귀한 재물을 따로 저장해 놓았는데, 그것 말고도 돈 100만 냥을 특별히 별도로 또 보관하고 있었다. 이때에 이르러 하인들을 불러 놓고 말했다.

"너희가 내 집에서 일한 지 오래되었건만 그 노고에 보답한 적이 없구나. 이것을 가지고 떠나라."

그러고는 한 사람당 쌀 다섯 말과 당오전 한 꿰미씩을 나누어 주었다. 하인들은 희희낙락하며 떠나갔다.

이 무렵 김학진이 전라 감사로 새로 부임해 왔다. 난을 평정하기 위해 정부에서 파견한 장수와 관리들이 모두 전주로 모여들었다.

이들은 모두 한결같이 병사와 군마가 휴식을 취하고 상처를 치료해야 한다는 핑계를 댔다. 또 조정에서 도적들을 용서했다는 이유로 끝까지 쫓지 않고 날마다 귀순하기만을 기다렸다. 그러면서 단지 공문이나 주고받으며 술자리를 크게 벌였다. 도적들은 이러한 사정을 탐지하고서 "나라가 싸울 의사가 없는데 그깟 장수가 무엇이 두렵겠는가?"라며 드디어 거침없이 설쳐대기 시작했다.

관리들은 도적을 피해 도망가거나, 그렇지 않으면 나아가 영접했을 뿐 그들의 예봉을 한 번도 꺾지 못했다. 동학에 물든 지 오래되었지만 그동안 겁을 먹고 납작 엎드려 사태를 관망하던 사람들까지 이때부터 한꺼번에 일어나 다들 '도인道人'이라고 자칭했다. 이들은 어깨에는 중들이 사용하는 법의를 걸치고, 머리에는 마래기(둘레가 넓고 높이가 낮은, 투구와 비슷한 모자)를 쓰고, 목에는 염주를 걸고, 몸에는 부적을 붙이고, 입으로는 주문을 외고, 말과 노새를 가리지 않고 타고, 총칼을 가지고 여기저기서 떼를 지어 몰려다녔는데, 그 수가 실로 엄청났다. 도인을 자칭하는 사람은 자신이 추구하는 학문을 '도학道學', 하부 구성원 개개인을 '포包', 포가 모여 이룬 집단을 '접接',[215] 접의 우두머리를 '대접주大接主', 대접주 아래를 '수접주首接主',[216] 도접주 아래를 '접주接主'라고 칭했다. 그들은 상대방을 '접장'이라고 부르면서 서로 존대했으며, 또한 상대방에게 자기를 표현할 때는 '하접下接'이라고 했다.

접은 규모에 따라 구성원이 만 명을 이루는가 하면, 어떤 접은 천 명가량으로 구성되기도 했다. 또 어떤 접은 백 명 혹은 수십 명으로 이루어지기도 했다. 규모가 큰 읍에는 수십 개의 접이, 규모가 작은 읍에는 서너 개의 접이 여기저기 어지럽게 널려 있었다. 마치 낡은 솜에 불이 붙으면 연기가 나지 않는 곳이 없고, 수은을 땅에 부으면 틈새 사이로 파고드는 것처럼, 접이 없는 곳은 없었다.

전봉준 등도 또한 접에 대해서는 일일이 다 알 수 없었고 단속도 할 수 없었다. 다만 서로 서포徐包·법포法包·남접南接·북접北接 가운데 어디 소속인가를 물어서 그 연원을 따져볼 뿐이었다.[217] 대개 남접에는 서포가, 북접에는

---

215 동학의 기본 조직인 포접제包接制에 관해서는 127쪽 주165 참조. "하부 구성원 개개인을 '포包', 포가 모여 이룬 집단을 '접接'"이라고 기록한 황현의 서술은 사실과 다르다.

216 수접주는 '도접주都接主'로 보아야 할 것 같다. 동학농민전쟁과 관련된 각종 자료와 연구서에는 도접주와 수접주라는 개념이 혼재되어 있는데, 도소都所의 접주인 도접주는 동학농민군 조직 체계 속의 직책이며, 또한 대접주 아래이므로 마땅히 '도접주'가 맞을 듯하다.

217 "동학은 수운水雲 최제우 선생이 1860년에 창도한 직후, 교세가 경주 부근과 경주 이북 지역을 중심으로 형성되었다. 경주 부근의 동학 포덕은 주로 수운 선생이 직접 담당했으나, 경주 이북 지역의 포덕은 해월海月 최시형 선생이 중심이 되었다. 그래서 1863년 7월에 수운은 해월을 '북도중주인北道中主人(경주 이북의 동학 포덕 책임자)'으로 임명했다. 1880년대에 '북도중주인'은 '북접주인北接主人'으로 호칭이 바뀌었다. '북접'은 이 '북접주인'에서 연원했다. 그 후 '북접'은 동학 교단 내에서 동학의 도통(정통성)을 상징하는 말이자 2대 교주 해월 최시형을 지칭하는 말로 정착한다. 요컨대 '북접'은 동학 교단 내의 어떤 특정 세력을 가리키는 말이 아니며, 이른바 '남접'과 대립되는 용어도 아닌 것이다." 『동경대전』, 91쪽.

법포가 많았다. 이때 법포는 은거하여 도를 닦는다면서 일부러 봉기하지 않았고, 봉기한 무리는 오로지 서포뿐이었다. 그런데도 그 무리가 이미 이처럼 엄청났다.

지난날 최시형은 개인적으로 글을 써 펴내서 다른 사람들과 주고받았다. 그 가운데 「포덕문布德文」·「격검가擊劍歌」·「궁을가弓乙歌」·「강신주降神呪」·「강령주降靈呪」라는 글이 있는데, 이것들을 묶어 『동경대전東經大典』이라고 했다.[218] 하지만 글이 너무 천박하고 이치조차 제대로 갖추지 못하였다.

「강신주」는 "하늘님을 모시면 조화가 정해지고 영원히 잊지 아니하며 모든 이치를 알게 된다(侍天主造化定 永世不忘萬事知)"[219]라는 주문이며, 「강령

─────

서포는 호서남접湖西南接이라고도 하는데 교조신원운동과 삼례 집회 등을 주도했으며, 1894년에 전봉준과 함께 봉기를 이끌었던 서인주徐仁周(일명 장옥璋玉, 長玉)를 중심으로 한 일단의 동학 세력을 말한다.

218 『동경대전』은 동학의 2대 교주인 해월 최시형이 스승인 수운 최제우의 가르침을 집성한 경전이다. 「포덕문布德文」 「논학문論學問」 「수덕문修德文」 「불연기연不然其然」 「축문祝文」 「주문呪文」 「입춘시立春詩」 「절구絶句」 「강시降詩」 「좌잠座箴」 「화결시和訣詩」 「탄도유심급歎道儒心急」 「결訣」 「우음偶吟 1」 「팔절八節」 「제서題書」 「영소詠宵」 「필법筆法」 「유고음流高吟」 「우음偶吟 2」 「통문通文」 「통유通諭」 「포덕식布版式 외」 「무자판 발문戊子版跋文」으로 구성되어 있다. 「격검가」와 「궁을가」는 『동경대전』에 수록되어 있지 않으며, 「강신주」와 「강령주」는 독립된 주문이 아니라 「주문」의 일부 내용이다.

219 "시侍(모심)란 안으로 신령함이 있고 밖으로 기화가 있으며 온 세상 사람들이 각각 자기의 본성으로부터 옮기지 못할 것임을 안다는 뜻이다. 주主란 존칭하여 부모처럼 섬긴다는 뜻이요, 조화造化는 억지로 하지 않아도 저절로 이루어지는 것이며, 정定은 하늘의 덕에 합일하여 같은 마음을 정한다는 뜻이다. 영세永世는 사람의 한평생이요, 불망不忘은 언제나 마음속에 간직해서 잊지 않는다는 뜻이며, 만사萬事는 수가 많다는 뜻이고, 지知는 하늘의 도를 알아서 하늘의 지혜를 받는다는 뜻이다. 그러므로 밝고 밝은 하늘의 덕을 생각하고 또 생각해서 잊지 아니하면 지극한 지기至氣로 화하여 지극한 성인의 경지에 이르게 되는 것이다." 『동경대전』, 15~16쪽.

주」는 "지극한 기운이 지금 여기에 크게 내리기를 원합니다(至氣今至願爲大降)"[220]라는 주문이다. 이 두 개의 주문 21글자를 합하여 하나의 강령으로 만들었다.

어리석고 못나서 글을 모르는 사람은 이것을 몇 번 외우면 몸이 와들와들 떨리고 얼굴이 붉게 상기되는가 하면, 어떤 사람은 앉은 채로 그 자리에서 몸이 한 치 정도 위로 떠오르기도 했다. 이런 현상을 가리켜 그들은 하늘님의 영靈이 몸에 내렸다고 했다. 그러나 이런 단계를 지난 뒤에는 이미 나타난 현상 외에 달리 뚜렷하게 내세울 만한 증험은 없었다.

평소 글을 읽고 사리 분별을 갖춘 사람은 천 번을 암송해도 하늘님의 영이 내리지 않았다. 이 때문에 매우 어리석고 무식한 사람이 아니라면 배우려 들지 않았다. 그러한 이들 외에는 대부분 마음씨가 음험하고 생각이 올바르지 않은 자들이 못된 짓을 하려고 잠시 도적에 편승했다. 시형은 자신이 제자들을 가르치는 행위를 가리켜 '하늘님의 덕을 편다(포덕布德)'고 했는데, 다르게 일컬어 '도를 세상에 널리 알리다(전도傳道)', '앞장서 도를 주창하다(창도倡道)', '도를 행하다(행도行道)'라고도 했다. 그리고 그것을 좇아 배우는 것을 '도를 받다(수도受道)', '도에 들어오다(입도入道)', '도를 섬기다(봉도奉道)'라고 했다. 동학을 비방하는 것은 '도를 훼손하다(훼도毁道)'라고 했으며, 동학에 들어왔다가 나가는 것은 '도를 배반하다(반도反道)'라고 했다. 비방하거나 들어왔다가 나간 사람에게는 모두 무거운 벌을 주었다.

---

220 "지至란 더 이상 위가 없음을 이름이고, 기氣란 비었으되 신령하고 창창해 우주 만물에 대해 간섭하지 않음이 없고 명령하지 않는 일이 없다. 형체가 있는 것 같지만 형용하기 어렵고 들리는 것 같지만 보기 어렵나니 바로 혼원渾元한 하나의 기운인 것이다. 금지今至란 이 도에 입도해 하늘님 기운과 접하게 되는 것을 안다는 뜻이요, 원위願爲란 간청하면서 축원한다는 뜻이고, 대강大降이란 하늘님 조화인 기화氣化를 바라는 것이다." 『동경대전』, 15쪽.

접주 외에도 도접都接·접사接師·강사講師·강장講長·교장教長·교사教師·교수教授와 같은 명칭이 있는데, 모두 포덕을 행할 때 사용했다. 성찰省察·검찰檢察·규찰糾察·주찰周察·통찰統察·통령統領·공사장公事長·기포장騎砲長과 같은 명칭은 모두 기포할 때 사용했다. 또 읍마다 접接을 설치했는데, 이를 '대도소大都所'라고 일컬었다. 대도소에는 한 명의 접주를 배치하여 관에서 수령이 하는 것과 같은 일을 행하게 했다. 대도소에 배치된 접주를 '집강執綱'이라고 불렀으며 벼슬이 있건 없건 개의치 않았다. 대도소는 '도소都所' 또는 '대의소大義所'라고 부르기도 했으며, 큰길가에 있으면 '행군의소行軍義所'라고 칭했다. 또 대도소에서 전달하는 문서는 '영지令紙'라고 했다.

그들은 귀천과 노소를 가리지 않고 모두가 서로 대등하게 두 손을 마주 모아 잡고 인사하는 예를 법도로 삼았다. 그리고 포군砲軍은 '포사 접장砲士接長'이라고 불렀으며, 미성년자는 '동몽 접장童蒙接長'이라고 불렀다. 노비와 주인이 함께 입도한 경우에도 마찬가지로 서로 상대방을 '접장'이라고 불렀는데, 마치 친구를 사귀는 것처럼 평등하게 대했다. 그 때문에 대체로 집안에서 부리는 사노비, 역참의 아전과 심부름꾼, 무당의 남편, 관아에서 물을 긷는 사람 등 사회적 신분이 낮은 부류가 가장 좋아하며 추종했다. 사람이 많이 모이고 난 뒤부터는 '입도'했다고만 하고, 주문의 암송 여부는 별로 따지지 않았다.

몇 년 전에는 동학에 입도한 사람들에게서 반드시 온몸에 종기가 나는 현상이 나타났다. 사람들은 이를 가리켜 '동학옴東學疥瘡'이라 불렀고, 동학 내부에서는 '도두道痘'라고 했다. 이 병은, 시간이 걸리기는 했지만 오래되면 저절로 나았다. 이 무렵에 이르러서는 동학에 입도해도 동학옴에 걸리는 사람이 한 명도 없었다. 그래서 동학옴에 걸렸던 사람을 '구도舊道'라고 불렀고, 나중에 새로 들어온 사람을 '신도新道'라고 불렀다. 또 일반 백성을 가리켜 '속인俗人'이라 했는데, 속인 가운데 동학을 비방하는 사람이 있으면 반드시 위협을 가해 동학에 들어오도록 만들었다. 이것을 가리켜 '도를 강요한다(늑도勒道)'고 했다. 이런 행위는 대체로 어느 누구라도 그들을 가리켜 함부로 도적이라 비난하지 못하게 만들고, 동시에 그 도가 대단하다고 함께 칭찬하게 함으로써 영원한 평화 세상(五萬年無極大道)을 만들고자 하는 데서 비롯되었다.

동학에 들어갈 때는 반드시 하늘에 제사를 올리는 의식을 행했다. 제사상에는 단술과 생선, 과일, 세 접시만 올렸고, 닭고기와 개고기는 먹지 못하게 했다.[221] 개는 나쁜 고기로 여겼으며, 닭을 꺼린 까닭은 머지않아 계룡산 鷄龍山 정씨鄭氏가 흥성할 터인데 행여 왕기王氣를 손상시킬까 두려웠기 때문이다. 또한 반드시 용왕에게 제사를 올려 산줄기를 보호했다. 제사를 지낼 때는 몸에 이름표를 달았지만, 인원이 늘어난 뒤로 이름표를 달지 않는 사람들도 나타났다.

동학을 배울 때는 반드시 사례금으로 돈 2꿰미를 접주에게 바쳐야 했다. 법도를 정할 때 이미 신분의 귀천을 가리지 않았으므로 동학에 입도하는 절차 또한 매우 간편했다. 그 무리에 한번 들어가면 못하는 짓이 없었다. 심한 경우에는 다른 사람의 무덤까지 파헤치고, 개인 간의 사사로운 빚을 받아내고, 부자를 위협하고, 사대부를 욕보이고, 수령을 꾸짖어 조롱하고, 아전과 군교를 강제로 결박하는 등, 천둥이 치고 바람이 몰아치듯 한껏 기세를 올리

---

221 『동경대전』의 포덕식布德式 중 제수祭需 의식에는 "제사용 술과 떡과 국수, 생선과 각종 과일, 포와 튀각과 채소, 향과 초를 쓴다. 고기 종류에 대해 말하면 꿩고기는 언제나 쓰고, 돼지고기는 때에 따라 쓰도록 할 것이며, 제수의 많고 적음은 형편에 닿는 대로 한다.(設其醴 酒餠麵 魚物果種 脯藿菜蔬 香燭用之 而以肉種論之 雉則例用 猪則或用 祭需之多少 隨其力行 之也)"라고 되어 있다. 개고기나 닭고기에 관련된 내용은 특별히 없다.

면서 그동안 쌓이고 쌓였던 굴욕과 원한을 마음껏 풀었다. 이런 까닭에 어리석은 자들과 도둑질을 하던 놈들, 그리고 사회의 패륜아들이 동학에 들어갔다. 어쩌다 부자들 또한 들어갔는데, 이는 약탈당할 것을 두려워했기 때문이다. 그러나 이런 경우라도 대체로 약탈을 면할 수는 없었다. 오직 사대부만이 죽을지언정 동학에 들어가지 않고 사방으로 달아나 숨었다. 일반인 가운데서도 성실하고 신중한 사람은 또한 이런 사대부의 행동을 본받았다. 그 때문에 도적들은 더욱 사대부를 증오했고, 반드시 심한 모욕을 주어 집안을 뒤집어엎어버렸다.

그들이 내리는 형벌에는 목을 베는 참형斬刑, 목을 매어 죽이는 교수형絞首刑, 곤장을 치는 곤형棍刑, 볼기를 치는 태형笞刑과 같은 것은 없고, 단지 주리를 트는 주리형周牢刑만 있었다. 설령 큰 죄를 진 경우라도 죽이지는 않고 다만 주리를 틀면서 '도인은 사람을 죽이지 않는다'고 자화자찬했다. 그러나 저들의 속뜻은 가혹한 고문을 통해 재물을 빼앗는 데 있었다. 바로 죽여버리면 재물을 얻을 수 없기 때문에, 비록 평소에 죄악이 뚜렷해서 사람들이 이구동성으로 '죽여야 할 놈'이라고 외치더라도 돈을 많이 내놓으면 풀어주었다. 그 일당이 법을 어길 경우라도 또한 죽이지는 않고 대개 종아리를 때리는 것으로 마무리하면서 '도인은 동료를 사랑한다'고 했다. 그러나 동료 가운데 부자가 있으면 다른 부자에게 그랬듯이 주리를 틀었다. 이에 따라 한 달 남짓 사이에 50개 고을의 백성들 가운데 6,000평가량의 땅을 가졌거나 집안의 재산이 제법 많은 사람은 모두 주리를 당했다. 민간에서는 이를 '주리 풍년'이라고 했다.

이때부터 도적과 일반 백성이 어우러져 난장판을 이루면서 재빨리 모였다가 흩어지기를 반복했다. 그 때문에 도적인가 하면 도적이 아니고, 백성인가 하면 백성이 아니었다. 바야흐로 수천 리를 난장판으로 만들고 난 뒤에야 그만둘 것 같았다. 봉준 등이 비록 도탄에 빠진 백성을 구하기 위해서 난을 일으켰다고 하지만, 또한 일이 이처럼 형편없이 어긋나버릴 줄은 미처 생각하지 못했을 것이다. 5일 이후에 봉준은 여러 읍을 돌아다니면서 정도가 심하지 않도록 조절하고 제한하려 했지만 명령이 먹혀들지 않았다. 각기 '접'을 이루어서 오로지 힘이 세고 세력이 많은 자들이 서로 우두머리가 되려고 했다.

우리나라는 신라와 고려가 모두 불교를 국교로 삼아 유교가 아닌 이단을 숭상했던 까닭에 이상한 승려가 많았다.

저 의상義湘[222]과 도선道詵[223]을 비롯하여 우리 조선 초기의 무학無學[224]과 같은 자가 그런 부류이다. 이들은 번갈아가며 예언서를 만들었는데, 그것들이 지금까지도 전해지고 있다. 그들의 말 가운데 어떤 것은 가끔 신기할 정도로 적중했다. 그래서 세상에는 이런 예언서에 현혹되는 사람들이 제법 있

---

222 의상(625~702)은 통일신라 시대의 승려로, 속성俗姓은 김씨金氏이다. 신라 10성聖의 한 사람이며, 당나라에 건너가 화엄華嚴을 공부했다. 귀국 후에는 왕명王命을 좇아 부석사를 세우고 화엄종을 강론하여 우리나라 화엄종의 창시자가 되었다. 전국 열 군데에 화엄종 사찰을 세웠으며, 많은 제자를 길러냈다. 저서에는 『화엄일승법계도華嚴一乘法界圖』 등이 있다.

223 도선(827~898)은 통일신라 말기의 승려로, 속성은 김씨金氏이며, 풍수지리설의 대가이다. 혜철 대사惠徹大師에게서 무설설無說說·무법법無法法을 배워 크게 깨달았으며, 참선 삼매의 불도를 닦았다. 그의 음양지리설과 풍수상지법風水相地法은 고려와 조선 시대에도 큰 영향을 미쳤다.

224 무학(1327~1405)은 고려 말기~조선 초기의 승려로, 속성은 박씨朴氏이며, 법명은 자초自超이다. 이성계의 스승으로도 유명하다. 법천사와 영암사에 수년 간 머물다가 양주 회암사檜巖寺에서 계속 지냈다. 새 도읍지의 지상地相을 보러 계룡산과 한양 등지를 돌아다녔다. 저서에 『인공음印空吟』이 있다.

었다. 이 무렵에는 이른바 『감록鑑錄』[225]이라는 것과 『향린산총론香麟山總論』이라는 것이 여기저기서 떠돌았다. 이것들을 베낀 오래된 종이가 여염집의 낡은 주렴에 너덜거리며 붙어 있었지만, 그것이 어디에서 유래했는지 그 내력을 아는 사람은 아무도 없었다. 오늘날 전해지는 것 가운데 다음과 같이 교묘하게 지어낸 말도 있다.

"우리 태조의 선대에 이심李沁이라는 분이 있었다. 이분이 중국의 봉황성鳳凰城에 갔을 때 우연히 절강浙江 출신의 정감鄭戡이라는 사람을 만났다. 감은 당唐나라가 망한 뒤 다섯 왕조가 왕권을 다투며 참화를 일으켰던 이른바 오계五季의 난을 피해서 동쪽으로 왔다고 했다. 심은 그가 보통 사람이 아님을 한눈에 알아보고 우리나라로 함께 돌아왔다. 심은 그를 데리고 향린산에 올라가 우리나라 산천의 운수를 두루 논했다. 정감은 '왕씨王氏가 송악松岳(원문에는 '숭松'으로 표기되어 있다)에 도읍하고, 이어서 이씨李氏가 한양漢陽에 도읍하고, 이어서 정씨鄭氏가 계룡산에 도읍하고, 이어서 조씨趙氏가 가야산伽倻山에 도읍하고, 이어서 범씨范氏가 칠산七山에 도읍하는 것으로 끝난다'고 했다."[226]

---

225 감록鑑錄은 보통 鄭鑑, 鄭勘, 鄭湛 등으로 표기된다. 일반적으로 『정감록』은 「감결鑑訣」을 비롯해 「동국역대기수본궁음양결東國歷代氣數本宮陰陽訣」, 「역대왕도본궁수歷代王都本宮數」, 「삼한산림비기三韓山林秘記」 등을 일괄한 범칭이다. 엄격한 의미의 『정감록』은 "풍수학적으로 우리 국운의 미래를 대화 형식으로 예언한 도참으로, 고려조에서 이조로 바뀐 것과 이조는 오백 년 후에 멸망하고 정씨가 왕위에 올라 계룡산에 도읍할 것이라는 예언을 기록한 것"만을 말한다. 「정감록」은 광의로나 협의로나 이칭이 적지 않다. 「감결鑑訣」, 「유산록遊山錄」, 「징비록徵秘錄」, 「운기구책運奇龜策」, 「감인록鑑寅錄」, 「비지론秘知論」, 「정이감여론鄭李堪輿論」, 「정이문답鄭李問答」 등이 그것이다. 「감결」은 『정감록』이라는 비결의 약칭이자 편명篇名의 하나로 보인다. 『정감록鄭鑑錄』, 24~25쪽 참조.

226 『정감록』, 「감결」의 해당 내용은 다음과 같다. "한룡공漢隆公이 완산백完山伯에 봉해졌다. 공

이것이 세상에서 말하는 이른바 『향린산총론』이다.[227] 또 이런 말이 널리 퍼졌다.

"세대와 연월에 따른 길흉화복과 흥망성쇠의 운수를 추론하여 은어隱語로 비결을 만든 뒤 돌함에 넣고 단단히 잠가서 궁중에 간직해 두었다. 그 돌함이 고려에서 우리 조선에 전해졌다. 모두 비밀리에 이루어져서 그것을 열어 본 사람은 아무도 없었다."

이것이 세상에서 말하는 이른바 『감록』이다. 『총론』의 내용이 세상에 돌아다닌 지는 이미 오래되었지만, 『감록』은 거의 전해지지 않았다. 임진년 (1592)의 전란으로 삼남 지방이 쑥대밭이 되었을 때, 조선 땅 어디에서도 왕실을 위해 충성을 다하겠다는 사람이 없었다. 영의정 서애西厓[228] 유성룡柳成龍이 결국 『감록』을 열어서 "아직은 국운이 끊어지지 않고 이어진다"는 내용

에게는 세 명의 아들이 있었다. 맏아들 임淋은 일찍 죽었고, 둘째가 심沁이고 셋째가 연淵이다. 정공鄭公(정감鄭鑑)과 함께 팔도의 산수가 뛰어난 곳을 유람하다가 금강산에 이르러 죽장竹杖과 망혜芒鞋에 의지하여 비비대飛飛臺에 올라 서로 돌아보며 말하기를 '천지는 음양이 먼저 주장이 되는도다' 하였다. 심이 말한다. '산수의 법이 기이하고 절승하도다' 하였다. 정鄭이 말한다. '곤륜산崑崙山으로부터 온 맥이 백두산白頭山에 이르고 원기元氣가 평양에 이르렀으나 평양은 이미 천 년의 운수가 지나고 송악松岳으로 옮겨져서 오백 년 도읍할 땅이 되나 요망한 중과 궁녀가 난을 꾸미고 땅 기운이 쇠패衰敗하고 하늘 운수가 비색否塞하여지면 한양으로 옮길 것이다. …' 하였다. 심은 말한다. '내맥來脈의 운수가 금강산으로 옮기어 태백산太白山(안동에 있음) 소백산小白山(순흥에 있음)에 이르러 산천이 기운을 뭉치어 계룡산鷄龍山으로 들어갔으니 정씨鄭氏의 팔백 년 도읍할 땅이요, 원맥元脈은 가야산伽倻山으로 들어갔으니 조씨趙氏의 천 년 도읍할 땅이요, 전주全州는 범씨范氏의 육백 년 도읍할 땅이요, 송악松岳에 되돌아와서 왕씨王氏가 다시 일어나는 땅인데, 나머지는 자세하지 않아서 상고할 수 없다' 하였다." 『정감록』, 124~125쪽 참조.

227 『향린산총론』의 내용은 『정감록』의 「감결」 내용이며, 여기서 향린산은 금강산을 가리키는 듯하다.

228 유성룡의 호 서애는 원문에 '西崖'로 되어 있으나 '西厓'의 오기이므로 바로잡는다.

을 보고, 대중의 마음에서 의기를 격발시키고자 곧바로『감록』을 숭례문에 사흘 동안 걸어 두었다. 그 결과 임진년 이전에는 한결같이 원문에 의거했지만, 임진년 이후에는 제멋대로 내용을 고치고 앞뒤가 뒤섞인 것들이 나돌았다. 이 때문에 서애는 간사한 자들의 삐뚤어진 마음을 막으려고 다시 한 권을 베껴서 자신의 집에 보관했다. 지금도 유씨 집안에는『감록』의 진본이 전해지고 있다. 다른 본들도 모두 이것에서 나왔지만, 그 내용에 틀리고 맞지 않는 것이 많았다. 또 이런 말도 있다.

"『감록』의 원본에는, 임진년 전란은 '이재송송利在松松', 순조 때 일어난 홍경래 난은 '이재가가利在家家', 조선 말기의 국운은 '이재궁궁을을利在弓弓乙乙'이라고 되어 있다."[229]

사람들은 이것을 이렇게 풀이했다.

"일본이 이여송李如松을 만나 패하였으니 송송松松이라는 예언이 적중했다. 홍경래가 난을 일으켰을 때 마침 날씨가 몹시 추워서 집을 떠나지 않은 사람들이 살아남았으니 가가家家도 적중했다. 다만 궁궁을을弓弓乙乙[230]이 앞으로 무엇을 예언한 것인지는 알 수 없다."

---

229 『정감록』의 해당 부분은 다음과 같다. "대개 세상에서 몸을 피하자면 산에도 이롭지 않고 물에도 이롭지 않고 양궁兩弓이 가장 좋다.(蓋人世避身 不利於山 不利於水 最好兩弓)"『정감록』「감결」132쪽. 또「도선비결道詵秘訣」에는 "임진년에 섬 오랑캐가 나라를 좀먹으면 소나무와 잣나무에 의지할 것이요, 병자년에 북쪽 오랑캐가 나라에 가득하니 산도 이롭지 못하고 물도 이롭지 못하고 궁궁이 이롭다.(壬辰島夷蠹國 可依松栢 丙子坎胡滿國 山不利 水不利 利於弓弓)" 했다. 여기서 '송백松栢'은 임진왜란 때 조선을 도운 명나라 장수인 이여송과 그의 아우 이여백李如栢을 가리킨다고 해석하고 있다.『정감록』「도선비결」187쪽 참조.

230 '궁궁을을弓弓乙乙'은 '약弱' 자의 파자破字이고, '궁궁弓弓'은 음역인 '활활', 바로 '광활廣闊'을 뜻한다.『정감록』, 112쪽 참조. 이 말은 산도 이롭지 않고 물도 이롭지 않다면 '광활한 들판'이 이롭다는 뜻으로 해석된다.

이때부터 세상 물정에 어두운 괴팍한 선비들과 미련하고 어리석은 사람들이 글자를 분해해서 비유하거나, 또는 전거나 출처가 확실하지 않은 문자를 가지고 억지로 꾸며댔는데 마치 잠꼬대를 하는 것 같았다. 그리하여 보고 들어서 익숙해지면 말을 배우는 아이들도 쉽게 따라 할 수 있었다. 아아! 이런 것들은 참으로 터무니없고 망령되어 논쟁할 가치조차 없다. 더욱이 그 논거를 쉽게 허물 수 있는 몇 가지 단서가 있다.

삼가 왕실의 족보인 『선원보璿源譜』를 살펴보면 신라에서 사공司空 벼슬을 지낸 이한李翰부터 실려 있는데, 이심李沁을 기휘하지 않고 그대로 적은 것이 첫 번째 단서이다.

이심이 정말 정감과 나눈 대화를 기록한 것이 있다 하더라도, 당시에 누가 그것을 믿었으며 후세의 누가 그것을 전했다는 말인가? 하물며 역대 왕조가 그것을 궁중에서 비밀리에 간직해 두었다는 말인가? 이것이 두 번째 단서이다.

또 정말로 궁중에서 간직하고 있었다고 치자. 임진년 4월 그믐날 충주에서 패전 소식이 전해졌을 때 선조 임금은 쏟아지는 비를 무릅쓰고 서울을 떠나 몽진에 올랐다. 이때 영의정 유성룡은 임금이 탄 수레를 호위했는데, 어느 겨를에 예언서를 꺼내서 숭례문에 내다 걸었단 말인가? 이것이 세 번째 단서이다.

만약 정말로 예언서를 꺼내서 내다 걸었다면, 이 조치는 한때의 임기응변에 지나지 않는다. 유백온劉伯溫[231]은 죽음을 앞두고 방술서方術書를 모두

---

231 유백온의 본명은 유기劉基(1311~1375)이며, 백온伯溫은 자이다. 그의 출신지인 '남전南田'이 나중에 '청전靑田'으로 불리면서 유청전劉靑田이라는 이름으로도 일컬어졌다. 원말元末 명초明初의 군사가이자 정치가, 문학가이다. 주원장朱元璋을 도와서 명나라 개국에 큰 공을 세웠

불태워버렸는데, 하물며 서애 같이 훌륭한 인물이 나라의 위기를 이용하여 자손들이 난리를 피할 수 있는 자료를 챙겼겠는가?[232] 이것이 네 번째 단서이다.

또 우리 조선의 내란에는 세조 임금 때 함경도 길주吉州에서 조정의 인사 정책과 호적 제도에 불만을 품은 이시애李施愛가 일으킨 반란(1467), 선조 임금 때 충청도 홍산鴻山에서 국가의 위기를 틈타 이몽학李夢鶴이 일으킨 반란(1596), 인조 임금 때 광해군의 복위를 꿈꾸며 이인거李仁居가 일으킨 반란(1627), 인조 임금 때 이괄李适과 한명련韓明璉이 일으킨 반란(1624), 영조 임금 때 정희량鄭希亮과 이인좌李麟佐가 일으킨 반역(1728) 등이 있는데, 이런 것들은 『감록』에 실려 있지 않은 반면, 오직 홍경래의 반란만이 실려 있는 까닭은 무엇인가?

또 외적의 침입은 오랑캐로 말하자면 바로 정묘년(1627)의 호란과 정축년(1637)의 굴욕이 있다. 일본으로 말하자면 바로 정유년(1597)의 재침략 당시 미친 듯이 살육을 자행하여 그 참혹함은 임진년보다 몇 배나 심했다. 이모든 난리가 『감록』에 실려 있지 않은데, 어째서 임진년의 난리만 실려 있는 것일까? 어떤 사람들은 '송송松松이 이것들을 다 포함하고 있다'고 하지만, 정유년의 침략 때 이여송은 이미 중국으로 돌아가서 전사한 지 오래되었다. 이것이 다섯 번째 단서이다.

다. 경사經史, 천문, 병법에 능통했으며, 특히 주역과 음양오행에 정통하여 제갈공명에 비견되었다. 유백온은 임종을 앞두고 방술에 관한 책을 모두 태워 없애버렸다. 『명사明史』 중中「열전 제16, 유기劉基」 참조.

232 유성룡의 집안에 『정감록』의 필사본이 전해진다는 이야기는, 유성룡의 저작 『징비록懲毖錄』(임진왜란 동안에 경험했던 사실을 기록한 책)과 비슷한 이름의 「징비록徵秘錄」이 「감결」의 이본으로 존재하는 데서 유래한 듯하다.

이른바 『감록』에서 말하는 과거의 사건에 대한 증험이라는 것도 모두 억지에 가깝고, 도무지 해석할 수 없으면 그것을 궁을乙乙에 갖다 붙였다. 나는 『감록』이라는 것이 실제로 존재한다고 해도 이런 수준에 불과하다고 생각한다.[233]

아! 군자는 미래를 예측하는 학문 따위에는 관심을 갖지 않는다. 그러나 옛날부터 운명을 점치고 운수를 예측하는 술사들은 대부분 성격이 활달하고 거침이 없기 때문에 때로는 몇 마디 간단한 말로 세상 사람들을 놀라게 했다. 저 한나라 무제 때 천문에 정통한 낙하굉洛下閎[234]이 역曆을 만들 때

---

[233] 한국기독교사료연구소가 펴낸 『이능화 조선기독교와 외교사』(삼필문화사, 2010)의 「제3장 정감록 미신의 유래」에서는 『정감록』이 위서임을 다음과 같이 말한다.
"이른바 『정감록』은 과연 어떤 것인가? 곧 허탕한 풍수설에 지나지 않는다. 그리고 우리 조선 사람은 본디부터 풍수설을 믿어왔다. 그러므로 또한 『정감록』을 맹신하여 다시 그 진위를 분별하려고 하지 않는다. 그러나 이조 초엽에 천하 사람이 소장한 도참 등의 책을 거두어 모아서 불살라버리고 엄하게 금조禁條를 세우니, 그때 이 참서의 이름이 보이지 않는다. 그러니 이 『정감록』은 후인의 위찬僞撰임을 알겠다. … 또 살피건대 명종 때 울진 사람 남사고南師古가 잘 추수推數하여 예언이 많았으되 또한 『정감록』이란 말이 없었다. 생각건대 선조 때 당파가 갈린 이래로 뜻을 잃고 나라를 원망하는 무리가 이른바 『정감록』을 지어내어 그 나라를 저주하는 계교를 마음대로 하여 그 조정을 원망하는 마음을 누설한 것인가?"
한편 김수산과 이동민은 다음과 같은 내용을 근거로 『정감록』이 조선시대의 저작이라고 주장한다.
"첫째, 『정감록』에 나오는 지명은 신라·고려 때도 같은 이름이 없는 건 아니나 이조 초기에 개명한 것이 상당히 많다. 둘째, 세조·성종 때 민간에서 거두어들인 참서讖書 목록 가운데 『정감록』이 보이지 않는다. 셋째, 『조선왕조실록』 인조 6년 정월 초에 '초포에 조수가 들어오면 계룡산에 도읍을 세우리라(草浦潮入 鷄龍建都)'라는 『정감록』의 내용과 비슷한 글귀가 비로소 보인다. 이상에 의하여 이조 중엽, 곧 성종 이후 인조 이전에 『정감록』이 저작되었다고 볼 수 있다." 『정감록』, 「저자 및 저작 연대」, 70~73쪽.

[234] 낙하굉(기원전 156~기원전 87)은 전한前漢 시대의 인물로, 자가 장공長公이다. 천문·지리·역수曆數에 정통했으며 낙하洛下에 운둔했다. 한漢 무제武帝의 명을 받아 전욱력顓頊曆을 개정하여 태초력太初曆을 만들었다. 태초太初는 한 무제의 연호이며(기원전 104년부터 기원전 101

'800년 후에 하루의 오차가 생기지만, 한 명의 성인이 출현하여 이것을 해결한다'고 한 예언, 진晉의 곽경순郭景純[235]이 '강江 동쪽 구석은 왕업을 이루고 300년 후에 도로 돌아와 중국과 합한다'고 한 예언,[236] 진희이陳希夷[237]가 '송나라의 세 번째 네 번째 천도지遷都地는 민閩(복건福建)과 광廣(광동廣東)이다'라

까지 사용), 태초력을 만든 해를 태초 원년으로 삼았다. 낙하굉 외에도 사마천司馬遷과 등평鄧平 등 20여 명이 태초력을 만드는 데 참여했다. 현재는 기록으로만 전해진다. 2004년 9월 중국과학원은 국가천문대가 발견한 제16757호 소행성小行星을 '낙하굉落下閎'으로 명명했다.

235 곽경순(276~324)은 동진東晉 시대 사람으로, 경순景純은 자이고, 박璞이 이름이다. 박학다식하고, 경학과 고문에 능하여 『이아爾雅』,『산해경山海經』,『초사楚辭』 등을 주석했다. 점성술에도 뛰어났다. 원제元帝 때 벼슬이 상서시랑尙書侍郞에까지 이르렀으나, 명제明帝 때 왕돈王敦에게 피살되었다. 왕돈이 군사를 일으켜 모반을 거행하기 직전에 길흉을 점쳤는데, 곽박은 점괘가 좋지 않음을 핑계로 모반에 찬성하지 않았고, 이에 왕돈이 그를 죽였다. 『진서晉書』 상上 「열전 42, 곽박郭璞」 참조.

236 『수서隋書』「설도형전薛道衡傳」에 다음과 같은 내용이 있다. "수隋 개황開皇 8년(588), 왕의 군대가 강江 땅에 도착하자 고경高熲이 밤에 진중에 좌정하고 말했다. '지금 강 땅 동쪽을 쳐서 평정하고 다스리고자 하는데, 괜찮겠는가? 그대는 말해보라.' 이에 도형이 대답했다. '모름지기 대사의 성패를 논하자면 먼저 지극한 이치로 결단해야 합니다. 「우공禹貢」에 실린 구주九州는 본시 왕자王者의 봉역封域입니다. 곽박郭璞은 장강의 동쪽 구석이 왕업을 이루고 그로부터 300년 뒤에는 도로 중국에 돌아와 합하게 된다고 하였습니다. 이제 그 수가 다 찼습니다.'"
「우공」은 『서경書經』「하서夏書」의 편명인데, 우禹가 홍수를 다스리고 중국을 구주九州로 나눈 업적 등을 기록했다. 수의 개황 8년은 곽박의 시대로부터 300년 이상 경과했다. '그 수가 다 찼습니다'라는 말은 바로 이 시간의 경과를 가리킨다. 그러나 『진서晉書』「곽박전郭璞傳」에는 설도형이 인용한 곽박의 예언이 존재하지 않는다.

237 진희이(872~989)는 중국 오대 시대와 송나라 초기의 역학자易學者이자 도사道士이다. 본명은 진단陳摶, 자는 도남圖南, 호는 부요자扶搖子, 송宋 태종太宗이 희이 선생希夷先生이라는 호를 하사했다. 『태극도太極圖』를 저술했다. 주돈이周敦頤의 『태극도설太極圖說』은 이것을 바탕으로 지어졌다고 한다. 『송사宋史』「진단전陳摶傳」 참조.

고 한 예언,[238] 송宋의 저명한『역경易經』연구자 소강절邵康節[239]이 제시한『제

기帝紀』[240] 등은 모두 우연히 흥미 있는 이야기를 지어내서 세상과 다른 것을

즐기며 희롱한 행태일 뿐, 결코 언제 어떤 일이 일어날지를 문자로 적어 무

---

238 송나라는 북송北宋 시기에 변경汴京(개봉開封)을 수도로 삼았다. 이후 항주杭州로 옮겨 남송을
    세웠고, 마지막엔 복건으로 피난했다가 광동에서 멸망했다. 진단의 예언은, 송나라가 도읍
    을 네 번 옮긴다는 '일변一汴, 이항二杭, 삼민三閩, 사광四廣'이다. 그러나『송사宋史』「진단전
    陳摶傳」에는 이 예언에 관한 내용이 존재하지 않는다.

239 소강절(1011~1077)은 북송의 철학자로서 소옹邵雍 또는 소요부邵堯夫라고도 한다. 강절은 시
    호이다. 성리학의 이상주의 학파 형성에 큰 영향을 미쳤다. 수數에 대한 그의 생각은 18세
    기 유럽의 철학자 라이프니츠Gottfried Wilhelm von Leibniz의 2진법에도 영향을 주었다.
    본래 도가道家였던 그는 여러 번 관직을 제수받았으나 모두 마다하고 하남河南 교외의 초
    라한 은둔처에서 친구들과 교유하며 명상으로 세월을 보냈다. 유교의 경전이자 점치는 데
    도 이용된『역경』을 공부하다가 유교에 관심을 갖게 되었다.『역경』을 연구하면서 수가 모
    든 존재의 기본이라는 상수학象數學 이론을 만들었다. 그에 따르면, 여러 가지 다른 요소들
    을 숫자로 분류하는 법을 알게 되면 모든 존재의 밑바탕에 깔려 있는 정신을 이해할 수 있
    다고 한다. 보통 2 또는 5라는 숫자를 선호하던 이전의 학자들과 달리, 그는 세계의 열쇠
    가 숫자 4라고 믿었다. 그리하여 우주는 4개 부분(해·달·별·황대), 몸은 4개의 감각기관(눈·
    코·귀·입), 지구는 4가지 물질(물·불·흙·돌)로 이루어져 있으며, 같은 이치로 모든 생각을 표
    현하는 방법도 4가지, 행동의 선택 여지도 4가지라고 주장했다. 비록 이런 복잡한 체계가
    유교의 근본과는 거리가 있고 중국 철학의 발전에도 별로 기여하지 못했으나, 중요한 점은
    그 체계의 기본이 되는 사상, 즉 '존재하는 모든 것의 본원에는 통일성이 존재하며, 그것은
    소수의 뛰어난 사람만이 파악할 수 있다'는 것이다. 우주의 통일성 밑바닥에 깔려 있는 원
    리는 우주뿐만 아니라 인간의 마음에도 똑같이 적용된다는 그의 사상은 성리학 이상론의
    기본이 되었다. 그는 또 역사란 반복되는 주기의 순환으로 이루어진다는 불교 사상을 유교
    철학에 도입했다. 불교에서 '겁劫'이라고 하는 주기를 그는 '원元'이라 부르고, 그 순환주기
    도 원래의 천문학적 기간을 줄여서 12만 9,600년이라고 했다. 이 사상은 나중에 모든 성리
    학파에게 받아들여졌으며, 12세기 송나라에 들어서서는 주희朱熹에 의해 관학官學 이론의
    일부가 되었다. 저서로는『황극경세皇極經世』,『이천격양집伊川擊壤集』,『어초문답漁樵問答』
    등이 있다.『송사宋史 1』「열전 186, 도학 1 소옹邵雍」참조.

240 소강절의 저서에『제기帝紀』라는 것은 없다. 아마도『황극경세』를 가리키는 듯하다.

궁한 하늘의 조화를 모두 누설한 것은 아니다. 이런 까닭에 나는 세상에 전해지는, 당나라 태종 때의 풍수지리가 이순풍李淳風이 비밀리에 기록했다는 「예조난지藝祖亂之」[241]라는 것도 믿지 않는다. 또 만약 진짜 예언이 있다고 한다면, 그것은 난해하기 때문에 예언이라고 했을 것이다. 그런데 누구나 이해할 수 있다면 예언이 갖는 묘미는 오래전에 상실되었을 터이므로 사람들의 흥미를 끌지 못했을 것이라고 나는 생각한다.

미래의 길흉을 예언하는 참서들이 세상에 나돈 것은 한漢나라 때부터이다. 초기에는 아마도 진본이 있기는 있었을 것이다. 그러나 간사한 영웅과 난을 꾀하는 이들이 어리석은 사람들을 유혹하기 위해 틀림없이 잘못된 것을 끼워 넣고 뒤섞었을 터다. 심한 경우에는 그 내용에 영합하고 끼워 맞춰 사람들의 호응을 이끌어내기도 했을 것이다. 그래서 진짜 참서조차 또한 어

---

241 「예조난지」에 대해서는 정확한 전거가 없다. 다만 『구당서舊唐書』 하下 「이순풍李淳風 열전」에 다음과 같은 내용이 있는데, 이 일을 가리켜 예조난지라고 말하는 것이 아닐까 추측한다. "일찍이 태종 시절에 『비기秘記』가 있었는데 거기에 이런 말이 있다고 한다. '당唐은 삼대 후에 여왕인 무왕武王이 대신 천하를 차지한다.' 태종이 몰래 순풍을 불러들여 대책을 물었다. 순풍이 대답했다. '제가 점괘를 가지고 추산했더니 그 조짐이 이미 조성되었습니다. 그리고 그 사람은 이미 태어나서 지금 폐하의 궁 안에 있는데, 지금부터 30년 이내에 천하를 차지하여 당씨唐氏 자손을 모두 죽여 없앨 것입니다.' 태종이 다시 물었다. '그 사람이라고 의심되는 사람들을 모두 죽여버리면 어떻게 하는가?' 순풍이 대답했다. '하늘이 명하는 것은 절대로 피해 갈 수 없습니다. 왕은 죽지 않지만 억울한 일이 죄 없는 사람에 미칠까 많이 두렵습니다. 또 역易의 「상상전上象傳」을 가지고 보면 이미 조짐이 이루어졌고, 그 사람이 궁 안에 있습니다. 그렇다면 이 사람은 폐하의 후궁입니다. 앞으로 30년이 지나면 당연히 늙고 약해질 것입니다. 사람은 늙으면 인자해집니다. 성이야 바뀌겠지만 폐하의 자손이니 그렇게 심한 것은 아닙니다. 지금 죽여버린다면 당연히 바로 다시 태어나서 30년이 지나면 젊고 혈기 왕성하여 매우 독살스러울 것이며 반드시 죽여서 원수를 갚을 것입니다. 그렇게 되면 폐하의 자손을 살육하여 절대로 뒤를 남기지 않을 것입니다.' 태종은 순풍의 말을 듣고 그만두었다." 그런데 '예조藝祖'는 보통 송나라 태조 조광윤趙匡胤을 가리키며, 어떤 나라의 건국 시조인 태조太祖나 덕이 있는 군주를 가리키기도 한다.

면 일의 징조로 삼기에는 부족함에도 불구하고 종종 이런 사실을 죽을 때까
지 깨닫지 못한 사람들도 있었다. 예를 들면 중국의 전한前漢 말기 때 뛰어
난 천문학자였던 유흠劉歆은 이름을 유수劉秀로 고쳤지만 끝내 자살로 생을
마감했다.[242] 또 삼국시대의 원술袁術은 참서의 내용을 믿고 황제를 자칭했다
가 결국 파멸의 길을 걸었다.[243] 더욱이 수隋나라 말기 이밀李密은 위공魏公이
되었지만 자신과 아들 열여덟 명이 모두 죽었을 뿐이다.[244] 원나라 말기에는
미륵불을 신봉한 유복통劉福通이 홍건紅巾의 난을 일으켰지만 끝내 죽음을 면

---

242 『한서漢書』「유흠전劉歆傳」에 따르면, 유흠은 '유수劉秀가 천하를 차지한다'는 예언에 따라
이름을 고쳤다고 한다. 왕망王莽이 한 왕조를 찬탈하고 칭제한 뒤 유흠은 국사國師로 초빙
되어 그의 국정에 협력하였다. 그러나 나중에 왕망의 가혹한 정치에 반대하여 모반을 기도
했다가 결국 자살했다. 그런데 왕망을 멸망시키고 천하를 차지한 후한後漢 광무제光武帝의
이름이 유수劉秀이다.

243 원술(155~199)은 자가 공로公路이며, 중국 후한 말기의 무장이자 정치가이다. 황제를 자칭하
고 중仲 왕조를 세워 제위에 올랐으나 2년도 채 못 되어 원소袁紹에게 돌려주었으며, 그 뒤
원소의 아들 원담袁譚에게 의탁하려 했지만 유비劉備의 방해로 뜻을 이루지 못했다. 결국
한때 그를 도왔던 손책孫策 등의 이반과 조조曹操의 공격을 받아 몇 년 만에 와해되고 실의
속에서 죽었다.
원소는 참위서 『춘추참春秋讖』에 있는 "한나라를 대신하는 자는 당연히 도고이다(代漢者當
塗高)"라는 대목에서 '도塗'에는 도道라는 의미가 있으며, 자신의 이름인 術과 자字인 공로
公路에도 도道의 의미가 있기 때문에 '당도고當塗高'는 자신을 가리킨다고 생각했다. 『후한
서後漢書』「열전 65, 원술袁術」 참조.

244 수隋 양제煬帝는 시종관인 이밀(582~619)이 범상한 인물이 아님을 알아채고 죽이고자 했다.
이에 이밀은 도망처서 숨어 살았는데, 황소 뿔에 『한서漢書』를 걸쳐 놓고 앉아서 「항우전項
羽傳」을 읽었다는 고사가 전해진다. 613년에 반란을 일으킨 양현감楊玄感과 합류했지만, 반
란이 실패로 끝나자 이름을 바꾸고 민간에 숨었다. 이후 적양翟讓 등이 반란을 일으키자 다
시 표면에 나서서 주현州縣을 탈취하며 위공魏公을 자칭했지만, 끝내 이연李淵(당 고조)에게
항복했다. 나중에 또다시 모반을 꾀하다가 결국 살해되었다. 『구당서舊唐書』「열전 3, 이밀
李密」 참조.

치 못했다. 이들 외에도 참서 때문에 죽거나 대가 끊긴 사람이 셀 수 없을 만큼 많다. 그래서 나는 일찍부터 예언 따위를 믿지 않았으며 괴이하고 신비한 것을 입에 담지 않았다. 그렇지 않다면, 내 어찌 감히 길흉화복을 점치고 미래를 예언하는 것을 금지해야 한다는 상소를 황제에게 올렸다가 죽을 뻔한 환담桓譚을 사모할 수 있겠는가![245] 사람들은 내게 묻는다.

"그렇다면 예언서라는 것은 결국 없단 말입니까?"

나는 말한다. 옛날에 점성술사가 없었던 것도 아니며, 이들의 예언 가운데 한두 가지는 이리저리 세상에 떠돌아다녔을 것이다. 그러나 오늘날 성행하는 것 가운데 거의 대부분은 근세의 간악한 인물들이 지어낸 것으로, 그중하나인 『감록讖錄』의 일부는 그저 「자허부子虛賦」에 지나지 않을 뿐인데,[246] 국

---

245 환담(기원전 23~기원후 56)은 후한後漢 시대 인물로, 자는 군산君山이다. 광무제 때 의랑급사중議郎給事中에 임명되었다. 광무제가 영대靈臺를 건립하고 도참에 탐닉하자, 참위讖緯와 미신을 금지해야 한다는 상소를 올렸다. 참서를 읽지 않는다는 환담에게 광무제가 그 까닭을 물으니, 경經이 아니라는 극언을 올렸다. 이 일로 광무제의 노여움을 사서 거의 죽임을 당할 뻔했다. 『후한서後漢書』 「열전 18 상, 환담桓譚」 참조.

246 「자허부」는 사마상여司馬相如(기원전 179~기원전 117. 전한 시대의 문인)가 양梁나라에서 객으로 떠돌 때 지은 부賦이다. 공자公子 자허子虛, 오유烏有 선생, 망시공亡是公이라는 세 사람의 가공인물을 내세워 그들이 묻고 답하는 내용을 기술한 것이다. 자허는 '허언虛言', 오유는 '어찌 이런 일이 있으랴', 망시공은 '이런 사람이 없다'는 뜻을 담고 있다. 대강의 내용은 이렇다. 초楚나라의 자허가 제齊나라에 사신으로 갔을 때 제나라 왕이 자국의 강성함과 위대함을 과시하려고 수레와 기병을 동원하여 자허와 함께 사냥을 나갔다. 제나라 왕은 자국의 광대함을 자허에게 자랑하고, 자허는 초나라의 자연경관을 들어 그 광활함을 설명함으로써 제나라 왕을 압도했다. 사냥이 끝난 뒤 자허는 오유 선생에게 이런 사실을 자랑했지만, 오유 선생은 '제나라 왕이 사신을 즐겁게 해주려고 노력했는데, 그 후덕함은 칭찬하지 않고 초나라의 광활함만 자랑했다'며 넌지시 잘못을 지적했다. 『한서漢書』 「사마상여전司馬相如傳 27」 상·하 참조.
황현은 「자허부」에 나오는 자허·오유·망시공이라는 단어에 담긴 의미처럼 『감록』이 단지 허황된 말에 불과하다고 보았다.

운이 궁을乁乙에 달려 있음을 어떻게 판별할 수 있단 말인가? 다만 거리에 떠도는 뜬소문일지라도 어떤 것은 자연의 특이한 현상을 기록한 「오행지五行志」[247]의 내용과 일치하는 것도 많으므로 모두 날조되었다고는 할 수 없다.

지난 무자년(1888) 여름에 큰 가뭄이 들었을 때 아이들이 부르는 노래 가운데 이런 것이 있었다.

"곡식은 없는데 풍년이 들었으니 첫 번째 알 수 없는 일이다. 올바른 학문이 없는데 선비가 많으니 두 번째 알 수 없는 일이다. 임금이 없는데 세상이 태평하니 세 번째 알 수 없는 일이다."

이해에 큰 흉년이 들었지만 봄이 되어도 곡식의 품귀 현상이 심하지 않았기 때문에 첫 번째 내용은 이미 증험되었다. 도내의 도적들이 들고일어났을 때 모두 접장이라고 했다. 사실 접장이라는 것은 과거를 준비하는 사람들이 서로 상대방을 부르는 시골 풍습이니, 두 번째 내용 또한 증험되었다. 만약 세 번째 내용마저 증험된다면, 그 옛날 노魯나라 칠실漆室 지방의 어떤 여자가 나이 들어 아직 시집을 못 간 자신의 처지에 대한 근심보다 나라에 임금이 없으면 백성에게 그 피해가 돌아간다고 더 크게 걱정했던 일이[248] 어떻

---

247 사서의 지류志類 가운데 하나로, 자연에서 일어나는 특별한 현상을 금목수화토金木水火土의 오행五行이라는 자연철학적 관점으로 분류해 놓았으며, 수해·화재 등 천문학과는 거리가 먼 현상도 기록했다. 사마천의 『사기史記』가 「본기本紀」·「표表」·「서書」·「세가世家」·「열전列傳」의 형태로 서술된 것과 달리, 반고班固의 『한서漢書』는 「제기帝紀」·「표表」·「지志」·「전傳」의 형태로 서술되었다. 「지志」에는 「율력지律曆志」·「예악지禮樂志」·「형법지刑法志」·「식화지食貨志」·「교사지郊祀志」·「천문지天文志」·「오행지五行志」·「지리지地理志」·「구혁지溝洫志」·「예문지藝文志」가 있다. 이후 중국의 정사를 기록한 사서에는 대부분 「지」를 수록하고 있다.

248 원문에 '漆緯之憂칠위지우'라고 했는데, 이는 『열녀전列女傳』 「노칠실읍지여전魯漆室邑之女傳」의 고사를 말한다. 노나라 칠실 지방의 여자가 기둥에 기대어 울고 있었다. 이웃 사람이

게 지금이라도 일어나지 않는다고 할 수 있겠는가?

도적들은 예언에 있는 '궁을弓乙'에 대해, 『자서字書』[249]에서 '규弓'는 도교의 경서라고 해석하며 규弓 자는 궁弓 아래 점 두 개를 찍은 형태이지만,[250] 『동경대전』은 궁 아래 점 두 개를 찍은 것이 아니라고 주장했다(倡言字書弓者 道經 而弓從弓二 東經大全非弓二). 그런데 꼭 동학에 들어가고 나서야 난을 피할 수 있다고 여겼으므로 어리석은 백성이 너도나도 믿고 몰려들었다. 그러고 마침내 「궁을가弓乙謌」를 지어 서로 느낌을 공유하고, 포진할 때는 진세를 궁을弓乙 모양으로 만들고, 서명의 표식으로는 이름이나 직함 아래 팽팽하게 당긴 활을 그려 넣거나 시위가 느슨한 활을 그려 넣기도 했다. 또 바로 활시위를 그린 다음 그 아래 을乙 자를 써넣어 궁을의 예언에 맞추고자 노력했다. 게다가 예언하는 비결을 많이 만들었는데, 어쩌다가 비결과 달리 불리한 일이 발생하면 그때마다 한결같이 이렇게 말했다.

"예언에서는 그곳에 가지 말라고 했지만, 접장이 예언의 내용을 지키지 않았기 때문에 패했다."

갑오년(1894)에 강진의 군기감관軍器監官 김극경金極景이 도적의 화약 보관

"시집을 못 가서 우느냐?'고 물으니, 여자가 대답하기를 "사람을 너무 모른다. 임금은 늙고 태자가 어려서, 그것이 걱정되어 운다."고 했다. 그 사람이 "그것은 경대부卿大夫나 할 걱정이다."라고 하니, 여자가 "그렇지 않다. 지난날 어떤 나그네의 말이 고삐가 풀리는 바람에 우리 아욱 밭을 밟아 1년 내내 내가 아욱을 먹지 못했다. 노나라에 환란이 생기면 군신부자가 모두 그 해를 입게 되는데, 단지 부녀자라고 피할 수 있겠는가?'라고 했다.

249 『자서』는 자전字典 즉 사전이며, 한자를 모아서 일정한 순서로 배열하여 글자 하나하나의 뜻과 음을 풀이한 책이다.

250 弓 자는 糾규 자와 같다.

소에 불을 던져서 도적들과 함께 죽었다.

김기술金基述이라는 사람은 김개남과 같은 도강道康 김씨의 일족이지만 백산白山 전투 때 칼을 들고 관군을 도왔다. 개남은 이를 갈면서 그를 죽이려고 했다. 기술은 형제들과 함께 도적을 따르지 않겠다고 맹세했는데, 왼팔의 살을 도려내 혈서를 써서 맹세의 의지를 한층 다졌고 도려낸 살은 포로 만들어 보관했다. 그리고 몰래 산속에 숨어 지내며 겨우 개남의 추격을 따돌렸다. 갑오년 겨울에 이런 사실을 스스로 감영에 밝히고 관군을 인도하여 도적의 목을 벤 것이 상당히 많았다. 도강 김씨 가운데 많은 사람이 그의 행동에 힘입어 치욕에서 벗어났다.

전 고창 군수 이진구李鎭九는 원래 함평의 아전 출신이다. 난이 일어난 초기에 함평 아전 이상삼李象三은 도적과 내통했지만 도적이 평정된 뒤에는 도리어 민병民兵에 붙어 수성장守城將을 자칭했다.[251] 이진구가 민종렬閔種烈을 부추겨서 결국 민종렬이 이상삼을 불러다가 처형했다. 이도재李道宰는 이진구를 소모관召募官(의병을 모집하는 임시 벼슬)으로 임명했다. 소모관이 된 이진구가 함평에 갔을 때 이상삼의 아들 다섯이 갑자기 달려들어 그를 칼로 찔러 죽였다. 이진구가 여러 고을을 다니면서 한 일이라고는 묵은 원한을 갚은 것밖에 없는데, 영광에서는 20여 명을 죽였으며 그 밖에도 횡포를 부린 일이 많았다. 그래서 그가 죽임을 당하자 많은 사람이 다행으로 여겼다.

---

251 『동학농민혁명자료총서東學農民革命資料叢書』「이규태 왕복서와 묘지명李圭泰往復書並墓誌銘, 이규식李圭植이 보낸 편지(1894년 12월 11일)」에서는 이상삼의 행적을 다음과 같이 기록하고 있다. "지금 함평 수성장 이상삼李相三은 본래 동도중대도독東徒中大都督의 직임을 가졌습니다. 그래서 잡아 가둔 뒤에 그를 따르던 대접주大接主 10여 명도 잡아들여 조사를 하고 있습니다." 한편 원문에서 이상삼의 한자는 '李象三'인데 李相三의 오기인 듯싶다. 이두황李斗璜의 『양호우선봉일기兩湖右先鋒日記』 등 다른 기록에도 李相三으로 나온다.

강진성을 지키던 장수 도통^{都統} 박영화^{朴永和}는 혼자서 총을 쏘며 도적에게 대항하다가 결국 힘이 다해 죽었다.

梧下記聞

謂邪儒者士輕視而莫敢救世無真道學其故
邪說之興偏於儒學之裏痼於黨已
黨之禍未嘗至亡國者人多怪之而末楠壤止
畏也或曰子以邪學之禍推源於朋黨似矣而
亦朋黨之酌崇斁惡是何言也自古黨禍之極

既久屈思有以振之一朝得志波：優待宗籍披攉南
另此金異其餘皆杜金也已而大興土木重建景福宮
觀東國昕未有財用置紬無以繼之遂開捐歛之門貪
遍括富室謂之願納頗納不足又轉當百大錢當百不
清國小錢其行令之日皆庐以峻法八域爲之驅然丙

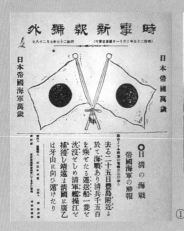

청일전쟁

동학농민군을 진압하기 위해 조선 정부의 요청으로 청나라 군대가 아산에 상륙하자, 일본도 천진조약天津條約을 구실로 조선에 파병했다. 이로써 조선의 지배권을 둘러싸고 청·일 양국 간에 전쟁이 벌어졌다. ①은 청일전쟁의 도화선이 된 풍도 해전에서 일본이 승리했음을 알리는 〈지지신보時事新報〉의 호외.(1894. 7. 28. ☞ 본문 313쪽 참조) ②는 성환 전투에서 승리하고 용산 만리창으로 개선하는 일본군 환영식(1894. 7. 29. ☞ 본문 291~293쪽 참조) ③은 평양에 진출한 일본군이 평양 감영의 선화당을 강제 점거하고 5사단 사령부로 사용하는 모습(1894. 8. ☞ 본문 314~316쪽 참조) ④는 인천에 상륙한 일본군(1894. 9. 12)

전라 감영 선화당

전라 감영은 전라 감사가 집무를 보던 곳이었다. 동학농민전쟁 기간에 전라 감사 김학진은 전봉준에게 집무실을 내주고, 농민군의 집강소 활동을 인정했다. 1894년 5월 전주화약이 성립된 뒤 감사의 이름으로 7월에 농민군 활동 이 인정된 이 시기를 '관민상화官民相和'의 시기라고 한다. 사진은 한국전쟁으로 불타버리기 전의 전라 감영 선화 당이다. 현재 전주시에서 복원을 추진 중이다.

원평 집강소(복원)

정읍~전주의 중간에 위치한 원평은 동학농민군의 주요 지도자들이 활동했던 근거지였다. 이곳에는 2015년 12월 에 복원이 완성된 원평 집강소가 있다. 집강소는 동학농민군의 자치행정 기구이다. 농민군의 지도자 전봉준과 전 라 감사 김학진의 관민상화 원칙에 따라 전라도 곳곳에 집강소가 설치되었는데, 그중 원평 집강소는 동학농민전 쟁 기간 중 백정 출신의 동록개가 원평 대접주 김덕명에게 헌납한 곳이다.

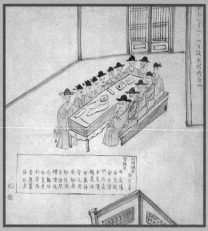

군국기무처 회의, 김홍집

군국기무처는 갑오개혁의 중추적 역할을 한 기관이다. 관제와 지방행정을 비롯하여 행정·사법에 관한 규칙·교육·군정·재정·식산흥업 및 상업에 이르기까지 모든 사무를 심의했다. 영의정 김홍집이 군국기무처의 총재를 겸임했다.(☞ 본문 272쪽 참조) 그림은 1894년 조석진이 그린 〈군국기무소도軍國機務所圖〉로, 김홍집·박정양을 비롯한 개화파 내각의 회의 장면을 간략히 묘사한 것이다. 아래 김홍집 사진은 1880년 제2차 수신사로 파견되었을 때의 모습이다.

미도인표

미도인표未道人標는 동학에 가담하지 않았다는 증표이다.
관군이 발행한 것으로, 신분증과 통행증의 역할을 했다. 전
주화약이 끝나고 농민군이 집으로 돌아갈 때, 혹은 농민전
쟁이 끝난 뒤에 발급했으리라 추측되고 있다. 사진은 1894
년 9월 홍성군 결성에 사는 최운룡이 동학도가 아니라고 관
아에서 발급한 미도인표이다.

흥선대원군의 효유문

1894년 9월 흥선대원군은 동학교도들의 난을 다스리기 위해 관리를 파견하여 덕의를 펼 것이니, 동학교도들 또한
군대를 풀고 생업에 복귀하면 처벌하지 않을 것이며, 죄를 더하지도 않을 것을 약속함과 동시에 혹시 재주가 있는
사람은 취할 것을 약속하는 효유문을 내렸다.(☞ 본문 373~376쪽 참조)

『동경대전』, 「궁을가」

『동경대전』은 최제우가 지은 동학의 경전으로, 2대 교주 최시형이 집대성하여 출간했다. 황현은 호남에서 경기
지방에 이르기까지 백성들이 『동경대전』을 익히고 어린아이는 「격검궁을지가擊劍弓乙之歌」를 유창하게 불렀다고
기록했다.(☞ 본문 383쪽 참조) 「궁을가弓乙歌」는 갑신년으로부터 갑자 정월까지의 시절을 경계한 노래이다. '대명
천지 일월하에 억조창생 생겨쏠제 …'로 시작되는 이 가사는 많은 동학 가사 중 하나이다.

二筆

갑오년^{甲午年}(1894, 고종 31년) 5월

나주 목사 민종렬^{閔種烈}[1]과 영장^{營將} 이원우^{李源佑}가 앞장서서 아전과 백성을 이끌고 성을 사수할 계획을 세웠다.

종렬은 북인^{北人} 출신으로, 임금의 외척인 민씨와는 계보가 달랐다. 단지 성이 민씨일 뿐이었다. 그러나 단지 민씨라는 성이 같다는 사실 때문에 민씨와 친밀하게 지냈고, 왕비도 곧 종렬의 존재를 알게 되었다. 종렬의 동생 종묵^{種默}은 정승의 반열에 올라 잇달아 주요 관직에 임명되었으며, 아들과 조카들도 모두 과거에 급제했다. 종렬은 여러 번 큰 고을을 맡아 다스렸지만, 나이(당시 63세)로 보아 이제 벼슬을 그만두어야 할 때였다. 그러나 계사년(1893) 겨울에 남원 부사에서 나주 목사로 승진했다. 그는 한 지역을 맡아 다스릴 때 교묘하게 농락하고 간사하게 잔꾀를 부려 명분과 실리를 함께 챙겼

---

1 원문의 '閔鍾烈'은 閔種烈의 오기이므로 바로잡는다. 『고종실록』 1894년 8월 17일자 기사 참조. 민종렬의 동생 종묵도 원문에는 '鍾黙'으로 되어 있지만, 역시 오기이므로 種默으로 바로잡는다. 이하 민종렬과 민종묵의 한자(鍾→種)에 똑같이 적용한다.

기 때문에 백성은 그를 교활한 사람이라고 여겼다.

나주에 부임한 지 꼭 한 달 만에 고부에서 민란이 일어났다. 고부에 인접한 여러 군郡은 모두 경계에 들어간 상황이었으므로 그가 이전에 써먹던 술책을 부릴 겨를이 없었다. 나주는 전라우도의 포구와 연결되는 군사 요충지였기 때문에 전라도 병마절도사 이문영李文永[2]이 강진 병영의 병사를 파견하여 방어를 도와주었다. 서병무徐丙懋가 새로이 병마절도사로 부임해 오자 나주에서 보초를 서던 강진 병영의 병사들이 임무를 마치고 돌아갔다.

난이 점점 심각해지는 상황에 이르자, 종렬은 남아서 성을 지켜야 할지 버리고 떠나야 할지를 놓고 고심했다. 그리하여 탄식하며 이렇게 말했다.

"인생의 고통은 만족하지 못하는 데 있다. 나는 차라리 나주 귀신이 되겠다."

그러고서 아전과 군교를 모두 불러다 놓고 자신의 생각을 말했다.

"지금의 저 도적은 쉽게 평정되지 않을 것 같다. 나는 한 지방을 맡아 지키라는 명령을 받았으니 진실로 그 직무를 위해 목숨을 바칠 따름이다. 너희는 나와 같은 책임이 없으니 어서 여기를 떠나 헛되이 죽지 말라."

이 말을 들은 아전과 군교들은 모두 일제히 큰소리로 대답했다.

"사또께서 조정의 명령을 받았다면 저희는 사또의 명령을 받았습니다. 체용體用에 크고 작은 차이가 있을지는 몰라도 맡은 바 직무는 똑같습니다. 사또께서 차마 조정을 저버리지 못하는데 저희가 어찌 사또를 저버릴 수 있

---

2 원문에는 이문영이 '李文榮'이라 되어 있지만 李文永의 오기이므로 바로잡는다. 『고종실록』 1893년 3월 13일자 기사 참조. 바로 아래의 서병무도 원문에는 '徐丙默서병묵'으로 되어 있으나 徐丙懋의 오기이므로 바로잡는다. 『고종실록』 1894년 4월 12일자 기사 참조. 이후에도 이름의 오기는 본문에서 바로잡아 놓았다.

겠습니까? 또 도적이 천지에 깔려 있는데, 피한다 한들 어디로 가겠습니까?"

종렬은 거듭 도망치라고 타일렀지만, 아전과 군교들은 서로 돌아보면서 이렇게 말했다. "사또와 함께 죽지 못할 바에는 영산강에 빠져 죽자."

이 말을 들은 종렬은 벌떡 일어나 책상을 밀치면서 큰소리로 말했다.

"믿음이 이와 같은데 어찌 헛되이 죽을 수 있으랴! 더욱이 나주는 성벽이 높고 해자는 깊다. 또 무기는 견고하고 날카로워 다른 데와는 비교할 바가 아니다. 많은 사람이 힘을 합치면 어떤 어려움인들 이겨내지 못하겠느냐?"

마침내 이원우에게 전투와 수비에 관한 계획을 세우라고 지시했다. 종렬은 모든 일을 원우에게 맡긴 뒤 자신은 중심을 잡고 상황에 맞도록 일을 처리했다. 불과 열흘이 안 되어 물자와 무기가 대략 마련되었다. 원우 또한 용기와 과단성을 갖추었으므로 대중이 진심으로 따랐다.

새로 임명한 경상 감사 이헌영李鑣永을 교체한 뒤 그 자리에 충청 감사 조병호趙秉鎬를 임명했다.[3]

예전에 종렬이 어떤 꿈을 꾸었는데 그 꿈에서 한 사람이 그에게 말했다.

"동헌 아래 뜰을 파면 무기를 얻을 수 있을 것이다."

종렬은 꿈을 믿지 않았지만 똑같은 꿈을 세 번이나 계속 꾸었기 때문에 이상한 생각이 들어 다음 날 동헌 아래의 뜰을 파보라고 지시했다. 네 자쯤 파니 돌이 나타났는데, 그 돌에는 다음과 같은 글이 새겨져 있었다.

---

3 『고종실록』에 따르면 이헌영은 경상도 관찰사로 임명된 적이 없으며, 다만 이때 충청 감사로 임명되었다. "조병호를 경상도 관찰사로 삼고 이헌영을 충청도 관찰사로 삼았다." 『고종실록』 1894년 4월 25일자 기사 참조.

"어느 해 어느 달 어느 날에 민종렬이 열어 보라."

돌을 들어내자 그 밑에서 대포 10여 문과 조총·창·칼 등 몇 수레분의 무기가 나왔다. 무기는 정밀하고 날카로워 마치 금방 만든 것 같았다. 이를 모두 꺼내자 그 밑에서 또 돌이 나타났는데, 다음과 같은 글이 새겨져 있었다.

"더 이상 열지 말라."

그래서 덮어버렸다.

5월 3일

주일 청나라 공사 왕봉조汪鳳藻가 일본 외무 대신 무쓰 무네미쓰陸奧宗光 앞으로 다음과 같은 내용의 문서를 보냈다.

"대청흠명총리각국사무大淸欽命總理各國事務 왕 대신王大臣은 조회합니다.

말씀하신 안건을 살펴보면, 광서光緖 11년(1885) 청·일 두 나라가 협의에 따라 맺은 조약에는 다음과 같은 말이 있습니다.

'앞으로 조선에서 만일 변란 사건이 일어나면 중국은 군대를 파견하되 미리 공문으로 통지한다. 그 변란 사건이 진정되면 즉시 병력을 철수하고 머물러 방비하지 않는다.'

그리고 지난달 초록한 북양대신이 받은 조선 정부의 공문에는 다음과 같은 말이 있습니다.

'전라도 지역은 민간의 풍습이 흉악합니다. 그 지역의 백성은 동학교의 비도와 어우러져 무리를 지어서 고을의 관아를 공격해 함락하고, 또 북쪽으로 몰려가 전주를 함락했습니다. 이에 먼저 정예군을 파견했지만 진압에 실패했습니다. 만약 이번 일이 만연하여 시일이 오래 경과하면 중국에도 우려를 끼치게 될 것입니다. 임오년(1882)과 갑신년(1884)의 두 차례 내란 때도 중국에 의뢰하여 중국 군대가 대신 난을 평정한 전례가 있습니다. 이번에도 원병을 간청하는 바이니, 적절한 기회에 몇 개 부대를 보내주시어 속히 대신 토벌하기를 원합니다. 다만 사나운 비적이 토벌된 뒤에는 즉시 철수를 간청할 것이며, 감히 남아서 다시 방비해달라는 청원 따위로 천자의 군대가 오랫동안 밖에서 고생하는 일은 없도록 하겠습니다.'

그리하여 북양대신의 건의로 직예제독直隸提督 섭지초葉志超와 태원진太原鎭 총병總兵 섭사성聶士成에게 정예군을 인솔하여 조선의 전라·충청 일대로 파견해서 적절한 기회에 토벌케 하되, 가능한 한 빠른 시일 안에 섬멸함으로써 속국을 안정시키고, 변란이 평정되면 즉시 군대를 철수한다는 결정을 했습니다. 그리고 해군제독 정여창丁汝昌에게 칙령을 내려, 제원濟遠과 양위揚威 두 척의 배를 인천과 서울로 보내서 상업에 종사하는 우리나라 사람을 보호하게 할 것입니다.

이런 내용은 북양대신이 귀국에 있는 저에게 전보로 보냈으며, 또한 귀국 정부에 통지한 안건에 갖추어져 있습니다. 이에 다시 문서로 구비하여 알립니다. 귀 서리 대신께서는 잘 살펴보시기 바랍니다. 그럼 조회를 기다리겠습니다.   ─광서光緖 20년(1894) 5월 3일(양력 6월 7일)."[4]

무쓰는 다음과 같이 회답했다.

"서신으로 삼가 말씀드립니다. 이번 귀국 정부에서 조선에 파병하는 문제와 관련해서는, 메이지明治 18년(1885) 4월 18일 일·청 양국 정부 사이에

---

4 황현이 옮겨 적은, 청나라가 일본에 통지한 외교문서는 오자와 생략으로 인해 그 의미를 이해하기 힘들기 때문에 원사료를 번역하여 전문 그대로 실었다. 中央硏究院近代史硏究所 編, 『中國近代史資料彙編─淸季中日韓關係史料』第六卷, 民國86年(1997). 다만 첫 행의 "… 왕 대신은 조회합니다" 문장에서 왕봉조를 뜻하는 '왕 대신'의 한자는 외교문서 자체에 '汪大臣'이 아닌 '王大臣'으로 표기되어 있다.

체결한 조약문 제3항에 따라 조회 공문을 오늘 보내주셔서 잘 알았습니다. 그러나 귀국이 보낸 서한 가운데 '속국을 보호한다'라는 말이 있는 것을 보았습니다. 일본 정부는 지금까지 조선을 귀국의 속국으로 인정한 적이 없다는 사실을 여기에 회답을 겸하여 언명해 두는 바입니다. 본 대신은 이에 거듭 경의를 표합니다. 이만 줄입니다.

— 메이지明治 27년(1894) 6월 8일(음력 5월 4일)"[5]

5월 5일

주청 일본 공사 고무라 주타로小村壽太郞는 본국의 지시에 따라 청나라 총리아문에 다음과 같은 내용의 문서를 보냈다.

"우리 황제 폐하의 정부로부터 방금 접수한 훈령을 받들어, 본관은 메이지 18년(1885) 4월 18일 양국 정부 간에 체결한 조약의 조목에 따라 귀 전하와 각하들께 삼가 아룁니다. 조선에서 불온한 혼란 상태가 지속되어 일본 군대의 출병이 불가피하므로 일본제국 정부는 군대를 파견할 작정입니다.

— 1894년 6월 7일(음력 5월 3일)"[6]

5월 6일

청나라 총리아문에서 주청 일본 공사 고무라 주타로에게 다음과 같이 회

---

5 일본이 청나라에 회신한 외교문서 역시 황현이 옮겨 적은 것에는 오자와 생략이 많기 때문에 원사료에 따라 옮겼다. 『中國近代史資料彙編─淸季中日韓關係史料』 第六卷.

6 주청 일본 공사 고무라 주타로가 청나라 총리아문에 보낸 문서는 영어로 작성되었으며, 여기에 옮긴 글도 영어를 번역한 것이다. 『주한일본공사관기록 3』 「일본이 조선에 출병하는 명분에 관한 전보 및 총리아문의 조회 건」.

답했다.

"조선의 요구에 응해서 우리나라가 군대를 파견한 것은 속국을 보호하는 선례에 따랐습니다. 그리고 그 목적은 단지 조선의 내지內地에 있는 도적 무리를 없애는 데 있을 뿐입니다. 군대는 사건이 진정되는 대로 즉시 철수할 예정입니다. 인천과 부산포는 현재 상태로 볼 때 평온하지만, 그래도 이러한 개항장에는 당분간 오로지 보호의 목적으로 청나라 군함을 정박시킬 작정입니다. 일본에서 군대를 파견하는 목적이 일본의 공사관과 영사관 그리고 상인을 보호하는 데 있을 터이므로 그렇게 많은 군대를 보낼 필요는 없을 것입니다. 그리고 또한 조선의 요청도 없는 상황에서 파견하는 것이므로 영토 깊숙이 군대를 진입시켜 조선 인민의 격분을 사게 하는 일은 반드시 삼가야 합니다. 더구나 일본 군대와 청나라 군대가 만나면 언어와 군기가 달라 서로 분규를 조성할 우려도 있습니다. ―1894년 6월 10일(음력 5월 6일)"[7]

이에 대해 고무라는 다음과 같이 회답했다.

"귀 정부의 의견은 곧바로 우리 정부에 전보로 보고했습니다. 그랬더니 다음과 같은 회답이 왔습니다.

'귀국의 조선 파병이 비록 속국을 보호하기 위한 목적이라고 하지만, 우리 정부는 조선이 청나라의 속국이라고 여긴 적이 없습니다. 또한 우리나라가 이번 조선에 군대를 파병한 근거는 제물포조약에 기반한 권리 행사일 뿐입니다. 그리고 출병에 관해서는 천진조약에 따라 문서로 통지하는 것 이외

---

7 청나라 총리아문에서 주청 일본 공사 고무라 주타로에게 보낸 외교문서 또한 영어로 작성되었으며, 여기에 옮긴 글도 영어를 번역한 것이다. 『주한일본공사관기록 3』 「일본이 조선에 출병하는 명분에 관한 전보 및 총리아문의 조회 건」.

에는 우리 정부가 하고 싶은 대로 할 뿐입니다. 따라서 파견 군대의 규모나 진로, 동향 따위에 대해 우리가 청나라 정부의 방해를 받을 어떠한 이유도 없다고 생각합니다. 또한 일·청 양국 군대가 조선 안에서 맞부딪친다 해도 말이 통하지 않고, 게다가 우리 군대의 기율은 엄격하기 때문에 결코 경솔한 행동으로 충돌하는 실수는 범하지 않을 것입니다. 이 점을 우리 정부는 믿어 의심치 않습니다. 따라서 귀국 정부는 불상사가 일어나지 않도록 군대에 하명하시기 바랍니다.'   —1894년 6월 12일(음력 5월 8일)"[8]

5월 16일

일본 외무 대신 무쓰 무네미쓰가 주일 청나라 공사 왕봉조에게 다음과 같은 문서를 보냈다.[9]

"일본 정부는 진실로 현재 조선에서 발생한 변란을 속히 평정하는 공을 세우길 바랄 뿐만 아니라, 또한 앞으로도 평안이 지속되어 국가의 기초가 공고하게 유지되기를 바라고 있습니다. 만일 변란이 생긴다면, 이는 일·청·조선의 화친을 손상하는 일이므로 그 조짐을 미연에 끊어버려야 할 것입니다. 그래서 이달 16일에 일본 외무 대신은 청나라 흠차대신과 회합했으며, 앞으로도 일본은 진심으로 청나라와 협력하고 마음을 같이하겠다는 뜻을 흠차대신을 통해 청나라 정부에 전달했습니다. 그 요지는 다음과 같습니다.

---

8 일본이 청나라에 보낸 외교문서는 원사료의 번역을 옮겼다. 다이둥양, 「갑오 중일전쟁 기간 청 정부의 대일정책」, 『청일전쟁기 한·중·일 삼국의 상호 전략』, 동북아역사재단, 2009.

9 이 문서는 일본 외무 대신 무쓰 무네미쓰가 주일 청나라 공사 왕봉조에게 보낸 것이 아니라, 주청 일본 공사 고무라 주타로에게 보내서 그로 하여금 다시 청나라 총리아문에 건네게 한 것이다.

1. 현재의 반도叛徒를 진압하되, 가급적 힘이 미치는 대로 속히 평안과 질서를 회복하도록 한다.
2. 일·청 양국 정부가 서로 위원을 파견하고, 그 위원은 함께 만나서 앞으로 조선의 행정과 이재理財 방법의 개혁 방향을 강구한다.
3. 조선으로 하여금 군대를 강화하게 하여 스스로 그 나라를 보호하게 한다.

생각건대 청나라 흠차대신은 마땅히 정부에 전달했을 것이며, 일본 정부는 청나라 정부가 이상의 내용에 대해 흠차대신을 통해 신속히 회답해주시기를 진실로 바라고 있습니다.　　　　　　—1894년 6월 12일(음력 5월 8일)"[10]

이에 대해 주일 청나라 공사 왕봉조가 다음과 같이 회답했다.

"이번에 본 대신이 접수한 우리 정부의 전보에는 귀 정부에서 문의한 조선의 사변과 그에 대한 조치 및 선후책을 이미 숙의해 놓은 것이 있으므로 아래와 같이 회답합니다.

- 조선의 변란이 평정되면 중국 군대가 대신 평정할 수고를 하지 않아도 될 터이니 양국이 함께 평정하자는 안은 의논할 필요가 없다.
- 뒷수습의 조치에 대해서는 그 뜻은 좋지만 다만 조선이 스스로 알아서 개혁할 일이며, 또한 중국은 지금까지 조선의 내정에 간섭한 일이 없다. 일본은 본디 조선을 자주국으로 인정했던 만큼 내정에 간섭할 권리가 없다.
- 변란이 평정되면 철병한다는 것은 을유년에 양국이 정한 조약(1885년 천

10　일본이 청나라에 통지한 외교문서는 원사료에 따라 옮겼다. 『주한일본공사관기록 2』 「조선에 일·청 군사를 파견하는 일에 관한 건」, 1894년 6월 12일.

진조약)에 다 실려 있으니 지금 다시 논의할 필요가 없다.

— 광서 20년(1894) 5월 18일(양력 6월 22일)"[11]

5월 22일

일본 외무 대신 무쓰 무네미쓰가 왕봉조에게 회답했다.

"서한으로 말씀드립니다. 각하께서 귀국 정부의 훈령에 따라 조선의 변란 진정과 사후 수습 방안에 관한 일본제국 정부의 제안을 거부한다는 뜻을, 음력 광서光緖 20년 5월 18일에 보낸 서한을 보고 알았습니다. 조선이 처해 있는 현재 정세를 돌이켜 살펴보며 귀 정부와 소견을 같이할 수 없게 된 점에 제국정부는 유감으로 생각하는 바입니다. 현재의 상황을 과거에 발생했던 사건에 비추어보면, 조선 반도는 붕당 싸움으로 인한 내분과 폭동의 온상이 된 참상을 드러냈다고 할 수 있습니다. 이러한 사변이 자주 일어나는 연유는 전적으로 독립국의 책임을 다하는 요소가 결핍된 데 있다고 확신합니다. 조선과 일본은 국토가 서로 근접해 있고 또 서로 중요한 무역 상대임을 고려할 때, 조선에 대한 제국의 이해관계는 매우 긴밀하고 중대하므로 조선에서 이와 같은 참상과 비극적 상황이 일어나는 것을 수수방관할 수만은 없습니다. 이와 같은 정세를 마주하여 제국정부가 그냥 둔 채 돌보지 않는다면, 이는 평소 조선에 대해 간직한 교린交隣의 우정을 저버리는 일이 될 뿐만 아니라 우리나라 자위自衛의 방편에도 위배된다는 질책을 면하기 어렵습니다. 제국정부가 조선의 안녕과 평온을 위해 여러 가지 계획을 세워 시행해야

---

11 청나라가 일본에 통지한 외교문서는 원사료에 따라 옮겼다. 『주한일본공사관기록 3』 「조선에 대한 선후책에 관해 일·청 양국이 타협한 사정과 여러 외국의 조정調整 및 조선의 내정 개혁을 권고하는 문제 건」, 광서光緖 20년(1894) 5월 18일.

할 필요성은 이미 그 이유를 자세하게 이야기한 적이 있습니다. 그렇기 때문에 이번 사태는 더욱 그냥 보아 넘길 수 없습니다. 지금에 와서 어물어물 미루며 아무런 손도 쓰지 않고 세월만 헛되이 보낸다면 조선의 변란은 한층 장기화되고 극성을 부리게 될 것입니다. 사정이 이러하므로, 반드시 앞으로 조선의 안녕과 평온을 유지하면서 정치적 도의를 확고하게 갖출 수 있다고 보장할 만한 대책을 협정하지 않고서는 제국정부는 군대의 철수를 결행하기 어렵습니다. 이렇듯 제국정부가 쉽게 철병을 하지 않는 이유는 비단 천진조약의 정신과 일치할 뿐만 아니라, 또 사후 수습 방안으로도 적절하다고 생각합니다. 그 때문에 본 대신은 이와 같이 흉금을 털어놓고 정성과 충정을 다해 말씀드립니다. 행여 귀국 정부의 소견과 상치되는 일이 생길지라도 제국정부는 결단코 현재 조선에 주재하는 일본 군대의 철수 명령을 내릴 수 없습니다.   —1894년 6월 23일(음력 5월 19일)"[12]

전쟁을 하겠다는 일본의 본뜻이 이미 드러났다. 왕봉조가 급히 중국으로 돌아갔다.

6월

원세개가 중국으로 돌아오고서야 이홍장은 비로소 일본에게 속았음을 깨닫고, 바로 우리나라에 다음과 같은 내용의 전보를 보냈다.

"당연히 우리나라가 힘써 방법을 강구하고 온전하게 보호할 것이다. 내정에 관해서는 비록 상국上國일지라도 간섭할 수 없다. 하물며 일본 같은 인

---

12 일본이 청나라에 통지한 외교문서는 원사료에 따라 옮겼다. 『주한일본공사관기록 3』 「조선에서 일본군 철수를 기대하지 말라는 통보 건」, 1894년 6월 23일(양력).

접 나라는 더 말할 나위도 없다. 일본에 현혹되어 후회할 일을 남기지 말라."

이때 민영익은 홍콩에 있었다. 그 또한 다음과 같이 보고했다.

"만약 게이스케가 하는 말 가운데 한 가지라도 시행하게 될 경우, 그의 속임수에 넘어가 남쪽을 안정시키는 일은 실패할 것입니다. 일시적 어려움을 참고 견디지 않으면 화를 불러올 것입니다. 국사가 여기에 달려 있으니 꿋꿋이 견디면서 스스로 강해지면 게이스케도 더는 어쩔 수 없어 당연히 그만둘 터입니다. 너무 심려하지 마십시오."

중국 정부는, 원세개가 섭사성의 군대를 이끌고 조선과 힘을 합쳤다면 일본의 예봉을 꺾을 수 있었는데 몸을 빼내 곧장 돌아왔기 때문에, 계속 이어서 지원병을 보내려고 하지 않았다. 어떤 사람은 이런 말을 하기도 했다.

"원세개가 군사기밀에 관한 잘못을 저질렀기 때문에 수감되었다."

6월 21일

일본인들이 대궐을 침범하고 조약 체결을 강요했다.

일본은 5월 이후 날마다 우리 정부에 일본의 제도를 따르라고 협박했다. 조정 대신들은 어떻게 해야 할지를 몰라 허둥대며 5일간만 시간을 달라고 했지만, 이 닷새 기한 또한 여러 번 넘겼다. 어떤 결단도 내리지 못한 채 시간만 끌면서 청나라의 도움을 기다렸다.[13]

---

13 일본은 조선 정부의 이런 속뜻을 간파하고 있었다. 다음은 당시 일본 공사관의 기록이다.
"다음 날 8일까지 승낙 여부에 대한 확답을 촉구하였다. 무릇 조선의 오래된 폐정에 개혁을 진행하는 일은 우리가 제안하는 이 정도만으로는 결코 마무리되지 않는다. 그렇지만 행정과 행형을 바로잡아 재정을 정비하고 군제를 정리하며 교육을 개량하는 것은 독립국가의 중요한 근본을 이루는 일로서, 가장 긴급한 일에 속한다. 조선 조정 모든 신하가 허심탄회하게 스스로 반성하고 있다면, 당연히 머리를 숙이고 즉각 우리의 권고를 받아들여 개

이날 새벽, 게이스케는 먼저 대궐을 포위하고 군대를 풀어 돈화문敦化門[14]으로 들어왔다. 때마침 대궐 안에서 당직을 서고 있던 평양 감영 소속의 호위군 500명이 서양 대포를 잇달아 쏘아 일본군 수십 명을 죽였다. 일본군은 곁문을 통해 재빨리 중희당重熙堂으로 가서 임금에게 대포를 쏘지 말라는 지시를 내리라고 협박했다. 임금은 어쩔 수 없이 사알司謁을 보내, 함부로 행동하지 말 것과 명령을 어기는 자는 멸족의 죄로 처벌하겠다는 내용을 전했다. 평양 감영의 병사들은 모두 통곡을 하면서 총을 부러뜨리며 군복을 찢어버

혁에 착수해야 할 것이다. 그런데 조선 조정의 많은 관리는 공연히 1884년 갑신정변 때의 김옥균과 박영효의 실정을 거울삼아 자진해서 개혁을 부르짖는 사람이 없고, 이로 인하여 온 조정이 반대하는 분위기였다. 그럼에도 불구하고 겉으로는 이 권고를 딱 잘라 거부하지 않았으며, 7월 8일자로 내무 독판 신정희申正熙, 내무 협판 김종한金宗漢, 조인승曹寅承 3명을 개혁조사위원으로 임명했다. … 조선 조정이 이와 같은 조치를 취하게 된 것은 틀림없이 청나라 사신 원세개의 사주를 받아 잠시 우리의 날카로운 추궁을 피해보려는 고식적인 수단에서 나왔음이 틀림없다. 그래서 오토리 공사는 7월 10일 및 11일 양일에 걸쳐 남산 기슭에 있는 노인정에서 조선 정부의 개혁조사위원들과 회동하여 개혁 강목을 설명하고, 다음과 같은 기한부 실행안을 제출했다. 10일 이내에 결행해야 할 사항 7건, 6개월 이내에 결행해야 할 사항 10건, 2년 이내에 결행해야 할 사항 10건 … 이를 종용하자 위원 중에서 자못 반대하는 의견이 나왔는데, '기한부로 실행을 촉구하는 것은 내정간섭의 혐의가 있으며, 만약 이러한 내정간섭을 원한다면 차라리 나라가 망하는 꼴이 생긴다 하여도 따를 수 없다'고 주장했다. 이에 대해 오토리 공사가 '기한부로 실행을 촉구한다 하여도 이것은 어디까지나 권고일 뿐 결코 내정간섭이 아니며, 이 권고를 듣고 안 듣고는 두말할 것도 없이 조선 정부의 권한에 속하는 것'이라고 설명해주자 그제야 위원들도 겨우 이 뜻을 받아들이고 돌아갔다. 그렇지만 조선 정부는 청나라 사신 원세개로부터 간섭과 제약을 받아서 질질 끌고 쉽사리 일을 결정짓지 못하였다."『주한일본공사관기록 3』「조선에 대한 선후책에 관해 일·청 양국이 타협한 사정과 여러 외국의 조정 및 조선의 내정 개혁을 권고하는 문제」.

14 원래는 영추문迎秋門이 맞다. '돈화문'이라 쓴 것은 황현의 오기이다.『고종실록』1894년 6월 21일자 기사에 따르면 "일본군이 대궐로 들어왔다. 이날 새벽에 일본군 2개 대대가 영추문으로 들어오자, 시위 군사들이 총을 쏘면서 막았으나 임금이 중지하라고 명했다."라고 했다.

리고 담을 넘어 달아났다. 게이스케가 임금이 있는 곳으로 왔다. 대궐 안이 큰 혼란에 빠졌으며, 임금 곁에서 시중을 들고 호위해야 할 신하와 병사들이 모두 달아났다.

게이스케는 대원군을 가마에 태워 대궐로 데려온 뒤 칼을 빼들고 큰소리로 말했다.[15]

---

15 이날 대원군의 입궐 전말에 대해 주한 일본 공사관은 다음과 같이 기록하고 있다. "이 나라의 폐정 개혁을 위해 대원군의 입궐은 처음부터 바라고 있던 바입니다. 그래서 우리 군대가 조선으로 들어온 이후 누차 사람을 보내 대원군의 의향을 떠보았습니다. 대원군은 은근히 기회를 기다리고 있는 기색이 엿보였으나, 표면상으로는 자신은 너무 늙어 다시 세상에 나갈 생각이 없다면서 입궐을 거절하였으므로 그의 진의가 어디에 있는지 매우 헤아리기 어려웠습니다. 지난 6월 하순경부터 대원군이 믿고 가까이하는 관리 아무개가 여러 번 고쿠분 쇼타로國分象太郎 서기관과 몰래 만나서 대원군의 정계 진출 문제를 서로 의논했고, 또 한편으로는 안경수安駉壽와 사전에 의논하여 오카모토 류노스케岡本柳之助를 몰래 보내 대원군의 의중을 알아보게 하였더니, 결국 '나갈 수 있게만 해준다면 나가겠다'는 속내를 확인했습니다. 그러나 이쪽에서 어느 선까지 움직여야 대원군이 나오게 될는지는 사전 타협이 이루어지지 않았기 때문에 진작부터 여러 가지로 고심하던 중, 대원군이 우리의 실행을 고대하고 있었던지 일본파日本派의 간부를 고쿠분 서기관에게 보내어 이달 10일경부터 우리의 실행을 재촉했고, 어떤 날에는 일본군으로 왕궁과 의정부를 둘러싸면 그때는 그 기회를 타서 입궐하겠다고 말한 적도 있습니다. 이 일을 전후하여 일본파의 사람들도 역시 점차 사대파事大派의 의심을 받았기 때문에 언제 어느 때 중상을 당할지 예측할 수 없는 형세에 이르렀으므로 안경수를 시켜 계속 우리의 실행을 재촉해왔습니다. 그렇지만 우리 쪽에서 일을 실행하기까지는 각기 이에 임하는 일의 순서도 있고, 게다가 두말할 것 없이 우리의 방책과 절차를 사전에 누설할 사정도 못 되어 적당히 대답하면서 지난 23일, 그러니까 일을 실행하는 그날 아침까지 대원군과 안경수 등에게도 이 일을 감추고 조금도 누설하지 않았습니다. 그리고 실행하기 전전날에는 오토리大鳥 여단장과도 사전에 협의하여 23일 오전 3시경에 보병 1개 중대를 파견해서 대원군 저택의 근방에 배치하고 대원군이 입궐할 때 호위하게 했습니다. 또 저택 안에는 오카모토 류노스케 및 그 밖에 평소 대원군과 잘 알고 지내는 2~3명(모두 정부 관리와 줄이 닿지 않는 사람)을 보내서 대원군의 입궐을 재촉하게 했으며, 또 그 밖에 오기와라荻原 경부警部와 순사 몇 명을 보내서 외국에 누설되지 않도록 저택 밖을 경계하게 했으며, 모든 부서가 할 일을 먼저 정했습니다. 일에 임박해서 대원군이 우리의 권고를 거절하든가 또는 궐기를 주저할 것이 염려되어 조선 사람 중에 대원군이 가

"국태공이 아니면 이번 일을 결단할 사람이 없습니다. 빨리 결단을 내리

장 믿고 가까이하는 사람을 구했습니다. 대원군에 딸려 있는 관리 아무개를 통해, 현재 감금 중에 있는 정붕구鄭鵬耈라는 사람이 오랫동안 대원군과 가까이 지내고 가장 신임을 받고 있다는 사실, 그리고 중국에 대원군이 구류되어 있는 동안 이 사람이 시중을 들면서 충절을 다했는데 대원군과 함께 귀국한 뒤 바로 민씨 일족으로부터 미움을 받아 감금된 사실을 알게 되었습니다. 그래서 우선 이 사람을 끌어낼 계책을 강구하여 23일 오전 2시쯤 고쿠분 서기관에게 순사 10명과 병사 10명을 붙여서 감금된 곳에 파견했고, 어려움 없이 그 사람을 끌어내 일단 공사관으로 데리고 와서 간곡히 설유하여 겨우 그의 마음을 정하게 할 수 있었습니다. 이보다 앞서 수많은 우리 군대가 갑자기 서울로 들어가 왕궁에 이르면 성 안 사람들이 틀림없이 동요할 것이라 염려되어, 이날 밤 1시경부터 미리 두 종류의 고시(즉 그 하나는 별지 갑호와 같은 것으로 우선 대원군이 입궐하여 정사를 보게 된다는 고시, 다른 하나는 별지 을호와 같은 것으로 일본 군대의 거사에 대해 악감정을 일으키지 않도록 꾸민 것)를 여러 곳에 붙이게 했습니다. 같은 날 오전 3시 전에 오카모토 등 일행이 대원군 저택에 갔는데, 이때 체격이 건장한 몇 명이 이날의 일을 미리 탐지하고 문 앞을 지키고 있기에 오카모토 등이 문지기를 꾀어서 명함을 들여보냈지만 문을 열어주지 않았습니다. 그래서 일행 중 한 사람이 틈을 타서 몰래 잠입하여 문을 열었고, 그 덕에 문 앞에 있던 일행이 문안으로 들어갔으며, 일행이 다 들어가는 것을 기다려 문을 잠가버렸습니다. 이어서 경부와 순사 및 보병 1개 중대도 대원군 저택을 향해 진군해 갔습니다. 같은 날 오전 4시 30분이 지나 날이 밝아옴과 동시에 왕궁 안팎에서 총성이 일어나고 성안이 한때 매우 혼잡했으나, 곧 총소리도 멈추었습니다. 그렇지만 대원군 저택으로부터 아무런 연락이 없어서 사태가 어떻게 돌아가는지 매우 궁금해하고 있던 차에, 오전 6시가 지나자 오기하라 경부가 보낸 기마 전령이 와서 '대원군의 입궐 결심이 아직 서지 않았으므로 오카모토 등에게 맡겨 두어서는 우리의 목적을 달성할 가망이 없다. 무력으로 대원군을 끌고 가는 것이 좋지 않을까?'라고 물어왔습니다. 이에 대해 일단 '지장이 없다'고는 했습니다만, 그래도 걱정이 되어서 즉시 스기무라杉村 서기관과 고쿠분 서기관을 대원군 저택으로 보내서 간곡하게 입궐의 필요성을 설득하게 했습니다. 정붕구도 옆에서 입궐을 권고하자 대원군은 점차 마음을 정하고 급히 사람을 보내 김굉집金宏集(김홍집金弘集의 초명 ──옮긴이)·조병세趙秉世·정범조鄭範朝·김병소金炳昭(김병시金炳始의 오기로 보임 ──옮긴이) 등 4대신 외에 외무 협판 조병직趙秉稷, 내무 협판 김영수金永壽, 영사喜使 신정희申正熙·이종건李鍾健의 입궐을 재촉했습니다. 그러나 대원군이 마음속으로 국왕으로부터 꼭 칙사가 오기를 기대하고 주저하면서 입궐할 결심을 하지 않았기 때문에, 스기무라 서기관이 몰래 조희연趙羲淵에게 사람을 보내어 속히 입궐해서 칙사를 대원군에게 보내도록 조치하라고 알렸습니다. 그리고 한편으로는 '이럴 때 칙사가 오고 안 오고를 따질 계제가 아니다. 오직 시기를 놓치지 말고 빨리 입궐하기 바란다'고 대원군에게 권고했

십시오. 그렇지 않으면 군대를 동원하여 모두 죽여버릴 것입니다. 그리된다면 나라는 망하고 뼈도 추리지 못할 것입니다."

하응이 대답했다.

"옛날부터 지금까지 망하지 않은 나라가 없고 죽지 않은 사람도 없다. 내나이 이미 일흔다섯이니 지금 죽더라도 아까울 것이 없다. 죽이면 죽을 뿐이다. 무엇에 쓰려고 나를 협박하는가?"

게이스케가 다시 말했다.

"제가 어찌 좋아서 협박하겠습니까? 다만 조선이 현재의 정세를 파악하지 못하고 융통성 없이 옛것만을 고집하고 있기에 제가 너무 답답해서 할 수 없이 이번 일을 벌였습니다. 옛날 초나라 대부 육권鬻拳은 임금에게 무력으로 위협하면서까지 자신의 말을 관철했지만, 군자는 오히려 그의 행동을 '충성스럽다'고 했습니다.[16] 하물며 저는 외국 사람일 뿐입니다. 진실로 조선에

습니다. 이로부터 대원군은 조반을 끝내고 뒷간에 갔다가(2~3일 동안 설사했다고 함) 피로하다면서 다시 누워 약간의 시간을 보냈습니다. 8시가 지났는데도 아직 칙사가 궁궐에서 떠난 것 같은 기미가 보이지 않자 대원군은 스스로 입궐하겠노라고 명령을 내렸고, 이에 바로 수행원이 수행 차비를 하고 있을 때 칙사가 떠났다는 통지를 받았습니다. 그래서 일단 수행 차비를 보류하고 오직 칙사가 당도하기를 기다렸습니다만, 늦도록 오지 않았습니다(아마도 조희연 등이 입궐하기 전에 칙사 발령의 통지를 먼저 했던 것이라 추측됩니다). 오전 10시가 지나 국왕 폐하께서 내관 아무개를 파견하여 칙어로 대원군의 입궐을 바란다고 했으므로 대원군은 즉시 의관을 정제하고 입궐했습니다. 이때가 오전 11시경입니다." 『주한일본공사관기록 1』 「대원군의 입궐 전말」.

16 육권은 춘추시대 초楚나라 사람이다. 『춘추좌씨전春秋左氏傳』 「장공莊公」 19년에 "지난날 육권은 초나라 문왕文王에게 극간했지만, 문왕은 육권의 말을 따르지 않았다. 육권이 칼을 들이대고 위협하자 문왕이 두려워하며 그의 말을 따랐다. 육권이 말하기를 '내가 칼로 임금을 위협했으니, 이보다 더 큰 죄가 없다.'라며 스스로 발꿈치를 잘라냈다. 초나라 사람들은 그를 대혼大閽으로 삼아 태백大伯이라 부르고, 그의 후손에게 대대로 그 직책을 계승하게 했다. 군자는 '육권은 임금을 정말 아꼈다고 할 수 있다. 임금에게 간하고 자신에게는 형벌을

도움이 되는 일이라면 협박을 한들 그게 무슨 큰 허물이겠습니까?"

하웅이 되물었다.

"우리나라는 신하의 예로 중국을 섬긴 지 이미 300년이 되었으니 하루아침에 이를 배반한다는 것은 좋은 일이 아니다. 또 서로 국경을 맞대고 있는 처지에 군사력은 비교할 수 없을 만큼 차이가 난다. 중국은 틀림없이 죄를 물어올 것이다. 우리나라가 무슨 수로 막아낼 수 있겠는가?"

게이스케는 웃으면서 다음과 같이 말했다.

"청나라는 지금 러시아 문제로 곤경에 빠져서 자신도 돌아볼 겨를이 없는데 어떻게 조선을 문책할 수 있겠습니까? 이제 조선이 자주국가로서 동서양의 여러 나라들과 조약을 체결하면, 그 형세는 마치 여러 마리 호랑이가 서로 버티고 있는 것과 같으므로 아무도 먼저 이빨을 드러내지 못할 것입니다. 만에 하나 국제법을 위반하는 일이 발생하면 우방국들이 함께 조선을 도와줄 텐데 무엇을 두려워하십니까? 또 우리나라는 청나라와 오래전부터 적대 관계에 있습니다. 조선은 청나라에 신첩臣妾이라 칭하는 군신의 관계이지만, 우리나라와는 형제의 관계입니다. 이처럼 우리나라와 대등한 관계에 있는 나라가 청나라의 신첩이라는 사실은 당당한 우리 대일본으로서는 매우 수치스러운 일이 아닐 수 없습니다. 만약 조선이 청나라의 진실한 신하로 하찮은 소인배의 신의를 기어이 고집하고자 한다면, 우리 일본도 굳이 강요하지는 않겠습니다. 그렇지만 조선이 청나라를 섬기듯이 우리 일본을 섬겨야 우리가 청나라 사람에게 얼굴을 들 수 있겠지요.

당나라 말엽 형남荊南의 정의왕貞懿王 고보융高保融이 사방을 향해 신하라

주었다. 스스로 형벌을 받으면서도 오히려 임금을 훌륭하게 만드는 일을 잊지 않았다.'고 일컬었다."라고 하였다.

고 자칭하자 당시 사람들이 그를 가리켜 '고무뢰高無賴'라고 불렀던 일은[17] 국태공께서도 아시지 않습니까? 또 조선은 겉으로는 청나라의 신하라고 하면서도 지금 재야 선비들의 글을 보면 하나같이 청나라를 오랑캐의 나라라고 배척하며, 공문서를 제외한 문서에는 청나라 연호가 아닌 오히려 명나라 연호인 숭정영력기원후崇禎永曆紀元後[18] 몇 년이라고 쓰고 있습니다. 이처럼 명분과 실제가 서로 크게 다릅니다. 이제부터 정말로 군신의 관계를 끊고 조약을 폐지하여 조선의 황제임을 분명히 하신다면 선대 임금들의 수치를 씻을 수 있을 뿐 아니라 후손에게는 자주국가의 기반을 물려줄 수 있습니다. 이런 일은 먼 후세까지 자랑할 만한 일이 아니겠습니까?"

하응이 대답했다.

"남한산성에서 청나라에 신하의 예를 취한 일은 이미 지나간 옛일이며, 재야 선비들의 빗나간 논의는 나라가 관여할 일이 아니다. 지난 갑신년(1884)

---

17 고보융은 5대10국五代十國 시대, 10국의 하나인 형남의 왕이다. 형남의 초대 왕 고계흥高季興(907년 후량後梁의 태조가 형남荊南 절도사節度使로 임명했다)은 신하로서 후량을 섬겼다. 후량이 멸망하고 후당後唐이 들어서자(923), 고계흥은 신하로서 다시 후당을 섬겼다. 후당 천성天成 3년(928) 고계흥이 죽고 아들 고종회高從誨가 뒤를 이었다. 후당이 멸망하고 후진後晉이 들어서자(936), 고종회는 신하로서 후진을 섬겼다. 후진이 멸망하고 후한後漢이 들어서자(946), 다시 신하로서 후한을 섬겼다. 후한 건우乾祐 1년(948) 고종회가 죽고 셋째 아들 고보융이 대를 이어 후한을 섬겼다. 후한이 멸망하고 후주後周가 들어서자(950), 고보융은 신하로서 후주를 섬겼다. 후주에서 송宋으로 선양이 이루어지자(959), 고보융은 송의 신하를 자청했다. 사서에 따르면 고보융은 평범한 인물로 조정의 모든 중대사를 열째 동생 고보욱高保勗에게 맡겼다. 조광윤趙匡胤이 송宋을 건국하자, 고보융은 두려움에 떨면서 1년에 세 차례나 송나라에 조공 사신을 파견했다고 한다. 약소국의 왕으로서 여러 국가에 스스로 신하라고 칭하였기에, 여러 나라에서는 그를 천하게 여겨 고무뢰라고 불렀다 한다. 『구오대사舊五代史』 권133 「세습열전 제2」 참조.

18 숭정崇禎은 명나라 의종毅宗(숭정제)의 연호(1628~1644)이며, 영력永曆은 명나라의 마지막 황제 영명왕永明王(영력제永曆帝)의 연호(1647~1662)이다.

에 불충한 신하들이 역모를 꾸몄을 때, 원세개가 아니었으면 우리나라는 이미 멸망했을 것이다. 이에 비추어보면 국제법이라는 것도 별로 믿을 만하지 못하다."

게이스케가 또 말했다.

"절대로 그렇지 않습니다. 갑신년의 일은 저도 알고 있습니다. 그것은 일개 사신으로 말미암아 일어난 일일 뿐, 우리 정부의 뜻은 아니었습니다. 또 만약 지시를 받은 것이 있다 하더라도, 귀국에서 진심으로 개화를 단행하지 않고 형세를 관망하며 머뭇거리다가 밀려서 터진 일입니다. 대저 일이 눈앞에 있거늘 입씨름만 하고 있을 수는 없습니다. 국태공께서는 저의 제의를 따를 것인지 아닌지만 말씀하시면 됩니다. 원세개는 이미 도망쳐버렸으니 장차 누구를 믿으시겠습니까? 원세개가 도망쳤음을 국태공께서 아신다면 오늘의 일이 갑신년과 사뭇 다르다는 점 또한 아시지 않습니까? 신중히 생각하시기 바랍니다."

하응은 항변하면서 조금도 수그러들지 않았지만, 결국 어쩔 수 없이 억지로 대답했다.

"이것은 국가의 대사인데 나처럼 자리나 차지하고 있는 사람이 입을 열어 판별할 일이 아니다. 또 조정에는 백관이 있거늘 그대는 어째서 중론을 모아 절충하려 하지 않는가?"

마침내 게이스케는 임금의 칙서를 이용하여 조정 대신들을 소집하고, 일본 군대를 풀어 대궐 문을 지키면서 일일이 이름을 대조한 다음에야 대신들을 대궐 안으로 들여보냈다. 김홍집, 김병시, 조병세, 정범조 등은 모두 대궐 안으로 들어왔다. 심순택 또한 대궐 문 앞에 도착했다. 게이스케가 그를 불러서 물었다.

"가죽만 남은 늙은이도 국정에 참여한단 말인가?"

순택은 대궐 안으로 들어가지 못한 채 문 옆에 딸린 조방朝房(조정 신하들이 조회 시간을 기다리면서 쉬던 방) 앞의 길바닥에 사흘이나 앉아 있었다.

이때 조정 재상들 가운데 조병세가 성품이 제법 강직해서 거침없이 말을 한다는 소문이 있었다. 병세는 타고난 성품은 질박하지만 경박하고 멍한 구석이 있어 세상에서는 별 기대를 걸지 않았다. 재상이 된 뒤에는 극간을 자주 한 까닭에 임금이 그를 싫어했지만 파직하지는 않고 단지 귀를 막고 듣지 않았다. 금년 봄에 난리가 일어났다는 소식이 전해졌을 때 임금이 신하들을 둘러보며 탄식했다.

"부패한 관리들이 기어코 난리를 불러왔구나!"

그러자 병세가 곧바로 대답했다.

"지금 온 세상이 모두 썩어 있습니다. 관리들은 뇌물을 받지 않으면 도둑질을 할 뿐입니다. 우리나라 360개 주·군에서 360명의 도둑놈을 기르고 있는 셈인데 백성들이 어떻게 난을 일으키지 않을 수 있겠습니까? 민란을 진정시키고자 하신다면, 반드시 도둑놈들의 소굴을 뒤집어엎고 그 우두머리 몇 놈을 죽여서 백성에게 사과해야 합니다. 그렇게 하고도 그치지 않는다면 입을 함부로 놀린 죄로 제 목을 쳐서 징벌하시기 바랍니다."

임금은 아무 말 없이 가만히 있었다. 이때 민영휘가 임금을 모시고 있었는데 도저히 듣고 있기 힘들었던지 밖으로 나와서 다른 사람들에게 말했다.

"심하다! 수교水橋 재상의 사납고 독한 성깔머리는!"

병세의 집이 수각교水閣橋 부근에 있기에 그를 수교라고 부른 것이다.

저 순택 같은 자는 나이가 들수록 벼슬에 집착했기 때문에, 우리나라 사람이 모두 그를 더러운 놈이라고 침을 뱉으며 욕하는 것도 모자라 적국의 사신 또한 더러운 놈이라고 여겼다. 아아! 이와 같은 꼴이니 망국의 재상이 되는 데 부족함이 없다.

대신들은 대궐 안으로 들어오기는 했지만 벌벌 떨면서 게이스케에게 따지기는커녕 게이스케가 물어보면 대뜸 "네, 네"라고 할 뿐이었다. 그래서 며칠 만에 법을 고쳤다. 대원군은 대신들과 함께 대궐 안에 붙잡혀 있었다. 게이스케는 대궐 출입문을 지키는 일본군에게 아무리 조정 백관이라 할지라도 증명서가 없으면 들여보내지 말라고 단단히 주의를 주었다. 이때 조정 백관은 모두 흩어졌고, 궁중의 식량을 관장하는 내수사에도 사람이 없어 임금의 수라조차 올릴 수 없었다. 임금은 배가 너무 고파 운현궁에서 음식을 가져오게 했다. 음식상이 대궐 문에 이르자 문을 지키는 일본 군졸들이 일일이 조사하면서 이것저것 집어먹었다. 그 때문에 막상 임금 앞에 수라상이 이르렀을 때는 빈 그릇만 놓여 있을 뿐이었다. 임금은 다시 잘 차리지 말고 가져오라고 지시했다.

　이때 각 부대의 병사들은 지휘관의 명령을 받지는 않았지만 한데 어울려 하도감下都監(훈련도감의 분영)에 모여서 사태를 의논했다. 누군가 다음과 같은 의견을 내놓았다.

　"우리는 비록 군대에 몸담고 있는 천한 놈들에 불과하지만 모두 국가에서 녹봉을 받고 사는 은혜를 입어왔다. 지금 괴변이 일어나 대궐 안의 사정은 알 수 없지만, 각 부대의 병사들이 흩어지지 않았다는 사실을 일본군이 알게 되면 감히 횡포를 부리지는 못할 것이다. 혹시 뜻밖의 변고라도 발생한다면 목숨을 바쳐 일전을 치르자."

　모두들 "좋다"고 소리쳤다. 이에 대포를 각 군영의 담에 걸어 놓고 수비에 들어갔다. 일본군이 대궐에서 이동하여 군영을 침범하려고 하자 군영 안에서 일제히 대포를 발사했다. 일본군이 잇달아 쓰러졌기 때문에 게이스케는 군대를 철수시켰다. 그러고는 임금을 협박하여 군영의 병사에게 무기를 버리라는 명령을 내리게 했다. 군영의 병사들은 분노에 차서 절규하며 칼을 뽑아 돌을 내리쳤다. 온 군영이 통곡했으며, 병사들은 성에 걸어 놓은 줄을 타고 뿔뿔이 흩어져 달아났다. 여러 군영의 군수품과 무기는 모두 일본군의 차지가 되고 말았다.

일본군은 사방에서 약탈을 자행했다. 대궐 안의 귀중한 보물과 대대로 전해 내려온 진기한 물건, 법기法器, 종묘의 제사에 사용하는 술잔과 그릇 등을 모두 약탈하여 인천항의 일본 공관으로 실어 날랐다. 국가가 수백 년 동안 모아 두었던 보물이 하루아침에 자취도 없이 사라졌고, 서울에는 변변한 무기조차 남아 있지 않았다.

민씨들은 모두 목숨을 구해 달아났다. 민영주는 양주로 달아났으며, 민영휘는 평안도 쪽으로 달아났다. 민응식은 그의 아들 병승丙昇과 함께 삿갓을 쓰고 맨발에다 허리에 짚신을 차고 가마꾼으로 위장하여 숭례문을 나왔다. 동네 사람들이 깨진 기와 조각을 던지고 손가락질을 해대면서 야유를 퍼부었다.

"이놈이 바로 어제까지 민보국閔輔國이었다."

민두호는 바야흐로 춘천 유수를 겸직하고 있었다. 아내를 데리고 몸에 지니기 쉬운 값진 보물들을 챙겨서 사인교 10여 가마에 나누어 싣고 춘천에 도착했다. 춘천 백성들이 길을 가로막고 내쫓으면서 말했다.

"이런 난리를 만났는데 관동의 도둑을 다시 받아들일 수는 없다."

두호는 이렇게 낭패를 당했지만, 그럼에도 불구하고 아쉬워하면서 차마 떠나지 못한 채 오랫동안 길에서 머물다가 진령군과 함께 충주로 달아났다.

오직 민영소와 민영환, 민영달만 도망가지 않았다. 영달은 도망가지 않은 이유를 다음과 같이 말했다.

"나는 벼슬을 그만둔 지 여러 해가 되었고 죽을죄도 없는데 무엇 때문에 도망을 가겠는가."

6월 22일

김학진金鶴鎭을 병조 판서로 임명하고, 조희연趙義淵에게 좌변포도대장을
겸임하게 했다.[19] 이봉의李鳳儀를 총어사摠禦使로 임명하고 경리사經理使를 겸
임하게 했다. 호위부장扈衛副將 신정희에게는 통위사統衛使를 겸임하게 했다.
안경수安駉壽를 우변포도대장으로 임명하고, 장흥 부사 박제순朴齊純을 전라
도 관찰사로 임명했다.

이때 학진과 제순의 인수인계가 지연되었기 때문에 병조 참판 김가진金嘉
鎭[20]에게 잠시 판서의 일을 겸임하게 했다. 제순은 5월에 장흥 부사로 부임했
다가 곧바로 전라도 관찰사로 부임하라는 명을 받았다.

김홍집을 영의정으로, 민영달을 호조 판서로 임명했다. 강화 총제영摠制營
을 혁파하기 위해 김윤식金允植을 강화 유수로 임명했다.[21]

춘천 유수영留守營를 없앴다. 이규석李奎奭을 춘천 부사로,[22] 김만식金晩植
을 평안도 관찰사로, 김춘희金春熙를 황해도 관찰사로, 김규홍金圭弘을 판의금

---

19 조희연은 좌변포도대장을 겸임한 적이 없고 다만 장위사壯衛使에 임명되었다. 이때 좌변포
    도대장에 임명된 사람은 이원회李元會이다. 『고종실록』 1894년 6월 22일자 기사 참조.

20 김가진은 이때 특별히 협판교섭통상사무協辦交涉通商事務에도 발탁되었다. 『고종실록』 1894
    년 6월 22일자 기사 참조.

21 김홍집이 영의정에 임명된 것은 1894년 6월 25일, 민영달이 호조 판서에 임명된 것은 6월
    24일, 김윤식이 강화 유수에 임명된 것은 6월 22일이다. 『고종실록』 참조.

22 이규석은 원문에 '李圭錫'으로 표기되어 있는데, 李奎奭의 오기이므로 바로잡는다. 또한 그
    는 1894년 6월 22일 춘천부 유수에 임명되었다. 『고종실록』 참조.

부사判義禁府事로,[23] 한기동韓耆東을 동지경연사로 임명했다.[24]

정언正言 지석영池錫永과 주사主事 김하영金夏營·박준양朴準陽·김학우金學羽·이응익李應翼·육종윤陸鍾允, 부사과副司果 한창수韓昌洙·이설李偰·이최승李最昇·함우복咸遇復 등을 모두 승지로 임명했다.[25] 이들은 모두 올해 상소를 올렸던 사람이다.

이유인李裕寅을 함경도 병마절도사로 임명했다.[26]

6월 24일

대사면을 내려, 앞뒤에 걸쳐 벼슬을 몰수하고 귀양을 보냈던 사람들을 풀어주었다. 이때 권봉희權鳳熙·안효제安孝濟·조희일趙一·여규형呂圭亨과 갑신변란의 역적 신기선申箕善·이도재李道宰 등이 모두 풀려났다.[27] 이 무렵 반

---

23 김만식이 평안도 관찰사로, 김춘희가 황해도 관찰사로, 김규홍이 판의금부사로 임명된 것은 1894년 6월 26일이다. 『고종실록』 참조.

24 한기동이 동지경연사로 임명된 것은 1894년 6월 25일이다. 『고종실록』 참조.

25 『고종실록』에 따르면 이들이 모두 승지로 임명된 것은 아니다. 지석영은 승지가 아니라 형조 참의로, 육종윤(원문에는 '陸鍾元육종원'이라 되어 있으나 육종윤陸鍾允의 오기이다)은 참의교섭통상사무參議交涉通商事務로, 김학우는 참의내무부사參議內務府事로 6월 25일에 임명되었다, 박준양은 6월 22일 승정원 동부승지로 임명되었다가 바로 내무 참의內務參議로 임명되었다. 김하영은 6월 23일 특별히 승정원 동부승지로, 이응익은 공조 참의로 임명되었다. 한창수는 6월 24일, 이설과 이최승은 6월 26일 승정원 동부승지로 임명되었다. 함우복은 관직을 수여받은 사실이 없다. 『고종실록』, 『승정원일기』 참조.

26 1894년 7월 2일의 일이다. 『고종실록』 참조.

27 죄인을 풀어주는 대사면은 6월 21일에 단행되었다. "방축향리放逐鄉里된 죄인 김윤식金允植의 죄를 씻어 서용하고, 안치安置한 죄인 이용원李容元, 도배島配한 죄인 권봉희權鳳熙·안효

두번째 기록 265

역을 주도했던 박영효가 일본군을 따라 국내로 잠입하여 나라의 중요한 논의를 모두 결정했다. 게이스케는 사면을 빙자하여 그 일당을 풀어주었다. 이건창李建昌은 2월에 사면이 되어 이미 귀양지에서 돌아와 있었다.

6월 27일
제도를 변경하는 법령을 정하고, 먼저 시행할 사례를 정하였다.[28]

- 각 나라에 특명진권대신을 피견하고 조선이 자주독립국가임을 알린다.(*본래의 의안에 없는 내용)
- 국내 공·사문서에 청나라 연호인 광서光緒의 사용을 중지하고, 오직 '개국기년開國紀年'만을 쓴다.[29]
- 청나라와 조약을 개정하고 각국에 특명전권공사特命全權公使를 다시 파견한다.(*본래의 의안에는 있지만 원문에서 누락된 내용)
- 사색으로 제한된 당파를 혁파하고, 당파에 관계없이 재능이 뛰어나고

제安孝濟·여규형呂圭亨은 모두 석방하라.' 하였다. 이어 경죄수輕罪囚는 석방하고, 좌우 포도청에 갇혀 있는 죄수들도 적도賊徒 외에는 모두 석방하라고 명하였다." 『고종실록』 1894년 6월 21일자 기사 참조.

28 본 의안은 황현이 6월 27일자로 기록했지만, 『고종실록』에 따르면 6월 28일에 군국기무처에서 올린 것이다. 실제 6월 28일자 의안 중에는 없지만 원문에는 있는 것, 시기가 다른 것, 원문에서 본래의 의안이 누락된 것은 (*)로 표시했다. 또한 의안 내용 가운데 원문에 누락 부분이 있을 경우에는 원사료에 따라 옮겼다.

29 원문에는 '紀開國幾年事기개국기년사'라 했는데, 『고종실록』의 해당 기사에 따르면 '書開國紀年事서개국기년사'이다. 『고종실록』 1894년 6월 28일자 기사 참조. 개국기년開國紀年은 갑오개혁 때 채택하여 쓰던 연호(1894~1895)로, 조선이 건국된 1392년을 원년으로 하고, 연호를 채택한 해인 1894년을 503년으로 산정하여 모든 공문서에 사용했다.

현명한 인재를 천거한다.(*본래의 의안에 없는 내용)

- 문벌과 양반·상민의 격식을 타파하며, 귀천에 관계없이 인재를 선발하고 등용한다.

- 문관과 무관의 높고 낮은 구별을 폐지하고 품계만을 따른다.

- 죄인을 본인 이외의 친족에게 연좌시키는 법을 일체 시행하지 않는다.

- 본처와 첩 모두에게 아들이 없는 경우에만 비로소 양자 입적을 허용하도록 하는 이전의 규정을 거듭 밝힌다.

- 남녀 간의 조혼을 가능한 한 빨리 엄금한다. 남자는 20세, 여자는 16세 이상이라야 비로소 혼인을 허락한다.

- 과부가 재혼하는 일은 귀천에 관계없이 본인의 자유의사에 따른다.

- 공노비와 사노비에 관한 법률은 혁파하고, 사람을 사고파는 일을 금지한다.

- 정부 각 부서에서 부리는 조례皁隷(관아에서 천역賤役에 종사하던 관노비, 사령 등)는 적정 인원을 감안하여 더 두거나 줄인다.

- 뇌물을 받는 것, 강제로 세금을 거두는 것, 관공서의 물건을 사적으로 사용하는 것, 또한 죄 없는 사람을 무고하는 것, 이유 없이 사람을 잡아들이는 것에 대해서는 해당 관서와 개인을 모두 중죄로 다스리고 엄격히 금지한다.(*본래의 의안에 없는 내용)

- 상례喪禮를 개정한다. 비록 상중이라도 공적인 일과 사적인 일을 집행하는 데 방해되지 않도록 한다. 바꾸었으나 시행되지 않았다.(*본래의 의안에 없는 내용)

- 조정 관리의 의복제도는, 임금을 뵐 때의 공식 복장은 사모紗帽(문무백관이 관복을 입을 때 쓴 모자로, 전면이 2층으로 둥그렇게 턱이 진 모양이다. 지금은 전통 혼례식에서 신랑이 쓴다)를 쓰고 깃이 둥글고 소매가 좁은 장복章服을 입

는다. 휴식을 취할 때의 사복은 칠립漆笠(사대부가 주로 외출할 때 쓰는 모자로, 옻칠을 한 갓이다), 답호褡護(밑이 길고 소매가 없는 조끼형의 관복), 실띠로 한다. 사인士人과 서민은 칠립, 두루마기, 실띠로 한다. 군대의 의복제도는 최근의 예에 따라 시행하되 장수와 병사에 차이를 두지 않는다.

- 정부 이하 각 부서에서 소유한 금전과 곡식, 전답은 하나하나 명확하게 조사한다.(* 본래의 의안에 없는 내용)
- 승려들의 도성 출입을 금지했던 조치를 폐지한다. 바뀌었으나 시행되지 않았다.(* 1895년 3월 29일자 의안)
- 비록 평민[30]이라도 만약 국가 경영에 관한 의견이 있는 사람은 마땅히 군국기무처에 글을 올려 토의에 붙일 수 있도록 허용한다.
- 역졸, 광대, 백정은 모두 천인의 신분을 면해준다.(* 1894년 7월 2일자 의안)

이상의 여러 가지 조항을 '의안議案'이라 이름하고, 미진한 조건은 다음에 마련한다.

이때 게이스케는 임금을 황제로 호칭하고, 연호를 제정하고, 머리를 깎고, 양복을 입도록 고집했으나, 상하가 모두 따르지 않았다. 게이스케도 잠시 뜻을 굽히고 여론에 따랐다.

조정 대신들은 결국 임금의 호칭을 '대군주 폐하'로 높여서 황제로 호칭하는 문제에 대처했으며, '개국 기년 503년'을 채택함으로써 연호를 제정하는 문제에 대처했다. 또 의복제도를 조금 변경함으로써 머리를 깎고 양복을

---

30 원문에는 '賤人천인'으로 되어 있는데, 이는 황현의 오기이다. 본래 의안대로 '평민平民'으로 바로잡는다. 『고종실록』 1894년 6월 28일자 기사 참조.

입는 문제에 대처했다. 조정과 민간에서 모두 의심하며 불안하게 여겼기 때문에 순차적으로 시행하고자 한 것이다.

민영휘를 추자도로, 민응식을 고금도로, 민형식閔炯植을 녹도로 귀양 보내고, 그들의 주거를 해당 섬으로 제한했다. 민치헌閔致憲은 멀리 홍원으로, 김세기金世基는 영양으로 귀양을 보냈다.[31]

이때 민씨의 대부분이 달아나서 법을 집행할 수 없었으므로 인심이 분개했다. 세기는 송도 유수로 있으면서 민란을 격화시켰기 때문에 임금도 어쩔 수 없이 그를 귀양 보냈다. 그러나 민씨들은 거의가 사방으로 달아난 탓에 귀양을 보내지 못했다. 아아! 난신적자가 어느 시대인들 없으랴! 그러나 저 영휘 같은 자들은 채경蔡京이나 가사도賈似道 못지않은 죄인이라고 나는 생각한다.[32]

---

31 『고종실록』 1894년 6월 22일자 기사 참조.

32 채경(1047~1126)은 자가 원장元長이며, 북송 말기의 정치가이자 서예가이다. 송 휘종徽宗 연간에 16년간 연이어 태사太師(재상)의 지위를 차지했을 정도로 권력을 한 몸에 누렸다. 자신을 반대하는 인물에 대해서는 당파에 상관없이 축출하고 '간당奸黨'으로 폄훼했다. 채경이 축출한 인원은 300여 명에 이르며, 또 그 자손들도 과거 시험에 응시할 자격을 박탈당했다. 이렇게 생겨난 '간당' 명부로 '원우붕당비元祐朋黨碑'를 건립한 뒤 이들을 요주의 인물로 세상에 알렸다. 휘종 말기에 금金과 결탁하여 북송 정권의 오랜 염원인 연운燕雲 16주를 요遼로부터 탈취하는 공적을 올렸다. 그러나 조정은 금의 실력을 깔보고 금과 맺은 맹약을 몇 번이나 파기했기 때문에, 1125년 금의 공격을 받고 북송은 허무하게 멸망했다. 북송 멸망 직전, 휘종은 큰아들 흠종欽宗에게 양위를 했다. 흠종은 애당초 채경 세력을 싫어했고, 또 금의 내습에 분노한 여론을 억누르기 위해, 일관되게 채경에 반대하던 재야의 이강李綱을 불러서 선후책을 강구했다. 마침내 채경·동관童貫·양사성梁師成·왕보王黼·주면朱勔·이방언李邦彦 등 여섯 명은 육적六賊으로 간주되어 멀리 유배에 처해진다. 노령의 채경은 유배를 가는 도중에 사망했다. 『송사宋史』 「열전 제231, 간신奸臣 2, 채경蔡京」 참조.
가사도(1213~1275)는 자가 사헌師憲이며, 남송 말기의 재상이다. 그의 누이가 이종理宗의 귀

육조六曹의 각 부서를 개편하여 10개 아문衙門을 만들었다.[33] 그리고 구제 도에 속했던 각 부서는 종류에 따라 해당 아문에 소속시켰다.

새로 만든 10개 아문은 궁내부아문宮內府衙門, 의정부아문議政府衙門, 내무 아문內務衙門, 외무아문外務衙門, 탁지아문度支衙門, 군무아문軍務衙門, 공무아문工務衙門, 학무아문學務衙門, 농상아문農商衙門, 법무아문法務衙門이다. 이 밖에 종백 부宗伯府와 종친부宗親府가 있지만 전담 아문은 만들지 않았으며, 그렇다고 궁 내부아문에 소속시키지도 않았다. 따로따로 관장하는 친족이 있기는 했으나, 한가한 권아로 여겨졌다.

궁내부아문에 딸린 부서는 다음과 같다.(이 아문은 예전 내무부를 그대로 따랐다.)

- 승선원承宣院 : 상서원尙瑞院, 기주記注, 품질品秩(증가), 검사檢査(증가)
- 경연청經筵廳 : 홍문관弘文館, 예문관藝文館, 승문원承文院, 춘추관春秋館
- 규장각奎章閣 : 교서校書, 도화圖畵, 사자寫字
- 통례원通禮院 : 외사外事(증가), 내사內事(증가)
- 장악원掌樂院
- 내수사內需司 : 용동궁龍洞宮, 어의궁於義宮, 명례궁明禮宮, 수진궁壽進宮, 장 흥고長興庫

비가 되자, 그 역시 빠르게 승진하면서 이종·도종度宗·공제恭帝 3대에 걸쳐 정권을 장악하고 권력을 휘두르며 사욕을 채웠다. 쿠빌라이에게 약속한 강화 조건을 이행하지 않으면서 원나라의 침입을 불러왔다. 군사를 이끌고 전장에 나갔으나 대패하고, 유배지에서 피살되었다. 『송사宋史』 「열전 제233, 간신奸臣 4, 가사도賈似道」 참조.
황현이 민영휘 같은 민씨를 채경과 가사도에 빗댄 것은, 바로 그들이 외적의 침입을 불러일으키고 정권을 전횡했기 때문이다.

33 『고종실록』 1894년 6월 28일자 기사 참조.

- 사옹원司饔院 : 빙고氷庫, 예빈禮賓[34]
- 상의원尙衣院 : 제용濟用
- 내의원內醫院 : 전의典醫
- 시강원侍講院 : 익위翊衛, 강서講書, 위종衛從
- 내시사內侍司 : 상궁尙宮, 액정掖庭, 전설典設, 명부命婦
- 태복시太僕寺
- 전각사殿閣司 : 선공繕工
- 회계사會計司

- 종백부宗伯府 : 종묘宗廟, 사직社稷, 영희전永禧殿, 경모궁景慕宮, 장생전長生殿, 각 능陵과 원園, 봉상奉常, 전생典牲, 궁묘기宮墓基
- 종친부宗親府 : 돈령敦寧, 의빈儀賓

종전에 마땅히 이상의 각 부서로 들어오던 금전과 곡식은 탁지아문에서 전담 관장하고, 사용할 모든 경비는 균역청과 탁지아문에서 배정한다.

의정부아문에는 중추부中樞府, 기로소耆老所, 충훈부忠勳府, 사헌부司憲府, 사간원司諫院을 부속시킨다.

내무아문에는 이조吏曹와 제중원濟衆院을 부속시킨다.

외무아문

---

34 원문에는 사옹원과 상의원이 구분되지 않은 채 '사옹원 : 빙고氷庫, 예빈禮賓, 상의尙衣, 제용濟用'이라 묶어서 정리되어 있지만, 『고종실록』에 따르면 '사옹원 : 빙고, 예빈 / 상의원 : 제용'으로 구분되어 있으므로 바로잡는다. 『고종실록』 1894년 6월 28일자 기사 참조.

탁지아문에는 호조戶曹, 친군영親軍營, 선혜청宣惠廳, 광흥창廣興倉, 군자감軍資監, 장흥고長興庫, 전운소轉運所를 부속시킨다.

군무아문에는 병조兵曹, 연무鍊武, 총어摠禦, 통위統衛, 장위壯衛, 경리經理, 호위扈衛, 훈련訓練, 군직軍職, 용호위龍虎衛, 기기機器, 선전宣傳, 부장部將, 수문守門을 부속시킨다.

공무아문에는 공조工曹, 전보電報, 광무礦務를 부속시킨다.

학무아문에는 성균成均, 사학四學, 관상감觀象監, 육영공원育英公院을 부속시킨다.

농상아문

법무아문에는 형조刑曹, 전옥典獄, 율학律學을 부속시킨다.

이 밖에 한성부漢城府와 경무청警務廳이 있다. 이들 부와 청은 다른 아문에 소속되지 않았지만 또한 10개 아문의 반열에도 들지 못했다. 각 부가 맡아서 관장하는 사무가 그나마 적은 곳은 궁내부의 종백부와 종친부였다.

한성부

경무청에는 좌우포청左右捕廳과 순청巡廳을 부속시킨다.

대체로 10개 아문의 관원 가운데 직책이 가장 높은 사람을 '대신大臣', 그 다음을 '협판協辦', 그 다음을 '참의參議', 그 다음을 '주사主事'라고 했다. 이것은 이전의 판서判書, 참판參判, 참의參議, 정랑正郎과 각각 품계가 같았다.

임금이 전교하였다.

"군국기무처 회의 총재에는 영의정 김홍집金弘集을 임명하고, 박정양朴定陽, 민영달閔泳達, 김윤식金允植, 김종한金宗漢, 조희연趙羲淵, 이윤용李允用, 김가진金嘉鎭, 안경수安駉壽, 정경원鄭敬源, 박준양朴準陽, 이원긍李源兢, 김학우金鶴羽,

권형진權瀅鎭, 유길준兪吉濬, 김하영金夏英, 이응익李應翼, 서상집徐相集 등을 모두 회의원會議員에 임명하니, 날마다 모여서 크고 작은 사무를 협의해 보고하고, 지시를 받아 시행하도록 하라."[35]

또 전교하기를 "크고 작은 일 중에 긴급하고 중요한 문제는 먼저 대원군에게 아뢰도록 하라."고 하였다.[36]

의정부 관제官制(아문은 구제도를 그대로 따랐다.)[37]

● 의정부는 백관百官을 통솔하여 모든 정무를 처리하고 나라를 운영한다.
● 총리 대신 1명, 좌찬성 1명, 우찬성 1명, 사헌 5명, 참의 5명, 주사 31명을 두며, 다음과 같이 사무국을 나누어 설치한다.
  - 군국기무처는 국내의 크고 작은 일을 논의한다. 총재 1명을 두며 총리 대신이 겸임한다. 부총재 1명을 두며 의원 가운데 서열이 높은 사람이 겸임한다. 회의원은 10명 이상 20명 이하로 한다. 서기관 3명을 두며, 그 가운데 1명은 총리 대신의 비서관을 겸임한다.
  - 도찰원都察院은 중앙과 지방에 있는 모든 관리의 장단점 및 공로와 과실 일체를 규찰하여 그 내용을 의정부에 보고하고, 상벌을 공정하게 시행하는 사무를 관장한다. 원장 1명을 두고 좌찬성이 겸임한다. 사헌 5명과 주사 10명을 둔다.
  - 중추원中樞院은 문관, 무관, 음관蔭官으로 자헌대부資憲大夫 이상의 관

---

35 『고종실록』 1894년 6월 25일자 기사 참조.

36 『고종실록』 1894년 6월 22일자 기사 참조.

37 『고종실록』 1894년 6월 28일자 기사 참조.

품에 속한 사람 가운데 실직實職이 없는 사람을 고문으로 세우고, 결원이 생기면 보충한다. 원장 1명을 두며 우찬성이 겸임한다. 참의 1명, 주사 2명을 둔다.

- 전고국銓考局은 관리의 이력과 추천서를 실제 그가 갖춘 학문과 조사·대조하는 사무를 관장한다. 참의 1명을 두며 기록국장이 겸임한다. 주사 2명을 둔다.
- 기록국記錄局은 행정 사무에 관한 초고와 통계 사무에 관한 보존 문건을 등록하는 사무를 관장한다. 참의 1명과 주사 4명을 둔다.
- 관보국官報局은 정령政令, 헌법, 각 관서의 모든 공판公判 문서를 공포하는 사무를 관장한다. 참의 1명, 주사 4명을 둔다.
- 편사국編史局은 우리나라의 역사를 편집하는 사무를 관장한다. 참의 1명, 주사 4명을 둔다.
- 회계국會計局은 의정부의 재정 출납을 관장한다. 참의 1명, 주사 4명을 둔다.

내무아문 관제(본 아문은 이전의 이조吏曹를 그대로 따랐다.)

- 내무아문은 지방 백성을 통제하고 다스리는 사무를 관장한다.
- 대신 1명, 협판 1명, 참의 5명, 주사 14명을 두며,[38] 다음과 같이 사무국을 나누어 설치한다.
  - 총무국摠務局은 미처 설치하지 못한 각 부서의 제반 사무를 관장한다. 참의 1명을 두고, 주사 2명을 두는 데 비서관을 겸임한다.

---

38 원문의 '주사 25명'은 주사 14명의 오기이므로 바로잡는다. 『고종실록』 1894년 6월 22일자 기사 참조.

- 판적국版籍局은 가구와 인구의 수, 출생과 사망에 관한 내용을 조사하고, 이에 따른 모든 문서를 관장한다. 참의 1명, 주사 6명을 둔다.
- 주현국州縣局은 각 지방의 모든 사무를 감독하는 일을 관장한다. 참의 1명, 주사 6명을 둔다.
- 위생국衛生局은 전염병 예방 사무를 관장한다. 아울러 의약과 천연두(牛痘) 예방 등에 관한 사무도 관장한다. 참의 1명, 주사 2명을 둔다.
- 지리국地理局은 국내의 지형을 측량하고 지도를 만드는 업무를 관장한다. 아울러 도로, 교량, 나루 등에 관한 모든 사무를 관장한다. 참의 1명을 두며 위생국장이 겸한다. 주사 4명을 둔다.
- 사사국寺祠局은 국내의 산악과 강, 사찰, 사당에 관한 일을 관장한다. 참의 1명을 두며 위생국장이 겸임한다. 주사 2명을 둔다.
- 회계국會計局은 내무아문의 재정 출납에 관한 문서를 관장한다. 참의 1명, 주사 2명을 둔다.

외무아문 관제(본 아문은 이전과 같다.)

- 외무아문은 교섭·통상에 관한 사무와 공사·영사 등의 관리를 감독하는 사무를 관장한다.
- 대신 1명, 협판 1명, 참의 5명, 주사 20명을 두며, 다음과 같이 사무국을 나누어 설치한다.
  - 총무국은 미처 설치하지 못한 각 부서의 모든 사무를 관장한다. 참의 1명을 둔다. 주사 2명을 두며 비서관을 겸임한다.
  - 교섭국交涉局은 외교에 관한 사무를 관장한다. 아울러 다른 나라의 공법과 사법을 조사하고 심의하는 사무를 수행한다. 참의 1명, 주사 4명을 둔다.

- 통상국通商局은 통상과 항해에 관한 사무를 관장한다. 참의 1명, 주사 2명을 둔다.
- 번역국繙譯局은 외국의 공문서와 공적인 편지를 번역하는 일을 관장한다. 참의 1명, 주사 4명을 둔다.
- 기록국은 조약 문서를 보관하는 일을 관장한다. 아울러 외교문서를 보존하는 사무를 수행한다. 참의 1명을 두며 번역국장이 겸임한다. 주사 6명을 둔다.
  회계국은 참의 1명, 주사 2명을 둔다.

탁지아문 관제(본 아문은 이전의 호조戶曹와 같다.)

● 탁지아문은 전국의 재정 예산, 출납, 조세, 국채 및 화폐 등에 관한 모든 사무를 총괄 관장하고, 각 지방의 재정 사무를 감독한다.
● 대신 1명, 협판 1명, 참의 9명, 주사 45명을 두며, 다음과 같이 사무국을 나누어 설치한다.
  - 총무국은 미처 설치하지 못한 각 부서의 모든 사무를 관장한다. 참의 1명, 주사 2명을 둔다.
  - 주세국主稅局은 국세를 부과하고, 관세를 징수하며, 토지대장을 작성하는 업무를 관장한다. 참의 1명, 주사 8명을 둔다.
  - 주계국主計局은 국고의 세액, 세입과 세출의 예·결산 등의 사무를 관장한다. 참의 1명, 주사 8명을 둔다.
  - 출납국出納局은 국가재정에 관한 출납 사무 등을 관장한다. 참의 1명, 주사 6명을 둔다.
  - 국채국國債局은 내외 국채의 모집과 상환 등의 사무를 관장한다. 참의 1명, 주사 2명을 둔다.

- 저치국儲置局은 금고金庫의 개폐와 쌀 창고의 조적糶糴 및 저치儲置, 감수監守 등의 사무를 관장한다. 참의 1명, 주사 2명을 둔다.
- 기록국은 본 아문에서 주고받은 공문의 초고를 편집하고 보존하며, 지폐와 증권에 인장을 찍거나 취소하는 등의 사무를 관장한다. 참의 1명, 주사 9명을 둔다.
- 전환국典圜局은 화폐 주조에 관한 모든 사무를 관장한다. 참의 1명, 주사 2명을 둔다.
- 은행국銀行局은 국내의 공적·사적 화폐의 교환에 관한 사무를 관장한다. 참의 1명을 두며 전환국장이 겸임한다. 주사 3명을 둔다.
- 회계국은 탁지아문의 회계 사무를 관장한다. 참의 1명, 주사 4명을 둔다.

군무아문 관제(본 아문은 이전의 병조兵曹와 같다.)

● 군무아문은 전국의 육해군에 관한 행정을 총괄 관장하고, 군인과 군속, 관할 부대를 감독 통솔한다.
● 대신 1명, 협판 1명, 참의 8명, 주사 36명을 두며, 다음과 같이 사무국을 나누어 설치한다.
- 총무국은 미처 설치하지 못한 각 부서의 모든 사무를 관장한다. 참의 1명을 둔다. 주사 2명을 두며 비서관을 겸임한다.
- 친위국親衛局[39]은 대궐에 소속된 군대를 관장하고, 징병과 군대 편제에 관한 모든 사무를 총괄한다. 참의 1명, 주사 4명을 둔다.

---

39 원문에는 '親軍局친군국'으로 되어 있으나 親衛局의 오기이므로 바로잡는다.

- 진방국鎭防局은 중앙과 지방을 방위하는 각 군영에 관한 사무를 관장한다. 참의 1명, 주사 8명을 둔다.
- 해군국海軍局[40]은 전국의 해군을 총괄 감독한다. 군인과 군속, 관할 부대를 통솔한다. 참의 1명, 주사 8명을 둔다.
- 기기국機器局은 무기의 제조, 수리에 관한 모든 사무와 무기를 구매하는 사무를 관장한다. 참의 1명, 주사 2명을 둔다.[41]
- 회계국은 군무아문의 재정 출납 및 각 군영과 진영鎭營의 회계 사무를 관장한다. 참의 1명, 주사 4명을 둔다.

공무아문 관제(본 아문은 이전의 공조工曹와 같다.)

- 공무아문은 국내의 모든 시설 설치와 수리에 관한 사무를 총괄 관장한다.
- 대신 1명, 협판 1명, 참의 6명, 주사 17명을 둔다. 다음과 같이 사무국을 나누어 설치한다.
  - 총무국은 모든 기술자를 감독하고 관리하는 사무를 관장한다. 아울러 모든 기술자 명단을 작성할 뿐만 아니라 기사技師를 고용하고 새로운 기술을 배우는 등의 사무를 관장한다. 참의 1명, 주사 2명을 둔다.
  - 역체국驛遞局은 내외의 공적·사적 문서 및 물건을 운반하고 배달하는

---

40 원문에는 '海軍務局해군무국'으로 되어 있으나 海軍局의 오기이므로 바로잡는다.

41 기기국은 원문에 '圖務局도무국'으로 되어 있으나, 오기이므로 바로잡는다. 또한 기기국의 사무를 맡아보는 인원도 원문에는 '참의 1명, 주사 8명'으로 되어 있으나 참의 1명, 주사 2명이므로 바로잡는다.

등의 사무를 관장한다. 참의 1명, 주사 2명을 둔다.

- 전신국電信局은 전선을 가설하고, 지국을 나누어 설치하고,[42] 내외의 전신을 전달하는 등의 사무를 관장한다. 참의 1명, 주사 2명을 둔다.

- 철도국鐵道局은 도로를 측량하고, 철도 가설에 대비하는 등의 사무를 관장한다. 참의 1명, 주사 2명을 둔다.

- 광산국鑛山局은 각종 광물의 측량, 시험, 수집, 보존 등의 사무를 관장한다. 참의 1명을 두며 철도국장이 겸직한다. 주사 2명을 둔다.[43]

- 건축국建築局은 관청 건물의 건축과 수리 등에 관한 일을 관장한다. 참의 1명, 주사 4명을 둔다.

- 회계국은 공무아문의 재정 출납을 관장한다. 참의 1명, 주사 2명을 둔다.

학무아문 관제(본 아문은 이전의 예조禮曹와 같다.)

● 학무아문은 국내의 교육과 학무 등의 행정을 관장한다.

● 대신 1명, 협판 1명, 참의 6명, 주사 18명을 두며, 다음과 같이 사무국을 나누어 설치한다.

- 총무국은 미처 설치하지 못한 각 부서의 모든 사무를 관장한다. 참의 1명을 둔다. 주사 2명을 두며 비서관을 겸임한다.

---

42 '지국을 나누어 설치하고(分置支局)'라는 구절은 원문에 '지방에 본국(전신국)을 설치하고(外置本局)'로 되어 있는데, 오기이므로 바로잡는다.

43 광산국은 원문에 '礦山局'으로 적혀 있으나 鑛山局의 오기이므로 바로잡는다. 또 원문의 '주사 1명'은 주사 2명의 오기이므로 바로잡는다.

- 성균관과 향교,[44] 서원사무국은 옛날 성인과 선현의 사당 및 서적을 보관하는 사무 등을 관장한다. 참의 1명, 주사 2명을 둔다.
- 전문학무국專門學務局은 중학교, 대학교, 기예학교, 외국어학교와 전문학교에 관한 사무를 관장한다. 참의 1명, 주사 4명을 둔다.
- 보통학무국普通學務局은 소학교, 사범학교에 관한 사무를 관장한다. 참의 1명, 주사 4명을 둔다.
- 편집국은 국문 철자와 외국 글의 번역, 교과서 편집에 관한 사무를 관장한다. 참의 1명, 주사 4명을 둔다.

농상아문 관제(본 아문은 이전의 사헌부司憲府와 같다.)

● 농상아문은 농업, 상업, 예술, 수산, 축산, 광산, 지질, 영업회사 등에 관한 모든 사무를 관장한다.[45]

● 대신 1명, 협판 1명, 참의 5명, 주사 28명을 두며, 다음과 같이 사무국을 나누어 설치한다.

- 총무국은 미처 설치하지 못한 각 부서의 모든 사무를 관장한다. 참의 1명, 주사 2명을 두며 비서관을 겸임한다.
- 농상국農桑局은 토지 개간, 농업, 차茶, 잠업, 목축에 관한 사무와 편찬

---

44 원문의 '庠序상서'는 향교鄕校를 가리킨다. 향교를 중국 주나라에서는 '상庠', 은나라에서는 '서序'라고 부른 데서 나왔다. 한편 『고종실록』에서는 '상교庠校'라고 했는데, 마찬가지로 향교를 뜻한다.

45 원문에는 '농사일과 뽕나무 가꾸는 일, 예술, 어업, 수산, 축산, 광산, 지질, 영업회사 등에 관한 모든 사무를 관장한다(管理農桑事務藝術漁獵種牧鑛山地質及商業會社等一切事務)'로 되어 있지만, 『고종실록』 1894년 6월 28일자 기사에 따르면 '管理農業商務藝術漁獵種牧鑛山地質及營業會社等一切事務'이므로 바로잡는다.

사무를 관장한다. 참의 1명, 주사 8명을 둔다.

– 공상국工商局은 중앙과 지방의 상업에 관한 사무를 관장한다. 도량度
量·권형權衡(저울) 및 제조된 각종 물품을 심사하며, 공업의 발전에 관
한 사무를 관장한다. 참의 1명, 주사 8명을 둔다.

– 산림국山林局은 산림 경영, 개인 소유의 산림 통계 및 산림학교에 관
한 사무를 관장한다. 참의 1명, 주사 2명을 둔다.

– 수산국水産局은 어업, 선구船具, 해산물의 양식, 해산물의 가공 및 수산
회사에 관한 사무를 관장한다. 참의 1명을 두며 산림국장이 겸임한
다. 주사 2명을 둔다.

– 지질국地質局은 지질, 토양의 성분과 비옥 정도, 식물과 비료, 광물 분
석, 지형 측량, 지도 제작 등에 관한 사무를 관장한다. 참의 1명을 두
며 산림국장이 겸임한다. 주사 2명을 둔다.

– 장려국獎勵局은 생산을 늘리고 산업을 발전시키는 일을 장려하고, 전
매특허에 관한 사무를 관장한다.[46] 참의 1명을 두며 산림국장이 겸임
한다. 주사 2명을 둔다.

– 회계국은 농상아문의 재정 출납을 관장한다. 참의 1명, 주사 2명을
둔다.

법무아문 관제(본 아문은 이전의 형조刑曹와 같다.)

● 법무아문은 사법, 행정, 경찰, 사면에 관한 사무를 관장한다. 아울러 고

---

46 원문에는 '산업을 발전시키고 상업 매매의 특허에 관한 여러 사무를 관장한다(興業及商賣
特許多事務)'로 되어 있지만, 『고종실록』 1894년 6월 28일자 기사에 따르면 '興業及專賣特
許事務'이므로 바로잡는다.

등법원 이하 각 지방의 재판을 감독한다.

- 대신 1명, 협판 1명, 참의 4명, 주사 20명을 두며, 다음과 같이 사무국을 나누어 설치한다.

  - 총무국은 미처 설치하지 못한 각 부서의 법률에 관한 일을 관장한다. 참의 1명을 둔다. 주사 2명을 두며 비서관을 겸임한다.

  - 민사국民事局은 백성의 소송과 재판, 법관과 법률가 고시 등에 관한 사무를 관장한다. 참의 1명, 주사 8명을 둔다.

  - 형사국刑事局은 이미 죄를 내렸거나 사형에 처한 건을 다시 심사하고, 보석·징역·감형·복권 등을 평의하는 사무를 관장한다. 참의 1명, 주사 8명을 둔다.

  - 회계국은 법무아문에서 출납하는 재정 문서를 관장한다. 아울러 고등법원 이하 각 재판소의 예산과 결산을 관리한다. 참의 1명, 주사 2명을 둔다.[47]

관리 선발 조례(선거조례選擧條例)[48]

- 각 부, 각 아문의 대신은 자신이 관리하는 주임관奏任官과 판임관判任官 등을 선임한다.

- 조정과 민간의 관리와 선비, 서울과 시골의 출신지나 신분의 귀천을 따지지 않으며, 품행이 단정하고 재주와 기술이 있고 아울러 오늘날 필요한 것이 무엇인지 아는 사람을 진지하게 선발하고, 그 사람의 직업, 성명, 나이, 본관, 주소를 상세히 적은 추천서를 발급하고, 전고국銓考局에

---

47 원문의 '주사 6명'은 주사 2명의 오기이므로 바로잡는다.

48 『고종실록』 1894년 7월 12자 기사 참조.

보내서 재능에 따라 시험을 치르도록 요청한다.

- 예비 선발된 사람의 추천서에는 그 사람의 재능이 어느 국局 어느 과課에 적합한지를 상세히 밝히고, 전고국에서 시행하는 보통시험에 합격한 사람에 대해서는 다시 특별시험을 거쳐 각 부에 나눠 보내어 각 부와 아문에서 관리로 임명한다.

- 학교를 널리 설치하여 인재를 양성하기 전에는 의정부에서 다섯 곳 유수도留守都와 여덟 개 도에 문서를 보내 향공법鄕貢法(향촌에서 인재를 뽑아 추천하는 제도)에 따라 추천하여 올린다. 경기 10명, 충청도 15명, 전라도 15명, 경상도 20명, 평안도 13명, 강원도 10명, 황해도 10명, 함경남도와 함경북도 각 5명,[49] 다섯 곳 유수도와 제주도는 각 1명씩을 뽑아 서울로 보내고, 선발된 사람은 그 재능에 따라 각자 소원하는 아문에 응시하게 하고, 각 아문의 대신이 선발한다.

품계에 따른 월급표(반록규식頒祿規式)[50]

- 품계 없는 사람(대군大君, 왕자군王子君) : 350원
- 정1품(임금의 적자 왕손, 왕손, 총리 대신) : 300원
- 종1품(좌찬성과 우찬성, 각 아문의 대신) : 200원
- 정2품(도헌都憲, 각 부와 각 아문의 협판, 경무사警務使) : 150원
- 종2품(도헌, 각 부와 각 아문의 협판, 경무사) : 120원

---

49 원문에는 '함경도 10명(咸鏡道十人)'으로 되어 있으나, 이는 『고종실록』 1894년 7월 12자 기사에 따라 '함경남도와 함경북도 각 5명(咸鏡南北道各五人)'으로 바로잡는다. 또한 원문에서 누락된 '황해도 10명(黃海道十人)'은 추기했다.

50 『고종실록』 1894년 7월 16자 기사 '품봉월표品俸月表' 참조.

- 3품(각 부와 각 아문의 참의) : 80원
- 4품(각 부와 각 아문의 주사) : 40원
- 5품(각 부와 각 아문의 주사) : 35원
- 6품(각 부와 각 아문의 주사) : 30원
- 7품(각 부와 각 아문의 주사) : 25원
- 8품(각 부와 각 아문의 주사) : 20원
- 9품(각 부와 각 아문의 주사) : 15원

이 무렵 새로 정한 법과 조례는 모두 일본 사람이 의견을 내고 서양[51]의 제도를 참고해서 형식적인 제도를 없애고 실질적인 것을 중시했다. 비록 선왕들이 세상을 다스렸던 법은 아니지만 현재의 폐단을 개선하기 위해서는 빨리 시행해야 할 것들이었다. 이러한 법과 조례를 처음 보는 까닭에 놀라고 의심하는 사람이 많았지만, 또한 그 옛날 관중管仲과 상앙商鞅의 부국강병

---

51 원문에는 '泰西태서'라고 되어 있는데, 서양을 태서라고 표기한 것은 서쪽의 끝, 곧 극서極西의 의미를 나타내기 위해서이다. 이 말의 유래는 다음과 같다. 중국인들은 남해로 갈 때 무역풍을 이용했는데 이 바람의 방향이 동서쪽으로 치우친다는 사실을 몰랐다. 오히려 겨울에는 정북풍, 여름에는 정남풍이 분다고 믿었다. 따라서 천주泉州 또는 광주廣州를 바람의 기점으로 보고 수마트라 섬 동부를 이 바람의 종점에 해당한다고 생각하여 양자를 잇는 선의 동쪽에 있는 바다를 동남해東南海, 서쪽에 있는 바다를 서남해西南海라고 구별했다. 이 구분은 송 대宋代부터 등장한다. 원 대元代에는 공통 글자인 '남' 자를 생략하고 해海를 양洋으로 바꾸어 동남해를 동양, 서남해를 서양으로 불렀다. 따라서 당시의 '동양'에는 자바도 포함되었으며, 명 대明代에 이르러 자바를 서양에 포함했다. 이는 방위 관념이 명확해졌기 때문이다. 유럽 지리학의 영향으로 광동廣東의 정남쪽이 보르네오 섬 북해안의 문래국文萊國에 해당한다는 사실이 알려지고, 광동~문래를 잇는 선으로 동양과 서양을 구별한 결과이다. 한편, 중국으로 건너간 기독교 선교사들은 세계지도를 한자로 설명하면서 서부 인도양을 소서양小西洋, 유럽 서쪽 바다를 대서양大西洋으로 표기하고, 자신들을 대서양인이라고 했다. 이때부터 서양은 유럽을 가리키는 명칭이 되었다.

이 의미하는 바가 바로 실질을 중시하는 것이었다. 다만 그것을 힘써 행하지 않을까 걱정할 수는 있겠지만, 일본 사람이 낸 의견이라고 해서 그 법을 아예 헐뜯는 것은 옳지 않다고 생각한다. 시세에 영합하는 교활한 사람들은 아무도 이 법을 옹호하지 않았다. 오직 김홍집이 나서서 일을 떠맡아 매일같이 출근하여 자리에 앉아서 붓을 잡고 노심초사하며 결정된 모든 일이 제대로 방향을 잡고 시행되도록 노력했다. 일찍이 그는 여러 협판들에게 이렇게 말했다.

"우리가 이미 법제를 변경했으니 저는 죄를 지었습니다. 이제 논의를 번복함으로써 다시 국사를 그르친다면 제가 거듭 후세에 죄를 짓는 것이니 그리할 수는 없습니다. 구차하게 한때의 부귀에 미련을 두지 마시고 각자 힘써 노력해주시기 바랍니다."

이 때문에 그를 용서한 사람이 많았다. 어떤 사람은 그를 상유한桑維翰에 비유했고,[52] 또 어떤 사람은 왕안석王安石에 비유하기도 했다.[53] 그러나 그를

---

52 상유한(898~946)은 중국 5대五代 시대 후진後晉의 정치가이며, 자는 국교國僑이다. 후진 건국 당시 거란으로부터 지원을 확보하여 창업을 도운 결과 추밀원사에서 상주相州 절도사節度使로 옮겼다. 그러나 거란에 대한 굴욕을 비난하며 거란과의 단교 및 즉시 전쟁을 요구하는 안중영安重榮 등이 관민의 지지를 얻게 되자, 상유한은 현재 후진의 국력으로는 거란에 맞설 수 없다면서 국력의 충실을 우선해야 한다고 주장했고, 결국 실각하게 된다. 거란과 전쟁이 발발하여 후진의 군대가 패퇴하자, 상유한은 화평파의 요구로 중서령中書令이 되지만 나중에 참언으로 체포된다. 후진이 멸망할 때도 거란과 화평 공작을 비밀리에 추진하지만, 석중귀石重貴의 명령으로 옥중에서 살해되었다. 『구오대사舊五代史』「진서晉書 15, 열전列傳 4, 상유한桑維翰」 및 『신오대사新五代史』「진신전晉臣傳 17, 상유한桑維翰」 참조.
상유한은 죽음도 두려워하지 않고 간언했던 강직한 신하로 일컬어지는데, 김홍집을 상유한에 비유한 것은 바로 그러한 점을 높이 샀기 때문이다.

53 왕안석(1021~1086)은 북송의 정치가·시인·문장가로서 자는 개보介甫, 호는 반산半山이다. 신종神宗의 정치 고문이 되어 제치삼사조례사制置三司條例司를 설치하고 신법을 실시하여 정

더할 수 없이 미워하는 사람들은 '왜놈 대신(倭大臣)'이라고 했다.

게이스케가 대궐을 침범했던 바로 그날, 조정의 백관은 하루 종일 의정부에 모여 있었지만 별다른 대책도 마련하지 못한 채 서로 얼굴만 쳐다보다가 흩어졌다. 그 다음 날, 홍종우가 윗자리에 앉아 있는 여러 사람에게 차례로 인사를 하고 큰소리로 물었다.

"여러분은 이곳에 모여서 무엇을 하십니까?"

어떤 사람이 대답했다.

"지금 나랏일이 매우 위급하니 모여 의논하는 것은 신하로서 마땅히 해야 하는 일이거늘, 그대는 어떻게 그런 황당한 질문을 하는가?"

종우가 화를 내면서 말했다.

"여러분은 혀로 적을 공격하시겠습니까, 시를 지어 적을 물리치시겠습니까? 여러분은 평상시에는 임금의 총애를 받아 재상의 자리에 올라서 풍족한 생활을 누렸습니다. 종을 울리며 높은 자리에 나란히 앉아서 백성의 기쁨과 슬픔, 강토의 안위에 대해서는 자신의 일이 아닌 듯 여기며 마치 남의 일처

치 개혁에 착수했다. 왕안석이 실시한 신법의 특징은 대상인과 대지주들의 이익을 제한하여 중소 농민과 상인들을 보호하며, 동시에 그 제도 안에서 정부도 이익을 취하는 데 있다. 1074년 하북河北에서 큰 가뭄이 들자, '이것은 신법에 대한 하늘의 분노이다'라는 글이 상주되었다. 결국 왕안석은 해임되고 지방으로 좌천되었다. 신법파에는 왕안석 외에는 인재가 부족했다. 왕안석에 이어 신법을 추진한 여혜경呂惠卿 등은 권력욕이 강해서 신법파의 내부 분열을 초래했다. 다음 해 왕안석은 복직했지만 아들 왕방王雱의 죽음을 겪은 데다 자신의 기력도 다해 1076년에 사직하고, 이듬해 직무를 그만두고 물러나 은거했다. 『송사宋史』「열전 제86, 왕안석王安石」 참조.
왕안석이 현실의 병폐를 혁파하기 위해 개혁적인 신법을 강도 높게 밀고 나갔기 때문에, 바로 그러한 점을 김홍집의 특징으로 부각시켜 비유한 것이다.

럼 아무런 관심도 두지 않았습니다.[54] 그러나 세월이 흘러 사정이 변하니 밤 늦도록 어쩔 줄 모르고 있습니다. 저 한漢나라 무제武帝 때의 금일제金日磾와 장안세張安世 같은 명문세족의 후예도, 선제宣帝 때 허 황후許皇后의 아버지 허 백許伯(허광한許廣漢)과 사고史高 같은 외척의 후예도 잇달아 죽음을 면치 못했 습니다. 이는 물론 하늘에 죄를 지어 스스로 자초한 일이니 누구를 원망하겠 습니까?

개나 말도 심지어 주인을 사랑하고, 승냥이나 수달 같은 짐승도 잊지 않 고 은혜를 갚는다고 합니다. 여러분은 모두 평소에는 수염이나 어루만지며 손뼉을 쳐서 사람을 부르고 태연자약했던 공경 사대부인데 진실로 무엇을 기다리고 계십니까? 임금께서 치욕을 당함에 이르러 신하라는 사람은 그 치 욕을 씻기 위해 강에 몸을 던져 죽거나 대궐 섬돌에 머리를 찧어 죽음으로써 나라를 팔아먹은 죄를 조금이나마 속죄해야 하거늘, 그렇게 한 사람은 아무 도 없었습니다. 그러나 오히려 느긋하게 걸어 다니며 낮은 목소리로 속삭이 고, 얼굴을 가리며 망령되이 웃는 모습이 마치 지난날 민씨들의 집으로 달려 가던 사람들과 다를 바 없습니다. 며칠 동안 옆에서 듣고 있자니 마음이 울 적해 죽고만 싶습니다. 이 때문에 특별히 와서 물어보았을 뿐인데 여러분은 도리어 저를 책망하십니까?'

이때 전 대장 한규설韓圭卨과 이종건李鍾健이 마침 좌중에 있었다.

종우가 그들을 가리키며 나무랐다.

"저 당당한 분들은 이른바 10년 동안 군대의 대장을 지냈던 분이 아닙니

---

54 '남의 일처럼 아무런 관심도 두지 않았다'는 원문의 '秦視越瘠진시월척'을 옮긴 말이다. 진시 월척이란 진나라가 중국의 서북쪽 끝에 위치하고 월나라가 동남쪽에 위치했던 까닭에 서 로 거리가 멀어서 상대의 사정에 관심이 없는 것을 비유한 말이다.

까? 대장의 인장印章과 병부兵符를 감당할 만한 능력도 없으면서, 저녁에는 장동壯洞의 김씨 집 문을 힘껏 밀어젖히고, 아침에는 박동礴洞의 조씨 집으로 힘차게 달렸던 분이지요. 창칼이 빽빽하게 숲을 이루는 가운데 앞에서는 길을 트고 뒤에서는 옹위를 받는 바로 그때는 군대의 대장이다가, 임금이 볼모가 되고, 사직이 존망의 위기에 놓이고, 외국 군대가 대궐을 침범하여 종묘의 제기까지 약탈해 가는 지금은 군대의 대장이 아니란 말입니까? 이미 적을 맞아 방어할 수는 없었지만, 적국의 간교한 계교를 꺾을 기회는 바로 이때밖에 없습니다. 다시 삼군을 통솔하여 충의를 격려하고 밖에서 대궐을 포위하면서 필사의 각오를 내보였다면, 비록 게이스케가 교활하다고는 하지만 틀림없이 이처럼 제멋대로 하지는 못했을 것입니다. 이것 또한 하지 못했다면, 분연히 소매를 걷어붙이고 대궐로 들어가서 칼이라도 한번 휘두르며 싸우다가 대궐 계단에 쓰러져 죽음으로써 백성에게 사죄하는 것이 이른바 신하의 직분을 만분의 일이나마 다하는 것이 아니겠습니까? 그러나 돌아보면, 나라를 지키는 중요한 직책에 있는 여러분은 스스로 아무런 식견도 없는 듯, 쓸데없는 사람들처럼 다른 사람의 의견이나 추종할 뿐입니다. 여러분은 뒷전에서 구차하게 인원수나 채우고 있을 따름입니다. 그만두십시오. 그만두십시오. 여러분은 세상에 수치가 있다는 것을 모르십니까?

아아! 저는 주운朱雲의 칼도, 수실秀實의 홀笏(관원이 임금을 알현할 때 조복에 갖추어 손에 쥐던 패)도[55] 갖지 못한 보잘것없는 신분입니다. 저는 부끄러운 이

---

55 주운은 전한前漢 시대의 인물로, 자는 유游이다. 키가 크고 매우 담대한 용모를 지녔으며, 용맹과 완력으로 유명했다. 임협한 성격이라 다른 사람의 복수를 도와주기도 했다. 성제成帝 시대에, 전 승상 안창후安昌候 장우張禹는 황제의 학문적 스승인 까닭에 성제로부터 존중을 받았다. 주운은 알현을 요청하며 대신들 앞에서 "오늘의 조정 대신은 임금을 바로잡지도 백성을 구제하지도 못하니, 지위에 어울리지 않습니다. 저에게 비장의 참마검斬馬劍을

일곱 척의 몸으로 10년 동안 나그네로 외국을 떠돌다가 이제 벼슬길에 나온지 얼마 안 되었습니다. 그러니 이 자리에 있어도 그만, 없어도 그만입니다. 여러분에 비하면 책임질 일도 없습니다. 저는 고금도에 계신 아버님을 뵈러 내일 떠날 예정입니다. 제가 한스러워하는 점은, 일본 놈들을 죽이지 못하고 또한 간신들도 죽이지 못한 탓에 세상 사람으로부터 '뜻밖에도 조정에는 사람이 없다'는 말을 듣는 것입니다."

말을 마친 종우가 주먹으로 책상을 내리치면서 사람들을 때릴 자세를 취하자 규설 등은 모두 기겁하고 목을 움츠리며 감히 대꾸조차 하지 못했다. 종우는 지붕을 쳐다보며 길게 탄식한 뒤 마침내 떠나갔다.

내려주시면, 영신侫臣 한 사람을 참하여 다른 사람들을 깨우치게 하고 싶습니다."라고 아뢰었다. 성제가 "그게 누구냐?"고 묻자, "안창후 장우입니다."라고 대답했다. 성제는 "하찮은 자가 위를 비방하고, 공공연히 황제의 스승을 욕보인 것은 죽을죄에 해당한다."며 화를 내고, 어사에게 주운을 연행하게 했다. 주운은 궁전 난간에 매달려 저항하다가 난간이 부러지고 말았다. 주운은 "저는 죽어서도 황천 세계에서 관룡봉關龍逢과 비간比干을 따를 수 있으면 그것으로 충분하지만, 폐하가 어떻게 평가될지 알 수 없습니다."라며 절규했다. 주운은 연행되었지만, 좌장군左將軍 신경기辛慶忌가 그를 주살하지 말라며 목숨을 걸고 간했기 때문에 성제도 마침내 화를 풀고 주운을 용서했다. 난간을 수리할 때, 성제는 "난간을 바꾸어서는 안 된다. 원래의 난간에 연결했음을 알도록 하여 직신直臣을 현창하라."고 명했다. 『한서漢書』 「양호주매운전楊胡朱梅云傳」 참조. 홍종우가 주운의 칼을 갖고 있지 않다는 말은, 곧 자신에게는 간사한 신하를 참할 무기가 없음을 일컫는다.

한편, 수실의 홀이 의미하는 바는 다음과 같다. 당나라 덕종德宗 때 주자朱泚가 난을 일으키려고 하자 단수실段秀實이 그에게 거짓 순응하는 체하더니 주자가 차고 있던 홀을 빼앗아 이마를 쳤다. 이는 바로 홍종우가 그러한 홀조차 지니지 못한, 보잘것없는 신하임을 비유한 것이다. 단수실(719~783)은 자가 성공成公이며, 당나라 중기의 명장名將이다. 『구당서舊唐書』 하下 「열전 78, 단수실段秀實」 참조.

6월 26일[56]

청나라 제독 섭사성轟士成[57]이 소사素沙에서 일본군과 전투를 벌였는데 대패했다.

섭사성은 오랫동안 둔포屯浦에 머물러 있었다. 조정에서 호남의 도적들을 여러 번 효유하면서 스스로 귀화하기를 바랐기 때문에, 섭사성은 도적을 쫓지 않았던 것이다. 일본은 강제로 조약을 체결할 때 우리 정부에 이런 말을 했다.

"원세개는 더 이상 어찌할 수 없기에 스스로 달아났습니다. 섭사성의 부대 역시 조선에 머물 이유가 없으니 당연히 가서 없애버려야 합니다. 조선은 대략 3,000명을 보내서 협조해주십시오."

---

56 성환 전투는 한(조선)·중(청나라)·일의 기록이 각각 다르다. 조선은 6월 26일(음력), 청은 7월 28일(양력), 일본은 7월 29일(양력)로 표기하고 있다. 성환 전투는 29일 새벽(그러니까 28일 밤)에 시작되었다. 일본의 경우, 오전 1시, 오전 2시 등 시간의 흐름을 정밀하게 기록해 놓았다. 또 군대를 두 갈래로 나눠 청군을 습격했는데, 오전 3시에 매복한 청군으로부터 사격을 받아 본격적인 전투가 벌어졌다고 했다. 청의 경우, 생각건대 29일 오전을 28일 밤으로 인식함으로써 양국의 전투 일자가 하루의 차이를 내는 결과로 이어진 듯하다. 『동학농민전쟁 자료총서』「약사」;『中國近代史資料彙集—淸季中日韓關係史料』;『주한일본공사관기록 3』「풍도 앞바다 해전 상황 및 조선 정부 의뢰에 따른 아산 주둔 청병의 구축 및 일·청 양국의 선전 조칙 공포 문제」 등 참조.

57 원문에 섭사성은 '葉士誠'으로 되어 있으나 '轟士成'의 오기이므로 바로잡는다. 성환 전투에 대한 대부분의 기록에서 청나라 군대를 이끈 인물은 섭사성과 섭지초가 섞여 있다. 황현은 원문에서 처음엔 사성士誠으로 적었다가(士成의 오기) 다시 지초志超로 고쳤다. 그러나 중국 측의 자료에는 "일본군은 7월 28일 아산에서 섭지초와 섭사성이 인솔한 청군을 공격하였다. 당시 아산에서 동북 방향의 성환에 주둔하고 있던 섭사성 부대가 먼저 일본군의 포위 공격을 받게 되어 패배하자, 아산의 동남쪽인 공주에 주둔해 있던 섭지초는 황급히 군을 거느리고 북으로 철퇴하였다."고 되어 있다.(『청·일 갑오전쟁과 조선』, 195쪽) 본문에 이어지는 내용으로 볼 때, 전투를 한 인물과 보고를 한 인물은 동일인이 아님을 알 수 있다. 따라서 원문에 황현이 고쳐 기록한 '섭지초'는 애초 적었던 '섭사성'으로 되돌려 놓는다.

우리 정부는 군복과 무기가 없다는 이유를 들어 거절했다. 게이스케가 다시 요청했다.

"일본과 조선은 조약을 체결하고 난 뒤에 진실로 한집안이 되었습니다. 우리가 어찌 조선의 물자를 탐내서 가지려 하겠습니까?"

그러고는 마침내 3,000명분의 무기를 보내왔다. 이렇게 되자 조정에서는 더 이상 거절할 수가 없어 신정희와 이봉의에게 군기軍旗를 세우고 흩어진 병사 수천 명을 불러 모으게 했다. 물자와 식량, 군복과 무기를 지급하고, 배 불리 먹인 다음 막 출발하려고 할 때, 파견군들은 끼리끼리 수군거렸다.

"지금 일본을 도와서 우리를 도와주러 온 쪽을 죽이는 일은 역리逆理일뿐 더러 순리順理도 거스르는 일이며, 더욱이 천리天理가 용납하지 않을 것이다. 일본은 틀림없이 우리를 제일 앞에 내세워 총알받이로 배치할 것이다. 그러면 앞에는 청군이 있고 뒤에는 일본군이 버티고 있으므로 우리는 고래 싸움에 새우 등 터지는 꼴이 되고 만다. 이는 바로 죽으러 가는 거나 다름없다."

이 틈에 누군가가 큰소리로 외쳤다.

"달아나자!"

그러자 3,000명이 순식간에 흩어졌다. 일본 측은 한편으로 화를 내고 한편으로 비웃었다.

"귀국의 군대는 참으로 기율이 잡혔군요."

일본군은 자체적으로 1만여 명을 차출하여 남쪽으로 내려갔다. 섭사성은 이때 서울에서 큰 난리가 일어났다는 소식을 듣고 곧 부대를 이끌고 북상하여 성환역成歡驛에 도착했다. 소사와 10리쯤 떨어진 곳이었다. 날이 이미 저물었으므로 병사들에게 솥을 걸고 저녁 식사를 준비시켰다. 일본군이 쳐들어오리라고는 전혀 예상하지 못했다.

일본군은 소사에서부터 말에 재갈을 물리고 솔밭 속으로 행군했다. 성환역 동북쪽 모퉁이에 도착하여 지형이 높은 곳에 진을 치고, 여러 대의 대포를 잇달아 발사하자 포탄이 비 오듯 쏟아졌다. 청군은 미처 밥도 다 먹지 못한 채로 황급히 일어나서 일본군에 맞서 싸웠다. 그러나 날이 이미 어두워졌기 때문에 정면으로 맞부딪치지는 않았다. 그리하여 오직 포탄 터지는 소리와 함성 소리만 들렸다. 이런 상태는 날이 밝을 때까지 계속 이어졌으며, 그에 따라 사망자와 부상자가 상당히 많이 발생했다. 전투는 여섯 시간 동안 벌어졌다. 일본군 사망자(사상자의 오기인 듯하다)가 1,700여 명, 청군 사상자가 300여 명이었다. 그러나 청군은 수적 열세로 더는 버티지 못하고 남쪽으로 달아났다. 일본군은 수십 리쯤 추격하다가 그만두었다.

성환역은 삼남에서 올라오는 큰길가에 위치하고 있어 큰 점포와 민가가 100여 채나 되었으나 이 전투로 모두 파괴되었다. 또 길가에는 노인과 아이의 시체가 서로 뒤엉켜 있었다. 일본군은 사망자 300여 구의 시체를 모두 가죽 부대에 담고 소금을 채워 넣은 다음, 인천의 공관으로 실어 날랐다.

청군 가운데 총탄에 맞아 움직이기 힘들어서 달아날 수 없었던 사람들은 모두 기어 도망가다가 칼에 맞아 죽었다. 살아서 달아난 사람들은 전투복을 벗어던지고, 변발을 말아 올려 상투를 틀고, 민가에서 삿갓을 빼앗아 쓰고 도망쳤다. 이때 뜨거운 날씨 탓에 길에서 더위를 먹고 죽은 사람도 많았다. 공주에 이르렀을 때는 흩어져 없어진 사람이 수천 명이고, 살아 있더라도 모두 총탄이나 칼에 부상을 입은 데다 허기와 갈증으로 허둥대는 바람에 군대의 대열조차 편성할 수 없었다.

이날 전투에서 양군은 사격을 할 때 두드러진 차이를 보였다. 일본군은 반드시 다섯 명이 한 조가 되어 교대로 돌아가면서 사격을 하는 데 반해, 청군은 모두 한꺼번에 총을 쏘아댔다. 섭사성은 밤이 깊어지자 한 손에 방패를 들고 다른 한 손에 칼을 들고 휘두르며 갑자기 나타나서 한 무리의 일본군을 벤 뒤, 나무에 기대어 잠시 숨을 돌린 다음 또 나가서 베었다. 이렇게 몇 번을 반복하자 일본군은 놀라서 그를 귀신이라 생각하고 끝까지 쫓아가지 않았다고 했다.[58]

이 무렵 길이 자주 끊어졌기 때문에 서울로부터 들려오는 소식은 사실과 다른 것이 많았다. 아전과 백성들은 이미 온 나라가 일본에 넘어갔다고 여겼다. 그래서, 섭사성이 공주에 도착했을 때 관리들은 모두 그를 꺼려 하며 피했고 음식 대접도 야박하게 했다. 심지어 부상을 입은 청군을 보아도 치료조차 해주지 않았다. 또 추격하는 일본군이 며칠 뒤에 곧 들이닥칠 것이라고 거짓말을 하여 청군을 공포에 떨게 만들었다. 통역관이 섭사성에게 말했다.

"북동쪽 100여 리쯤에 청주가 있습니다. 성이 견고하고 해자 또한 깊어서 거점으로 삼아 지킬 만한데, 왜 그곳으로 가지 않습니까?"

섭사성은 그 말을 믿고 청주로 향했다. 청군은 길을 가면서 먹고 마실 것을 사려 했지만, 상평전을 갖고 있지 않아 물건값을 치를 수 없었다. 그래서 주머니에서 은전銀錢을 꺼내 상평전과 교환하려고 했지만, 가게 주인들은 모두 한결같이 이렇게 말했다.

"우리나라에서는 은이 소용없다."

사실, 은을 싸게 사려는 속셈에서 그렇게 말한 것이다. 군인들은 별 수 없이 상평전 1,000전錢에 해당하는 은을 주고 상평전 100전을 샀다. 그들은 툴툴거리며 불만스러운 기색을 드러내면서도, 바꾼 돈으로 오이를 사 먹었다. 가게 주인들은 오이 가격을 반드시 배로 불렀고, 간장조차 아끼며 인색

---

58 섭지초는 성환 전투에서 일본군을 물리쳤다고 거짓 보고를 올렸다. 이에 청나라 정부 안에서는 항전 여론이 크게 고조되었으며 중국이 반드시 일본을 이길 것이라는 여론이 조성되었다. 『청·일 갑오전쟁과 조선』, 201쪽.

하게 굴었다. 군인들은 모두 허기를 참고 행군했지만, 털끝만큼도 약탈하지 않았다.

아아! 저 가게 주인들은 진실로 하찮은 쥐새끼 같은 무리이다. 타고난 양심을 그나마 지키는 사람은 오직 사대부뿐이다. 청군은 만 리 밖에서 우리나라를 도와주러 왔다. 또 서울이 위급하다는 소식을 듣고 도와달라는 우리 쪽의 요청을 받지도 않았는데 출동했다. 그러니 그들이 마음속으로 우리나라를 어떻게 생각하겠는가? 그런데도 간소한 음식으로나마 청군을 영접했다는 말은 들어본 적이 없다. 돌이 굴러 내리는 위험한 상황에서도 오로지 기를 쓰고 교활한 도둑의 탐욕에 찬 심보로 장사에 몰두했을 뿐이다. 백성의 신의 없음이 이와 같을 뿐이다. 만약 청나라 사람 가운데 우리나라 사정을 잘 살펴본 이가 있다면, 틀림없이 그들의 도움이 아무 쓸모가 없었음을 알고 후회했을 것이다. 또 오늘날 아전들은 관리가 있다는 것을 알지 못하고, 관리들은 국가가 있다는 것을 알지 못한다. 저 공주의 관리들이 내보인 행동이란 오늘날 모든 관리의 일상사에 지나지 않는데, 나무란다고 무슨 소용이 있겠는가!

도적들이 나주를 포위했다. 영장營將 이원우李源佑가 나아가 맞받아 싸워서 대승을 거두었다.

나주가 자체의 힘으로 성을 지키기 시작한 이래, 아전과 백성들은 방어 가능성에 대해 의심하면서 도적을 두려워할 뿐 성을 지켜내겠다는 굳은 의지가 없었다. 원우는 이러한 사정을 알고 있었다. 하루는 성을 순찰하는 중에 갑작스레 금성관錦城館을 뛰어넘었다. 그는 웃으며 말했다.

"이 정도면 도적들을 당해낼 수 있지 않겠는가?"

사람들이 몹시 놀라워하며 죽 늘어서서 절을 하고 복종했다. 원우는 기습조를 짜서 날마다 주위의 패잔한 도적들을 공격하고 수백 명을 사로잡아 죽였다. 특히 고부 접주 최경선崔敬善의 부하들을 많이 죽였다. 이에 경선이 분을 참지 못하여 1만여 명을 이끌고 나주성 10리쯤 못 미친 곳에 진을 쳤다. 서로 대치한 지 열흘쯤 지났을 때 원우는 사람을 보내서 거짓으로 투항한다는 말을 전했다.

"나주 백성은 성을 지키는 일이 너무 힘들어서 날마다 도인이 오시기만을 고대하고 있습니다. 오늘 밤 동문을 열어 놓을 테니 기회를 놓치지 마십시오."

경선은 매우 기뻐했다. 그 말대로 한밤중인 삼경(밤 11시~1시 사이)에 동문으로 들어갔다. 그런데 몇 십 걸음 앞서가던 사람들이 비명을 지르면서 구덩이에 빠졌다. 도적들은 그제야 계략에 말려들었음을 알아채고 서둘러 성 밖으로 후퇴했다. 그러나 이때 길 양쪽에 매복하고 있던 복병들이 모두 일어나 대포 열 대를 한꺼번에 발사했다. 경선은 대패하여 달아났으며, 죽은 자가 1,000여 명이나 되었다. 이 일로 나주 군대의 명성이 널리 알려졌다. 경선은 장성에 도착하여 전봉준에게 편지를 보내 구원병을 요청했다. 봉준은 다음과 같은 말로 경선의 요청을 거절했다.

"저들은 각자의 직분을 다하고 있을 뿐인데 무엇 때문에 먼저 공격하셨습니까? 접장께서 제 말을 듣지 않아 패했으니 저의 도움은 기대하지 마십시오."

남원의 도적들이 안의安義를 침범했다. 현감 조원식趙元植이 도적들을 섬멸했다.

남원에는 동학의 구교도가 많았다. 5월 이후로 간악한 백성들까지 추종하니 날마다 수천 명이 늘어났다. 이들은 때를 만나 강도질을 일삼으며 인근

일고여덟 개 고을을 참혹하게 약탈했다. 도적은 함양으로 이동해서 개평介坪 정씨鄭氏 마을을 약탈한 뒤 바로 안의로 들어갔다. 이때 안의의 아전과 백성들은 흩어지지 않았으며, 원식은 바야흐로 민심을 얻고 있었다. 원식은 도적이 온다는 소식을 듣자 비밀리에 대책을 세웠다. 소를 잡고, 술을 담고, 동쪽 누각을 열고, 도적을 맞아들여 윗자리에 앉히고, 잔치를 열어 풍악을 울리며 잔을 들어 술을 권했다. 술이 반쯤 돌았을 때, 원식은 자리를 당겨 앉으며 우두머리에게 다가가 공손하게 말했다.

"읍이 워낙 외지고 백성들 또한 가난하며, 저도 봉급이 몇 푼 되지 않습니다. 어렵사리 돈 3,000냥을 마련했으니 부디 대군의 교통비와 숙식비에 보태기 바랍니다. 그리고 이 늙은이의 얼굴을 보아 저의 백성들을 번거롭게 하지 마시고, 이곳에 머물러 집강소의 주인이 되어주십시오."

도적들이 크게 기뻐하면서 마음 놓고 질탕하게 먹고 마시는 사이에 원식은 슬며시 일어나 뒷간으로 갔다. 이윽고 총을 한 방 쏘아 신호를 보냈다. 그러자 번뜩이는 칼과 휘두르는 방망이가 바람 소리를 내며 도적들에게 사정없이 날아들었고, 양쪽 옆 담장 밖에서는 총구가 불쑥불쑥 튀어나왔다. 도적들은 실컷 먹고 마신 뒤 정신이 혼미해진 상태였기 때문에 어떻게 손을 써볼 겨를도 없이 총탄과 칼에 맞았다. 결국 300여 명의 도적 대부분이 죽었다. 겨우 살아서 도망친 수십 명은 함양의 산골짜기에서 노숙을 하다가 달아났다. 원식은 시체를 모아 얼굴을 위로 향하게 눕혀 놓고 불로 얼굴을 지져 누구인지 알아볼 수 없게 만든 다음, 큰 구덩이 하나를 파고 한꺼번에 묻어버렸다. 함양 백성들이 이 소식을 전해 듣자 용기가 배가되었고, 이에 안의와 서로 연결하여 팔량재八良峙를 차단하는 것으로 자구책을 삼았다.

이 무렵 호남의 도적은 몇 개의 집단으로 나뉘었다. 김기범金箕範(김개남)

등은 우도 일대를 장악했고, 전봉준은 좌도 일대를 장악했다. 이들은 남원에 함께 모여 주변의 여러 읍에 돈과 곡식 따위를 내놓으라고 요구하고, 동학의 포包들을 불러 모으고, 부자들을 샅샅이 찾아내 묶어서 끌어갔다. 시골의 토호들은 도망가고 집안사람들도 뿔뿔이 흩어졌다. 사람들은 모두 들판에서 거처하며 감히 집 안으로는 들어가지 못했다. 비록 사람을 죽이는 잔인한 짓은 하지 않았지만, 그물로 강바닥을 훑고 빗으로 머리를 빗듯이 모조리 쓸어가는 행태는 최근엔 볼 수 없는 난리였다.

감사 김학진은 이들을 진정시킬 별다른 방법을 찾지 못해 여러 번 효유문을 내려서 도내에 널리 알렸지만, 도적들은 한결같이 콧방귀를 뀌었을 뿐이다. 그 가운데 6월 3일에 내린 효유문의 내용은 대략 다음과 같다.

"비록 어제는 우리 임금의 교화에 저항한 사람이라도 오늘 우리 임금의 어진 정치에 감화되어 우리 임금의 백성이 되고자 한다면, 그 사람은 바로 우리 임금의 백성이다. 너희는 자진해서 완전히 흩어졌기에, 지금쯤 무기를 버리고 농사일로 돌아가 각자 생업에 종사하고 있으리라 생각했다. 그런데 지금 듣자 하니 몇몇 곳에서는 남은 무리가 여전히 무기를 버리지 않은 채 다시 모여 있다고 하니, 이게 웬일이냐? 이미 임금께서 여러 번 타이르는 말씀을 내리셨는데, 그 말씀에 스며 있는 은혜롭고 간절한 뜻은 설령 돼지나 물고기처럼 무심한 사람이라도 믿을 수밖에 없게 되고 나무나 돌처럼 감정이 무딘 사람이라도 감동하게 될 것이다.

그래서 나는 임금의 말씀이 도착하자마자 곧바로 각 고을로 내려보내 마을마다 붙여 놓게 함으로써 너희를 타일렀건만, 너희는 아직도 그것을 보지 못했단 말이냐? 만일 보고도 여전히 이 같은 행동을 한다면, 너희는 진실로 돼지나 물고기, 나무와 돌만도 못한 것이다. 만약 아직까지 보지 못했다면, 이는 우리 임금께서 너희를 감싸 안고자 하는 깊은 뜻을 내가 본받아 널리 알리지 못했기 때문이며, 그리하여 너희가 끝내 의심하고 두려워하게 된 것이다. 생각이 여기에 미치면 마치 내가 그런 고통을 당하는 것 같다.

이에 군관軍官 이용인李容仁을 보내어 나의 진심과 실제 사정을 다시 한 번 드러낸다. 너희는 이 말을 똑똑히 듣고, 의심도 하지 말고 겁도 먹지 말라. 이제 각자 고향으로 돌아가서 너희의 밭을 갈고 너희의 집을 정리하며 다시 평범한 백성으로 돌아간다면, 생명을 보전하고 안정된 생업을 누리는 기쁨이 있을지언정 형벌을 받거나 처형되는 재앙은 없을 것이다. 이 어찌 큰 다행이 아니겠느냐? 너희는 또한 500년 동안 역대의 임금들이 교화하고 길러온 백성이다. 이미 인간의 떳떳한 성품을 갖추었거늘, 어찌하여 처음부터 끝까지 미혹에 사로잡혀 사리를 깨닫지 못하고 어리석게 고집을 부리는 것인가?

나는 다음의 몇 가지 조목을 너희에게 약속한다. 감사인 내가 어찌 너희를 속일 수 있겠느냐. 만약 내가 너희를 속이면, 이는 우리 임금의 백성을 죽을 곳으로 몰아넣는 일일 뿐만 아니라, 우리 임금께서 막중한 책임을 내게 위임하신 진실한 기대를 저버리는 일일 게다. 너희는 하나하나 모든 사정을 자세히 안 뒤에 더 이상 의심하는 일이 없도록 하라.

- 백성에게 피해를 입히는 폐단 많은 정치는 모두 잘못을 바로잡아 고치라는 임금의 지시를 이미 직접 받았으니 진실로 너희의 말을 기다릴 것도 없다. 비교적 작은 것은 본 감영에서 고치고, 큰 것은 조정에 아뢰어 바로잡아달라고 요청할 것이다.
- 조정에서는 이미 너희의 귀화를 허락했다. 감영 또한 마찬가지니 너희는 귀화하는 바로 그날부터 평범한 백성일 뿐이다. 만약 너희의 이웃이 지난 허물을 지목하거나 관리들이 지난 일로 너희를 침탈하고 토색질한다면 너희는 당연히 처지가 불안할 것이다. 그러나 조정이 너희를

받아들이는 본의는 전혀 그러한 데 있지 않다. 본 감영에서는 마땅히 이런 일이 발생하지 않도록 엄격히 금지하는 명령을 내려 너희가 편안히 살 수 있도록 조치할 것을 약속한다. 너희가 살고 있는 면面과 리里에 각각 집강執綱을 배치한 뒤, 만약 너희들 가운데 억울하고 답답한 사정을 토로할 것이 있으면 해당 집강이 사유를 갖추어 감영에 호소한 다음 공정한 결정을 기다리도록 하라.

- 무기를 반납하는 것 이외에 재물과 곡식 등에 관련된 일 가운데 비록 찾아내어 (지난날 빼앗겼던 것을 너희에게서) 받아내려는 백성의 호소가 있더라도 오늘 이전의 일은 없던 일로 치부할 것이다. 이전의 잘못은 용서하고 논란을 삼지 말라는 뜻의 문서를 지금 본 감영에서 각 읍에 발송할 것이다.

- 너희는 이미 농사일을 돌볼 시기를 놓쳐버렸고 또 재산마저 탕진했다. 지금 비록 집에 돌아간들 살아갈 밑천이 없을 터이니 올해의 부역과 각종 세금은 모두 면제해줄 것이다.

- 너희가 귀화한 날부터 편안히 생업에 종사하고 즐거이 살아가게 하는 책임은 본 감사에게 있다. 이런저런 급한 일들은 순서에 따라 조치해 나갈 것이다. 지금 일일이 다 거론할 수는 없다."

학진은 비교적 글을 잘한다는 평판이 자자했지만, 지금 그가 내린 효유문을 보면 핵심을 찌르는 간결함이나 간악한 자들의 간담을 꺾을 만한 당당한 위엄도 없고, 또 진심 어린 연민과 자상하고 진지한 말투로 거친 무리의 마음을 감화시킬 만한 기품조차 갖추지 못했다. 그저 한결같이 느슨하기만 하여 기백마저 없고, 나약하게 동정만 구걸하고 있을 뿐이다. 문자란 애당초 사람을 감동시키기에는 부족한 면이 있다. 더욱이 지금 이처럼 글이 무기력한 데다 꿋꿋한 마음과 바른 기개도 담기지 않았으니, 그에게 어지러운 국면을 다스릴 자질이 부족한 것은 확실하다고 생각한다.

순창 군수 이성렬李聖烈이 성을 지키면서 도적들과 맞서 싸우고자 했다. 그러나 도적들이 이미 부근의 여러 고을을 차지했고, 또 경군도 차례로 서울로 돌아갔기 때문에 도움을 기대할 수 없었다. 더욱이 김학진은 잇달아 공문을 보내서 다음과 같이 지시했다.

"현재의 화해 국면을 깨지 말라."

성렬은 고립된 상황에서 쓸 만한 계책도 없었다. 그리하여 어쩔 수 없이 아전과 백성들이 동학에 들어가 의탁하는 것을 받아들여 도소都所를 설치하고 집강을 배치하여 자신의 관할 지역에 다른 지방의 도적들이 들어와 함부로 약탈하는 짓을 금지했다. 아전과 백성들은 평소 그의 군정郡政을 진심으로 따랐으며, 도적들 또한 그의 명성과 덕망을 존경했으므로 자기네 세력을 믿고 함부로 침범하거나 횡포를 부리지 않았다. 그 덕에 군 전체가 평안했다. 그러나 성렬은 속사정을 털어놓고 말할 수 없기에 마음이 답답했다. 여러 번 몰래 도망치려 했지만, 번번이 들키는 바람에 뜻을 이루지 못했다.

이원회와 홍계훈은 서울에서 변란이 일어났다는 소식을 듣고 부대를 정렬하여 돌아갔는데, 이때 병사 300명을 잔류시켜 김학진을 도와 전주를 지키도록 했다.

엄세영嚴世永은 염찰사廉察使라는 직분을 구실로 각 읍을 순시했다. 그러나 도적들이 그를 깔보고 그가 가는 곳마다 야유를 퍼부어 순시를 다닐 수 없게 만들었다. 세영이 봉준을 찾아가 만났는데, 두 사람은 바로 의기투합했다. 세영은 봉준의 포사砲士 열 명을 빌려 앞장세운 뒤에야 구례에 들어갈 수 있었다. 마침 흥양興陽 지방의 도적들 또한 구례에 도착했다. 그들은 세영을 만나서 거짓으로 귀화하겠다고 했다. 세영은 너무 기쁜 나머지 현의 돈 1,000꾸러미를 담아 주면서 고향으로 돌아가는 여비에 보태 쓰라고 했다. 그러고는 공공연하게 큰소리를 쳤다.

"세 읍의 난민을 모두 안착시켰다."

그리고 이런 내용을 서둘러 보고했다. 그러나 도적들이 사방에서 나와 집을 불태우고 재물을 약탈하는 짓은 전과 다름없었다.

이 무렵 전라좌도의 도적들 가운데 남원과 보성 지방의 도적이 가장 흉악하고 교활했다. 민간에서는 이런 말이 떠돌았다.

"전라좌도 위쪽은 남원 접이 쓸어버렸고, 전라좌도의 아래쪽은 보성 접이 싹 쓸었다."

오직 흥양 접만이 그나마 기율이 있었다. 접주 유복만劉福晩이 사람들을 잘 부렸기 때문이다. 그들은 가는 곳마다 소문난 부자와 교활한 아전만 찾아내 고문하고 매질했을 뿐 나머지 평민에 대해서는 전혀 건드리지 않았다. 그래서 복만이 왔다는 소식을 들으면 모두가 안도했다.

또한 이때 남원의 화산당花山堂 접과 담양의 용귀동龍歸洞 접이 세력이 강했는데, 그 잔인함이 여러 접들 가운데 가장 심하다고 했다.

도적들은 처음에 고부에서 봉기했기 때문에 그 우두머리는 태인 출신이 많았다. 이런 까닭에 전라좌도와 우도에서는 태인 접을 최고로 쳤다. 다른 접의 우두머리도 모두 태인 출신이라고 속였지만, 사람들은 사실 여부를 판별할 수 없었다.

또 승전勝戰 접이라는 것이 있는데, 이들은 전봉준 등을 따라 고부와 장성 전투에 참가하고 전주성을 함락한 자들이다. 도적들은 그들의 유공을 추앙하여 특별히 '승전'으로 부름으로써 존중의 뜻을 표했다. 접들 가운데 이들이 가장 교만하고 멋대로 굴었다.

전봉준과 김기범은 둘 다 나이가 마흔 살쯤 되었다. 기범의 집안은 대대로 태인의 세력가였다. 그 지방 사람들은 기범의 집안을 '도강道康 김씨金氏'라고 했다. 김시풍金始豊 또한 같은 일족이다. 기범은 음흉하고 사나웠으며 무력으로 일을 해결하는 경우가 많았다. 난을 일으켰을 때 그 집안사람의 대부분이 그를 따라 나섰다. 그리하여 도강 김씨 가운데 접주가 된 사람이 24명이나 되었다. 기범은 스스로 다음과 같이 말했다.

"꿈에 신령이 나타나서 손바닥에 '개남開南'이라는 두 글자를 써주었다. 그래서 호를 개남으로 했다."

태인은 도적의 소굴이 되어 재물이 산더미같이 쌓이고 집집마다 말을 네다섯 마리씩 길렀다. 밭두렁에 말과 노새가 무리를 지어 있는 모습을 멀리서 바라보면 마치 잘 익은 대추를 햇볕에 말리는 것 같았다. 집집이 총통銃筒을 쌓아 두었는데 적은 경우에도 열 몇 자루는 되었다.

이 무렵 도내의 선비들은 마을을 출입할 때 타고 다닐 당나귀조차 한 마리 없어 다만 갈삿갓을 쓰고 비틀거리며 걸어 다녔다. 어쩌다 상투도 안 틀고 머리는 흐트러져 내린 채 맨발로 다니는 사람도 있었는데, 길에서 지인이 그를 만나더라도 알아보지 못하는 경우가 많았다.

사냥 도구는 씨가 말라 그림자조차 구경할 수 없기 때문에 서민들은 까투리 한 마리도 잡을 수 없었다. 게다가 도적들이 말을 타고 여기저기 쏘다니며 노략질을 일삼는 탓에, 편히 농사짓고 사냥할 여유도 없었다. 산과 들에서는 꿩이 사람을 무서워하지 않고 밭두둑의 울타리를 뚫고 들어와 이리저리 마구 헤집고 다니며 농작물에 피해를 입혔다. 어린아이들이 장대를 가지고 쫓아냈는데 닭을 지키기 위해 그러는 것 같았다.

김승집金升集을 강원도 관찰사로(7월 19일), 정현석鄭顯奭을 황해도 관찰사로(6월 28일) 임명했다. 이보다 이틀 앞서 김춘희金春熙가 황해도 관찰사로 임명되었지만(6월 26일) 미처 감영에 부임하지 못한 상태였는데, 또다시 새로운 발령이 난 것이다.

전 승지 정헌시鄭憲時가 오토리 게이스케에게 편지를 보냈다. 그는 편지에서, 조선을 위협하여 억지로 조약을 체결하고 법률을 고친 일에 대해 심하게 꾸짖었다. 또 우리나라가 비록 겉으로는 따르는 것 같지만 마음으로는 불복하기 때문에 머지않아 큰 화를 입게 될 터이니 빨리 떠나라고 했다. 글을 읽은 게이스케는 껄껄 웃으면서 말했다.

"이처럼 큰소리치는 자는 입을 다물게 만드는 것이 상책이다."

곧바로 우리 정부에 그의 아버지 현석을 황해도 관찰사로 임명해줄 것을 의뢰하고 그 동향을 주시했다. 현석은 비록 늙었다고는 하나 정력은 여전히 왕성했고, 평소 개화를 동경했기 때문에 끝내 사양하지 않고 부임했다. 당시 사람들은 헌시가 명예를 팔아 벼슬을 샀다고 비웃었다.

춘희가 (미처 부임지에 도착하기도 전에 황해도 관찰사를 다시 새로 임명하여) 교체되고 나자, 당시 정부에 참여하고 있던 인사들은 홍집이 서운해할 것이라며 승집을 강원도 관찰사로 임명하여 위로했다. 승집은 홍집의 형이자 춘희의 아버지다. 승집은 10여 년 동안 여러 지방을 맡아 다스렸는데 재간이 있고 능란하다는 평가를 받았다.

전 승지 이남규李南珪(6월 23일 상소)와 이설李偰(6월 17일 상소)이 일본을 배척하라는 글을 올렸다. 정부는 이런 동향을 걱정해서 이들에게 두둑한 잇속을 챙겨주어 매수하려고 했다. 그리하여 이설을 영변寧邊 부사로, 이남규를 영흥

永興 부사로 임명했다. 남규는 불평을 하면서도 부임했지만, 설은 벼슬을 버리고 고향으로 돌아갔다. 이최승이 글을 올려, 승지까지 지낸 사람이 벼슬을 받은 은혜에 감사의 예조차 올리지 않고 고향으로 돌아갔다면서 설을 비난했다.

난이 일어났던 초기에 대원군 하응이 강제로 대궐에 불려 나왔다. 대원군이 막 계단을 올라가는데 조희연과 안경수가 맞이하며 말했다.

"나라가 이 지경에 이른 것은 모두 민씨의 죄입니다. 모조리 처형하는 것이 마땅합니다. 대감의 처분을 바랍니다."

하응이 대답했다.

"나는 20년간 쫓겨나 있었기 때문에 민씨들의 공과 죄에 간여할 수 없다. 지금 죽이고 살리는 일은 여러분의 논의에 달려 있건만, 어째서 내게 묻는가?"

왕비가 멀리서 이 말을 듣고 속없이 말했다.

"후덕하구나, 대감은! 대감에게 우리 집안을 용서해달라는 말도 하지 않았는데, 이처럼 후하구나."

그 말을 들은 사람들은 모두 속으로 비웃었다.

신법이 정해지자, 게이스케는 국제법의 관례에 따라 화친을 맺은 나라의 왕비와 상대국 공사는 반드시 상견례를 해야 한다고 주장했다. 임금이 마지못해 윤허했다. 왕비는 성대하게 예복을 차려입은 뒤 게이스케를 불러서 상견례를 치렀다.

게이스케가 임금에게 말했다.

"대체로 저 평범한 서민들도 생업을 유지할 때는 또한 현명한 아내에게 의지합니다. 하물며 제왕의 가정에 더욱 내조가 필요하다는 점은 과거 왕조의 흥망성쇠가 거울을 보듯 분명하게 보여주고 있습니다. 이 점을 유념하시기 바랍니다. 오늘 이런 말씀은 감히 한집안이라고 여겨 주제넘게 아뢰었습니다."

임금이 대답했다.

"우리 집 또한 내조가 없다고는 할 수 없지요."

좌중의 사람들이 모두 웃음을 참느라고 입을 가렸다. 게이스케는 비꼬면서 넌지시 조롱한 말인데, 임금은 이를 알아채지 못했던 것이다.

10개 아문을 정하고, 김홍집을 총재總裁로 삼았다. 또 각 아문의 대신에는 내무 대신 박정양, 외무 대신 김가진, 탁지 대신 민영달, 법무 대신 안경수, 학무 대신 유길준, 농상무 대신 이윤용, 군무 대신 조희연, 공무 대신 김종한을 임명했다.[59]

협판은 의원 17명 가운데서 뽑았다. 대체로 이들은 모두 경솔하고 약삭빠르며 아첨에 능해서 남에게 잘 빌붙는 인물이었다. 이들은 뜻한 바를 이루고 나자 앞다퉈 화려한 요직을 차지하고 부귀를 손에 넣는 일에 몰두했다.

---

59 이 내용은 실록 등의 사료로는 확인되지 않는다. 1894년 7월 15일자 관직 임명 자료로 추정되지만, 내용에 차이가 있다. 『고종실록』 1894년 7월 15일자의 기사는 다음과 같다.
"김홍집을 의정부 총리 대신으로, 김수현金壽鉉을 좌찬성으로, 이유승李裕承을 우찬성으로, 박용대朴容大·이중하李重夏·이태용李泰容·조인승曹寅承·유길준兪吉濬을 도헌都憲으로, 이재면李載冕을 궁내부 대신으로, 김종한金宗漢을 협판으로, 민영달閔泳達을 내무아문 대신으로, 이준용李埈鎔을 협판으로, 김윤식金允植을 외무아문 대신으로, 김가진金嘉鎭을 협판으로, 어윤중魚允中을 탁지아문 대신으로, 김희수金喜洙를 협판으로, 윤용구尹用求를 법무아문 대신으로, 김학우金鶴羽를 협판으로, 서정순徐正淳을 공무아문 대신으로, 한기동韓耆東을 협판으로, 박정양朴定陽을 학무아문 대신으로, 정경원鄭敬源을 협판으로, 이규원李奎遠을 군무아문 대신으로, 조희연趙羲淵을 협판으로, 엄세영嚴世永을 농상아문 대신으로, 정병하鄭秉夏를 협판으로, 안경수安駉壽를 경무사로 삼았다."

뜻을 이루지 못한 여러 무리는 모두 인재로 자처하며 지금 중요한 일이 무엇인지를 잘 안다면서 소매를 걷어붙이고 미쳐 날뛰었는데, 그 꼴이 마치 바람 맞은 도깨비 같았다. 오로지 홍집만이 그나마 세상 여론을 두려워할 줄 알아서 번번이 탄식하며 말했다.

"내가 장차 소인배의 우두머리가 되는 것을 면치 못하겠구나!"

왕비가 영휘를 불러들여 지시했다.

"앞으로 몇 년 동안 영달泳達을 가까이하지 말라."

이 때문이었는지 영달은 점점 뒷전으로 밀려나 시나 읊고 술이나 마시며 이리저리 떠돌아다녔다. 그의 집에 머물던 식객도 이런저런 핑계를 대고 대부분 떠나갔다. 그래서 영달은 다른 민씨들처럼 도망치지 않았던 것이다.

때를 만나 뜻을 이룬 자들은 조정에 민씨가 한 명도 없어 왕비의 원망을 듣는 것이 두렵다는 핑계로 호조 판서와 탁지 대신에 잇달아 민씨 일족을 추천했다. 또한 영환泳煥을 왕비 처소의 별입직別入直으로 삼고, 영소泳韶를 세자빈 처소의 별입직으로 삼아, 날마다 대궐 안에서 사사롭게 왕비와 세자빈을 만날 수 있게 했다.

영휘·응식應植·형식炯植의 집을 몰수했다.

지난날 서울 사람들은 하나같이 이렇게 말했다.

"영휘의 재산은 아무리 헐값에 팔아도 3년 동안 군대와 국정을 운영하는 데 드는 비용을 충당할 수 있다."

일본군이 대궐을 침범했을 때 게이스케는 제일 먼저 영휘의 집을 약탈했다. 비록 뒤늦게 영휘의 집을 몰수했지만, 이미 재산의 절반 이상이 없어진 상태였다.

이달 26일, 청나라 병선 한 척이 의주에 정박했다. 초관哨官 두 명이 병사 3,000명을 이끌고 선발대로 왔으며, 앞서 24일에는 통령統領 마옥곤馬玉崑이 500명을 이끌고 압록강을 건너왔다. 이날 2,300명을 평양으로 출발시켰다. 28일에는 통령 손현인孫顯寅과 통령 섭계림聶桂林이 3,000명을 이끌고 도착했다. 통령 위여귀衛汝貴는 24일에 7,000명을 이끌고 천진을 출발했다.[60]

형조 참의 지석영池錫永이 상소를 올려 민영휘와 진령군을 법에 따라 처단할 것을 요청했지만, 임금이 허락하지 않았다.[61]

영휘가 달아나자 세상 여론은 울분으로 들끓었다. 그러나 조정 대신들은 오히려 영휘를 두려워하여 감히 드러내놓고 공격하지 못했다. 석영의 상소가 나오자 어떤 사람은 '시체에 채찍질을 하는 꼴'이라고 조롱했지만, 그렇다고는 해도 통쾌한 면이 있었다.

조필영이 함열咸悅에 왔다가 되돌아서 서울로 달아났다.

필영은 첩을 사고 함열에 집을 지은 뒤 그 첩을 살게 하였다. 그는 귀양살이를 끝내고 곧바로 이 집으로 돌아왔다. 도적들은 필영이 함열에 왔다는 소식에 다시 모였고, 그의 집으로 쳐들어가 그를 끌어내고는 폭염 아래 하루종일 묶어 두었다. 필영이 목이 말라 마실 것을 찾으면, 도적들은 필영을 향

---

60 천웨이팡陳偉芳은 이 시기의 청군 이동을 다음과 같이 정리했다. "청나라는 위여귀 휘하의 심양瀋陽 군대 6,000명을 평양으로, 마옥곤 휘하의 의군毅軍 2,000명을 의주로 급파했으며, 또 심양의 장군 유록裕祿과 협의하여 좌보귀左寶貴 휘하의 마보병馬步兵 8개 영營을 평양으로 출동시켰다."『청·일 갑오전쟁과 조선』, 191쪽.

61『고종실록』1894년 7월 5일자 기사 참조.

해 소피를 보아 그 오줌으로 목을 축이게 했다. 또 나무에 거꾸로 매달아 놓고 그의 전대를 열어 수천금을 가로챘다. 필영의 첩은 며칠 동안 기회를 엿보다가 도적들의 감시가 느슨해진 틈을 타서 필영을 풀어주었다. 필영은 맨발로 구걸을 하면서 달아났다.

도적들은 필영을 발가벗겨 온 몸에 꿀을 바르고 묶은 다음 폭염 아래 하루 종일 놓아 두었다가 밤이 되면 돼지우리에 집어넣어 쉬파리와 모기에 물리게 했다. 필영은 떼굴떼굴 구르며 살려달라고 애원했다. 이 모습을 지켜본 사람들은 모두 통쾌해했다.

옥구 현감 조병징趙秉澄은 필영의 아들이다. 부임 초에 자기 아버지 필영이 선정을 펼쳤다면서 송덕비를 세우고 비각까지 지었다. 도적들은 필영을 놓친 일을 한스러워하며 병징에게 여러 번 주리를 틀어 거의 걸음도 내딛지 못하게 만들었다. 옥구 백성들이 병징을 가엾게 여겨 도적들에게 호소했다.

"우리 수령은 그 아버지보다는 조금 나은 편입니다. 아버지와 아들 모두에게 주리를 트는 형벌은 너무 가혹하지 않습니까?"

도적들은 이미 목적을 이루었기 때문에 웃으면서 병징을 풀어주었다. 병징 또한 달아났다.

7월 1일
일본이 선전포고문을 발표했다. 그 내용은 다음과 같다.[62]

---

62 원문에 실린 일본의 선전포고문은 오·탈자와 내용의 누락이 있으므로 원사료에 따라 옮겼다. 원사료의 출처는 『주한일본공사관기록 2』 「일청 양군의 선전 조칙 공포의 문제 건」.

"하늘의 도움을 받아 대대로 물려오는 황제 자리를 이어받은 대일본제국 황제는 충실하고 용맹한 나의 모든 백성에게 교시한다. 나는 오늘 청나라에 선전을 포고하노라. 모든 관리는 마땅히 나의 뜻을 받들어 육상과 해상에서 청나라에 대한 교전에 종사하고 국가의 목적을 달성하는 데 노력해야 할 것이다. 적어도 국제법에 위반되지 않는 한, 각자의 권한과 능력에 따라 모든 수단을 다하고 소홀히 하는 일이 없도록 반드시 철저를 기하기 바란다.

생각하면 내가 즉위한 지 이제 20여 년이다. 나는 문명의 교화를 평화의 정치에서 구하고, 외국과 사건을 벌이는 일은 가급적 삼가야 하는 것으로 믿어 관리들에게 늘 우방과 우의를 돈독히 하는 데 노력을 기울이게 했다. 다행히 세계 여러 나라와 이루어진 교류는 해를 거듭할수록 우의가 깊어졌다.

그러나 청나라가 조선 사건에서 우리 일본에 대해 점점 이웃 나라와 교류하는 데 갖춰야 할 준칙에서 벗어나고 신의를 저버리는 행동으로 나오리라는 것을 어떻게 예측이나 할 수 있었겠는가! 조선은 우리 일본제국이 처음부터 깨우치고 이끌어서 세계 여러 나라의 반열에 들게 만든 하나의 독립국가이다. 그런데도 청나라는 번번이 조선을 자신의 속국이라면서 음으로 양으로 조선의 내정에 간섭하고, 또한 조선에서 내란이 일어나자 속국의 난리를 평정한다는 구실로 조선에 군대를 파견했다.

나는 메이지明治 15년의 조약(1882년 제물포조약)에 따라 군대를 파견하여 만일의 사태에 대비하고, 나아가 조선이 영원히 재앙과 난리에서 벗어나 미래의 치안을 유지하게 함으로써 동양 전체의 평화를 유지하고자 했다. 그리하여 먼저 청나라에 서로 힘을 합해 일을 처리하자고 통고했는데, 청나라는 도리어 이런저런 핑계를 늘어놓으며 거절했다.

우리 일본제국은 바로 조선에서 폐단이 큰 정치를 혁파하여 안으로는 치안의 기반을 굳건히 하고 밖으로는 독립국의 권리와 의무를 다하도록 권유했다. 조선이 이미 그렇게 하기로 승낙했음에도 청나라는 처음부터 끝까지 비밀리에 모든 수단을 동원하여 일의 실현을 방해했다. 더욱이 청나라는 말을 분명하게 하지 않고 시간을 끌면서 자국의 육군과 해군을 정비했다. 마침내 군대의 정비가 끝나자 바로 무력으로 자국의 욕망을 달성하기 위해 다시 대군을 조선에 파견하고, 우리 군함을 조선 해역에서 요격하는 등 외교 관례를 벗어난 무례한 행위는 거의 극에 이르렀다.

청나라의 이런 기도야말로 조선의 치안 책임이 누구에게 분명히 있는지를 과시한 행태이다. 또한 청나라는 우리 일본제국이 앞장서서 독립국의 반열에 올려놓은 조선의 지위에 대해 이를 표시하는 조약과 함께 몽매로 치부함으로써 우리 일본제국의 권리와 이익을 손상하고, 나아가 동양 평화를 길이 보증할 수 없도록 획책했다는 점을 의심하지 않을 수 없다. 청나라가 꾀하고자 하는 일을 차근차근 따져보면, 실로 처음부터 평화를 희생양으로 삼아 분수에 맞지 않는 야망을 성취하려고 했다는 의심을 지울 수 없다. 일은 이미 여기까지 이르렀다.

짐은 처음부터 끝까지 평화를 유지함으로써 우리 일본제국의 영광을 안팎에 널리 떨치려고 전념했으나, 역시 공식적으로 전쟁을 선포하지 않을 수 없게 되었다. 너희 모두의 충성과 용맹에 기대어 하루빨리 영원한 평화를 회복함으로써 우리 일본제국의 영광을 보전할 수 있기를 기대하노라.

— 메이지 27년(1894) 8월 1일(음력 7월 1일)"

이날 청나라 황제 또한 일본의 죄상을 고시했다.[63]

---

63 일본이 선전포고하자 청나라 황제도 이에 맞서 일본의 죄상을 밝히고 공격하라는 글을 유시했다. 청나라의 선전포고문은 중국에서 발간한 『近代中國史料叢刊: 中日戰輯(근대중국사

"조선이 우리 대청大淸의 속국이 된 지 어언 200여 년이 되었다. 또한 해마다 조공을 바치는 일은 세상이 이미 다 아는 사실이다. 최근 몇 십 년 동안 조선에서 내란이 자주 발생했기 때문에 우리 조정은 어루만져 위로하는 한편, 여러 번 군대를 보내 난리를 평정하기도 했다. 아울러 조선의 수도에 관리를 파견하여 주재시키면서 수시로 보호했다.

금년 4월 무렵, 조선에서는 지방의 도둑 떼가 다시 난리를 일으켰고, 조선 국왕은 우리 대청에게 군대를 파견하여 도둑 무리를 토벌해달라는 요청을 했다. 그 사정과 말이 절박했으므로 곧바로 이홍장에게 군대를 보내 구원하도록 명령했다. 우리 군대가 아산에 도착하자마자 도적 떼는 뿔뿔이 흩어져 달아났다.

그런데 일본은 아무런 이유도 없이 군대를 보내 갑자기 서울로 진입시켰고 연이어 1만여 명의 병력을 증파했다. 그러고서 조선 정부에 정치제도를 고치라고 다그치며 여러 가지 압력을 행사했다. 이런 일은 우리 대청으로서는 도무지 이해할 수 없다.

우리 대청의 속국 정책을 말하자면, 속국의 내정에 대해서는 간섭하지 않고 속국 스스로 처리하게 하는 것이 지금까지의 관행이었다. 일본과 조선의 관계는 조약을 맺은 동맹국일 뿐이니, 일본이 거듭해서 조선에 군대를 파견하고 정치제도를 바꾸라고 강요할 이유가 없다. 여러 나라의 공론 또한, 모두 정당한 명분이 없는 일본의 출병은 사정과 도리에 맞지 않는 일이니 군대를 철수하고 평화롭게 상의하여 처리할 것을 권하고 있다. 그런데 뜻밖에도 일본은 무엇에도 거리끼지 않고 처음부터 끝까지 어떤 합의도 없이 도리

료총간 : 중일전집)』 제1집 3권(文海出版社)에 실린 「聲罪致討文성죄치토문(죄상을 밝혀 토벌에 부치는 글)」을 옮겼다. 「성죄치토문」은 음력 7월 1일에 발표되었다.

어 다시 기세등등하게 군대를 증파했으며, 이 때문에 조선의 백성과 우리 대청의 상인들은 날이 갈수록 놀라서 술렁이고 있다. 이런 까닭에 우리 대청이 군대를 증파해서 보호하고자 했던 것이다. 그런데 병력을 싣고 조선으로 가는 도중 갑자기 일본 배 여러 척이 우리 군대가 제대로 방비하지 못한 틈을 노려 아산 앞바다에서 마구 포격을 가해 우리 수송선을 파괴했다. 이러한 속임수는 전혀 예기치 못한 일이었다.

일본이 조약도 준수하지 않고 국제법도 지키지 않은 채 멋대로 위세를 부리며 간교한 계략을 꾸며서 스스로 시비를 불러왔다는 사실은 국제 여론도 훤히 알고 있다. 이에 우리 조정은 이 사실을 온 세상에 널리 알려 일을 분명하게 처리하고 인의仁義를 다했지만, 조약을 어기고 분쟁을 일으키는 일본의 무리한 행동이 극에 달하여 사태는 더 이상 잠시도 용인할 수 없는 지경에 이르렀다.

이에 이홍장에게 각 부대를 조선으로 신속히 파견해서 토벌하게 하고, 바로 뒤따라서 수많은 정예병도 파견하여 도탄에 빠진 조선의 백성을 구제하라는 엄중한 명령을 내렸다. 아울러 우리나라의 강과 바다에 인접해 있는 모든 지역의 여러 장군·총독總督·순무巡撫 및 군대를 통솔하는 대신은 부대를 정렬해 놓고, 만약 일본 배가 각 항구에 허가 없이 함부로 들어오면 곧바로 정면에서 통렬하게 공격을 가하여 남김없이 섬멸할 것이며, 조금이라도 뒤로 물러나는 잘못을 범하지 말도록 하라. 이 내용을 특별히 통지하여 알리도록 하라."

이홍장은 화해 국면이 이루어지기 어렵다는 판단을 내리고, 마침내 군대와 식량을 징발했다. 아울러 천진의 기마 부대와 보병 부대, 여순구旅順口의 포병대 등 모두 10여 개 부대를 초상국招商局(1872년에 이홍장이 중국 상해에 설립한 중국 최초의 근대적 윤선 회사)에서 임대한 화륜선에 태워 조선으로 출발시 켰다. 또 서남西南의 기선을 임대하여 각 통령들에게 배를 타고 속속 조선으 로 출동하라는 명령을 내렸다. 이에 더해 북양함대 소속의 군함 8척을 파견 하면서 지시하기를, 일본 배를 만나면 포격을 가하라고 했다. 또 남양함대의 군함을 조선 해역으로 나누어 보내서 일본의 지원을 차단하게 했다.

좌보귀左寶貴가 3만 명을 이끌고 출발하면서 산해관山海關과 길림吉林을 거 쳐 압록강을 건너 서울에 도착할 날짜를 정했다.

청나라에서 고용한 독일인 장교 콘스탄틴 폰 한네켄Constant von Hanneken(중 국 이름 : 한납근漢納根)이 수군 1,200명을 영국 상선 고승호高陞號에 태우고 아산 으로 가다가 일본군의 포격을 받았다. 사망자가 700명이나 발생했고, 콘스탄 틴은 바다로 뛰어들어 떠다니다가 겨우 구조되어 살아났다. 이때 정여창은 병선 13척을 거느리고 항구에서 조금 떨어진 곳에 있었지만 콘스탄틴 부대 를 구원하지 않은 채 닻을 올리고 앞장서 달아나 위해위威海衛(산동성山東省 북 쪽 끝에 있는 도시)로 돌아갔다.[64]

섭사성은 2,000명의 병사로 아산을 지키면서 일본군 7,000명과 대치했 지만, 물자가 고갈되고 구원이 끊기는 바람에 결국 패해서 달아났다.[65]

7월 한 달 동안, 청나라의 섭지초葉志超·섭계림聶桂林·풍승가豊陞珂·좌보귀

---

64 "이 해전이 이른바 청일전쟁의 도화선이 된 '풍도豊島 해전'이다. 일본군은 7월 25일 새벽, 중국 군함 광을호廣乙號를 크게 격파하고 영국 국적의 상선 고승호高陞號를 격침시켜, 그 배 에 탑승했던 청군 장병 1,000명 전원이 사망했다."『청·일 갑오전쟁과 조선』, 195쪽.

65 당시 서울 남쪽의 청군은 성환에 주둔하는 섭사성의 부대와 아산의 동남쪽인 공주에 주둔 하는 섭지초의 부대가 있었다. 섭사성의 부대는 7월 28일 일본군의 공격을 받아 패배했으 며, 이 소식을 접한 섭지초의 부대는 황급히 북쪽으로 퇴각했다.『청·일 갑오전쟁과 조선』, 195쪽 참조.

左寶貴・위여귀衛汝貴・마옥곤馬玉崑 등 여섯 명의 장수가 정예병으로 구성된 34개 부대를 이끌고 일제히 평양에 집결했다. 일본군과 서로 대치하고만 있을 뿐 전쟁은 벌이지 않았다. 다만 양군이 똑같이 초병을 내보내서 습격을 감행했다. 8월 3일에는 청군의 두 진영이 야간 보초에게 암호를 잘못 전달한 탓에 같은 편끼리 치고받는 일이 벌어졌다.

8월 10일

일본군이 몇 갈래로 나뉘어서 평양으로 진격했다. 이에 마옥곤이 4개 부대를 이끌고 멀리 강동군江東郡을 우회하여 출진함으로써 협공 형세를 이루었다. 위여귀와 풍승가가 18개 부대를 이끌고 평양성 남쪽의 강 언덕에 주둔했고, 좌보귀가 6개 부대를 이끌고 평양성 북쪽의 산 위를 지켰다. 섭지초와 섭계림은 성안에 위치했다. 나머지 6개 부대와 조선인 800명이 성안에 머무르면서 지시를 기다렸다.

8월 12일

일본군이 강을 사이에 두고 포진했다. 이날 일본군과 봉천성奉天省 부대가 전투를 벌였다.

전투 초기에는 청군 쪽이 다소 유리한 듯했으나, 갑자기 섭지초가 회군하라는 명령을 내렸다. 일본군은 이 틈을 놓치지 않고 강을 건너 산꼭대기로 돌격했으며, 마침내 고지를 점령하고 진지를 구축했다.

좌보귀는 성 북쪽을 굳게 지키면서 사흘 밤낮 동안 잇달아 격전을 벌이다가 일본군이 쏜 총탄에 맞았다. 그러자 휘하의 병사들이 걷잡을 수 없이 무너졌다.

섭지초는 항복의 뜻이 담긴 백기를 내건 뒤 황급히 성을 빠져나가 달아났다.[66] 위여귀와 풍승가 두 장수 또한 달아났다. 패잔병 가운데 살아서 의주에 도착한 병사는 고작 수백 명에 지나지 않았다.

마옥곤은 패전 소식을 듣자 강동에서 부대 전체와 함께 강을 건너 달아났다.

좌보귀는 본디 용맹했다. 복부에 총상을 입고도 손으로 뱃가죽을 움켜쥔 채 모란봉牡丹峯에서 연광정練光亭[67]까지 와서 상처를 싸매고 난 뒤 다시 전투에 나섰다가 전사했다.

섭계림은 조선 옷으로 갈아입고 달아났다.

위여귀는 병사들에게 지급할 군량을 깎고 줄여서 은 8만 냥을 만든 뒤 그것을 자신의 집으로 보냈다. 이 때문에 군심이 이반했다.

대체로 보아 청군에게는 도무지 기율이라는 것이 없었다. 그들이 지나간 큰길가 곳곳이 심하게 약탈을 당했다. 평양에서 청군이 열흘가량 주둔하는 동안 우리 군대와 백성은 마치 호랑이와 이리를 만난 것처럼 두려움에 떨었다. 그러나 일본군은 청군과 달리 백성들을 조금도 괴롭히지 않았다. 그래서 관서 지방 사람들은 혹시라도 청군이 승리할까봐 겁을 먹고 앞장서서 일본군을 안내했으며, 성안에서도 호응했다. 또한 청군이 패전하자 도망병을 끝까지 쫓아가 샅샅이 찾아내서 일본군이 섬멸할 수 있도록 도와주었다. 이 때

---

66 "9월 12일(양력) 청·일 양군의 평양 대전이 있었다. 청군은 마옥곤이 거느린 의군毅軍 부대와 좌보귀가 이끄는 봉군奉軍 부대가 용감하게 싸웠으나, 총지휘자인 섭지초는 처음부터 겁을 먹고 저항을 포기한 채 도망갈 생각만 했다. 이 때문에 전투 지휘에 큰 혼란이 일어나 청군은 결국 대패했다. 섭지초는 15일 밤 마침내 후퇴 명령을 내리고 평양에서 북으로 500리를 달려 압록강을 건너 중국 경내로 도망쳤다." 『청·일 갑오전쟁과 조선』, 205쪽.

67 평양의 대동강가에 있는 누각. 관서 팔경의 하나로, 대동강을 내려다볼 수 있는 덕암德巖이라는 바위 위에 있다. 조선 중종 때 허굉許礦이 건립했다.

문에 흩어져 도망친 청군 가운데 살아서 탈출한 사람이 거의 없었다.[68]

　평안도 관찰사 김만식金晩植과 서윤庶尹 서병수徐丙壽가 40일 동안 정방산성正方山城[69]에 머물러 있다가 청군이 패해 돌아간 다음에야 비로소 평양성에 들어갔다.

　성안에는 시체와 깨진 기왓장이 뒤엉켜 눈에 보이는 모든 정경이 처참하기만 했다. 서윤의 집무실 아래에도 시체가 가득 쌓여 있었다. 시체를 함구문含毬門(평양성 남쪽으로 난 문 가운데 하나) 밖으로 실어 날랐는데 10여 일이 걸려서야 겨우 다 치웠다. 이해 겨울은 유난히 따뜻했기 때문에 시체 썩는 냄새가 성안에 진동했는데 10리 밖에서도 코를 막아야만 할 정도로 심했다.

　오토리 게이스케가 임금에게 다음과 같은 글을 올렸다.[70]
　"사신 오토리 게이스케는 삼가 아룁니다. 생각해보면 대군주 폐하의 어

---

68 일본군 사단장 노즈野津는 평양 전투의 승리를 다음과 같이 보고했다. "어제 15일, 평양에 있는 청국 군대 약 2만 명을 사방에서 포위 공격함으로써 모조리 사살하는 대승리를 거두었다. 적병 사상자는 무수하여 지금 조사 중이다. 국왕 폐하께서 안심하시도록 위 사실을 특별히 아뢰어주기 바람." 『주한일본공사관기록 3』 「평양 전투 일본군 대승리 건」.

69 황해북도 황주군과 봉산군의 경계에 걸쳐 있는 정방산에 축성된 산성. 이 성은 고려시대에 처음 축성되었으며, 1633년(인조 11) 도원수 김자점金自點의 지휘하에 개축된 뒤 1895년(고종 32)까지 산성 별장別將을 두고 있었다. 이 성안에는 고려시대의 유명한 사찰인 성불사成佛寺가 있다.

70 1894년 5월 23일, 오토리 게이스케 일본 공사는 편전에서 고종을 접견하고 조선의 내정을 개혁하자는 내용의 상주문을 올렸다. 『고종실록』 1894년 5월 23일자 기사 참조. 그런데 『오하기문』 원문에 실린 상주문은 본래의 내용과 다른 부분이 많기 때문에 『고종실록』에 따라 옮겼다.

진 덕은 날로 높아지고, 만백성은 폐하의 어진 덕에 감화되고, 평화의 분위기는 점점 무르익어가고, 온 세상이 찬사를 바치고 있으니 저는 폐하를 향한 사모의 마음을 금할 수 없습니다.

가만히 살펴보건대, 남쪽 지방의 저 미련한 백성이 교화에 순순히 따르지 않고 감히 해당 관리에 맞서 한때 법석을 떨었지만, 나라의 군대를 동원하여 크게 징벌함으로써 잠잠해졌습니다. 그러나 이들을 없애는 일이 아침밥 먹는 것처럼 쉽지 않다는 사실을 다시 생각하고 결국 이웃 나라에 도움을 요청하는 조치가 있었습니다.

우리 정부에서는 이런 소식을 듣고 이번 일이 비교적 중요하다고 판단했습니다. 그리하여 천황 폐하는 제게 지시를 받들어 군대를 거느리고 근무지인 조선으로 돌아가 우리 공사관과 상인들을 보호하라고 명했습니다. 아울러 조선의 안위와 관계되는 점을 마음속에 두고 있다가, 조선에서 도움을 요청하면 맡은 직무에 더해 조금이라도 도와서 이웃 나라와 우의를 돈독히 하라는 지시도 있었습니다.

제가 명을 받고 서울에 도착했을 때, 마침 전주성을 수복했으며, 잔당은 달아나 자취를 감추었고, 군대를 철수하는 일도 마무리가 잘되어 어려운 국면이 점차 풀려가고 있다는 소식을 들었습니다. 이는 모두 폐하의 덕으로 이루어졌으니, 실로 안팎에서 다 같이 경축해야 할 일입니다.

우리 일본과 조선은 동양의 한쪽에 함께 위치해 있으며 국토 또한 매우 가까워서 서로 협력해야만 무슨 일이든 이룰 수 있는 사이입니다. 더구나 서로 신뢰하고 화목하게 지내면서 사신과 예물이 오가는 일은 예나 지금이나 변함이 없습니다. 이러한 사실은 역사책을 보더라도 확실하게 상고할 수 있습니다.

오늘날 여러 나라가 일을 진행하는 형세를 살펴보면, 올바른 정치에 힘을 쏟고, 백성을 가르치고, 법령을 제정하고, 재정 관리를 중시하고, 농업을 권장하고, 상업을 장려하는 등 모두 자국의 부강을 꾀하는 조치를 취하고 있으며, 오로지 자국이 잘할 수 있는 것을 더욱 발전시켜 세계에 그 영향력을 확대하려고 합니다. 그러니 이미 정해진 법에만 얽매여 상황에 따라 적절한 조치를 취하지도 않은 채 시야를 넓혀 세력을 다투면서 자주에 힘을 배양하지 않는다면, 어떻게 여러 나라가 지켜보는 가운데 자립할 수 있겠습니까?

그래서 우리 정부에서는 또한 저에게 조선 정부의 대신들과 자리를 함께 하여 이에 대한 방도를 강구하고 밝히어 권장하라고 지시했습니다. 조선 정부가 나라를 부강하게 하는 실속 있는 정치를 힘써 행한다면, 기쁨과 슬픔을 같이 나누는 우의는 시종 더욱 깊어지고 서로 돕고 의지하는 국면도 계속 유지될 것입니다.

삼가 바라기는, 폐하께서 밝은 안목으로 판리교섭대신이나 전임 대신에게 저와 함께 충분히 논의하게 함으로써 일본 정부가 조선과의 우의를 남다르게 생각하는 지극한 뜻을 저버리지 않게 하신다면 대세를 위해 더없이 다행이겠습니다. 사신 게이스케는 우러러 바라 마지않습니다. 더없이 황송한 마음으로 폐하의 큰 복이 영원하기를 빌며 삼가 아뢰었습니다."

얼마 뒤 5조 총 26항을 우리 정부에 보내서 국기國紀를 개혁하라고 권했다.[71] 그 내용은 다음과 같다.

---

71 일본 공사 오토리 게이스케가 조선에 보낸 이 내정 개혁안은 원문에서 누락된 글자 등이 있기 때문에, 이를 고려하여 원사료에 따라 옮기고 누락 부분은 '(• 원문에서 누락)'이라고 표시했다. 원사료는 『주한일본공사관기록 3』「내정 개혁안 제출의 건」 참조.

제1조 중앙정부 제도와 지방 제도를 개정하고 아울러 인재를 채용한다.

- 정부 부서의 직분을 명확히 정한다. 안팎의 제반 정무를 총괄하는 직무는 모두 의정부에 귀속시키고, 육조의 판서는 각자 그 직분을 지키게 한다. 또 세도 집권의 폐정을 폐지한다. 안팎의 정무와 궁중 사무를 확실하게 구별하고, 궁중에서 봉사하는 관리는 일체 정무에 간섭하지 못하게 한다.
- 외국과 교섭할 때는 사안을 중시하고, 국가를 대신하여 교섭에 임하는 대신이 책임을 갖고 주재하게 한다.(* 원문에서 누락)
- 정사를 집행하는 데 필요한 부서만 그대로 두고, 그 나머지는 모두 폐지한다. 또 갑 부서의 사무를 을 부서에 통합해서 간편하게 한다.(* 원문에서 누락)
- 현재의 행정단위 가운데 부府·군郡·현縣은 통폐합하고, 민치民治에 지장이 없는 범위까지 그 수를 줄인다.
- 사무 집행에 필요한 관원만 남기고, 그 나머지 불필요한 인원은 줄여 없앤다.
- 종전의 격식을 타파하고, 널리 인재를 등용하고, 문호를 개방한다.
- 관직을 사고파는 악폐를 중지함과 동시에 바로 철폐한다.(* 원문에서 누락)
- 물가를 참작하여 관리의 봉급을 정함으로써 생계를 유지하고 청렴의 기풍을 기르는 데 지장이 없게 한다.
- 관리의 뇌물 수수와 토색질하는 악습을 엄격하게 금한다.
- 지방 관리의 정실情實로 생기는 폐단을 교정하는 법을 만든다.(* 원문에서 누락)

제2조 재정을 정리하고 천연자원을 개발한다.

- 국가의 수입 및 지출을 조사하고, 그 제도를 마련한다.
- 회계 출납을 엄격하고 공정하게 한다.
- 화폐제도를 개정한다.(* 원문에서 누락)
- 각 도의 전답을 정확히 조사하고 조세를 개정한다.
- 기타 여러 가지 세금을 개정하고 새로운 세금을 제정한다.(* 원문에서 누락)
- 불필요한 지출은 줄이거나 생략하고, 아울러 수입 증가 대책을 강구한다.(* 원문에서 누락)
- 국도國道와 통행로를 높이거나 넓혀 평탄하게 만든다. 아울러 서울과 주요 항구 사이에 철도를 부설하여 연결하고, 전국의 주요 도시로 통하는 전신을 가설하여 통신 왕래의 편의를 도모한다.
- 각 개항장에 있는 세관은 모두 조선 정부가 자체적으로 관리하고 다른 나라의 간여를 허용하지 않는다.

제3조 법률을 정돈하고 재판법을 개정한다.
- 구법률 가운데 시의에 적절치 않은 것은 폐지하고, 시의에 맞는 새로운 법을 제정한다.(* 원문에서 누락)
- 재판법을 개정하여 사법의 공정을 기한다.

제4조 국내의 민란을 진정시키고 사회의 안녕을 보전·유지하는 데 필요한 군대의 체제와 경찰을 설치한다.
- 사관士官을 양성한다.
- 구식 해군·육군은 모두 폐지하고, 재정을 감안하여 가능한 한 신식 군대를 증원 설치한다.(* 원문에서 누락)
- 서울과 각 도시에 엄격하고 공정한 경찰을 둔다.(* 원문에서 누락)

제5조 교육제도를 확립한다.

- 세상 형편을 감안하여 학제學制를 새로 정하고, 각 지방에 소학교를 설립하여 어린이들을 교육한다.
- 소학교의 설립 준비가 마무리되기를 기다려 점차 중학교 및 대학교를 설립한다.
- 학생 가운데 우수한 자를 선발하여 외국에 유학시킨다.

※ 다음의 조항은 기일을 정해 시행을 재촉할 일이며, 위의 조항과 중복된다. 각 항 가운데 다음 사항은 3일을 기한으로 의정議定하고, 10일 이내에 착수해야 한다.(* 이하 원문에서 누락)

- 안팎의 제반 정무를 총괄하는 직무는 모두 의정부에 귀속시키고, 육조의 판서는 각자 그 직분을 지키게 한다. 또, 세도 집권의 폐정을 폐지한다.
- 안팎의 정무와 궁중 사무를 엄격히 구별하고, 궁중에서 봉사하는 관리는 일체 정무에 간섭하지 못하게 한다.
- 외국과 교섭할 때는 사안을 중시하고, 국가를 대신하여 교섭에 임하는 대신이 책임을 갖고 주재하게 한다.
- 종전의 격식을 타파하고, 널리 인재를 등용하고, 문호를 개방한다.
- 관직을 사고파는 악폐를 중지함과 동시에 바로 철폐한다.
- 관리의 뇌물 수수와 토색질하는 악습을 엄격하게 금한다.
- 서울과 주요 항구 사이에 철도를 부설하여 연결하고, 전국의 주요 도시로 통하는 전신을 가설하여 통신 왕래의 편의를 도모한다. 단, 마지막의 철도와 전신 두 공사는 10일 내에 기공 결의를 하고, 준비되는 대로 그 공사를 시작하는 것으로 한다.

※ 다음 사항은 6개월 이내에 결행하는 것으로 한다.^(* 이하 원문에서 누락)

- 정사를 집행하는 데 필요한 부서만 그대로 두고, 그 나머지는 모두 폐지한다. 또 갑 부서의 사무를 을 부서에 통합해서 간편하게 한다.
- 현재의 행정단위 가운데 부府・군郡・현縣은 통폐합하고, 민치民治에 지장이 없는 범위까지 그 수를 줄인다.
- 사무 집행에 필요한 관원만 남기고, 그 나머지 불필요한 인원은 줄여 없앤다.
- 늘가를 참작하여 관리의 봉급을 정함으로써 생계를 유지하고 청렴의 기풍을 기르는 데 지장이 없게 한다.
- 지방 관리의 정실情實로 생기는 폐단을 교정하는 법을 만든다.
- 국가의 수입 및 지출을 조사하고, 그 제도를 마련한다.
- 회계 출납을 엄격하고 공정하게 한다.
- 화폐제도를 개정한다.
- 불필요한 지출은 줄이거나 생략하고, 아울러 수입 증가 대책을 강구한다.
- 각 개항장에 있는 세관은 모두 조선 정부가 자체적으로 관리하고 다른 나라의 간여를 허용하지 않는다.

※ 다음 사항은 2개년 이내에 결행하도록 한다.^(* 이하 원문에서 누락)

- 각 도의 전답을 정확히 조사하고 조세를 개정한다.
- 기타 여러 가지 세금을 개정하고 새로운 세금을 제정한다.
- 국도國道와 통행로를 높이거나 넓혀 평탄하게 만든다.
- 구법률 가운데 시의에 적절치 않은 것은 폐지하고, 시의에 맞는 새로운 법을 제정한다.

- 재판법을 개정하여 사법의 공정을 기한다.
- 사관士官을 양성한다.
- 구식 해군·육군은 모두 폐지하고, 재정을 감안하여 가능한 한 신식 군대를 증원 설치한다.
- 서울과 각 도시에 엄격하고 공정한 경찰을 둔다.
- 세상 형편을 감안하여 학제學制를 새로 정하고, 각 지방에 소학교를 설립하여 어린이들을 교육한다.
- 소학교의 설립 준비가 마무리되기를 기다려 점차 중학교 및 대학교를 설립한다.
- 학생 가운데 우수한 자를 선발하여 외국에 유학시킨다.

7월 1일

청나라 통령 좌보귀左寶貴와 우득승尤得勝이 따로따로 병사 500명과 기마병 250기를 이끌고 의주에 도착했다. 이들은 위여귀의 부하 곽학해郭學海의 병력 500여 명과 합류하여 평양으로 함께 출발했다.

7월 2일

좌보귀의 부하 서옥생徐玉生과 왕정상王定祥이 따로따로 병사 500명을 이끌고 잇달아 평양으로 출발했다.

같은 날

전 참판 최익현을 특별히 발탁하여 공조 판서로 임명했다. 이는 여론에 따른 마지못한 인사였다. 익현은 관직에 나오지 않았다.

또 임금이 지시했다.

"안효제安孝濟와 권봉희權鳳熙 두 사람을 부수찬副修撰으로 임명한다."[72]

이때 민씨 일당이 모두 제거되었기 때문에 서울과 지방의 관리를 한꺼번에 새로 뽑느라 날마다 인사 회의가 열렸다. 그러나 민씨 성을 가진 사람은 후보자에 한 명도 오르지 못했다. 서울 사람들은 이를 두고 다음과 같이 말했다.

"비록 초가집은 타버렸지만 전갈을 죽였으니 속이 시원하다."

같은 날, 다음의 의안議案을 제의했다.[73]

● 의정부와 각 아문에서 통용할 규칙을 협의하여 확정한다.

● 각 아문에 대한 규정을 실시할 기한을 이미 정하였으니 먼저 재정을 조사함으로써 계산하여 처리하도록 대처한다.(*원문에서 누락)

● 모든 관리가 공무나 사적인 일을 볼 때는 말을 타거나 걷는 것에 구애받지 말고 편리한 대로 하며, 평교자平轎子(종1품 이상 및 기로소의 당상관이 타던 가마)와 초헌軺軒(종2품 이상의 벼슬아치가 탔으며, 긴 줏대에 외바퀴가 달려 있는 수레)은 영원히 폐지한다. 공사를 막론하고 출입하는 재상을 부축하는 규례는 영원히 폐지하되, 늙고 병들어 몸을 가누지 못하는 사람은 예외로 한다. 다만 총리 대신과 의정 대신을 지낸 사람만은 대궐 안에

---

72 『고종실록』에 따르면 1894년 7월 1일에 최익현이 공조 판서에 제수되고, 권봉희와 안효제가 홍문관 수찬에 제수되었다. '안효제와 권봉희를 부수찬으로 임명한다'는 원문의 기록은 오기이다. 이때 부수찬에 제수된 사람은 최재철崔在澈이다.

73 군국기무처에서 위와 같은 의안을 올린 것은 1894년 7월 2일이다. 『고종실록』 1894년 7월 2일자 기사 참조. 실록과 대조하여 『오하기문』 원문에서 누락된 내용은 '(*원문에서 누락)'이라고 표시했다. 또한 원문에는 있지만 『고종실록』에 기록된 실제 7월 1일의 의안에 없는 내용은 '(*7월 2일자 의안에 없는 내용)'이라고 표시했다.

서 산람여山籃輿(뚜껑이 없고 의자같이 생긴 가마)를 타도록 허락한다.(*원문에서 누락)

- 총리 대신을 수행하는 인원은 4명으로 제한한다.(*7월 2일자 의안에 없는 내용)

- 찬성贊成과 각 아문의 대신들을 수행하는 인원은 3명으로 제한한다.(*7월 2일자 의안에 없는 내용)

- 각 아문의 협판協辦을 수행하는 인원은 2명으로 제한한다.(*7월 2일자 의안에 없는 내용)

- 사헌司憲과 참의參議를 수행하는 인원은 1명으로 제한한다.(*7월 2일자 의안에 없는 내용)

● 모든 관리·선비·서인庶人이 고관을 만났을 때 말에서 내려 길을 내주고 지나가기를 기다리는 규정은 모두 없애고, 이런 경우에는 단지 길만 양보한다.

● 관직에 재직할 때 친척끼리 상피相避하는 규정에서는 아들과 사위, 친형제, 아저씨와 조카로 한정하며, 사사로운 의리로 꺼리고 피하는 풍습은 영원히 폐지한다.

● 각 아문과 각 군문에서 마음대로 체포하거나 형벌을 적용하지 못하게 하되, 군법을 위반한 것에 대해서는 이 규정에 포함시키지 않는다.

● 탐오한 관리에 대한 법조문은 종전의 규정을 다시 밝혀서 엄정하게 징계하고, 횡령한 재물은 관청에서 몰수한다.

● 조정 관리의 품계는 1품부터 2품까지는 정正·종從을 구별하고, 3품부터 9품까지는 정·종의 구별을 없앤다.

● 환관 가운데 재능이 있는 사람은 신체에 구애됨이 없이 조정에 등용한다.(변경했으나 시행되지 않았다.)

- 역졸이나 광대, 갖바치는 모두 면천해주고, 만약 특별한 재능을 지닌 사람이 있으면 재능에 따라 등용한다.
- 모든 관리는 비록 높은 관직을 지냈더라도 벼슬을 그만둔 뒤에는 마음 대로 상업에 종사할 수 있게 한다.

7월 15일

김홍집을 의정부 총리 대신으로, 김수현金壽鉉을 좌찬성으로, 이유승李裕承을 우찬성으로, 이재면李載冕을 궁내부 대신으로, 민영달閔泳達을 내무아문 대신으로, 김윤식金允植을 외무아문 대신으로, 어윤중魚允中을 탁지아문 대신으로, 윤용구尹用求를 법무아문 대신으로, 서정순徐正淳을 공무아문 대신으로, 박정양朴定陽을 학무아문 대신으로, 이규원李奎遠[74]을 군무아문 대신으로, 엄세영嚴世永을 농상아문 대신으로, 안경수安駉壽를 경무사로 임명했다.

규원은 제주 찰리사察里使에서 불러들였으며, 세영은 호남 염찰사廉察使에서 불러들였다.

정경원鄭敬源을 양호 선무사로, 이중하李重夏를 영남 선무사로 임명했다.[75]

---

74 이규원은 원문에 '李圭遠'으로 되어 있는데 李奎遠의 오기이므로 바로잡는다. 『고종실록』 1894년 7월 15일자 기사 참조.

75 1894년 7월 26일의 일이다. "의정부에서 아뢰기를, '호서 선무사 정경원을 지난번에 남쪽 세 도의 선무사를 겸하도록 임명하였는데, 지금 형편으로는 세 도를 겸하여 보기 어려우니 다시 양호 선무사로 개부표改付標(임금의 재가를 받은 문서의 일부분을 고쳐야 할 때, 다시 재가를 받기 위해 고칠 자리에 종이쪽지를 붙이는 일)하고, 영남 선무사는 따로 도헌都憲 이중하를 임명하여 빨리 가서 조정의 고마운 뜻을 선포하게 하는 동시에 수령이 착하고 착하지 못한 것과 백성의 고통을 조사하여 다 같이 보고하도록 분부하는 것이 어떻겠습니까?' 하니, 윤허하였다." 『고종실록』 1894년 7월 26일자 기사 참조.

사헌부에서 아뢰기를 "호남 지방의 도적들을 교화하는 일에 대해서는 앞뒤로 여러 차례 전하께서 직접 타이르셨고, 그 내용 또한 얼마나 간곡히 되풀이하셨습니까? 그런데도 지금 들리는 소문에 따르면 토벌하고 남은 무리가 아직도 여러 읍에 숨어서 다 흩어지지 않았다고 합니다. 이들도 모두 우리 백성이니 전하의 뜻을 전하고 다독여서 하루빨리 생업에 안착하도록 해야 합니다. 염찰사 엄세영이 지금 그곳에 있으니 선무사를 겸임시키는데 육조의 해당 관청에서 전하의 구두 재가를 받도록 하고, 곧바로 며칠 전에 내린 전하의 말씀을 널리 알리도록 하여 모두가 감동하고 깨달아 새사람이 되게 하고, 그곳의 지방 관리들과 함께 이들을 구제하여 스스로 자리 잡고 살 만한 방법을 강구하되 무슨 일이 있어도 반드시 귀화시키라는 뜻을 문서로 급하게 알리는 것이 어떻겠습니까?"[76] 하니, "그렇게 하라."고 했다.

임금이 다음과 같은 전교를 내렸다.

"지난날 여러 번에 걸쳐 타이르는 글을 내렸는데도 이른바 동학 무리는 아직도 양호兩湖(충청과 전라 지방)에서 더욱 소란을 피우고 있다. 그들은 생업에 안착하려 했지만 대부분 생업을 잃어버렸고, 귀화했다고 하지만 이내 다시 나쁜 물이 들었다. 그들도 또한 똑같이 인간의 성품을 함께 가지고 있는데 설마하니 어리석고 사리에 어두워 깨닫지 못할 리가 있겠는가? 그들이 그렇게 하는 까닭은 틀림없이 곤궁한 탓에 돌아가 의지할 데가 없기 때문일 것

---

76 이 제의는 사헌부가 아니라 의정부에서 6월 28일에 고종에게 아뢴 내용이다. 원문 가운데 '令該曹口傳下批[육조의 해당 관청에서 (전하의) 구두 재가를 받도록 하고]'라는 구절이 나오는데 (廉察使嚴世永, 方在道內, 兼差宣撫使, 令該曹口傳下批, 仍責 日前所下綸音, 遍行布諭), 이 구절은 『고종실록』에는 실려 있지 않으나, 같은 날 『승정원일기』 기사에는 실려 있다.

이다. 충청도 관찰사와 전라도 관찰사 및 해당 지방 수령에게 이들을 더욱 힘써 보살피고 생업에 안착시켜 구제할 방법을 강구하게 하는 한편, 이러한 내용을 진심으로 널리 알리고 타일러서 다 함께 새로워지고자 하는 조정의 지극한 뜻을 알게 하라."[77]

선무사가 각 읍에 공문을 발송했다. 그 내용은 대략 다음과 같다.

"지금 민심을 어루만져 안정시키는 업무를 겸해 수행하고 있는 본관은 우리 임금의 뜻을 받들어 널리 알리는 데 온 힘을 쏟고 있다. 앞뒤에 걸쳐 의정부에서 이미 정중하게 타일렀고, 지금 임금께서 내리신 말씀도 이처럼 더없이 간곡하다. 무릇 우리와 같은 하늘을 이고 같은 땅을 딛고 사는 사람이라면, 어느 누가 마음 깊이 느끼어 기리고 참회하지 않을 수 있단 말인가? 비록 지극히 어리석고 미련한 부류라도 감동하고 깨닫기에 충분하다. 그런데도 저 동학 무리만은 유독 무슨 배짱으로 아직까지 이렇게 날뛰는 것인가? 저 무리는 총기와 말을 구하고 돈을 마련할 속셈으로 가지 않는 곳이 없으니, 이로 인해 마을마다 백성들이 농사일과 길쌈 매는 일을 팽개치고 도로에서 울부짖는 소리가 끊이지 않는다는 보고가 각 읍에서 잇따르고 있다. 게다가 이에 따른 백성들의 호소 또한 줄을 잇고 있다. 그러나 백성의 가장 가까운 곳에서 이러한 사정을 누구보다 잘 알고 있는 관리들이 폐해를 없앨 생각은 하지 않고 꼼짝도 하지 않은 채 그냥 보고만 있으니, 이래도 되는 일인가? 그 가운데 어떤 경우는 조정의 지시도 알리지 않아서 백성들이 그 내용조차 잘 모르고 있다 하는데, 진정 이래도 되는 일인가?

---

77 귀화한 동학 무리를 구제할 방도를 강구하고 생업에 안착시키도록 명한 이 전교는 6월 23일에 내려졌다. 『고종실록』 1894년 6월 23일자 기사 참조.

생각해보면 이 동학 무리도 모두 천지자연의 이치에 따라 태어나서 길러진 존재이니 또한 떳떳한 성품을 갖추고 있을 것이며, 이미 도학道學의 이름을 가지고 있으니 도의 옳고 그름은 잠시 접어 두기로 하자. 단지 저 무리가 도가의 한 유파라면, 어찌 도라는 이름을 가지고 백성을 괴롭히며 해칠 수 있단 말인가? 아무리 생각해도 결코 이렇게 해야 할 이치가 없다. 또 병기를 반납하고 귀화하는 일에 관해서도, 순영에서 사실대로 보고한 내용을 들어보면 오히려 더욱 거칠어져 해산할 뜻이 없는 것 같다고 한다. 이것은 그들이 설령 지금 집에 돌아가더라도 이웃들이 흘겨보며 틀림없이 도둑의 부류로 지목할 것이니 부끄럽고 창피하여 견딜 수 없는 데다, 달리 믿고 의지할 방법도 없기 때문에 머뭇거리고 방황하다가 다시 무리를 이룬 것이 아니겠는가? 진실로 사정이 이러하다면, 어떻게 한때의 잘못을 고치고 착하게 살려는 사람이 있을 것이며, 또한 어떻게 처음에 울다가 나중에 웃는 일[78]이 있을 수 있겠는가? 이러한 사정을 모든 백성이 알아들을 수 있도록 자세히 설명하고, 만약 귀화하는 사람이 있으면 그 사람을 맞아들여 서로 위로해주고 생업에 안착하도록 도와주어서 삶의 기쁨을 평소와 같이 즐길 수 있게 하라.

또 지금 귀화하면 과거를 추궁당할까 두려워하여 스스로 의심을 품고 머뭇거리면서 빠져나오지 못하는 사람도 더러 있을 것이다. 그러나 조정에서 여러 번 타일러 경계하는 뜻은 진실로 잘못된 정치와 폐단을 고치고 새로워져서 다친 사람을 돌보고 갓난아이를 보살피는 것 같은 도덕적 의무에서 나왔는데, 어떻게 다시 백성을 속이고 추궁하는 일이 있겠는가? 바로 이러한

---

78 원문에 '先眺後笑선조후소'라 했는데, 이는 『주역周易』「동인同人」에 나오는 말이다. "나아가고 물러남에 뜻을 합하면 쇠라도 끊을 수 있고, 먼저 울고 나중에 웃으니 서로 만나는 데 무엇을 의심하랴?(出處語默 同心斷金, 先眺後笑 相遇何慊)"

뜻을 집집마다 자세히 설명함으로써 각자 의혹을 털어버리고 터를 잡고 살아갈 수 있도록 조치하라.

비록 저 무리 가운데 지금 돌리는 이 포고문을 보고도 도인이라고 자칭하면서 침입해오는 자가 있다면 그들을 살펴보아 도서圖署가 찍힌 표식을 소지하지 않은 자는 바로 마을에서 붙잡아 나에게 보내라. 곤장을 때리고 옥에 가두어 징계할 것이다. 이른바 도서라는 것은 진짜와 가짜를 구별하는 도장이다. 본 고을 관할 지역에서 만일 행패를 부리는 무리가 있다면, 설사 그 무리가 도서 표식을 가지고 있더라도 이는 틀림없이 위조된 도서로 썩은 표식일 것이다. 하물며 도서가 찍힌 표식조차 갖고 있지 않은 자들이야 말할 것도 없다. 이런 자들에 대해서는 도서가 찍힌 표식의 소지 여부를 따지지 말고, 마을에서는 해당 관아에 알리고 관아에서는 본 선무사에게 보고하여 귀화하는 곳을 한결 새롭게 만들어라. 혹시라도 나중에 피해를 입을 일을 걱정하여 감추고서 알리지 않았다가 특별 감찰에 걸리면, 해당 마을의 책임자는 물론이고 관아에서 형벌을 담당하는 아전 역시도 선무사로부터 단연 엄중한 처벌을 받을 것이다. 유의하고, 명령대로 시행하라. 이 기분 좋은 말을 반드시 방방곡곡에 내걸어 모든 사람이 다 알 수 있게 하라."

경상도의 난민을 달래는 임금의 말씀이 있었다.[79]

"임금은 말한다. 아아! 우리 경상도의 여러 선비와 뭇 백성은 귀담아 들어라. 오직 내가 덕이 없어 정치가 뜻대로 되지 않아 위로는 정사가 문란하고 아래로는 백성이 고통에 시달리며, 이웃 나라는 군대를 일으켜 우리나라

---

79 1894년 7월 26일 경상도에 내린 윤음이다. 『고종실록』 1894년 7월 26일자 기사 참조.

로 들어와 사방이 싸움터로 변하고 말았다. 가엾다, 나의 백성이여! 너희가 무슨 죄가 있어 농사짓고 장사하는 생업을 잃고, 굶주림과 갈증에 시달리면서도 구제받지 못한단 말이냐? 어린 자식을 둘러업고 늙은 부모의 손을 잡고 길을 헤매는 참혹한 모습이 눈앞에 또렷해서 한밤중에도 몇 번씩 일어나니, 잠을 잔다 한들 어찌 편안하겠느냐!

생각해보면 너희 경상도 선비와 백성은 어질고 사리에 밝은 조상의 후예이거나 여러 대에 걸쳐 세도를 누린 명문가의 자손들로, 시詩와 예禮를 익혀 대대로 훌륭한 풍습과 교화를 잘 지켜왔다. 이렇듯 나라를 걱정하고 백성을 사랑하는 마음[80]을 천성으로 타고났으니, 마땅히 의리를 확실하게 분별하고 현실 상황을 자세히 살펴 오직 나라를 안정시키고 백성을 편안하게 할 생각만 해야 할 것이다. 그런데 어찌하여 요즘 들리는 소문은 눈을 휘둥그레지게 만들고, 한 사람이 앞장서 소리치면 백 사람이 따라나서 곳곳에서 떼를 지어 스스로 법을 위반하는 죄를 저질러 임금을 걱정하게 만드는 것이냐?

아아! 너희는 그 아버지와 그 할아버지의 아들과 자손으로서 어찌 차마 나라를 배반하고 백성을 해칠 수 있겠느냐? 나는 진실로 너희가 그럴 리가 없다고 확신한다. 어떤 사람은 나라에 어려움이 많다는 소식을 듣고 맹목적인 충성심이 끓어올라 잠시 억제할 바를 몰라서 그럴 것이며, 때로는 도의와 현실 상황을 너희에게 분명하게 알려주는 현명한 수령과 어진 선비가 없어서 그럴 것이다. 그래서 계속하여 소란을 피우면서도 자신이 나라를 배반하고 의리에 어긋나는 짓을 범하는 과오를 깨닫지 못했던 것이다. 그렇지 않다

---

80 원문에는 '憂國愛君之念우국애군지념(나라를 걱정하고 임금을 사랑하는 마음)'으로 되어 있다. 그러나 이는 '憂國愛民之念우국애민지념(나라를 걱정하고 백성을 사랑하는 마음)'의 오기이므로 바로잡는다. 『고종실록』 1894년 7월 26일자 기사 참조.

면 어찌하여 이와 같은 일이 있을 수 있겠느냐?

아아! 너희는 나라를 걱정하고 임금을 사랑하는 백성이 아니더냐? 지금 너희가 하루를 시끄럽게 굴면 나라는 하루의 피해를 입고 임금에게는 하루의 걱정이 생기는데, 너희가 어찌 모질게 이런 짓을 할 수 있겠는가? 비유해 말하자면 자식의 도리와 같은 것이니, 부모가 위급한 병에 걸리면 그 증상에 알맞은 약제를 써서 치료해야지, 어떻게 변변찮은 의원의 독한 약을 써서 도리어 부모의 병세를 악화시킬 수 있겠는가?

아아! 너희는 임금의 백성이 아니란 말이더냐? 지금 임금이 이렇게 간곡히 타이르고 있는데도 끝내 교화에 따르지 않는다면, 이는 아비를 아비로 여기지 않는 것과 같다. 내가 비록 어리석은 자식을 사랑하고 비호한다 해도 나라에는 법을 관장하는 기관이 있으니 반드시 너희를 용서하지 않을 것이다. 저 탐욕스러운 관리와 교활한 아전처럼 너희에게 해를 입히는 놈들과 너희에게 고질병이 된 가혹한 세금은 이미 감사와 안핵사에게 제거하고 폐지하게 했다. 그러니 너희에게 고통거리가 될 만한 점은 더는 없을 것이다. 이제 너희는 각자 생업에 안착하여 밤낮으로 잠들지 못하고 걱정하는 나의 근심을 풀어주어야 한다. 그리하여 이렇게 타이르고 가르치는 바이니 나의 참뜻을 잘 알리라 믿는다."

이 무렵 엄세영은 순천의 선암사仙巖寺에 있다가 농상아문 대신으로 임명한다는 부름을 받았다. 그러나 선무사로 임명된 정경원이 아직 내려오지 않았으므로 세영이 잠시 선무사의 일을 수행하고 있었다.

영남의 난민들이 다시 곳곳에서 봉기했다. 신임 관찰사 조병호가 민심을 어루만져 진정시키지 못했기 때문에 선무사 이중하로 하여금 급히 달려가 덕의를 선포하게 했지만, 이미 어쩔 수 없었다.

8월 6일

일본인 수만 명이 부산에서 곧장 대구로 들어왔다. 아전과 백성들이 모두 달아났다. 일본군은 관찰사의 집무실인 선화당을 빼앗아 점거하려고 했다. 관찰사 조병호가 당당하게 말했다.

"귀국에서 사람들이 이렇듯 대거 몰려온 이유가 무엇인가? 임진년(1592)처럼 전쟁을 하려는 것인가, 아니면 강화를 맺어 친선을 도모하려는 것인가? 나는 비록 보잘것없는 존재이지만, 한 지방을 맡아 다스리라는 국왕의 명령을 받은 관찰사이다. 어떻게 무력이 강하다는 것만 믿고 이처럼 난폭하고 명분 없는 행동을 할 수 있단 말인가? 죽으면 죽었지, 이 집무실을 내줄 수는 없다."

일본인들은 그의 말이 곧고 거침없음에 두려워했다. 그러나 결국 판관 집무실인 동헌을 빼앗아 차지했다. 이때부터 일본인들은 한편으로 목재와 돌을 달성으로 운반해 가면서 백성의 생활 기반인 집 수천 채를 망가뜨렸고, 또 한편으로 기술자와 막노동꾼을 뽑아 부리며 조령鳥嶺에 큰길을 닦았는데, 돌을 깨서 골을 메우며 충주까지 길을 냈다.

이달(7월) 보름 무렵, 봉준과 개남 등은 남원에서 큰 모임을 가졌다. 이때 모인 인원이 수만 명이었다.

봉준은 각 읍의 포에 명령을 내려 읍마다 도소都所를 설치하고, 자기네 사람을 집강으로 내세워 수령의 업무를 수행하게 했다. 이렇게 하여 도내의 군사권과 재정권이 모두 도적의 수중으로 넘어갔다. 사람들은 비로소 저들의 역모를 알아챘지만, 이미 일이 이루어진 뒤라 제지하지는 못하고 난민이 되었다.

김학진은 이들을 교화시킬 수 있다고 믿어서 오히려 우물거리며 버티었다. 그런 와중에 서울에서 난이 일어났다는 소식을 듣자 학진은 군관 송 사마宋司馬에게 편지를 가지고 남원에 들어가 봉준 등을 일깨우라고 했다. 편지에서 학진은 봉준에게 도인들을 이끌고 전주로 들어와 국난에 함께 대처하고 전주를 지키자는 약속을 제안했다. 대체로 봉준이 겉으로는 재난을 불러온 일을 뉘우치면서 귀화하겠다고 공공연히 말했기 때문에, 학진은 그를 불러다가 거취를 떠보려고 한 것이다. 봉준은 편지를 들고 한동안 망설이다가 깊이 탄식하며 말했다.

"마땅히 한번 죽어 나라의 은혜에 보답하는 것으로 내가 난을 일으킨 죄를 속죄하겠다."

마침내 무리를 정돈하고 행동 계획을 세웠다. 그러나 개남은 학진의 제의에 응하지 않고 자신의 부하를 이끌고 샛길로 달아나 돌아갔다.

봉준이 전주에 들어왔다. 전주가 가까워질수록 그 무리는 죽는 것이 두려워 대부분 도망쳤다. 봉준은 단지 신임하는 동지 사오십 명만 데리고 선화당에서 학진을 만났다. 학진은 창칼로 무장한 군사들을 길 양쪽에 배치시켜 놓았다. 봉준 등은 놀라 벌벌 떨며 새파랗게 질려서 머리를 조아리고 위무의 말을 들었는데, 자신들이 군대에서 유용하게 쓰이기를 희망했다. 학진은 그들을 믿고 봉준에게 말했다.

"그대가 항복하면 거의 모든 도적을 종이쪽지 한 장으로 부를 수 있으니 세상에서 둘도 없는 큰 공을 세울 수 있다."

드디어 마음을 열고 흉금을 털어놓고 이야기를 나누며 속마음까지 내보였다. 학진은 자신이 봉준을 의심하지 않는다는 사실을 보여주려고 감영의 군정軍政을 모두 봉준에게 넘겨주었다. 얼마 뒤 감영에 남아 있는 경군마저 모두 서울로 돌아가자 감영의 방위는 더욱 취약해졌다.

학진은 문관 출신으로서 사람을 부리는 재주는 없었다. 봉준은 스스로도 자신의 죄가 막중하여 용서받기 어렵다고 생각했다. 또 도적들이 그의 명령을 따르지도 않는 데다 일은 점점 커져서 수습할 수도 없었다. 서울의 안위를 알 수 없는 상황에서 만약 이대로 호남 전체를 차지한 채 가만히 앉아 성패를 관망한다면, 이 또한 견훤이 한 지방의 패권을 차지했던 국면과 같다는 생각을 하고 있었다. 이에 학진을 끼고 뜻밖의 기회를 얻어 호남을 마음대로 요리했다. 학진의 좌우에는 모두 자신의 심복을 심어 놓고, 몰래 도적들을 불러들여 성 위에 배치했다. 명분은 성을 지키기 위함이라고 했지만 사실은 성을 포위했던 것이다. 학진은 마치 꼭두각시처럼 남이 시키는 대로 했으며, 일상생활은 물론 심지어 침을 뱉고 재채기하는 것조차 마음대로 할 수 없었다. 다만 시키는 대로 문서에 관한 일만 실행했을 뿐이다. 이런 그를 가리켜 사람들은 '도인 감사道人監司'라고 했다.

새로 전라도 관찰사로 임명된 장흥 부사 박제순朴濟純이 남고산성南固山城에 도착했다.[81] 학진은 교체를 받아들이지 않았다.

조정에서 결국 제순을 충청 감사로 전근시켰다.[82]

학진은 병조 판서로 부름을 받은 지 꽤 오래되었지만, 계속 전주에 머물면서 떠나려고 하지 않았다. 제순이 (전라도 관찰사로 부임지 가까이에) 도착하자 학진은 임금께 아뢰어 청했다.

---

81 박제순을 전라도 관찰사로 임명한 것은 1894년 6월 22일이다. 이때 김학진은 병조 판서로 발령받았다. 『고종실록』 1894년 6월 22일자 기사 참조.

82 박제순은 7월 18일 충청도 관찰사로 전근 발령을 받았다. 『고종실록』 1894년 7월 18일자 기사 참조.

"동학 무리가 아직 남아 있으므로, 만약 제가 하루라도 없으면 어루만져 귀화시키는 국면은 파탄이 나고 말 것입니다. 그렇게 되면 지금까지 들인 공은 수포로 돌아가고 후환은 더욱 심해질 것입니다."

제순은 산성에 머물면서 학진이 명령을 거역하는 것을 보고 분노하여 '도적을 끼고 임금을 협박한다'며 여러 사람이 연명한 글을 조정에 올렸다. 조정에서는 학진을 잡아다가 심문하려 했지만, 김가진金嘉鎭이 온 힘을 다해 학진을 보호했다. 그래서 제순을 충청도 관찰사로 옮겨 발령을 냈을 뿐 학진에 대해서는 더 이상 추궁하지 않고 유임시켰던 것이다.

아아! 봉준에게 보호를 구걸한 일은 단순히 한 지방의 문제가 아니라 바로 국가 안위의 기틀이 걸려 있는 문제였다. 만약 어루만져 달래어서 제어하는 방법을 취하고자 했다면, 반드시 그들로 하여금 죽을힘까지 다 바치게 해야 했다. 그렇지 않으면 일개 무사의 힘일 뿐이다. 때를 놓쳐 일을 그르치고 운명이 도적의 수중에 떨어졌을 때 번숭樊崇은 도망갔고 장헌충張獻忠은 두 번이나 반란을 일으켰다.[83] 이런 일은 누구의 잘못인가? 혹 이런 일이 일어

---

83 번숭(?~27)은 신新나라 때 봉기한 농민군인 적미군赤眉軍의 두령이다. 왕망王莽의 정치가 개혁에 실패하고 누적된 사회 모순을 해결하지 못하자, 산동성山東省에서 거병했다. 왕망이 번숭을 토벌하기 위해 파병했는데, 이때 번숭은 적군과 아군의 식별 방법으로 아군의 눈썹을 붉게 물들이도록 지시했다. 적미군이라는 이름은 바로 이로부터 유래한다. 같은 시기 유수劉秀(후에 광무제光武帝) 등의 호족도 왕망을 타도하고자 거병했다. 마침내 한漢(후한)이 다시 세워져 경시제更始帝(유현劉玄)가 등극하고 왕망이 살해되자 번숭은 휘하의 장수들을 데리고 경시제에게 복속했다. 그러나 열후列侯에 봉해졌음에도 영지를 받지 못해 부하들을 부양하지 못하고 그에 따라 부하들도 도주하자, 번숭 역시 도망쳐서 다시 자기의 진영으로 돌아갔다. 모반을 도모했으나 끝내 광무제에게 주살되었다. 『후한서後漢書』 권11 「유현유분자전劉玄劉盆子傳」 참조.
장헌충(1606~1647)은 명나라 말기에 거병한 농민 반란군의 지도자이다. 1630년 왕가윤王嘉胤이 반란을 일으키자, 장헌충은 이에 호응하여 팔대왕八大王을 자칭했다. 1643년 무창武昌

난 이유를 어리석고 나약함에 핑계를 댈 수도 있을 터다. 그러나 도적을 끼고 임금을 협박하면서 임금의 명령을 거부한 일을 가지고 말한다면, 학진 또한 이 세상에 살면서 평소 글을 읽고 의리를 이야기하는 사람이 분명하거늘 어떻게 감히 이런 짓을 할 수 있단 말인가? 또 나라의 체면을 가지고 말하더라도, 학진이 정말 재주가 있다면 이 정도의 난리는 해결할 수 있어야 했다.

춘추春秋의 의리에 따르면, 신하가 조금이라도 반역의 싹을 보일 때 가차없이 베어버린다.[84] 의화당義和黨은 왕명을 받고 출정하는 것을 부끄러워했다.[85] 학진이 아니면 세상에 사람이 없단 말인가? 형벌이란 한결같이 적용되

을 거점으로 삼은 뒤 스스로 대서왕大西王이라고 칭했다. 한때 60만 대군을 거느릴 정도로 크게 세력을 떨치며 사천성四川省 대부분을 제압하고, 대서大西라는 나라를 세워 대서 황제라 칭했다. 그러나 이자성李自成을 토멸하고 기세를 탄 청나라 군대는 장헌충을 점점 압박했고, 결국 1646년 그는 청나라 군대와 교전 중에 사살되었다. 『명사明史』 권309 「열전 제197 유적流賊, 이자성李自成 장헌충張獻忠」 참조.
'번숭은 도망갔고 장헌충은 두 번이나 반란을 일으켰다'는 말은 후한 광무제가 왕망의 잔당을 토벌할 때 도적에 가담했던 번숭을 받아들였다가 일시적 판단 착오로 놓친 일, 그리고 명 말 장헌충이 민란을 일으켰다가 조정에 귀순했는데 다시 반란을 일으켜서 대서 황제로 자칭했던 사실을 일컫는다.

84 원문에는 "春秋之義춘추지의, 人臣無將인신무장"이라 되어 있는데, 이는 『춘추공양전春秋公羊傳』의 "이른바 신하가 된 자는 장將이 없어야 하고, 장將이 있으면 반드시 베어버린다.(人臣無將, 將而必誅)"는 말에서 유래했다. 『한서漢書』 「숙손통전叔孫通傳」에서는 '인신무장人臣無將'의 주注에 '장將'을 '역란逆亂'이라고 풀이했다. 따라서 인신무장이란 '신하는 반란을 일으키려는 마음을 갖지 말아야 한다. 만일 반역의 생각을 가진 신하가 있으면 반드시 죽여야 한다.'는 의미로 쓰이고 있다.

85 '의화당義和黨'의 출전은 명확하지 않다. 다만 청나라 말기에 일어났던 배외농민운동인 의화단운동을 가리키는 것으로 추측된다. 의화단은 의화권이라는 무술을 신봉하는 비밀결사로, 1898년 화북 지방의 흉년으로 유민이 증가하자 이들을 모아 큰 세력을 형성했다. 의화단은 반크리스트교운동으로 출발해서 부청멸양扶淸滅洋을 외치며 교회를 파괴하고 선교사와 외교관을 살해했다.

는 것이니 천 번 만 번이라도 징벌해야 한다. 아침에는 학진의 머리를 베어 내다 걸고, 저녁에는 봉준의 시체를 찢었어야 마땅하다.

당나라 희종僖宗 때 황소黃巢가 난을 일으키자 희종은 회남淮南 절도사節度使 고변高騈에게 출정 명령을 내렸지만, 고변은 병을 핑계로 출정하지 않았다. 희종은 고변을 엄하게 꾸짖는 글을 내리고 절도사의 직책을 몰수했다. 고변이 분개하고 원망했으나 그의 명성과 덕망은 이미 깎이고 간계는 마침내 무산되었다. 이것이 바로 난신을 다루는 법이다.

아아! 나는 그저 안타까울 뿐이다. 지금이 어느 때인가? 나라의 변함없는 떳떳한 법으로 김가진 일가의 사심을 밝혀내야 한다. 세상에서는 학진이 도적에 빌붙은 죄가 봉준의 죄보다 더 크다고 하지만,[86] 나는 김홍집이 도적을 용서한 죄가 학진의 죄보다 더 크다고 생각한다.

의화당이 왕명을 받고 출정하는 것을 부끄러워했다는 말은, 왕명이 내려오기 전에 자발적으로 출정해야 하는데 왕명을 받고서야 출정하게 된 것을 부끄럽게 여겼다는 뜻이다.

86 흥미롭게도 일본군은 김학진에 대해 전혀 다른 평가를 내리고 있다. 1894년 12월 28일, 일본군 제19대대장 미나미 고시로南小四郎는 특명전권공사 이노우에 가오루井上馨에게 김학진과 이규태에 대해 다음과 같은 의견을 냈다. "동학당은 일시 초멸된다 해도 각 지방의 인민을 어루만지고 가르쳐 이끌어 갈 만한 양식이 있는 현관縣官을 배치하지 않으면 난민을 진정시킬 수 없으며, 지방관 경질이 당면한 급무하고 생각됩니다. 그리하여 별지 의견서를 첨부하여 말씀드립니다"라면서, 자신이 경유한 충청·전라 지방의 감사, 부사, 군수, 현감 등에 대한 의견을 제시한다. 그는 김학진에 대해 "위의 사람은 동학당의 입성을 전후해서 목숨을 걸고 구민 사업을 주선하는 데 전력을 다했습니다. 그러하오니 적당한 자리로 전직轉職시켜주셨으면 합니다."는 의견을, 선봉대장 이규태李圭泰에 대해서는 "위의 사람은 열렬히 동학당에 가담했으며, 모든 처사가 애매모호하고 지휘관의 명령을 왜곡하면서 이제까지 한 번도 전투 일선에 나선 적이 없다고 합니다. 또 전투 중에도 자기 편의대로 숙소에 돌아오는 등 제멋대로 일을 처리했다고 합니다. 군대에서는 해로운 인물이므로, 대장 이규태를 소환하시어 빨리 처분해주시기 바랍니다."라고 보고했다. 『주한일본공사관기록 1』 「동학도 진정에 관한 제 보고 및 의견 구신具申의 건」.

김학진이 도내에 공문을 보냈다. 그 내용은 다음과 같다.

"최근에 무뢰하고 잡된 무리의 행패를 엄금하는 일은 전봉준 등의 건의를 받아들여 이미 공문으로 단단히 타일러서 경계했을 뿐만 아니라, 또한 공문으로 여러 번 지시했다. 그러나 잇따라 올라온 몇몇 읍의 보고를 보면, 이무리가 돈과 곡식을 강제로 빼앗고 약탈을 자행하는 일이 여러 읍에서 자주일어나 그 폐해가 갈수록 심해지고 있다 한다. 각 읍에서는 무슨 사정이 있기에 감영의 지시를 무시하는가?

처음 금지하지 않았을 때는 총소리가 한번 울리기만 해도 관리들이 잽싸게 달아나 숨어 지내면서 천연덕스럽게 아무 걱정도 하지 않고 저 무리가 날뛰는 대로 내버려두었다. 심지어 저 무리가 살인을 하고 무덤을 파헤쳐도 관리들은 모른 체함으로써 결국 진짜 동학인東學人에게 누를 끼치는 일까지 일어나게 만들었다. 그래서 집강을 정하여 저 무리의 행패를 금지하는 데 이르렀다. 그런데도 한 지방의 수령이라는 자들은 도리어 보고만 있을 뿐이다. 말이 이 지경까지 이르렀으니 어찌 기막히지 않겠는가?

이달(7월) 6일, 전봉준 등이 학도學徒와 함께 감영에 와서 진심을 털어놓고 난 뒤 여러 읍의 집강에게 다시 이런 내용을 갖추어 문서로 알려서 단단히 약속을 받겠다고 했다. 그 통지문을 가져다 보았더니, 말은 진심에서 비롯되었고 조치한 일은 모두 사리에 맞았으며, 간절하고 자세하여 온 마음과 온힘을 다하지 않은 것이 없었다. 그래서 간추린 주요 내용을 다음과 같이 열거하여 적은 공문을 다시 보낸다. 공문이 도착하면 곧바로 마을에 내다 걸어모든 사람이 경계로 삼고 마음에 새겨 명령대로 시행할 수 있도록 하라.

지금부터 만약 이 무리 가운데 이전처럼 행패를 부리는 자가 있으면, 비록 그가 진짜 동학도라 하더라도 보는 즉시 지시를 기다리지 말고 해당 마을에서 힘을 합쳐 붙잡아 관에다 넘기도록 하라. 조금의 실수도 용납하지 않을 것이며 법에 따라 철저히 조사하고 처단할 것이다. 또한 이러한 내용을 바로 집강소에 통지하여 서로 뜻을 모아 잡아 가두고 사실을 밝히도록 하라. 그곳이 어느 고을이든 만약 저들의 행패를 그대로 방치한 채 당장의 안정만을 추구한다면, 그 고을의 관리는 저 못된 무리를 일부러 놓아준 꼴이나 다름없고 백성의 피해를 생각지 않는 자일뿐이다. 저 전봉준 등이 진실한 마음으로 일을 처리하는 점과 비교하면 부끄럽지 않은가? 그런 관리가 있다면 일을 처리하는 입장에서는 그대로 둘 수 없기 때문에 단연코 파면해야 한다는 보고를 조정에 올릴 것이니, 흔히 있는 일로 생각하지 말고 신중하게 처리하라. 공문이 도착하면 사태의 전말을 먼저 보고하고, 뒤에 붙인 내용을 각 읍의 집강이 처리하게 하라."

전봉준이 집강소에 통지한 원문의 내용은 대략 다음과 같다.

"지금 우리의 이와 같은 행동은 오로지 백성에게 폐해를 끼치는 일을 없애는 데 있다. 그러나 교묘하게 남을 속이며 이리저리 떠돌아다니는 저 어리석은 무리는 함부로 날뛰면서 평범한 사람들을 핍박하고 포학하게 굴며, 사람 사는 마을에 들어가서 잔인하게 해코지하고 있다. 비록 아주 작은 혐의나 보잘것없는 잘못이라도 반드시 낱낱이 보고하도록 하라. 이들은 바로 덕을 배반하고 선을 해치는 무리일 뿐이니 각 읍의 집강들은 명확히 살펴서 엄격히 금지하라."

그 다음에 실린 내용은 대략 다음과 같다.

- 이미 수거한 무기와 말, 이미 납부해야 할 공물에 속하는 것은 각 접주에게 통문을 돌려 무기와 말의 수효, 그것을 소지하고 있는 사람의 성명과 주소를 자세하게 기록한다. 이때 문서를 두 건으로 만들어 순영에 올리고 관인을 받은 다음, 하나는 순영에 남겨 두고, 나머지 하나는 각 집강소로 돌려보내 나중에 증거로 삼도록 한다.

- 역참의 말과 장사하는 사람의 말은 각각 본래의 주인에게 돌려준다.
- 지금부터 무기와 말을 거두거나 찾는 일은 모두 엄격하게 금지하고, 돈과 곡식을 강제로 요구하는 사람은 그 이름을 적어 감영에 보고한 뒤 군법에 따라 처벌을 받게 한다.
- 남의 무덤을 파헤치는 일과 개인의 채무를 받아내는 일은 옳고 그름에 관계없이 절대로 시행하지 못하게 한다.

만약 위의 내용을 범하는 이가 있다면 당연히 감영에 보고해서 법률에 따라 처벌을 받도록 한다.

아아! 지금 이처럼 달콤한 말이 만약 수수방관하고 있는 한가한 관원에게서 나왔다면 그나마 말이 된다. 학진으로 말하자면 미쳐서 넋이 빠지지 않고서야 어떻게 이런 말을 입 밖에 낼 수 있단 말인가? 관찰사의 소임은 그 어떤 직책보다 중대하다. 자신이 관할하는 모든 지역을 장악하고, 공손하게 명령을 따르게 하고, 보잘것없는 작은 고을과 재해를 입어 쇠잔한 고을이라도 기세가 하늘을 찌를 듯한 도적에 맞서 오히려 힘닿는 데까지 저항하게 만들어야 한다. 도적에게 동정을 구걸하여 그들의 호령을 빌려서야 시의적절한 법을 받들어 시행하는 셈이니, 이는 염치가 없을 뿐만 아니라 신하의 도리조차 망각한 꼴이다. 김씨 가문이 300년에 걸쳐 이룬 가문의 명예, 그러니까 상헌尙憲과 수항壽恒이 이룬 명예를 하루아침에 날려버렸으니 그저 애석할 따름이다.[87] 학진의 이러한 행동은 김문현金文鉉이 변란을 격발하여 일을 그

---

87 김상헌(1570~1652)은 선조~효종 대의 문신이다. 자는 숙도叔度, 호는 청음淸陰·석실산인石室山人이다. 1611년(광해군 3)에 동부승지가 되었으나, 이언적李彦迪·이황李滉의 배척에 앞장선 정인홍鄭仁弘을 탄핵했다가 좌천당했다. 이후 1613년 칠서지옥七庶之獄(계축옥사癸丑獄事 : 대

르친 실정失政에 못지않을 뿐 아니라, 그 집안의 옥균이 진정으로 반역을 꾸몄던 일과 비교하더라도 또한 그에 버금간다고 나는 생각한다.

이 무렵 어리석은 백성과 패악한 자들이 날마다 도적을 따라 일어났다. 아전과 군교가 자신의 수령에게 주리를 가하는가 하면, 종이 자신의 주인에게 주리를 트는 일도 있었다. 마을에 들이닥쳐 총과 말을 강탈했고, 총이나 말이 없으면 대신 돈을 요구하는 일도 있었다. 말을 갖고 있으면 안장을 찾고, 총을 갖고 있으면 화약을 요구했다. 이것들 역시 없으면 대신 돈을 요구했다. 총 한 자루를 가지고 있으면 이웃의 10여 집이 잇달아 피해를 입었다. 봉준 또한 이러한 폐단을 알고 있었으므로 겉으로는 귀순한다는 핑계를 대면서 민심을 수습하려고 했다. 도내에 다음과 같은 내용의 통지문을 보냈다.

"어떤 포包든 관계없이 이미 거둬들인 총이나 말은 관에 반납하고, 아직 거두지 않았다면 그만두라."

그러나 도적은 오직 약탈하는 데 정신이 팔려서 통지문을 보고도 못 본 척했다.

북파가 영창대군 및 반대파 세력을 제거하기 위해 일으킨 옥사)이 발생했을 때는 집권 세력인 북인의 박해를 받기도 했다. 인조반정(1623) 뒤에 다시 조정에 들어왔다. 1639년(인조 17) 청나라가 명나라를 공격하기 위해 조선에 요구한 출병에 반대하는 소를 올렸다가 청나라에 압송되어 6년 뒤 풀려나 귀국했다.

김수항(1629~1689)은 인조~숙종 대의 문신으로, 자는 구지久之, 호는 문곡文谷이다. 김상헌의 손자로 가학家學을 계승했으며, 김장생金長生의 문인인 송시열宋時烈·송준길宋浚吉과 종유했다. 송시열이 가장 아끼던 후배로서 한때 사림의 종주로 추대되었다. 김수항이 죽은 뒤, 세상에서 평가하기를 그가 조정에서 벼슬할 때 크고 높은 절의를 세웠다고 찬양했다.

김학진은 김상헌의 11대손인데, 저자 황현은 끝까지 척화斥和를 주장하며 절의를 지켰던 김상헌과 조정에서 또한 절의로 이름이 높았던 김수항 등 안동 김씨 가문이 세운 명예와 절의를 학진이 하루아침에 깎아버렸다고 탄식했다.

김철규金澈圭를 전라좌도 수군절도사로 임명했다.[88]

철규는 임지를 향해 남쪽으로 내려오다가 길에서 도적을 만나 약탈을 당했다. 봉준에게 사람을 보내 이런 사정을 알렸더니, 봉준이 통행증을 발행해주고 성찰省察 네 명을 보내 동행하면서 보호해주도록 조치했다. 그 덕분에 철규는 마침내 임지인 수영水營에 도착할 수 있었다. 임지에 도착하자 그는 군교와 함께 비밀리에 도적을 막을 방책을 강구했다.

하동의 민병이 광양의 도적을 몰아내고 강을 경계선으로 삼아 방어했다.

하동은 호남과 영남의 경계에 위치해 있고 강과 바다의 이점을 고루 갖추고 있기에, 남쪽에서 사람들이 많이 모여 사는 지역 가운데 한 곳일 뿐만 아니라 간사한 백성과 흉악한 도둑들 또한 많았다. 지리산 자락이 흘러내리면서 맨 먼저 감싸 안은 화개 마을은 험한 바위와 깊은 골짜기로 이루어져 있다. 10년 전부터 화적들이 이 마을 안에 둥지를 틀고 호남에서 내쫓기면 영남으로 넘어가고, 영남에서 내쫓기면 호남으로 넘어가곤 했다. 이 때문에 각 군영의 포졸들 또한 요란을 떨어서 백성들은 견딜 수가 없었다. 마침내 향사鄉社(마을의 자치단체)가 앞장서고 보오保伍[89]가 하나로 뭉쳐 화포로 무장한 자경自警 군대를 조직했다. 이 군대를 '민포民砲'라고 했다. 이때부터 화적과 포졸이 함부로 화개에 들어오지 못했다.

호남 지방에서 큰 난리가 일어나자 광양의 도적은 시장의 거간꾼들을 으

---

88 『고종실록』 1894년 7월 3일자 기사 참조.

89 보오는 농촌의 자경自警 조직으로, 성인 남자 세 명 중 한 명이 병사가 되고 나머지 두 사람이 그 병사를 경제적으로 지원하여 농민의 부담을 줄이고자 한 제도이다. 이 제도는 송나라의 왕안석王安石이 시행한 보갑법保甲法을 원용한 것이다.

르고 달래서 하동부에 집강소를 설치하고 사방으로 나가 약탈을 자행했다. 때마침 부임한 신임 부사 이채연李采淵이 친절한 말과 성의 있는 태도로 도적을 대하는 한편, 비밀리에 화개 민포를 불러들여 도적을 쫓아냈다. 이때 민포는 도적을 모두 죽여 없애려고 했지만, 채연이 굳이 말리는 바람에 단지 강 건너로 몰아냈을 뿐이다. 다만 이때 의논 끝에 화개 민포의 예를 본받기로 결정하고, 하동 전역에서 민포를 모집하여 돌아가면서 하동을 지키게 했다. 그리고 시장의 거간꾼 가운데 도적을 따라간 자들의 경우, 그들의 집은 모두 불태워버렸으며 그들의 처지식은 잡아다 가두었다. 강 건너 광양에 있는 거간꾼들은 죽는 것이 두려워 감히 하동으로 돌아오지는 못하고 이를 갈면서 원통해했다. 그러나 이들은 미리 심어 놓은 첩자와 끊임없이 연락을 주고받았기 때문에 하동에서 다시 난리가 일어날 형국이 이미 뚜렷해졌다.

강진 병사兵使 서병무徐丙懋가 도적 30여 명을 사로잡아 목을 벴으며, 병정을 모집하여 도적의 침입을 막아서 지켰다.

이때 강진의 관노비 가운데 도적을 추종하는 사람들이 군영의 아전들에게 주리를 가한 일이 발생했다. 아전들이 분노를 참지 못하고 들고일어나서 관노비들을 죽였는데, 이때 죽은 이가 모두 30여 명이나 되었다. 그러나 이 일로 도적의 대부대가 엄습해올까봐 두려워 사실대로 말하지 못하고, 살육과 약탈 때문에 죽었다고 주장했다. 또, 마침내 토색질하는 잡다한 무리를 죽이라는 봉준의 명령이 내려졌기에, 다만 그 명령에 따라 죽였다는 핑계를 댔다. 그런 뒤 아무렇지도 않게 병영 관할 지역의 군교와 장정들을 동원하여 그들로 하여금 성 위에 올라가 늘어서서 지키게 했지만, 군대를 정렬하여 도적들을 토벌하지는 못했다. 단지 다른 지방으로부터 들어오는 도인들의 행패를 용납하지 않겠다고 했을 뿐이다.

운봉雲峯의 전 주서注書 박문달朴文達이 군대를 일으켜서 도적을 막았다.

문달은 대대로 현縣에서 아전 벼슬을 해온 집안 출신인데 재산은 많았지만 성품은 흉악하고 모진 편으로, 수령에게 모욕을 주는가 하면 현의 백성을 마음대로 부렸다. 그러나 조정의 권세가에게 금을 바치고 섬긴 덕에 위세를 누렸으므로 누구든 그의 뜻을 조금이라도 거스르면 바로 보복을 당했다. 이 때문에 그 지방 사람들은 누구나 할 것 없이 그의 위세와 포학에 복종했다.

지난 신묘년(1891)에 어사御史 이면상李冕相[90]이 문달을 배척한 일이 있었다. 문달은 지난 일을 덮어주면 대신 돈 3,000냥을 뇌물로 주겠다고 약속했다. 면상은 그의 요청을 거절하면서 이렇게 말했다.

"그 열 배를 준다면 제의를 수용하겠소이다."

이 말을 들은 문달은 욕을 퍼부으며 말했다.

"어사에게 3만 냥을 주느니 차라리 민군팔閔君八에게 10만 냥을 주고 문과 합격증을 얻겠다."

군팔은 민영휘의 자字이다. 문달은 체포되어 압송되는 과정에서 포졸에게 많은 돈을 찔러주고 달아났다. 그리고 영휘에게 15만 냥을 바쳐 명경과의 합격 약속을 받아냈다. 이어서 곧바로 과거에 급제했다.

이 무렵 문달은 남원의 도적 황黃 접주라는 사람을 따라 동학에 들어갔다. 말하자면 집안의 재산이 약탈당할까 전전긍긍하며 동학에 들어갔던 것이다. 한 달가량 부적을 붙이고 주문을 익혔지만, 신령도 내리지 않고 이렇다 할 증험도 없었다. 게다가 동학에 입도한 사람들마저 예외 없이 재산을 빼앗기는 모습을 목격했다. 결국 편지를 보내서 동학과 관계를 끊었다. 그런

---

90 이면상은 원문에 '李勉相'으로 되어 있는데, 李冕相의 오기이므로 바로잡는다. 『고종실록』 1892년 6월 7일자 기사 참조.

다음 집안의 재물을 풀어 죽기를 각오한 병사를 모집하고, 현의 백성을 불러 모은 뒤 한 집당 장정 한 명씩 차출했다. 그리고 이들을 입구가 좁고 험한 골짜기마다 배치시켜 단단히 지키게 했다. 또 영남우도의 여러 고을에 서로 긴밀히 협조하자고 제의했는데, 산청·함양·안의 등 고을이 모두 호응했다.

능주綾州의 아전과 백성들은 겉으로는 동학에 입도한다는 핑계를 대면서 다른 지방의 도적들이 능주로 들어오지 못하게 막았다. 이는 강진에서 취한 방식과 같았다.

진안·장수·무주·용담·금산 등 다섯 개 고을 또한 민포를 조직하여 도적 을 막아냈다. 이것은 하동과 운봉에서 취한 방식과 같았다.

7월 16일

집의執義 벼슬을 지낸 박문일朴文一을 평안도 태천泰川 현감으로 임명했는 데, 얼마 안 되어 그가 사망했다.

문일은 태천에 살고 있었다. 박규수朴珪壽가 유일遺逸(학문이나 덕망이 높지만 벼슬하지 않은 채 초야에 묻혀 있는 선비)로 천거하여 여러 번 사헌부 집의 벼슬을 내려서 불렀지만, 벼슬길에 나오지 않았다. 관서 지방은 유학의 학맥이 끊긴 지 오래되었는데, 사람들은 문일을 가리켜 선우협鮮于浹[91]을 계승할 만한 인

---

91 선우협(1588~1653)은 조선 후기의 학자이다. 김태좌金台佐에게 사서를 배웠으며, 38세에 도 산서원을 찾아 이황이 남긴 장서 수백 권을 열람하고, 돌아오는 길에 장현광張顯光을 찾아 가 학문을 논했다. 많은 제자들이 그를 따랐으며, 평생 후진 양성에 심혈을 기울였다. '심성 이기心性理氣'를 깊이 연구했으며, 『주역』에도 통달했다. 당대의 석학 김집金集과도 학문적인 토론을 교환했다. 세상 사람들은 그를 '관서의 공자(關西夫子)'라고 칭하며 존경했다.

오동나무 아래에서 역사를 기록하다

물로 모자람이 없다고 여겼다.

같은 날

전 지평持平 김흥락金興洛과 유만주兪萬柱를 승지로, 전 도사都事 김병창金炳昌을 집의로, 전 도사 전우田愚를 장령掌令으로 임명했다.

이 다섯 사람은 모두 세상에서 학자로 이름난 인물이며, 그들에게 내려진 관직은 이른바 남대南臺(학식과 덕망이 뛰어나서 과거 시험을 거치지 않고 추천을 받아 임명하던, 사헌부의 대사헌 이하 지평까지의 벼슬을 한데 묶어 이르는 말)였다. 임금은 친정을 시작한 이래 유학자를 숭상한다는 명분으로 여러 차례 유일을 불러 의례적인 발탁을 하곤 했다. 그들 가운데 저 임헌회任憲晦와 송병선宋秉璿은 재상의 반열에 이르렀고, 김낙현金洛鉉·박성양朴性陽·이상수李象秀는 모두 경연관經筵官과 서연관書筵官으로 임명되었으며, 박문일 이하 여러 사람은 모두 남대로 임명되었다. 그러나 임금은 실제로 이들을 기용할 생각이 있던 것이 아니라, 다만 전례를 살펴 역대 조정의 고사를 그대로 따라 했을 따름이다. 또한 이런 인물은 꼭 기용되어야 할 만한 실용적인 학문을 갖춘 것도 아니었다. 이들 역시도 하나같이 몸을 사리고 뒤로 물러나서 정치에 간여하지 않는 것을 고상한 처세로 여겼다. 게다가 벼슬을 얻는 데 방해가 될까 걱정되어 입을 다물고 수수방관하며 나라를 위해서는 한마디 말도 하지 않았다. 어떤 사람은 단지 임금의 지시에 맞춰 글을 올리면서도 진부하고 의미 없는 문장만 주워 모았지만, 스스로는 학문을 논했다고 자평했다. 거기에 더해 자신이 임금으로 하여금 덕을 쌓게 하는 데 기여했다고 여겼다. 이즈음 사람들은 임금이 산림을 편애하는 버릇이 있는데 이로 인해 동남쪽의 경치가 뛰어난 몇몇 곳에서 학문을 하는 것이 벼슬을 얻는 지름길이라고 여겼다.

올해(1894) 봄, 송병선의 동생 병순秉珣이 도적들로부터 주리를 당한 일이 있었다. 도적은 사람을 보내서 병선을 협박했다.

"속히 군수전軍需錢 1,000냥을 바쳐라."

병선은 집이 가난하다는 핑계를 대며 도적의 요구를 거절했지만, 도적은 코웃음을 치면서 따졌다.

"어떤 장사꾼에게 꾸어주었다가 되받은 돈을 벌써 다 써버렸단 말이냐?"

그러면서 다음 날 아침에 만나자고 당당하게 요구했다. 병선은 어쩔 수 없이 돈 1,000냥을 도적에게 보내고 사과했다.

아아! 우리나라는 임진·병자년 이후에 유학을 받들며 초야에 은거하는 선비라면 한결같이 의리를 내세워 도적들을 토벌했다. 그보다 못한 사람은 자기가 사는 마을이라도 지켰다. 저 정인홍 같은 인물조차 또한 그렇게 했다. 오늘날 유자儒者라는 사람들은 평소엔 자신이 퇴계와 율곡에 버금간다고 자처하더니, 예기치 않은 변고를 만나자 아첨이나 하면서 납작 엎드려 있을 뿐 임진왜란 때 의병을 일으켰던 정인홍의 발뒤꿈치도 따라가지 못한다. 대대로 세도를 누린 집안에서 심성心性을 말하고 이기理氣 분석에 치중하는 학문은 과연 무엇을 귀하게 여기자는 것일까?

남정순南廷順을 이조 판서로 임명했다.[92] 육조六曹를 10개 아문에 부속시켰지만, 장관長官은 전과 변함없다고 했다.

민영상閔泳商을 내무아문 대신으로, 한기동韓耆東을 법무아문 대신으로, 이

---

92 『고종실록』 1894년 7월 17일자 기사 참조.

봉의李鳳儀를 경무사警務使로 임명했다.[93]

이때 이미 신법의 시행과 관제의 변경이 이루어졌기 때문에 마땅히 힘써 실행해야 할 일은 관리를 한 자리에 오래 두어 책임을 완수하게 하는 것이었다. 그렇지만 각 아문의 관리를 임명하는 양상은 아침에 임명했다가 저녁에 바꿔버리는 식으로, 난리가 일어나기 전과 전혀 달라진 점이 없었다. 아아! 부국강병은 입에 올리지 않더라도, 나무를 많이 쌓아 놓고 불을 붙이면 그 불길이 집안을 따뜻하게 하는 데 그치지 않고 집을 몽땅 태워버릴 수도 있음을 판별할 줄 알아야 하건만, 총리 대신이라는 그 이름만 아름다울 뿐이다.

7월 19일

의정부에서 제의했다.

"관서 지방이 전쟁으로 난리를 겪었다고 들었습니다. 그런데 당시에 그런 사실에 대한 보고가 없었습니다. 변방의 정세를 감안하면 참으로 놀라운 일이 아닐 수 없습니다. 평양 감사 민병석閔丙奭과 안주 병사兵使 김동운金東韻은 모두 의금부에서 잡아들여 심문하도록 하겠습니다."

7월 15일

군국기무처에서 제의했다.

"죄인 민영휘는 권력을 남용하고 임금을 기만하고 백성을 괴롭혔습니다. 김창렬金昌烈의 어미는 요망하고 간사한 무당인데 신령을 빙자하여 제멋대로 권세를 부렸습니다. 그런데도 이 두 죄인을 아직도 처형하지 않았기 때문에

---

93 『고종실록』 1894년 7월 19일자 기사 참조.

민심이 들끓고 있습니다. 한 달 전쯤 지석영池錫永이 이 두 사람을 처벌하자는 상소를 올렸지만[94] 아직 전하의 허락을 받지 못하였으니 참으로 답답하기 그지없습니다. 이것은 석영 한 사람의 말이 아니라 바로 온 나라 백성의 한결같은 공론입니다. 마땅히 잡아들여 엄중하게 다스려서 그들의 죄를 밝혀야 합니다.

죄인 민형식으로 말하자면, 탐욕이 지나쳐 습관이 되었습니다. 그의 말과 행동은 미친 사람처럼 사납고 막되기 짝이 없는데도 세 도를 관할하면서 모든 백성에게 해악을 끼쳤습니다. 이들을 용서한다면 무엇으로 남쪽 백성을 위로할 수 있겠습니까? 이들 모두에게 죄에 합당하는 법률을 적용하여 처벌함으로써 귀신과 사람들의 울분을 풀어주어야 합니다."

군국기무처에서 또 제의했다.

"김창렬의 어미인 요사스러운 무당을 죄에 따라 벌주는 일에 대해서는 '그렇게 하라'는 전하의 지시를 받았습니다. 좌·우포도청에 맡겨 기한을 정해서 잡아들이겠습니다. 그러나 민영휘와 민형식 건에 대해서는 아직도 허락하지 않고 계시니 답답하기 이를 데 없습니다. 속히 마음을 돌리시어 여론

---

94 지석영이 상소한 날은 1894년 7월 5일이다. 상소 내용은 다음과 같다. "… 먼저 도망친 간신奸臣 민영휘 및 신령의 힘을 빙자하여 임금을 현혹하고 기도한다는 구실로 재물을 축내며 요직을 차지하여 농간을 부리고 있는 요사스러운 계집 진령군眞靈君에 대해 온 세상 사람이 그들의 살점을 씹어 먹고 싶어 합니다. 아아! 저들의 극악한 행위가 너무나 중한데도 한 사람은 귀양을 보내고, 또 한 사람은 문책도 하지 않으면서 마치 아끼고 비호하는 것처럼 하시니 백성의 마음이 어찌 풀리겠습니까? 삼가 바라건대, 빨리 상방검尙方劍으로 두 죄인을 주륙하고 머리를 도성 문에 달아매도록 명한다면 민심이 비로소 상쾌하게 여길 것입니다. …"『고종실록』1894년 7월 5일자 기사 참조.

의 기대에 따르시기 바랍니다."[95]

임금이 다음과 같은 비답을 내렸다.

"공론이 그렇다니 당연히 그에 맞는 처분을 내리겠다."

난이 일어난 초기에 영휘는 은전銀錢과 지폐 짐바리를 열 개나 싣고 자신의 심복 하인 10여 명을 데리고 평안도 쪽으로 달아났다. 그의 속셈은 러시아 땅으로 달아날 작정이었다. 대동강을 건널 때 뱃사공이 영휘 일행을 매우 수상쩍게 여겼지만 정작 그가 영휘라고는 생각지 못하였다. 이때 영휘의 첩의 아버지가 마침 자산慈山 수령으로 재직하고 있었다. 영휘는 어둠을 틈타 자산으로 들어가서 며칠 동안 숨어 지냈다. 자산 백성들이 난을 일으켜 관아를 수색하다가 영휘를 사로잡았다. 사람들이 시끄럽게 떠들면서 "나라를 팔아먹은 도적놈이 왜 여기로 왔을까?"라며 죽여 없애려고 했다.

그러자 어떤 사람이 말했다.

"이놈은 조정에서 다스려야 할 죄인이므로 우리가 죽여서는 안 된다."

마침내 꽁꽁 묶어서 평양 감영으로 보냈다. 때마침 청군이 평양에 도착했다. 청나라의 지휘관들은 영휘가 나라를 어지럽힌 죄인이라는 말을 듣고 군중軍中에 감금했다. 의정부에서는 이런 소식을 듣고서야 비로소 과감하게 그를 처벌하자고 제의했던 것이다.

이 무렵 일본은 우리나라에 대한 청나라의 지원을 차단하려고 했다. 이를 위해 서울에 있는 일본군을 모두 동원하여 개성에서 황주에 이르는 구간

---

95 군국기무처에서 1894년 7월 15일에 김창렬의 어미 및 민영휘와 민형식에 대한 처벌 등의 의안을 올린 뒤 이튿날 7월 16일에 또다시 처벌을 청하는 의안을 올렸다. 위 내용은 7월 16일의 의안이다. 『고종실록』 1894년 7월 16일자 기사 참조.

에 진지를 구축했다. 진지 간의 거리는 서로 바라볼 수 있을 정도의 간격을 유지했다. 그리고 신임 평양 감사를 호송하는 것처럼 소문을 내서 평양을 점령하고자 했다. 신임 감사 김만식金晩植이 평양에 도착했지만 백성들이 받아들이지 않았다.

"신임 감사는 일본 관리이고, 이전의 감사가 조선 관리다. 우리는 모두 조선 백성인데 어찌 일본 관리를 모실 수 있겠는가?"

곧바로 청군이 대거 도착하자 민병석을 받아들이고 만식을 거부했다. 일본군은 만식을 데리고 황주로 돌아갔다. 이렇게 되니 평안도 일대는 모두 청나라 원군에 의지하면서 조정의 명령을 따르지 않았다.

김개남이 장수에 들어가려 했으나 민포에게 저지당했다.

개남은 포砲들을 해산하여 주변 고을로 보낸 뒤, 자신은 정예 기마병 100여 명을 데리고 임실 산중으로 들어가 상여암上輿菴[96]에서 더위를 피했다.

7월 26일
군국기무처에서 올린 의안

- 공무가 아닌 일로 함부로 대궐에 들어오는 것과 성기省記(순찰하고 당직하는 사람들의 명단을 적은 기록부)에 없는 사람이 대궐 안에서 묵는 것은 모두 엄격하게 금지한다. 만약 적발되면 궁내부 대신이 구분하여 법무아문이나 경무청에 넘겨서 징계한다.
- 경무청을 이미 설치한 만큼 각 군영에서 도는 순찰은 폐지한다. 무릇

---

96 전라남도 임실군 성수면 성수산에 위치한 암자인 상이암上耳庵을 말하는 듯하다.

범죄에 연관되면 비록 액정서掖庭署 소속일지라도 그에 구애받지 않고 경무청에서 직접 체포한다.

- 앞으로 친위영親衛營을 설치해야 하는데 하사관을 교련하고 양성하는 문제가 가장 시급하다. 마땅히 재주와 힘을 겸비한 건장한 사람 200명만 선발하고, 교관을 초청하여 이들을 착실히 훈련시킨다.

- 무릇 법무아문에서 새로 제정하는 법과 조례는 탈고하는 대로 도찰원都察院에 보내 그 가부를 평의한 다음 기무처機務處에 보내고, 그 뒤 공식 인정을 받아 확정한다.

- 충주 덕주산성德周山城의 축성 공사는 빨리 그만두고, 그 공사비로 각 고을에서 거두어들인 돈의 실지 액수와 지출 등의 항목에 대해서는 의정부에서 충청 감사에게 공문을 보내 타당한 관리를 선발 파견하여 자세히 조사하게 해서 그 내용을 밀봉한 뒤 의정부에 보고하게 한다.[97]

- 감사, 수령, 재상, 시골 토호들이 푯말을 세우고 확인서를 받아 다른 사람 소유의 산을 강제로 빼앗는 일이 발생하고 있다. 이 때문에 가난에 지친 힘없는 백성들로부터 뼈에 사무치는 원한을 사게 되었다. 하루속히 상세하게 조사하여 푯말을 뽑아버리고 확인서는 태워 없애도록 조치하며, 이런 일을 금지하는 조항을 따로 만든다.(*7월 15일에 올린 의안)

- 10년 이내에 농토·산림·가옥 등의 재산을 지방의 병마절도사·수군절도사·수령·토호들이 강제로 차지했거나 가격을 깎아 강제로 사들인

---

97 이상 다섯 건의 의안은 1894년 7월 26일에 군국기무처에서 올린 의안이다. 그러나 다음에 나오는 의안은 원문에서 7월 26일에 속해 있지만 제출된 날짜는 각기 다르다. 『고종실록』을 참조하여 해당 의안이 올라간 날짜를 그 의안 끝에 (*)로 표시하여 밝혀 놓는다.
한편, 다섯째 의안의 덕주산성은 원문에 '덕내산성德內山城'으로 되어 있는데, 『고종실록』의 기록에 따라 바로잡는다.

것은 본래 소유주가 사실을 갖추어 군국기무처에 서류를 제출토록 하는데, 해당 서류에 두 명 이상의 증인을 세우고 토지가 소재하는 지역의 관리와 백성이 그 사실을 인정하는 명확한 증거를 갖춘 경우에는 사실을 조사하여 원래 주인에게 돌려준다. 만약 허위로 대신 처리했거나, 없는 일을 꾸며냈거나, 수효가 서로 어긋나는 것이 있으면 역시 해당 법률에 따라 엄격히 징계한다.(*7월 15일에 올린 의안)

- 통정대부通政大夫 이상의 문관으로 실직實職이 없는 사람, 병마절도사·수군절도사·승지 이상의 무관, 승지·침의·참판 이상의 음관蔭官, 현재 실직을 가지고 있는 음관 출신의 무관들이 한번의 개혁으로 대부분 맡은 직무를 잃어버렸다. 의정부 산하에 산반원散班院을 설치하고 이들을 여기에 소속시켜 적당히 봉급을 주다가 나중에 재능에 따라 기용하거나 다른 방법으로 조처하여, 조정에서 깊이 생각하고 있는 뜻을 보이도록 한다. 잡직雜職·이서吏胥·조례皂隸(관아에서 천한 일을 맡아보는 하인)로서 직임을 잃게 된 사람도 이 규례에 따라 임시로 산반원에 소속시킨다. 다만 그 대상은 중앙정부의 인원만 허용한다.(*7월 8일에 올린 의안)

- 각 부와 아문의 주사主事 총인원 중[98] 3분의 1에 해당하는 인원은, 현재 근무하고 있는 이서 가운데 청렴하고 근면할 뿐만 아니라 문서 작성과 계산 능력이 있는 사람을 골라서 전고국銓考局의 시험을 거친 다음 승진시켜 임용한다.(*7월 8일에 올린 의안)

- 모든 국내외 공문서와 사문서에 외국의 국명·지명·인명을 구라파 문자로 써야 할 것이 있으면 모두 우리나라 말로 옮겨서 시행한다.

---

98 '각 부와 아문의 주사 총인원 중(各府衛主事總額中)'은 원문에 '각 부와 각 아문의 이전 정원 중(各府衛門前額中)'이라 되어 있지만, 실록에 근거하여 바로잡는다.

- 크고 작은 모든 죄인은 사법관이 재판 절차를 거쳐 명확한 판결을 내리지 않았으면 강제로 처벌할 수 없게 한다.(*7월 8일에 올린 의안)

다음과 같은 임금의 지시가 있었다.

"기사관記事官은 이전에 한림翰林으로 추천되었던 사람을 단일 후보로 추천하라."[99]

또 임금의 지시가 있었다.

"직전直殿과 대제待制는 규장각 학사學士 이하가 모여서 추천한 뒤 그 명단을 궁내부에 보내면, 궁내부에서 세 사람의 후보자를 낙점하되 규장각에서 추천하던 옛 규례대로 시행하라."[100]

구제도하에서는 각 도에서 관원들의 근무 성적을 평가한 뒤 승진 대상자와 강등 대상자의 이름을 적은 고과표를 봉투에 넣고 그 겉면에 '임금 앞에서 열어 보시오'라는 글귀를 써서 매년 6월 15일과 12월 15일까지 보고했다. 그러고 나면 이날로 고과의 결과를 감영의 정문에도 게시했다. 만약 어떤 도의 수령들이 모두 '상'으로 평가되었으면, 의정부에서 임금에게 보고하여 감사의 죄과 여부를 엄중하게 캐묻고 밝혀서 사사로운 정에 이끌려 공정치 않은 고과를 매긴 일에 대해 처벌한다는 의지를 표명했다.

---

99 『고종실록』 1894년 7월 26일 기사 참조. '한림으로 추천되었던 사람'으로 옮긴 이 구절은 원문에 '翰圈한권'이라 되어 있다. 한권은 '翰林圈點한림권점'의 약어로, 예문관(한림원) 검열藝文館檢閱을 뽑던 절차이다. 검열이 될 후보자 명단을 만든 뒤 발탁할 사람의 이름 위에 둥근 점(권점)을 찍었던 데서 유래한다.

100 『고종실록』 1894년 7월 22일자 기사 참조. 원문에 생략된 글자가 있어 이해하기 힘듦에 따라 『고종실록』에 따라 옮겼다.

그러나 민씨들이 집권한 이후 지금까지 감사는 자신의 뜻대로 고과표를 작성하지 못했다. 즉 반드시 보고 기일에 앞서 미리 부본副本을 작성하여 세도가를 통해 임금께 올린 뒤 임금의 재가를 받고 나서야 비로소 고과를 시행했던 것이다. 대체로 수령들은 임금과 사적으로 친밀하거나 그렇지 않으면 세도가와 가깝게 지내는 자들이었다. 그래서 임금이 모두 '상'이라고 적었으면 감사 또한 '상'으로 적었다. 간혹 감사 가운데 성품이 강직한 사람은 근무 성적이 특별히 나쁜 사람을 골라 하급으로 평가하기도 했다. 그러면 임금은 기어이 그 고과표를 되돌려 보냈다. 이리하여 요 몇 해 사이에 관원의 근무 성적 평가는 모두 '상'이었다. '하'를 받은 사람은 몰락한 음관이거나 냉대받는 무관, 아니면 역참과 병영의 책임자로서, 하나같이 기대거나 비빌 세력가를 곁에 두지 못한 이들이었다.

올해 호남은 난리를 겪은 데다 김학진이 새로 부임해 와서 관리의 고과를 7월로 늦추었다. 그런데 이 고과에서 권세를 부리던 수령들 가운데 일곱 명이 하급을 받았다. 이들은 모두 민씨 쪽에 줄을 댔던 사람이었다. 도내에서는 이 일을 빗댄 상스러운 말이 떠돌았다.

"이빨 빠진 개가 호기롭게 묽은 똥을 씹었다."

청나라 장수 섭사성이 평양에 들어왔다.

사성은 청주에서 상처를 싸매고 길을 떠나 중국으로 돌아가려 했다. 그러나 둔포에 정박시킨 병선을 일본군에게 전부 빼앗겨버렸기 때문에 결국 육로를 이용했다. 사성은 일본군이 잠복해 있을지도 모른다고 두려워하면서 이리저리 길을 돌아 전진했다. 서울을 피해 한강 상류를 건너 청석관靑石關에 도착했을 때, 공교롭게도 관서 지방에서 내려오는 일본군과 마주쳤다. 사성이 거느린 병사들은 굶주리고 병이 들어 도저히 전투를 할 수 없는 상태였다. 그런데 이때 대궐에서 흩어진 평양 감영의 병사들이 산만하게 소속도 없이 도로에 널리 퍼져 있었다. 이들은 청군을 발견하자 즉시 합류하여 청석관 부근에서 일본군을 크게 무찔렀다. 청군은 곧바로 서쪽으로 내달려 안주에 도착했다. 안주 병사兵使 김동운金東韻은 이들을 얕보고 홀대했다. 사성은 이미 양심을 저버린 우리나라 사람들의 얄팍한 마음에 한을 품고 있었으므로 동운에게 화를 내고 마침내 잡아들여 군문에서 곤장을 때렸다. 겨우 세 대를 때렸을 뿐인데 동운은 심장마비를 일으켜 죽고 말았다. 사성은 위여귀 등이 평양에 있다는 소식을 듣고 평양으로 달려갔다.

전라 감사 김학진이 임금에게 나주 목사 민종렬과 영장 이원우의 파직을 요청했다. 두 사람 모두 파직되었다.

전봉준은 나주에서 동학도가 많이 죽임을 당한 일을 가지고 학진을 협박했다. 결국 두 사람을 파직시킴으로써 도인들의 마음을 위로했다. 학진은 도적에게 잘 보이려고 자신의 생각을 굽히고 봉준의 의사를 따랐던 것이다.[101]

박세병朴世秉을 나주 목사로 임명했다.[102]

민종렬은 파면을 당해 서울로 돌아가려고 했지만 아전과 백성들이 길을 막고 붙잡아서 떠날 수 없었다. 도적들 또한 종렬을 기껍게 여겼기 때문에

---

101 『고종실록』 등 각종 사료에서는 민종렬과 이원우의 파직 사실이 확인되지 않지만, 정창렬은 다음과 같이 추정하고 있다. "『일성록』 「고종편 31」 고종 31년(1894) 7월 18일자 기사에 따르면, 민종렬은 7월 18일에 동부승지同副承旨에 임명되었다가 임소任所에 있다는 이유로 같은 날 교체되었다. 이로 미루어 보면 파직 일자는 7월 18일로 추정된다." 『정창렬 저작집 1 — 갑오농민전쟁』, 267쪽.

102 『승정원일기』 1894년 7월 19일자 기사 참조.

종렬은 떠날 계획조차 세우지 못했다. 이원우가 분노에 차서 말했다.

"이것은 조정의 뜻이 아니라 불충한 신하가 도적의 사주를 받았기 때문입니다. 목사께서는 가시고 싶으면 혼자 가십시오. 저는 갈 수 없습니다."

마침내 수비를 더욱 강화했다. 세병은 길이 막혀 또한 부임할 수 없었다.

어떤 사람이 김학진에게 설명했다.

"지금은 도적들의 기세가 아주 성하고, 그 우두머리인 봉준 등은 자신들이 죽을죄를 저질렀음을 알고 있기 때문에 군대를 해산하려 하지 않을 것입니다. 이런 상황에서는 힘으로 토벌하기 어렵기 때문에 계책을 써서 풀어가야 합니다. 또 도적들은 모두 소견머리가 좁고 미래를 생각하는 원대한 계획도 없이 방탕한 생활을 즐기면서 거기에 빠져 있습니다. 감사께서 의심과 비방을 기꺼이 감당할 수만 있다면, 임금께 보고하여 전주에 대영大營을 설치하는 것을 보장받으십시오. 그리고 봉준 등을 발탁하여 장수로 삼거나 혹은 영장營將이나 중군中軍 등의 관직을 주어서 얽어매고, 주색과 가무를 미끼로 그들의 욕망을 도발하십시오.

그리고 각 고을에서 용맹하고 튼튼한 사람을 선발하십시오. 규모가 큰 고을은 500명, 중간 고을은 300명, 작은 고을은 100명 정도를 선발하고, 그 지방 사람으로 강요에 못 이겨 동학에 들어가 도적을 추종했지만 제법 영향력이 있는 사람을 책임자로 삼으십시오. 그 부대의 명칭을 '수성군守城軍'이라 하고 일본을 막는 임무를 맡는다고 핑계를 대면, 도적들도 당초 일본을 토벌한다고 했기 때문에 틀림없이 흔쾌히 따를 것입니다. 그런 다음 감영에는 몇 천 명을 배치하고, 각 고을에는 도합 만여 명에 맞춰 배치하십시오. 그런 한편으로 나머지 인원은 모두 풀어주어 농사일로 돌아가게 하면, 이 난리가 풀릴 뿐만 아니라 국가는 군대를 모집하는 소란도 없이 뛰어난 병사 2만여 명을 가만히 앉아서 얻게 되는 셈이고, 도적의 우두머리들은 이미 감영 휘하에 소속되어 부지불식간에 자연스럽게 우리 손아귀에 들어올 것입니다. 그들 가운데 죄를 뉘우치고서 공을 세우는 자는 장려하고 발탁하여 은총을 베풀고, 반면에 성정이 강해 써먹기 곤란한 자는 서서히 제거해버린다면, 이것이야말로 일거양득이 아니겠습니까?'

학진은 이 방법을 쓰지 않았다.

순창 군수 이성렬李聖烈에게 호남 전운사를 겸직시켰다.[103]

전운사에 제수된 성렬이 각 읍에 공문을 보내, 규정에서 벗어나 함부로 더 걷는 것을 정지시키고 잘못된 사례를 뜯어고치자 관리들이 모두 도망쳤다. 도적들은 공문서를 찢어버리면서 "이 난리판에 아직도 전운사가 있단 말이냐?"라고 했다.

심부름을 갔던 역졸들은 모두 쫓겨나서 도망쳐 돌아왔다.

지난날 임금은 성렬을 호남 어사로 임명하려 했으나, 성렬이 간곡하게 사양했다. 다시 전운사로 임명해서 조필영趙弼永을 대신하려 했지만, 성렬이 또 극력 사양했다. 그래서 순창 군수로 임명했던 것이다. 성렬이 부임하자 필영은 이런 사실을 모른 채 장차 그가 임금에게 자신의 비리를 폭로하여 전운사 자리를 빼앗을 것이라고 생각했다. 필영이 명색 없는 돈 3만 냥으로 성렬을 찔러보았지만, 성렬은 거절하고 돌려보냈다. 말하자면, 성렬의 할머니는 왕비의 이모로 중궁전을 드나들면서 이런저런 부탁을 하고 왕비는 그런 청을 모두 들어주었기 때문에 필영이 겁을 먹었던 것이다. 그러나 이때는 이

---

103 『고종실록』 1894년 5월 13일자 기사 참조.

미 필영이 달아나고 없었으므로 성렬로 필영을 대신했다. 성렬은 멀리서 전운사 관직을 제수받았기 때문에 사양할 수 없었다.

청주 영관領官 염도희廉道希와 대관隊官 이종구李鍾九가 당당히 적진에 들어가 귀화를 권유했다.

도적들은 이들의 권유를 따르지 않고 도리어 이들을 협박해서 항복을 받으려고 했다. 두 사람은 스스로 목을 찔러 자결했다. 이들을 수행했던 무관 박춘빈朴春彬은 돌을 들이받고 죽었다. 군인 나용석羅龍錫 또한 따라 죽었다. 나용석의 아내 임씨林氏는 나이가 겨우 스물한 살이었는데 남편이 죽었다는 소식을 듣고 또한 우물에 몸을 던져 죽었다. 계묘년(1903) 가을에 충청 지방 유생들의 건의로 염·이·박 모두에게 사후 품계와 벼슬이 추증되었고, 임씨에게는 정문旌門을 세워 표창했다.[104]

9일[105]

---

104 이 일은 1903년 10월 17일, 원수부元帥府 검사국 총장檢査局總長 백성기白性基의 건의로 성사되었다. 『고종실록』 1903년 10월 17일자 기사 참조.

105 황현은 이 기사의 날짜를 '9일'이라고 기록했다. 『오하기문』의 서술 방식이 편년체編年體를 기초로 한 강목체綱目體인 점을 고려할 때, 이 '9일'은 '1894년 어느 달 9일'로 해석할 수 있으나 정확하게 몇 월인지는 고증할 수 없다. 황현은 또 『매천야록梅泉野錄』 을미乙未 기사에서 "청나라의 위해위威海衛와 유공도劉公島가 일본군에게 잇달아 함락되었다. 또 장군 대종건戴宗騫, 유보섬劉步蟾 등이 죽었다. 정여창丁汝昌은 모든 군대와 백성과 함께 (일본에) 항복할 것을 약속했지만 도리어 음독자살했다. 일본군은 기세등등하여 바로 북경을 침범했다. 이에 중국은 나라 안팎에 계엄을 선포했고, 일본에 화친을 구걸해야 한다는 여론이 일었다."고 썼다. 그러나 청일전쟁은 1895년 2월 일본군이 산동반도의 위해위에 있던 청나라의 북양함대 기지를 공략함에 따라 청나라가 강화 요청을 함으로써 마침내 양국이 시모노세키 조약(1895년 4월 17일)을 체결하여 종전되었다. 일본군의 북경 침략은 일어나지 않았다.

일본이 10만 명의 군대를 증파하고 야마가타 아리토모山縣有朋를 대장으로 삼아 북경을 침범했다.

일본은 청군이 평양을 점거했다는 소식을 듣자 곧바로 군대를 다섯 갈래로 나누어 일제히 진격하면서 15일에 평양을 함락하자고 약속했다.

19일, 청·일 간에 큰 전투가 벌어졌는데 청군이 대패했다. 이때 청나라의 무관 다섯 명이 일본군에 사로잡혔다. 살아서 탈출한 청군은 네 명 가운데 한 명꼴에 불과했다. 일본군은 승세를 타고 압록강까지 추격했다.

8월 23일

청·일 양국이 압록강에서 다시 전투를 벌였다. 청군은 또 패배했고, 양위揚威·초용超勇·치원致遠·경원經遠 등 군함 네 척이 격침되었다. 일본은 다시 8만 명의 군인을 모집하여 조선으로 보냈다. 이때 일본 황제가 히로시마廣島까지 나와 출정하는 장병들을 격려했다.

9월 28일

일본군이 구련성九連城(압록강 건너 요녕성遼寧省 단동丹東 지역에 있는 촌락)에 들어갔다. 대포 34문을 노획했다.[106] 대장 오야마 이와오大山巖는 육군 2만 7,000명을 이끌고 여순구旅順口를 거쳐 금주金州를 지나 마침내 대련만大連灣

---

106 일본군은 이때의 상황을 다음과 같이 보고했다. "군사령관으로부터 다음 전보가 있었음. 어제 25일 날이 채 밝지 않았을 때부터 압록강을 건너 당산唐山 부근에서 격전을 치러 적을 격퇴하고, 드디어 안개가 낀 강기슭의 고지를 점령했음. 오늘도 또 새벽부터 구련성을 향하여 진격했는데, 적은 조금도 저항하지 않고 숨고 도망해버림. 병기·탄약 등 노획품이 다수임. 군사령부는 오전에 구련성에 입성함." 『주한일본공사기록 3』 「일본군의 구련성 점령의 건」.

에 도착했다. 이어서 복주復州를 함락하고 우장牛莊으로 진격했다. 청나라는 연전연패를 거듭했다. 12월 14일에는 개평성蓋平城(요동반도의 북서부에 있는 도시)마저 일본군에게 내주었다.

을미년乙未年(1895, 고종 32년) 정월

위해위威海衛·유공도劉公島·여순구가 잇달아 일본군에게 함락되었다.

청나라 수군 제독 정여창丁汝昌이 일본군 대장 이토 스케유키伊東祐亨에게 항복을 약속한 뒤, 사신은 생아편을 먹고 자살함으로써 휘하의 부대원을 살렸다. 그의 부하 유보섬劉步蟾과 대종건戴宗騫 등도 또한 자살했다.[107]

청일전쟁은 12월이 되어서야 끝났다. 청군이 일본군에게 빼앗긴 군수물자를 가격으로 따지면 일본 은전으로 731만 원이나 되었다. 그 가운데 대포는 아산에서 8문, 평양에서 48문, 구련성에서 78문, 봉황성鳳凰城에서 5문, 금주와 대련만에서 129문, 여순구에서 330문, 수암주岫岩州에서 5문, ○○성城에서 4문을 빼앗겼다. 서양식 총은 합계 7,394자루를, 포탄은 합계 2,601,721발을, 총알은 합계 77,458,785발을, 양곡은 합계 36,757석石을, 말은 합계 368마리를 빼앗겼다. 금金 2,805냥兩, 은銀 11,400냥, 조선 돈 200,400냥, 일본 은전 5,995원 또 60원, 청나라 돈 210,000냥을 빼앗겼다.

---

107 유보섬은 원문에 '劉斗蟾유두섬'으로 표기되어 있으나, 오기이므로 바로잡는다. 정여창은 아편을 복용하고 죽었다. 『청사고淸史稿』 「열전 249」에 "정여창은 일본군에 투항했다. 후에 정여창은 아편을 복용하고 자살했다. 향년 59세.(汝昌向日軍投降. 後丁汝昌服鴉片自殺, 享年59歲)" 유보섬도 아편을 복용하고 죽었다. 『청실록淸實錄』에 "유보섬은 아편을 먹고 자살하여 순국했다.(劉步蟾吞食鴉片自殺殉國)" 대종건은 금金을 삼키고 자살했다. 『중일갑오전쟁전사中日甲午戰爭全史』 3권, 「전쟁 편戰爭篇 하下」에 "대종건은 유공도에 도착한 이후 죄를 용서받을 수 없음을 자각하고 금을 삼켜 자살했다.(戴宗騫到劉公島以後, 自知罪不可恕, 吞金自殺)"

군포軍布는 합계 2,322정頂, 기旗는 477면面, 민간인 소유의 선박 15척, 소륜선小輪船 2척, 병선兵船 3척, 범선帆船 2척을 빼앗겼다. 앞에서 든 물자 이외에 다른 물건에 대해서는 수효를 계산하지 않았다.

앞뒤로 열일곱 번에 걸친 전투에서 청나라는 사망자 6,660명, 부상자 9,600명이 발생했으며, 일본군에 사로잡힌 포로는 1,164명이었다. 일본은 사망자 413명, 부상자 1,712명이 발생했다. 청나라는 송경유宋慶有가 유일하게 개주蓋州에서 한 번 승리했다.

일본군의 용병술은 매번 먼저 소대小隊를 내보내서 청군 진영을 향해 야유를 퍼붓다가 이윽고 청군 대대大隊가 출전하면 그 지친 틈을 타서 자신들의 대대를 풀어 돌진했다. 어떤 경우에는 100여 명이, 어떤 경우에는 수백 명이 산발적으로 흩어져서 따로따로 싸웠다. 이기면 전광석화처럼 빠르게 내달리는 통에 가는 곳마다 대적할 자가 없었다. 또 패하면 이리저리 흩어져 갈피를 잡을 수 없을 만큼 재빨리 달아났다. 청군이 번번이 작은 승리에 도취되어 전력을 다해 패잔병을 추격하면, 일본군은 흩어져 있던 부대를 규합하고 청군의 허점을 파고들어 교대로 공격했다. 청군은 부대 간에 협력이 이루어지지 않아 계속 패했다.

(1894년) 8월 1일

의금사義禁司에서 초기草記로 박영효의 처벌을 요청했다. 그러나 임금은 그를 사면하고 죄를 묻지 않았다.

영효는 난이 일어난 초기에 대궐을 침범한 게이스케를 따라 대궐로 들어와 칼을 차고 어탑御榻 옆에 앉아 있었다. 대원군이 그를 눈여겨보고 물었다.

"너는 영효가 아니냐?"

영효가 대답했다.

"우선 오늘 일을 말씀하신 뒤 영효가 어쩐 일이냐고 물으시지요."

영효는 얼마 후 대궐을 나와 비밀리에 일본 공관에서 머물렀다. 하룻밤에도 몇 번씩 옮겨 다녔으므로 사람들이 뒤를 밟을 수 없었다. 그런데도 오히려 위험하다고 생각해 인천항으로 물러나 머물고 있었다.

이때 신법은 이미 정해졌으며, 국정은 암암리에 게이스케가 결정하고 있었다. 그래서 박영효가 사정을 하소연하는 글을 올렸다. 그 내용은 대략 다음과 같았다.

"죽어 마땅한 죄를 지은 저 박영효는 억울하고 절박하게 된 사정에 대해 아룁니다. 저는 대대로 나라의 녹을 먹고 산 가문의 후손으로, 아버지와 저 그리고 저의 형제들은 특별한 은총을 입어 모두 벼슬을 하는 영광을 누렸습니다. 저의 부자는 이러한 특별한 은총에 감격했으나 보답할 바를 몰랐습니다. 저의 아버지 원양元陽은 저의 형제들에게 늘 경계하여 가르치기를 '나라의 은덕에 보답하려면 위험과 어려움을 피하지 말아야 한다'고 했습니다. 저는 나이가 어리고 식견이 얕은 탓에 그 말을 듣고도 뜻을 이해하지 못했습니다. 다만 성은에 만분의 일이나마 보답해야 한다는 생각만 했을 뿐, 제 행동이 사리에 맞는 것인지 어긋난 것인지를 판별할 능력이 없었습니다.

갑신년(1884) 겨울에 이르러 시국의 형편이 날로 어려워지고 나라의 정세가 점점 위태로워짐에 저는 걱정과 의분의 심정을 억누르지 못하고 잘못된 것을 바로잡을 방법을 찾고자 했습니다. 그러나 충성을 다하기도 전에 뜻하지 않게 악명만 덮어쓰고, 위로는 전하께 걱정을 끼치고 아래로는 집안에 화를 불러들여 부모 형제는 모두 다 죽었습니다. 저는 정처 없이 떠돌다가 다른 나라로 달아났습니다.

제가 저지른 죄는 잠시도 이 세상에서 살아갈 수 없을 만큼 크지만, 제가 한평생 마음속에 다짐한 것은 저 푸른 하늘에 대고 맹세할 수 있습니다. 만약 단 한 번만이라도 이러한 심정을 드러내지 못한 채 스스로 목을 매고 도랑에 빠져 죽는다면 참혹한 악명은 천년이 흘러도 씻을 수 없을 것입니다. 이 때문에 부끄러움을 무릅쓰고 치욕을 견디면서 정처 없이 떠돌며 힘든 삶을 지탱해왔는데, 어느덧 12년이라는 긴 세월이 흘렀습니다.

저는 최근에 전하의 정사와 교화가 일신되어 허물을 벗겨주신다고 들었습니다. 저는 기쁜 마음을 금할 수 없어 연신 감격의 눈물을 흘리면서 고국에 돌아가 죽어야 할 날이 바로 이때라고 생각했습니다. 아울러 제가 이번에 돌아온 까닭은, 단 한 번만이라도 전하를 다시 뵙고 구차스러운 사정을 전부 하소연하는 것이 첫째이며, 부모 형제의 뼈마디라도 수습하고 장례를 치르고자 하는 것이 그 다음입니다. 이러한 소원만 이룰 수 있다면 비록 물러나 구렁텅이에 빠져 죽는다고 해도 더는 여한이 없습니다.

저는 이미 전하께 죄를 짓고 부모에게 화를 끼쳤으니, 이 세상에서 다만 처지가 궁색하고 변변찮은 한 인간일 뿐입니다. 일본에서 나그네로 살던 11년 동안은 잠을 자도 편치 않았고 음식을 먹어도 맛을 몰랐습니다. 가정은 꾸리지도 않았으며, 음악을 즐기는 데는 참석하지도 않았습니다. 오로지 밤낮으로 걱정과 두려움에 싸여 우리 전하께서 용서해주시기만 바랐습니다. 이번에 돌아와 성 밖에 엎드려 있은 지 이미 여러 날이 지났건만 보잘것없는 저의 진심은 구중궁궐에 가닿을 수 없었습니다. 그리하여 삼가 머리를 땅에 박고 엎드려 강가 마을에서 전하의 처분 명령만 기다리고 있었습니다. 하늘과 땅 같은 부모의 심정으로 저의 괴로운 심사를 굽어살펴주시기를 소망하며, 저에게 결코 다른 뜻이 없음을 살피시어 형벌을 관장하는 곳으로 하여금 제가 도망친 죄와 명령을 어긴 죄를 논의하게 해주신다면, 도끼로 찍어 죽이거나 가마에 삶아 죽이는 형벌이라도 달게 받겠습니다. 어찌할 바를 몰라 두서없이 아룁니다."

의금사에서 제의했다.

"죄인 박영효가 원통한 일을 하소연할 것이 있다면서 함부로 글을 올렸습니다. 그러나 죄명이 매우 엄중한 만큼 감히 받아들일 수 없습니다."

임금이 지시했다.

"알았으니 받아들이라."

승선원承宣院에서 다음과 같이 보고했다.

"방금 의금사에서 보고한 안에 대한 전하의 지시를 보고 신 등은 마음속으로 너무 놀라 더할 수 없는 긱정과 한턴을 금할 수 없습니다. 아아! 이 죄인이 저지른 죄는 너무나 엄중하고 관계된 일이 지극히 중대함에도 불구하고, 멀리 바다 건너 외국으로 도망쳤던 까닭에 오랫동안 국법을 적용할 수 없었습니다. 그 때문에 법의 본의와 대중의 울분은 갈수록 더욱 펼 길이 없었습니다. 나라에 변고가 생기자 이때를 기회로 삼아 갑자기 모습을 드러내어 버젓이 억울한 사정을 하소연하면서 조금도 거리낌이 없으니 더욱 놀랍고 분노가 끓어오릅니다. 감히 실례를 무릅쓰고 간절히 바랍니다. 전하께서 사정을 하소연하는 죄인의 글을 들이라는 명을 빨리 거두시고 엄한 처분을 내리시어 나라의 법을 바로잡으소서."[108]

임금이 비답을 내렸다.

"즉시 받아들이라."

8월 4일

임금이 명령을 내렸다.

---

[108] 원문에 누락과 오기가 있으므로 원사료에 따라 옮겼다. 『고종실록』 1894년 8월 1일자 기사 참조.

"지난날 박영효의 행위는 그 행실을 가지고 따진다면 누구인들 '죽여야한다'고 말하지 않겠는가? 그러나 그의 간절한 마음을 살펴보면 사실 용서할만한 점도 있다. 지금 그가 하소연한 글을 보니 10년 동안 정처 없이 떠돌아다니면서도 오히려 나라를 사랑하는 마음을 잊지 않았다. 그의 죄명을 특별히 말소하여 조정의 관대한 뜻을 보이도록 하라."

이준필李駿弼이라는 자는 천인 출신이다. 일찍부터 일본을 오갔는데, 이무렵 게이스케의 힘을 빌려 기장機張 현감 자리를 차지했다. 그러나 기장에는 가지도 않고 밤낮으로 대궐 안을 휘젓고 다녔다. 영효가 사면되자 임금에게 이렇게 아뢰었다.

"박영효를 바로 복직시켜 중용함으로써 일본 사람의 비위를 맞추십시오. 그렇게 하지 않으면 병란의 꼬투리를 잡힐까 두렵습니다."

임금이 대꾸하지 않자 똑같은 내용을 다시 대원군에게 말했다. 하응은그를 크게 꾸짖어 물리치고, 포도청에 은밀히 교살하라고 시켜 죽여버렸다. 이 일로 말들이 상당히 많았다. 조영하趙寧夏의 아들 동윤東潤과 한규직韓圭稷의 아들 인호仁鎬도 칼을 품고 다니면서 그를 죽이려 했지만, 그의 행방을 알수 없었기 때문에 사람들을 풀어 사방으로 찾아다녔다.

영효는 끝내 용서받지 못하리라 생각하고 곧바로 다시 일본으로 달아났다. 아아! 만약 이준필 같은 도적놈의 계획대로 영효를 복직시켜 중용했다면, 오늘의 조정 대신들 또한 장차 영효와 어깨를 나란히 하며 같은 반열에 서 있지 않겠는가?

춘추시대 노魯나라 대부 장문중臧文仲(장손진臧孫辰)은 이런 말을 했다.

"우리 임금께 무례하게 구는 자를 보거든 송골매가 참새를 몰아치듯 해야 한다."

하늘과 땅 사이에는 이러한 의로움이 존재한다. 이것이 잠시라도 사라지면 사람은 짐승이 될 뿐이다. 또 온 세상의 악은 똑같다. 일본 사람들 또한 도리를 지닌 인간이니 우리가 영효를 죽였다고 하여 꼭 화를 내지도 않을 것이며, 용서하였다고 해서 꼭 덕스럽게 여기지도 않을 것이다. 다만 모멸감만 늘어날 것이다. 사정이 이러한데 오히려 '나라 안에 올바른 정신을 가진 사람이 있다'고 할 수 있겠는가? 그러니 달아난 역적을 홀로 이역만리까지 쫓아가 기어이 제 손으로 죽인 저 홍종우의 행동을 어찌 사소한 일이라고 할 수 있겠는가!

8월 4일

군국기무처에서 제의한 안건[109]

- 오늘날 일을 처리하는 추세를 살펴보면, 대군주 폐하가 몸소 조정의 모든 관리를 거느리고 날마다 외전外殿으로 거동하여 직접 모든 일을 결재한 다음에야 정치가 실행되고 조정이 정리된다. 그래서 이미 보고하여 승인을 받은 바대로, 회의가 있는 날에는 총리 대신이 의원들을 인솔하여 편전便殿으로 가서 그날의 안건을 보고하고 시행하도록 한다.
- 남쪽 세 도의 못된 백성들이 곳곳에서 고집스럽게 버티고 있기 때문에 날이 갈수록 소란이 심해지고 인심이 동요하고 있다. 어루만져 달래서 안정시킬 방법을 찾는 일이 무엇보다 시급하다. 전임 대신 가운데 한 사람에게 명령을 내려 특별히 도선무사都宣撫使의 임무를 맡기고 며칠 안에 부임하게 하며, 그런 다음에는 필요한 인원을 선발하여 관청을 설

---

109 1894년 8월 4일에 군국기무처에서 올린 의안은 황현이 기록한 원문에 오·탈자가 많고 생략된 구문도 있기 때문에 원사료에 따라 옮겼다. 『고종실록』 1894년 8월 4일자 기사 참조.

치하고 수령들을 단단히 타일러 경계함으로써 백성들을 효유하고 귀화시키는 일을 수행하게 한다. 이어서 적임자를 파견하여 그로 하여금 군대를 거느리고 여러 고을을 돌아다니며 감독하고 단속함으로써 소란을 진압하게 한다.

- 토지 1결에 매기는 세금 액수를 신속하게 정하여 바닷가 토지는 몇 냥이고 산골 토지는 몇 냥이라는 사실을 빨리 알려 백성들의 의심을 풀어준다.

- 요 몇 해 사이에 몇몇 궁궐과 관청에서 저마다 따로 조목을 만들어 의정부의 승인을 받은 뒤 거두어들였던 것들은 모두 시행하지 못하게 한다.

- 지금 우리나라와 일본은 관계가 막중하므로 교제를 더욱 긴밀히 해야 한다. 이번 보빙대사報聘大使는 평소 평판이 좋은 사람들 가운데서 신중히 선발하여 빨리 파견한다. 도쿄에 주재하는 판리공사辨理公使는 인원을 줄이고, 외교 사무에 정통한 사람을 전권공사全權公使로 파견한다.

- 현임 대장大將들에게 각 부, 각 아문의 협판을 겸임시키지 않음으로써 체제를 보존한다.

- 한성부는 서울의 백성을 관할하고 각국 상인의 소송을 맡아 처리하기 때문에 당연히 지방의 고을과는 달리 사무가 비교적 긴급하다. 판윤 자리를 없애고, 소윤은 한성 부윤으로 이름을 바꾸어 3품 주임관奏任官으로 임명한다. 주사 7명은 한성 판관, 주부主簿, 아전과 5부의 도사都事 가운데 내무아문의 문관 임명 규정에 따라 품계를 나누어 임명한다. 소속은 한성부 총무국으로 하고, 5명이 5부를 나누어 관장하게 한다.

일본군이 평양에 들어갔다. 청군은 계속 패퇴하여 안주로 물러나서 주둔했다. 감사 민병석이 청군을 따라 평양을 떠났기 때문에 신임 감사 김만식이 마침내 평양에 들어갔다.

청군은 일본군이 온다는 소식을 듣고 대동강 주위에 지뢰포를 매설해 놓았다가 폭발시켜 일본군을 많이 죽였다. 전투가 한창 치열할 때 일본군은 샛길을 따라 모란봉으로 올라가 높은 곳에서 아래를 내려다보며 대포를 잇달아 발사했다. 청군은 견디지 못하고 결국 안주 쪽으로 달아났다.

병석이 말했다.

"나는 차라리 중국 귀신이 될지언정 일본에 빌붙어 살고 싶지는 않다."

그러고서 곧바로 나이든 사람들을 불러다가 물었다.

"일본이 우리나라를 강탈하면 여러분은 머리를 깎고 신하가 되어 복종하겠습니까?"

모여 있던 사람들은 일제히 소리쳐 대답했다.

"사또를 따라가고 싶습니다."

그리하여 아전과 군인, 그리고 백성들 가운데 그나마 지각이 있는 사람들이 모두 병석을 따라 청군 진영으로 들어갔다. 만식이 평양에 들어갔을 때 성안은 텅텅 비어 있었다. 청군은 민영휘를 잡아서 데리고 갔다.[110] 며칠 뒤 청군은 안주에서 다시 의주로 물러났으며, 차례로 군대를 철수하여 압록강을 건너 요양遼陽으로 돌아갔다.

이 무렵 우리나라 사람들은 날마다 청나라의 도움을 기다렸지만, 청군은 평양에서 적을 가벼이 여겼다가 패배하고 결국 모두 철수하여 중국으로 돌

---

110 민영휘의 행방에 대해 일본군 노즈野津 평양 사단장은 일본 공사관에 다음과 같이 보고했다. "민영준閔泳駿(민영휘)이 좌보귀左寶貴 등에게 포박되어 규탄을 받은 것은 사실이다. 평양 함락 후의 행방은 알 수 없다." 『주한일본공사관기록 3』 「민영준 포박 건」.

아갔다. 백성들은 더욱 의심하고 두려워했다. 어떤 사람들은 "중국에 내란이 발생했다"며 의심하기도 했다. 마침내 청군이 패배했다는 소식이 전해지자 온 나라가 실의에 빠졌지만, 시류를 좇아 일본에 붙은 자들은 도리어 신이 나서 서로 축하하기 바빴다.

8월 6일[111]

군국기무처에서 제의한 안건

- 갑오년(1894) 10월부터 각 도의 각종 세금과 군보軍保(군역에 복무하지 않는 대신 정군正軍을 경제적으로 지원하는 부담을 갖는 장정) 등이 상납하는 모든 쌀·콩·삼베·무명은 돈으로 대신 납부하게 한다. 은행을 설립하고 공금을 공급하여 쌀과 곡식을 사고팔게 함으로써 근본을 넉넉하게 한다. 원금은 탁지아문에 갚되, 기한을 정해서 어김이 없도록 한다. 돈으로 대신 납부하는 것은 다시 상세히 검토하여 정한다.

- 지방에서 토산물을 진상하는 규정은 모두 없애고, 각 지방에서 바쳐야 할 물건값을 탁지아문에서 타당하게 계산하여 받은 다음에 돈은 궁내부로 넘겨 물건을 사서 바치게 한다.

- 지방 각 고을의 경저리京邸吏(중앙과 지방 간의 연락 사무를 맡아보기 위해 서울에 머물던 향리)와 영저리營邸吏(감영에 소속되어 있으면서 각 군현과 감영 간의 연락을 취하던 아전)들이 규정에서 벗어나 빚을 함부로 더 받는 것과 이자에 이자를 더해 받는 풍습은 모두 엄격히 금지한다. 만약 어쩔 수 없이 받

---

111 황현은 이 의안이 6일날 군국기무처에서 올린 것이라고 기록했지만, 첫 번째 안건은 7월 10일에, 나머지는 안건은 8월 18일에 올린 것이다. 『고종실록』 1894년 7월 10일자 및 8월 18일자 기사 참조.

아야 할 것이 있으면 나라에서 정한 이율로 계산해 받도록 조치한다.

● 지난달 14일에 제의한 의안에서, 재상 가운데 노련하고 공정한 사람을 따로 선택해서 황해·평안·강원·함경 네 개 도에 따로따로 파견하여 조정의 지시를 널리 알리고, 백성의 고통을 깊이 살피고, 관찰사 이하 관리들의 잘잘못을 엄중히 조사하게 하는 건은 이미 전하의 결재를 받았다. 지금 관서 지방이 전란을 겪으면서 백성들이 뿔뿔이 흩어져 떠돌아다니고 있어 더욱 염려스럽다. 백성을 위로하고 타일러 달래는 일은 잠시도 늦출 수 없으니 선유사宣諭使를 선발하여 보낸다.

조희일趙熙一을 관서 선유사로 임명했다.[112]

김가진이 게이스케를 찾아가 평양의 승리를 축하했다. 게이스케가 가진에게 물었다.

"귀국의 임금과 신하는 민생에는 별로 신경도 안 쓰는 것 같은데, 대체 무슨 일을 하고 계십니까?"

가진이 되물었다.

"그게 무슨 말입니까?"

게이스케가 대답했다.

"지금 평양 전쟁으로 관서의 백성들은 틀림없이 크게 놀랐을 것입니다. 우리는 비록 다른 나라 사람이지만 우리로 인해 겪는 고통이 안타까워 이미 사람을 보내 위무했습니다. 그런데 조선은 오히려 아무런 조치도 취하지 않고 있으니 어찌 된 일입니까?"

---

112 의정부에서 조희일을 관서 선유사로 임명하기를 청하고 임금의 윤허를 받아 발령한 날짜는 8월 19일이다. 『고종실록』 1894년 8월 19일자 기사 참조.

가진은 거짓으로 대답했다.

"어찌 그럴 리가 있겠습니까? 선유사가 이미 출발했습니다."

가진은 돌아와 의정부에 가서 게이스케와 대화한 내용을 그대로 전했다. 김홍집이 고개를 끄덕이며 말했다.

"그 사람 말이 맞습니다. 누구를 선유사로 보내는 게 좋겠습니까?"

가진이 제의했다.

"조희일이 어떻겠습니까?"

그러자 곁에 있는 사람이 다른 의견을 내놓았다.

"희일은 파면되어 벼슬길이 막힌 지 20년이 넘었으므로 시국에 맞지 않습니다. 게다가 사면을 받고 귀양에서 풀려났는데, 다시 관직에 복귀시키면 홀로 너무 애쓰는 것이 아니겠습니까?"

홍집이 희일을 임명해야 하는 이유를 설명했다.

"항간에는 '조정 대신들이 모두 일본의 앞잡이'라는 잘못된 말이 떠돌고 있습니다. 이 때문에 관서의 백성들이 적개심을 품고 수령을 받아들이지 않은 일도 일어났습니다. 지금 선유사를 파견하여 임금이 가르쳐 타이르는 말을 백성에게 널리 알려야 하는데, 만약 우리 쪽 사람을 내놓으면 백성들 가운데 누가 믿고 따르겠습니까? 희일이 오랫동안 벼슬길에 나아가지 않고 시류를 좇는 사람이 아니라는 점은 세상이 다 알고 있습니다. 이것이 바로 그를 선유사로 써야 하는 이유입니다. 나랏일이 상당히 위급하니 희일도 힘들다는 이유로 사양하지 못할 것입니다."

그러고는 즉석에서 임금에게 보고하고 조희일을 선유사로 임명했다.

대원군 하응이 남쪽 세 도의 난민을 타이르는 글을 내렸다.

"흥선대원군이, 깨달아 알아듣도록 간절히 타이르노라. 우리나라는 어질고 후한 덕을 기반으로 나라를 세워 예절과 의리로 풍속을 이루었고, 대대로 태평성세를 누리며 지난 500년 동안 백성들이 병식兵式을 겪지 않고 오늘에 이르렀다.

그런데 어찌 된 일인지 요즘 들어 기강이 해이해지고 풍속은 점점 퇴락하고 있다. 감사와 수령의 탐욕과 포학, 토호 및 세력이 강한 집안의 독단과 횡포, 재물에 대한 간사하고 교활한 구실아치들의 탐욕은 날이 가고 달이 갈수록 심해져서 끝 간 데 없다. 역대의 임금들이 품어서 보호한 백성은 모두 편히 살아갈 수 없는 상황임에도 서울에 있는 대궐은 아득히 멀고 높기만 하여 하소연할 길조차 없었다. 마침내 동학이라는 이름을 빌려 무리를 불러 모으고 스스로를 보호하면서 하루라도 요행히 살아남기를 바라는 데까지 이르렀다. 그들의 정황을 따지고 보면 아아! 또한 딱하고 슬프기 그지없다.

나는 본디 문을 닫아걸고 조용하게 산 지 20년이 되었고, 몸은 이미 늙고 또한 병이 들어 세상일에 관심을 두지 않았다. 최근 들어 나라에 어려운 일이 많이 발생하였기에 병든 몸을 이끌고 대궐로 들어왔다. 밖을 바라보면 사방에 보루가 쌓여 있어 전쟁의 소용돌이가 눈에 가득하고, 안으로 눈을 돌리면 종묘와 국가는 고립되고 위태로워 그 양상이 마치 금방이라도 떨어질 것처럼 위태위태한 깃발과 같다. 전국을 두루 둘러보아도 믿을 만하고 나라를 위하는 곳은 그나마 오직 삼남이 있을 뿐이다. 그러나 내가 이처럼 믿는 삼남의 반 이상이 나쁜 물에 들었다. 처음에는 원통함을 하소연하면서 일어났지만 점차 유리한 기세를 이용하여 움직였고, 가는 곳마다 소란을 피우고 기강을 위반하며 분수에 넘는 짓을 저지르고 말았다. 그래서 관에서는 정사를 시행할 수 없고, 조정에서는 명령을 행할 수 없고, 백성은 편안하게 생업에 종사할 수 없게 되었다.

너희도 한번 생각해보아라. 이러한 행동이 과연 의로운 일인지, 아니면 도리에 어긋난 일인지를. 오늘날 동학도라고 하는 자들은 모두 난민이라고 한다. 마땅히 소탕하고 섬멸해야 하지만, 나는 난민이라는 명칭을 유독 너희에게 모질게 씌울 수는 없다. 너희는 모두 역대의 임금들이 길러주신 선량한 백성으로서 내가 그 성품을 다독이고 삶을 보호해주지 못하여 난을 일으키게 만들었는데, 또 어찌 차마 서로 칼을 겨눌 수 있겠느냐? 조정에서는 이미 세 도에 선유사를 파견하고 덕성과 신의를 베풀어 보였다. 너희가 끝까지 마음을 돌려 따르지 않는다면, 이는 조정에 맞서는 일이다. 그렇게 된다면 난민이라는 명칭에서 벗어날 수 없다. 나라에서 은혜를 베풀어 관대하게 대하는 것은 항상 있는 일이 아니다. 혹시나 모두 죄에 빠져들지는 않을까 우려하는 마음에서 그런 것이니, 또한 슬프고 안타까운 일이 아니겠느냐? 이에 우리 임금이 뜻하는 바를 대신하여 마음을 터놓고 사정을 말하고, 이에 포고하노라.

만약 너희가 몰랐던 사실을 문득 깨닫고 감화되어서 무기를 버리고 농사일로 돌아간다면 결코 털끝만큼도 죄를 주는 일은 없을 것이다. 지금 시절은 이미 가을걷이가 한창이니 부모처자와 함께 배불리 먹는 즐거움을 함께 누리며 영원히 태평성대의 백성이 되도록 하라. 재주와 지혜가 있지만 우연히 굴복했다가 마음을 돌린 사람은 마땅히 정부에서 그 재주에 따라 수용할 것이다. 만약 타이르는 훈계를 따르지 않고 범법 행위를 자행하며 떼를 지어 이리저리 몰려다니면서 관망한 채 해산하지 않는다면, 이는 스스로 큰 화를 자초할 뿐이다. 이렇게 되면 내가 사랑하는 백성이지만 또한 도와줄 수 없다. 나는 올해 나이가 팔순이 다 되었기에 달리 도모할 것도 없다. 변함없는 한 가지 생각은 오로지 나라와 만백성에 있을 뿐이다. 저 하늘의 해가 위에 있으니 절대로 서로 속일 수 없다. 만약 믿지 못하겠다면 너희 가운데 사리에 밝은 서너 사람이 와서 서로 얼굴을 맞대고 이야기하면 모든 의혹이 얼음

녹듯 풀려서 근심하고 두려워할 일이 아님을 알게 될 것이다.

최근 조정에서는 정치를 개혁했는데, 너희 또한 이 일을 들었는가? 종전의 잘못된 폐단으로 백성에게 병폐가 되고 피해를 입혔던 것은 하나하나 바로잡고, 이웃 나라와 우의를 돈독히 하여 나라 사이가 더욱 평화로워지는 복을 이루었다. 이는 모두 우리 임금이 나라와 백성을 위해 고심을 다했기 때문이다. 너희는 마땅히 지극한 뜻을 우러러 따르고 편안하게 살면 되거늘, 잘못한 일이 없는데도 고통을 자초하면서 평온한 삶의 낙을 버리고 스스로 위험의 나락에 빠지겠다는 것이냐? 아아! 지금 너희는 전화위복의 순간으로서 삶과 죽음의 관문 앞에 놓여 있다. 나의 말이 여기에까지 이르렀으니 각자 자세히 듣고 후회하는 일이 없도록 하라. 이처럼 특별히 간절하게 타이르노라."

(6월) 25일[113]

김개남이 임실에서 남원으로 들어왔다. 이때는 부사 윤병관尹秉觀이 도망간 지 이미 한 달이나 지난 시점이었다.

전라좌도의 거의 모든 도적이 남원에 모였는데 그 숫자가 대략 7만여 명이었다. 남원의 지형은 길이 사방으로 통하기 때문에 모이고 흩어지기에 편리했다. 예정된 날짜보다 며칠 앞서 유복만劉福晩이 교룡산성蛟龍山城을 점거한 뒤 병기고를 열어 무기는 남원으로 보내고, 화약은 길에다 뿌렸는데 쌓인

---

113 글의 전개로 미루어 보면, 이 '25일'은 당연히 8월 25일이어야 한다. 그러나 『동학농민혁명 자료총서』 「영상일기嶺上日記」 등에 따르면 김개남이 남원에 들어간 날은 6월 25일이다. 따라서 황현은 월月 표기 없이 '25일'로만 기록했지만, '(6월) 25일'이라고 표기했다. 「영상일기」는 남원에 거주하던 김재홍金在洪이 1892년 10월~1895년 1월까지 쓴 일기이다. 이 일기에는 남원을 중심으로 활동했던 김개남의 동학농민군 활약상이 상세히 기록되어 있다.

두께가 한 치쯤 되었다. 화살과 화살촉은 태우고, 그 대신 불리지 않은 쇠로 마름쇠(끝이 송곳처럼 뾰족한 서너 개의 발을 가진 쇠못으로, 도둑이나 적을 막기 위해 흩어 두는 용도로 쓰인다) 수십 섬을 만들어 여기저기 어지럽게 뿌려 놓았다. 박문달이 이 소식을 듣고 걸인과 행려자를 불러 모아 마름쇠를 주워 오면 돈 10문文씩을 준다고 했더니 마름쇠가 모두 운봉으로 들어갔다. 남원은 호남좌도 지방을 보호하고 막아주는 산성이 있는 곳이며, 무기가 정밀하고 예리하기가 도내에서 으뜸이었는데, 이때 몽땅 없어졌다.

개남이 도착하자 도적들은 군복을 입고 나가서 맞이했는데, 깃발을 들고 징을 치며 늘어선 행렬이 80리나 이어졌다. 지방에서 일어난 우리나라 도적 떼의 기세가 이처럼 거센 적은 일찍이 없었다. 오수역獒樹驛에 이르렀을 때, 도적 가운데 한 명이 찰방의 근무지에 들어가 은가락지를 빼앗는 사건이 발생했다. 개남이 이 소식을 듣고 즉시 은가락지를 빼앗은 사람의 목을 베어 막대기에 매달고 행렬 앞에 세워서 경계로 삼았다. 도적들이 조금 주춤했다.

봉준은 개남이 남원에 웅거할 것이라는 소식을 듣고 곧바로 전주에서 남원으로 달려갔다. 봉준이 개남에게 말했다.

"지금 정세를 살펴보면, 일본과 청나라가 계속 전투를 벌이고 있지만 어느 한 쪽이 승리하면 틀림없이 군대를 이동시켜 먼저 우리를 칠 것입니다. 우리 무리가 비록 숫자는 많지만 모두 오합지졸에 불과하므로 쉽게 달아날 것이 뻔합니다. 이 때문에 끝내 우리의 뜻을 이루지 못할지도 모릅니다. 귀화를 명분으로 삼아 여러 고을로 흩어진 뒤, 사태의 변화를 천천히 지켜보는 편이 좋을 것 같습니다."

개남은, 대중은 한번 흩어지면 다시 모이기 어렵다는 이유를 들어 봉준의 말을 듣지 않았다.

이어서 손화중이 도착하여 개남에게 말했다.

"우리가 봉기한 지 이미 반년이 지났습니다. 비록 호남 한 도가 호응했다고는 하지만 사대부로 명망이 높은 사람들은 추종하지 않았고, 부자들도 추종하지 않았으며, 글 잘하는 선비들 역시 추종하지 않았습니다. 접장으로 불리는 사람은 어리석고 천하여 남에게 해를 입히거나 빼앗고 훔치는 일을 즐겨할 뿐입니다. 인심의 향배를 가늠해보건대 일은 결코 성사될 수 없습니다. 사방으로 흩어져, 구차하지만 살아남는 길을 도모하는 편이 나을 것 같습니다."

개남은 이 말 또한 듣지 않았다.

이 무렵 박문달은 운봉을 지키면서 남원과 호각지세를 이루고 있었다. 봉준은 혼자서 말을 타고 운봉으로 들어가 문달을 설득했다.

"개남과 우호 관계를 맺고 도인들 간의 왕래를 막지 않는다면 개남 또한 귀화할 것입니다. 그렇게 되면 유독 운봉의 백성이 겪고 있는 이 고통에서 벗어날 수 있습니다."

그러자 문달이 호통을 치면서 말했다.

"그가 정말 내일 귀화한다고 해도 오늘은 도적일 뿐이다. 여러 말 하지 말고 빨리 돌아가라."

봉준이 떠난 뒤 문달은 발을 구르며 말했다.

"도적의 괴수가 스스로 죽을 길을 찾아왔는데 내가 놓아주었구나! 이것은 정녕 하늘이 내 정신을 빼앗은 것이 아니고 무엇이랴!"

이렇게 자괴하면서 탄식해 마지않았다.

이 무렵 호남에서 도적을 추종한 사람들을 보고 들은 대로 적어보겠다. 수령으로는 익산 군수 정원성鄭源成, 구례 현감 조규하趙圭夏, 오수 찰방 양주혁梁柱爀이 있으며, 양반으로는 화순 진사 조병선曹秉善, 임실 진사 한홍교韓興敎, 홍양 진사 신서구申瑞求, 순천 진사 유재술劉在述이 있다. 그 나머지는 일일이 다 기술할 수도 없다. 소문이 돌고 돌아 사실과 달라서 자세히 알 수 없었다.

조규하는 현감으로 재직하면서 다른 지방의 도적들이 올 때마다 주연을 마련해 극진하게 대접했다. 그는 상대를 노형老兄으로 부르면서 치켜세웠고, 맞이하고 전송하는 일에 정성을 다했다. 마지막에는 상여암上輿菴으로 개남을 찾아가 만났다. 자신의 조카에게 개남을 따르게 했으며, 자신은 입도하여 자칭 구도인舊道人이라고 했다. 개남과 서로 접장이라고 불렀는데, 개남은 규하에게 편지를 보내면서 자신을 접으로 낮추었다.

전 구례 현감 남궁표南宮杓는 그대로 구례 읍내에 살고 있었다. 그는 앞장서서 그 지방의 도적 임정연林定然을 따라 입도하고 자신을 제자라고 낮추었다. 또한 그 지방의 사람들에게 입도를 권했다. 그는 『동경대전』을 펼쳐 놓고 쉬지 않고 읽으면서 찬탄을 연발했다. 이 때문에 어리석은 백성들 가운데 도적을 추종하는 자들이 나날이 늘어났다.

전 고부 군의軍醫 옹택규瓮宅圭는 도적을 추종하여 입도하고, 자신의 호를 '일원一元'이라고 지었다. 도적들은 택규를 높이 여겨 '일원 어르신'이라고 불렀다. 택규는 여러 번 과거에 응시했지만 낙방했는데, 시詩를 조금 한다는 소문이 과거 시험장에 돌았다. 우연히 김종한金宗漢의 눈에 띄어 그의 천거로 군의가 되었다. 택규는 자신의 재능과 명성에 자부심을 갖고 있기 때문에 남의 밑에 있는 상황을 늘 답답해하면서 분발하려고 생각했다. 마침 동학이 일어나자 택규는 앞장서서 호응했다. 도적들은 대부분 우둔하고 무식하여 문학하는 자가 없던 차에 택규를 얻게 되자 크게 기뻐하며 대접주로 추대했다.

또 고부 유생 출신의 송진상宋鎭庠이라는 자가 있는데 이 무렵 구례에 살고 있었다. 그는 과거의 시 과목에서 택규에 견줄 만한 수준으로, 택규·봉준과 서로 친밀하게 지냈다. 봉준을 따라 입도했는데, 규찰 임명장을 받았다면서 마을에다 뜻한 바를 이룬 것처럼 자랑했다.

이 무렵 호남 사람들 가운데 조금이라도 학문과 지식이 있는 사람은 아무도 도적을 추종하지 않았지만 택규와 진상이 처음으로 도적을 추종했다. 이 때문에, 시골 마을에서 과거 공부를 하는 선비들은 이들을 입에 올리는 일조차 부끄러워했다.

6월 말부터 비가 내리지 않다가 이달(8월) 스무엿새가 되어서야 비로소 비가 내렸다. 도랑마다 물이 차서 넘쳐흘렀다.

봄부터 여름까지 큰비가 내리지 않았다. 오뉴월에는 거의 매일 비를 뿌렸지만 가랑비만 흩뿌리다가 말았으므로 못자리는 뿌리나 겨우 적실 뿐이었다. 하천 상류에서 흘러오는 물줄기는 오래전에 말라버렸고, 닷새 정도 비가 내리지 않으면 하천 바닥이 바로 거북이 등처럼 갈라졌다. 더욱이 칠팔월 두 달 동안 하늘에는 구름 한 점 없는 불볕더위와 가뭄이 계속되어 마치 온 세상이 불타는 듯했다. 새싹은 모두 말라버리고 마른바람에 먼지만 날렸지만, 도적의 기세는 갈수록 치열해졌다. 사람들은 도적들이 무더위 속에 몰려다니기 때문에 틀림없이 급체·학질·이질 따위의 질병에 걸려 죽는 자가 많을 것이라고 생각했다. 그러나 오히려 여러 고을의 도적들은 병이 나거나 더위를 먹은 사람이 한 명도 없었다. 어떤 사람들은 하늘마저 도적을 돕는 게 아니냐고 의심했다. 남원 위쪽으로 경기 지방에 이르기까지 여름비가 가을까지 계속되어 이해에 큰 풍년이 들었지만, 호남 좌·우도에서 바다를 끼고 있는 수십 개 고을만이 유달리 가뭄으로 큰 피해를 입었다.

이즈음 서울의 소식마저 딱 끊어지고 호남 전체는 재난으로 결딴이 났다. 도적들은 으르렁거리며 자못 할거하는 기세를 떨쳤다.

그들은 흉악하고 포악한 서슬로 못하는 짓이 없었다. 대열에서 떨어져 나온 도적이 네댓 명씩 떼를 지어 돌아다니면서 이웃 마을의 소를 자주 잡아 먹었다. 특히 철부지 아이들로 구성된 동몽군童蒙軍이 가장 교활하고 악랄하게 굴었다. 아직 장가를 들지 못한 이놈들은 남의 집 방 안을 기웃거리다가 처녀가 있으면 문에다 수건을 걸어 놓은 뒤, 그것을 정혼의 증거이자 신랑 집에서 보내는 예물이라고 떠들었다. 수건이 한번 걸리면 처녀 집에서는 감히 다른 사람과 정혼을 하지 못했다. 이것을 '늑혼勒婚(억지 혼사)'이라고 했다.

그리하여 사대부와 향품鄕品은 물론이고 서민의 집안에서도 무릇 처녀가 있으면 억지 혼사를 피하기 위해 중매를 기다리지도 않고 일진日辰 같은 것은 따질 새도 없이 비슷한 가문끼리 귓속말로 혼사를 약속했다. 그리하여 대접에 물만 떠 놓은 채 서로 손을 잡고 초례를 올린 뒤 서둘러 동방화촉을 치른 다음 신부는 시가로 들어갔다. 장가들고 시집가는 일이 이렇듯 어지럽게 뒤섞여서 시골 마을은 마치 미친 것 같았다. 민간에서는 이런 혼사를 '사흘 혼사'라고 했는데, 오늘 혼사를 약속하면, 이튿날 초례를 올리고, 그 다음 날에 시댁으로 간다고 하여 나온 말이다. 이러했으므로 열네 살 이상 나이를 먹은 처녀는 집 안에 없었다. 동짓달 막바지 무렵에는 도적들이 억지 혼사를 하고 싶어도 남아 있는 여자라곤 모두 젖비린내가 가시지 않은 어린애거나 머리에 비녀를 지른 부인밖에 없었다. 이런 상황에 이르자 도적들은 실소하면서 욕을 퍼부었을 뿐이다.

도적 무리는 대체로 천한 노비 출신이 많았다. 그래서 양반과 사대부를 가장 미워했다. 길에서 고급스러운 갓(종관鬃冠)[114]을 쓴 사람을 만나면 갑자

---

114 『경국대전』에 따르면 종관鬃冠(말총으로 만든 갓)은 사족들이 쓰는 것으로 되어 있고, 『대전후속록大典後續錄』에는 당상관 이하는 종관의 착용을 금하는 기록이 있다. 조선 중기까지는 당상관 이상에서만 종관을 착용했던 것으로 보인다.

기 욕설을 퍼부으면서 "너도 양반이냐?"며 갓을 빼앗아 찢어버렸다. 어떤 놈
들은 갓을 빼앗아 자기가 쓰고서 저잣거리를 쏘다니며 모욕을 주었다. 대체
로 민가의 노비로 도적을 따라나선 자는 말할 것도 없고, 도적을 따라나서지
않은 자도 도적을 끌어대며 주인을 협박하여 노비 문서를 태워버리게 함으
로써 억지로 양민이 되었다. 간혹 주인을 묶고 주리를 틀거나 곤장을 때리는
경우도 있었다. 이런 소문을 듣고 노비가 있는 집안에서는 미리 노비 문서
를 태워 화를 피하기도 했다. 노비 가운데 착실한 이는 간혹 노비 문서를 태
우지 말아달라고 하기도 했다. 그러나 도적의 기세가 더욱 치열해지고 걷잡
을 수 없이 확장되었기 때문에 주인은 노비를 더욱 두려워했다. 이따금 사대
부인 주인과 그의 노비가 함께 도적을 추종한 경우, 서로 상대를 '접장'이라
고 부르면서 도적의 법도를 따랐다. 백정이나 광대 무리 또한 평민·사대부
와 대등한 예를 취했으므로 사람들은 더욱 이를 갈았다.

　손화중은 전라우도 지방의 백정·광대·역졸·대장장이·승려 등 평상시에
는 가장 천한 부류에 속한 사람들을 모아서 별도로 한 접接을 만들었는데, 사
납고 악독하기가 비길 데가 없었기 때문에 사람들이 매우 두려워했다.

　이 무렵, 도적 최시형은 보은에 있었다. 그가 도적 무리에게 보내는 문서
는 '경통警通'이라고 불렀다. 시형은 7월부터 줄곧 경통을 보내서, 무덤을 파
헤치고 빚을 받아내는 일을 금지시켰다. 그러나 도적들은 이미 질서가 무너
진 뒤라 서로 규찰할 수 없었다. 그 때문에 이른바 '경통'이라는 것도 휴지
조각에 지나지 않았다. 시형은 또 봉준과 개남 등에게 무기를 버리고 귀화하
라고 했지만, 봉준 등은 따르지 않았다. 개남은 남원에 있으면서 매번 경통
을 받을 때마다 땅에 던져버리고 인상을 쓰며 쏘아붙였다. "최 첨지가 월권
하는 일이 잦다. 다만 먹고 마시면서 편안히 있으면 됐지, 공연히 다른 사람
들의 생각을 어지럽게 만든다." 첨지라는 말은 사람들 사이에서 사용되는 속

된 말로, 노인을 가리킨다. 말하자면, 도적들은 처음엔 시형에게 의지하여 봉기했지만 어느 정도 명성과 위세를 이루자 제멋대로 행동했고, 결국엔 시형의 명령조차 따르지 않았던 것이다.

5월 이후로 수령과 사대부들 가운데 많은 사람이 도적을 추종했다. 어리석은 백성은 이를 본받아 바람에 먼지만 날려도 스스로 도적에게 가서 복종했고, 『동경대전』을 위대한 성인의 저작으로 간주했다. 마을에 강당을 설치하고 새벽부터 저녁까지 『동경대전』을 열심히 익혔다. 어린아이들은 모두 「격검궁을지가擊劍弓乙之歌」를 유창하게 불렀고, 논두렁이나 밭두렁에서도 '시천주侍天主'를 읊는 소리가 넘쳐났다. 이런 현상은 호남 지방에서 경기 지방까지 천 리에 이르는 지역과 길바닥으로 이어졌다. 평민들은 감히 이런 행동을 함부로 지적하거나 나무랄 수조차 없었다. 다만 도적을 따르는 것을 입도入道라 하고, 도적 무리를 도인道人이라고 일컬었을 뿐이다. 도인이라는 두 글자는 입에 익숙해져 마치 당연한 말처럼 되었지만, 모두들 입을 가리고 자제하면서 되도록 입에 담지 않으려 했다.

도적들은 만날 때 서로에게 매우 공손한 예를 취했다. 신분의 귀천이나 나이의 고하를 따지지 않고 똑같이 평등한 예를 행했다. 비록 나약하고 용렬한 사람이 접주 자리에 있어도 그 무리는 모두 자신을 굽히고 그를 섬겼다. 그들은 약탈할 때 재물을 가진 사람에게 "입도했느냐?"고 물어서 "그렇다"고 대답하면 우대하여 용서해주고, "그렇지 않다"고 대답하면 고문과 매질을 배로 늘렸다. 이 때문에 많은 사람이 거짓으로 입도했다고 대답했다. 도적들은 나중에야 그런 대답을 의심하고 입도 경위를 추궁했는데, 이를 '연원淵源을 캔다'고 했다. 만약 연원이 분명하지 않으면 다시 고문했다. 그래서 사람들은 연원을 줄줄 외워 두루 꿰고 있었다.

도적들이 스승을 대하는 예절 또한 매우 정중했다. 대체로 보면 제우와 시형 등에 대해서는 모두 그 이름자를 기휘했다. 제우를 가리킬 때는 '제濟 자, 우愚 자'라고 했으며, 시형을 가리킬 때는 '시時 자, 형亨 자'라고 했다. 접 주를 가리킬 때도 마찬가지로 기휘했다. 간혹 별명을 부르기도 했으며, 때로 는 자字를 사용하여 '어떤 어르신, 어떤 분'이라고 불러서 듣는 사람을 구역 질나게 만들었다.

도적들은 공격해서 빼앗는 행위를 반드시 '행군行軍'이라고 했고, 징발한 양곡을 '군수미', 징수한 돈을 '군수전', 징수한 삼베를 '군포'라고 했다.

도적들은 매번 싸울 때마다 패배를 꺼려 했다. 특히 피살되는 것을 가장 꺼렸다. 사망자가 천여 명에 이르면 그 수를 수십 명이라고 줄였으며, 백여 명이면 몇 사람뿐이라고 줄였다. 접전하다가 포탄에 맞아 쓰러지면 반드시 땅속에 묻어 흔적을 없애버렸고, 새로 들어온 사람에게는 "도인은 죽거나 부 상을 당하지 않는다"고 했다. 때로는 불로 옷을 태워 스스로 구멍을 내서 마 치 탄환에 맞은 것처럼 만들고 "탄환마저 살을 뚫고 들어오지 못한다"며 서 로를 속이고 홀렸다. 이 때문에, 고부와 전주가 함락될 때부터 운봉과 하동 의 전투에 이르기까지 실제 관군 사망자는 거의 없고 오직 도적에서만 죽은 사람이 많이 나왔음에도 불구하고 도적 무리는 도리어 이런 사실을 몰랐다. 사오 개월에 걸쳐 전투를 치르는 동안 도적들의 실제 사망자는 수만 명이나 되었다.

9월 1일

금구의 도적 김인배金仁培가 광양·순천의 도적들과 합세하여 하동을 함락 했다.

그 무렵 광양에 숨어 있던 하동의 도적은 궁색하기 짝이 없었지만 돌아갈 곳이 없어 분노하고 원망하면서 보복을 하려던 참이었다. 마침내 인배를 끌어들이고, 포包들에게 거짓 명령을 내려 8월 그믐께 하동에서 만나자고 약속했다.

하동 부사 이채연李采淵은 도적들을 쫓아냈던 일 때문에 겁을 먹고 대구로 달아났다. 그러자 사람들은 전 주부主簿 김진옥金鎭玉을 추대하여 민포 대장으로 삼고, 급히 통영으로 사람을 보내서 대형 화포 12대를 빌려 와 강변에 죽 둘러 설치한 뒤 죽음을 각오하고 지킬 계획을 세웠다.

인배는 순천의 도적 유하덕劉夏德과 함께 1만여 명의 도적을 몰고 와서 강을 끼고 진을 쳤다. 도적들은 하동의 방어가 엄중하다는 사실을 꺼림칙하게 여겨 강을 건너려고 하지 않았다. 인배는 부적 한 장을 그려 수탉의 가슴에 붙인 다음, 그 닭을 묶어서 100보 밖에 놓고 심복 포졸砲卒에게 쏘아 맞추라고 했다. 그리고 바로 무리를 향해 큰 소리로 외쳤다.

"닭은 반드시 총알에 맞지 않을 것입니다. 접장 여러분은 내 부적의 효험을 믿으십시오."

잇달아 세 번 총을 쏘았지만 닭은 한 발도 맞지 않았다. 도적들은 환호성을 지르며 부적의 효험이 좋다고 떠들면서 옷에다 부적을 붙이고는 앞을 다투어 강을 건너갔다. 도적들은 두 갈래로 나뉘어 진격했다. 한 갈래는 섬진강에서 비교적 강바닥이 얕고 물살이 세게 흐르는 곳을 골라 강을 건너간 뒤 하동부 북쪽에 진을 쳤고, 다른 한 갈래는 망덕望德 앞 나루터에서 배다리를 연결하여 물살을 거슬러 올라가 하동부 남쪽에 진을 쳤다.

하동부는 본디 성곽이 없이 산을 등지고 강에 면한 지형적 특색을 이점으로 삼아 견고함을 지켰다. 향병과 민포는 하동부 뒤쪽의 안봉鞍峯에 진을 쳤다. 대완포를 발사하려고 했지만 막상 점화 방법을 잘 모른 탓에 포탄 발사가 늦어졌고, 게다가 겨우 발사하면 포탄은 모두 엉뚱하게 공중을 향해 날아갔다. 도적들이 누웠다 일어났다 하면서 재빨리 피했기 때문에 큰 타격을 입히지 못했다. 상황이 이렇게 전개되자 관군은 겁을 집어먹었다.

9일 2일

초저녁 어둠이 내리자 도적들이 함성을 지르며 사방을 에워쌌다. 알몸에다 부적을 붙인 채 안산으로 육박해 올라왔다.

채연이 모집한 향병鄕兵은 갈피를 잡지 못하여 크게 어지러웠고 결국 앞을 다투어 달아났다. 오직 김진옥이 이끄는 화개 민포 35명만 똘똘 뭉쳐 총을 쏘아댔다. 민포는 평소 사격술이 뛰어나 총을 쏠 때는 늘 세 걸음을 옮긴 뒤 반드시 한 발을 쏘았는데, 그들이 내뿜는 총알이 소나기처럼 쏟아져 시체가 계곡을 가득 메웠다. 그러나 도적들은 수적으로 우세한 것을 믿고 앞사람이 쓰러지면 뒷사람이 그 사람을 밟고 고개를 쳐들고서 전진했다. 도적의 포위가 점점 조여왔지만 어둠이 깊어져서 민포는 총을 쏘아도 맞힐 수 없었다. 진옥은 중과부적으로 끝내 몰살될까 두려워하여 마침내 철련鐵練을 휘둘러 포위망의 한쪽을 뚫고 서쪽으로 달아났다. 민포 가운데 세 명이 죽었다.

도적들은 어둠 때문에 달아나는 민포를 추격할 수 없었다. 날이 밝자 병력을 수습하여 하동부로 들어왔다. 민포를 모두 죽여 없애겠다고 공언하면서 민가 10여 채를 불태우고, 하동부 안에 도소都所를 설치했다. 도적들은 사방으로 흩어져 주변 마을을 약탈했다. 화개동花開洞에 들어가서는 민포의 발상지라고 이를 갈며 민가 500여 채를 잇달아 불태워버리고, 물레와 나막신까지 약탈하여 산더미 같은 물자를 실어 날랐다. 짐수레가 네댓새 동안 광양·순천 길에 끊임없이 이어졌다. 민포 가운데 앞뒤로 사로잡혀 죽은 사람이 모두 10여 명이었다. 도적들은 계속해서 대엿새 동안 화개에 머물렀다. 몇몇은 서둘러 돌아갔지만 흉악한 자들은 인배를 따라 진주로 향했다.

도적들이 하동을 침범했다는 소식을 듣고 호남과 영남의 모든 군郡은 날마다 관군의 승전 소식을 기다렸다. 그러나 패전 소식이 전해지자 멀거나 가깝거나 모든 지방에서 사기가 떨어졌고, 도적의 기세는 더욱 맹렬해졌다. 진주·사천·곤양 같은 고을에서는 전부터 동학에 물들어 있던 자들과 간악한 백성들이 일시에 함께 들고일어나서 도저히 그 기세를 막을 수 없었다.

진주 병사兵使가 영장營將을 보내 인배를 마중하게 했다. 영장은 도인들을 죽인 죄를 사과하고, 도적들을 인도하여 진주로 들어왔다. 이때 또 성주星州가 도적들에게 함락되었다는 소식이 전해졌지만, 거리가 멀어 자세한 내용은 알 수 없었다.

이 무렵 위급함을 알리는 호남의 경보는 날로 급박해졌지만 영남우도 일대는 아직 어지럽지 않아서 관의 명령이 여전히 준행되었다. 그런 한편 병마절도사·수군절도사·수령들의 탐욕과 포학도 조금도 줄어들지 않았다. 관리의 시달림에 지친 백성은 매우 한스러워하면서 날마다 어서 빨리 도적이 오기만을 기다렸다. 이런 까닭에 인배가 진주를 침범했을 때 군졸이나 백성들 가운데 나서서 막는 사람이 하나도 없었던 것이다. 이들은 도리어 도적들을 안내하고 약탈을 도왔다. 도적들이 진주에서 사방으로 나가 단성·산청·의령·진해·칠원 등 여러 고을을 모두 불태우고 약탈하자, 백성들은 비로소 자신들의 실책을 후회하며 비밀리에 방어할 계책을 의논했다.

진주 병사兵使 민준호閔俊鎬가 도적들을 영접했다. 그는 자신을 '하접下接'이라 낮추고 인배와 오랫동안 귓속말을 나누었다. 인배는 병영에 들어가지 않고 곧바로 삼가로 향했다. 사람들은 준호가 도적과 내통했다며 분개했다.

같은 날, 호남 염찰사 엄세영이 금구 현령 김명수金命洙, 장성 현령 민상호閔尙鎬, 고부 현령 박원명朴源明, 부안 현령 이철화李喆和, 정읍 현령 오학영吳學泳을 먼저 파면하고, 그 죄를 해당 부서에서 처리해줄 것을 임금에게 요청했다.

같은 날, 군국기무처의 제의 안건[115]

- 충신과 효자에게 품계를 올려주는 일은 그 충효를 장려하기 위함이며, 조정 관리의 조상에게 벼슬을 내리는 일은 그 공로를 표창하기 위함입니다. 또한 시호를 내리는 의식은 바로 조정에서 그 사람의 덕행과 공로에 보답하는 것입니다. 관제를 새로 정한 다음에 이런 일을 미처 논의하지 못했기 때문에 진실로 한 가지 결함으로 남아 있었습니다. 마땅히 의정부에서 별도의 조례를 제정하여 품지한 다음 시행하는 사안입니다.(*9월 1일에 올린 의안)

- 의회가 열린 뒤로 기무처에 진정서를 올린 선비와 백성이 십수 명이 넘습니다. 그 가운데 몇 사람의 진정은 이미 수용했습니다. 나머지 사람들에 대해서는 별도로 파견할 사람을 정하여 한 사람 한 사람 정확히 조사할 것입니다. 채택할 만한 의견이 있으면 의회에 제출한 다음 의정부로 보내서 재능에 따라 가려 쓰게 하는 사안입니다.(*9월 1일에 올린 의안)

---

115 군국기무처가 제의한 안건은 원문에 오·탈자가 있는 까닭에 『고종실록』에 따라 옮겼다. 황현은 '같은 날'이라고 하여 위 안건이 모두 동일한 날짜에 제의된 것처럼 기록했지만, 의안마다 날짜가 약간씩 다르다. 해당 의안의 끝부분에 (*)로 표시하여 의안이 올라간 날짜를 밝혔다. 『고종실록』 1894년 9월 1일자 및 9월 3일자 기사 참조.

- 종전에 각 부서(各司)에서 지방의 각 도道로부터 강제로 거둔 것은 그 항목이 일정하지 않아 백성과 고을에 큰 폐단으로 작용했습니다. 지금 새로운 제도를 이미 반포했으니 이전의 잘못은 저절로 제거될 것입니다. 궁내부 소속의 각 부서 또한 마찬가지로 엄격히 준수해야 합니다. 하지만 지방 감영과 고을에서는 아직 정확한 공문을 보지 못했기 때문에 어쩌면 의혹을 가질 염려도 있습니다. 의정부에서는 빨리 공문을 보내서 단단히 타일러 경계해야 하겠습니다. 다만 지방 관아가 약국에 진 빚(약채藥債), 아전이 백성의 청원 문서를 대신 써주고 받던 삯(필채筆債), 점포 자릿세(포진채鋪陳債), 노자나 기타 명목으로 청구하는 돈(구청전求請錢), 전임자가 신임자로부터 받는 돈(벌례전罰例錢), 호장에게 받는 세(호장채戶長債)와 같은 명목은 시행된 지 이미 오래된 것들로 모두 해당 감영과 고을에서 처음부터 지출할 항목에 포함해 놓았지만, 지금 폐지한 뒤에는 틀림없이 중간에서 없어질 것입니다. 각 도의 감영에서 철저히 조사하여 처음부터 있던 항목이 아닌데 임시로 시행한 항목에 대해서는 영원히 시행하지 말도록 하고, 처음부터 정한 항목에 속한 것은 탁지아문에서 받아들인다는 사안입니다.(*9월 3일에 올린 의안)

- 궁내부에서 궁중의 물품 조달을 관장하는 회사를 따로 설치하여 종전처럼 어용御用 물품을 필요에 따라 마련하여 바치게 하되, 그 대금은 매월말에 시가로 계산하여 치른다는 사안입니다.(*9월 3일에 올린 의안)

- 세 도에서 단오절에 바치던 부채와 평안도·황해도 두 군영에서 연말에 바치던 공물은 모두 폐지하고, 대궐에서 이 두 가지 명목으로 백성에게 거두던 것은 영원히 없애며, 공금 중 입회하여 실지 조사를 하던 것은 모두 탁지아문으로 돌려서 납부하게 하는 사안입니다.(*9월 3일에 올린 의안)

- 각 감영과 각 고을의 관용 물품 조달 비용을 배정하는 규례는 전부 없애고, 필요한 모든 물건은 시가로 구입하여 쓴다는 사안입니다.(*9월 3일에 올린 의안)
- 7월 2일의 제의 안건 가운데 각 부, 각 아문, 각 군문에서 제멋대로 체포하여 형벌을 가하지 못하도록 하는 안건은 이미 임금의 재가를 받았습니다. 이에 각 궁 또한 이 규례를 준용하게 하는 사안입니다.(*9월 3일에 올린 의안)

9월 3일

영남 선무사 이중하는 백성들이 소요를 일으켜 변고가 생겼음에도 신령新寧 현감 민영덕閔泳悳이 먼저 도망쳤으므로 우선 그를 파면하고 그 죄상을 해당 부서에서 처리해달라고 임금에게 요청했다.

9월 6일[116]

황해 감사 정현석鄭顯奭은 토산兔山[117] 현감 김운배金雲培가 지난날 보고도 없이 제멋대로 자리를 비운 일을 들어 우선 그를 파면하고 합당한 죄를 줄 것을 요청하는 보고를 임금에게 올렸다.

임금이 지시를 내렸다.

"농상 협판 성기운成岐運을 일본 주재 전권대신으로 특별히 파견한다. 도

---

116 9월 6일 황해 감사 정현석이 김운배에게 죄줄 것을 청하는 장계에 관해 의금사가 임금께 아뢰고 김운배의 나수拿囚를 요청하여 임금이 윤허한 날은 9월 7일이다. 『승정원일기』 1894년 9월 7일자 기사 참조.

117 원문에 '면산兔山'으로 되어 있으나 '토산兔山'의 오기이므로 바로잡는다.

쿄에 가서 사신의 업무를 수행하라."

경상 감사 조병호趙秉鎬가 임금에게 보고했다.

"전 의흥義興 현감 채경묵蔡慶黙은 수령으로 근무한 지 채 일 년도 안 되었는데 포학하고 가혹한 정사가 한두 가지가 아닙니다. 합천陜川 군수 민치순閔致純은 3년 동안 재직하면서 오로지 재물 욕심을 채우는 데만 전념했습니다. 이처럼 불법을 자행한 자들을 혹시라도 그대로 덮어 둔다면 탐욕스러운 수령들을 징계할 수 없을뿐더러 재난을 입은 백성을 안정시키고 보호할 수 없습니다. 두 사람 모두 먼저 파면하고, 그들의 죄상을 해당 부서로 하여금 전하게 보고를 올리도록 처리하십시오."[118]

임금의 지시가 있었다.

"요즘 같은 때는 관직에 임명되면 마땅히 빨리 임지로 달려가서 부임해야 하거늘, 어떤 사람은 서울에 있으면서도 지방에 있다 하고, 또 어떤 사람은 탈 없이 잘 지내면서도 앓고 있다는 평계를 대기도 한다. 나라에는 기강이 있고 신하는 지켜야 할 분수가 있는데, 어떻게 이럴 수 있단 말이냐! 승선원承宣院에서 철저히 조사하여 보고하라."[119]

의정부에서 제의하기를 "노성魯城에서 무기를 빼앗겼다가 도로 찾았습니다. 현감 김정규金靖圭는 잠시 죄를 지었으나 그대로 직무를 보게 하여 앞으

---

118 『고종실록』 1894년 9월 7일자 기사 참조. 원문에 오·탈자와 내용 누락이 있으므로 원사료에 따라 옮겼다.

119 『고종실록』 1894년 9월 9일자 기사 참조.

로 더 나은 성과를 올리도록 하는 것이 어떻겠습니까?" 하니, "그렇게 하라." 고 지시했다.

또 제의했다.

"방금 경상 감사의 전보를 살펴보니, 비적 떼 수백 명이 성주로 쳐들어오려는 것을 아전과 백성들이 힘을 합쳐 막고 있을 때 그 고을 수령은 밤을 도와 몰래 도망쳐서 결국 무너졌다고 합니다. 요즘 지방 비적들의 약탈로 곳곳에서 걱정거리가 빌생하고 있습니다만, 함부로 고을을 침범하는, 전에 없던 이런 변고가 일어날 줄이야 어찌 짐작이나 했겠습니까? 너무나 놀라운 일이라 차라리 말을 하고 싶지 않습니다. 수령의 직책을 맡은 자라면 마땅히 자신이 솔선해야 하는데도 어려운 때를 맞아 도리어 구차스럽게 도망쳐서 민심이 흩어지고 지키지 못하게 하였으니 그 죄를 용서할 수 없습니다. 성주 목사 오석영吳錫泳을 먼저 파면한 다음 의금사에서 신속히 잡아다가 신문하고 엄중하게 처벌하며, 그 대신 첨지중추원사 조익현趙翼顯을 성주 목사로 임명하고 역마를 내어 당일로 내려보내는 것이 어떻겠습니까? 그리고 이어서 해당 감사에게는 병영兵營이나 수영水營에 특별히 별도로 명령을 내려 하루속히 군사를 조발하여 비적을 토벌하고 두목의 목을 먼저 벤 뒤에, 이후 사건의 전말을 보고하도록 급한 공문으로 통지하는 것이 어떻겠습니까?"[120]

이에 "그렇게 하라."고 지시했다.

또 제의했다.

"방금 평양 감사의 전보를 받아 보니, 서윤庶尹은 이미 죽고 중군장中軍將

---

[120] 이 의안은 원문에 누락된 내용이 많아 원사료에 따라 옮겼다. 『고종실록』 1894년 9월 9일 자 기사 참조.

은 달아났다고 합니다. 서윤에는 용강龍岡 현령 이우영李遇永을 전근시켜 속히 부임하게 하고, 중군장 이희식李希植은 속히 잡아다가 신문하고 치죄하도록 해야 합니다."[121]

또 제의했다.

"함경남도 병마절도사 자리가 비어 있습니다. 전 병사兵使 이용익李容翊은 오랫동안 열심히 노력한 수고가 두드러져서 백성들이 여전히 그리워하고 있다 합니다. 특별히 다시 임명하고 길을 재촉해 내려보내는 것이 어떻겠습니까?"

"그렇게 하라."고 지시했다.[122]

용익은 단천端川 사람으로 체력이 유난히 뛰어나 하루에 500리를 달릴 수 있었다. 왕비가 충주로 피신할 때 용익이 모시고 따라갔다. 매번 서울에 급한 소식을 전할 일이 있으면, 용익은 하루 만에 충주와 서울을 오갔다. 왕비가 복위하자 특별히 뽑혀 함경남도 병마절도사에 임명되었고, 겸하여 서

---

121 이 기록은 날짜뿐 아니라 내용에서도 『승정원일기』의 기사와 많이 다르다. 『승정원일기』 1894년 10월 7일자 기사에 따르면 이우영에 관한 기사는 다음과 같다. "이하영李夏榮이 의정부의 말로 아뢰기를 '지금 평양 감사의 전보를 보니, 서윤이 병으로 직무를 볼 수 없다고 합니다. 이곳에 대한 응접이 고민스럽기만 합니다. 평양 서윤 이우영을 교체하고 바로 후임을 임명하여 속히 내려보내는 것이 어떻겠습니까?" 또한 『승정원일기』 10월 10일자 기사는 이희식에 관해 다음과 같이 기록하고 있다. "의금사 조목에 증거 서류를 덧붙인 평양 중군 이희식 건. '(이희식이) 갑작스럽게 도망병들에게 포박당한 일은 실로 그 행적을 명백하게 증명할 수 있습니다. 이를 참작하여 가벼운 형벌을 적용하니 장杖 100대에 해당하는 속전贖錢을 바치고 공죄公罪를 면하게 하고자 합니다.'"

122 1894년 9월 10일에 이용익을 함경남도 병마절도사로 삼았다. 『고종실록』 1894년 9월 10일자 기사 참조.

북 지방의 은광銀鑛을 관장했다. 여러 번 민란을 격발했지만 왕비가 감싸고 비호하며 총애했기 때문에, 조정과 민간이 모두 분노했다. 이때 와서 또다시 함경남도 병마절도사에 임명되었다.

또 제의했다.

"어제 보고한 안건 가운데 '비적들이 경기 지방까지 침범했습니다. 죽산과 안성 두 고을은 모두 수령을 교체하고, 특별히 재능 있는 사람을 차출하여 군대를 거느리고 내려가도록 해야 합니다.'라는 일에 대해서는 결재를 하셨습니다. 죽산 부사에는 장위영 영관 이두황李斗璜을 임명하고, 안성 군수에는 경리청 영관 성하영成夏泳을 임명하여, 각자 자신이 거느리는 군대를 데리고 즉시 내려보내 기회를 보아 토벌하게 하는 것이 어떻겠습니까?"[123]

또 제의했다.

"평양 감사의 잇따른 전보를 받아 보니, 숙천肅川 부사는 관인官印을 팽개치고 도망쳤으며, 영변寧邊 부사, 안주安州 목사, 성천成川 부사, 상원祥原 군수, 강동江東 현감 및 병마절도사를 보좌하는 병우후兵虞候(병마우후兵馬虞候)들은 모두 관청을 비웠다고 합니다. 관서 지방에서 변란이 일어났을 때 많은 수령이 자신의 직무를 망각하고 거리낌 없이 제멋대로 자리를 떴습니다. 심지어 관인까지 버리고 달아난 자도 있습니다. 법과 기강이 엄연한데, 더없이 놀랍고 통탄스러운 일이 아닐 수 없습니다. 숙천 부사 신덕균申德均, 영변의 지지난번 부사 임대준任大準, 안주 목사 김규승金圭升, 성천 부사 심상만沈相萬, 상원 군수 이국응李國應, 강동 현감 민영순閔泳純, 병우후 김신묵金信黙을 모두 파면하여 쫓아내고, 제멋대로 자리에서 떠나 도망친 진상을 해당 감사에게 자

---

123 『고종실록』 1894년 9월 10일자 기사 참조.

세히 조사하고 보고하게 함으로써 형률에 따라 처단하는 것이 어떻겠습니까?"[124]

"그렇게 하라."고 지시했다.

또 제의했다.

"평안 감사는 부임한 지 이미 오래되었으나 관인官印과 병부兵符를 아직도 전해 받지 못하여 보고를 올릴 수 없다고 합니다. 지금처럼 변방의 보고가 많은 때 공문을 올리지 못한다면 현지 사정을 파악하는 데 지장을 초래할수 있습니다. 평안 감사의 관인은 해당 아문에서 급히 만들어 보내고, 병부는 감사 본인에게 철저히 찾아보게 하여 그 여부를 상세히 보고하게 한 뒤에다시 아뢰어 처리하는 것이 어떻겠습니까?"[125]

"그렇게 하라."고 지시했다.

이때 관인과 병부를 전임 감사 민병석이 가지고 가버렸기 때문에 김만식은 아무것도 없는 상태에서 일을 처리했다. 관서 지방 사람들은 만식을 '일본 감사', 병석을 '청나라 감사'라고 했다.

또 제의했다.

"지금 황해 감사의 보고서를 살펴보니, 서흥瑞興 부사 홍종윤洪鍾奫은 일본군 진영에 잡혀 있고, 아전과 백성들은 뿔뿔이 도망쳐 이리저리 흩어졌다고합니다. 비록 이렇게 된 연유가 무엇인지 알 수는 없지만, 정말 치욕스럽기짝이 없습니다. 종윤은 그대로 둘 수 없으니 먼저 파면하고, 그 내막을 해당감사가 상세히 조사하여 보고하도록 해야 합니다."

---

124 『고종실록』 1894년 9월 10일자 기사 참조.

125 『고종실록』 1894년 9월 12일자 기사 참조.

또 제의했다.

"방금 양호 선무사 정경원鄭敬源의 보고서에 대해 재가하신 것을 살펴보니, '전 충주 목사가 중앙으로 발령이 난 뒤 백성들이 그를 떠나지 못하게 말리면서 유임시켜달라고 하소연하고 있습니다. 정말 이 수령이 아니고는 비적을 회유하고 잠재울 수 없어 온 고을의 백성들이 아무래도 흩어질 것 같습니다.'고 했습니다. 그의 평소 실적이 백성의 신임을 받았다는 사실을 미루어 알 수 있으니, 전 충주 목사 민영기閔泳綺를 특별히 유임시키는 것이 어떻겠습니까?"[126]

"그렇게 하라."고 지시했다.

9월 15일

의정부에서 제의했다.

"방금 경상 감사가 폐해를 바로잡기 위해 올린 글을 보니 고쳐야 할 내용은 다음과 같습니다.

'첫째, 도내의 환곡 총량 가운데 누적되어 체납하고 있는 11개 고을과 역참의 체납 분량은 탕감하기로 하고, 통영의 환곡 폐단을 바로잡아 고친다.

둘째, 농사를 짓지 않는 묵은 논밭 11,703결結은 영영 수확이 없는 토지로 간주한다.

셋째, 토지세는 돈으로 납부하고, 운임은 가능한 한 적게 매기며, 아전에게 주던 잡비는 거두지 않는다.

넷째, 물품을 진상할 때와 임금에게 글을 올릴 때 아전에게 주던 잡비도

---

126 『고종실록』 1894년 9월 12일자 기사 참조.

마찬가지로 백성이 내는 것이니, 모두 금지한다.

다섯째, 재해를 입은 50여 개 고을에서 납부해야 할 세금은, 그것이 새로 발생한 세금이건 납기가 지난 세금이건 모두 내년 가을까지 납부 기한을 연장하고, 호서와 호남에서 세금으로 거두어들인 쌀 몇 만 석을 우선 옮겨준다.

여섯째, 사복시司僕寺에서 각 역참에 보충해주던 파발마를 빌린 돈은 수량을 줄여 규정을 정하고, 공조에서 마련하던 비웃과 언치(말안장 밑에 까는 방석)는 없앤다.

일곱째, 전운소轉運所에서 받는 것을 돈으로 대신 거두면 그것으로 형편에 따라 운반비와 여러 가지 폐단이 있는 일에 융통성 있게 처리한다.

여덟째, 바닷가 각 고을에 매기는 어염세漁鹽稅와 선세船稅는 사실대로 철저히 조사하여 바로잡는다.

아홉째, 남영南營의 군사들에게 지급하는 급료의 부족분은 다른 공금에서 갈라 지급한다.

열째, 도내에서 백성들이 일으킨 소요 사건은 오로지 정한 것 이외에 세금을 더 거두는 데서 비롯되었으므로, 위에 열거한 여러 가지 폐단을 차례로 바로잡는 일은 조정에서 임금께 아뢰어 처리한다.'

영남 일대는 흉년이 거듭 들어 백성들의 목숨이 위태로운 지경에까지 이르렀고, 여러 가지 폐단이 날로 늘어나서 온 도가 소요로 들끓고 있기 때문에, 구제하고 안정시킬 대책을 충분히 강구해야 합니다. 바로 이런 시기에 감사와 선무사가 잇달아 이와 같이 요청하니 마땅히 바로잡아야 합니다. 그러나 군정軍政·환정還政·전정田政은 나라의 중요한 정사이며, 곧 제도 개혁에 관련된 일이니 더욱 신중하게 다루어야 합니다. 신이 탁지아문 대신과 함께 충분히 논의한 뒤 별지를 갖추어 아뢰겠습니다. 만약 전하께서 허락해주신다면 공문을 보내 감사와 선무사의 협의를 거친 뒤 결론을 내리도록 하는 것이 어떻겠습니까?"

"그렇게 하라."고 지시했다.

또 제의했다.

"방금 영남 선무사 이중하李重夏의 보고서를 살펴보니, 동학 무리 사오천 명이 예천군에 쳐들어왔을 때 그 고을의 관리와 백성들이 힘을 합쳐 물리치고, 수급 또한 많이 베고 사로잡기도 했다고 합니다. 나머지는 다 흩어져 도망쳤으나, 그 고을 백성들은 그내로 여세를 몰아 쫓아가서 체포하고, 또 그 지역 안에 있는 소굴을 불사르고 허물어버렸다고 합니다. 비적들은 날이 갈수록 기세등등한 반면에 수령들은 금하고 말리지 못하여 평민들이 살아가기 힘들었는데, 예천의 관리와 백성들은 힘을 합쳐 진압했다니 매우 가상한 일이 아닐 수 없습니다. 그 가운데는 반드시 먼저 계책을 내고 스스로 분발하여 앞에서 선도한 사람이 있을 것입니다. 경상 감사에게 자세히 조사한 다음 사실을 적어 보고하게 함으로써 (그와 같은 이들을) 등용하고 격려하는 방도로 삼는 것이 어떻겠습니까?"[127]

"그렇게 하라."고 지시했다.

또 제의했다.

"지금 화성 유수의 보고서를 살펴보니, 화성 판관 심능필沈能弼을 이미 파면하고 쫓아냈는데 부정하게 모은 재산이 38,020냥이나 된다고 합니다. 법무아문으로 하여금 심능필의 종을 잡아서 가둔 다음, 하루빨리 착복한 재산을 받아내어 해당 백성에게 돌려주라고 분부하는 것이 어떻겠습니까?"

---

127 원문에 오·탈자가 있으므로 원사료에 따라 옮겼다. 『고종실록』 1894년 9월 15일자 기사 참조.

"그렇게 하라."고 지시했다.

다른 때는 감사와 수령의 부정 축재에 대한 법을 적용하는 일이 매우 느슨했다. 단지 아래에서 올리는 보고만 있을 뿐 한 푼도 거둬들이지 못했기 때문에 탐관오리에 대한 징계의 효과가 없었다. 백성들은 이것을 매우 원통하게 여겼는데, 이때야 비로소 옛날 제도를 확실하게 적용한다고 했다.

의정부에서 9월 15일자 영남 지방의 폐단 구제에 관해 덧붙인 문서[128]

- 경상도 도내의 여러 가지 환곡은 72만여 석입니다. 마땅히 여러 고을에 나눠서 규정대로 거두고 내주어야 합니다. 그런데 다른 감영과 고을에 옮겨 판다는 핑계 아래 간사한 자들이 서슴없이 농간을 부리고 있는 실정입니다. 지금 11개 고을과 역참에서 사사로이 써버린 것이 누적되어 전란이나 흉년에 대처할 수 없게 되었습니다. 감사에게 현재의 실제 총량을 특별히 조사하여 사창社倉의 환곡으로 만든 뒤 백성이 규정대로 빌려가고 갚을 수 있게 해야 합니다. 앞뒤로 감영과 고을에서 유용한 것과 아전들이 축낸 것은 하나하나 조사하여 철저히 받아내고, 가짜 총량은 모두 탕감해야 합니다. 중앙과 감영, 고을에서 곡식이 축날 것을 미리 계산하여 받아들이던 관행은 도내의 모든 조세 대상 토지를 계산하여 골고루 배정하고, 통영統營과 우병영右兵營의 식량은 모두 매 석당 8냥으로 값을 정해 징수해서 이 수량대로 지급한다는 사안입니다.

- 토지세를 돈으로 받는다는 사안은 이미 전하의 결재를 받았습니다. 그

---

128 이하 덧붙인 문서의 내용은 원문에 누락된 글자와 오기가 있으므로 원사료에 따라 옮겼다. 『고종실록』 1894년 9월 15일자 기사 참조.

렇다면 이전에 배로 실어서 납부하던 고을에서도 모두 쌀을 기준으로 값을 정해 받고, 중앙정부에 내는 전세田稅·대동미大同米·삼수미三手米와 콩, 그리고 아래에 내려주는 쌀에 대해 명목을 정하지 말고 석石 수를 합친 뒤 잡비까지 포함하여 탁지아문에 납부하도록 해야 합니다. 포량 砲糧은 이전처럼 강화 진무영江華鎭撫營에 직접 납부하게 하고, 감영·진 영鎭營·고을에서 필요한 쌀은 중앙에 바치는 쌀값을 기준으로 납부하 고, 산골 고을에서는 무명이나 베로 내지 말고 대신 돈으로 납부하되 원래 납부해야 할 쌀을 기준으로 가격을 정해 납부하며, 운반비는 모두 그 안에서 제하고 더 거두지 않는다는 사안입니다.

- 농사를 짓지 않는 묵은 논밭에 부과하는 세금 건은 재해 내용을 점검 한 다음에 따로 그 내용을 보고하게 한다는 사안입니다.

- 진상 물품은 모두 중앙에 올리는 공물로 처리하고, 비공식적인 잡비는 영원히 없애버리며, 바닷가 민가에는 2년 동안 조세와 부역을 면제해 주고, 감영과 고을에서 다시 거두는 일이 없도록 함으로써 재해를 입은 백성들이 그 덕으로 살아가게끔 해야 합니다. 전문箋文(나라에 길흉이 있을 때 신하가 임금에게 올리는 글)은 감사가 의정부에 올려서 의정부가 위로 올 리게 하고, 글을 대신 작성해주고 그 대가로 받던 비용은 영원히 없애 버리며, 병마절도사와 수군절도사 이하는 물품을 올리지 못하게 하는 사안입니다.

- 재해를 입은 고을이 나라에 납부하는 세금은 일률적으로 기한을 늦추 어줄 수는 없지만, 감영과 고을에서 위급한 정도를 조사하여 가난한 집 이 혹 섞여 들어가 피해를 입지 않도록 해야 하고, 호서와 호남에서 곡 식을 옮겨 오자는 요청에 대해서는 탁지아문에서 법을 제정하여 배로 실어 날라 팔게 한다는 사안입니다.

- 사복시司僕寺에 보급하는 파발마와 북경으로 가는 사신에게 내주는 말은 오랫동안 각 역참의 고질적인 폐단이 되고 있으니 이제부터 시행하지 않도록 하고, 이전에 공조에서 마련하던 비웃과 언치는 일률적으로 영원히 없애버린다는 사안입니다.
- 바닷가의 어염세는 따로따로 해당 고을의 조사를 거쳐 감면해주고, 근래에 불법적으로 받던 것은 모두 영구히 혁파한다는 사안입니다.
- 남영 병사들에게 지급되는 급료 몫의 돈은 감사가 실제 액수를 파악하여 도내 민가에 균등하게 부과하고, 병사들의 급료를 핑계로 불법적으로 거두는 세목은 모두 없애며, 각 고을에서 재해 면적으로 설정한 토지를 조사하여 모두 총면적으로 올리게 하고, 그 밖에 염세를 받는 일은 일일이 탁지아문에 보고하게 한다는 사안입니다.

또 제의했다.

"방금 영남 선무사 이중하가 보고한 내용을 살펴보니, 고을의 폐단과 백성의 고통을 다음과 같이 열거하고 의정부에서 전하께 아뢰어 처리해줄 것을 요청했습니다. '첫째, 냇물이 넘쳐 유실된 토지나 모래에 묻혀 황무지로 변한 토지에서 세금을 억울하게 징수하는 것. 둘째, 장부에 허위로 올라 있는 환곡에 대해 터무니없이 축난 부분을 물리는 것. 셋째, 결역전結役錢(결세 중에서 경저리와 영저리에게 주는 급료)과 호포전戶布錢(병역세)이 해마다 늘어나는 것. 넷째, 전운소에서 허다하게 세금을 거두는 것. 다섯째, 경상 감영에서 병료전兵料錢(병사들에게 지급하는 급료)을 배분하여 거두는 것.' 이 내용은 지금 해당 감사가 제의한 것과 관련하여 품의한 내용에 포함되어 있으니, 전하의 재가가 내리는 대로 모두 그대로 실행하게 하는 것이 어떻겠습니까?"

"그렇게 하라."고 지시했다.

또 제의했다.[129]

"방금 전라 감사 김학진의 보고서를 읽어보니, 전 보성 군수 유원규柳遠奎는 성실한 마음으로 임무를 수행하면서 자신의 녹봉을 덜어내 가난한 사람들을 구제하고, 비적의 침입을 막아 온 경내를 안정시켰다고 합니다. 그런데 임기가 다 차지 않은 상태에서 다른 곳으로 전임되고 난 뒤에도 백성들이 모두 그의 유임을 바라고 있으므로, 특별히 유임할 수 있도록 의정부에서 아뢰어달라고 했습니다. 이 사람의 실적이 백성들의 바람에 부응했으니 보고대로 시행하는 것이 어떻겠습니까?"[130]

"그렇게 하라."고 지시했다.

계속해서 제의했다.

"방금 전라 감사 김학진의 보고서를 읽어보니, 나주 영장 이원우는 비적들이 약탈을 자행할 때 고립된 성을 굳게 지켰다고 합니다. 군사와 백성들이 모두 그가 떠나는 것을 애석해하므로, 특별히 유임할 수 있도록 의정부에서 아뢰어달라고 했습니다. 이 사람의 실적이 백성들의 바람에 부응했으니 보고대로 시행하는 것이 어떻겠습니까?"[131]

"그렇게 하라."고 지시했다.

학진은 도적들의 협박을 받고 종렬과 원우가 죄를 범했다고 임금에게 보고하여 파면시켰지만, 원우 등은 떠나려고 하지 않았다. 이에 학진이 죄를 두려워하여 다시 그들의 유임을 요청했던 것이다.

---

129 이하 의정부에서 계속 제의한 안건은 모두 9월 17일에 올린 것이다. 『고종실록』 1894년 9월 17일자 기사 참조.

130 원문에 누락된 글자와 오기가 있으므로 『고종실록』에 따라 옮겼다.

131 원문에 누락된 글자와 오기가 있으므로 『고종실록』에 따라 옮겼다.

계속해서 제의했다.

"방금 전라 감사 김학진이 올린 보고서를 읽어보니, 비적들이 남원부에 떼로 모여 무기를 탈취하고 부중府中을 점거했는데도 해당 부사 윤병관尹秉觀은 휴가를 내고 집으로 돌아갔다가 지금 막 재촉을 받고 돌아왔다고 합니다.

저 무리는 지난번에 귀화한다고 해 놓고 곧바로 다시 못된 행실을 부려 이처럼 큰 고을을 점거하는 변고까지 발생했습니다. 그런데도 일찍이 막고자 나선 사람이 한 명이라도 있다는 소식을 듣지 못했습니다. 이렇게 하고도 나라에 법이 있다고 할 수 있겠습니까? 더없이 놀라운 일이 아닐 수 없습니다. 해당 부사 윤병관은 이 중요한 때에 자리를 비우고 고을을 지키지 않았습니다. 단지 잡아들여 문초만 하는 데 그쳐서는 안 될 것입니다. 먼저 파면하고 내쫓은 다음, 그 대신 군무아문 참의 이용헌李龍憲을 남원 부사로 임명하고 역마를 내어주어 당일로 내려보내서 비적들을 토벌하고 진압하게 해야 할 것입니다.

감사로 말할 것 같으면, 이미 사전에 단단히 타일러서 경계하지 못했으며, 게다가 무엇과도 비교할 수 없는 이런 급한 보고를 날짜를 지연시켜 올렸으니 경고하지 않을 수 없습니다. 죄과를 엄중하게 추궁하는 법을 적용하여 시행하는 것이 어떻겠습니까?"

"그렇게 하라."고 지시했다.

전라 감사 김학진이 글을 올려 자신의 죄상을 스스로 탄핵하고 사직을 청했다.

임금이 답했다.

"이처럼 중요한 시기에 이처럼 막중한 직임을 어떻게 가볍게 갈아치울 수 있겠는가? 그대는 사직하겠다는 생각을 거두고, 널리 사방을 교화시켜 조정의 은덕을 펴는 책무에 더욱 충실하도록 하라."

학진은 봉준에게 협박을 당해 도적들의 정세와 형편을 감히 사실대로 보고할 수 없었다. 그래서 조정에서는 호남의 참혹한 상황을 제대로 파악하지 못하고 다만 소문에 기대 추측만 할 뿐이었다.

9월 19일
의안

- 7월 24일자 회의 안건 가운데 각 도에서 상납하는 것을 모두 순전히 돈으로 내신 납부하게 하고, 미상회사米商會社를 빨리 설치하지 않을 수 없으니 서울에 소재하는 쌀가게의 대행수大行首, 오강五江의 강주인江主人, 가게를 차려 일정한 곳에서 쌀장사를 하는 사람들이 함께 합자하여 회사를 설립하는 것을 허용하되, 농상아문에서 증명서를 발급하고 규칙을 정하여 납부의 편의를 도모하고, 아울러 상업을 발전시키고자 하는 건은 이미 전하의 재가를 얻었습니다. 지금 가을걷이가 끝났으니 미상회사를 서둘러 설립해야 합니다. 탁지아문과 농상아문이 서로 협의하고 결정하여 설립에 만전을 기하도록 하겠습니다.

- 나주·순창·홍주·안의 네 읍의 수령들은 비적들이 창궐할 때 몸소 분발하여 토벌하기도 하고 방비책을 세워 막아내기도 했기에 인근의 여러 고을에서 매우 의지하고 있습니다. 주변 여러 고을에서 비적을 섬멸하고 무마하는 방책은 전적으로 이 읍의 수령들에게 맡기고 그들로 하여금 사정에 따라 편의대로 일을 처리하게 하라는 내용에 대해서는 의정부에서 품의하여 전하의 재가가 내린 지 이미 여러 날이 되었습니다. 그러나 아직 전하가 무엇을 지시하셨는지에 대해 듣지 못하고 있으니 매우 의아합니다. 예천의 아전과 백성들이 힘을 내어 비적을 토벌한 일 또한 매우 가상히 여길 일입니다. 나주·순창·홍주·안의 네 고

을의 수령들과 예천군에서 앞장서서 비적을 토벌한 사람들에게 모두 의정부에서 제의하여 책임을 맡기고 며칠 안으로 무마하거나 토벌하게 함으로써 요사스러운 기운을 깨끗이 없애버리도록 하겠습니다.

계속해서 제의했다.

"방금 충청 감사 박제순朴齊純이 올린 보고서의 내용을 살펴보니, 노성 현감 김정규金靖圭가 보고한 첩보를 낱낱이 들면서 호남 비적의 경보警報가 도착했다고 했습니다. 이번 경보에서 변란의 정황이 이미 드러났는데도 감사와 수령들은 토벌할 방책은 생각지 않고 고을의 보고를 등한시한 면이 있습니다. 감사의 보고서는 처음부터 죄상을 따져서 다스리지는 않은 채 보고 내용을 그대로 베껴 격식에 맞춰 올렸을 따름입니다. 나라에는 기강이 있는데 어떻게 이렇게 할 수 있습니까? 단지 놀랍다고 말하기만 해서는 안 될 일입니다. 당연히 해당 감사와 수령을 파직하고 잡아들여야 할 것입니다. 그러나 이런 때 교체한다는 것 또한 신중하지 못한 일이니, 우선 모두 잠시 죄명을 지닌 채 직무를 수행하게 하고, 특별히 각 고을과 진영에 단단히 지시해서 엄중히 단속하며 군사를 모아 방비하도록 할 일입니다.

전라 감사로 말하자면, 이미 도내에 변란의 싹이 있었건만 애당초 글을 올려 보고도 하지 않았습니다. 이는 중대한 원칙에 관계되는 일입니다. 우선 봉급을 감면하는 규정을 적용하고, 또한 병사와 수사, 여러 고을에 방책을 세워 토벌하도록 엄중히 지시한 다음 결과를 속속 보고하도록 급한 공문을 띄워 충청·전라 감사에게 분부하는 것이 어떻겠습니까?"[132]

---

132 이 건의는 1894년 9월 18일 의정부에서 올린 것이다. 원문에 누락된 글자와 오기가 있으므로 원사료에 따라 옮겼다. 『고종실록』 1894년 9월 18일자 기사 참조.

"그렇게 하라."고 지시했다.

또 제의했다.

"지난번, 수확이 없어 조세를 면제 받아야 할 토지에 호남 균전사가 억지로 세금을 매기어 백성들로부터 거둔 사유를 자세히 조사하여 보고했습니다. 그 일과 관련하여 해당 도에 문서를 보내 경위를 물었던 적이 있습니다. 방금 그 일에 대한 감사의 보고서를 살펴보니 그 내용은 이렇습니다.

'전주·김세·금구·태인 네 고을은 처음부터 억지로 세금을 부과하여 기둔 적이 없고, 임피의 묵은 논에 도지세賭地稅(수확량에 상관없이 일정량을 거두는 세금)를 징수한 것이 1,196석, 부안의 묵은 논에서 도지세를 거둔 것이 305석, 옥구의 묵은 논에서 도지세를 거둔 것이 76석이었습니다.

그래서 균전의 일을 맡아보는 아전에게 진상을 따져 물었습니다. 그 보고에 따르면, 7개 고을에 소먹이를 주고 무자년(1888)의 묵은 토지를 경작하도록 권장하고 양안量案에 올렸는데, 가을이 되어 도지세를 정할 때 도저히 경작할 수 없는 병자년(1876)의 묵은 토지까지 양안에 올려서 도지세를 받아 갔다고 합니다. 이에 그대로 놔두어야 할 것과 빼야 할 것을 가려 양안을 정당하게 고쳤다고 합니다.

또한 별도로 알아본 결과, 전 균전사 김창석金昌錫의 서면 보고에 따라 농사를 짓지 않는 묵은 땅 3,901결結 89부負 2속束은 세금 납부 기한을 유예했습니다. 그러다 보니 균전의 도지세가 고을의 세금보다 가벼워졌기 때문에 함부로 끼워 넣은 것이 많았다고 합니다. 결국 병자년과 무자년이 서로 혼동되고, 묵거나 버려진 전답이 뒤섞이게 되었습니다. 개간한 논밭은 따로 총량을 조사하여 감사가 가을에 도내의 세금 징수 대상 장부에 올리는 것이 아마도 사리에 맞을 듯싶습니다.'

세금을 고르게 매기는 일은 국가의 중요한 정사입니다. 사심 없이 두루 살펴서 백성으로 하여금 진심으로 경작할 수 있도록 장려하지 못했고, 그 결과 이처럼 토지세를 피하여 도지세에 넣는 일이 생겼으며, 묵거나 버려진 토지가 서로 뒤섞이는 일이 벌어졌습니다. 게다가 이 과정에서 농간을 부려 잇속을 챙기며 기대에 어긋난 짓을 너무 심하게 저질렀기 때문에 이미 지나간 일이라고 내버려 둔 채로 따져 묻지 않을 수 없습니다.

전 균전사 김창석에게는 섬이나 벽지로 유배를 보내는 법률을 적용하고, 위의 7개 읍에서 개간한 논밭은 올해부터 원래의 총면적에 도로 넣도록 탁지아문에 지시하는 것이 어떻겠습니까?"[133]

"그렇게 하라."고 지시했다.

충청 감사 박제순이 보고하기를, 휘하 군관인 전 주사 박세강朴世綱은 변란의 싹을 부추기고 키운 흉악한 정황이 이미 드러났으며, 전 주사 박동진朴東鎭은 민심을 속이고 현혹시켜 잠시도 용서하기 어려우므로, 이에 군사와 백성을 많이 모아 놓고 두 사람 모두 효수하여 경계로 삼았다고 했다.[134]

또 전의全義 수령 이교승李敎承이 비록 신병 때문이라고는 하나 기한을 넘겨 임지에 도착했으므로, 우선 파면했다고 보고했다.[135]

---

133 이 건의는 1894년 9월 17일 의정부에서 올린 것이다. 원문에 누락된 글자와 오기가 있으므로 원사료에 따라 옮겼다. 『고종실록』 1894년 9월 17일자 기사 참조.

134 충청 감사 박제순이 자신의 휘하 군관인 박세강과 박동진을 처벌했다는 보고를 올린 것은 1894년 9월 21일이다. 원문에 누락된 글자와 오기가 있으므로 원사료에 따라 옮겼다. 『고종실록』 1894년 9월 21일자 기사 참조.

135 『승정원일기』 1894년 9월 22일자 기사에 따르면 감사 박제순이 수령 이교승을 파면했지만, 보고를 받은 의정부에서는 이교승의 파면을 보류했다. "또 의정부에서 제의하기를 '지

전라 감사가 남원 부사 윤병관尹秉觀, 흥양 현감 조시영曺始永, 광양 현감 조중엽趙重燁, 창평 현령 정운학鄭雲鶴이 휴가 기한을 넘겼으므로 그대로 놔둘 수 없기에 먼저 파면했고,[136] 무주 부사 조성희趙性憙는 몸이 아프다는 사유서를 제출했기 때문에 어쩔 수 없이 함께 파면했다[137]고 보고했다.

금 충청 감사 박제순이 올린 보고서를 살펴보니, 전의 현감 이교승이 기한을 넘겨 부임하였기에 논하여 파면했다고 합니다. 감사는 진실로 법식을 준수했지만, 요즘 세태로 보아 맞이하고 보내는 폐단을 감안하지 않을 수 없습니다. 해당 현감 이교승을 특별히 유보하는 것이 어떻겠습니까? 했다."

136 『승정원일기』 1894년 9월 22일자 기사는 황현의 기록과 다르다. 이에 따르면 전라 감사가 먼저 파면한 뒤에 보고한 것이 아니다. "또 의금사에서 제의하기를 '전라 감사 김학진이 올린 보고서를 살펴보니, 잃어버린 운봉雲峰 전 현감 홍순학洪淳學 … 창평昌平 현령 정운학鄭雲鶴 … 모두 해당 부서에서 품처하기를 요청했습니다. 이 9개 읍의 수령과 5개 진鎭의 장수는 모두 해당 감사가 관원을 파견하여 압송하도록 하는 것이 어떻겠습니까? 했다."

137 『승정원일기』 1894년 9월 12일 기사에 따르면 조성희는 전라 감사가 파면한 것이 아니다. "또 내무아문에서 제의하기를 '… 무주茂朱 부사 조성희 … 모두 글을 올려 신병으로 체직을 신청하였습니다. 모두 교체하는 것이 어떻겠습니까?'"

梧下記聞

謂邪儒者士瞥視而莫敢校世世直道學其効
邪說之興佛於儒學之衰儒學之衰痼拱黨臼
黨之禍未嘗至凶國者人多怪之而未楠壞土
畏也或曰子以邪學之禍推源於朋黨似矣而
亦朋黨之所崇惡是何言也自古黨禍之極

既久屈思有以振之一朝得志汲汲優待宗籍拔擢南
片北金異其條皆杜金也巳而大興土末重建景福宮
觀東國昕未有財用遺絀無以繼之逆開聚歛之門自
遍括富室謂之願納願納不足又轉當百大錢當百不
清國小錢其行令之日皆隨以峻法入域爲之驛然因

교룡산성

교룡산성은 남원시 서북쪽에 위치해 있다. 동학 창시자 최제우의 은둔 포교지이자 수행지인 은적암이 있어 동학과 관련된 유적지이면서, 동학농민전쟁 기간 중에는 남원 일대 농민군의 군사적 거점지였다. 김개남은 장기전에 대비하고자 교룡산성을 수리하고 증축하면서 외곽을 방비했다. (☞ 본문 432쪽 참조)

우금치 동학혁명군위령탑

우금치 고개는 공주에서 부여를 갈 때 넘어가는 고개이자 부여나 논산에서 공주로 들어오려면 꼭 넘어야 하는 고개이기도 하다. 동학농민군이 1894년 11월 8일부터 11일까지 경군과 일본군의 연합군에 맞서 사실상 최후의 격전을 벌인 곳이다. 이 일대를 장악하면 중부 지역의 거점인 공주를 점령할 수 있고 나아가 서울까지 진격할 수 있었다. 그러나 농민군은 여기서 큰 희생을 치르고, 얼마 뒤 피신했던 지도자들도 체포되고 말았다. 사진은 1973년 박정희 정권이 세운 위령탑이다.

압송되는 전봉준

손화중(오른쪽 흰옷 차림)

김개남

최시형

전봉준 장군 단소, 김개남 장군 묘역, 최경선 장군 묘역 (위에서부터 순서대로)

전봉준, 김개남, 최경선의 묘는 모두 전북 정읍시에 위치해 있다. 전봉준과 김개남 두 사람은 처형된 뒤 시신조차 수습되지 못했다. 지금의 묘는 유해가 없는 허묘虛墓로, 후손들에 의해 조성되었다. 전봉준 묘비문에는 '갑오민주 창의통수천안전공봉준지단甲午民主倡義統首天安全公琫準之壇'이라 새겨져 있고, 묘역 좌측에 '전봉준 장군 절명시 비' 및 전정호 작가가 새긴 녹두장군과 〈새야 새야 파랑새야〉 노래비가 세워져 있다. ▪김개남은 체포된 뒤 전라 감사 이도재에 의해 재판도 거치지 않고 임의로 처형되었다. 그의 머리는 서울로 보내져서 서소문 밖에 효시되었 다가 다시 전주로 내려와 또 효시되었다. 산외면 동곡리의 묘역에는 제단과 비석이 세워져 있으며, 비에는 '도강 김씨개남장군묘비'라 한글로 새겨져 있고, 원편에 '개남장開南丈'이라는 시비가 세워져 있다. ▪최경선은 고부 봉 기부터 백산 전투, 황토현 전투에 이르기까지 농민군의 영솔장領率將을 맡았다. 그리고 1895년 3월 전봉준, 손화중 등과 한날 처형되었다. 다른 농민군 장군들과 달리 그의 묘에는 시신이 안치되어 있다. 묘비명에는 '동학농민군 영솔장최경선지묘東學農民軍領率將崔景善之墓'라 쓰여 있고, 농민군의 모습을 한 조형물 11개가 묘를 호위하듯 둘러 쳐 있다.

손화중 장군 추모비(왼쪽)와 김개남 장군 추모비(오른쪽)

전주 덕진공원에는 김개남과 손화중의 추모비가 세워져 있다. 손화중은 전봉준, 김개남과 함께 동학농민전쟁의 3대 지도자로 꼽힌다. 그의 추모비 전면에는 농민들이 들고일어서면서 내세운 '사람이 한울이다'와 '보국안민, 척양척왜'가 새겨져 있다. 최현식 선생의 글에 여태명 선생의 글씨이다. 김개남이 잡혀 전주 감영에 끌려갈 때 백성들은 "개남아 개남아 김개남아. 수천 군사 어디다 두고 짚둥우리에 묶여 가다니 그게 웬 말이냐"라는 노래를 불렀다고 한다. 추모비 전면에 새겨진 '개남아 개남아 김개남아'는 바로 이 노래의 앞부분이다. 글씨는 신영복 선생이 썼다.

정읍 무명동학농민군위령탑

1893년 사발통문 거사 계획이 이루어졌던 고부군 서부면 죽산리 주산마을(현 정읍시 고부면 신중리 대뫼마을)을 기념하고, 고부 봉기에 참여했던 수많은 이름 없는 농민들의 뜻을 함께 기리기 위해 1994년 대뫼 녹두회관 앞에 건립되었다. 사발통문 모양의 둘레석 안에 5m 크기의 주탑과, 그 주탑을 둘러싼 1~2m 크기의 보조탑 32개로 구성되어 있다. 보조탑에는 각각 무명 농민군을 상징하는 얼굴과 무기로 사용했던 농기구 등을 새겨 놓았는데, 무명 동학농민군을 기념하는 조형물로는 전국 최초로 건립되었다.

三筆

갑오년甲午年(1894, 고종 31년) 9월 20일

의정부에서 제의했다.

"비어 있는 충주 목사 자리에는 바로 직전에 교체된 박세병朴世秉에게 임명장을 돌려주어 대신하게 하고, 그날로 말을 주어 내려가게 하는 것이 어떻겠습니까?"[1]

"그렇게 하라."고 지시했다.

----

1 이 기사는 바로 직전인 1894년 9월 12일에 민영기閔泳綺를 충주 목사로 유임하는 것을 고종이 윤허했기 때문에 다소 착오를 일으킬 수 있다. 그러나 이 내용은 9월 20일이 아닌 9월 21일자 기사이며, 민영기는 9월 20일 체직을 요청하는 글을 올려서 교체되었으므로 9월 21일 현재 충주 목사 자리는 결원 상태이다.『승정원일기』1894년 9월 20일자 및 9월 21일 자 참조.

『승정원일기』1894년 9월 20일자의 기사는 다음과 같다. "충주 목사 민영기, 하동 부사 이채연은 모두 신병으로 체직을 요청하는 글을 올렸습니다. 모두 교체하는 것이 어떻겠습니까? 하니, 임금이 결재했다." 또『승정원일기』1894년 9월 21일자 기사 원문은 다음과 같다. "의정부에서 제언하기를, '충주 목사 자리가 지금 비어 있습니다. 이러한 때 이곳은 오래 비워 둘 수 없습니다. 바로 직전에 교체된 박세병에게 특별히 임명장을 돌려주어 그날로 하직하게 하고 말을 주어 내려보내는 것이 어떻겠습니까? 하니, '그렇게 하라.'고 했다."

또 제의했다.

"지금 호서와 호남 사이에 비적이 걷잡을 수 없이 일어나니 걱정을 떨쳐 버릴 수 없습니다. 호위부장扈衛副將 신정희申正熙를 양호 도순무사兩湖都巡撫使 로 임명하여 군영을 설치하고 군대를 지휘 통솔하게 함으로써 형편에 따라 토벌하거나 무마할 수 있게 하는 것이 어떻겠습니까?"

"그렇게 하라."고 지시했다.

또 제의했다.

"방금 전라 감사 김학진金鶴鎭이 올린 보고서에 결재하신 것을 살펴보니, '남원부에 모인 비적이 5만~6만 명이나 되는데 각자 무기를 가지고 설쳐대 고 있으며, 전주와 금구에 모인 무리는 일단 귀화했다가 이내 돌아섰다'고 합니다. 그런데도 아직까지 도적을 토벌할 방책에 대해서는 한마디 언급도 하지 않았으니 한 도를 맡아 다스리는 감사의 책임이 진정 이럴 수는 없습니 다. 일의 이치로 헤아려볼 때 매우 놀랍고 개탄할 만합니다. 전라 감사에게 먼저 실정의 탓을 물어 파면하는 법률을 적용하여 시행하는 것이 어떻겠습 니까?"[2]

"그렇게 하라."고 지시했다.

또 제의했다.

"지금 평양 감사의 전보를 보니, 가산嘉山 군수 김종환金鍾桓, 용천龍川 부

---

2 이 기사 바로 위에 의정부에서 신정희를 양호 도순무사로 임명해줄 것을 청한 것은 1894년 9월 22일이며, 전라 감사 김학진의 파면을 요청한 일 역시 같은 날이다. 김학진에 대한 의 정부의 파면 제의 건은 원문에 누락된 글자와 오기가 있으므로 원사료에 따라 옮겼다. 『고 종실록』 1894년 9월 22일자 기사 참조.

사 권국현權國鉉은 모두 관청을 비우고 도피했다고 합니다. 두 수령은 먼저 파면하고 바로 후임자를 임명하여 서둘러 부임하게 하는 것이 어떻겠습니까?"[3]

"그렇게 하라."고 지시했다.

또 제의했다.

"내의원이 진전眞殿(선원전璿源殿의 별칭으로, 창덕궁 안에 역대 왕들의 어진御眞을 모신 전각) 다례茶禮에 올리는 제물 가운데 전라 감사가 바치는 유자와 충청 수사가 바치는 날전복(생복生鰒)이 정해진 기일에 도착하지 않아, 이 두 가지를 빠뜨리고 차례를 올렸습니다. 일의 이치로 헤아려볼 때 황송스럽기 짝이 없습니다. 전라 감사의 죄상을 엄하게 추궁하고, 충청 수사에게는 파직하는 법을 적용하여 시행하는 것이 어떻겠습니까?"

"그렇게 하라."고 지시했다.

충청 감사가 약식 보고서(서목書目)로 보고했다.

"영춘永春 수령 박용진朴容鎭이 늙고 병들어서 더 이상 직무를 수행하기 어려우니 파면할 수밖에 없습니다."

또 약식 보고서로 보고했다.

"휘하의 군관 박동진朴東鎭이 민심을 속이고 현혹시켜 잠시도 용서하기 어려우므로 이달 19일에 강가의 나루 근처에서 효수하여 백성의 경계로 삼

---

3 『승정원일기』 1894년 9월 22자 기사는 다음과 같다. "또 의정부에서 제언했다. '지금 평양 감사의 전보를 보니, 가산 군수는 관청을 비웠고 용천 부사는 도피했기에, 장차 논하여 파면하겠다고 합니다. 두 수령의 죄상을 감사가 장계로 논열하는 일은 당연하지만, 지금 서읍西邑(관서 지방의 고을)은 잠시도 비워 둘 수 없습니다. 가산 군수 김종환, 용천 부사 권국현을 모두 먼저 파면하고, 바로 후임자를 임명하여 서둘러 가게 하는 것이 어떻겠습니까?' 하니, '그렇게 하라.'고 지시했다."

았습니다."

홍주洪州 목사 이승우李勝宇를 전라 감사로 임명했다.[4]

승우는 평소 고을을 잘 다스린다는 평판이 있었다. 난이 일어난 초기부터 자신이 관할하는 여덟 개 고을을 단결시켜 도적들로부터 막아 지켜낸 공이 있었다. 이 때문에 내포內浦의 여러 고을이 그에게 의지했다. 승우가 전라 감사로 전임되었다는 소식을 들은 그 지역의 아전과 백성들이 길을 막고 계속 머물러달라고 애원하는 바람에 승우는 임지로 출발할 수 없었다.

조재관趙載觀을 홍주 목사로 임명했다.[5]

의정부에서 제의했다.

"새로 임명된 호남의 수령들 가운데 남원 부사 이용헌李龍憲과 흥양 현감 박시순朴始淳에게는 모두 소모사召募使를 겸임시켜, 임지로 내려가는 길에 군사를 모집하는 일을 병행케 함으로써 서로 협력하여 도적을 토벌할 수 있도록 하는 것이 어떻겠습니까?"[6]

"그렇게 하라."고 지시했다.

---

4 『고종실록』1894년 9월 23일자 기사 참조.

5 이 인사는 『승정원일기』1894년 9월 25일자 기사에서 확인된다. "또 의정부에서 제안했다. '새로 임명한 홍주 목사 조재관이 일찍이 충청도 병사兵使를 지낸 적이 있기에 이 인사가 관례에 어긋난다면서 부임하지 않으려 한다고 합니다. 변고가 발생한 이때에 이런 일에 구애되는 것을 용납하지 말고 급히 부임하도록 하는 것이 어떻겠습니까?' 하니, '그렇게 하라.'고 지시했다."

6 『고종실록』1894년 9월 23일자 기사 참조.

또 제의했다.

"지금 하동에서 비적의 소요가 발생했다고 합니다. 신임 부사로 홍택후洪澤厚를 임명하고 당일로 하직 인사를 올리게 한 뒤 말을 주어 내려보내는 것이 어떻겠습니까?"

"그렇게 하라."고 지시했다.

또 제의했다.

"새로 전라 감사로 임명한 이승우는 지금 전임 관할 지역인 홍주에 있습니다. 전하께 드리는 인사를 생략하고 바로 서둘러서 임지로 부임하게 하며, 밀부密符(병란이 일어났을 때 군사를 동원할 수 있도록 유수·감사 등에게 임금이 내린 병부兵符)는 전임 감사가 차던 것을 그대로 넘겨받게 하는 것이 어떻겠습니까? 또한 교유서教諭書(임금이 내리는 명령서)는 승선원에서 작성한 뒤 어보를 찍어 금군 파발마 편에 내려보내는 것이 어떻겠습니까?[7]

"그렇게 하라."고 지시했다.

---

7 이 기록은 의정부가 실제로 제의한 내용과 다르다. 아마도 황현이 기록할 때 일부 내용을 누락함으로써 사실이 달라진 것으로 보인다. 해당 의안은 10월 6일에 올렸으며, 내용은 다음과 같다. "홍주 목사를 전라 감사로 전임시킨 지 지금 벌써 여러 날이 지났습니다. 홍주는 충청도 바닷가의 요충지로, 수령 이승우가 미리 방어 대책을 세운 덕에 비적들이 함부로 경내에 들어오지 못했습니다. 그 결과 근방의 일고여덟 개 고을이 홍주에 의지하고 그를 소중히 여기고 있습니다. 벼슬아치와 선비 그리고 백성들도 잇달아 와서 그를 유임시켜달라며 간청하고 있다 합니다. 정말로 전쟁에 임하여 장수를 교체하는 것과 같은 우려가 있습니다. 전 홍주 목사 이승우를 특별히 유임시키고, 그 대신 전라 감사는 공무 협판 이도재李道宰를 임명하여 하직 인사는 그만두고 시골집에서 밤을 도와 바로 부임하게 하며, 밀부는 전 감사가 차던 것을 그대로 넘겨받게 하고, 교유서는 승선원에서 작성한 뒤 어보를 찍어 내려보내게 하는 것이 어떻겠습니까?" 『고종실록』 1894년 10월 6일자 기사 참조.

홍남주洪南周를 삼도수군통제사로, 이항의李恒儀를 경상우도 병마절도사로
임명했다.[8]

남주는 일을 처리하는 데 재간과 국량이 있어 여러 곳의 병마절도사와
수군절도사를 지냈다. 그 당시에는 상당한 명망이 있었지만 지금은 이미 몸
이 늙고 쇠약한 데다 귀까지 어두워서 위급한 일을 맡기에는 아무래도 무리
였다.

의정부에서 제의했다.

"홍양 현감 박시순이 신병으로 임지에 부임하기 어렵다는 보고가 올라왔
습니다. 그를 대신하여 군무아문軍務衙門 주사主事 유석응柳錫膺을 임명하고 그
날로 내려보내는 것이 어떻겠습니까?"[9]

"그렇게 하라."고 지시했다.

또 제의했다.

"호남의 신임 수령 가운데 장성 부사 이병훈李秉勳을 또한 소모사로 임명
하여 비적을 토벌하는 일에 협력하게 하는 것이 어떻겠습니까?"[10]

---

8 원문에서는 홍남주와 이항의가 같은 날에 임명된 것처럼 서술하고 있으나, 이들이 실제 임
   명된 날짜는 각자 다르다. 홍남주는 9월 24일, 이항의는 8월 17일에 임명되었다. 『고종실
   록』 1894년 8월 17일자 및 9월 24일자 기사 참조.

9 이 교체 임명은 1894년 9월 25일에 이루어졌다. 『승정원일기』 1894년 9월 25일자 기사는
   다음과 같다. "의정부에서 제안하기를, '듣자니 홍양 현감 박시순은 실제로 병을 앓고 있다
   하니 교체하고, 그 대신 군무아문 주사 유석응을 임명하여 그날로 하직하게 하고 역마를 주
   어서 내려보내는 것이 어떻겠습니까? 하니, '그렇게 하라.'고 지시했다."

10 『고종실록』 1894년 9월 25일자 기사 참조.

"그렇게 하라."고 지시했다.

또 제의했다.

"방금 경상 감사의 전보를 살펴보니, 비적을 토벌하는 일로 대구 판관을 하동과 진주 등지로 파견했으며, 안의 현감에게 함양 군수를 겸임시켜 지금 방비하고 있다 합니다. 대구 판관 지석영池錫永을 토포사討捕使로 임명하고, 안의 현감 조원식趙元植을 조방장助防將으로 임명하여 방어와 토벌에 전념하라는 내용을 전보로 통지하는 것이 어떻겠습니다."[11]

"그렇게 하라."고 지시했다.

또 제의했다.

"양호 도순무사가 이미 관아를 설치했으니 마땅히 병부를 받는 절차가 있어야 합니다. 승선원에서 교유서를 작성하여 옥새를 찍은 다음 순찰사 이하에게 한결같이 전해 주어 형편에 따라 지휘하게 하는 것이 어떻겠습니까?"[12]

"그렇게 하라."고 지시했다.

전 수군통제사 민영옥閔泳玉을 지중추부사知中樞府事로 임명했다.

영옥은 민형식閔炯植에 이어 수군통제사로 근무하는 몇 달 동안 전혀 거리낌 없이 재물을 탐하고 지나치게 잔인하게 굴었기 때문에 비적들의 난리를 불러와 교체된 바 있다. 이때 겨우 전반적인 제도 개혁을 이루었다고는 하나 민영휘 등은 오랫동안 순순히 죄를 인정하지 않았고, 심지어 민씨들은 시나브로 벼슬길에 나오기 시작했다. 이로써 미루어 보면 당시에 일어난 일

---

11 『고종실록』 1894년 9월 25일자 기사 참조.

12 원문에 누락된 글자와 오기가 있으므로 원사료에 따라 옮겼다. 『고종실록』 1894년 9월 25일자 기사 참조.

을 알 수 있다.

임금이 다음과 같이 지시했다.

"요즘 비적들의 소요가 점점 더 심해지고 있다. 이는 전에 없던 변고로, 감히 임금의 지시를 거역하면서 자칭 '의병'이라고 한다. 이런 것을 참는다면 대체 무엇은 참지 못하겠는가? 민심이 안정되지 않은 이때에 또 일부 협잡배와 간사한 무리가 문서와 장부를 위조하고 비적과 내통한다는 소문이 종종 들려오니 너무나 속이 상한다. 이제부터 만약 이런 수상한 무리가 임금의 밀지라거나 분부라고 사칭하면서 백성을 선동하고 지방관을 협박하는 일이 있으면 즉시 체포하여 먼저 목을 벤 뒤 보고는 나중에 하라. 만약 우물거리면서 결단을 내리지 못하고 덮어 둔 채 보고하지 않았다가 발각되는 날에는 멋대로 놓아준 죄를 벗어나지 못할 것이다. 의정부는 각 도의 감사 및 병마절도사·수군절도사에게 속히 알리도록 하라."

임금이 또 지시했다.

"백성들이 난을 일으킨 원인은 관리들이 재물을 탐하고 포악하게 구는 탓에 그로 인한 고통을 견딜 수 없었기 때문이다. 그 정황이 애처로워 나라에서는 차마 토벌하지 못하고 무마하는 데만 전념했다. 그러나 지금 들으니, 이 무리가 곳곳에서 난을 주동하면서 요사한 기운을 부추겨 군중을 현혹시키고, 무기를 훔쳐 성을 공격하고, 백성을 약탈하는 등 도무지 거리낌이 없다고 한다. 지난번에는 선무사를 보내 계속해서 조정의 뜻을 알렸지만, 어리석고 미련한 것들이 잘못을 고치기는커녕 날이 갈수록 더욱 반역 행위를 저지르고 있다. 그러니 이들을 선량한 백성이라고 할 수는 없다.

이제 장수에게 지시를 내려 군대를 거느리고 가서 요사한 기운을 깨끗이 없애라고 할 것이다. 만약 이 비적들이 무기를 버리고 감화되어 착한 백성으로 돌아와 각자 생업에 복귀하거나, 혹은 그 우두머리를 잡아서 바친다면 당연히 죽이지 않고 상을 내릴 것이다. 그렇지 않고 여전히 무리만 믿고 복종하지 않으면서 감히 임금의 명령을 거역하거나, 혹은 겉으로는 고치는 척하면서 속으로는 고치지 않고 이랬다저랬다 하는 자들은 모두 사정없이 죽여 없앨 것이다. 의정부는 이러한 뜻을 각 도의 감사와 선무사에게 알려 선포함으로써 비적들이 후회하는 일이 없도록 하라."[13]

의정부에서 제의했다.

"강릉 지방에서 비적의 소요가 있다고 들었는데, 새로 임명된 부사는 전임 자성慈城 군수로서 교대를 기다리느라 부임하지 못하고 있다 합니다. 변란이 있는 곳의 수령 자리는 오랫동안 비워둘 수 없습니다. 마침 자산慈山에 자리가 났으니 강릉 부사 김영진金永鎭을 그곳으로 옮겨 임명하고, 그 대신 전 승지 이회원李會源을 강릉 부사로 임명하되 하직 인사는 생략하고 부임하게 하는 것이 어떻겠습니까?"[14]

"그렇게 하라."고 지시했다.

또 제의했다.

"최근 들리는 소문에 따르면, 비적들이 횡행하고 있는데 여러 고을의 수령들이 그 무리를 사로잡지 않을 뿐만 아니라 가끔 후하게 대접하는 일도 있다고 합니다. 나라의 법을 두려워하지 않는 이러한 일은 정말 놀랍고 한탄할 일입니다. 그런 고을의 수령에 대해서는 적발되는 대로 엄중하게 처벌하라는 내용을 남쪽 세 도의 감사에게 문서로 보내, 단단히 타일러서 경계하는

---

13 이상 임금의 지시는 『고종실록』 1894년 9월 26일자 기사 참조.

14 원문에 누락된 글자와 오기가 있으므로 원사료에 따라 옮겼다. 『고종실록』 1894년 9월 26일자 기사 참조. 바로 다음에 이어지는, 의정부에서 또 제의한 것도 같은 날짜이다.

것이 어떻겠습니까?"

또 제의했다.

"방금 경기 감사 신헌구申獻求[15]의 보고서 등본을 살펴보니, '지평현祗平縣의 비적 수백 명이 홍천 지방에 소굴을 만들어 놓고 들락거리면서 재물을 약탈하는 등 못하는 짓이 없기 때문에, 본 현에 사는 감역監役 맹영재孟英在가 부약정副約正(향약에 따라 일을 맡아보던 사족의 우두머리 중 하나로, 도약정都約正의 아래 직책) 신분으로 관의 포군砲軍과 민간의 포군 100여 명을 거느리고 홍천 지방으로 가서 그 우두머리인 고석주高錫柱·이희일李熙─[16]·신창희申昌熙를 사로잡고, 더러는 목을 베고 더러는 쓰러뜨려 5명을 죽였더니 나머지는 다 사방으로 흩어졌습니다. 버리고 간 창 58자루는 거두어 무기고에 바쳤고, 포군 김백선金伯先은 적들에게 부상을 당했습니다. 맹영재가 의義를 발하여 비적의 목을 베고 사로잡은 일과 포군들이 싸움에 나가 힘쓴 일에 대해 마땅히 표창하는 은전이 있어야 하겠으니 의정부에서 제의하여 처리해야 합니다.'라고 했습니다.

경기와 호서에서 비적들이 한 차례 소란을 피운 뒤부터 관리와 백성이 거의 다 두려워하며 피해 달아남으로써 이처럼 널리 퍼진 까닭에 수습하기 어렵게 되었습니다. 지금 이 보고를 보건대, 맹영재는 시골 관리로서 의로운 마음을 내어 지경地境을 넘어가 비적을 토벌했으니, 그 공로가 가상합니다.

---

15 '경기 감사 신헌구(京畿監司申獻求)'는 원문에 '경기 감사 홍순형(畿伯洪淳馨)'으로 되어 있는데, 이는 황현의 오기이다. 의정부에서 제의한 내용을 『고종실록』에 따라 옮기면서 원문의 오기를 바로잡았다.

16 원문의 '李熙─'은 李熙─의 오기이므로 바로잡는다.

듣건대 방금 순무영巡撫營의 제의로 그를 소모관으로 임명하여 더욱더 격려하고 적을 체포하는 일에 전념하도록 했다는데, 수령의 자리가 나면 임명하여 보낼 것이며, 부상당한 포군은 감영과 고을에서 물자를 대주어 치료하도록 분부하는 것이 어떻겠습니까?"[17]

전라 감사 김학진이 무기를 잃어버린 일로 임금께 글을 올려 처벌해달라고 했다. 임금은 "처벌을 기다리지 말라."고 했다.

임금이 명령했다.

"영흥부永興府에서 사람이 압사했다고 하는데, 듣기에 몹시 측은하다. 법률에서 정한 구제 조치 외에 별도로 특별히 더 생각하여 도와주고, 생전의 군역과 부역 및 환곡과 군포는 모두 탕감해주도록 하라."[18]

양호 도순무영兩湖都巡撫營에서 제의했다.

"금산錦山의 유학幼學 정두섭丁斗燮은 해당 군에서 비적들이 창궐하자 의리를 제창하며 있는 힘을 다해 포砲를 설치하고 방어했으니 더없이 가상합니다. 정두섭을 소모관으로 임명하여 안성에 후원병으로 방금 떠나보냈습니다. 전 현감 이상덕李相德, 전 부사과副司果 이윤철李潤徹, 전 군사마軍司馬 신효식申孝湜은 자원하여 군대를 따라 나섰습니다. 이들 모두 참모관으로 임명하

17 이 제안 역시 9월 26일에 이루어졌다. 그런데 원문에 누락된 글자와 오기가 있으므로 원사료에 따라 옮겼다. 『고종실록』 1894년 9월 26일자 기사 참조.

18 『고종실록』 1894년 9월 26일자 기사 참조. 해당 기사는 다음과 같다. "영흥부의 무너진 집(퇴호頹戶)과 흙더미에 깔린 집(압호壓戶), 수재를 당해 죽은 사람에게 나라에서 구제하는 은전을 베풀었다."

는 것이 어떻겠습니까?[19]

또한 수교首校 정지환鄭志煥은 본영의 군관을 맡겨 처음부터 끝까지 노고를 다하게 하는 것이 어떻겠습니까?"[20]

양호 도순무영 별군관別軍官 일곱 자리

- 이규태李圭泰·이병세李秉世·신림申林·홍운섭洪運燮·구연항具然恒·신좌희申佐熙

참모사參謀士 다섯 자리

- 김근식金近植·오진영吳振榮·홍건조洪建祖·박영세朴永世·이명상李明翔[21]

충청 병우후兵虞候 백낙중白樂重이 무기를 잃어버려 파면되었다.[22]

---

19 원문에 누락된 글자와 오기가 있으므로 원사료에 따라 옮겼다. 『고종실록』 1894년 9월 26일자 기사 참조.

20 이 내용은 『승정원일기』에서 확인된다. 『승정원일기』 1894년 9월 26일자 기사는 다음과 같다. "또 양호 도순무영의 말에 따라 제안하기를 '금산 유학 정두섭, 수교 정지환은 그 군郡에 비적들이 횡행하자 의를 제창하여 힘을 다해 포를 설치하고 방어했으니 더없이 가상합니다. 정두섭을 소모관으로 임명하고, 정지환에게는 본영本營 군관을 맡겨서 끝까지 힘쓰도록 하는 것이 어떻겠습니까? 하니, '그렇게 하라.'고 지시했다."

21 별군관과 참모사에 관한 이 기사에는 이름에 오기가 있으므로 원사료에 따라 옮겼다. 『승정원일기』 1894년 9월 26일자 기사 참조. 원문의 기록은 다음과 같다.
양호 도순무영 별군관 7명
- 이규태李圭泰, 이희중李熙重, 이병세李秉世, 신림申林, 홍운섭洪運燮, 구연항具然恒, 신좌희申佐熙
참모사 5명
- 김태식金迨植, 오진영吳振泳, 홍운조洪運祖, 박영세朴永世, 이명상李明翔

22 이 인사는 1894년 10월 1일 의금사가 청한 뒤 임금의 재가를 받아 이루어졌다. 『승정원일기』 1894년 10월 1일자 기사 참조.

미국 주재 관리대신 이승수李承壽와 서기관 장봉환張鳳煥이 귀국하여 임금에게 보고했다.[23]

통위영 부령관統衛營副領官에 조국현趙國顯을 임명했다.[24]

의정부에서 제의했다.[25]

"방금 충청 감사 박제순朴齊純이 베껴 올린 보고서를 살펴보니, 병사兵使 이장회李長會의 보고를 낱낱이 들면서, 이달 24일 성 아래까지 침범한 비저 수만 명을 병사가 위험을 무릅쓰고 직접 나서서 싸우고 막아 수십 명을 죽였더니 비적들이 비로소 물러나 흩어졌다고 합니다. 그런데 이 비적들이 호남의 비적들과 서로 정보를 주고받고 있어 감영이나 병영의 힘만으로는 막아낼 수 없다고 합니다. 지금 막 상당上黨(청주의 옛 이름)에서 무기를 잃어버렸다는 경보警報가 들어왔는데 이런 보고가 뒤따라 올라왔습니다. 전라도·충청도의 감사와 병사兵使가 평소 미리 방어하는 태세가 부족하고 허술하기 짝이 없습니다. 순무영에서 빨리 군사를 징발하여 도와주러 가게 하는 것이 어떻겠습니까?"

"그렇게 하라."고 지시했다.

또 (양호 도순무영의 보고를 바탕으로) 제의했다.

---

23 이 내용은 사료로 고증되지 않는다. 이승수는 1894년 1월 8일 주차미국관리대신駐箚美國辦理大臣에 임명되었으며, 이후 관직은 고증되지 않는다. 한편 장봉환은 1893년 2월 4일 주차미국서기관駐箚美國書記官에 임명되었으며, 이후 관직은 고증되지 않는다. 『고종실록』 및 『승정원일기』 기사 참조.

24 이 인사는 1894년 9월 27일 친군 통위영이 제의한 뒤 임금의 재가를 얻어 이루어졌다. 조국현은 신림이 교체된 뒤 부령관직을 맡았다. 『승정원일기』 1894년 9월 27일자 기사 참조.

25 이하 의정부에서 계속 제의한 내용은 『고종실록』 1894년 9월 28일자 기사 참조.

"호서와 호남의 비적들은 서로 연결되어 있습니다. 이를 이용하여 호서에서 지금 호남에 도움을 요청했다고 합니다. 듣자 하니 매우 놀랍고 의심스럽습니다. 우선 강화 진무영의 군사를 해당 군영의 중군中軍이 인솔해서 바닷길을 따라 바로 은진·노성으로 가게 함으로써 방어의 계책으로 삼고, 안성군에서 순찰하고 있는 경리청 군대를 당일로 징발하는 것이 어떻겠습니까?"

"그렇게 하라."고 지시했다.

또 제의했다.

"경상 감사가 올린 보고서를 살펴보니, 경주 영장營將 정홍기鄭弘基는 관할 지역 백성을 진정시켜 평안히 살게 했기 때문에 여론은 그가 떠나는 것을 아쉬워하고, 안동 영장 정호준丁好焌은 불법을 자행하는 무리를 소탕하여 관할 지역을 깨끗이 정리했다고 합니다. 두 사람 모두에게 특별히 유임을 허락하고 처음부터 끝까지 성과를 낼 수 있도록 책임 지우는 것이 어떻겠습니까?"

9월 29일

의정부에서 제의했다.

"방금 영해부寧海府 안핵사 이중하李重夏가 올린 보고서를 살펴보니, 그 지역 부사 김헌수金瀗秀는 본디 성미가 사나워 형벌을 과도하게 적용한 일이 많았는데 결국 공정치 못한 일 처리 때문에 그 자리에서 변고를 불러왔다고 합니다. 마땅히 엄중하게 처결하고, 착복한 돈은 법무아문에서 모두 받아 내어 해당 지역으로 내려보낸 다음, 억울하게 빼앗긴 백성들에게 그 돈을 돌려주라고 감사에게 지시하는 것이 어떻겠습니까?"

"그렇게 하라."고 지시했다.

또 제의했다.

"방금 영남 순무사 이중하의 보고서를 살펴보니, 의흥義興 민란의 장두狀頭

이장학李章鶴이 민가를 불태워버리고 고을 수령을 끌어낸 일이 있는데, 앞장
서서 난을 주도한 죄를 이미 자백했기 때문에 그를 대구 감영으로 이송하여
수감했다고 합니다. 이장학에 대해서는 해당 감사가 효수를 하여 대중에게
경계로 삼고, 처리 경위를 보고하게 하는 것이 어떻겠습니까?"

이 무렵 영남 지방의 도적들 또한 한때 선동되었지만, 일을 담당한 모든
신하가 호남 지방의 실수를 경계 삼아 도적이 일어나는 족족 체포했다. 그리
하여 조정의 명령이 민간에 먹혀들었고, 병영과 수영 이하도 사뭇 군대를 정
비하여 달려갈 수 있었으므로 영해와 의흥의 민란이 차례로 평정되었다. 의
흥 수령 채경묵蔡慶黙을 잡아들여 신문했다.

나주 목사 민종렬閔種烈과 여산 부사 유제관柳濟寬을 호남 소모사로, 홍주
목사 조재관趙載觀과 진잠 현감 이세경李世卿을 호서 소모사로, 창원 부사 이
종서李鍾緖와 전 승지 정의묵鄭宜黙을 영남 소모사로 임명했다.

민치헌閔致憲이 유배지 홍원洪原에 도착했음을 함경 감사 박기양朴箕陽이
보고하니, 임금이 "석방하라."고 지시했다.[26]

의정부에서 제의했다.

"지금 경상 감사가 올린 보고서를 보니, 웅천熊川 현감 이수봉李守鳳이 휴
가를 내고 상경한 지 이미 반년이 지났다고 합니다. 파면하지 않을 수 없습
니다."

또 제의했다.

"호서 선무사 정경원鄭敬源이 올린 보고서를 보니, 단양 군수 송병필宋秉弼

---

26 『고종실록』 1894년 9월 30일자 기사 참조.

은 유생들을 불러 모으고 촌사람들을 선동했다고 합니다. 먼저 파면하고, 그 죄상을 해당 관청에서 품의해 처리하게 하는 것이 어떻겠습니까?"

맹영재를 지평 현감으로 임명했다.[27]

의정부에서 제의했다.

"충청 감사가 보고하기를 청안淸安 현감 홍종익洪鍾益은 갑자기 들이닥친 동학 무리에게 무기를 빼앗긴 일이 있으므로 먼저 파면했는데, 그 죄상을 해당 관청에서 아뢰어 처리해달라고 했습니다."

---

27 맹영재는 동학농민군 토벌에 공을 세워 지평 현감으로 임명되었다. 일본군은 맹영재에 관해 죄 없는 양민을 학살했다고 보고했다.
"비적들이 강원·함경 지방으로 도망치지 못하도록 동쪽 길로 나누어 나간 부대의 전진을 기다리며 죽산현竹山縣에 체류하고 있는데, 부근의 촌민들로부터 별지와 같은 탄원서가 제출되었습니다. 그 내용인즉, 죽산 부사는 당시 연기 지방에 있었지만 그 부사가 다녀가면서 그때 귀순한 사람에게는 죄를 묻지 않기로 한 모양입니다. 그런데 그 다음에 순회차 온 순무사 맹영재가 함부로 죄 없는 양민을 살해한다고 해서, 이 지방 인민이 맹영재라는 사람을 원망하고 있을 뿐 아니라 정부를 원망하는 원인이 되었습니다. 이와 같은 상황에서 먼저 동학당을 정벌한다고 해도 이후에 다시 동학당의 무리가 또 모이게 될 염려가 없다고 할 수 없습니다. 그러니 순무사에게 국내를 순회시키는 일이 없도록 했으면 합니다. 만일 순회를 시키고자 할 때는 그 인물을 잘 선정하든가, 일본인을 동행케 하는 것이 좋다는 생각입니다. 하여튼 탄원한 사실을 살펴보면 가엾기 그지없습니다. 그래서 재산을 되돌려주도록 하기 위해 별지를 첨부하여, 보잘것없지만 소견을 말씀드립니다." 【별지】 … 들리는 바에 따르면, 맹영재가 지나간 지방에서는 모두 이 같은 잔혹한 피해가 극심했던 모양이오니 처단해주시기를 간청합니다. 홀로 된 과부의 남편 박선양朴善陽은, 보서서 아시겠지만 비적의 인명록에도 올라 있지 않으니 죄 없는 양민으로 인정할 수 있습니다. 고려해주시기 바라며 말씀드립니다." 『주한일본공사관기록 2』 「동학당에 관한 보고 71호 건」, 1894년 11월 28일 자(양력) 기사 참조.

의정부에서 제의했다.

"호서와 호남의 비적들은 일단 귀화했다가 돌아서면 이내 배반하니, 언제까지나 은혜로 어루만져줄 수만 없습니다. 지금 군대를 동원하여 토벌하고 있는 중이니 정경원을 선무사의 직책에서 당분간 해임하는 것이 어떻겠습니까?"[28]

9월 18일

순천의 도적 양하일梁河一이 금구·남원 지방의 도적들과 합세하여 낙안군에 들어와서 집 1,000여 채를 불태우고 약탈을 자행했다.

하일은 순천에서 누대에 걸친 세력가 집안 출신이다. 난리를 일으켜 순천부를 약탈하려고 했을 때 그의 아버지가 죽을힘을 다해 말렸다. 이 때문에 하일이 결국 군대를 돌려 낙안으로 향했던 것이다. 낙안 군수 장교준張教駿은 막 부임한 신임 관리로, 도저히 도적들을 막아낼 수 없었다. 낙안의 도적 김사일金士逸 등은 집강의 신분을 내세워 보성의 도적들을 자기네 쪽으로 끌어들여서 방어했지만 끝내 패했고, 군의 백성도 많이 죽었다. 도적들은 병사를 풀어 제멋대로 불을 지르고 약탈을 자행했기 때문에 군 아래쪽은 남아난 것이 없었다.

곡성현에서 화약이 자연 발화하는 바람에 태인 지방의 도적 100여 명이 죽었다.

이름을 알 수 없는, 김개남의 동생과 조카 등은 모두 접주로 남원에서 곡성을 지나는 길에 군수물자를 점검한다며 화약 네댓 가마니를 마루방에 옮

---

28 『고종실록』 1894년 9월 29일자 기사 참조.

거 놓고, 소를 잡아 술자리를 벌였다. 마침 이들을 따라다니는 나이 어린 군인이 돌려가면서 마시는 술잔을 받느라 피우던 담뱃대를 화약 가마니에 꽂아 놓았다. 잠시 후 담뱃대의 불이 화약에 옮겨붙어 화약이 폭발했다. 지붕의 기왓장이 공중으로 높이 날아올랐다가 땅을 덮쳤는데 마치 기계에 화살을 장치하여 마구 쏘아대는 것 같았다. 도적의 우두머리 일고여덟 명과 시중을 들던 칠팔십 명이 모두 가루가 되었다. 오직 개남의 조카만이 검은 연기 속에서 뛰쳐나와 큰소리로 외쳤다.

"불에 타 죽는 것은 운수일 뿐 곡성 백성의 음모가 아니다. 내가 죽은 다음에 이러한 사실을 빨리 본부에 알려, 곡성 백성을 해치는 일이 없도록 하라."

그리고 또 말했다.

"빨리 메밀을 구해 와서 나를 살려달라."

곡성의 백성들이 두려움에 떨면서 어떤 사람은 메밀 한 되를, 또 어떤 사람은 한 홉을 가지고 왔는데, 잠깐 사이에 몇 가마니가 모였다. 메밀을 찧어 온몸에 발랐지만 결국 반나절 만에 죽고 말았다. 개남은 처음 조카가 죽었다는 소식을 듣고 매우 원통해하며 군대를 이끌고 가서 모두 죽여버리려고 했지만, 조카가 죽기 전에 한 말을 전해 듣고 그만두었다. 개남의 집안에서는 접주가 24명이나 나왔지만 100일 동안 화약에 타 죽은 사람이 네 명이었다. 도리에 어긋난 약탈에 대한 보복은 실로 교묘하다고 할 만하다.

태공부太公府의 관원이 대원군의 고유문告諭文을 가지고 남원에 도착했다. 김개남은 그를 잡아들여 곤장을 치라고 했다. 거의 죽을 지경에 이를 때까지 곤장을 때리고 가둬버렸다.

이 무렵 떠도는 소문에 따르면, 승지 이건영李建榮이 임금의 명을 받들고

개남의 부대 안으로 들어가서 '무기를 버리지 말고 함께 협력하여 일본군을 토벌하자'고 깨우쳐주자, 개남이 예의를 갖추고 매우 공손하게 대하였다고 한다.[29]

어떤 소문에는 서장옥徐長玉이 몰래 운현궁에 들어가 대원군의 밀서를 전해 받았는데, 그 내용이 다음과 같았다고 한다.

"사실 지난번의 고유告諭는 일본의 협박 때문에 그렇게 한 것이니 부디 곧이듣지 말고, 군사를 정비하여 북쪽으로 올라와서 나와 함께 나라의 어려움을 타개하자."

이런 소문은 모두 도적 무리가 백성을 현혹하기 위해 과장해서 퍼뜨린 것이지만, 어리석은 사람들은 이런 소문을 상당히 믿었다.

김개남은 어차피 이미 남원에 들어온 이상 떠나지 않고 오랫동안 그곳에서 머물 계획으로 관청 건물과 성곽을 수리하고 교룡산성을 증축했다.

---

29 서울 주재 일본 일등 영사가 입수한, 임금이 삼남 소모사 이건영을 통해 동학군에게 보낸 비밀 지시 내용은 다음과 같다. "너희들은 선대 왕조로부터 교화되어 내려온 백성으로서 선왕의 은덕을 잊지 않고 지금까지 보존하고 있을 것이다. 그러나 조정에 있는 자들은 모두 저들에게 붙어 있기에 안으로 의논할 사람이 하나도 남아 있지 않으니, 외로이 홀로 앉아 하늘을 향하여 통곡할 따름이다. 방금 왜구들이 대궐을 침범하여 화가 국가에 미쳐 국가의 운명이 조석에 달렸다. 사태가 여기에 이르렀으니, 만약 너희들이 오지 않으면 박두하는 화와 근심을 어떻게 하겠느냐? 이에 교시하노라." 일본 영사는 이 지시를 "위는 동학당을 선동하기 위해 발송한 국왕의 밀지이나, 사실은 아마도 대원군의 조작에 불과할 것으로 판단된다."고 본국에 보고했다. 『주한일본공사관기록 8』 「대원군이 조작한, 동학당 선동에 관한 국왕 밀지의 건」.
일본 영사는 또한 이 밀지에 대해 전봉준이 쓴 것으로 보이는 다음의 「밀지 누설 방지 지시문」을 본국에 보고했다. "대궐에서 소모사 이건영을 통해 보낸 밀지가 이곳에 와 있는데, 이와 같은 일이 왜인에게 누설되면 화가 옥체에 미칠 것이니 조심하여 비밀을 지킬 것.(이는 국왕의 밀지가 내려왔던 것을 타인에게 누설되지 않도록 당원에게 주의를 환기하는 회람 문서인데, 이 글씨는 전봉준의 필적임)." 같은 책, 같은 글.

전라좌도에 있던 도적들이 모두 남원으로 모여들었다. 그들 가운데 성안에 있는 사람들은 본부에서 쌀을 공급받아 밥을 해 먹고, 성 밖에 있는 사람들은 시골 마을에서 밥을 거두어 끼니를 해결했다. 이즈음 부자들은 모두 달아났고, 시절은 가물어 흉년이 든 상황이었다. 묵은 곡식이 떨어지고 햇곡식을 수확하기에는 아직 이른 때라 쌀독은 모두 바닥나 있었다. 시골 사람들은 이삭을 비벼서 곡식의 낟알을 만드느라 새벽에 일어나서 밤이 되어야 겨우 쉴 수 있었다. 하루 종일 하는 일이라고는 오직 먹을 것을 마련하는 일이 전부였다. 매일 아침저녁으로 등짐을 지고 쉬지 않고 일하는 모습이 마치 멀리 장을 보러 가는 것 같았다. 또 토지 매 결마다 쌀 일곱 말과 함께 매 집마다 말먹이 콩 한 되, 청대죽靑大竹, 짚신, 삼 껍질, 삼대, 볏짚, 나무판을 징수했는데, 거짓 명령이 사방에서 나왔다.

도적들은 시골 마을에 가면 심부름값 몇 냥부터 먼저 챙겼다. 징수할 물자를 아예 눈앞으로 가져오게 했기 때문에, 사람들이 실어 나른 물자가 산처럼 쌓였다. 대나무는 쪼개어 장태를 만들고, 삼 껍질은 꼬아서 큰 동아줄을 만들고, 볏짚은 엮어서 추울 때 걸치는 덧옷을 만들고, 삼대는 태워서 화약을 만들고, 나무판은 수레에 장착하는 상자를 만들었다. 모두 전쟁터에서 꼭 필요한 물건이라고 했다. 그러나 도적들은 요란만 떨었을 뿐, 하는 일은 대부분 실속이 없어서 천 장이나 되는 나무판이 오히려 불쏘시개가 되었다. 말하자면 하루 앞을 내다보는 계책이 없었다. 도적들은 나무판과 군대에서 쓸 삼베를 가까운 산골 마을에서 징수했는데, 관리들은 아무도 이를 거역하지 못했다.

이때 계절은 이미 가을의 끝 무렵이라 옷을 마련하는 일이 무엇보다 시급했다. 도적들 대부분이 옷감을 요구했지만, 개남은 모두에게 다 지급할 수 없었다. 그래서 병사 한 사람마다 가짜 명령서를 한 장씩 나누어 주었는데,

마치 이름을 적지 않은 공명첩空名帖[30]과 같았다. 도적들은 이것을 가지고 각 고을로 뿔뿔이 흩어져 현지 사정을 염탐한 다음, 적당한 숫자를 적어 넣고 군수전이라면서 징수해 가 옷감으로 사용했다. 민간에서는 도적들에게 약탈당한 지 이미 네댓 달이 되었으므로 재화가 모두 동난 상태였다. 그로 인해 이즈음 도적들의 구타와 고문이 매우 참혹하고 지독해졌지만, 도적들 또한 어찌할 방법이 없었다. 1,000꾸러미를 배정하면 40~50꾸러미를 징수하는 데 그쳤고, 심부름값으로 100꾸러미를 불렀지만 10꾸러미를 받는 데 그쳤다. 도적들은 마을에 들어가면 반드시 발을 감쌀 천과 머리를 싸맬 천을 요구했는데, 베 짜는 베틀 소리라도 들릴라치면 우르르 몰려가서 제멋대로 베를 잘라 가지고 갔다. 이런 탓에 시골 부녀자들은 함부로 베를 짜지 못했다.

전봉준은 나라에서 군대를 남쪽으로 내려보냈다는 소식을 듣고, 이에 맞서 싸우고자 전주에서 대영大營을 빼내 삼례로 가서 주둔했다.

호서의 동정을 살피면서 진을 펼쳐 큰길을 차단한 뒤 주변 고을에서 군량을 징발하고, 행상들을 약탈했다. 이 때문에 호남과 호서의 길이 끊겼다. 또 병력을 위봉산성에 보내 무기와 화약을 탈취했는데 10분의 1만 남겨 놓고 모조리 가져갔다. 산성을 지키던 병사들이 이런 사실을 급히 감영에 보고했다. 그러자 관찰사 김학진은 어처구니없는 말을 했다.

"무기가 남아 있으면 또 올 것이다. 차라리 모두 털어 가서 시끄러운 일이 없는 편이 낫다."

---

30 공명첩은 성명을 적지 않은 백지 임명장으로, 국가의 재정이 궁핍할 때 국고를 채우는 수단으로 활용되었다. 중앙의 관원이 이것을 가지고 전국을 돌면서 돈이나 곡식을 바치는 사람에게 즉석에서 그 사람의 이름을 적어 넣고 명목상의 관직을 주었다.

마침내 장교를 보내 봉준에게 모두 실어 가라고 했다. 봉준은 그가 자기에게 충심을 보였다며 웃으면서 그렇게 하겠다고 했다.

봉준은 삼례에서 군대를 이동하여 은진을 향해 전진하다가 강경포江鏡浦에 잠시 머무르며 주둔했다. 그곳에서 김학진을 운량관運糧官으로 임명했다. 학진은 감히 거역하지 못하고 관청의 곡식뿐만 아니라 일반 백성으로부터 거둔 곡식까지 사람을 시켜 소와 말에 싣고 도적의 진영으로 날랐다. 그는 곡식을 거둘 때 명령서 말미에다 운량소運糧所라 적고 관찰사의 도장을 찍었다. 이것을 본 사람들이 몹시 분개했다.

순창 군수 이성렬李聖烈이 달아나 서울로 돌아갔다.

이때 개남은 오랫동안 남원을 거점으로 삼아 도적들과 서로 오가며 위엄과 기세를 떨쳤다. 담양의 도적 남응삼南應三이 남원으로 가는 길에 순창에 들러 성렬을 만나 일을 의논했다. 성렬의 말이 점점 격해지자 응삼은 화를 내며 두 다리를 쭉 뻗고 앉아 담뱃대를 쥐고 성렬을 향해 마치 활을 쏘는 듯한 자세를 취했다. 성렬은 너무나 화가 치밀어 쇠화로를 들어 올려 바닥에 힘껏 내리치면서 큰소리로 꾸짖었다.

"나는 나라의 명을 받은 관리다. 당당한 사대부로서 일생 동안 하늘을 우러러 부끄러움 없이 살아온 사람일 뿐이다. 나라의 법이 아직 시퍼렇게 있거늘 너 따위가 어찌 감히 나에게 이럴 수 있단 말이냐!"

그러고는 아랫사람을 시켜 응삼을 끌어내 군청 마당에 꿇어앉게 했다. 이렇게 되자 밖에 있던 담양 도적 800명이 일시에 들이닥쳐 포 심지에 불을 붙이고, 성렬을 향해 뺑 둘러서서 입을 오므리고 날카로운 소리를 냈는데, 그 소리에 지붕이 들썩거렸다. 성렬은 꿈쩍도 안 하고 더욱 심하게 꾸짖었다. 도적들은 시끄럽게 떠들기만 했을 뿐 감히 위로 올라가지는 못했다. 순창 집강 이사문李士文이 사태의 위급함을 전해 듣고 신발도 꿰신지 못한 채 맨발로 뛰어 들어와 응삼을 껴안고 말했다.

"접장께서는 이 무슨 망령입니까? 우리 군수님은 몸가짐이 단정하고 점잖을 뿐만 아니라 성품 또한 강직하여 함부로 범접할 수 있는 분이 아닙니다. 또한 오늘날 어느 고을이든 그 고을의 일은 모두 도인들이 주관하지, 수령이 관장하지는 않습니다. 우리 군의 일은 당연히 접장이 주관할 터, 그렇다면 저와 함께 의논하실 일이지, 무엇 때문에 우리 군수님을 번거롭게 하십니까?"

이어서 뒤를 돌아보면서 소리쳤다.

"순창 포사들은 어디 있느냐?"

그러자 순창 도소都所의 병사들이 일제히 밀고 들어왔다. 응삼은 어쩔 수 없이 물러나 각씨閣氏 못가에 진을 친 뒤 밤을 도와 개남에게 이런 사실을 알리고, 군대를 일으켜 모두 죽여 없애서 원한을 풀고자 했다. 개남은 편지를 뜯어보고 한동안 말이 없다가 이윽고 말했다.

"지금이 어느 때인데 감히 수령이 우리 동지에게 모욕을 줄 수 있겠는가? 이는 틀림없이 남 접장이 도인을 빙자하여 상대방을 업신여기고 함부로 대하였기 때문에 이런 일이 벌어졌을 것이다. 순창 일은 나는 모르겠다. 나는 모르겠다."

그러고는 끝내 응삼에게 회답하지 않았다. 응삼은 이 소식을 듣고 실망해서 군대를 거두어 돌아갔다. 군포와 나무판을 징수하는 개남의 가짜 명령서가 군에 도착하자 성렬은 한숨을 쉬면서 탄식했다.

"이 일을 따른다면 나 또한 도적일 뿐이다."

그래서 밤이 되자 수령의 인장을 가슴에 품고 몰래 순창을 벗어났다. 담양에 이르러 부사 윤제익尹濟翼을 만나 부탁했다.

"제가 지금 급히 전주로 가야 합니다. 만약 인장을 휴대하고 간다면 걸리적거릴 것 같습니다. 그대가 사흘 동안만 잠시 차고 계시면 제가 돌아올 것입니다."

곧 인장을 꺼내어 그에게 맡겼다. 제익은 평소 성렬을 존경했기 때문에 반신반의하면서도 인장을 받았다. 성렬은 마침내 행장을 꾸려 전주로 가지 않고 샛길을 이용하여 떠나갔다.

전라 좌수사 김철규金澈圭가 병정을 모집하여 좌수영을 굳게 지켰다.

철규는 좌수영에 부임한 이후 계획을 세워 도적 수십 명을 사로잡고 목을 베어 죽였다. 또 좌수영 내의 군사와 백성들을 단단히 결속시키고, 좌수영에서 가까운 마을의 포包와 도적들을 차례로 사로잡아 수백 명을 베어 죽였다. 또한 이풍영李豐泳에게 일본군 수백 명을 불러오게 하여 그들을 성 밖에 주둔시켰다. 매영梅營(전라 좌수영의 별칭. 현재의 여수)은 육지가 바다 안쪽으로 쑥 들어간 지형이기에 고립된 형세이지만, 이미 도적들과 서로 죽고 죽이는 원수 사이가 되었기 때문에 군사와 백성들이 모두 죽기를 각오하고 방어했다. 일본군의 도움을 받게 되자 군중은 마음속으로 일본군에 의지하게 되었다. 풍영은 서울 출신으로 10년 전에 모든 식솔을 이끌고 금오도金鰲島로 와서 우거하였는데, 그가 정착한 섬과 좌수영의 거리는 70리쯤 되었다. 바닷가 지역의 사람들은 평소 일본을 왕래하는 풍영을 자못 의심하고 있었다. 이때 이르러 풍영은 철규의 명령을 받고 일본군을 데려와 도와주었다.[31]

---

31 전라 좌수사 김철규가 일본 해군에 도움을 요청한 날짜는 11월 25일이다. 다음은 군사원조 요청문의 전문이다.
"대조선 2품관 전라좌도 수군절도사 김철규는 조회합니다. 비적들이 창궐하여 수천여 명이

10월 1일

의정부에서 제의했다.

"안성의 비적이 관군의 무기와 상인들의 돈을 뺏어갔지만, 새로 임명된 군수 성하영成夏泳은 바로 부임해서 제멋대로 날뛰는 비적들을 다스려야 하거늘 전혀 길들이지 않았습니다.[32] 먼저 파면하고, 그 대신 경리청經理廳의 홍운섭洪運燮을 안성 군수로 임명하여 그에게 성하영 휘하의 군대를 이끌고 빨리 달려가 토벌하도록 분부하는 것이 어떻겠습니까?"

"그렇게 하라."고 지시했다.

또 제의했다.

"순무영에서 방금 병정을 징발하여 나누어 보냈다고 하니, 군량미를 마련하지 않을 수 없습니다. 경기 감사와 호서 감사에게 지나가는 길가에 인접한 고을로부터 형편에 따라 공곡公穀과 공전公錢 중 어떤 종류이든지 계속 실어 보내게 하고, 수요량은 군영에서 각 고을에 알려주는 필요에 따라 공급하

성 밖을 포위하고 있으므로 쉽게 대항할 수 없는 상황인지라, 삼도통제사에게 정예병을 파견하여 하루속히 섬멸해달라고 제보했습니다. 쓰쿠바筑波 군함에는 미안하지만, (우리의) 힘이 약함을 특별히 생각하시기 바랍니다. 마침 쓰쿠바 군함이 본영의 앞바다에 정박 중이니 구호의 요행과 동학의 섬멸을 바라면서, 이에 조회를 하게 되었습니다. 꼭 조회를 드려야 하겠기에, 이렇게 대일본제국 군함 쓰쿠바호 함장 해군 대령에게 조회합니다. 개국 503년 11월 25일." 『주한일본공사관기록 1』「전라좌도 수군절도사의 쓰쿠바 함장 앞 원조 요청 건」.

32 성하영은 9월 10일에 안성 군수로 발령받았다. "의정부에서 아뢰기를 '… 안성 군수로는 경리청 영관領官 성하영을 임명하여 각각 거느리고 있는 군사를 데리고 즉시 내려보내 기회를 보아 토벌하게 하는 것이 어떻겠습니까?' 하니, 윤허하였다." 『고종실록』 1894년 9월 10일자 기사 참조.

게 하며, 경기와 호서는 그 도의 수령 가운데 따로 운량관을 정하여 신속하게 거행하도록 동일한 내용의 공문을 보내는 것이 어떻겠습니까?"[33]

"그렇게 하라."고 지시했다.

순무영의 군대가 출발하려 했으나 군량미는 벌써 바닥나고 없었다. 순무사 신정희가 집안의 재물은 물론이고 심지어 아내와 첩이 지닌 비녀와 귀걸이까지 털어 군량미에 충당했지만 끝내 다 채울 수 없었다. 결국 민씨들의 종들을 잡아 가둔 뒤, 이전에 그들에게 영휘 등이 맡겨 놓은 은화와 지폐, 그 밖의 재산을 몰수하여 군수 비용에 충당했다.

이 무렵 도적의 기세는 더욱 기승을 부렸다. 조정에서는 도적들이 오합지졸로 이루어졌기 때문에 나라의 군대를 동원할 필요가 없다고 하면서도 미심쩍어 한 지는 오래되었다. 이때 향병이 연달아 패하자 사람들은 어떻게 해야 할지 확고한 의지가 없었다. 도적을 추종하는 사람이 온 나라의 절반가량이 되고 나서야 마침내 어쩔 수 없이 서울을 지키는 경병京兵을 내려보내 토벌하게 했다. 남쪽으로 내려간 경병과 일본군은 모두 2,000명이었다.

의정부에서 제의했다.

"방금 결재하신 경상 감사의 보고서를 보니, 전 진해 현감 정규찬鄭達贊은 2년 동안 현감으로 재직하면서 오로지 부정을 일삼아 모은 재물이 9,600냥이라고 합니다. 이 사람을 조사하여 그 죄에 따라 처단하기를 기다렸다가, 부정하게 모은 그의 재물은 법무아문에서 그의 종을 잡아다 가두고 낱낱이

---

33 원문에 누락된 글자와 오기가 있으므로 원사료에 따라 옮겼다. 『고종실록』 1894년 9월 30일자 기사 참조.

받아낸 다음, 그 돈을 경상도로 내려보내 피해를 입은 백성에게 돌려주라고 지시하는 것이 어떻겠습니까?"[34]

"그렇게 하라."고 지시했다.

양호 도순무영에서 보고했다.

"경리청 부령관 겸 안성 군수 성하영이 보고한 내용 가운데, 안성군의 동학 우두머리 유구서兪九西와 접주 김학여金學汝, 진천의 동학도 김금용金今用 등 세 명을 염탐하여 붙잡은 뒤 이달(9월) 27일 백성들을 모아 놓고 효수하여 경계로 삼았다고 합니다."[35]

홍승운洪承運을 순무영 종사관으로 임명하고, 참모사 박영세朴永世는 상중喪中이지만 종군하게 했다. 손병호孫秉浩·한치익韓致益·조진태趙鎭泰는 모두 대솔군관帶率軍官(종사관을 모시는 군관)으로 임명했다.[36]

충청 감사가 보고했다.

"제천 현감 김건한金建漢이 순영에서 부임에 따른 의식에 참가하고 있는 사이, 비적들이 갑자기 관청에 침입하여 무기를 탈취한 사건이 벌어졌습니다. 마땅히 파면해야 하지만, 공교롭게 자리를 비운 때 예기치 않게 터진 일인 만큼 사실을 참작해 용서하고, 우선 죄를 진 채 일을 보게 하는 것이 어떻

---

34 원문에 누락된 글자와 오기가 있으므로 원사료에 따라 옮겼다. 『고종실록』 1894년 9월 30일자 기사 참조.

35 원문에 누락된 글자와 오기가 있으므로 원사료에 따라 옮겼다. 『고종실록』 1894년 9월 30일자 기사 참조.

36 『승정원일기』 1894년 9월 30일자 기사 참조.

겠습니까?"[37]

또 보고했다.

"군관 이용정李容正 등이 청주 등지로 달려가 도적의 우두머리 이종묵李宗 黙·홍순일洪順日, 장사壯士 정필수鄭弼壽 등을 체포하여 바로 효수해서 경계로 삼은 일이 있었습니다."[38]

10월 14일

김개남이 남원을 출발하여 전주로 향했다.

봉준은 전주를 떠나면서 개남에게 잇달아 격문을 보내, 자신은 북으로 진격하니 뒤에서 후원해달라고 했다. 개남은 참서讖書에서 '남원에 군대를 49 일간 머물러 있게 하라'고 했다며 꼭 49일을 채우려고 했다. 이 때문에 날짜 를 미루면서 출발하지 않았다. 이날은 8월 25일로부터 49일을 다 채운 날이 었다. 또 남원 일대와 주변의 가까운 고을들이 모두 약탈을 당하여 마치 비 로 땅을 쓸어버린 듯 남아 있는 것이 없었기 때문에 군수물자를 공급하기도 힘든 상황이었다. 결국 14일에 부대를 이동하여 전주로 향했는데, 대포와 화 약 등의 무기를 짊어진 사람이 8,000명에 이르렀고, 군수물자를 운반하는 행 렬은 100리에 걸쳐 이어졌다. 출발할 즈음에는 시장 상인들의 돈과 가게에 서 술 판 돈 수만 냥을 또 빼앗아 가지고 갔다.

김개남은 화산당花山堂 접주 이문경李文卿에게 자신을 대신하여 남원을 지 키게 했다. 도적들이 남원에 자리를 잡고 머문 50여 일 동안 관청과 민간을 가릴 것 없이 모든 물자가 바닥났고, 아전과 백성들은 전부 달아나버렸다.

---

37 『고종실록』 1894년 10월 2일자 기사 참조.

38 국사편찬위원회, 『고종시대사』 3집, 1894년 10월 1일 기사 참조.

남아 있는 것은 덜렁 빈 성뿐이었다.

영남우도 토포사 지석영池錫永이 진주의 도적들을 무곡茂谷 장터에서 크게 무찔렀다. 또 곤양·사천의 도적들을 금오산金鰲山에서 포위하여 잇달아 격파했다.

이 무렵 호남좌도의 도적들이 영남우도로 넘어오려 했지만, 운봉의 박봉양朴鳳陽(박문달朴文達의 고친 이름)에게 막혀 팔랑재를 넘지 못했다. 영남우도의 도적들은 진주에 모여 그 세력을 점점 확장해갔다. 석영은 대구에서 관군 부대와 일본군 수백 명을 이끌고 급히 달려오다가 무곡(일본군 보고에 따르면 '수곡水谷')에서 도적들을 만났다. 도적들은 산에 의지하여 맞서며 굳게 지켰지만 일본군의 대포로 무장한 관군의 공격을 받자 더 이상 버티지 못하고 그 기세에 눌려 사방으로 흩어졌다. 이날 석영이 이끄는 관군은 도적 400여 명의 목을 베었다.[39]

---

39 『주한일본공사관기록 1』 「동학당 정벌에 관한 제 보고」에 따르면, 이 전투는 1894년 11월 11일에 벌어졌다. 일본군 스즈키鈴木 대위는 전투 상황을 다음과 같이 보고했다.
"어제 11일 오전 4시 진천을 출발하여 서쪽 30리 남짓한 곳에 위치한 수곡촌水谷村에 모여 있는 동학당을 공격하려고 들어갔더니, 동학당이 산과 들에 대략 1,400~1,500명 정도 가득 있었다.(그 지방 사람의 말로는 4,000~5,000명이라고 함) 8시 5분 그들이 사격해오므로 응전했다. 점차 공격하며 진격했는데, 그들의 절반은 산 위로, 나머지 절반은 산 북쪽으로 퇴거했다. 그래서 먼저 산 위에 있는 적을 공격하였으나, 그들은 산꼭대기의 보루에 기대어 완강하게 방어했다. 또 북쪽으로 퇴거한 적도 다시 나와서 우리의 우측을 습격했다. 10시 15분, 1개 소대를 이끌고 산 위의 보루로 돌입하여 점령했다. 이때 우리 부상자는 3명이었다. 다른 1개 소대는 계속 우측의 적진으로 돌입시켰다. 이보다 앞서 도타塡田 중위로 하여금 1개 소대를 인솔하여 좌측에서 적을 쫓아 몰아내게 한 다음 그곳에 있는 적을 격파하고, 마침내 적의 배후에 이르러 적군을 격멸했다. 오전 11시에 대오를 수습했다. 적은 서북쪽 덕산德山(지리산 쪽)으로 패퇴했다."

대개 우리나라 총기의 사정거리는 100보 정도에 불과했지만, 일본 총기의 사정거리는 400~500보쯤 되어서 우리나라 총기보다 너덧 배 더 길었다. 또 일본 총기에는 내부에 자동 점화장치가 있어 심지에 불을 붙이는 번거로움이 없었다. 그래서 눈비에도 구애받지 않고 계속 쏠 수 있었다. 도적들과 수백 보 떨어진 거리에서 도적들이 쏘는 총탄이 미칠 수 없다고 판단되면 거침없이 총을 쏘았다. 도적들은 뻔히 마주 보면서도 한 발도 쏘지 못했기 때문에 대패했다. 석영은 금오산까지 추격해서 포위하고 총을 쏘았다. 또 수천 명의 목을 베었다.

10월 22일

지석영이 두치頭峙 나루터로 들어가 하동·광양의 도적들과 잇달아 교전을 벌여 격파하고 패주시켰다.

도적들은 9월 이후 하동을 점령하고 강 건너 광양의 도적들과 연계했다. 이 무렵 관군이 온다는 소식을 듣고 김인배金仁培에게 도움을 요청했다. 이 시기 인배는 삼가三嘉에서 관군의 추격을 받고 순천으로 도망쳐 돌아와 다시 도적 떼를 끌어모았는데, 그 수가 수만 명에 이르렀다. (원군 요청을 받은 인배는) 순천에서 부대를 이끌고 동쪽으로 나가 광양의 성부역成阜驛에 진을 쳤다. 그러고서 한 갈래는 망덕望德 앞바다로 진격하고, 또 한 갈래는 섬진강으로 진격하여 위아래에서 짓밟아 승리하려고 했다. 이 작전은 이미 9월에도 써먹은 방법이었다.

석영은 이러한 내용을 염탐을 통해 알아내고, 몰래 일본군 40명을 내보내 섬진강 상류를 건너 산골짜기 사이에 매복하게 함으로써 도적들의 후방을 에워쌌다. 그리고 자신은 직접 대군을 지휘하여 망덕 바깥쪽 바다를 건너가 도적들의 귀로를 차단하고, 일본군 수십 명으로 하여금 하동 공관을 정면에서 공격하게 했다. 도적들 가운데 깃발을 들고 있는 사람이 먼저 쓰러졌다. 그것을 보고 도적들은 황급히 달아났지만, 총에 맞고 강에 빠져 죽은 사람이 헤아릴 수 없을 만큼 많았다. 강 서쪽에 있던 도적들 또한 달아나서 인배와 합류하고자 했으나 일찌감치 매복해 있던 일본군의 갑작스런 공격을 받았다. 결국 도적들은 가운데가 끊겨 두 패로 갈라졌다.

석영은 빈틈없이 진을 치고 측면을 공격했다. 병사들이 함성을 지르며 사방을 에워쌌다. 마침 날이 저물고 큰비가 내렸다. 도적 무리 가운데 무기를 버리고 엎어지고 자빠지는 자들이 속출했다. 인배는 산의 우묵한 곳에 엎드려 소나무 가지를 잘라 얼굴을 가리고 인정人定(야간 통행금지를 위해 매일 밤 종을 치던 일)까지 기다렸다가 비를 맞으며 맨발로 달아났다. 석영은 자신이 맡은 지역의 경계가 정해져 있기 때문에 끝까지 추격하지 않고 군대를 철수하여 하동으로 돌아왔다.

김인배는 밤중에 광양으로 들어가 흩어진 병졸들을 불러 모았다. 도적 무리는 다시 떨쳐 일어나 유하덕劉夏德과 함께 뒤로 물러나서 순천을 거점으로 삼아 관군과 대치했다. 이때 도적들은 일본군을 몹시 두려워하여 일본군이 온다는 소문만 듣고도 모두 기가 꺾였다. 석영이 만약 부대를 수습해서 빨리 달려갔다면 광양·순천의 도적들을 일거에 섬멸할 수 있을 터였다. 그러나 머뭇거리며 물러나 움츠리는 바람에 도적들의 흉악한 기세가 다시 타오르게 되었다. 얼마 후 전라 좌수영이 거의 함락될 지경에 이르자 백성들은 더욱 실망했다.

하동 신임 부사 홍택후가 지석영을 따라 임지에 도착했다.

경상 감사 조병호趙秉鎬가 영남우도 7개 고을의 병사 도합 300명을 하동으로 이동시켜 배치하고, 택후를 도와 섬진강을 경계로 삼아서 방어하게 했다. 곧 이어 영남우도 35개 고을의 병사가 일제히 도착했는데 모두 1,000여 명이었다. 이때 초계草溪에서 다시 도적들의 침입을 알리는 경보가 들어왔기 때문에 석영은 밤을 도와 달려서 돌아갔고, 일본군도 그에 따라 하동에서 퇴각했다. 하동에 남은 병력은 오직 여러 고을에서 온 향병뿐이었다. 이때 날씨는 춥고 옷은 얇아 병사들은 순라를 돌고 보초를 서는 일을 힘들게 여겼으므로 앞다퉈 강을 건너가 도적들을 뒤쫓고 싶어 했다. 그러나 실상 이들의 속셈은 마음껏 노략질을 하는 데 있었다. 택후는 나루터를 엄중하게 단속하고 단 한 명의 병사도 함부로 강을 건너가지 못하게 했다. 이 때문에 광양 사람들은 택후를 고맙게 여기고 일제히 그를 칭송했다. 도적 무리와 함께 달아나 숨어 있던 자들뿐만 아니라 인배 등도 택후가 너그럽고 덕망을 갖추어 존경할 만한 인물이라고 여겼으며, 도인들을 함부로 죽이지 않았기 때문에 다시 미친 듯이 날뛸 생각은 없었다. 그러나 광양과 순천의 도적들은 조금도 거리낌 없이 평민들을 협박하고 날마다 억지로 동학에 가입시켰으므로 백성들이 견디지 못했다.

개남이 임실에 들어갔다. 현감 민충식閔忠植이 마중 나가 항복했다.

충식은 영휘의 친척 조카뻘이다. 개남과 더불어 결의형제를 맺고 개남을 따라 입도했다. 개남은 충식을 행군도성찰行軍都省察로 임명했다. 군복을 갖춰 입은 충식은 말을 타고 앞장서서 길을 안내했다.[40] 길가에서 이 꼴을 본 사

---

40 민충식을 취조한 일본군의 기록은 다음과 같다.

"임실의 현감과 아전 등을 취조했는데, 이 현감은 처음부터 동학당과 결탁한 적도賊徒이며, 적도가 전주를 공격했을 때 전봉준·김개남 등과 동행한 동학당의 첩자입니다. 또한 적도들이 공주 부근까지 갔을 때도 이미 노성魯城 부근까지 전봉준을 따라간 사실이 있다고 말하였으니, 그 죄가 뚜렷합니다. 그래서 총살하려 했습니다만, 관위官位를 갖고 있는 자이므로

람들은 "저 사람이 바로 임실 현감이다"라며 혀를 찼다.

개남이 전주에 들어갔다. 남원 부사 이용헌李龍憲이 살해되었다.

용헌은 전주에 도착하여 몰래 사람을 시켜 남원 백성들에게 성을 뒤집어 엎고 도적들을 죽이라고 지시했다. 또 박봉양과 연락을 주고받으며 동쪽과 서쪽에서 협공하여 도적을 소탕하자고 했는데, 일이 탄로 나고 말았다. 개남이 용헌의 뒤를 밟아 붙잡았다. 개남은 용헌을 잡아들여 큰소리로 꾸짖었다.

"너는 왜놈이 임명한 관원으로서 나를 죽이려고 남쪽으로 내려왔다는데, 사실이냐?"

용헌은 그런 일이 없다고 부인했지만, 개남은 그를 묶고 곤장을 치라고 명령했다. 두 손을 뒤로 묶을 때 옷의 솔기가 별안간 터지면서 종이 뭉치가 담긴 전대 하나가 떨어졌다. 전대 자루에 든 뭉치는 모두 임금이 소모사에 게 보낸 명령서와 도적을 체포하라는 기밀문서였다. 개남은 너무나 화가 나서 직접 칼을 뽑아 들고 용헌의 목을 쳤다. 물꼬가 터진 것처럼 피가 흘러내렸다. 용헌을 죽인 뒤 아울러 기록을 맡아보는 하급 관리(기실記室) 및 수령을 따라다니며 시중을 드는 사람(중방中房)까지 목을 쳤다. 초기에 개남은 도내의 광대 1,000여 명을 뽑아 따로 한 부대를 만들고 후하게 예우하면서 사력을 다해 싸워주기를 바랐다. 그러나 이때 개남의 역절逆節이 분명하게 드러나자 광대들은 하룻밤 사이에 모두 뿔뿔이 흩어졌다.

개남이 순천 부사 이수홍李秀弘과 고부 군수 양성환梁性煥에게 곤장을 안기고 그대로 가두어버렸다. 성환은 상처가 덧나서 죽었지만, 수홍은 돈 3,000냥을 바치고 풀려났다.

보내오니 취조하신 뒤에 죄사罪死(사형)를 언도해주시기 바랍니다. 이상 말씀드립니다." 『주한일본공사관기록 1』「임실 현감 민충식의 죄상서罪狀書 건」.

수홍은 8월에 순천에 부임했지만, 순천의 동학도와 인배 등이 이미 관청을 차지하고 관리 대하기를 마치 죄인 다루듯이 했다. 수홍은 비어 있는 관아에서 얹혀 지내며 과거 공부를 하는 선비들에게 열흘마다 시험 문제를 내주는 일을 소일거리로 삼고 있었다. 이런 그를 사람들은 모두 비웃었다. 이무렵 그가 전주로 올라가다가 길에서 개남을 만났는데, 가마에서 내리지 않았다. 이에 개남이 그를 매우 괘씸하게 여기고 용헌을 죽일 때 함께 잡아들여 꾸짖었다.

"내가 군수전 5만 냥을 징수하라고 명령을 내렸거늘 너의 고을은 아직 협조하지 않고 있다. 이유가 뭐냐?"

수홍이 대답했다.

"제가 명령에 따르지 않은 것이 아닙니다. 돈을 걷지 못한 책임은 김 접주에게 있습니다. 오늘날 도인만 있고 수령이 없다는 사실을 정녕 모르십니까?"

말하자면 인배가 개남의 명령을 거절했다는 점을 넌지시 지적한 것이다. 개남은 못 들은 척하면서 큰 곤장 30대를 안기고 감영의 감옥에 가두었다. 마침 수홍을 수행하고 온 순천 좌수座首 장 아무개가 숙소에 있었다. 그는 옥졸에게 뇌물을 건네고 밤을 틈타 감옥에 들어가서 수홍을 만났다. 수홍이 그의 손을 잡고 눈물을 흘리면서 부탁했다.

"도적에게 3,000냥의 뇌물을 주면 나는 살 수 있소. 나는 순천 백성들에게 죄를 진 것이 없소이다. 그대는 내 사정을 잘 헤아려주기 바라오."

장 아무개는 그를 동정하여, 향중계표鄕中契標[41]를 담보로 비단 장수에게

---

41 향중계는 향약과 우리나라 전래의 계회契會 조직이 결합된 계를 말한다. 향중계표는 향중계에서 발급한 물표物標이다. 계가 어떤 특수한 부분적인 목적을 위해 조직되고 경제적인 측

서 돈 3,000냥을 빌려 도적의 집에 실어다 놓았다. 수홍은 다음 날 풀려나 장 아무개에게 눈물을 흘리면서 고맙다고 인사를 한 뒤 미투리를 꿰신고 지팡이를 짚고 떠나갔다.

전라 감사 김학진이 개남을 찾아가서 만났다. 개남은 거만한 자세로 학진을 대하며 비꼬듯이 말했다.

"내가 남원에 있을 때 겨울옷 1,000여 벌을 감영에서 거두라고 했는데 조처했습니까, 안 했습니까?"

학진이 공손하게 대답했다.

"사실은 그런 명령서를 본 적이 없습니다."

개남이 말했다.

"거리가 100리밖에 안 되는데, 누가 감히 내 명령서를 도중에서 없앴단 말입니까?"

학진이 다시 대답했다.

"제가 한 가지 드릴 말씀이 있습니다. 이 말을 들어보시면 아마 접주의 의혹이 풀릴 것입니다. 잠시 화를 가라앉히시기 바랍니다. 내일은 바로 제 부모님의 제삿날입니다. 이른바 감사라는 자가 몇 푼 안 되는 쌀조차 마련하지 못하여 제사를 지낼 수 없는 형편입니다. 명령서는 실제로 본 적이 없지만, 설사 그것을 보았더라도 겨울옷 1,000여 벌을 누가 나를 위해서 마련하

면이 더 강하다고 하지만, 향약에도 역시 상부상조의 성격이라든가 사창법 같이 경제적으로 구휼하는 특성을 갖고 있다. 경우에 따라서는 향약의 구성원인 동시에 종계宗稧·동갑계 등의 계원을 겸하는 수도 있으므로 양자는 공통된 성원으로 이루어지기도 했다. 양자의 차이점이라면, 향약의 경우에는 임원의 나이가 많고 덕망의 유무가 요구되었던 반면, 계의 경우에는 사무적 능력, 특히 이재理財의 능력 여부를 중시했다. 이런 차이는 계가 이익을 불리는 점을 중시한 데서 기인한다.

겠습니까?"

개남은 말없이 한참을 있다가 빙그레 웃으면서 말했다.

"누가 감사 벼슬이 좋다고 했는가?"

그리고 손을 내저으며 그만 가보라고 했다. 다음 날 돈 100꾸러미와 쌀 2가마니를 보내서 제사를 지낼 수 있게 도와주었다. 학진은 받은 것을 쓰고 싶지 않았지만 도적의 화를 돋울까 두려워서 감히 사양하지 못했다.

장수 지방의 도적 황내문黃乃文이 이춘경李春卿과 남응삼 등 1만여 명을 이끌고 장수를 침범했다. 장수의 민병은 중과부적으로 대패했다. 이때 눈이 내리고 날씨가 몹시 추워, 피난 가던 사녀士女들이 많이 얼어 죽었다. 도적들은 사방으로 흩어져 노략질을 했는데 심지어 밭을 가는 소까지 모두 잡아먹었기 때문에 장수 일대에는 소 한 마리 남아나지 않았다.

개남이 남원에 있을 때 가짜 명령을 내려 남원의 산동방山洞坊과 구례에서 토지 1결마다 쌀 7말씩 징수하여 화엄사華嚴寺에 저장해 두었다. 남원을 출발할 즈음에 오촌 조카(종질從姪) 아무개에게 그것을 관리하도록 시켰다. 이에 앞서 쌀을 징수할 때, 납부를 독촉한 지 며칠 만에 거둬들인 양이 300여 석에 이르렀다.

전봉준이 강경과 10리 거리에 있는 논산포論山浦에 주둔했다. 전 여산 부사 김원식金元植이 봉준에게 죽임을 당했다.

원식은 강경에 살았으며 가진 재산이 엄청났다. 몇 년 전 재물을 바치고 여산 부사가 되었는데 백성을 괴롭히는 가혹한 정치가 심했다. 동학 무리가 일어나자, 원한을 산 집으로 지목되어 곤욕을 치렀다. 원식은 보복을 할 궁리로 마침내 도적을 따라 동학에 들어갔다. 원식은 체력이 뛰어나고 제법 교양과 덕망도 갖추어 그런대로 위세와 명망이 있었다. 도적들이 그런 점을 믿고 그를 추대하여 네 고을의 대접주로 삼았다. 이 무렵 봉준은 호서를 침범하며 원식을 선봉으로 차출했다. 원식은 달갑지 않았기에 부대 뒤쪽을 맡기를 원했다. 그러자 봉준은 그가 관군과 내통하고 있다고 의심하며 갑작스레 에워싸서 죽여버렸다.

김개남은 전주에서 삼례로 나아가 봉준을 성원했다. 한 갈래는 금산으로 들어가 무너뜨렸으며, 현감 이용덕李容德을 끌어내서 쫓아낸 뒤 병력을 풀어 살육과 약탈을 자행했다. 그리고 가짜 수령을 임명하여 금산을 지키게 했다.

도적들이 금산을 함락했다. 전 참판 정숙조鄭䎘朝와 군관 정지환鄭志煥이 죽었다.

숙조는 금산 군수를 지낸 적이 있는데 이후 그대로 금산에서 살았다. 난이 일어난 초기에 군민들은 숙조를 추대하여 대장으로 삼았다. 도적들이 대거 몰려오자 모여 있던 사람들은 대부분 뿔뿔이 흩어졌다. 숙조는 늙고 병들어 달아나지 못하고 사로잡혔는데 도적들을 크게 한번 꾸짖고 죽었다.

지환은 도적들이 온다는 소식을 듣고 맞서서 방어했다. 비록 중과부적이었지만 혼신의 힘을 다해 싸우다가 끝내 반나절 만에 방어진이 무너지고 말았다. 아랫사람들이 도망가라고 권했지만 지환은 큰소리로 "여기가 내가 죽을 곳이다"라고 하면서 조금도 물러서지 않았고, 자신의 세 아들과 함께 서로를 베개 삼아 누워서 죽었다. 동학 무리가 일으킨 난리로 어려움에 처했을 때 나라를 위해 죽은 사람이 간혹 있지만, 천둥소리처럼 세상을 뒤흔들며 옛사람에 견주어 부끄러울 것이 없는 사람은 단연 지환뿐이었다.

봉준이 좀 더 북상해서 공주의 경천敬川에 주둔했다. 감영과 30리 정도 떨어진 곳이었다.

이때 충청 감사 박제순은 감영 안의 아전과 백성들을 쌍수산성雙樹山城 안으로 들여보내 보호했다. 충청 감영은 본디 성이 없으며 쌍수산성을 의지하여 방어했다. 제순은 감영을 비워 두고 산성으로 피해 일부러 약함을 내보여 적敵[42]을 유인하고, 몰래 대포를 매설해 놓은 뒤 도적들이 오기만을 기다렸다. 그런데 공교롭게도 중군의 어떤 사람이 봉준에게 사로잡혔다. 봉준이 그를 죽이려고 하자, 그 사람은 감영의 군정軍情을 알려주고 그 대가로 풀려나 돌아왔다. 애초 봉준은 감영을 점거하려 했지만, 그의 얘기를 들은 뒤 경천에 머물면서 더 이상 전진하지 않았다. 제순은 이런 사실을 알고 감영의 정보를 누설한 사람의 목을 베어 본보기로 삼았다.

남원의 도적이 운봉을 침범했다. 박봉양이 격파하여 패주시켰다.

봉양은 스스로 기병을 하고서부터 사재를 털고, 죽기를 각오한 병사들을 모집했다. 자신은 몸소 졸병들과 고락을 함께했으며, 상벌은 엄격하고 명백하게 시행했다. 그래서 많은 사람이 마음으로 두려워하며 복종했다. 봉양은 운봉을 둘러싼 좁고 험한 여러 길목에 36개의 초소를 세우고 초소마다 수비병을 배치했다. 초소 간의 간격은 어떤 곳은 100간間(1간은 1.81818m), 어떤 곳은 50~60간을 유지했으며, 유병游兵으로 하여금 번갈아 돌아다니면서 대응

---

42 황현은 『오하기문』 전편에서 동학농민군을 '賊'으로 표기했는데, 유일하게 여기에서 '敵'으로 표기했다. 아마도 '示弱以誘敵시약이유적(약함을 드러내 적을 유인한다)'이라는 관용 어구를 그대로 따라서 사용한 듯싶다. 한문 용례에 따르면, '賊'은 국경 안의 적을 가리킬 때 사용한다. 예컨대 역적逆賊, 산적山賊, 황건적黃巾賊 등이다. 한편 '敵'은 국경 밖의 적을 가리킬 때 사용한다. 예컨대 적군敵軍, 외적外敵, 적국敵國 등이다.

하게 했다.

매일 밤 봉홧불과 횃불을 밝혀 상황을 알렸는데, 다름재(茶廩峙)에서 장수지방에 이르는 60～70리의 산 위에서 봉화가 끊어지지 않고 이어졌다. 봉양은 오른손에는 칼을 쥐고 왼손에는 횃불을 들고 매일 밤 모든 초소를 한 바퀴씩 돌았다. 남원 사람들은 죽 이어진 산봉우리를 날아다니는 불을 멀리서 바라보며 도깨비불처럼 내달리는 모습이 틀림없이 봉양의 횃불일 것이라고 생각했다.

운봉의 지형은 천연적으로 험준했다. 봉양은 또 이곳의 연재(燕峙)·갓바라재(家鉢峙)·방아재(碓峙) 같은 좁고 험한 길목의 땅을 파서 길을 끊고, 큰 소나무를 파내어 뿌리가 위로 오게 뒤집어서 묻고, 나뭇가지는 아래로 늘어뜨려 그것을 잡고 재 꼭대기로 오르는 것을 아예 막아버렸다. 또한 나무와 돌을 모아 놓고 아래로 굴려 내려칠 준비를 했다. 지형이 낮아 우묵한 곳에는 모두 통나무를 박아 울타리를 설치했고, 평평한 곳에는 큰 구덩이를 판 뒤 위에다 이엉과 흙을 살짝 덮어 놓았는데, 열 발자국마다 이런 구덩이를 하나씩 만들어 놓았다. 또 굵은 밧줄을 만들어 나무둥치에 묶고 옆옆이 나무둥치와 연결하여 끊어지지 않게 한 다음, 무엇이든 담을 수 있는 바구니 같은 물건을 만들어서 돌을 가득 채워 넣고 밧줄과 연결했다. 만약 밧줄이 끊어지면 돌이 세찬 기세로 사람을 향해 날아가게 하는 장치였다. 위치를 바꾸어 아래에서 위쪽을 쳐다보면 통나무 울타리와 밧줄이 옆으로 쭉 이어져 있는 모습이 마치 성곽 같았다. 수비병들은 번갈아가면서 휴식을 취하되 함부로 대열에서 벗어나지 못하도록 했다. 경계와 검문검색을 물샐틈없이 철저히 하여 첩자의 침입을 허용하지 않았다.

봉양은 시험 삼아 자신의 아들에게 초소 하나를 맡겨 지키게 하고, 다른 사람을 시켜 몰래 아들의 동정을 살펴보게 했다. 봉양의 아들은 초소에서 단

잠을 자고 있었다. 봉양은 크게 노여워하며 그 자리에서 아들의 목을 베어 죽이라고 명령했다. 여러 초소의 책임자들이 머리를 조아리면서 간절히 간하기를, 어려움을 무릅쓰고 자신들이 죄를 나누어 지겠으니 죽이지는 말아 달라고 했다. 봉양은 조금도 흔들림 없이 간청을 들어주지 않았다. 얼마 후 곤장 30대를 때렸는데, 거의 죽을 지경에 이르렀다.

병사 한 사람이 도적의 총에 맞아 중상을 입고 끝내 죽어버리자, 봉양은 시신에 염을 할 때 가장 좋은 수의를 입혀 입관하게 하고, 지관을 불러 묏자리를 잡아주었다. 또한 봉양은 수질首絰을 쓰고, 상복을 입고, 몸소 무덤까지 가서 애통해하는 마음을 극진히 드러냈으며, 돌아가는 길에는 망자의 집에 구호금까지 넉넉히 주었다.

이때 봉양의 위엄과 은혜가 널리 퍼져 인근 예닐곱 개 고을의 아전과 평민, 사녀士女 등 피란하는 사람들이 아이를 포대기에 꾸려 업고 운봉으로 왔다. 도적을 추종했던 사람들 또한 항복하고 봉양에 붙은 사람이 많았다. 봉양은 선비와 평민 가운데 훌륭한 사람을 가려서 예우하고 기용했으며, 항복한 도적에게는 그의 처자를 볼모로 삼은 뒤 각 초소에 나누어 배치했다. 초소에 배치한 도적에게는 오랜 시간 보초를 서게 하고 그 지방에서 모집한 병사들처럼 번갈아 쉬지 못하게 했다. 이런 조치는 도적을 추종했던 행실을 미워했기 때문이었다.

8, 9월 사이에 하동이 함락되었다. 전라 좌수영은 사력을 다해 지켰지만 견고하지 못한 까닭에 멀고 가까운 곳이 흔들렸다. 호남 사람들이 믿고 의지하는 곳은 오직 운봉뿐이었다. 영남우도 일대 또한 운봉을 믿고 관할 지역을 굳게 지켰다. 상황이 이러했기 때문에 도적들은 군침을 흘리며 이를 갈았고, 운봉을 눈엣가시처럼 여기며 기어이 짓밟아버리고자 했다. 그러나 봉준과 기범(개남) 두 사람은 운봉 사람들이 반드시 죽음을 각오하고 맞설 것이라

판단하고 괜히 함부로 움직였다가 패배를 자초하여 예봉만 꺾이는 것이 아닐까 걱정했다. 그래서 6만여 명이라는 많은 무리를 거느리고 있음에도 신중에 신중을 기하면서 허투루 출정하지 않았다. 다만 날마다 무력을 과시하고 위세를 부리며 앉아서 제압하려고 했다.

기범이 떠난 틈을 타서 이춘경·남응삼 등은 장수로 들어가 뜻한 바를 이루고 난 뒤 그 여세를 몰아 거침없이 연재에 이르렀다. 고갯마루에 함정으로 파놓은 구덩이가 많다는 소식을 듣자, 소 수십 마리를 모아 뿔에다 칼이니 창처럼 날이 선 병기를 묶은 다음 앞으로 몰고 나가 관군의 칼에 찔릴 상황에 대비했다. 설령 구덩이에 떨어지더라도 소가 이미 빠져 메워서 평평해졌기 때문에 그 소들을 밟고 지나갈 수 있을 것이라 생각하고, 이런 계획이 틀림없이 성공할 것이라고 확신했다. 그리하여 날이 저물자 밤을 틈타 소를 몰고 위로 올라갔다.

봉양은 군사들에게 단단히 일러 주의를 주고 제멋대로 움직이지 못하게 했다. 도적들이 고갯마루에 이르렀다고 판단되었을 때, 명령을 내려 1,000여 개의 총을 일제히 쏘게 했다. 총성이 골짜기를 뒤흔들었다. 곧 이어 북을 두드리며 몰아치자 소들이 놀라서 뒤돌아 내달리며 미친 듯이 울부짖고 어지럽게 날뛰면서 사람을 뿔로 들이받아 찌르고 발로 차서 짓밟았다. 이 때문에 죽은 자가 셀 수 없이 많이 발생했다. 멀리서 밧줄 끊는 소리가 들리는가 싶더니 엄청나게 큰 돌들이 공중에서 쏟아지며 산이 갈라지고 절벽이 무너졌다. 엎어지고 자빠져서 머리가 깨지고 허리가 잘린 도적이 즐비했다. 이들의 시체가 산골짜기를 가득 메웠다. 밤이 깊어 더 이상 도적들을 추격하여 죽일 수 없다고 생각한 봉양은 다만 북과 징을 두드려서 마치 천둥이 치는 듯한 소리를 내어 금방이라도 아래로 치고 내려갈 것 같은 기세를 내보였다. 도적들은 너무 놀라 앞다퉈 달아났는데 무조건 남원 쪽을 향해 내달렸다. 남원에 이르러서야 안도의 한숨을 내쉬었지만 여전히 놀란 가슴을 진정하지 못했다. 이에 운봉 군사는 명성을 크게 드날리고, 영남과 호남 일대는 용기백배했으며, 확실히 의지할 데가 있다고 믿게 되었다.[43]

----

43 박봉양에 대한 일본 측의 기록은 황현이 묘사한 내용과는 크게 다르다.

"운봉현에 민병民兵이 있었는데, 별군감別軍監 박봉양이 이끌고 있었다. 원래 민병은 성격상 그 현의 수비를 담당할 뿐이다. 또한 그들의 군량은 현의 비용으로 지급하기 때문에 이유 없이 다른 현에 가서 일하는 것은 제도상 용납되지 않는다. 그런데 이 별군감(현재 법무아문 감방에 수감되어 있음)은 동학도를 막아낸다는 명목으로 현령의 명을 듣지 않고 많은 민병을 이끌고 남원에 와서 된장·냄비·솥을 비롯하여 기타 일체의 주민 재산을 빼앗아갔다며, 이런 사실을 남원 인민이 우리 군대가 도착하기를 기다렸다가 호소했다. 먼저 도착한 가시와기柏木 대위와 미즈하라水原 중위의 보고에 따르면, 이곳에는 원래 관미官米와 동학도의 군량미가 많이 있었지만 별군감이 많은 민병을 시켜 모두 빼앗아 간 사실은 분명하다. 우리 군대는 이 같은 약탈을 면한 쌀로 충당하되, 부족분은 다른 곳에서 사 모아 겨우 군량을 마련했다. 별군감은 이 약탈을 자행할 때 불을 질러서 동학도가 태우고 남은 민가 일고여덟 채를 모조리 불태워버렸다. 이 별군감의 소행은 해괴할 뿐만 아니라, 명을 받았다는 사실도 매우 의심스럽기 짝이 없다. 나중에 이 자를 붙잡기는 했지만, 앞서 이곳에 도착한 에다枝 대장이 마침 운봉으로 돌아가려는 별군감을 보고 말하기를 '네가 이곳에 와서 동학도를 방어했음은 알고 있다. 비도匪徒를 진압할 목적으로 일본군과 조선군이 몇 시간 안 되어 이곳에 들어올 텐데, 일단 이들과 회합한 뒤에 돌아가도 되지 않는가?'라고 했다. 그러나 별군감은 말을 듣지 않고 되돌아갔다. 현령을 불렀다. 그의 나이는 42~43세쯤이다. 그에게 별군감이 어디 있느냐고 물었더니, 그는 '봉의 동학도를 치기 위해 그곳으로 갔다.'고 했다. 또 '운봉이 위험하다. 그렇지만 귀 군대가 이미 여기 왔으니 내 마음이 놓인다.'고 했다. 다시 더 물으니, 대답하기를 '별군감은 내 명령을 듣지 않아서 이 때문에 늘 괴로웠다.'고 했다. 소관이 '당신 부하가 난폭한 짓을 했는데 당신은 이것을 억제하지 못해서 괴로웠다고 하니, 곧 당신이 성을 지키는 임무에 그 부하가 방해된 것이 아닌가?'라고 했더니, 그는 '아니다. 민병은 모두 나의 명령을 따랐다. 그러나 4~5일 전에 귀 군대가 온다는 소식을 듣고 별군감이 더욱 난폭해져서 정말 난처했다.'고 말했다. 직제에 의거할 때 별군감이 과연 현령의 부하에 속하는지 아닌지는 알 수 없으나, 현령은 그 상황을 참을 수 없었다고 했다. 소관이 '당신은 적어도 현령으로서 한 개의 성을 관장하고 있으며, 운봉은 당신의 소관이다. 말하자면 이 관내에서 일어나는 일에 대해서는 전적으로 그 책임을 당신이 져야 한다. 비록 별군감이 의외로 고귀한 곳과 관계를 맺고 있는 사람일지라도 당신은 당신의 직무를 다하기 위해 또 누구를 꺼려 할 필요가 있겠는가?'라고 했다. 이때야 비로소 별군감에 대한 일본군이 압록강을 건너 봉황성에 들어갔다.

청군은 자기 나라로 돌아간 뒤 오랫동안 나오지 않았다. 일본군은 평양에서 거둔 승세를 타고 서쪽으로 쳐들어갔다. 일본군은 우리나라 땅에 있을 때는 우리 백성의 물건을 조금도 건드리지 않았다. 심지어 길에 떨어진 것조차 줍지 않았다. 그러나 중국 지방에 들어가서는 살상과 약탈을 거침없이 자행했다.

10월 28일

이날은 도적 최제우의 생일날이다.

여러 도의 도적들이 모두 모여 성대하게 하늘에 제사를 지내며 제우의 명복을 빌었다. 깃발을 만들어 한쪽 면에 '龍潭先生伸冤旗용담선생신원기(용담 선생의 원한을 풀어주는 깃발)'라는 일곱 자를 대서특필했다. 떠도는 소문에 따르면 경주에 '제우서원'을 세울 것이라고 한다.

이두황李斗璜은 좌선봉장이 되어 안성에서 가운데 길을 택하고, 이규태李圭泰는 우선봉장이 되어 우측 길을 택하고,[44] 지평 현감 맹영재는 좌측 길을

실정을 상세히 말하며 별군감의 이름이 박봉양朴鳳陽이라고 했다. 현령은 '앞에서 말한 바와 같은 상황이므로 나는 운봉으로 돌아가기를 원한다.'고 했다. 그래서 그와 헤어졌다. 소관의 생각으로는 이 현령이 성을 잘 지켰다고 본다. 그러나 근심 걱정을 많이 한 나머지 그는 흉부에 병이 났으며, 민병 같은 자들을 끝내 별군감의 약탈 자행 도구로 이용되게 만든 점은 매우 유감스러운 일이다. 소관은 현령과 헤어질 때 그에게 부탁하여 별군감에게 편지를 보냈다. 그 편지에 '나는 나주에 와 있다. 돌아오거든 곧 나주성으로 와달라.'고 썼다." 『주한일본공사관기록 6』 「동학당 정토략기征討略記의 건」, 1895년 5월(양력) 기사 참조.

44 원문의 "이두황을 좌선봉장으로 삼고, 이규태를 우선봉장으로 삼는다.(李斗璜爲左先鋒, 李圭泰爲右先鋒)"는 기록은 오기이다. 『고종실록』 1894년 11월 26일자 기사에 따르면 "양호

택하여 모두 호서의 경계로 들어갔다.

이도재李道宰를 전라 감사로 임명했다.[45]

전라 감사 이도재에게 위무사慰撫使를 겸하게 했다.[46] 김학진이 파직되어 서울로 돌아갔다. 도재는 두황 등을 따라 남쪽으로 내려왔다.

일본군이 순무영의 부대와 함께 호서와 호남의 도적들을 토벌했다.

일본 공사 오토리 게이스케가 본국으로 돌아가고, 이노우에 가오루井上馨가 부임했다.[47] 박영효는 이준필李駿弼이 죽었을 때, 이미 일본 공관에 숨어 있었다. 이 무렵 그는 가오루의 비호 아래 조금씩 권세를 부리는 조짐이 있었다.

도적이 법무아문 협판 김학우金鶴羽를 살해했다.[48]

학우는 관서 지방 출신이다. 미관말직으로 관직에 나와 개화파를 추종하여 몇 달 만에 파격적으로 협판에 발탁되었다. 일찍이 어윤중魚允中에게 예를

도순무영에서 아뢰기를, '선봉장 이규태를 좌선봉장으로 임명하고, 장위영 영관 이두황은 여러 번 전공을 세웠으니 우선봉장으로 임명하여, 지역을 나누어서 토벌하게 하는 것이 어떻겠습니까?' 하니, 윤허하였다."라고 했다.

45 『고종실록』 1894년 10월 6일자 기사 참조.

46 『고종실록』 1894년 10월 12일자 기사 참조.

47 『고종실록』 1894년 9월 28일자 기사 참조. "임금께서 함화당咸和堂에 나아가 일본국 전권공사 이노우에 가오루를 접견하였다. 국서國書를 바쳤기 때문이다."

48 『고종실록』 1894년 10월 4일자 기사 참조. 김학우는 원문에 '金學羽'라고 되어 있으나 金鶴羽의 오기이므로 바로잡는다.

갖추지 않고 대등한 상대로 대했기에 윤중이 꾸짖은 적이 있었다. 그러나 학우는 윤중을 능멸하고 따지고 들면서 조금도 굴하지 않았다. 그래서 사대부들이 모두 그를 못마땅하게 여겼다. 사건이 일어난 날(10월 3일) 밤, 학우는 손님을 불러 함께 술을 마시고 있었다. 술자리가 무르익었을 때, 상복을 입은 어떤 사람이 대청으로 올라서며 물었다.

"여기가 김 협판 댁입니까?"

학우가 "그렇다."고 대답했다.

그러자 그 사람이 또 물었다.

"어느 분이 협판이신가요?"

학우가 "내가 바로 협판이다."라고 말했다.

상복을 입은 그 사람이 잇달아 머리를 조아리고 공손히 읍하는 자세를 취했다. 바로 그때 갑자기 대청 아래 어둠 속에서 한 사람이 불쑥 뛰어나와 대청으로 올라오는가 싶더니 학우의 머리가 땅에 떨어졌고, 칼날이 옆의 손님 어깨를 두어 치 정도 파고들었다. 손님은 깜짝 놀라 소리를 지르며 뒤로 물러났다. 잠시 후 주위가 진정되자 자객을 찾았지만, 이미 달아나고 없었다. 끝내 누가 시킨 짓인지 알 수 없었다. 이 일로 서울이 심하게 들썩거렸고, 영효 등은 자객이 한꺼번에 갑자기 몰려나올 것을 겁내서 경비를 한층 강화했다. 임금은 경무청에 자객을 잡아들이라는 엄중한 지시를 내렸지만, 끝내 잡지 못했다.

이때 호남의 도적 대부대가 봉준과 개남을 따라 호서로 들어왔다. 김인배는 전라좌도의 바닷가에 인접한 지역의 접장들을 불러 모아 순천을 점거하고 좌수영을 침범하기 위해 모의했다. 수십 개 고을에 흩어져 있던 접장들은 남원으로 모여들었다. 대략 34명의 접장들이 밤낮으로 운봉을 엿보았다.

나라에서 파견한 군대가 올리는 보고는 날로 급박해졌다. 봉준 등은 북상하다가 공주에 이르러 더 이상 전진하지 못하고 있었다. 민간에서는 도적이 패했다는 소문이 입에서 입으로 퍼져 나가 떠들썩했다. 호남에 있는 도적에 대해 말할 것 같으면, 동쪽으로는 운봉에 막히고, 아래쪽으로는 하동이 두렵고, 남쪽으로는 좌수영을 꺼림칙하게 여겨 머뭇거리고 두려워하는 꼴이 이미 패망해서 달아날 조짐이 역력했다.

우두머리 가운데 교활한 자들은 서로 엄밀히 단속하며 평민을 협박하여 억지로 동학에 가입시킨 뒤 그들로 인원을 충원하고 부대 맨 앞에 내세웠다. 이 때문에 하동과 운봉 전투에서 평민들이 많이 죽었다. 죽기를 각오하고 억지 가입을 거부하는 사람에게는, 다소 차이는 있지만 35냥 이하의 속전贖錢을 징수했다. 가난하고 어리석은 백성들은 이미 바칠 돈도 없고 또 매질이 두려워서 붙좇아 따랐으며, 사대부로 의를 중시하는 사람들은 모두 집을 비우고 달아났다. 10월에서 11월에 이르는 동안 억지로 동학에 가입시키는 일이 더욱 심해졌다. 만약 이런 상태로 또 몇 달이 지나면 온 세상 사람들이 모두 도적이 될 판이었다. 운봉과 하동의 힘이 아니었으면 영남우도 일대도 이런 상황에 처했을 것이다. 전라좌도 사람들은 흉악한 기세에 떠밀려 모두 억지로 동학에 가입했다.

홍주가 호서의 도적들에게 함락되고, 태안 방어사防禦使와 홍주 영장營將이 살해되었다는 소문이 들렸다.

도적들이 태안을 침범하여 방어사 신백희申百熙를 사로잡고 꾸짖으려 했다. 백희는 도적을 강하게 질책하면서 조금도 굽히지 않았다. 도적들이 마구 때려 머리가 터져 죽었다.

한기동韓耆東을 공무 대신으로 임명했다.[49] 기동이 잇달아 여덟 번이나 임금에게 글을 올려 사양했다.

이건창李建昌을 법무아문 협판으로 임명했다.[50] 건창이 임금에게 글을 올리고 사직했다. 건창의 동생 건승建昇은 7월에 주사로 임명되었는데, 관직을 내린 은혜에 감사하다는 예를 올린 뒤 곧바로 글을 올려 사직했다.

왕자 의화군義和君이 일본에 갔다.[51] 의화군의 장인 김사준金思濬이 배행했다. 화친조약이 체결된 이후 일본 황제가 왕자를 친견하고 군이 감사의 뜻을 전하겠다고 하여 파견한 것이다.

11월

호서의 도적 수만 명이 목천木川을 점거했다. 좌선봉(우선봉의 오기임) 이두황이 도적들을 대파하고 청주까지 추격해서 잇달아 패퇴시켰다. 우선봉(좌선봉의 오기임) 이규태는 내포內浦에서 홍주·결성結城 등지의 도적들을 공격하여

---

49 『고종실록』 1894년 11월 1일자 기사에 따르면 한기동은 공무 대신이 아니라 탁지아문 협판에 임명되었다. 따라서 원문의 "한기동을 공무 대신으로 삼는다.(以韓耆東爲工務大臣)"는 오기인 듯하다.

50 『고종실록』 1894년 11월 1일자 기사 참조.

51 의화군을 일본 보빙대사報聘大使로 파견하라는 전교는 1894년 9월 5일에 내려졌다. "일본에 보빙대사로 의화군 이강李堈을 특별히 보내어 우호 관계를 두터이 하라." 『고종실록』 1894년 9월 5일자 기사 참조. 그리고 김윤식金允植의 『면양행견일기沔陽行遣日記』에 따르면, 의화군이 일본으로 출발한 날짜는 9월 15일이다. "9월 15일. 무자일戊子日. 맑음. 인시寅時 초에 일어나서 마포에 나가 보빙대사 의화군의 일본행을 전송했다." 국사편찬위원회, 『동학농민혁명 자료총서 4권』.

대파했다.

경군京軍은 처음에 도적들이 신비한 술법을 지녔다는 소문을 듣고서 몹시 겁을 냈다. 출정할 때는 가지 않으려 했고, 행군할 때는 꾸물거리며 더디게 움직여 시간을 끌었으며, 도적들과 만났을 때는 공포에 떨며 감히 앞으로 나서지 않았다. 그러나 이윽고 한번 교전을 치르자 마치 무인지경에 들어간 것 같았다. 비로소 이런저런 의심이 풀리면서 용기를 회복하고 경쟁적으로 선봉에 나섰다.

이두황이 도적들의 뒤를 쫓아 보은을 90리쯤 남겨 둔 지점에서 기습공격을 하려고 했다. 그러나 봉준 등이 공주를 침범했기 때문에 상황이 매우 위급해졌다. 충청 감사 박제순이 두황에게 잇달아 격문을 보내, 공주로 가서 지원하라고 했다. 두황은 어쩔 수 없이 길을 돌려 공주로 향했다. 공주에 거의 다 와서 보니 이미 이규태가 먼저 도착해 있었으며, 도적들은 패해서 달아난 다음이었다. 제순이 다시 두황을 정지시키고 오지 말라고 했다. 두황은 산성에서 10리쯤 떨어진 곳에 진을 치고 가슴을 치며 아쉬워했다.

"문관이 일을 그르쳤다."

규태 또한 계속 이어지는 격문 때문에 길을 재촉해서 왔던 것이다.

봉준은 효포산孝浦山에서 관군과 맞섰다. 봉준이 거느린 부대는 비교적 훈련이 잘된 정예병으로 구성되기도 했지만 워낙 궁지에 몰린 탓에, 죽음을 각오하고 총탄도 아랑곳하지 않으면서 돌진했다. 이 때문에 전투 초기에는 관군이 불리했다. 그러나 마침내 대포 한 방을 쏘아 한꺼번에 몇 백 명을 쓰러뜨리자 도적들은 더 이상 버티지 못하고 남쪽으로 달아났다. 규태는 병사를 풀어 도망치는 도적들을 추격했다. 도적들은 달아나면서 싸우고, 싸우면서 달아나 논산까지 후퇴했다. 대략 세 번의 패배로 도적들 가운데 죽은 자가 1만여 명이나 되었다. 이때 혹독히 추운 날씨 때문에 얼어서 뻣뻣해진 시체가 산더미처럼 쌓였다. 봉준과 개남은 강경에서 함께 저항했지만 또다시 패배하여 더 이상 군대의 대오를 유지하지 못하고 따로따로 도망쳐서 돌아갔다.

맹영재가 회덕懷德에서 도적들을 추격했지만 계속 패했다.

영재가 거느린 병사는 모두 향병鄕兵이었다. 무기는 도적과 별 차이가 없으나, 죽기를 각오한 사기는 도적을 따라갈 수 없었다. 그래서 번번이 패배했던 것이다.

지난날 손화중은 도내의 광대들을 뽑아 별도로 포砲를 하나 만들었다. 홍낙관洪洛寬이 이 포를 통솔했다.

낙관은 고창의 광대 출신으로 화중을 추종했다. 그 부하 수천 명은 몸이 날래고 훈련이 잘된 정예였다. 화중은 봉준과 개남에 버금가는 부대를 이끌며 세 세력의 한 축으로서 병립하고 있었다. 그런 화중의 부대 가운데 낙관이 통솔하는 무리가 가장 강력했다. 봉준은 북상하면서 잇달아 화중에게 격문을 보내 부대를 합치자고 했지만, 화중은 응하지 않았다. 공주에서 세 번의 패배로 사망자가 수만 명에 이르자 봉준은 비로소 겁을 먹었다. 화중에게 편지를 보내, 사람들을 해산시켜 살길을 찾아 달아나게 하고 쓸데없이 백성을 죽이지 말라고 했다. 그러나 화중은 오히려 휘하의 포들을 모두 일으켜 10만여 명을 이끌고 나주를 포위했다.

11월 10일

순천의 도적 인배 등이 좌수영을 공격했다. 김철규가 막아서 물리쳤다.

인배는 하동에서 패배를 당한 후 좌수영을 분풀이 대상으로 삼고 반드시 함락하겠다면서 벼르고 있었다. 좌수영이 위치한 지형은 육지가 바다 쪽으로 깊숙이 들어가 있기 때문에 다른 군에서 그곳에 물자를 공급해주려면 배로 실어 날라야만 했다. 인배는 바다를 철저히 봉쇄하고 뱃길을 끊어서 쌀장수가 드나들지 못하게 함으로써 좌수영을 고립시키려고 했다.

인배는 수만 명을 출동시켜 신속하게 덕양역에 도착했다. 이곳에서 수영의 정찰병을 만나 물리치고, 계속 진격하여 종고산鍾鼓山을 점거하고, 산 위에서 성안을 내려다보았다. 이날은 날씨가 매우 추웠다. 도적들은 여기저기 흩어져 마을을 약탈하고 주민을 협박하여 밥을 지어 실어 날랐는데, 주민들이 곧 모두 도망가버렸으므로 끼니를 이을 수 없었다. 먹을거리라고 가져온 것은 꽁꽁 얼어붙어 씹을 수조차 없었다. 게다가 성안의 수비가 견고했기 때문에 갑자기 공격하여 무너뜨리는 일도 쉽지 않았다. 도적들은 결국 진을 해산하고 돌아갔다.

11월 15일

남원의 도적들이 다시 운봉을 침략했다. 박봉양이 이들을 대패시켰다.

운봉은 자체적으로 굳게 지켜낸 대여섯 달 동안 우뚝 솟아 보루가 되었지만, 백성들의 힘이 거의 바닥났기 때문에 지탱할 수 없는 지경에 이르렀다. 간악한 자들은 거짓말을 지어내 도적을 맞아들이려고 했다. 봉양이 걱정한 것이 바로 이 점이었다. 그는 백성들이 오랫동안 고생하는 처지를 안타까이 여겨, 한번 죽기를 각오하고 싸워서 승리를 쟁취하고자 했다. 마침내 어떤 사람을 도적의 첩자로 가장시켜 편지를 가지고 남원으로 들어가게 했다.

그 사람이 말했다.

"이것은 오촌烏村의 박朴 접주가 보낸 편지입니다. 박 접주는 이미 길 하나를 열고서 운봉 관내로 들어갔습니다. 만약 대부대가 이어진다면 금방 섬멸할 수 있습니다."

남원 산동리山東里에 오촌이라는 마을이 있다. 그곳은 대략 400호 남짓한 마을로, 주민들 모두 도적에 물들어 있었다. 박은 이 마을의 우두머리였다. 오촌은 운봉과 겨우 재 하나를 사이에 두고 있었다. 이런 형편이기 때문에 10월의 전투 때부터 운봉 사람들과 박이 이끄는 도적 무리는 서로 이를 갈며 미워했다. 도적들이 패했을 때, 운봉 사람들은 박의 처자식을 붙잡아 갔다. 박은 설욕을 꾀하며 남원의 도적들에게 다시 공격하자고 종용했다. 그러나 도적들은 이전의 패배를 곱씹으며 망설였다. 이 상황을 이용하여 봉양이 박을 사칭하여 도적들을 유인했던 것이다. 도적들은 박의 편지를 보고 믿을 만하다고 판단해서 용기를 내어 소매를 걷어붙이고 앞다퉈 달려갔다. 물론 저마다 자루를 하나씩 준비하여 도둑질할 계획도 세웠다.

대대大隊가 모두 출발하여 요천蓼川(남원 일대에 흐르는 하천)을 거슬러 위로 올라갔다. 보병과 기마병이 번암동磻岩洞을 가득 메웠는데 마치 한 다발로 묶여 있는 것 같았다. 멀리서 보면 사람과 말이 구분되지 않은 채 갖가지 깃발과 휘장만이 휘날리며 움직일 뿐이었다. 도적의 선봉은 곧장 방아재에 도착했다. 그 뒤로 40리에 걸쳐 행렬이 이어졌는데 마치 긴 뱀의 형상 같았다. 그러나 남원성에는 아직 출발조차 하지 않은 자들도 있었다.

봉양은 힘이 없고 약해 보이는 사람 몇 십 명을 산 중턱에 출몰시켜 패한 척 거짓으로 달아나게 하여 도적들을 유인했다. 도적들은 승기를 잡았다면서 경쟁적으로 치고 올라와 산 중턱을 지났고, 이어서 후속 부대가 물밀듯이 올라왔다. 도적들은 평소 기율이 없는 데다 앞뒤가 서로의 상황을 몰랐기 때문에 후퇴하고 싶어도 멈출 수가 없었다. 산 아래에서 산꼭대기까지 빽빽이 들어차서 그야말로 인산인해를 이루었다.

봉양이 도적을 향해 잇달아 총을 쏘았지만 도적들은 끄덕도 하지 않고 점점 위로 올라왔다. 마침내 양 진영이 거의 서로 주먹으로 치고받을 수 있을 만큼 거리가 가까워졌다. 이에 앞서 봉양은 미리 대포 네 대를 설치해 놓고 가장 위급할 때 발사하라고 일러두었는데, 바로 그때 세 대의 대포가 잇달아 발사되었다. 도적 사오백 명이 쓰러졌고 마침내 한쪽이 무너졌다. 이어서 산 위에서 함성이 일어나더니 화살·통나무·돌이 한꺼번에 아래로 마구 쏟아졌다. 도적들은 후퇴하면서 싸움에 졌다고 크게 소리쳤지만, 또한 다투어 밀고 올라오는 기세를 멈추게 할 수 없었다. 결국 (자기편 사람을) 칼로 내리찍어 죽이고 그 시체를 밟아가며 때굴때굴 굴러서 달아났다. 산 아래에 있던 이들은 졌다는 소리에 오로지 달아날 길만 찾았다. 어느덧 사위가 칠흑같이 어두운 밤이 되었으므로 봉양은 더 이상 추격할 수 없었다. 날이 밝자 봉양은 군대를 정돈하여 산을 수색하기 시작했다. 산속에 남아 있는 패잔병을 죽이고, 이미 죽은 자는 머리를 잘랐다. 이때 두 사람이 한 조를 이루어 한 사람은 바구니를 메고 다른 한 사람은 낫을 들고서 마치 나뭇가지를 자르듯 패잔병의 머리를 잘랐다. 도적 가운데 그때까지 죽지 않은 자들은 무릎이 깨지고 허리가 부러져 일어나지도 못한 채로 멍하니 머리가 잘리기만 기다렸다. 하지만 낫을 든 사람이 머리를 자르려고 앞으로 다가오는 모습을 보면, 자기도 모르게 목을 움츠렸다. 봉양의 군대는 모두 합쳐 7,000여 명의 수급을 잘랐지만, 여전히 목을 베지 못한 시체가 산골짜기에 가득하여 도저히 다 벨 수 없었다.

도적들은 남원으로 돌아갔다. 그러나 기세가 꺾여 함부로 나오지 못했다. 이 전투에서 운봉은 매우 위급한 상황이었지만, 지역 백성들이 10리 안의 나무와 돌을 거의 다 가져와 전투에 활용하면서 죽을힘을 다해 싸웠다. 민병의 사상자 또한 수백 명에 달했다. 그러나 의로운 명성은 가까운 곳은 물론이고 멀리까지 진동시켰다. 살아남은 사람들은 모두 다시 살 수 있게 된 것을 다행으로 여기며 도적을 죽일 계책을 경쟁적으로 짜냈다.

11월 16일

순천의 도적들이 다시 좌수영을 공격했다. 김철규가 군대를 거둬들여 굳게 지켜냈다. 도적들은 서문 밖 민가 수백 채를 불태우고, 며칠 동안 대치하다가 다시 진을 풀고 돌아갔다.

11월 20일

순천의 도적들이 또 한 번 좌수영을 공격했다. 김철규가 무찔러 쫓아버렸다.

인배 등은 거듭된 좌절에 화가 날 대로 나 있었다. 또 경군이 내려온다는 소식을 듣자 좌수영을 무너뜨리고 장악하여 거점으로 삼고, 실패하면 바다로 달아나자고 모의했다. 이에 따라 온갖 계책을 짜내어 좌수영을 차지하려고 했다. 도적들은 덕양역에서 좌수영 쪽으로 진격하여 좌수영이 마주 보이는 곳에 주둔했다. 정예 부대는 서문 밖에 주둔시킨 채 부대 일부를 나누어 종고산을 점거했다. 말하자면 지구전을 펼 계획이었다.

이풍영이 일본군을 이끌고 몰래 동문으로 나가 흥국사興國寺에 매복해 있다가 종고산 오른쪽을 에워쌌다. 철규는 결사대 수백 명에게 일본군의 군복을 입혀 남문으로 내보내고 한밤중에 위아래에서 협공하기로 약속했다. 도적들은 평소 일본군을 두려워했는데 수영에서 나오는 사람들을 보니 모두 검은 옷을 입은 일본군인지라 크게 놀라 진영이 흐트러지고 도망치는 사람마저 생겨났다. 그러다가 풍영을 만나서 거의 몰살되었다. 겨우 살아남은 자들은 총칼을 던져버리고 각자 허둥지둥 사방으로 달아났다. 그러나 여전히 도적의 수가 많았으므로 풍영 등은 그 떼거리를 겁내고 추격하지 못했다. 일단 병사들을 정돈하여 수영으로 돌아왔다.

6월 이후, 조정에서는 광서光緒(청나라 광서제의 연호. 1875~1908년) 연호의 사용을 중지하고, 공사公私 모든 문서에 '개국 503년'이라는 새로운 연호를 사용했다.[52] 이 무렵 박영효·서광범 등이 일본의 비호 아래 조정을 협박하여 못하는 짓이 없었다. 모든 의식과 제도를 일본과 똑같이 변경했다.

11월 21일
공문 규정을 반포했다.

칙령 제1호
짐이 결재해서 허가한 공문의 형식과 제도를 반포하고, 종전의 공문 반포 규정은 오늘부터 폐지한다. 아울러 승선원承宣院, 공사청公事廳도 없앤다. 개국 503년 11월 21일.

대군주께서 옥새를 직접 찍고, 총리 대신 김홍집, 내무 대신 박영효, 외무 대신 김윤식, 탁지 대신 어윤중, 학무 대신 박정양, 군무 대신 조희연, 법무

---

52 개국기년開國紀年을 문서에 쓰기 시작한 때는 1894년 7월 1일이다. 『고종실록』 1894년 7월 1일 군국기무처의 의안에 "1. 서울의 각 관서와 각 도, 각 읍에서 주고받는 문서에 개국기년을 쓰도록 공문을 발송한다."는 내용이 있다.

대신 서광범, 공무 대신 신기선, 농상 대신 엄세영이 삼가 칙령을 받았다.

칙령 제2호

짐은 정전正殿에 나가 직접 일을 처리할 것이다. 너희 모든 관리는 더욱 노력하고, 조례는 의정부의 논의를 거쳐 들이도록 하라.

칙령 제3호

짐은 동짓날 백관을 거느리고 종묘에 나아가 우리나라의 독립을 아뢰고, 모든 제도를 정리하고 바로잡은 사유를 아뢸 것이다. 다음 날은 사직단에 갈 것이다.

칙령 제4호

박영효朴泳孝를 내무 대신으로, 조희연趙羲淵을 군무 대신으로, 서광범徐光範을 법무 대신으로, 신기선申箕善을 공무 대신으로, 엄세영嚴世永을 농상 대신으로, 이중하李重夏를 내무 협판으로, 이완용李完用을 외무 협판으로, 안경수安駉壽를 탁지 협판으로, 고영희高永喜를 학무 협판으로, 권재형權在衡을 군무 협판으로, 정경원鄭敬源을 법무 협판으로, 김가진金嘉鎭을 공무 협판으로, 이채연李采淵을 농상 협판으로, 윤웅렬尹雄烈을 경무사警務使로 임명한다.[53]

칙령 제5호

호위부장扈衛副將·통위사統衛使·장위사壯衛使·총어사總禦使·경리사經理使는

---

53 원문에 누락된 글자와 오기가 있으므로 원사료에 따라 옮겼다. 『고종실록』 1894년 11월 21일자 기사 참조.

모두 없애고, 소속 장수와 군졸, 금군禁軍(궁중 친위군), 무예별감, 별군관, 전 친
군영의 하인들 가운데 명령을 기다리고 있는 사람들은 군무아문에서 법에
따라 편제한다.

칙령 제6호

기무처機務處 의원은 모두 해임하고, 중추원 회의의 관제와 규정은 의정
부의 논의를 거쳐 확정하여 시행한다.

칙령 제7호

종전의 의식 가운데 조금이라도 형식에 치우쳐 실속이 없는 것은 모두
줄이고 가능한 한 간소하게 한다.

칙령 제8호

전임 의정 대신議政大臣 김병시金炳始를 중추원 의장으로, 조병세趙秉世를
좌의장으로, 정범조鄭範朝를 우의장으로 임명한다.

의안議案

- 모든 정사를 직접 총괄하고 왕실을 사용하지 말 것.
- 임금의 기거와 안부를 묻는 승후관承候官을 시행하지 말 것.
- 명례궁明禮宮(덕수궁)의 논밭은 탁지부에서 총괄할 것.[54]

---

54 조선 후기에는 왕자군王子君, 비빈妃嬪, 공주, 옹주 등에 궁호를 붙이고 궁방전宮房田을 주었
는데, 왕족은 궁방전을 경작하는 농민으로부터 수세 또는 도조賭租(일종의 소작료)를 거둬들
였다. 궁방전은 전국 곳곳에 걸쳐 있기 때문에 농민 수탈의 표본이 되었다. 이때의 상황을

- 전기등을 설치하지 말 것.
- 이준용李埈鎔(흥선군의 손자이자 고종의 조카)을 여러 나라에 유람시킬 것.
- 세자를 민간에 유람시켜 백성의 어려움과 고통을 몸소 살피도록 할 것.
- 환관과 궁녀를 폐지할 것.
- 사치 풍조가 매우 심하니 사치를 버리고 검약을 따르게 할 것.
- 국태공國太公(흥선대원군)과 궁내부의 여러 내외척, 이준용 등은 모두 국정에 간여하지 못하게 할 것.
- 경무청은 바로 나라의 근간이니 빨리 설치할 것.
- 공무아문은 나라를 부강하게 하는 일뿐 아니라 이후 철로와 광산 등 갖가지 사무를 보아야 하는데 잠시 없애자는 의견이 있으니, 이와 같은 뜻을 생각해서 다시 한 번 논의할 것.
- 군무아문은 군대에 관한 제도를 빨리 시행할 것.

일본 전권공사 이노우에 가오루는 다음과 같이 본국에 보고했다.

"… 내정의 현 상황을 살펴보면 지방관은 모두 청부를 주는 영업자이며 지방 관리직은 경쟁하여 최고가를 지불하는 자에게 낙찰됩니다. (한 예를 들면 경상도 감사의 관직은 대략 우리 돈으로 10만 엔 정도임) 낙찰자는 지방으로 부임한 후 백성으로부터 가혹한 세금을 거두어, 전에 관직을 사기 위해 지불했던 값을 보상받는 일이 관례화 되었습니다. 또 조세와 공용비公用費 등을 징수하는 관공서가 7~8개소 있지만 이를 하나로 통제하는 곳이 없고, 그중에서도 가장 기괴한 것은, 춘방春坊(동궁직東宮職)과 명례궁(황후궁직皇后宮職)에서는 각종 징수금 부과가 가능한 특허증을 발급할 수 있는 관례가 있는데 누구나 돈만 내면 이 특허증을 얻을 수 있다는 점입니다. 이것을 빙문憑文이라고 하며, 이 빙문을 소지한 사람은 하천이나 도로에 마음대로 관소關所를 설치한 뒤 그곳을 통과하는 화물에 대하여 과세할 수 있습니다. 이것은 단지 한 예를 든 것에 불과하며, 이와 같이 내정은 매사에 난마와 같이 헝클어져 있기 때문에 거의 수습할 수 없는 지경에 이르렀습니다. 그래서 이를 정리하여 개혁의 단서를 마련하기란 매우 어렵습니다. 따라서 첫째로 왕실과 행정기관의 조직 및 권한 등을 제정하는 일이 무엇보다 중요합니다. …"『주한일본공사관기록 5』「내정 개혁을 위한 대한對韓 정략에 관한 보고의 건」.

- 회의는 앞으로 10개 아문의 대신이 의정부에 모여 논의한 다음 그 결과를 들여보내고, 회의에서 가부가 동수인 경우에는 의정부에서 내용을 적은 용지를 올릴 것.
- 각 도와 고을의 죄인들이 관리의 형벌 남용에 대해 갖는 권리는 법무아문에서 관장하게 할 것.
- 10개 아문의 대신은 아뢸 일이 있으면 곧바로 대궐로 들어가서 임금을 직접 만나 뵙고 말씀 올리게 할 것.[55]

칙령

홍선대원군의 뜻을 받들었으니, 올해 6월 22일에 내린 '모든 사무와 군사 업무를 태공께 나아가 아뢰도록 하라'는 전교를 다시 거두어들인다.[56]

청나라 상인을 보호하는 규정[57]

(조선과 청나라) 두 나라는 현재 평화조약을 무효화하고 기존의 평화조약도 폐기했다. 다만 청나라 사람들이 나의 영토에서 편안히 살면서 생업을 즐기는 것은 오로지 조선 정부에서 은혜로운 정치를 베푸는 덕분이다. 나는 현재 우리나라 안에 있는 청나라 사람들이 생업을 즐기면서 살아갈 수 있도록 장

---

55 이 의안이 수록된 사료는 『오하기문』과 『나암수록羅巖隨錄』뿐이다. 『오하기문』에는 1894년 11월 21일자 '칙령 제8호' 다음에 수록되어 있고, 『나암수록』에는 제3책에 '일본 공사 이노우에 가오루井上馨의 절목節目'으로 수록되어 있다. 이 의안의 시행 여부는 사료로 고증되지 않는다.

56 원문에 누락된 글자와 오기가 있으므로 원사료에 따라 옮겼다. 『고종실록』 1894년 10월 25일자 기사 참조.

57 1894년 11월 20일, 청나라 상인을 보호하는 규정(保護淸商規則)을 반포하였다.

정휘程을 비준하고 반포하여 시행한다.[58]

조선 국내에 있는 청나라 사람의 거주와 생활을 보호하는 규정은 다음과
같다.

제1조 청나라 사람은 서울의 성안과 인천·부산·원산 세 항구에 국한하여
제한적인 거주와 본분을 지키며 생활하는 것을 승인한다.

제2조 청나라 사람이 앞에서 지정한 지역 안에 거주할 때는 먼저 그 사람
의 성명·거주지·직업 등의 사항을 조선의 각 해당 지방관에게 보고
하고 승인을 받아야 한다.
청나라 사람이 이사를 하거나 직업을 바꾸는 경우, 반드시 다시 신청
을 하고 허가를 받아야 한다. 만약 이사를 할 경우에는 반드시 거주
지 지방관으로부터 보증서를 발급받아 3일 이내에 새로 이사 가는 곳
의 지방관에게 보고하고 등록을 신청해야 한다.

제3조 청나라 사람으로서 조선에서 생활하거나 화물을 싣고 조선에 입국
하는 경우, 조용하고 평온하게 처신하여 피해를 끼치는 일이 없어야
한다. 무기와 군수품, 기타 조선의 치안에 해를 끼치는 것은 일체 가
지고 들어오거나 팔 수 없다. 이 항의 규정을 엄격히 시행하기 위해
경무청과 해관청海關廳이 강력하게 단속하여, 실시하는 효과가 있도록
한다.

---

58 원문에 누락된 내용이 있기 때문에 원사료에 따라 옮겼다. 『고종실록』 1894년 11월 20일자
기사 참조.

제4조 청나라 사람으로서 현재 조선에 거주하면서 앞의 각 조에서 든 내용의 혜택을 받고자 할 경우에는 이 규정이 시행된 날로부터 30일 이내에 제2조의 규정에 따라 수속을 밟아야 한다. 지금부터 조선에 입국하는 청나라 사람은 이미 조선에 점포를 가지고 있거나 혹은 다른 영업이 있어 다시 돌아와 살겠다는 사람, 또 현재 이미 조선에서 영업 성과가 있는 점포 주인의 보증을 받은 사람만 다시 살도록 승인한다. 그 밖의 사람은 이 규정의 혜택을 받을 수 없다.

이미 입국을 허가받은 청나라 사람은 육지에 오른 뒤 이틀, 즉 48시간 이내에 반드시 해당 항구의 지방관에게 보고하고 등록해야 한다.

제5조 청나라 사람이 서울과 인천을 오갈 때는 수로나 육로를 막론하고 편의를 보아줄 수 있지만 내륙 지방에 들어가는 것은 허락하지 않는다. 만약 이전에 산업 화물을 내륙에 둔 것이 있다면 조선 정부가 그 상황을 참작하여 여행증명서를 발급함으로써 해당 산업 화물 등의 회수를 허가한다.

제6조 조선 영토 내에 있는 청나라 사람으로서 위에 든 각 항의 규정을 함부로 위반하고 준수하지 않을 경우에는 조선 정부에서 잡아들여 가두고 법률에 따라 처분하거나 국경 밖으로 축출할 권한을 가진다.

제7조 앞에서 든 각 규정에 장애는 없으나 군무아문에서 청나라 사람들과 약속한 여러 가지 장정이 있다. 해당 규정에 비추어 군무아문의 여러 관리는 만약 청나라 사람으로서 말썽을 일으켜 조선의 치안을 해칠 우려가 있다고 인정되거나 의심스러운 행동이 있으면 즉시 체포

해서 조선 정부에 넘기고 사실을 명백히 조사하여 처벌하거나, 국경 밖으로 축출하되 죄상에 따라 처리 방안을 정한다.

제8조 조선 땅에 있는 모든 청나라 사람에 대한 통제와 관할의 권한은 모두 조선 정부가 갖는다. 따라서 청나라 사람의 범죄는 마땅히 조선 정부의 재판과 판결을 받아 처리한다. 청나라 사람들끼리 벌어진 고소 및 조선 사람과 청나라 사람 사이의 고소 사건도 역시 조선 정부에서 재판하고 판결할 권한을 가진다.

제9조 이 규정은 반포한 날부터 시행하고 준수한다.

이때 영효 등은 오히려 청나라가 우리나라를 도와줄 뜻을 가지고 있는 것을 두려워했다. 그래서 조정을 협박하여 독립을 결의하게 만들어 청나라에 죄를 짓게 함으로써 자신들의 간악한 계략을 바로 실현시켰다. 이에 따라 청나라에 새해를 축하하는 사절(하정사賀正使)도 보내지 않고, 신년 달력을 간행할 때도 '대조선 개국 504년'이라고 크게 썼다. 조정과 민간이 술렁이며 매우 어수선해졌으며 두려워하는 기색도 역력했다. 아침저녁으로 청나라 군대가 조선으로 향했다는, 잘못 전해진 말이 날마다 번졌다.

11월 23일

전라 감사 이도재가 전주에 들어갔다. 이규태와 이두황, 일본군도 이도재를 따라 전주에 들어갔다.

봉준은 도망쳐서 태인으로 돌아갔는데, 그를 따르는 무리가 여전히 3만 명이나 되었다. 관군이 그들을 추격하여 연전연패를 안겼다.

도적들은 군영에 늘어서서 통곡하며 하소연했다.

"우리는 전全 접주를 천신天神처럼 믿고 있습니다. 바로 죽으라 하시면 죽을 뿐입니다. 앞으로 어떻게 해야 합니까?"

봉준이 한숨을 내쉬며 대답했다.

"일의 성패는 운수에 달렸는데, 더 무슨 말을 하겠는가!"

마침내 정예병 수십 명을 데리고 달아나니, 나머지 무리는 일시에 모두 흩어졌다.

경군이 전주에서 남쪽으로 내려갔다.

이규태는 전라우도로 내려갔고, 이두황은 전라좌도로 내려갔다.

도적 최경선崔敬善이 나주를 공격했다가 대패하고, 돌아서 달아났다.

이 무렵 봉준과 개남이 패했다는 소식이 전해졌기 때문에 도적 무리는 몹시 놀라서 얼이 빠져 있었다. 그런데 다시 경군이 들이닥치자 도망친 이들은 모두 경선의 진영으로 모여들었다. 경선이 화중과 함께 나주 습격을 모의했다. 그러나 이원우李源佑 등은 이미 치밀하게 준비해 놓고 도적을 기다리고 있었다. 도적들은 감히 곧장 성 아래로 가지 못했다. 이때 날씨가 매우 추웠기 때문에 바깥에서는 잠을 잘 수 없었다. 결국 도적들은 수천 또는 수백 명씩 떼를 지어 마을을 약탈하고 민가를 빌려 잠을 잤다. 관군은 이 사실을 알아채고 군대를 잠복시켰다가 밤에 기습하여 셀 수 없을 만큼 많이 사로잡고 목을 베었다. 양민 또한 이때 많이 죽었다. 경선은 달아나서 동복同福으로 돌아갔고, 화중은 전라우도 방면으로 달아났다. 패잔한 도적들은 통솔하는 장수가 없어 뿔뿔이 흩어졌지만 끼리끼리 연락을 취하여 능주綾州와 남평南平

지역에 집결했다.

이때 모두 10만여 명의 도적 떼가 성 주위를 둘러싸고 길게 포위했다. 성 안에서는 공포에 질려 인기척조차 내지 못했다. 이 때문에 도적들은 성안의 정확한 허실을 헤아릴 수 없었으나 워낙 수적으로 우세했으므로 하루 정도면 쳐부술 수 있다고 생각했다. 그런데 한밤중에 횃불 수천 개가 성안에서 남문을 넘어 곧장 날아가 적진에 떨어졌다. 도적들은 혼비백산하여 바람에 풀이 쓰러지듯 이리 밀리고 저리 밀려, 결국 진영 전체가 큰 혼란에 빠졌다. 관군은 그 까닭을 몰라 의심스럽기에 진지를 옮겨 함부로 공격하지 못했다. 마침내 도적들이 궤멸되는 모습을 보고야 성문을 열고 혼란한 틈을 타서 쳐 들어가 대승을 거두었다. 사람들은 성을 넘어 날아간 횃불에 대해 틀림없이 신이 조화를 부려 도운 것이라고 했다.

경선이 남평을 함락했다. 현감 이희하李僖夏가 총에 맞은 채로 달아났다.

박봉양을 호남 참모관으로, 임두학林斗鶴을 호남 소모관으로 임명했다.[59]
두학은 순창의 아전 출신이다. 이성렬은 달아나 서울로 돌아간 뒤 여전히 내려오지 않은 채 조정에 두학이 쓸 만한 인물이라고 천거했다. 그래서

---

59 『고종실록』 1894년 10월 20일자 기사에는 박봉양을 참모관으로 임명한다는 내용이 실려 있지만, 임두학을 소모관으로 임명한다는 내용은 실려 있지 않다. 그러나 『동학란 기록 하下』(『한국사료총서』 제10집) 「선봉진정보첩先鋒陣呈報牒」 1894년 12월 8일자 기사에는 소모관 임두학에 관해 다음과 같은 내용이 실려 있다. "1일. 비적 우두머리 개남을 잡아서 보내고, 차례로 도착한 순창 소모관 임두학은 첩보 안에다 '지금 이 비적 김개남·전봉준 같은 우두머리는 만 번 죽여도 오히려 벌이 가벼운 자들입니다.'라고 했다."

두학이 봉양과 함께 임명된 것이다.

봉양은 처음 앞장서서 일어날 때부터 경상 감사 조병호와 서로 연락을 주고받았다. 병호는 총 300자루와 화약 수천 근을 봉양에게 보내주었다. 봉양의 군대는 날로 명성을 드날렸지만, 전라 감사 김학진이 봉준을 두려워하여 이러한 사실을 감히 조정에 보고하지 못했다. 병호는 봉양의 선전善戰을 조정에 힘껏 보고하고, 계속해서 공에 따라 상을 내릴 것을 요청했다. 이때야 비로소 봉양을 참모관으로 임명한다는 명령이 내려졌지만, 사람들은 봉양이 공은 많은 데 비해 상이 보잘것없다고 자못 못마땅해했다.

11월 24일

박봉양이 남원성을 수복했다.

이춘경李春卿과 황내문黃乃文 등은 두 차례나 봉양에게 패하자 겁을 먹고 해산하려 했다. 그러나 또 한편으로는 빠져나가지 못할 상황을 두려워하여 그대로 남원을 군게 지키고 있었다. 봉양은 경군이 내려온다는 소식에 도적들이 미리 달아나버릴 것을 걱정했다. 마침내 노약자에게는 남아서 운봉을 지키게 한 뒤 정예병 4,000명을 이끌고 큰길을 따라 부대를 단속하며 천천히 전진하여 남원성 바로 밑에까지 다가갔다. 네 개의 성문 가운데 세 개를 포위하고 북문 쪽만 터놓아 도적들이 그쪽으로 달아나면 뒤쫓아 가서 치려고 했다.

도적들이 성 위에서 어지럽게 총을 쏘고 돌을 던졌기 때문에 아무도 용기 있게 접근하지 못했다. 봉양은 대나무로 문짝을 짜고 나무를 묶어 나뭇단을 만들게 했다. 그리고 나뭇단을 짊어지고 문짝으로 등을 가린 다음 몸을 구부려 뒷걸음질로 다가가서 나뭇단을 성문에 바짝 붙여 쌓아 놓게 했다. 도적들이 쏘고 던지는 총탄과 돌도 나뭇단을 어떻게 할 수는 없었다. 나뭇단이

다 쌓이자 일제히 불을 질러 성문 세 개를 모두 태워버렸다. 800여 명의 도적들은 북문을 열고 허겁지겁 달아났다. 그러나 봉양이 배치해 놓은 복병들은 그 모습을 바라만 볼 뿐 감히 공격하지 못했다. 봉양은 성안으로 들어가 수백 명을 죽인 뒤 그대로 머무르면서 남원성을 지켰다.

11월 26일

장흥의 도적 이방언李方彦·이사경李士京·이인환李仁煥·백인명白寅明·구교철具教澈 등이 회령진會寧鎭을 점령했다. 그 무리가 수만 명이나 되었다.

장흥의 군대와 아전 1,000여 명이 출정했으나 패하고 돌아왔다. 결국 강진 병영에 구원을 요청했다. 병사兵使 서병무徐丙懋가 총수銃手 300명과 무사 100명을 뽑아 보냈다. 29일, 벽사역에 주둔하면서 보초를 서던 도적 세 명의 목을 베어 죽였다. 이후 전진하여 곰재(熊峙)에 도착했다. 이때 도적들이 이미 보성으로 달아났다는 소식이 전해졌다. 30일, 추격에 나서 보성 지방까지 갔지만 도적들을 발견할 수 없어 결국 군대를 철수하여 돌아왔다.

11월 28일

이두황이 남원에 들어왔다. 박봉양은 남원에서 진을 물려 운봉에 주둔했다.

두황은 남원에 주둔하는 도적이 여전히 많다는 소식을 듣고 일전을 벌여 남김없이 소탕하면 큰 공을 세울 수 있겠다고 생각했다. 그러나 막상 남원에 도착하고 보니 봉양이 이미 성을 수복한 뒤였다. 봉양의 공을 시기한 두황은 그를 얽어 넣으려는 속셈을 가지고 경병을 모아서 봉양이 있는 곳으로 바로 들어가 자량資糧(보통 여행에 들어가는 비용이나 식량 또는 자재와 양식을 의미하지만, 여기서는 재물의 의미로 쓰였다)을 수색하게 했다.

봉양이 대로하여 호통을 쳤다.

"나는 지휘관이다. 졸병들이 감히 어떻게 이럴 수 있느냐!"

그러고는 (봉양의 처소에 들이닥친 경병을) 바로 잡아다가 끌어내리고 곤장을 안겼다. 두황은 이 일을 몹시 수치스럽게 여겨 일본군에게 가서 하소연하며 봉양을 무고했다.

"도적의 장물을 가로채고, 백성의 재물을 약탈하고, 성문에 불을 질렀습니다. 죄질이 도적과 다를 게 없습니다."

일본군은 평소에 우리나라 사람들이 나약하고 겁이 많다며 업신여기면서 별로 두려워할 만한 존재가 아니라고 생각했지만, 봉양의 의기와 용맹을 본 뒤 상당히 경계했다. 그리하여 결국 두황의 말을 받아들여 봉양을 체포하려고 했다. 봉양은 자신의 부대를 이끌고 그날 밤 운봉으로 돌아갔다. 이 일로 민심이 무너졌다.

하동 부사 홍택후에게 영남우도 13개 고을의 조방장助防將을 겸하게 했다.[60]

이규태가 나주로 들어가 나주 병사들과 함께 도적들을 추격하여 영암에 이르렀다.

도적들은 죽을힘을 다해 저항했지만, 관군이 용감하게 공격해서 대파하고 2만여 명의 목을 베었다. 패잔한 도적들은 동남쪽을 향해 달아났는데, 그 과정에 길에서 흩어져 도망치던 무리를 다시 규합했다. 그 무리가 다시 큰

---

60 이 인사 발령은 1894년 11월 7일에 이루어졌다. 『고종실록』 1894년 11월 7일자 기사 참조.

세력을 형성하여 마침내 장흥을 포위했다.

12월 5일

도적들이 장흥을 함락했다. 부사 박헌양朴憲陽이 죽었다.

도적 이방언 등이 4일날 벽사역을 불태워버렸다. 찰방 김일원金日遠이 몸소 가족을 장흥부에 데리고 와서 맡겨 놓은 뒤, 그 길로 다시 강진 병영으로 가 구원을 요청했다. 다음 날 새벽 도적들이 장흥을 공격했다. 이때 성안의 수비가 매우 취약했기 때문에 어떤 사람이 헌양에게 도망가라고 권유했다. 헌양은 잠시 망설이다가 집무실에서 뜰로 내려왔다. 성이 이미 함락되고 도적들이 몰려오는 것을 보고, "나는 차라리 집무실에 앉아서 죽겠다"라며 탄식했다. 그리고 다시 집무실로 올라가 조복朝服을 입고 인부印符를 쥔 채 자리에 앉아 있었다. 잠시 후 도적들이 들어와 헌양을 협박하며 인부를 빼앗으려고 했다. 헌양은 눈을 부릅뜨고 도적들을 꾸짖었다.

"이 죽일 놈의 도적놈들아. 나는 한 지방을 맡아 지키라는 임금의 명령을 받은 몸이다. 죽으면 죽었지, 나 박 장흥이 어떻게 도적들에게 인부를 넘겨줄 수 있겠느냐!"

도적이 칼을 휘둘러 헌양의 왼쪽 팔을 잘랐지만 여전히 인부의 끈을 놓지 않았다. 결국 총에 맞아 죽었다. 장흥 아전 주두옥周斗玉, 임창남任昶南, 주열우周烈佑, 김창조金昌祚, 벽사의 김 찰방 아들 등도 모두 죽었다. 죽은 사람이 병사와 백성을 합쳐 모두 사오백 명이나 되었다. 도적들은 또 장흥부의 건물을 불태워버렸다.

이때 전라상도全羅上道(오늘날의 전라북도)의 도적들은 잇단 패보만 듣다가 장흥이 함락되자 그 흉악한 기세가 다시 치열하게 타올랐다. 전라좌도와 우도의 바닷가 고을로 달아나 숨어 있던 잔당이 모두 병영으로 모여들었다. 강진·영암·해남의 관리들은 자신의 관할 구역을 지키기에 급급하여 주변을 돌아볼 겨를이 없었다.

그런데 이 무렵 경군의 승전 소식이 날마다 날아들었다. 어떤 소문에는 개남 등이 이미 사로잡혔다고 했다.

각 고을의 아전과 백성이 다투어 일어나 도적들을 죽여서 나라의 군대에 호응했다. 다만 수령들이 모두 도망치고 자리를 비웠기 때문에 각 고을에서는 아전과 백성을 따지지 않고 대중이 믿고 복종하는 사람을 추대하여 지휘자로 삼았다. 구례는 3일날, 순천은 5일날, 광양은 6일날 등, 전라좌도 10여 개 고을이 일시에 호응했다. 이들을 가리켜 모두 '민포民砲'라고 했다. 민포라는 것은 옛날로 치면 의병인 셈이다. 김인배와 유하덕 등이 모두 사로잡혀 죽었다.

12월 7일

일본군이 하동에 들어왔다. 이날 장흥의 도적들이 강진을 함락했다.

의병장 김한섭金漢燮이 전사하고, 그의 제자 김형선金亨善도 함께 죽었다. 선비 김용현金龍鉉, 좌수座首 윤종남尹鍾南, 아전 김봉헌金鳳憲과 황종헌黃鍾憲이 모두 총에 맞아 죽었다.

도적들은 장흥에서 시골 사람들을 몰아 앞장세우고 강진성 아래 도착했다. 이때 강진 현감은 나주로 도움을 요청하러 갔다가 아직 돌아오지 않은 상태였다. 성 위에는 대포가 죽 걸려 있었지만 도적들을 감당하기에는 중과부적인지라 결국 함락되고 말았다. 도적들은 민가마다 온통 불을 질렀으므로 100여 가옥 가운데 한 채도 남아나지 않았다.

한섭은 고산鼓山 임헌회任憲晦의 문하생이다. 오남吾南이라는 호를 사용했는데 헌회가 직접 지어 주었다고 한다. 또한 그는 본디 이방언과 동문수학한 사이로 방언이 도적에 물들었다는 소식을 듣고 편지를 보내 타일렀지만, 방언은 끝까지 말을 듣지 않았다. 결국 다시 편지를 보내 절교를 선언하고, 동학을 경계하는 글을 지어 고을 사람들에게 알렸다. 도적들이 강진을 공격했을 때, 한섭은 제자 수십 명과 함께 서문을 지켰다. 직접 대포에 불을 붙이면서 도적 수십 명을 죽였지만, 잠깐 사이에 동문이 먼저 무너졌다. 성안에 다른 사람이 없었으므로 도적들은 한섭을 관리로 여기고 총을 쏘아 죽이려고 했다. 한섭이 큰소리로 도적들을 꾸짖었다.

"죽음이야말로 진실로 내 본분을 지키는 일이다. 너희는 내 옷차림을 자세히 보거라. 이게 어떻게 벼슬아치가 입는 옷이겠느냐? 내가 바로 김한섭이다."

계속 도적을 꾸짖다가 죽었다.

12월 8일

하동 군대가 일본군을 인도하여 광양으로 들어와 백성들이 살고 있는 집 1,000여 채를 불태워버렸다. 도적 1,000여 명이 죽었으며 평민들도 많이 죽었다. 이때 하동 군대가 사람을 죽이고 재물을 약탈하는 참혹한 짓거리는 도적들의 그것보다 훨씬 심했다. 모두 영남우도 병사들이 저질렀다.

같은 날, 좌수사 김철규는 병사를 순천으로 보내 잔당을 잡아서 죽이라고 지시했다. 이때 나라의 군대(王師)가 가까이 다가오고 영남우도의 부대 또한 강을 건너왔지만, 그럼에도 불구하고 도적들은 여전히 파죽지세로 몰려다녔다. 철규는 위용을 과시하며 남문 밖에 도착했다. 이에 앞서 전 강진 영장 이 아무개가 부임하자마자 도적들에게 핍박을 당하고 여수 좌수영으로 도망쳐 온 일이 있었다. 그러나 이때 이르러 그는 철규의 선봉대로 나아가 강진 부중府中을 도륙함으로써 지난날의 분풀이를 하고자 했다. 철규가 밤중에 80리를 달려가 그를 말렸다.

12월 10일

장흥 도적들이 강진 병영을 공격했다.

병사兵使 서병무가 성을 버리고 달아났다. 우후虞侯 정규찬鄭達贊, 감관監官 김두흡金斗洽, 군교 백종진白宗鎭, 전 도정都正 박창현朴昌鉉 등이 모두 죽었다. 장흥과 강진이 잇달아 함락되자 민심이 술렁거렸고, 도적과 싸워 이기고자 하는 굳은 의지를 가진 사람은 아무도 없었다. 규찬이 병무에게 건의했다.

"남관南關은 지형이 험준하므로 만약 이곳을 우리가 먼저 점거한다면 도적들이 비록 수만 명이라도 지나갈 수 없습니다. 정예 포병 300명만 제게 주십시오."

병무는 두려움에 떨면서 한참을 망설이다가 대답했다.

"영감께서는 망언을 하지 마십시오. 병영도 보전하기 어려운 판인데 남관의 일을 누가 알 수 있겠소?"

규찬이 다시 사정했다.

"남관이 없으면 곧 병영도 없습니다. 사또께서는 무엇을 겁내십니까?"

그러나 병무는 고집을 부리며 말을 듣지 않았다.

규찬은 가슴을 치며 탄식했다.

"만약 남관의 좁은 길목을 끊어버리면, 설사 생각처럼 이길 수는 없더라도 최소한 며칠은 버틸 수 있다. 그러는 사이에 지원군이 사방에서 모여들 것이다. 이것이야말로 실패의 위험이 없는 안전하고 완전한 계책인데, 일을 주관하는 장수가 이처럼 마음에 갈피를 잡지 못하고 어수선하니 이제 우리는 죽는 일만 남았구나!"

마침내 9일, 도적들이 장흥·강진·보성 지역에 분산해서 주둔했다. 각 주둔지 간 거리는 10~20리 정도를 유지했으며, 주둔지에는 수천 명의 병사가 주둔했고, 서로 총소리를 들을 수 있었다. 반면 병영의 군대는 감히 출전하지 못하고 다만 성을 지키는 일을 최선의 방책으로 삼았다. 그리하여 성을 빙 둘러 사방에 통나무 울타리를 쳐서 방비를 튼튼히 했다. 이날 밤 도적 이인환이 성 서쪽 10리쯤에 있는 군자촌君子村에 주둔했다.

박창현은 아전 신분으로 수성도총守城都摠에 임명된 윤형은尹衡殷으로부터 포군 300명을 얻어 역습하려고 했지만, 형은이 말을 듣지 않았다. 다음 날 새벽에 도적들은 네 갈래로 나뉘어 일제히 진격했다. 먼저 삼봉三峯을 점거하여 공격 거점을 확보하고 일제히 총을 쏘아댔다. 화약 연기가 하늘을 뒤덮었다.

병무는 두려움에 떨면서 소매가 좁은 두루마기를 입고, 해를 가리는 모자를 쓰고, 옥으로 만든 장신구는 모자에서 떼어내 감춘 다음, 관인과 명부를 가슴에 품은 채 짚신을 신고 피난민 속에 끼어 성을 빠져나와 영암을 향해 달아났다. 이때 1,000여 명도 안 되는 성안의 병사들은 병마절도사 병무가 이미 달아났다는 소식을 듣고 전의를 상실했다. 이윽고 도적들이 통나무 울타리를 불태워버리고 함성을 지르면서 성 위로 올라왔다. 관군은 선두와 후미가 서로 돌아볼 겨를도 없이 일시에 무너져버렸다.

규찬은 일이 돌이킬 수 없는 상황에 이르렀음을 직시하고 손자를 데리고서 적진으로 돌진하여 죽었다. 창현은 분연히 칼을 뽑아 도적들을 내리쳐서 잇달아 수십 명을 꺼꾸러뜨렸다. 그는 총에 맞아 죽어가면서도 벌떡 일어나 총을 쏜 도적을 칼로 쳐 죽인 다음에야 마침내 눈을 감았다.

두흡은 감관의 직분으로 군기고를 지키고 있었다. 성이 함락되자 도적들이 화약을 가지러 몰려왔다. 두흡은 도적들의 화약이 다 떨어졌음을 알아채고 탄식하면서 말했다.

"나는 비록 죽지만, 도적들도 화약이 없으면 또한 죽게 될 것이다. 이는 내가 죽어서도 도적들을 죽이는 것이 아니고 무엇이랴."

그리고 몰래 화로를 끌어안고 화약더미로 몸을 던졌다. 결국 그는 화약을 퍼내던 도적 아홉 명과 함께 타 죽었다. 화약고가 있던 자리에는 깊이가 몇 자쯤 되는 움푹한 구덩이가 생겼다. 도적들은 대경실색하여 물러났다. 이 전투에서 죽은 군인과 백성이 수백 명에 달했고, 관청 건물과 민가는 모조리 불에 타버렸다.

장위영의 고시문告示文 (이두황이 명령을 전하여 게시하다.)

"무릇 타고난 성품에 따라 마음을 닦고 행동을 올바르게 하는 것을 도道라 하고, 사욕을 버리고 예를 따르는 것을 학學이라 한다. 지혜로운 사람은 때에 순응함으로써 일을 성취하고 어리석은 사람은 이치에 역행함으로써 죽음을 당하기도 한다.

이른바 동도東徒라고 하는 자들은 하는 짓마다 불충불의하며, 그 무리에 동조하는 자들 또한 모두 이처럼 양심도 없고 예의염치조차 없이 막돼먹었다. 또 몸에는 괴상한 부적을 지니고 여기저기 고을들을 병란에 빠뜨렸다. 움직였다 하면 민가에 불을 지르고 재산을 빼앗을 뿐만 아니라 가는 곳마다 반드시 사람을 죽이고 상처를 입힌다. 스스로 독기를 품고 잔악한 행동을 서슴없이 자행하여 사람과 귀신이 다 함께 분노하였으니 천지가 용납하지 않을 것이다.

이에 여러 번 은혜와 의리를 깨우쳐주었지만, 어리석게도 고집을 피우며 고치려 들지 않았기 때문에 마침내 나라에서 군대를 일으켜 무력으로 쳐서 없애는 데까지 이르렀다. 경기의 죽산·음죽·안성·이천과 같은 곳은 한번 타이르자 모두 우리 임금의 어진 정치에 감화되었다. 호서의 목천 세성산

細城山, 해미海美의 현성縣城, 서산瑞山의 매현梅峴·노성·논산 등지에는 주둔하고 있는 도적이 각각 수만 명을 헤아려 비록 '무리가 많다'고는 하지만, 엄청난 힘으로 짓누르자 견디지 못하고 허물어졌으며, 번개처럼 빠르게 공격하자 여지없이 박살났다. 주둔지를 공격하여 죽인 도적의 수는 일일이 셀 수조차 없고, 사로잡은 인원 또한 400여 명이나 된다.

이른바 도적의 두목이라는 전봉준·김개남·양하일梁河一·최경선·윤종우尹宗祐 등은 정신을 잃고 얼이 빠져 공포에 떨며 쥐새끼처럼 도망쳐서 몸을 숨기고 개처럼 빠르게 달아났지만, 결국에는 사로잡혀 법에 따라 처형될 것이다. 놈들의 죄는 이미 하늘에 닿았으며 반드시 패망하여 멸망의 구렁텅이에 떨어질 것이니, 어떻게 다만 죽이기만 하겠는가. 결국 모두 섬멸되어 박살이 날 것이다.

서리와 바람은 살벌한 위엄을 더해주고, 붉은 해는 요사스러운 기운을 없애준다. 세찬 기세를 몰아 저 깃털처럼 보잘것없는 자들을 불살라버리는 데는 문제될 것도 없으며, 산을 높이 들어 올려 저 참새 알처럼 하찮은 자들을 짓눌러버리지 못할 것도 없다. 용맹한 군사를 이끌고 한번 휘몰아쳐 박멸하면, 오합지졸은 사방으로 흩어져서 몸은 세상을 바로잡는 도끼의 먹잇감이 되고 뼈는 전차에 치여 가루가 될 터이다.

아아! 백성들은 시험 삼아 내 말을 들어보기 바란다. 나라가 백성을 사랑하는 것은 마치 어린아이를 보호하는 것과 같다는 말을 너희는 듣지 못했는가?『서경書經』에 '그 우두머리는 쳐 죽이지만 협박에 못 이겨 따른 사람들은 그 죄를 묻지 않는다'[61]는 말이 있다. 군정軍政은 먼저 은혜를 베푼 다음 법

---

61 원문은 '殲厥渠魁섬궐거괴 脅從罔治협종망치'로,『서경書經』「하서夏書」'윤정胤征' 편에 나오는 말이다. 거기에 "나라의 관리가 덕을 잃게 되면 맹렬히 타오르는 불길보다 더 사납다. 그

으로 다스리며, 나라에서 파견한 군대는 무고한 사람을 죽이지 않는다. 비록 협박에 못 이겨 도적을 따랐더라도 몰라서 그랬다는 점을 빨리 깨닫고 다시 선량한 백성으로 돌아오라. 삶을 사랑하고 살생을 싫어하는 것은 국가의 깊은 자애이며, 법률을 거두고 은혜를 베푸는 것은 조정의 아름다운 의식이다.

이에 귀한 배(불법佛法)가 미혹의 바다를 건네주고, 황금 노끈(불도佛道)은 깨달음의 길을 활짝 열어줄 것이다.[62] 일을 융통성 있게 처리하려고 하니 우리 임금의 어진 정치에 빨리 감화되어 너희 부모를 봉양하고 너희 처자를 양육하며 생업에 전념하라. 그러면 모두 죽을 때까지 만족하고 편안할 것이며, 또한 큰 기쁨을 누릴 것이다. 이 어찌 아름다운 일이 아닌가!

저 도둑의 두목들에 대해서는, 만약 행패를 부리는 그러한 거물을 뛰어난 계책을 세워 붙잡아서 바로 관군의 부대에 바친다면, 이는 나라에는 커다란 걱정거리를 덜어주고 너희에게는 영광을 가져다줄 것이다. 비록 가난하고 미천한 집안에서 태어났더라도 그 명성이 조정과 민간에 전해질 터이며, 아녀자라 할지라도 무엇이든 해낼 수 있다는 마음의 성취가 생기지 않겠느냐? 대장부라면 당연히 해야 할 일이 아닐 수 없다. 마음속으로 간절히 바라고 있으니 모두 잘 알아서 하라."

우두머리는 처 죽이지만 협박에 못 이겨 따른 사람은 죄를 묻지 않는다.(天吏逸德 烈于猛火. 殲厥渠魁 脅從罔治)"라고 했다.

62 이백李白의 시 「봄날 산으로 돌아가는 맹호연에게 부치다(春日歸山寄孟浩然)」에 나오는 말이다. 해당 시 구절은 다음과 같다. "세속의 관직은 세상에 버리고, 청산에서 번뇌가 떠난 자리를 만나네. 황금 노끈은 깨달음의 길을 활짝 열고, 귀한 배는 미혹의 바다를 건네준다.(朱紱遺塵境, 靑山謁梵筵. 金繩開覺路, 寶筏渡迷川)"

전라 감사가 내린 공문

"몹시 혼란하고 어수선한 나머지 대군이 우리 지역까지 들어와 범죄를 다스렸다. 그런데 민심은 범죄가 있건 없건 모두 의구심을 품고 동분서주하면서 가산을 탕진한 채 이리저리 떠돌아다니고 있다. 이미 본관의 부임 초기에도 눈에 보이는 것이라고는 참혹한 상황뿐이라 차마 말로 드러내 표현할 수조차 없다. 대체로 도적의 두목을 쳐서 없애는 일은, 조정에서 토벌을 시작한 이상 당연히 그만둘 수 없다. 그리고 흩어진 백성을 편안히 살게 하는 일은 오늘날 수령이 수행해야 할 가장 시급한 임무이다.

고시문 한 통을 공문에 첨부하여 발송하니, 첨부한 고시문의 내용을 정밀하게 베끼어 사본 수백 통을 만든 뒤 서둘러 각 면面과 각 리里에서 번갈아 보고, 바로 고을과 마을에서 사람이 많이 다니는 거리의 벽에 내다 붙여 백성들이 보고 하루라도 빨리 돌아와 모여 살게 하도록 하라. 두목들을 먼저 각 마을에서 잡아들이되 억울한 사람이 생기지 않도록 신중을 기하라."

(그러나 전라 감사가 첨부한) 고시문에는 한문과 언문이 뒤섞여 있기 때문에 (그대로 여기에) 기록하지 않는다.

방榜

- 무기를 반납하고 집으로 돌아가는 자는 살려준다.
- 관청에 아뢰고 동학과 돌아서는 자는 살려준다.
- 집에서 생업에 종사했을 뿐 나오지 않았던 자는 살려준다.
- 한 도의 두목을 베는 자는 상금 1만 냥을 내리고 수령으로 임명한다.
- 비록 두목이라 하더라도 자진하여 다른 두목의 목을 베어 오는 자는 그 공로로 죄를 상쇄하고 포상한다.
- 함부로 관군에 거역하는 자는 죽인다.

- 연락 쪽지를 함부로 돌려 무리를 모으는 자는 죽인다.
- 함부로 무기를 소지하고 여기저기 돌아다니는 자는 죽인다.
- 무기를 사사롭게 함부로 숨겨 놓고 반납하지 않는 자는 죽인다.
- 함부로 고을 수령을 협박하거나 관의 명령을 따르지 않는 자는 죽인다.
- 함부로 도적의 두목을 숨기고 신고하지 않는 자는 죽인다.

> 이후에 나온 관보와 감영의 공문, 고을의 문서는 모두 한문과 언문이 뒤섞여 있어, 글의 뜻은 갖추었으나 문장이 품격을 잃어 걱정스러웠다. 그렇다고 만약 언문을 모두 삭제한다면 근거 자료가 없어지기 때문에 언문을 한문으로 번역하여 (『오하기문』을 쓰는) 초안을 삼았다. 일본은 대개 한문과 자기 나라 글자를 뒤섞어 문장을 만들어 사용했는데, 우리나라가 관보를 만들 때 그것을 모방했다.

삼남에 임금의 말씀이 내렸다.

"임금은 말한다. 지난날 나라에 어려운 일이 많았다. 이런 때를 틈타 비적들이 사건을 일으켰지만, 나는 차마 죄 없는 백성을 전란에 휩싸이게 할 수 없어 여러 번 무마하고 타일렀다. 그러나 끝까지 잘못을 뉘우치고 고치기는커녕 날이 갈수록 기세가 등등해져 관리를 죽이는가 하면, 백성에게 해를 입히고, 지방의 고을을 잔인하게 파괴하는 데까지 이르렀다. 마침내 조야朝野가 한결같이 분노하며 '토벌하지 않고서는 악한 자를 징계할 수 없다'고 했다. 그리하여 군사를 일으켜 가는 곳마다 비적을 무찔러서 두목은 처단하되 협박에 의해 어쩔 수 없이 따른 자는 풀어주라는 지시를 내렸다. 이러한 지시는 만인을 살리기 위해 사람을 죽일 따름이니 어찌 그만둘 수 있겠느냐?

하지만 비록 그러할지라도, 요즘 들리는 소문에 따르면 비적이 선량한 백성을 모두 강제로 자신들의 무리에 몰아넣어 집을 버리고 생업을 잃게 만들었다고 하며, 또 비적을 따라가지 않겠다고 울부짖는 백성이 열에 아홉이나 된다고 한다. 살아 있는 사람들은 예기치 못한 칼날을 맞아 들판의 거름이 되고, 그나마 살아남은 사람들은 뿔뿔이 흩어져 정처 없이 떠돌다가 얼어죽고 굶어 죽는 데서 벗어나지 못한다고 한다. 생각이 여기에 미치면 잠자리에 들어도 편안하지 않다.

이제 달래고 어루만져 민심을 수습하는 방책을 조금이라도 늦출 수 없으니, 아! 너희 삼남의 위무사들은 각자 해당 지역으로 내려가서 나의 말을 대신하여 조정의 덕성과 신의를 널리 알리고, 특히 큰길가에 위치해서 피해를 입은 지방을 직접 찾아가 위로하고 격려하여 민심을 진정시키도록 하라. 또한 도내 여러 고을에서 백성에게 폐해를 입히는 단서를 자세히 수집하여 낱낱이 보고하라. 진실로 이익이 되는 일이라면 우리 백성이 따르지 않을 리 없다. 지난날의 잘못된 습속은 모두 다 고치고 새롭게 하여 나의 백성이 호랑이 아가리에서 벗어나 부모의 품에 안기듯이 해야 한다. 그래서 이처럼 교시하니, 당연히 잘 알아들었으리라 생각한다."[63]

12월 12일

이규태가 강진 병영에 도착하자 도적들이 달아났다. 규태는 달아나는 도적들을 장흥 석대산石臺山까지 추격하여 대파했다.

규태는 나주에 있다가 병영이 위급하다는 소식을 접하고 먼저 선발대를 보낸 다음, 자신은 뒤이어 소모관 백낙중白樂中과 함께 병영으로 향했다. 행

---

63 『고종실록』 1894년 10월 13일자 기사 참조.

군 중에 김일원金日遠을 만났다. 일원이 앞장서서 병영으로 인도했다. 병영에서 물러난 도적들은 장흥 모정등茅亭嶝에 진을 쳤는데 그 기세가 자못 대단했다. 관군이 잇달아 대포 10여 발을 쏘며 공격하자 도적들은 견디지 못하고 무너져서 달아났다. 다음 날 새벽, 도적들은 다시 수만 명을 증원하여 성 밑까지 다가왔다. 규태가 병사를 풀어 맞붙어 싸웠는데, 도적들이 상당히 많이 죽었다. 살아남은 나머지 도적 무리는 사방으로 흩어져 달아났다.

규태가 대군 가운데 나주에 남아 있는 병력을 모두 모아서 해남으로 향했다. 해남 수령은 규태의 매제이며, 우수사右水使 또한 규태의 가까운 친척으로서, 이때 두 사람이 모두 규태에게 위급하다는 전령을 잇달아 보냈다. 이 때문에 규태는 두황이 도착할 때까지 기다리지 못하고 바로 출발했던 것이다.

두황은 구례에서 순천을 거쳐 광양에 도착했다. 그리고 곧 현지의 영남우도 병력에게 "물러나 하동을 지키고 살상과 약탈을 멈추라"는 내용의 문서를 급히 보냈다. 그런 까닭에 광양 사람들은 두황을 매우 고맙게 여겼다.

(그러나 실상) 두황은 호남에 들어온 이후 별다른 전공을 세운 바 없으며, 가는 곳마다 기생을 끼고 질탕하게 술을 마셨다. 또한 강제로 빼앗은 재물을 잔뜩 쌓아 놓고 있었다. 구례를 출발할 때, 재물을 바리바리 싣고 가는 소와 말이 40~50마리나 되었다. 군사들은 못마땅해하면서 흘겨보았지만 제지하지는 못했다. 게다가 두황은 고을에서 도적들을 사로잡아 바치면 때때로 풀어주기도 했다. 백성들은 이를 매우 원통히 여겼다. 결국 도적을 사로잡은 뒤 두황이 온다는 소문이 들리면 백성들은 생포한 도적을 바로 죽여버렸다. 그러면 두황은 또 함부로 죽였다면서 책임을 추궁했다. 백성들은 더욱 실망했다.

두황이 낙안에 이르렀을 때 병영이 포위되어 위기에 처했다는 소식이 전해졌다. 이에 두황은 인솔 부대 800명을 이끌고 밤을 도와 급히 달려갔다. 장흥에 이르니, 도적은 이미 규태에게 패한 뒤고 그 잔당은 천관산天冠山에 모여 있었다. 두황은 잔당을 습격하여 사로잡고 참수했는데 그 수가 셀 수 없을 만큼 많았다.

이풍영이 좌수영에서 일본군을 데리고 병영으로 들어와 지원했다.

일본군이 나주를 심하게 약탈했다.

나주는 자체적으로 성을 지키기 시작한 이후 도적들도 함부로 쳐들어가 약탈하지 못하는 곳이었다. 비록 도적의 공격으로 매일같이 전투가 벌어지기는 했지만, 아전과 백성들이 생업을 놓아야 할 정도는 아니었다. 그런데 구원을 평계로 들어온 일본군이 부녀자를 겁탈하고 재물을 약탈하자 온 고을이 걷잡을 수 없이 동요했다. 민종렬과 이원우는 행여 시빗거리를 제공할까 두려워 감히 나서서 막지 못했다. 며칠이 지나서야 겨우 진정되었다.

12월 13일[64]

임금이 종묘에 참배하고 중요한 국사를 고하는 의식을 행했다. 그 내용은 다음과 같다.

"개국 503년 12월 12일. 감히 역대 조상들의 영전에 아룁니다. 생각해보면 소자는 열 살 안팎의 어린 나이에 우리 조상의 왕업을 이어받아서 지켜온

---

64 고종이 종묘에 나아가 서고誓告를 행하고 홍범 14조의 제정을 고한 것을 황현은 1894년 12월 13일자로 기록했으나, 이 일은 12월 12일에 행해졌다. 아래 서고문에서 원문의 '개국 503년 12월 13일'은 12월 12일로 바로잡아 놓는다. 『고종실록』 1894년 12월 12일자 기사 참조.

지 어언 31년이 되었습니다. 그동안 소자는 오직 하늘을 경외하고 또한 우리 조상의 법과 제도를 그대로 따랐습니다. 어려운 고비가 여러 번 있었지만 창업의 기반을 망가뜨리지는 않았습니다. 그러나 이를 가지고 소자가 어떻게 감히 하늘의 뜻을 얻었다고 할 수 있겠습니까? 오로지 우리 조상의 보살핌과 도움 때문이라고 생각합니다.

우리 조상께서 왕조를 창립하여 후손에게 물려주신 지 어언 503년이 되었습니다. 바야흐로 저의 대에 이르러 시운時運이 크게 변화하고, 문화가 개화하고, 우방국이 진심으로 도와주고, 조정의 논의는 일치되어 있습니다. 이제 국가의 기반을 공고히 하는 데는 오직 자주독립만이 남았습니다. 제가 어떻게 감히 하늘이 도와주는 이러한 때를 받들어 우리 조상의 왕업을 보전하지 않을 수 있겠으며, 어떻게 감히 스스로 분발하여 선대의 업적을 더욱 빛내지 않을 수 있겠습니까.

이러한 때를 이어받아 이제부터 다른 나라에 의지하지 않고 국운[65]을 융성하게 하고, 백성의 복리를 증진하고, 자주독립의 기반을 단단하게 다질 것입니다. 그 방도를 생각해보면, 그럴 리야 없겠지만, 만에 하나라도 옛것에 구애되거나 직무를 게을리해서는 안 되고, 우리 조상의 원대한 계책을 슬기롭게 따라야 하고, 세계정세를 살펴서 내정을 개혁하여 오랫동안 누적된 폐단을 바로잡아야 한다고 생각합니다.

저는 이에 홍범洪範 14조를 하늘에 계신 우리 조상의 영령에 고하며, 조상의 유업을 받들어 공적을 이루고 감히 어기지 않을 것입니다. 오직 모든

---

65 『시경詩經』 「대아大雅」 '상상桑桑'에 "오호라 슬프구나! 국운마저 이제는 위태롭도다.(於乎有哀 國步斯頻)"라고 했는데, 여기서 '국보國步'는 곧 국운을 뜻한다. 『오하기문』 원문에도 국운을 비유적으로 뜻하는 '國步'라는 단어를 쓰고 있다.

것을 밝게 아시는 신령은 살펴주소서."

홍범 14조[66]

- 청나라에 의존하는 생각을 끊어버리고 자주독립의 기틀을 튼튼히 세운다.
- 왕실의 규범을 제정하여 왕위 계승 및 종친과 외척의 본분과 의리를 밝힌다.
- 임금은 정전正殿에 나와서 정사를 보되 정무는 직접 내신들과 의논하여 결재한다. 왕비·후궁·종친·외척은 정사에 간여하지 못한다.
- 왕실에 관한 사무와 국정에 관한 사무는 반드시 분리하고 서로 뒤섞이지 않게 한다.
- 의정부 및 각 아문의 직무와 권한을 명확히 하는 조례를 제정한다.
- 백성이 내는 세금은 모두 법령에서 정한 비율에 따라 징수하고, 함부로 명목을 더 추가하여 불법적으로 징수하지 못한다.
- 세금을 거두고 매기는 일과 경비를 지출하는 일은 모두 탁지아문에서 관할한다.
- 왕실은 솔선하여 비용을 줄이고 절약함으로써 각 아문과 지방 관청의 모범이 되도록 한다.
- 왕실의 비용과 정부 각 부서의 경비는 1년 예산을 미리 정하고 재정의 기초를 확립한다.
- 지방 관제를 빨리 개정하고 지방 관리의 직권을 제한한다.

---

66 원문에 실린 홍범 14조의 각 항목에는 간혹 오기가 보이므로 원사료에 따라 옮겼다. 『고종실록』 1894년 12월 12일자 기사 참조.

- 나라 안의 총명하고 재능 있는 젊은이들을 해외에 널리 파견하여 외국의 학문과 기술을 배워 익히도록 한다.
- 지휘관을 육성하고 징병법을 시행하여 군사 제도의 기초를 확정한다.
- 민법과 형법을 엄중하고 명확하게 제정하여 함부로 감금하거나 징벌할 수 없게 함으로써 백성의 생명과 재산을 보호한다.
- 인재를 등용할 때 문벌을 따지지 않고, 관리를 구할 때는 조정과 민간에서 널리 찾아 인재 등용의 문을 넓힌다.

중앙과 지방의 신하와 백성에게 대군주께서 내리는 말씀이 있었다.[67] 그 내용은 다음과 같다.

"아! 모든 관리와 모든 백성은 나의 명령을 들어라. 하늘이 우리 조상에게 왕업의 큰 기틀을 맡겼다. 그 덕으로 우리 조상은 하늘의 명을 받아 자손을 보호하고 백성을 화목하게 이끌어 왕업을 누린 햇수가 바야흐로 오래되었다. 나 또한 그 덕으로 더없이 중대한 왕위를 계승하여 옛 제도와 문물을 잘 따르고 때맞추어 중요한 계책을 받들며, 혹시라도 실수할까 밤낮으로 조심하면서 중년이 되도록 하늘의 뜻을 잘 받들었다. 그러나 어찌 감히 나에게 덕이 있어서 그렇다고 할 수 있겠느냐? 덕은 오직 때와 맞아야 빛나는 것이니 나는 모든 것을 때에 맞추어 할 것이다.

지금은 각국과 외교 관계를 맺고 조약을 준수하면서 오직 독립의 실현, 바로 그것에 온 힘을 기울이고 있다. 독립의 실현은 내정을 바로잡는 데서 시작된다. 우리나라의 독립을 공고히 하려면 오랜 폐단을 개혁하고 정치를

---

67 자주독립을 고취하고 개혁을 통해 국운이 쇄신될 것임을 알리는 고종의 이 윤음은 12월 13일에 내려졌다. 『고종실록』 1894년 12월 13일자 기사 참조.

실속 있게 잘해서 나라를 부강하게 만들어야 한다. 그래서 내가 마음속으로 크게 경계하며 조정에 물었더니 오직 '개혁'뿐이라고 했다. 이에 마음을 비우고 거리낌 없이 생각을 드러내 선대 임금들이 이루어 놓은 법을 살펴보고, 각국의 형편을 비교하여 관제를 변경하고, 새로운 기년紀年을 정해서 반포한다. 군사 제도를 개혁하고, 재정을 정리하고, 교육과 학문을 육성하고, 조세와 부역을 공정하게 하고, 상업·공업·농업을 장려한다. 또한 백성의 고통거리는 크고 작든 관계없이 모두 없애버림으로써 백성의 목숨을 되살리고, 상하가 협력해서 말한 것은 실천에 옮기고, 실천은 실질적 효과가 드러나게 할 것이다. 나라의 복은 곧 좋은 날을 받아서 종묘와 사직에 나아가 나의 마음을 아뢰는 데 달려 있다. 노력하자! 모든 관리와 모든 백성이여. 나의 나라가 비록 오래되었지만 그 국운은 새로워질 것이다.

아! 너희들 일반 백성은 실로 나라의 근본이다. 자주도 백성에 달려 있고, 독립도 백성에 달려 있다. 임금이 아무리 자주를 하고 싶어도 백성이 아니면 어디에 의지할 것이며, 나라가 아무리 독립을 하고 싶어도 백성이 아니면 누구와 함께할 것인가. 너희들 일반 백성은 한결같은 마음으로 오직 나라만을 사랑하고, 한결같은 정신으로 오직 임금에게 충성하라. 진실로 이와 같이 한다면 나는 '적과 싸우려는 의기가 있다'고 할 것이며, 나는 '외부로부터 당하는 모욕을 막을 수 있다'고 할 것이다.

재능과 덕망이 있는 사람은 비록 보잘것없는 신분이라 할지라도 그 재능과 덕망을 발양할 수 있게 하고, 출신이 미천하다고 하여 출신이 귀한 사람에게 가리는 일이 없게 할 것이다. 드넓은 너희 모국에 의지할 곳이 없겠느냐? 등용해 쓸 계획이니 너희들 일반 백성은 자신을 갈고닦는 일에 전념하라. 너희도 생명이 있고 재산이 있다. 나는 너희의 생명과 재산을 안전하게 지켜줄 것이다. 법이 아니면 너희에게 형벌을 가하거나 죽이지 못하게 할 것이며, 법이 아니면 너희에게 세금을 부과하거나 거두지 못하게 할 것이다. 너희의 생명과 재산은 한결같이 법률로써 보호받을 것이니 너희는 각자 본분에 전념하라. 나라가 부유하지 않고 군대가 강하지 않으면, 자주니 독립이니 하면서 아무리 떠들어도 실제로는 아무 소용이 없다. 이제 자주독립의 대업을 확고히 세워 온 나라 백성에게 널리 알리노라.

나의 나라가 비록 오래되었지만 국운이 쇄신되었다. 너희들 관리와 백성은 서로 권하고 서로 알려서 임금에게 충성을 다하고, 나라를 사랑하는 마음을 장려하여 산처럼 끄덕도 하지 말라. 그리고 세계 여러 나라에서 널리 학문을 탐구하고, 또한 좋은 기술을 받아들여 자주독립의 기틀을 다지도록 하라. 이에 내가 종묘에 아뢴 글도 함께 너희에게 널리 알리는 바이다. 아아! 나는 이제 말을 마치니 너희는 더욱 노력하기를 바란다."[68]

15일 이후, 이두황은 도적을 추격하여 해남까지 갔다. 이규태, 일본군과 함께 연합 공격을 펼쳐 도적을 대파하고 3만 6,000여 명의 목을 베었다.

고부 군수 윤병尹秉을 호남 소모사로 임명했다.[69]

---

68 원문에 오·탈자와 문구의 누락 등이 있으므로 원사료에 따라 옮겼다. 『고종실록』 1894년 12월 13일자 기사 참조.

69 이 기록은 오기이다. 당시 고부 군수는 윤병대尹秉大이며, 고부 군수가 윤병을 호남 소모사로 뽑았다. "고종 31년 11월 24일(병신丙申). 호남 지방 동학군을 진압하는 사무가 급하기 때문에 고부 군수가 윤병을 소모사로 임명하다." 「관보」 개국 503년 11월 24일자 기사 참조.

나주 목사 민종렬을 호남 초토사로 임명했다.[70]

이 무렵 민포民砲라는 이름의 민간 군대가 조직되었는데, 이 조직을 통솔하는 사람을 가리켜 모두 소모관·참모관이라고 했다. 이들은 간혹 도적을 풀어주고 뇌물을 받는가 하면, 적당한 때를 노려 원한을 갚기도 했다. 그 폐단이 심했지만, 이미 일과 권한이 나뉘어버렸기 때문에 서로 통일할 수 없었다. 이도재가 이런 사정을 조정에 보고하여, 마침내 초토사를 조정에서 임명하여 민포를 관할하게 했던 것이다.

도적 봉준·개남·경선·화중 등이 차례로 사로잡혔다.

봉준 등은 기세가 꺾이고 힘이 빠져 어찌할 수 없게 되자 목숨을 부지하기 위해 도망쳤지만 관군에게 꼬리를 밟혔다. 봉준은 수십 명과 함께 순창 삼방三坊에 도착해서 점심거리를 찾고 있었다. 마침 이때 전주 군교 김 아무개 또한 광양 김씨 우근宇根의 집에서 점심밥을 먹는 중이었는데, 마을 사람들이 찾아와 도적들이 왔다고 알렸다. 김 아무개는 숟가락을 내던지고 일어나 그 집에 있는 담배 자르는 칼을 집어 들고 도적들이 있는 곳으로 곧장 들어가서 큰소리로 외쳤다.

"도적들은 오랏줄을 받아라."

봉준이 급히 칼을 빼어 들고 일어났다. 그러나 김 아무개가 바로 몸을 날리며 칼을 내리쳐서 봉준의 무릎을 베었다. 마을 장정들이 달려들어 봉준을 결박했다. 잠시 후 순창 민포가 도착하여 봉준을 끌고 가 순창 감옥에 가두

---

70 『고종실록』 1894년 10월 28일자 기사 참조. "의정부에서 아뢰기를 '… 홍주 목사의 전례대로 나주 목사 민종렬을 호남 초토사로 임명하고, 그로 하여금 호남우도 연안의 각 고을을 지휘해서 비적을 소탕하는 데 온 힘을 쏟도록 하는 것이 어떻겠습니까?' 하니, 윤허하였다."

려고 했다. 하지만 전주 군교는 전주로 호송하려고 했다. 이들 사이에 서로 봉준을 차지하려는 실랑이가 벌어졌다. 근방에 있던 일본군이 이 소식을 듣고 봉준을 가로채 가서 그들의 병영에 가두고 약을 주어 무릎의 상처를 치료했다.[71]

이용헌의 아들이 개남의 뒤를 밟아 전주에서 사로잡았다.[72] 동복 사람들

---

71 전봉준의 체포와 관련해서는 여러 자료의 기록이 조금씩 다르다.

먼저, 『동학농민혁명사 일지』에 따르면 "전봉준은 김개남을 만나기 위해 피노리로 잠입했다가, 12월 2일 밤 사인士人 한신현韓信賢·김영철金永徹·정창욱丁昌昱이 이끌고 온 민정들에게 체포되었다."라고 했다. 『동학농민혁명사 일지』, 238쪽.

신복룡은 그의 책 『전봉준의 생애와 사상』에서 다음과 같이 묘사했다. "전봉준은 은신처 청류암淸流庵에서 당시 김개남을 찾아 태인의 살내(山內)를 가기로 결심했다. 그러나 길을 가다가 남진하는 일본군과 맞닥뜨릴 위험이 있어 전봉준은 동쪽에 있는 순창으로 비켜서 태인으로 가기로 했다. 상인 복장을 입고 청류암을 떠나 해질 무렵에 그는 순창군 쌍치면 계룡산 밑의 피노리에 이르렀다. 이곳에서 전봉준은 다행히도 지난날의 부하였던 김경천金敬天을 만났다. 김경천은 본시 전봉준의 부하로 있었으나 동학군이 대패한 후로는 이에서 탈퇴하여 피노리에서 숨어 살고 있던 터였다. 그는 전봉준을 맞아 주막으로 안내한 후 저녁밥을 시켜주었다. 그러나 이 두 사람은 각기 달랐다. 전봉준으로서는 지푸라기라도 잡고 싶은 심정이던 차에 김경천을 만남으로써 삶에 대한 한 가닥의 희망이나마 갖게 되었다. 그러나 전봉준에게 저녁밥을 시켜주고 밖으로 나온 김경천은 돈과 명예를 생각했다. 전봉준을 잡아서 바치는 자에게는 상금 1천 냥과 일등 군수직을 제수한다는 현상 공고를 생각했다. 그는 전봉준이 저녁을 먹고 있는 틈을 타서 지난날 전주 감영의 아전을 지낸 바 있는 한신현에게 이 사실을 밀고했다. 밀고를 받은 한신현은 마을 사람인 김영철, 정창욱 등을 동원하여 주막을 에워쌌다. 그제서야 전봉준은 자신이 위기에 빠진 것을 알고 밖으로 나왔다. 사립문에는 이미 장정들이 막아서고 있었다. 그는 나뭇단을 타고 토담을 뛰어넘었다. 그가 땅위에 내려서는 순간 기다리고 있던 장정이 몽둥이로 전봉준의 발목을 후려쳤다." 신복룡, 『전봉준의 생애와 사상』, 양영각, 1982, 139~140쪽.

한편, 사로잡힌 뒤 공초할 때 정작 전봉준 자신은 서울의 정국을 상세히 탐지하기 위해 상경하려다가 체포되었다고 했다. 『동학농민전쟁사료총서 18권』 「전봉준 공초」, 216~217쪽.

72 『동학농민혁명사 일지』에 따르면 김개남을 사로잡은 이는 황헌주黃憲周이다. "심영의 중군 황헌주가 김개남을 포박하여 12월 2일 전주로 이송했다." 『동학농민혁명사 일지』, 238쪽.

이 경선을 사로잡아 묶어서 데려왔다.[73] 태인 사람들이 화중을 사로잡아 묶어서 데려왔다.[74]

관군이 임실 현감 민충식을 체포하여 서울로 압송했다.[75]

충식이 사로잡히자, 군인들은 충식의 코를 뚫어 구리 코뚜레를 꿰서 고삐를 매고 채찍질을 가했다. 그 모습이 마치 어린 송아지를 몰고 앞으로 가는 것 같았다. 충식은 몸을 비틀며 아프다고 소리를 질러댔다.

———

73 『동학농민혁명사 일지』에는 최경선의 체포와 압송을 다음과 같이 기록하고 있다. "최경선은 12월 1일 광주를 떠나 남평에 들러 식량 등을 마련한 뒤 200여 명을 이끌고 동복으로 내려갔다. 12월 3일 새벽 외남면 벽송碧松과 사평沙坪이라는 큰 마을에 도착하여 유숙했다. 오위장을 지낸 오윤술吳潤述이 이 사실을 알고 이교吏校와 민포군 300여 명을 끌고 와 최경선과 함께 농민군 220명을 체포하였다. 이 가운데 157명이 사살되었으며, 나머지는 생포되었고, 최경선은 순창에 수감되었다가 일본군에 인도되어 7일 나주로 압송되었다." 『동학농민혁명사 일지』, 239쪽.

74 『동학농민혁명사 일지』에 손화중의 체포는 다음과 같이 기록되어 있다. "고창으로 잠입한 손화중이 10여 일 후인 12월 11일 고창에서 사민士民 이봉우李鳳宇 등에게 체포되어 고창현에 갇혀 있다가 일본군에게 넘겨졌다." 『동학농민혁명사 일지』, 247쪽.
한편, 이이화는 이 사실에 의문을 제기한다. "손화중을 잡는 데 다른 고을인 고부·순창의 민병 10여 명이 동원되었고, 이들은 그를 잡은 공로로 포상을 받았으며, 체포 당시 손화중의 부하 두 명이 포살되었기 때문이다." 이이화, 『발굴 동학농민전쟁 인물열전』, 한겨레신문사, 1994, 70쪽.

75 이두황李斗璜이 1894~1895년에 걸쳐 쓴 『양호우선봉일기兩湖右先鋒日記』에 따르면, 민충식은 관군에 체포된 것이 아니라 일본군에게 체포되었다. "임실 현감 민충식이 9월에 김적金賊 개남의 도성찰都省察이 되어 적진을 따라다녔는데, 지난달 보름쯤에 김적金賊(김개남)과 함께 전주성에 들어갔다가 최근에는 임실로 내려갔다고 했다. 해당 읍에 도착하여 그 사정을 탐문해보았더니 정말로 소문 그대로였다. 잠시 뒤 관사로 내려갔더니 현감 민충식이 본진本陣에 왔다가 다시 일본군 사관士官에게 갔다고 했다. 결국 일본 사관에게 잡혀서 구금되었다." 『양호우선봉일기』 12월 1일자 기사 참조.

이 무렵에는 도적들이 사방으로 흩어졌기 때문에 쫓아가서 그들을 잡을 방법이 없었다. 각 고을은 시골 마을에 10리나 5리마다 막사를 설치한 뒤 지나다니는 사람의 통행증을 조사함으로써 함부로 지역을 넘나들지 못하게 막고, 또 무릇 처음 보는 행적이 수상한 사람에 대해서는 자세히 캐물어서 체포하라는 지시를 내렸다. 이때 날씨 또한 몹시 추웠으므로 도적들은 멀리 달아날 수 없었다. 더욱이 산골짜기나 동굴 속에 숨어 있을 형편도 아니기 때문에 얼어 죽고 목을 매어 죽은 사람이 많았다. 평민들은 기운이 솟아나고 저절로 고무되어 경쟁적으로 도적들을 죽이려고 했다. 광양 지방에서는 산에 불을 지르고 바위에 난 굴까지 샅샅이 뒤졌는데 마치 짐승 사냥을 하는 것 같았다. 그렇게 하여 광양은 전라좌도에서 가장 철저하게 도적들을 처단했다.

전 호군護軍 이윤종李胤鍾이 상소했다.[76]

"저는 삼가 보잘것없는 재주와 인품으로 전하의 지극한 은총을 입어 지위가 하대부下大夫까지 이르렀기에 더욱더 죄송할 따름입니다. 이런 처지인

---

[76] 『한국사료총서』 제26집 「봉남일기鳳南日記」에 따르면 이윤종의 이 상소는 1895년 5월 3일에 나왔다. "을미년(1895) 5월 초3일. 맑고 따뜻함. … 중추부사中樞副使 이윤종李胤鍾이 상소하여 영효泳孝·광범光範의 대역부도한 죄를 질책했다. 일본 사람들이 의롭다고 하여, 다행히 죽지 않았다."
「봉남일기」는 조선 말기의 학자 변만기邊萬基(1858~1924)의 일기로, 1894~1903년까지 10년간의 내용이 전해진다. 이 일기에는 전라도 지방을 중심으로 한 동학군의 2차 봉기 및 동학군과 관군·일본군의 접전 상황, 지방민의 동향과 10여 년간의 물가 변동이 상세하게 기록되어 있다. 변만기는 자는 처일處一, 호는 봉남鳳南이다. 가학을 수학하고, 면암 최익현 문하에서 공부했다. 평생 관직에 나가지 않고 향리인 전라남도 장성군 읍서면邑西面 봉암리鳳岩里에서 거주하며 후학을 가르쳤다.

제가 어떻게 감히 전하의 은총에 조금이나마 보답하기 위해 충성을 다하지 않을 수 있겠습니까? 역적을 징계하고 토벌하는 일은 누구라도 나서서 처단할 수 있습니다. 저는 직분에서 벗어나는 언행을 함부로 하는 것을 삼가라는 성인의 경계를 범하고 만 번 죽을죄를 무릅쓰면서도 전하께 호소합니다. 바라옵건대 전하께서 이런 저의 마음을 굽어살피소서.

전하께서 하명하신 전교를 보니, 거기에 갑신년(1884) 폭도들의 죄명을 지워버리고 영효와 광범에게 직첩을 다시 제수하라는 내용이 있었습니다. 저는 그 내용을 보고 가슴이 떨리는 비통한 심정을 주체할 수 없었으며, 정신이 혼미해지는 바람에 어찌할 바를 몰랐습니다. 제 소견으로는 전하처럼 슬기롭고 영명하신 분이 다스리는 세상에 뜻밖에도 다시 유예劉豫 같은 사람이 나오리라고는 생각지도 못했기에 그랬던 것 같습니다.[77] 물론 폐하의 덕은 하늘처럼 크고 넓어서 잘못을 포용하고 허물을 덮어주며, 또한 개혁을 해야 하는 지금은 구습을 타파하고 새로운 제도를 따라야 하겠지요.

그러나 가만히 생각해보면, 하늘과 땅이 생긴 이래 영효와 광범처럼 하늘에 사무치는 큰 죄를 짓고 영효와 광범처럼 용서받은 일이 있다는 것을 들어본 적이 없습니다. 갑신년 10월, 영효와 광범이 앞장서 죄를 범할 당시 임금을 협박하여 나라의 존립마저 위태위태했지만, 하늘에 계신 선대 임금들

---

77 유예(1073~1146)는 북송 말기의 사람으로, 자는 언유彦游이다. 휘종徽宗 연간에 하북 제형河北提刑이 되었다. 금나라가 침입하자 관직을 버리고 달아났다. 1130년 금나라 사람에 의해 황제로 책봉되고 나라 이름을 대제大齊라 했다. 금나라 군대를 유인하여 송나라를 공격하게 했으나, 송의 악비岳飛와 한세충韓世忠에게 번번이 패하여 금나라의 문책을 받았다. 결국 1137년에 폐위되었다.
이윤종은, 유예가 송나라에서 관직을 얻었음에도 황제를 배반하고 또 다른 나라를 세워 역적이 되었음을 역설하면서 박영효와 서광범 등이 유예에 못지않다는 점을 강조하고자 한 것이다.

의 영령이 암암리에 도와주시어 종사宗祀가 다시 든든해졌습니다.

그러나 죄인들은 법망을 빠져나가 이웃 나라로 도주하여 온 나라의 모든 백성이 그들의 살점을 씹으며 공분을 풀려고 한 지 벌써 11년이라는 세월이 흘렀습니다. 그런데 무엇 때문에 하루아침에 그들의 죄를 씻어주는 은전을 내리시고, 조정의 죄인 명부에는 마치 우연히 가벼운 죄를 범한 양 꾸며 놓으셨습니까? 그러할진대, 앞으로 나라를 어지럽히는 불충한 무리가 꼬리를 물고 일어나 임금을 욕보이는, 그 같은 도리에 어긋난 짓을 저지르면서도 도리어 자신에게 무슨 잘못이 있느냐고 할 것입니다. 그런데도 나라의 법에 따라 제대로 처벌하지 못하여 그런 자들이 많아지면 전하께서는 어떻게 임금 노릇을 하실 수 있겠습니까?

저 일본인들은 지금 우리나라가 안팎으로 어려움을 겪고 있는 사정을 엿보면서 이 틈을 이용해 하늘을 속일 수 있다고 생각하며, 흉악하고 황당하기 그지없는 음모로 영효와 광범의 죄를 억지로 정치범에다 갖다 붙이고는 그들을 전하가 계신 곳으로 데리고 들어왔습니다. 그러나 전하께서는 그들을 죽이지 않았을 뿐 아니라 그들이 하는 말을 따르고 총애하여 벼슬자리까지 내리셨습니다. 제가 이해할 수 없는 것은 바로 이 점입니다. 이를테면 지은 죄가 정치범에 그친다고 하더라도, 그놈들의 아비가 모두 오랏줄을 받고 죽은 일은 또한 놈들의 죄로 말미암았기 때문입니다. 따라서 구차하게 목숨을 부지하여 살아서 고국에 돌아온 날, 한 가닥 사람의 양심이 남아 있다면 마땅히 몸가짐을 삼가고 감히 사람의 도리를 자처하지 말았어야 합니다. 그런데도 지금 그들은 의기양양하게 세상에 나와서 마치 뜻을 성취한 사람처럼 행동하고 있습니다.

저는, 충신은 효자의 가문에서 나오며, 아비를 무시하는 자는 당연히 그 임금도 무시한다고 들었습니다. 지금 그들과 함께 정치를 하려고 해도 명분이 바르지 못하고 말이 순조롭지 못하니, 어찌 그렇게 할 수 있겠습니까? 서울의 여론을 들어보면, 멀고 가까운 곳을 가리지 않고 많은 사람이 그들을 향한 질책을 그만두지 않고 있으며, 모든 사람이 한결같이 탄식하면서 이 두 도적과는 같은 하늘 아래서 살 수 없다고 다짐하고 있습니다.

저의 변변치 못한 마음은 또한 간절히 바랍니다. 민심이 바라는 대로 이 두 놈의 목을 베어 길거리에 내다 걸어서 국법을 펴고 귀신들의 분함을 씻어주는 조치를 하신다면 천만다행이겠습니다. 만약 그리하시지 않는다면 저는 동해에 뛰어들어 죽을지언정 어떻게 이 도적놈들과 소정에서 얼굴을 맞대고 구차하게 살아갈 수 있겠습니까? 저의 애끓는 마음을 가눌 길 없어 간절히 기원합니다."

이 상소가 나오자 일시에 사람들의 입에서 입으로 전해졌고, 어떤 사람은 그 내용을 외우기까지 했다.

저보邸報를 관보官報로 고치고, 또 전교傳敎를 칙령勅令 · 칙지勅旨로 바꾸었다.

12월 16일

임금이 지시했다.(칙령)

"임금과 신하가 서로 만나는 예법을 개정할 때 가능한 한 간편하게 하라."

또 임금이 지시했다.(칙령)

"이제부터 국정에 관한 사무는 내가 직접 대신들과 상의하여 결정한다. 의정부를 대궐 안으로 옮겨 설치하고 명칭은 내각으로 바꾼다. 설치 장소는 수정전修政殿으로 하며, 앞으로 규장각은 내각으로 부르지 않는다."

또 임금이 지시했다.(칙령)

"조정 관리의 대례복은 깃이 둥근 검은 옷(흑단령黑團領)으로 한다. 대궐에 들어올 때의 평상 예복은 검은색 토산 명주로 지은 두루마기와 더그레 및 사모紗帽와 목화木靴(사모관대에 갖춰 신던 신. 바닥은 나무이고 목 부분은 검은빛의 사슴 가죽으로 길게 만들어졌는데, 장화와 비슷한 모양이다)로 한다. 이 지시는 내년 설날부터 시행하라."

또 임금이 지시했다.(칙령)

"감사·유수·병사·수사 이하는 이제부터 봉한 글을 올리지 말고 사무를 구분하여 해당 아문에 보고하며, 해당 아문에서는 이를 참작하여 보고하라."

또 임금이 지시했다.(칙령)

"대소 관원이 서로 만나고 상대방을 호칭하는 예법을 개정하라."

총리 대신 김홍집, 내무 대신 박영효, 학무 대신 박정양, 외무 대신 김윤식, 탁지 대신 어윤중, 농상 대신 엄세영, 군무 대신 조희연, 법무 대신 서광범, 공무 대신 서리 김가진이 제의했다.

"왕실의 존칭에 관한 새로운 예식을 갖춰 제의합니다. 결재해주십시오."

주상 전하를 대군주 폐하로, 왕대비 전하를 왕태후 폐하로, 왕비 전하를 왕후 폐하로, 왕세자 저하를 왕태자 전하로, 왕세자빈 저하를 왕태비 전하로, 전문箋文을 표문表文으로 하자는 제의를 모두 그대로 허락했다.[78]

삼남의 대동미大同米를 특별히 절반으로 줄였다.[79]

---

78 『고종실록』 1894년 12월 17일자 기사 참조.

79 이 내용은 『고종실록』에 기록된 사실과 다르다. 대동미를 절반으로 줄여준 곳은 삼남(충청도·전라도·경상도) 지방이 아니라 호남(전라도) 한 곳 뿐이다. 『고종실록』 1894년 12월 23일

도적 김개남의 사형을 집행했다.[80]

심영沁營(강화 진무영)의 중군中軍 황헌주黃憲周가 개남을 포박하여 전주로 압송했다. 감사 이도재가 개남을 신문했다. 개남은 도리어 큰소리를 쳤다.

"우리가 한 일은 모두 대원군의 은밀한 지시에 따랐을 뿐이다. 지금 일이 실패한 것은 또한 하늘의 뜻이거늘 무엇 때문에 신문한다고 법석을 떠는 것이냐?"

도재는 혼란을 초래하는 것이 두려워 감히 서울로 개남을 압송하지 못하고 곧바로 참수했다. 배를 갈라 내장을 끄집어내 커다란 동이에 담았는데, 보통 사람의 내장보다 훨씬 크고 많아 한가득 찼다. 개남에게 원한을 품은 가문의 사람들이 다투어 개남의 내장을 씹었으며, 개남의 살점을 나누어 가지고 가서 개남에게 희생된 사람들의 제사를 지냈다. 그리고 그의 머리는 상자에 담아 대궐로 보냈다.

미친 사람 같이 망령되고 포학한 개남의 행동은 도적들 가운데 가장 심했다. 사람들은 그를 호랑이처럼 두려워했지만, 도리어 그에게 달라붙어 아첨하며 이익을 추구하는 자도 있었다. 개남이 남원을 점거했을 때, 선비 정

자 기사 참조. "호남에서는 비적이 봄부터 겨울까지 소란을 일으킨 바람에 농사철을 놓쳐 버렸고 가뭄으로 흉년이 들어 식량이 부족하게 되었다. 백성들의 형편을 생각하면 비단옷에 쌀밥을 먹은들 어찌 편안하겠는가? 호남의 갑오년(1894)분 대동미는 특별히 절반을 감면해주어 조정에서 돌보아주는 뜻을 보일 것이다. 재해지의 조세를 감면하여 가난한 백성을 구제하는 문제는 도신道臣(관찰사)의 보고가 올라온 다음에 의정부에서 아뢰고 처리하라."

80 『고종실록』 12월 25일자 기사 참조. "양호 도순무영에서 '… 김개남의 머리는 서소문 밖 네거리에 매달았다가, 3일 후에 김개남과 성재식成在植의 머리를 경기 감영에서 소란을 일으킨 지방에 조리를 돌리게 하였습니다.'라고 아뢰었다."

인봉鄭寅鳳이라는 자가 바로 그런 인물이다. 그는 회동會洞 정씨鄭氏[81]로 서울에서 남쪽으로 낙향했는데 평소의 품행도 바르지 않았다. 개남의 조카를 사위로 삼은 일 때문에 길에서도 사람들의 눈총을 받았다. 염치를 잃어버렸음이 이와 같으니, 어떻게 그를 짐승이 아니라고 할 수 있겠는가?

이때 세상 여론은, 태인·고부는 당연히 온 고을을 도륙해야 하며 개남의 일가붙이는 모조리 죽여 없애서 귀신과 사람들의 분노를 씻어주어야 한다는 쪽이 지배적이었다. 그러나 도적을 평정하고 난 뒤 기껏해야 도적과 가까운 일가붙이[82] 네댓 사람만 법에 따라 죽였을 뿐이다. 또 대군大軍이 전주에서 두 갈래로 갈라져 곧바로 강진 병영으로 내려갔기 때문에 도적의 소굴인 전라우도 일대는 도리어 전쟁의 참화를 면했고, 모든 사람이 미워하는 극악한 도적의 두목들도 왕왕 편히 생활하며 아무 걱정 없이 지냈다. 그래서 평민들은 더욱 한스러워했다.

12월 30일

호서의 도적들이 상주尙州를 침범했다. 경상 감사 조병호가 군사 200명을 파견하고, 일본군 300명을 딸려 보내 막았다. 도적들은 물러나 청산靑山에 주둔했다.

---

81 동래東萊 정씨鄭氏의 일족인 정광필鄭光弼이 서울의 회동會洞에 살았는데, 그 후손 가운데 임당林塘 정유길鄭惟吉이 있다. 정유길의 자손은 대대로 회동에 자리 잡고 살면서 중종조中宗朝부터 고종조高宗朝에 이르는 약 400년 동안 정승과 판서 등 높은 벼슬을 많이 지냈다. 세상에서는 이런 사실을 들어 이 일문一門을 회동 정씨라고 일컬었다.

82 일가붙이는 원문의 '期功기공'이라는 단어를 푼 말이다. 기공은 기공친期功親의 준말로, 상을 당했을 때, 기복期服(1년 동안 입는 상복)이나 공복功服(대공복은 아홉 달 동안 입는 상복, 소공복은 다섯 달 동안 입는 상복)을 입는 가까운 친척을 말한다.

12월 28일

강진 병사兵使 서병무가 경군이 계속 승리를 거둔다는 소식을 듣고 영암에서 병영으로 돌아왔다.

전 사과司果 안창제安昌濟가 글을 올려 청나라를 배척하라고 간하자, 임금이 그를 잡아 가두라는 명령을 내렸다.

창제는 효제孝濟의 동생으로, 아버지가 들인 첩의 소생이다. 영효 등은 이윤종이 상소를 올린 뒤로 사람들이 자신들을 비방할까 두려워하면서 국정에 관한 상소를 일제 막고, 내각에만 글을 올리게 했다. 결국 이때부터 임금께 글을 올리는 언로가 막혀버렸다.

체포된 민충식이 서울로 호송되는 도중에 수원에서 도망쳐 달아났다.[83]

전라 감사 이도재가 오가작통법五家作統法을 반포하고 시행했다.

---

83 『주한일본공사관기록 5』에 따르면, 민충식은 수원이 아니라 천안군 상동上洞에서 도망쳤다. "삼가 아룁니다. 지금 미나미南 소좌의 첩보에 따르면 '임실 현감 민충식이 동비東匪와 결탁하여 비도들이 전주를 공격할 때 전봉준, 김개남 등과 동행하면서 공모를 했다. 또 비도들이 공주 부근에 도착했을 때 그 현감이 전봉준을 수행하여 노성魯城 부근에 와 있었다. 이와 같이 그 현감이 동비와 공모한 사실이 분명하므로 그 죄는 마땅히 사형에 해당하지만, 아직 관직에 있는 자이므로 순찰사 2명과 병정 3명을 파견해서 호송하겠으니 그 범인이 도착하자마자 사건을 엄정히 규명하기 바란다.'고 했습니다. 그런데 그곳에 파견된 병정의 말에 따르면, '이를 알아차린 범인은 우리가 양력으로 1월 4일 천안군 상동에 이르러, 그 다음 날인 5일에 전날 쓴 보고서를 부치려 할 때 갑자기 화장실에 급히 가야 한다는 핑계를 대었다. 이에 한 병사가 그를 감시하며 동행했는데, 그가 저항하고 그 틈을 타서 도주했다. 결국 그 도주한 향방은 알 길이 없었다. 그리하여 이 사실을 군수에게 말했으나, 말이 서로 통하지 않아 처리를 하지 못했다.'고 했습니다. 그러므로 이와 같이 서한을 통하여 아뢰오니 귀 대신께서 상황을 확인해보신 후 즉시 천안 군수와 그 부근 지방관에게 전보를 쳐서 엄밀하게 수색하고 기어이 체포하여 이 사건을 해결하시기 간절히 바라며 이만 줄입니다. 밤사이 편안하시기를 빕니다. 1월 7일. 발신자 : 일본 공사 이노우에 가오루 / 수신자 : 군무 대신 조희연." 『주한일본공사관기록 5』「민충식 도망의 건」.

도재는 큰 난리가 겨우 평정되었으므로 백성이 겪은 수고를 위로하고 생업에 안착시키고자 이 법을 시행했다. 먼저 호구를 철저히 조사하고, 토착민과 타향에서 흘러든 사람이 서로 숨기거나 감싸는 것을 금지하는 조목을 반포했다. 다섯 집을 한 통統으로 묶어서 통수統首를 두고, 다시 다섯 통을 한 연連으로 묶어서 연장連長을 두었다. 무슨 일이 생기면 통은 연에게, 연은 관에 보고하고, 행동거지가 수상하게 보이는 사람은 다 함께 살피고 찾아내어 처리하게끔 했다. 그리고 이런 내용을 사람들이 많이 오가는 곳에 게시하여 알렸다. 그러나 백성들 가운데 따르는 사람은 아무도 없었다. 공연히 문서만 잇달아 보냈을 뿐이다.

신정희를 강화 유수로 임명했다.[84]

개국 504년 을미년乙未年(1895)
1월 5일

이윤용李允用을 경무사로 임명했다.

총리·내무 양 대신이 전 참의 이교석李敎奭을 장흥 부사로 임명하는 건을 제의했다. 임금의 결재를 받고 임명했다.

또 제의했다.

"얼마 전 충청 감영에서 익산 군수 정원성鄭元成의 파면을 요청했는데, 진실로 그럴 만한 사정이 있었습니다. 그러나 지금 전라 감사가 올린 보고서를 살펴보니 난리를 겪은 고을에는 수령을 잠시도 비워 둘 수 없다며 유임을 요

---

84 『고종실록』 1894년 12월 23일자 기사 참조.

청했습니다. 보고서에서 요청한 대로 시행하는 것이 어떻겠습니까?"

"그렇게 하라."고 지시했다.

전라 감사 이도재가 보고했다.

"병사兵使 서병무는 성을 지켜내지 못한 데다 부패符牌마저 간직하지 못하고 불에 타버리게 두었습니다. 즉시 파면하겠습니다."

총리 대신 김홍집, 내무 대신 박영효, 탁지 대신 어윤중이 제의했다.

"전하께서 결재하신, 전라 감사가 올린 보고서를 살펴보니 '지난번 동학무리가 창궐한 일로 금산군에서는 64명의 인명 피해를 입었고, 민가 502호가 불탔습니다. 용담에서는 17명이 죽고, 관청 건물 44칸이 불탔으며, 민가 또한 470호가 불탔습니다. 이 두 곳에는 다른 곳과 달리 특별히 은혜를 베풀어 구제하는 조치를 취할 수 있도록 조정에서 처리해주십시오.'라는 내용이 있습니다. 두 고을이 유달리 심한 재앙을 입어 그 사정이 매우 참혹하고 측은하기만 합니다. 나라에서 거둔 공금 가운데 1만 냥을 감사에게 떼어 주어 두 고을에 적당히 나누어 주게 함으로써 집을 짓고 편안히 살 수 있도록 조치하고, 관청을 다시 짓는 문제는 감영과 고을에서 알아서 방책을 마련하여 다시 보고하도록 분부하심이 어떻겠습니까?"[85]

"그렇게 하라."고 지시했다.

또 제의했다.

"지난번 전라 병사 서병무는 성을 지켜내지 못한 일로 월급 10분의 3이 깎이는 벌을 받았습니다. 그런데도 전라 감사는 계속해서 파면을 요청하고

---

85 『고종실록』 1895년 1월 8일자 기사 참조.

있습니다. 군법에 따르자면 마땅히 잡아들여 죄를 주어야 하지만, 그 병사는 반년 가까이 고립된 성을 오직 지켜내겠다는 마음만으로 굳게 방비하다가 중과부적으로 결국 성을 내주고 말았습니다. 그러나 곧바로 성을 수복했으니 참작할 만합니다. 또 난리를 겪고 난 뒤 현지 사정에 어두운 사람에게 맡기기도 어려우니, 특별히 죄를 지닌 채 업무를 수행함으로써 앞으로 성과를 거두게 하는 것이 어떻겠습니까?"[86]

"그렇게 하라."고 지시했다.

아아! 법이란 천하에 공정해야 한다. 만약 사사로이 농단하고 조종할 수 있다면 법의 의미가 어디에 있단 말인가? 난리를 겪지 않는 평상시에도 오히려 법이 없을 수 없거늘 하물며 난세에는 더 말할 나위가 있겠는가? 김학진과 서병무는 어리석고 비겁한 겁쟁이로, 자신들이 맡은 지역의 일을 크게 망쳐 호남 전역에서 백성들이 거의 죽을 지경에 이르렀다. 아아! 이것은 누구의 죄인가? 가진은 학진을 비호하고, 광범은 병무를 감싸는 데 급급할 뿐이다. 국론을 결정하는 자들의 잘못되고 터무니없음이 이와 같은데 개화로 나라가 부강해진다고 하니, 내가 누구를 속이리오! 하늘을 속이리까?[87]

---

86 『고종실록』 1895년 1월 8일자 기사 참조.

87 '내가 누구를 속이리오! 하늘을 속이리까?'는 원문에 '吾誰欺오수기 欺天乎기천호'라 되어 있다. 이 구절은 『논어』 「자한子罕」에 나온다. "내가 지금 가신이 없는데도 있는 것처럼 했으니, 내가 누구를 속이리오! 하늘을 속이리까?(無臣而爲有臣, 吾誰欺 欺天乎)"라고 했다. '오수기吾誰欺'라고 한 말은 공자가 가신을 두어서는 안 된다는 것을 모든 사람이 알고 있으므로 아무도 속일 수 없다는 뜻이고, '기천호欺天乎'라는 말은 아무도 속일 수 없기에 결국 하늘을 속인 것이라는 뜻이다.

따라서 황현이 하고자 하는 말은, 난리를 제대로 평정하지 못한 김학진·서병무를 감싸고도는 김가진과 서광범을 비판하고, 더불어 개화를 통해 나라가 부강해진다는 그들의 주장이 모두 헛되고 얼토당토않음을 모든 사람이 알고 있다는 뜻이다.

평양 감사 김만식金晚植이 약식 보고서를 올렸다.

"희천熙川 군수 구연승具然昇이 사람들을 함부로 죽이고 불법을 저질렀습니다. 먼저 파면하고자 합니다."

황해 감사 정인석鄭寅奭이 약식 보고서를 올렸다.

"수안遂安 군수 이경호李京鎬가 무기를 잃어버리고 죄수를 함부로 풀어주었습니다. 먼저 파면하고자 합니다."

내무 대신 박영효가 제의했다.

"지난해 12월 16일 명령하신 뜻에 따라 수령 자리가 공석인 고을 가운데 경기의 적성積城은 마전麻田에, 음죽陰竹은 이천利川에, 풍덕豊德은 개성開城에, 영남의 함양咸陽은 안의安義에, 현풍玄風은 창녕昌寧에 소속시키도록 해당 감사에게 지시하는 것이 어떻겠습니까?"[88]

"그렇게 하라."고 지시했다.

또 제의했다.

"풍천의 최병두崔丙斗, 수안의 이경호, 장연의 김근식金近植은 모두 부주의해서 무기를 잃어버렸습니다. 해당 감사가 이들의 죄를 따져 파직시키고 아울러 죄에 합당한 처벌을 해달라고 요청했습니다. 그런데 난리를 겪은 고을의 수령을 파면하고 잡아들여 직무의 공백을 초래하는 일은 매우 우려스럽습니다. 모두 죄를 진 채 직무를 수행하도록 함이 어떻습니까?"

"그렇게 하라."고 지시했다.

이때 황해도 일대에 동학이 크게 번져 여러 고을이 잇달아 침범을 당했

---

88 『고종실록』 1895년 1월 11일자 기사 참조.

다. 지방 수령들은 동학도가 온다는 소문만 듣고도 두려워하며 몸을 사렸다. 마치 지난해 호남에서 벌어졌던 사태가 다시 일어난 것 같았다.

또 제의했다.

"여주 목사에 이범인李範仁을, 충주 목사에 이종원李種元을, 장단 부사에 조민희趙民熙를, 초산 부사에 권용철權用哲을, 삼수 부사에 유완수柳完秀를, 언양 현감에 정긍조鄭肯朝를 임명하는 것이 어떻겠습니까?"

"그렇게 하라."고 지시했다.

또 제의했다.

"교하 군수 강건련姜健連은 근무 성적 평가에서 세 번 연속해 '중'을 받았습니다.[89] 강건련을 파면하고 교하를 파주에 소속시키는 것이 어떻겠습니까?"[90]

"그렇게 하라."고 지시했다.

또 제의했다.

"순흥 부사에 전우田愚를, 김제 군수에 이성렬李聖烈을, 비안 현감에 곽종석郭鍾錫을 임명하는 것이 어떻겠습니까?"

"그렇게 하라."고 지시했다.

우는 임헌회의 문하에서 공부한 사람으로, 산림으로부터 공경을 받는 덕

---

89 조선시대 관리의 근무 성적은 한 해 두 번씩 6월과 12월에 이루어졌다. 총 10번의 고과考課에서 3번 연속하여 중등中等 성적을 받는 것을 '삼중三中'이라 하는데, 삼중은 '십고삼중十考三中'의 준말이다. 열 번의 고과에서 모두 '상'을 받으면 한 단계 승급시켜주고, 두 번 '중'을 받으면 무록관無祿官(녹봉이 없는 관원)으로 좌천시켰으며, 세 번 '중'을 받으면 파직했다.

90 1895년 1월 14일, 박영효는 교하를 파주에 소속시킬 것을 아뢰고 고종의 윤허를 받았다. 『고종실록』 1895년 1월 14일자 기사 참조.

망과 명성을 갖고 있었다. 종석은 본디 진주에서 살다가 세상이 어지러워질 것을 알아채고 태백산 산중으로 옮겨 은거했는데, 뛰어난 재능과 폭넓은 학식을 지녔다는 소문이 있었다. 그러나 두 사람 모두 이때 벼슬길에 나가지 않았다. 성렬 또한 글을 올려 교체해달라고 했다.

전 경상 감사 이용직李容直이 스스로 범죄 사실을 자백하고 곧바로 법무아문에 수감되었다.

총리·내무 두 대신이 제의했다.

"충청도의 평택을 직산에, 경상도의 곤양을 사천에, 평안도의 벽동을 초산에 소속시키도록 해당 감사에게 분부하는 것이 어떻겠습니까?"[91]

"그렇게 하라."고 지시했다.

내무 대신이 제의했다.

"김제의 이성렬, 장단의 조민희趙民熙, 벽동의 김영철金永喆, 진안의 황인수黃寅秀, 평택의 이종욱李鍾郁은 모두 신병을 사유로 교체를 요청했습니다. 모두 교체하겠습니다."

"그렇게 하라."고 지시했다.

이때 수령의 임용과 해임 같은 사항은 모두 영효가 주관했다. 이 때문에 사대부로 벼슬을 하고자 하는 사람은 사사로이 영효를 찾아가지 않으면 벼슬자리에 나갈 수 없었다.

또 제의했다.

"지금 평양 감사의 보고 내용을 살펴보니, 전 가산 군수 김종항金鍾恒은

---

91 『고종실록』 1895년 1월 29자 기사 참조.

군량을 핑계로 횡령한 공금이 2,293냥이나 된다고 합니다. 더할 수 없이 중대한 공금을 거리낌 없이 가져다 써버렸으니 법의 본질에 비추어보면 매우 놀랄 일입니다. 법무아문에서 잡아들여 엄중히 심문하고, 그가 축낸 공금은 즉시 변상시켜서 해당 고을로 돌려보내는 것이 어떻겠습니까?"

"그렇게 하라."고 지시했다.

허진許璡을 함경남도 병마절도사로, 윤웅렬尹雄烈을 경상좌도 병마절도사로 임명했다.[92]

총리·내무 두 대신이 제의했다.

"영월 부사에 정경원鄭敬源을, 통진 부사에 정인흥鄭寅興을, 청주 목사에 이교하李敎夏를 임명하겠습니다."

"그렇게 하라."고 지시했다.

1월 6일

전라 감사 이도재가 도적 전봉준·손화중·김석윤金錫胤(김덕명金德明)·최경선·홍낙관 등을 대궐로 압송했다.

지난번 봉준은 막 사로잡혀 화중과 함께 포박되어 나주로 끌려왔다. 화중이 민종렬에게 머리를 조아리면서 자신을 '소인小人'이라고 했다. 그러자 봉준이 화중을 질타했다.

"뭐라고? 소인이라고? 민종렬을 보고 자신을 소인이라 하는 너는 참으로 짐승만도 못한 놈이다. 내가 사람을 제대로 알아보지 못하고 너 같은 놈과

---

92 『고종실록』 1895년 2월 2일자 기사 참조.

함께 일을 도모했으니 실패한 것은 당연하다."

봉준은 지방 관원들을 모두 '너' 또는 '너희'라고 불렀고, 준엄하게 꾸짖으면서 추호도 굽히지 않았다. 압송되는 도중에도 죽력고竹瀝膏(솜대 줄기를 불에 구운 뒤 거기서 받은 액즙인 죽력을 섞어서 만든 소주), 인삼, 좁쌀 미음을 찾는 등 행동에 거리낌이 없었다. 만약 조금이라도 자신의 뜻에 거슬리면 번번이 관원들을 꾸짖었다.

"내 죄는 나라의 존망과 관련되므로 죽이면 죽을 뿐이지만 너희 따위가 감히 어떻게 이럴 수 있단 말이냐?"

압송하는 관원들은 모두 봉준을 조심스럽게 대했다.

양호 참모관 박봉양이 체포되었다.

봉양은 자신을 시기하는 두황 등의 중상모략을 두려워하여 운봉으로 들어가서 나오지 않았다. 일본군은 이미 경군의 참소를 받아들여 봉양을 꺾어 누를 방법을 강구하고 있었다. 마침내 임두학 편에 '순창에 와서 함께 일을 의논하자'는 내용의 편지를 봉양에게 보냈다. 봉양이 순창에 들어오자 일본군은 그를 사로잡아 부대 안에 감금했다가 바로 나주 감옥으로 옮겨 수감했다. 그리고 얼마 뒤 다시 전주로 이송했다. 이때 이르러 그는 봉준과 함께 서울로 이송되었다. 이 일로 인심은 몹시 분개했으며 봉양이 틀림없이 죽을 것이라고 했다. 남원의 유생들은 봉양의 석방을 요청하는 문서를 조정에 급히 올려달라고 전주 감영에다 호소했다. 영남우도 여러 고을의 군졸과 백성들은 서울로 올라가서 대궐 문 앞에 엎드려 봉양을 변론했다.

여산 부사 유제관柳濟寬, 보성 군수 유원규柳遠奎, 함평 군수 아무개, 무장 현감 조명호趙命鎬, 오수 찰방 양주혁梁柱爀을 모두 도적과 내통했다는 죄목으

로 잡아들여 심문했다.[93]

────

93 동학군 토벌을 위해 투입된 일본군 보병 독립 제19대대장 미나미 고시로南小四郎는 1894년
12월 28일(양력) 동학농민전쟁과 관련하여 당시 지방관을 평가한 내용을 전권대사 이노우
에 가오루井上馨에게 다음과 같이 보고한다.

"동학당은 일시 초멸된다고 해도 각 지방의 인민을 어루만지고 가르쳐서 이끌어 갈 만한
양식 있는 현관縣官을 배치하지 않으면 난민을 진정시킬 수 없을 것인 바, 지방관 경질이
당면한 급무라고 생각됩니다. 그리하여 별지 의견서를 첨부하여 말씀드립니다.

【별지】 동도東徒 내통 혐의 지방관 명단 및 처분 요청

연도의 군수·현감 기타 관리로서 동학당과 내통하고 있는 자인지 아닌지를 헤아릴 길이 없
으므로, 어떤 현에 도착하면 제일 먼저 취조 관리를 시켜 현의 중심이 되는 부사나 현감 등
에게 수뇌급 적도賊徒의 혐의가 있는지를 조사하여 밝히도록 했습니다. 항상 이와 같은 절
차를 밟으면서 각 읍을 통과했는데, 부사와 감사 가운데 혹 도당徒黨의 혐의가 있는 자, 혹
하는 말이 애매모호해서 현감의 직무를 다할 수 없는 자도 있었습니다. 그 언행이 애매모
호한 자를 다음에 열거하여 소견을 말씀드리고자 합니다.

● 충청도 금산 군수 이용덕李容德 : 이 사람은 처음부터 정의로워 정당한 일을 다했지만, 끝
내 동학당에게 부상을 입어 보행이 자유롭지 못합니다. 그러하오니 상을 주시기 바랍니다.

● 진산 군수 신협申狹 : 이 사람은 동학당 편에 들었던 것 같으며, 모든 일이 매우 애매모호
했습니다. 하지만 현관縣官을 체포하는 일은 쉽지 않고, 특히 그날은 어두운 밤인 데다 전투
준비로 여유가 없어 그대로 두었습니다. 그러하오니 시급히 처분하시기 바랍니다.('申狹'은
申梜의 오기이다. 『승정원일기』 1895년 2월 12일자 기사 참조)

● 연산 현감 이병제李秉濟 : 이 사람은 우리 부대가 도착하던 날 밤에 자기의 처사가 옳지
않음을 후회했던 모양입니다. 그러나 다음 날 우리 부대가 전진, 출발하려 할 때 인부의
소집이 늦어져서 그 책임 소재를 엄히 따졌던 바, 끝내 동학당과 내통하고 있는 기미가 엿
보였습니다. 따라서 전투 중에 그를 포박하고 전투가 끝난 뒤에는 취조했습니다. 그랬더니
그에게 자제가 셋 있는데, 그들이 아버지의 명을 듣지 않았기 때문에 이 지경이 되었다고
합니다. 그러나 관군에 사실이 탄로 난 뒤에는 모든 일을 매우 적절히 처리했습니다. 이 사
람 또한 여기에 상응하는 처분이 있기를 바랍니다.

● 노성 현감 김진규金鎭奎, 전 용담 현령 오정선吳鼎善 : 이 사람들은 동학당에 가담한 혐의
가 매우 농후하므로 포박하여 엄중히 취조했던 바, 사실이 분명히 드러났습니다. 그러나 지
금은 우리 부대에 종군하며 여러 가지 일을 주선해주고, 국가를 위해 죽음으로써 보답하겠
다고 말하고 있습니다. 그러하오니 이 사람들은 복직시켜주시기 바랍니다.

● 여산 부사 유제관柳濟寬 : 이 사람은 애매모호한 말만 하는지라 그 심중을 알 수 없었습니
다. 오늘 다시 들리는 바에 따르면, 동학당의 운량관運糧官이 되었다고 하니 취조하시어 엄

명호는 난이 일어난 초기에 비단으로 창의기倡義旗를 만들어서 도적에게 아부했다. 주혁은 개남의 부대를 드나들면서 매우 친근하게 지냈고, 도적을 쫓아낸다는 핑계로 식량 창고에서 쌀을 빼내 도와주었다. 보성 도적 박태로朴泰老는 봉준의 선봉이 되어 전주성을 함락한 자로, 보성으로 돌아온 뒤에는 원규를 섬겼다. 예의범절이 분명하고 언행이 반듯했기 때문에 원규가 덕으로 그를 대우했다. 관군이 태로를 체포할 때도 원규는 그를 칭송하는 말을 했다. 제관은 소모사의 직분을 가지고 매일 고기와 술로 도적들을 위로했다. 경군이 남쪽으로 내려오자 제관은 도적들에게 살길을 알려주어 도망쳐 숨게 했으며, 도적의 수급을 하나도 바치지 않았다. 사람들의 비난이 자자했기 때문에 이들 모두 잡아들였다.

이 무렵 도적의 두목들이 차례로 사로잡혔지만, 그 잔당은 이리저리 흩어져 마을로 숨어들었기 때문에 모두 잡아 죽일 수 없었다. 그래서 접주接主·접사接師·교장敎長·통령統領 등은 죽이고 나머지는 모두 죄를 묻지 말자는 의견도 있었다. 그러나 그 숫자만도 1,000여 명을 헤아렸다. 게다가 참모관·소모관·민포장民砲將·의병장·수성장守城將·기군장起軍將 등은 모두 비겁하고 소심하여 애증에 얽매이기도 했고, 뇌물을 바친 경우에는 반드시 죽여야 할

중히 처분하시기 바랍니다.
● 전 전라 감사 김학진金鶴鎭 : 이 사람은 동학당의 입성을 전후하여 목숨을 걸고 구민 사업을 주선하는 데 전력을 다했습니다. 그러하오니 적당한 자리로 전직시켜주셨으면 합니다.
● 동학당 토벌 선봉군 대장 이규태李圭泰 : 이 사람은 열렬히 동학당에 가담했으며, 모든 처사가 애매모호하고 지휘관의 명령을 왜곡하면서 이제까지 한 번도 전투 일선에 나선 적이 없다고 합니다. 또 전투 중에 자기 편의대로 숙소에 돌아오고 제멋대로 일을 처리하는 등 군대에서는 해로운 인물입니다. 대장 이규태를 소환하시어 빨리 처분해주시기 바랍니다."
『주한일본공사관기록 1』「동학도 진정에 관한 제 보고 및 의견 구신具申의 건」.

이들도 죽이지 않았다. 오직 날품을 팔며 빌어먹는 사람들 가운데 먹고 입을 것을 찾아 도적에 들어와서 포사砲士라는 이름을 얻었던 사람만 애꿎게 많이 죽었을 뿐이다. 지방의 토호 및 행세깨나 하는 집안 출신으로 도적에 물들었던 사람은 돌아와서 오히려 '민포'라고 거들먹거리며 거침없이 나다녔다. 그래서 백성들이 더욱 이를 갈았다.

일본군 장수 미나미 고시로南小四郎가 여러 고을에 전령을 보냈다. 그런데 문서 첫머리에 '대일본제국大日本帝國 동학정토군東學征討軍'이라는 글귀가 적혀 있었다. 이는 대체로 조선이 일본의 속국이라는 것을 의미했다. 이것을 본 사람들은 모두 깜짝 놀랐다.

영은문迎恩門을 허물고 삼전도한비三田渡汗碑를 쓰러뜨렸다.

영은문은 서울의 신문新門 밖 5리쯤에 세워져 있다. 명나라 때는 연조문延詔門이라고 불렀으며, 청나라 순치順治 황제 이후에 영은문으로 고쳐 불렀다. 말하자면 중국에서 천자의 조서詔書를 가지고 오는 사신을 맞아들이던 곳이다.

삼전도한비는, 병자년(1636)에 남한산성에서 항복하고 내려온 다음, 청나라 사람들이 자신들의 전공戰功을 기념하기 위해 우리나라 사람에게 글을 짓게 하고 그 글을 비석에 새겨서 세운 것이다. 상신相臣 고故 이경석李景奭이 뽑혀 글을 지었는데,[94] 그 내용은 이른바 '천자가 조선을 정벌하는데 그 군

---

94 상신相臣은 영의정·좌의정·우의정을 통틀어 이르는 말이다. 이경석은 이조 판서를 거쳐 삼정승을 두루 역임했다. 병자호란 때 인조를 호종하여 남한산성에 들어갔다. 청나라에 항복하고 산성을 나와 '삼전도비문'을 지을 당시 그의 직책은 예문관 제학藝文館提學이었다.

대가 10만(天子東征十萬其師)'[95]이라는 것이었다. 비에 새긴 글자는 모두 몽골 글자였기 때문에 우리나라 사람은 그 내용을 알 수 없었다.[96] 이때 이르러 자주의 형세가 뚜렷해지면서 결국 중국을 섬기던 의식과 절차를 모두 폐지했다. 이에 따라 한꺼번에 이런 일이 일어났던 것이다.

김가진은 문충공文忠公 상용尙容의 후손이다. 상용은 정축년(1637)에 강화도가 청나라 군대에 함락되었을 때 자기 몸을 불살라 강화도에서 죽었다. 가진은 자주를 주장하는 쪽에 서서 매번 사람들에게 팔을 걷어붙이고 말했다.

"이제야 나라가 300년 동안 조공을 바친 굴욕을 설욕할 수 있고, 나는 오래된 원수를 갚을 수 있게 되었다. 개화의 이점이란 무엇인가? 바로 선현께서 북벌하고자 했던 뜻과 이것이 어찌 다르겠는가?"

이 말을 들은 사람들은 모두 가진을 비웃었다.

박영효가 뒤늦게 부모의 상례를 치르면서, 상중에 있는 몸이지만 나와서 직무를 수행했다. 기복종사起復從事[97]란 바로 이런 경우를 가리키는 말이다.

갑신년 이후 영효 등의 집은 모두 파괴되었다. 이때 영효는 민영주閔泳柱의 집을 몰수하여 광범과 함께 나누어서 살았다. 영주의 집은 대안동에 위치해 있다. 그 웅장함과 화려함이 임금의 처소에 버금갔는데, 결국은 남에게

---

95 황현은 이경석의 글 내용이 '천자가 조선을 정벌하는데 그 군대가 10만이었다(天子東征十萬其師)'라고 기록했으나, 원래 비문에는 '황제가 조선을 정벌하는데 그 군대가 10만이었다(皇帝東征十萬其師)'라고 새겨져 있다. 이 문구는 비에 새겨진 글의 일부이다.

96 삼전도비의 글자가 모두 몽골 문자로 쓰인 것은 아니다. 비석의 표면 왼쪽에 몽골 문자로, 오른쪽에 만주 문자로, 뒷면에는 한문으로 새겨져 있다.

97 부모의 상중에는 벼슬을 하지 않는 관례가 있는데, 이를 깨고 벼슬에 나가는 일을 이른다.

빼앗기고 말았다. 영주의 이러한 패망을 놓고 사람들은 도리에 어긋난 짓을 한 것에 대한 보복이라고 여겼다. 영효는 처음에 공주(철종의 딸 영혜옹주永惠翁主)에게 장가를 들었는데, 공주가 일찍 죽자 임금이 첩妾을 하사한 적이 있다. 그러나 그 첩 또한 죽었다. 영효는 다시 죽은 첩의 동생을 소실로 삼았다. 이런 일은 모두 갑신년 이전에 일어났다. 이 무렵에 임금은 또다시 영효를 위해 첩을 내렸다.

공무 대신 신기선이 부모상을 당해 고향으로 돌아갔다.

김학우가 죽고 난 뒤에도 그를 암살한 인물은 오랫동안 잡히지 않았다.

지난날 학우는 갑자기 협판 자리에 올라 제멋대로 거침없이 행동하며 함부로 남을 능멸한 적이 많았다. 이 때문에 사대부와 관리들이 그를 주목했다. 학우가 예전에 어떤 범죄 사건을 다루었는데 운현(흥선대원군)과 관련된 혐의를 발견하고는 범인을 철저하게 추궁하여 처벌했다. 그런데 그 일이 있은 지 얼마 안 되어 사고가 일어나 학우가 죽었기 때문에 많은 사람이 운현을 의심했다. 이에 경무청에서 아주 은밀하게 범인을 수색하여 전동석全東錫이라는 인물을 붙잡았다. 동석은 지난해 겨울 소모관으로 호남을 순행하며 불법행위를 많이 저지른 탓에 이도재가 그 죄를 물어 잡아들여서 보낸 자였다. 사건에 연루된 사람들을 감옥에 가두었는데, 연루 범위가 매우 넓어 수감자가 100여 명에 이르렀다.[98]

---

98 일본 공사 이노우에는 이 사건을 본국에 다음과 같이 보고했다. "… 김학우 암살 사건은 전부터 대원군의 교사로 이루어졌다고 생각했는데 최근 그 주모자와 하수인 등이 차례차례 체포되었기에 조사해본 바, 그 사실이 점차 명확해졌음. 그리고 실제로 대원군이 관련된 증거도 드러났음. 따라서 다시 철저히 더욱 조사한 뒤 한층 더 대원군을 단속할 생각임. 더구나 그 암살인들은 동학당東學黨 선동에도 관계한 혐의가 있으므로 아울러 조사할 생각임." 『주한일본공사관기록 7』「조선 정부에 대한 차관 및 김학우 암살 사건 2」.

전주에 위무영慰撫營을 설치하고, 모병한 병사 500명을 예속시켰다. 강화 병사 300명이 전주에 남아 이들을 훈련시켰다. 임실 현감 황헌주가 이 일을 주관했다. 헌주는 강화군의 중군으로 경군을 따라 도적을 토벌한 공이 있어 임실 현감으로 발탁되었다.

이봉우李鳳宇를 증산 현령으로 임명했다. 봉우는 고산高山 사람으로 타향인 고창에서 살고 있었다. 도적 화중을 사로잡은 공로를 인정받아 현령으로 임명되었다.

일본 사람들이 낙동강에 부교를 설치했다. 다리는 강물에 떠서 물살을 따라 출렁거렸지만 부서질 염려는 없었다. 수레를 몰고 부교를 건너는 것이 마치 평지를 지나는 듯하였다.

영남우도 금산군에 착갑군鑿甲軍이 일어났다는 유언비어가 떠돌았다.

충청도 내포에 송宋 도사都事라는 사람이 있었다. 꿈에 어떤 사람이 그에게 이렇게 말했다고 한다.

"금오산金烏山에 가서 어떤 구멍을 파보면 철갑옷을 얻을 수 있다."

송이 그 말대로 하여 철갑옷을 얻었다. 이후 그를 따르는 사람들이 하루에 1,000명을 헤아렸다. 이들을 '착갑계鑿甲稧'라고 불렀다고 한다. 어떤 사람은 "이들 또한 동학 부류이다."라고 했다.

또 "영남 지방의 승려들이 한곳에 모였다."라는 말도 떠돌았다.

밀양의 표충사表忠寺에는 오래전부터 사명선사四溟禪師 유정惟政의 초상이 그려진 족자가 전해져 내려온다. 그런데 일본인들이 절에 들어와 족자에서 유정의 인물 부분을 오려내 태워서 재로 만든 뒤 물에 타 마셨다. 어떤 승려의 꿈에 유정이 나타나 말했다고 한다.

"너는 곧바로 팔도의 사찰에 차례로 통보하여 영남에서 법회를 열어라. 그러면 그 속에서 왜적을 토벌하는 인물이 나올 것이다."

이때 호남 지방의 승려들도 많이 모여들었다.

도적들은 처음 궐기했을 때 왜적을 토벌하겠다고 큰소리쳤다. 일본군이 경군을 따라 남쪽으로 내려왔을 때, 사람들은 일본군이 틀림없이 동학에 좋은 감정을 가지고 있다고 생각했다. 일본군은 가는 곳마다 사력을 다해 싸우지 않고 다만 애써 위무하면서 민심을 얻는 데 몰두했다. 사람들은 그 뜻이 좋지 않음을 더욱 걱정했다.

내무부에서 전국에 토지세를 쌀 대신 돈으로 받으라고 통보했다.

토지 1결마다 바닷가 근처 고을은 30냥, 산골 고을은 25냥으로 하고, 풍작과 흉작을 참작하여 알맞게 시행하도록 했다. 그리고 백성에게는 정한 양 이외에 더 이상 부가하지 않을 것이며, 나머지 요역徭役과 부세賦稅는 모두 없애겠다고 약속했다. 민간에서는 이 조치를 매우 편리하게 여겼다. 예전부터 사람들에게 불리는 '요순堯舜 3년'이라는 노래가 있는데, 어떤 사람은 이 조치를 '요순 3년'에 억지로 끌어다가 붙이면서 이때부터 점차 어깨를 펴고 쉴 수 있게 되었다고 했다.

박준성朴準成을 칙사로 임명하고, 호서와 호남을 순행하게 했다. 그러나 그는 가는 곳마다 의견을 내기는커녕 오히려 음식과 숙소, 말을 제공받는 등 폐단을 자행한 일이 한두 가지가 아니었다.

전라 감사 이도재가 향약을 반포하고 시행했다.

호남의 관리들에 대한 근무 성적 평가가 이번 달로 연기되었다.

도적 수백 명이 고산현의 석굴을 거점으로 삼아 오랫동안 항복하지 않았다. 이도재가 군대를 파견하여 섬멸했다.

군무 대신 조희연이 일본 사람들을 따라 중국으로 갔다.[99]

청나라 사람들은 지난겨울 이후로 일본과 싸우기만 하면 번번이 패했다. 들리는 소문에는 모두 열세 번을 패했으며 사망자는 60만 명에 이른다고 한다. 일본 공사 이노우에 가오루가 조정 대신들에게 말했다.

"여러분이 거듭해서 자주라는 말을 입에 올리기 꺼렸던 이유는 차마 청나라를 등질 수 없기 때문이 아니라 바로 청나라의 강대함이 두려웠기 때문이 아닙니까? 그러나 지금 청나라는 우리나라에게 패하여 매우 위태로운 지경에 놓여 있습니다. 그런 상황에서 어느 겨를에 속국의 잘잘못을 따질 수 있겠습니까? 만약 여러분이 제 말을 믿지 못하겠다면 차례로 우리를 따라 한 번씩 중국에 가서 현지 사정을 살펴보십시오. 그러면 청나라를 믿고 의지할 만한지 아닌지 알 수 있을 것입니다."

조정의 여론은 그렇게 하는 일도 괜찮다고 여겨서 마침내 희연을 딸려 보냈던 것이다.

2월 2일

전라 감사 이도재가 글을 올려 사직을 청했다. 임금이 허락하지 않았다.

---

99 『고종실록』 1895년 2월 14일자 기사 참조. "군무 대신 조희연이 일본 병사를 노문勞問하는 일로 해성海城(중국 요녕성 동부 지역) 지역을 향해 떠났다."

총리·내무 두 대신이 제의했다.

"경상도의 칠곡을 대구에 합치고, 함경도의 장진을 삼수에 합치라는 지시를 해당 감사에게 분부하는 것이 어떻습니까?"[100]

"그렇게 하라."고 지시했다.

또 제의했다.

"안성 군수 홍운섭洪運燮의 불법 자행이 심하여 백성들이 청원을 올리는 지경에 이르렀습니다. 먼저 파면하고, 법무아문에서 잡아들여 의법 조치함이 어떻겠습니까?"

"그렇게 하라."고 지시했다.

2월 19일

총리·내무 두 대신이 제의했다.

"평안도 선유사宣諭使 조희일趙熙一은 황해도 감사로 임명되어 이미 부임했습니다. 선유에 관한 사무는 이미 마쳤으니 선유사의 직함을 해제하는 것이 어떻겠습니까?"

"그렇게 하라."고 지시했다.

또 제의했다.

"비적의 난리를 겪은 전라도 지방의 백성을 편안하게 안착시키는 방법은 수령에게 달려 있습니다. 이번 전라도 관리들의 근무 성적 평가에서 '중'을 받은 수령은 모두 교체하고, 특별히 새 인물을 골라 내려보내는 것이 어떻겠습니까?"

---

100 『고종실록』 1895년 2월 5일자 기사 참조.

"그렇게 하라."고 지시했다.

황해도 감사 정현석鄭顯奭을 파면하고 잡아들여 심문했다.[101]

현석은 연로해서 직무를 수행하기 어렵게 되자 그의 아들 헌시憲時에게 위임했다. 헌시는 뇌물과 청탁의 문을 활짝 열었고 끝내 민란을 불러왔다. 거기에 더해 비적의 기세가 날이 갈수록 기승을 부렸지만, 토벌하거나 달래는 대책도 없었다. 이런 까닭에, 잡아들여 의법 조치하라는 명령이 내렸던 것이다.

내무 대신 박영효가 각 도에 시찰 위원을 파견했다.

경기도에는 김우용金禹用을, 충청좌도에는 김정택金貞澤을, 충청우도에는 차학모車學模를, 경상좌도에는 홍건조洪建祖를, 경상우도에는 이병휘李秉輝를, 전라좌도에는 권명훈權明勳을, 전라우도에는 조협승曺協承을, 황해도에는 안종수安宗洙를, 강원도에는 김일하金一河를, 함경도에는 전항기全恒基를, 평안청남도에는 권상문權相文을, 평안청북도에는 김낙구金洛龜를 파견했다.[102]

---

101 『고종실록』 1894년 11월 4일자 기사 참조. "의정부에서 아뢰기를, '황해 감영에서 비적의 소란이 일어났다는 소문은 갈수록 더욱 헤아릴 수 없습니다. 지방관이 진실로 백성을 회유하고 통제하는 두 가지 일을 다 제대로 하였다면 어찌 전에 없던 이러한 변고가 생겼겠습니까? … 황해 감사 정현석을 먼저 파직하고, …' 하니, '그렇게 하라.'고 윤허했다."

102 『승정원일기』에 따르면 각 도 시찰 위원의 파견은 1895년 2월 19일에 이루어졌다. 『승정원일기』 1895년 2월 19일자 기사 참조. 원문에는 평안청남도와 평안청북도라고 지역 이름이 붙어 있으나 『승정원일기』에는 평안남도와 평안북도로 기록되어 있다. 원문의 '金恒基김항기'는 全恒基전항기의 오기이므로 바로잡는다.

각 도의 시찰 위원을 훈시한 초본

- 감영과 병영에 속한 관리 및 그 이하의 지방관, 그리고 법률을 위반하고 명령을 거역한 자 및 지방의 간교한 아전과 토호들을 살필 것.
- 중앙의 각 관아에서 명령하고 분부한 일이 어느 곳에서 지체되는지를 살필 것.
- 가혹한 형벌과 포악한 정치 및 억울한 송사와 원통한 옥사를 살필 것.
- 뇌물의 횡행 여부를 살필 것.
- 국세를 사적 용도로 사용하는 것, 백성으로부터 세금을 더 거두는 것, 백성의 재산 등을 철저히 조사할 것.
- 쌀, 돈, 베, 무명을 다른 종류의 물품으로 대신 납부하고 있는지를 살필 것.
- 각종 세금을 다른 몫으로 돌리는 절차를 철저하게 조사할 것.
- 묵정밭과 재해를 입은 논밭의 목록을 철저하게 조사할 것.
- 들판을 개간한 곳과 개간하지 않은 곳, 제방 부근에 논을 만들고 봇물 대주는 것을 구실로 보세洑稅를 징수하는지를 조사할 것.
- 촌락의 황폐 및 인구의 증감 사항을 조사할 것.
- 평상시와 풍년이나 흉년이 들었을 때 양곡 가격의 차이를 조사할 것.
- 화폐의 유통 상황 및 액면가와 시가의 차액을 가산하는 일이 있는지를 조사할 것.
- 유임儒任·향임鄕任·이교吏校·방임房任들이 매매하고 속이는 일을 조사할 것.
- 흉년이 든 고을의 빈민 형편이 어느 정도인지를 철저하게 조사할 것.
- 동학당과 남학당南學黨[103] 및 그 밖에 반역을 꾀하는 무리가 난을 일으

---

103 남학당은 동학과 비슷한 시기에 발생하여 충남과 전북 지역에서 포교가 이루어진 종교 조직인데 동학당과의 관련이 분명하게 드러나지는 않았다. 동학농민전쟁 시기에 동학과 별

킬 조짐이 있는지의 여부를 조사할 것.

- 광산에 종사하는 사람들이 모이고 흩어지면서 여기저기 출몰하여 일으키는 각종 폐단 및 백성의 경작지를 망가뜨리는 일을 조사할 것.

- 일반인과 이교吏校 가운데 덕행을 갖추고 학문적 재능이 있는 사람 및 일을 공정하게 처리하는 사람을 물어서 찾아갈 것.

- 역참의 논, 호적상의 호주, 각 역에서 나라에 바치기 위해 기르고 있는 말과 돈을 받고 빌려주는 말의 현황을 조사할 것.

- 각 읍의 도살장 수효를 조사할 것.

- 각 읍·면·리의 수효를 조사할 것.

- 각 읍의 이교·관노비·심부름꾼의 실제 숫자를 조사할 것.

- 각 읍의 세입·세출과 수입·지출을 조사할 것.

- 고기 잡는 통발, 미역 양식장, 염전의 수효 및 관련 세금 조항을 조사할 것.

- 금광의 공적 채굴과 사적 채굴, 소금을 채취하는 일을 조사할 것.

- 정철正鐵(시우쇠)·수철水鐵(무쇠)·도기·목기·유기鍮器(놋그릇) 등을 취급하는 점포의 수와 관련 세금 조항을 조사할 것.

- 크고 작은 시장의 수와 관련 세금 조항을 조사할 것.

- 각 포구의 선박 수와 그 길이·용적, 새로 만든 선박과 오래된 선박을 살피고 관련 세금 조항을 조사할 것.

- 남한강과 북한강을 운행하는 선박, 서울 도성을 운행하는 선박의 수와

도로 동학농민전쟁에 호응하는 연합적 봉기를 꾀했다. 동학농민전쟁 이후에는 동학과 마찬가지로 탄압의 대상이 되었다. 남학당의 일부 세력은 제주도로 건너가 조세 문제에 항거하면서 1898년 방성칠房星七의 난(제주농민항쟁)을 일으키는 주도 세력이 되기도 했다. 황현은 『오하기문』에서 '당시 불학佛學을 남학南學이라고도 하는데 동학과 동시에 봉기했지만 주창자를 알 수 없다'고 기록했다.(이 책 550쪽 참조)

사공의 수 및 관련 세금 조항을 조사할 것.

- 강과 육로의 형편, 촌락을 이룰 만한 곳을 철저하게 조사할 것.
- 아주 궁벽한 산골이나 멀리 떨어진 포구와 같이 위험한 곳에 살고 있는 사람들을 철저하게 조사할 것.
- 황장목黃腸木(임금의 관을 만드는 데 쓰던, 질이 좋은 소나무) 생산지로 봉한 산과 섬, 땅이 비옥해서 사람이 살 만한 곳을 철저하게 조사할 것.
- 말을 기르다가 버려진 땅에 사람이 살고 있는지의 여부를 철저하게 조사할 것.
- 백성에게 이익이 될 만한 모든 것을 조사할 것.
- 각 지방의 빈부 차, 인성의 굳고 부드러움, 물색의 번성과 쇠퇴, 풍속의 개화 여부, 농사에 적합한 땅과 그렇지 못한 땅, 나무가 그 지방의 토질에 적합한 수종인지 아닌지, 그리고 생산물의 많고 적음을 하나하나 철저하게 조사할 것.
- 통합된 현의 멀고 가까운 거리의 적정 여부를 조사할 것.
- 억울한 누명을 쓴 죄수가 있는지의 여부를 조사할 것.
- 고을 수령의 자리가 몇 달이나 비어 있었는지를 조사할 것.
- 지방의 사정을 수시로 내무아문에 보고할 것.
- 보부상이 일으키는 폐단을 조사할 것.

— 이 조항은 지방 사정 조항 앞에 있음.

나는 위에 든 40개 조[104]의 직무가 이전에 암행어사가 맡았던 일보다 더

---

[104] 위의 조항은 40개 조가 아니라 39개 조로 이루어져 있다. 그러나 시찰 위원을 훈시한 초본에 관한 내용은 사료로 확인되지 않기 때문에 정확한 이유를 알 수 없다.

욱 중요하다고 생각한다. 그러나 (이번 시찰 위원에게는) 마패도 주지 않고 암행
도 시키지 않았다. 다만 각 고을을 두루 돌아다니면서 난리를 겪고 난 뒤의
정세와 형편을 살피고 민간이 겪는 고통을 물어보는 데 그쳤을 따름이다. 어
사와 비교하면 서슬 퍼런 위엄이나 권위가 애당초 주어지지 않았으므로 뚜
렷한 실효를 기대할 수 없었다. 그들이 출발 인사를 할 때 탁지아문에서 경
비를 나누어 주었다. 지방에 가면 해당 관청에 폐를 끼치지 말라는 뜻에서
준 돈이었다. 그러나 정작 그들은 지방에 내려간 이후 모든 숙식을 관청에서
제공받았다. 이것으로 미루어 보면 그 나머지는 알 만하다.

군무 대신 서리가 제의했다.
"함경도의 혜산惠山, 동인同仁, 갈파지乫波知, 인차仁遮 네 곳의 진鎭을 삼수
와 갑산에 옮겨 붙이고, 진의 장수는 각각 해당 부에서 자체로 임명한 뒤 함
께 힘을 합쳐 방어하도록 하는 것이 어떻겠습니까?"[105]
"그렇게 하라."고 지시했다.

2월 27일

총리·내무·탁지 세 대신이 제의했다.
"지금 전라 감사가 보고한 재해 실정을 살펴보니, 진도 등 16개 고을의
피해가 가장 심하고, 무장 등 26개 고을이 그 다음으로 심하고, 무주 등 16
개 고을의 형편은 그나마 조금 낫다고 합니다. 각종 재해를 입은 60,008결結
28부負 1속束은 특별히 재해지로 편입하는 것을 허락해주고, 뒤에 기록한 조

---

105 『고종실록』 1895년 2월 23일자 기사 참조.

항들에 대해서는 조정에서 논의하고 처리해달라고 요청했습니다.

토지에 관한 문제는 선뜻 허락하기 어려운 점이 있기는 하지만, 가뭄 끝에 난리의 참화를 겪은 백성의 형편을 고려해주는 것이 마땅하다고 생각합니다. 냇물에 쓸려 떠내려가고 모래에 묻힌 논밭 602결 89부 1속, 처음에는 재해를 입지 않았던 951결 14부 7속, 모를 옮겨 심지 못한 6,924결 5부 1속, 늦게 모를 심은 것의 3분의 2인 232결 7부, 모가 말라 버린 것의 반인 25,591결 3부 7속, 도합 34,301결 19부 6속을 특별히 재해지로 편입시켜 감사가 직접 정확하게 나누어 주도록 해야겠습니다.

첨부하여 아뢴 것 가운데 나주·전주 등 15개 읍진邑鎭에서 기한이 찬 묵은 밭 5,418결 86부에 대한 조세 감면 건은 그해에 해당하는 것만 감면을 허용하겠습니다.

강가 고을들이 통영統營의 환곡을 저장하면서 축난 양을 메우기 위해 더 거두었던 관행이 지금까지 통용되었으니, 정식 규정으로 삼자고 하는 건은 그해에 해당하는 것만 허용하겠습니다.

해마다 바치는 화살대·죽제품·목제품을 감해달라는 건, 물에 잠겨 품질이 나쁜 쌀 대신 납부하는 돈을 감해달라는 건, 재해 지방은 귀양지로 정하지 말자는 건은 보고한 내용대로 시행하는 것이 어떻겠습니까?"

"그렇게 하라."고 지시했다.

또 제의했다.

"지금 전라 감사의 보고 내용을 살펴보니, 재해를 가장 심하게 입은 흥양과 진도 두 고을이 조세로 납부해야 할 쌀과 콩을 여러 해 동안 미납한 것에 대해서는 계사년(1893) 조세까지 매 섬당 3냥으로 하자는 건, 서울에 바치는 돈의 납부 기한을 가을까지 유예해달라는 건, 낙안·광양·해남·영암·강진

·나주·순천·영광·무안·함평·거문도·가리포加里浦 등의 읍진이 조세로 납부해야 할 쌀과 콩을 여러 해 동안 미납한 것에 대해서는 계사년 조세까지 매 섬당 6냥씩으로 하여 돈으로 대신 납부하게 하자는 건, 이상의 읍진이 갑오년(1894)에 납부해야 할 조세는 매 결당 15냥을 줄여서 납부하게 하자는 건, 또 화재 피해를 가장 심하게 입은 금산의 불타버린 가옥 502호와 용담의 불타버린 가옥 470호, 그리고 파손된 관청 건물 44칸을 짓고 수리하는 데 드는 비용은 민가 매 호당 20냥을, 관청 건물 매 칸당 30냥을 특별히 지급해달라는 건 등입니다.

곰곰이 생각해보면, 매 섬당 3냥과 6냥으로 하는 것이 비록 전례라고는 하지만, 여러 해 동안 미납한 것 가운데는 어쩌면 아전들이 축낸 것과 관리들이 불법으로 취한 것 그리고 백성들이 납부하지 못한 것이 섞여 있을 수 있습니다. 만약 백성이 납부하지 못한 것을 전례에 따라 금액을 줄여 납부하게 해준다면 백성에게 그 혜택이 돌아가겠지만, 관리가 불법으로 취한 것이나 아전이 축낸 것을 전례에 따라 줄여준다면 이는 올바른 법 집행이라고 할 수 없습니다. 따라서 미납된 것은 그 사유를 상세히 조사하게 하여, 이미 민간에서 징수했으나 아직 위에 올리지 않은 것은 본값으로 바치도록 하고, 또 민간에서 징수하지 못한 것 가운데 도무지 세금으로 낼 것이 없는 경우에는 사정을 참작해서 처리해야 할 것입니다.

토지 1결에 대한 조세 액수는 이미 30냥과 25냥으로 정했으며, 또 지난 해 12월 23일에는 대동미를 절반으로 줄여주라는 칙령을 내렸습니다. 그리고 지금 다시 해당 도가 보고한 재해 상황에 따라 그 피해의 등급을 따로따로 나누어 넉넉하게 조치했습니다. 토지세의 감면을 다시 거론하는 일은 적절하지 않습니다.

화재로 가옥이 불타버린 민가를 구제하기 위해 내리는 은전은 원래 일반적인 규례입니다. 그러나 이번 화재의 피해는 보통의 경우와는 비교할 수 없을 만큼 중대합니다. 이 한 가지 문제는 요청한 내용대로 처리하여 해당 감사가 편의에 따라 조치하게 하되, 나머지 관청 건물을 고쳐 짓고 수리하는 문제는 별도로 조정의 지시를 기다리라고 분부하는 것이 어떻겠습니까?"[106]

"그렇게 하라."고 지시했다.

내무 대신이 제의했다.

"지금 황해도 감사의 보고서를 살펴보니, 신천 군수 김상현金商絢이 올린 보고 내용 가운데 '비적 1,000여 명이 관청에 난입하여 문을 부수고, 일부러 민가에 불을 지르고 재물을 약탈해서 남아난 것이 없다'고 했습니다. 이러한 일이 일어난 까닭은 방어를 엄중히 하지 않았기 때문이며, 그 결과 자신이 책임진 지역을 망치는 사태를 초래했습니다. 당연히 사실을 자세히 조사하고 처벌하지 않을 수 없습니다. 해당 군수를 먼저 파면하고 그를 대신할 사람을 신중하게 선발하여 하루속히 보내달라는 황해 감사의 요청에 대하여 그 뜻대로 시행하는 것이 어떻겠습니까?"

"그렇게 하라."고 지시했다.

또 제의했다.

"안악 군수 이은용李垠鎔이 신병으로 교체를 요청했습니다. 교체하는 것이 어떻겠습니까?"

"그렇게 하라."고 지시했다.

---

106 『고종실록』 1895년 2월 27일자 기사 참조.

전라 감사 이도재가 28일에 관할 지역을 순찰하는 순부巡部를 행했다.

순부는 속칭 순력巡歷이라고도 하며, 임금의 은덕을 선양하고 민생의 고락을 살피는 일로서, 대개 옛날 자사刺史(중국 한나라 때 중앙에서 파견한 지방관. 조선으로 치면 관찰사)가 수행하던 직무이다. 이 제도는 시행된 지 오래되었지만 백성들이 이에 따른 별다른 효과를 누리지 못했고, 오히려 순부에 필요한 음식과 말을 준비하느라 많은 인원을 동원하는 폐단만 생겼기 때문에 헌종 때 폐지되었다. 그러나 이즈음 도재는 큰 난리를 겪고 나서 순시巡視가 필요하다고 조정에 요청하여 허락을 받았다. 다만 조정은 다른 도에서 이를 원용하는 일은 허락하지 않았다.

박용후朴用厚를 순창 군수로 임명했다. 용후는 영효의 사촌 동생이다.

3월 1일

총리·내무·군무 세 대신이 제의했다.

"강화·개성·광주·수원·춘천의 유수와 각 도의 감사·안무사·병사·수사·방어사들이 가지고 있는 밀부와 병부, 그리고 각 고을과 진영의 수령 및 변방의 장수들이 가지고 있는 병부는 실제로 그것을 맞추어 검증한 적이 없기 때문에 형식적인 규례에 가깝습니다. 이제부터 그것을 나누어 주는 규례를 폐지하고, 현재 각 도에서 보관하는 밀부와 병부는 해당 감영에서 모두 거둬 들여 올려 보내게 하며, 감영과 유수영, 병영과 수영에서 가지고 있는 마패도 모두 거두어서 올려 보내게 하는 것이 어떻겠습니까?"

"그렇게 하라."고 지시했다.

총리 대신이 제의했다.

"안악 군수에는 유기대柳冀大를, 신천 군수에는 장진우蔣鎭宇를 임명하겠습니다."

3월 18일

총리·내무 두 대신이 제의했다.

"지금 황해 감사 조희일이 보고한 내용을 살펴보니, 옹진 부사 구연팔具然八, 장연 부사 윤형대尹亨大, 풍천 부사 최병두崔丙斗, 강령 부사 유관수柳灌秀가 매달 진상하는 청어를 올리지 않았다면서 감사는 특별히 그들의 파면을 요청했습니다. 보고서에 적시된 일은 실제로 일어난 사건이기는 하지만, 지금은 각 고을에서 수령을 맞이하고 보내는 일 또한 번거롭기 짝이 없는 때입니다. 세 고을의 수령에 대한 조치는 특별히 잠시 보류하고, 풍천 부사 최병두는 이미 교체되었으니 더 이상 문제 삼지 않게 하는 것이 어떻겠습니까?"

"그렇게 하라."고 지시했다.

또 제의했다.

"지금 새롭게 제도를 개혁하는 때를 맞이하여 필요 없는 인원은 마땅히 감원하고, 종전에 궁중에 바치는 약재를 감독하기 위해 각 도에 배치했던 관원, 그림 그리는 관원, 문서를 정서하는 관원, 외국어의 학습·교육·연구·통역을 하는 관원은 모두 감원하는 것이 어떻겠습니까?"

"그렇게 하라."고 지시했다.

총리·법무 두 대신이 제의했다.

"동지중추원사同知中樞院事 민영주는 본디 무뢰배 출신으로, 못된 무리와 결탁하여 서울과 지방 백성의 재산을 빼앗은 일이 이루 다 헤아릴 수 없습니다. 악행이 오래 쌓이고 쌓여 마침내 원망이 극에 달해서 생겨난 독기가 세상에 넘쳐흐르고 있습니다. 온 나라에서 권력을 앞세워 횡포를 부리는 자들 가운데 바로 원흉에 해당하는 죄인입니다. 법으로 용서할 수 없는 자이니,

법무아문에서 잡아다 가두고 징계하여 처단하게 하는 것이 어떻겠습니까?"

"그렇게 하라."고 지시했다.

법무 대신이 제의했다.

"전 목천 현감 정기봉鄭基鳳을 다시 자세히 조사한 결과, 군대를 모집하면서 부정을 저지르고 백성의 재산을 함부로 몰수하는 등, 염치를 상실한 사실이 드러났으므로 면책하기 어렵습니다. 관리가 상부의 명문明文에 의하지 않고 마음대로 재물을 거둔 장중률(因公擅科斂贓重律)[107]에 따라 곤장 80대에 해당하는 사죄私罪를 적용하여 속전贖錢을 징수하고, 벼슬 품계 3등급을 강등하며, 3년 귀양에 처하는 것이 어떻겠습니까?"

"그가 세운 공을 감안하여 1등급만 감하라."고 지시했다.

또 제의했다.

"전 희천 군수 구연승이 범죄 사실을 진술한 내용 가운데, 해당 군의 범죄자 김중호金仲浩가 군대의 규율을 위반했기 때문에 형벌을 엄하게 시행한 결과 끝내 죽게 만들어 황공스럽다는 자백이 있습니다. 연승 건은 곤장을 남용하여 사람을 죽게 한 법률(濫杖斃律)에 따라 곤장 100대에 해당하는 사죄를 적용하여 속전을 징수하고, 모든 벼슬 품계를 빼앗아 영원히 임용되지 못하도록 하는 것이 어떻겠습니까?"

"그렇게 하라."고 지시했다.

또 제의했다.

---

107 장률贓律은 관리가 뇌물을 받은 죄(장죄贓罪)를 다스리던 법률이다. 장물이 시가로 따져 40관貫을 넘으면 사형, 그 이하는 정도에 따라 자자刺字(살갗에 흠을 내어 먹물로 전과 기록을 새기는 형벌)·도류徒流(곤장과 징역으로 다스리는 형벌인 도형과 귀양을 보내는 형벌인 유형을 함께 이름)·장杖(큰 형장으로 볼기를 치던 형벌)·태笞(작은 형장으로 볼기를 치던 형벌)의 형벌에 처했다.

"전 안성 군수 홍운섭洪運燮이 범죄 사실을 진술한 내용 가운데, 직무를 충실히 수행하지 못한 탓에 백성들의 탄원을 불러왔다는 자백이 있습니다. 조서를 받들지 못하고 임금의 명령을 어긴 행위를 처벌하는 법률(制書有違律)에 따라 곤장 100대에 해당하는 사죄를 적용하여 속전을 징수하고, 모든 벼슬 품계를 빼앗는 것이 어떻겠습니까?"

"그가 세운 공을 감안하여 벼슬 품계 1등급만 감하라."고 지시했다.

또 제의했다.

"전 양지陽智 현감 박교양朴敎陽이 범죄 사실을 진술한 내용 가운데, 호포戶布는 애초 보고하지도 않았으며, 환곡은 규정보다 더 받은 사실이 없다고 자백하는 말이 나옵니다. 이에 대해서는, 관리가 상부의 명문에 의하지 않고 마음대로 재물을 거둔 장중률(因公擅科斂贓重律)에 따라 곤장 100대에 해당하는 사죄를 적용하여 속전을 징수하고, 모든 벼슬 품계를 빼앗는 것이 어떻겠습니까?"[108]

"그렇게 하라."고 지시했다.

또 제의했다.

"형법에서 정한, 가까운 곳으로 귀양 보내는 일은 규율이 느슨해져 징계로 삼기에는 부족합니다. 이제부터 가까운 곳에 귀양 보내는 형법은 모두 폐지하고, 관리가 사죄를 범하면 그 경중을 고려하여 벌금을 물리거나 파면하거나 감금하거나 섬으로 귀양 보내거나 징역에 처하거나 사형에 처하고자 합니다. 그리고 공죄와 사죄를 막론하고 죄가 태형笞刑이나 장형杖刑에 해당하여 속전을 징수할 경우, 매 한 대에 품팔이꾼의 하루 품삯에 해당하는 속

---

108 황현은 3월 18일자에 이 내용을 기록했지만, 박교양에 대한 처벌 기록은 『일성록日省錄』 고종 32년(1895) 3월 4일자 기사에서 확인된다.

전을 징수하는 것이 어떻겠습니까?"

"그렇게 하라."고 지시했다.

엄세영을 판중추원사判中樞院事로 임명했다.

농상아문을 폐지하고 공무아문에 부속시켰다.[109]

이때 재정이 부족함에도 불구하고 봉급은 지출해야 하는 데다 또 농상아문의 직무가 많지 않았기 때문에 없앤 것이다.

'아문'을 '부'로 명칭을 바꾸었다.

일·청평화조약(시모노세키 조약下關條約, 마관 조약馬關條約)[110]

대일본국 황제 폐하와 대청국 황제 폐하는 양국과 그 신민臣民에게 평화의 행복을 회복하게 하고, 또 앞으로 분쟁을 야기할 단서를 제거하고자 강화조약을 체결하는데, 이를 위해 대일본국 황제 폐하는 내각총리대신 종2위 훈

---

109 이 기사는 사료로 고증되지 않는다. 다만, 『고종시대사』 3집의 고종 32년(1895) 3월 25일자 기사에 다음과 같은 내용이 있다. "칙령 제48호로 농상공부 관제를 재가 반포하다. 제1조, 농상공부 대신은 농업·상업·공업·우체·전신·광산·선박·해원海員 등에 관한 일체 사무를 관리함. 제2조 ……" 생각건대, 농상아문을 폐지하여 공무아문에 부속시킨 것이 아니라, 농상공 분야를 아울러 관리하는 '농상공부'로 개편한 것으로 보인다.

110 청일전쟁의 전후 처리를 위해 맺은 시모노세키 조약(중국 측에서는 '馬關條約'이라 부름)은 1895년 4월 17일에 체결되었다. 본문의 조약문은 『오하기문』 원문의 오기와 누락으로 인해 일본 측 자료에 따라 옮겼다. 「日本 政治·国際 関係(일본 정치·국제 관련 데이터베이스)」, 『世界と日本(세계와 일본)』, 東京大学 東洋文化研究所, 다나카 아키히코田中明彦 연구실 제공(『일본외교연표 및 주요 문서 상권, 외무성(日本外交年表竝主要文書上巻 , 外務省)』), 165~169쪽.

1등 백작 이토 히로부미伊藤博文, 외무 대신 종2위 훈1등 자작 무쓰 무네미쓰陸奧宗光를, 대청국 황제 폐하는 태자태부문화전대학사太子太傅文華殿大學士 북양대신 직예총독 1등 숙의백肅毅伯 이홍장李鴻章, 이품정대二品頂戴 전前 출사대신出使大臣 이경방李經方을 각각 전권대신으로 임명했다. 전권대신들은 서로 위임장을 제시하며 그 타당함을 인정하고, 아래의 여러 조관條款을 협의 결정했다.

제1조 청국은 조선국이 완전무결한 독립 자주국임을 확인함으로써 이에 독립 자주를 손상시키는, 조선국이 청국에 바치는 공물과 의전 절차 등을 앞으로 완전히 폐지한다.

제2조, 제3조 청국은 요동반도, 대만, 팽호澎湖 열도 등 부속 모든 섬의 주권 및 그 지방에 소재하는 성루城壘, 무기 제조소 및 공공 기관 건물을 영원히 일본에 할양한다.

제4조 청국은 배상금 2억 테일[111]을 일본에 지불한다. [배상금은 총 8회에 걸쳐 지불한다. 1회와 2회는 각각 5,000만 테일을 지불하는데 각각 비준 후 6개월 이내 및 1년 이내에 지불한다. 나머지는 6회에 걸쳐 분할 지불하는데, 1회(3회)는 비준 후 2년 이내로 하며, 이후 1년마다 지불한다.]

제5조 할양된 땅의 주민은 자유롭게 소유 부동산을 매각하고 거주지를

---

111 테일(テール, tael)은 중국의 옛 은화 단위이다. 2억 테일을 당시 일본 화폐가치로 환산하면, 그 무렵 일본의 1년치 국가 예산 8,000만 엔의 4배인 3억 6,000만 엔 전후가 된다.

선택할 수 있으며, 조약 비준 2년 뒤에도 할양지에 살고 있는 주민은 일본의 사정에 따라 일본 국민으로 간주할 수 있다.

제6조 청국은 사시沙市, 중경重慶, 소주蘇州, 항주杭州를 일본에 개방한다. 또 청국은 일본에 최혜국대우를 인정한다.

제7조 일본은 3개월 이내에 청국 영토 안의 일본군을 철수한다.

제8조 청국은 산동성山東省 위해위威海衛에 대한 일본군의 일시 점령을 인정한다. 배상금 지불이 이행되지 않으면 일본군은 철수하지 않는다.

제9조 청국에 있는 일본인 포로를 반환하고, 학대 또는 처형하지 않는다. 일본군에 협력한 청국 사람에게 어떠한 처형도 하지 않고, 해서도 안 된다.

제10조 조약 비준일부터 전투를 정지한다.

제11조 조약은 대일본국 황제 및 대청나라 황제가 비준하고, 비준서는 산동성 지부芝罘에서 메이지明治 28년(1895) 5월 8일, 즉 광서光緒 21년 4월 14일에 교환한다.

이 무렵에 청나라와 일본은 요동과 심양瀋陽 사이에서 전쟁을 벌이고 있었다.

청나라는 열두 번 패한 끝에 필리핀 전함의 도움을 받아 겨우 마지막 한

번의 승리를 거두었을 뿐이다. 청나라는 만 리에 달하는 지역을 다스리고, 군대는 100만 명에 이르며, 생산력은 여러 나라 가운데 최고였지만, 일본과 한 번의 교전으로 여지없이 패한 뒤에는 다시 재기할 수 없는 상태에 빠지고 말았다.

생각해보면 청나라 또한 잘못된 정치의 폐단과 백성들이 처한 곤경으로 이미 변란의 형세가 싹트고 있었다. 나라 안팎의 간악한 자들이 일본의 앞잡이가 되었고, 더러는 조정 신하들 가운데서도 일본과 내통한 이들이 있었다고 한다.

각 나라는 기선을 오래전에 사들였지만 서양인을 함장으로 삼아야만 비로소 운행할 수 있었다. 그러나 요 몇 해 사이에 일본 사람들은 군함에 관한 기술을 배워 서양 기술자에게 전혀 의존하지 않았다. 반면 청나라 사람들은 여전히 서양 기술자에게 의존하고 있었다. 전쟁이 막 시작되려고 할 때 서양 기술자들은 '두 나라가 전쟁을 벌이는 게 나와 무슨 상관이냐'라며 거만하게 말하고 모두 손을 놓고 배에서 내려가버렸다. 이 때문에 기술자가 없는 청나라 군함은 일시에 무용지물이 되었고, 그 결과 군량미와 무기를 때맞춰 실어나를 수도 없었다. 또 병사들이 오랫동안 훈련을 받지 못했으므로 번번이 패할 수밖에 없었다.

이홍장은 더 이상 버틸 수 없음을 알고 마침내 오사카大阪로 가서 전쟁을 끝내고 화해를 하자고 요청했다. 일본은 여러 차례 승리한 위세를 몰아 요구 사항을 가지고 협박해서 목적한 바를 달성하고자 청나라의 화해 요청에 응했다. 공교롭게도 이때 일본에서는 오사카 시민들이 난을 일으켰는데, 그로 인해 홍장이 얼굴에 총상을 입고 거의 죽을 뻔하다가 살아난 사건이 발생했다. 일본 사람들은 이 일을 부끄럽게 생각하여 기세가 한풀 꺾였고, 비로소 화해를 받아들였다.

청나라는 전 세계의 주목을 받은 대국이었지만 전쟁에서 패함으로써 하루아침에 국토를 떼어 주고, 무거운 배상까지 물어야 하는 치욕을 당하고야 일을 해결할 수 있었다. 이에 홍장의 명성도 땅에 떨어졌다. 또 은 3억 원은 중국에 있는 은을 설령 다 긁어모은다 해도 마련할 수 없는 엄청난 액수였다. 그래서 어떤 사람은 "일본이 우리나라에 과시하려고 신문에 허위 기사를 실어 조정을 우롱했다."라고 말하기도 했다. 그러나 그 사실 여부는 자세히 알 수 없었다.

3월 22일

법무아문에서 제의했다.

"중추원사中樞院事 조병식趙秉式은 여러 차례 감사로 재직하면서 탐욕스럽고 잔인하기가 끝이 없었으며, 백성을 위협해서 악랄하게 재산을 빼앗았고, 사람을 함부로 죽인 일이 많았습니다. 이러한 학정과 권력의 남용으로 변란의 싹을 틔웠음에도 아직 그 죄에 해당하는 법률로 처단하지 않았기 때문에 세상 여론이 울분에 차 있습니다. 마땅히 법무아문에서 잡아들여 신문한 뒤 부정하게 축재한 재산은 추징하고, 그런 다음 법률에 따라 처벌하는 것이 어떻겠습니까?

또한 고금도로 귀양을 보낸 죄인 조필영趙弼永은 여러 해 동안 세곡 운송을 감독하면서 가혹한 짓을 일삼아 그 폐단이 한 도를 뒤덮어 마침내 비적의 난리를 불러왔습니다. 그 죄상은 섬으로 귀양을 보내는 벌로 그쳐서는 안 될 만큼 심각합니다. 감사에게 체포하여 압송하라고 지시한 다음 다시 더 심문하는 것이 어떻겠습니까?"

"모두 그렇게 하라."고 지시했다.

종정경宗正卿 이준용李埈鎔이 직함 변통의 은전을 바라는 글을 올렸다. 임금의 지시를 받들어 시행했다.

전 정자正字 정석오鄭錫五가 임금에게 글을 올렸다. 바로잡아야 할 것을 과감하게 진술하고 난 뒤 자신의 의견이 받아들여지기를 바란다는 내용이었다.[112] "글을 살펴보았고 내용은 잘 알았다."라고 임금이 비답을 주었다.

농상 대신의 교체를 허락하고, 협판 이채연에게 대신의 직무를 대리하라는 지시가 있었다. 채연은 어머니의 상을 당한 지 얼마 안 되어 상복을 입고 근무했다.

3월 24일

총리·법무 대신이 제의했다.

"법무아문의 죄인 조용승曺龍承과 고종주高宗柱[113] 등이 진술한 내용을 살펴보니, 그 죄상이 음흉하고 간악할 뿐 아니라 관계된 내용 또한 더없이 엄중하기에 잠시라도 용납할 수 없습니다. 서둘러 준엄히 신문하고 자세한 진상을 밝혀야겠습니다. 종정경 이준용의 이름이 이미 죄인들의 진술에서 나왔으니 법무아문에서 그를 잡아들여 특별 법원에서 신문하게 하는 것이 어떻겠습니까?"

"그렇게 하라."고 지시했다.

3월 25일

총리 대신과 군무 대신 서리가 제의했다.

---

112 정석오가 올린 상소문의 구체적인 내용은 『고종실록』 1895년 3월 22일자 기사 참조.

113 원문에는 '高龍柱고용주'로 되어 있으나 高宗柱고종주의 오기이므로 바로잡는다. 『고종실록』 1895년 3월 24일자 기사 참조.

"지난번 못된 무리가 창궐할 때 교도소敎導所의 병정 1개 소대를 징발하여 죽산으로 보낸 적이 있습니다. 지금 부사 이두황의 보고 내용을 살펴보니, 도적의 무리는 이미 사방으로 흩어졌으며 지금은 달리 아무런 징조가 없다고 합니다. 조정에서 파견한 군대를 철수하는 것이 어떻겠습니까?"

"그렇게 하라."고 지시했다.

내무아문에서 제의했다.

"신창 현감 최재학崔在鶴, 이원 현감 김용관金容觀이 신병으로 교체를 요청했습니다. 교체하는 것이 어떻겠습니까?"

"그렇게 하라."고 지시했다.

또 제의했다.

"강원 감사 김승집金升集의 보고서를 살펴보니, 횡성 현감 유동근柳東根은 타고난 성품이 사납고 미련한 자로서 불법적으로 거둔 세금의 액수가 1만 1천 냥이나 되고, 백성들이 빌려 쓰고 남은 쌀 69섬 9말을 포량미砲糧米(병인양요 이후 외국 선박의 침입이 잦아지자, 이에 대비해서 포병의 증강을 꾀하고, 그 운영을 위해 징수하던 세금)라는 핑계를 대면서 거리낌 없이 탈취했다고 합니다. 감사가 요청하기를, 그 죄상을 내무아문에서 조사하고 의법 조치를 해달라고 했습니다. 보고 내용대로 파면하고 법무아문에서 잡아들여 심문하는 것이 어떻겠습니까?"

"그렇게 하라."고 지시했다.

영중추원사領中樞院事 김병시가 "불쌍히 여겨주시기를 바랍니다."라는 요지로 임금에게 글을 올렸다. 임금은 정부의 낭관郞官을 보내서 "글을 살펴보고 잘 알았다. 그대는 안심하라."라는 말을 전했다.

영중추원사 조병세가 "용서와 아울러 사직을 요청합니다."라는 요지로 임금에게 글을 올렸다. 임금은 정부의 낭관을 보내서 "글을 살펴보고 잘 알았다. 그대는 안심하라."라는 말을 전했다.

영중추원사 정범조가 "용서를 바라며 사직을 요청합니다."라는 요지로 임금에게 글을 올렸다. 임금은 정부의 낭관을 보내서 "사직할 필요는 없다. 그대는 받아들이라."라는 말을 전했다.

전 장령掌令 함우복咸遇復이 임금에게 글을 올려 감히 되지 못한 말을 늘어놓으며 임금이 감동하기를 바랐다. 임금은 "글을 살펴보고 잘 알았다."라는 내용으로 답했다.

3월 26일

법무아문에서 제의했다.

"동지중추원사同知中樞院事 이태용李泰容은 평소 행실이 지저분하고 막되게 굴었습니다. 그런데 아니나 다를까 죄인들의 진술에서 그의 이름이 나왔습니다. 법무아문에서 잡아들여 심문하는 것이 어떻겠습니까?"

"그렇게 하라."고 지시했다.

3월 28일

궁내부 대신 이재면李載冕이 병을 치료하는 동안 협판 김종한金宗漢으로 하여금 대신의 사무를 대리 처리하라는 지시가 내렸다.

3월 29일

임금의 지시가 있었다.

"은혜에 사례하거나 하직 인사를 하는 등 바깥뜰에서 거행하는 의식은 4월 1일부터 폐지하고, 축하하고 문안하는 등의 절차는 따로 정해서 올리도록 하라."

또 지시했다.

"지금부터 공적 예복과 사적 예복 가운데 밑이 길고 소매가 없는 조끼형의 관복(답호褡護)은 없애고, 사모와 목이 긴 신(靴), 사대絲帶(겉옷을 여미는 데 사용된 실띠)는 궁에 들어올 때만 착용하며, 두루마기는 관리와 백성 모두 검은색으로 통일하라."

총리·내무아문에서 제의했다.

"지금부터 승려들의 도성 출입 금지를 해제하는 것이 어떻겠습니까?"

"그렇게 하라."고 지시했다.

또 제의했다.

"죄를 범한 관리에게 법률을 적용할 때 공적功績을 참작하는 것은 조정의 특별한 배려라고는 하지만, 선대의 공적으로 죄를 감해주는 것은 법률의 공정함에 흠집을 내는 일입니다. 지금부터 관리가 공무와 관련하여 저지른 죄 외에는 그 적용을 폐지하는 것이 어떻겠습니까?"

"그렇게 하라."고 지시했다.

또 제의했다.

"지방 수령 가운데 부정한 방법으로 재물을 탈취한 죄를 저지른 이들은 하나같이 법률이 지닌 근본 의미를 망각한 채 여러 해 동안 나라에 바쳐야 할 세금을 제멋대로 착복했습니다. 그 실태는 실로 더할 나위 없이 심각합니다. 전 인동 군수 이소영李紹榮과 영해 부사 김헌수金瀗秀는 이미 죄를 심리하고 귀양을 보냈습니다. 이 두 죄인이 부정하게 모은 돈은 모두 반환하였으니 정상을 참작하지 않을 수 없습니다. 유배를 풀어주되 고향으로 내쫓는 것이 어떻겠습니까?"

"그렇게 하라."고 지시했다.

또 제의했다.

"범죄를 저지른 죄수를 조사할 때 먼저 죄상을 논의한 다음 법조문을 적용하는 일은, 비록 면밀하고 신중하게 처리하려는 목적이 있다고 하지만 도리어 번거로운 면이 있습니다. 지금부터 죄상을 논의할 때는 법조문의 적용도 함께 논의하게 하는 것이 어떻겠습니까?"

"그렇게 하라."고 지시했다.

총리 대신과 군무 서리가 제의했다.

"양호兩湖의 나쁜 기운이 다 사라졌습니다. 호연湖沿(호남 지방을 달리 이르는 말)과 호서의 두 초토사를 없애는 것이 어떻겠습니까?"

"그렇게 하라."고 지시했다.

총리·내무 대신이 제의했다.

"지금 원산항의 경무관 이기홍李起泓이 보고한 내용을 살펴보니, 함경도 감영에 소속된 한 장교가 해당 감사의 지시로 상인들로부터 강제로 돈을 뜯어낸 일이 있기에 잡아서 가둔 뒤 급히 보고한다고 했습니다. 함경 감사 박기양朴箕陽을 파면하고, 그의 죄상에 대해서는, 그가 올라오기를 기다렸다가 법무아문에서 잡아들여 심문하게 함으로써 밝히는 것이 어떻겠습니까?"

"그렇게 하라."고 했다.

법무 대신이 제의했다.

"전 진산珍山 군수 신협申梜[114]이 진술한 내용 가운데 '한 지방의 수령으로서 도적을 방어하지 못했는데 오랫동안 속여서 죄송하다'는 자복이 있습니

---

114 원문의 '申梜신겹'은 申梜신협의 오기이므로 바로잡는다. 『승정원일기』 1895년 2월 12일자 기사 참조. "진산 군수 신협은 성품이 본디 용렬하고 평소 비적에 빠졌다고 일컬어진 인물이다.(珍山郡守申梜 性本闒劣, 素稱匪窩)"

다. 조서를 받들어야 할 관리가 임금의 명령을 어긴 행위에 대해 처벌하는 법률(制書有違律)을 적용하는 것이 어떻겠습니까?"

"그렇게 하라."고 지시했다.

호남의 도적 전봉준·손화중·최경선·성두한成斗漢·김덕명金德明 등이 법에 따라 처형되었다.[115]

법무아문에서 제의했다.

"도적 무리를 잡아서 심문한 결과 범죄 사실을 자백했습니다. 『대전회통大典會通』 「추단조推斷條」에 따라, 군복을 입고 말을 타고 관문에서 변란을 일으킨 죄를 다스리는 법률(軍服騎馬作變官門律)을 적용하여 교수형에 처하는 것이 어떻겠습니까?"

"그렇게 하라."고 지시했다.

봉준 등은 난을 일으킨 반년 동안 남쪽 세 도를 도탄에 빠뜨리고 감히 나라의 군대에 대항하다가 힘이 꺾여 사로잡혔다. 당연히 극형으로 처단해야만 세상 사람의 울분을 그나마 달래줄 수 있다. 그런데 뜻밖에도 교수형으로 죽이겠다는 논의는 형벌 적용이 심하게 잘못되었다고 생각한다. 형벌을 결단한 사람들은 관대한 법률을 적용한 것에 대해 마음속으로 부끄럽지 않은가? 들리는 소문에 따르면 봉준이 죽음을 앞에 두고 서광범과 박영효 이 두 역적을 크게 꾸짖었지만 광범 등이 듣고도 못 들은 척했다고 한다.[116]

---

115 전봉준 등은 1895년 3월 30일 새벽 2시에 사형을 당했다. 이때 전봉준의 나이는 마흔한 살이었다.

116 전봉준은 서울로 압송된 뒤 박영효의 심문을 받는 과정에서 그를 크게 꾸짖는다.
"문(박영효): 네 소위 동학당은 조가朝家(조정)에서 금하는 바라. 네 감히 도당을 소취하야 난

박봉양을 내무 주사로 임명했다.

봉준 등을 처형한 후, 봉양을 바로 석방하고 관직에 임명했다.

공무아문에서 제의했다.

"광산을 점검할 위원을 파견하는데 황해도는 정재륜鄭在綸·방한덕方漢德·
박원태朴元泰를, 평안도는 김일연金一淵·박언진朴彦鎭·최준崔浚·이종하李鍾夏·
이승상李昇相을, 함경도는 김교행金教行·유병률劉秉律·오경연吳慶然을, 강원도
는 유석劉錫·조병황曹秉璜·최웅崔雄을 보내겠습니다."

이달(3월) 초 전라 감사 이도재가 도내를 순시하다가 진안에서 불학佛學을
추종하는 사악한 무리 10여 명을 체포했다. 전주로 압송하여 가두어 두었다

을 지는 자라. 난군을 몰아 영읍을 함락하고 군기·군량을 빼앗았으며 대소 명관大小命官을
임의로 죽이고 나라 정사를 참람히 처단하였으며, 왕세王稅와 공곡公穀을 사사로이 뺏고 양
반과 부자를 모조리 짓밟았으며, 종문서를 불질러 강상綱常을 무너뜨렸으며, 토지를 평균
분배하야 국법을 혼란케 하였으며, 대군을 몰아 왕성을 핍박하고 정부를 부서버리고 새 나
라를 도모하였나니, 이는 곧 대역불궤大逆不軌의 법을 범한지라. 어찌 죄인이 아니라 이르
느냐.
공(전봉준) : 도道 없는 나라에 도학을 세우는 것이 무엇이 잘못이냐. … 민중에 해독되는 탐
관오리를 버히고(베고) 일반 인민의 평등적 정치를 잡은 것이 무엇이 잘못이며, 사복私腹을
채우고 음사淫邪에 소비하는 왕세 공곡을 거두어 의거에 쓰는 것이 무엇이 잘못이며, 조상
의 뼈다귀를 우려 행악을 하고 중인의 피땀을 긁어 제 몸을 살찌는 자를 없애버리는 것이
무엇이 잘못이며, 사람으로서 사람을 매매하여 귀천이 있게 하고 공토公土로써 사토私土를
만들어 빈부가 있게 하는 것은 인도상 도리에 위반이라. 이것을 고치자 함이 무엇이 잘못
이며, 악정부惡政府를 고쳐 선정부善政府를 만들고자 함이 무엇이 잘못이냐. 자국의 백성을
처 없애기 위하여 외적을 불러드렸나니 네 죄 가장 중대한지라 도리어 나를 죄인이라 이르
느냐. … 왜양倭洋은 육신적으로 정신적으로 우리의 적이다."
배항섭,「동학농민전쟁 연구」, 고려대학교 박사학위 논문, 1996, 216쪽.

세 번째 기록 **549**

가 목을 베었다.

불학은 또 남학南學이라고도 한다. 몇 년 전 처음 생겼는데 주창자가 누군지 알 수 없었다. 동학과 더불어 봉기는 했지만 가르침은 달랐다. 그러나 법회를 할 때 미친 듯이 노래를 부르며 어지럽게 춤을 추고 껑충껑충 뛰면서 주문을 외우는 모습은 서로 다르지 않았다. 노래의 가사는 다음과 같다.

"남쪽 문을 열고 바라를 두드리면 닭이 울고 산천이 밝아오리라."

노래가 끝날 무렵에는 큰소리로 꼭 '나무아미타불'을 외쳤다. 노래는 대부분 합창을 했는데 장단에 맞추어 춤을 추며 펄쩍펄쩍 뛰었다. 그들은 이것을 노래하고 춤추면서 배운다고 했다.

입교하는 사람은 음식과 술을 풍성하게 준비하여 먼저 하늘에 제사를 지냈고, 제사가 끝나면 여럿이 실컷 먹고 마셨다. 먹고 남은 것이 있으면 땅에 묻어버리고 평민들에게는 주지 않았다. 그들은 꿈속에서 극락세계를 유람했다면서, 취하면 두 번씩 잠을 자며 꿈꾸기를 바랐다. 그러나 끝내 꿈의 내용이 어떠했는지는 알 수 없었다.

동학에서 빠져나온 이들이 점점 불학으로 몰려들었다. 땅을 생업의 터전으로 여기고, 하늘로 올라가 신선이 되려고 하는 것은 동학이 처음 일어났을 때와 비슷했다. 대체로 보아 이들 또한 동학과 같은 부류였다. 바야흐로 사로잡혀 죽는 것을 지켜보면서도 불학에 들어가는 이들이 끊이지 않았다.

이 무렵 전라우도 일대에는 서학이 크게 번졌다. 서양인 교사가 직접 돌아다니며 어리석은 백성들에게 권유했는데, 바람에 쓸려가듯이 추종했다. 그 서학은 '성교聖敎'라고 일컬어졌는데, 대체로 동학·남학은 조정에서 엄격하게 금했지만 서학은 아무도 금할 수 없었다. 한번 성교에 입교하면 비록 죄를 지은 자라도 수령들이 서양인 교사를 겁냈으므로 법으로 다스리지 못했다. 그래서 서학에 물드는 이들이 날로 늘어났다.

허진許璡을 함경도 병마절도사로 임명했다.[117]

이달에 전주에 약령藥令을 개설했다.

예전부터 2월과 10월에 상인들이 모여 여러 가지 물품을 거래하는 것이 관례였는데, 주로 약재를 사고팔기 위해 모이는 곳을 '령令'이라 하고 대구와 공주에 시장을 개설했다. 장은 대구에서 먼저 서고 이후 공주에서 열렸는데, 그 간격이 열흘쯤 되었다. 이런 관례는 이미 수백 년 동안 이어져 내려왔다. 경인년(1890)과 신묘년(1891) 사이에 민응식閔應植이 청주에 통어영統禦營을 창설하고 공주의 약령을 옮겨 청주 지방을 튼실하게 하려고 했지만, 서울과 지방의 상인들이 달갑게 여기지 않은 탓에 끝내 일이 실현되지 못했다.

이 무렵에 이도재가 난리로 인해 전주가 쇠퇴하고 재원이 바닥났다고 조정에 보고하면서 공주 약령을 다시 전주로 옮겼다. 청주로 옮기려고 했을 때처럼 다소 소란스럽기는 했으나 시간이 지나자 잠잠해졌다.

도적의 우두머리인 시형이 몸을 숨기고 도망쳤는데, 끝내 사로잡지 못했다. 그래서 그의 가족을 청주 감옥에 가두었다.

이도재가 전 참봉 기우만奇宇萬을 무안 현감으로 임명하고 따로 보고하지 않았다. 우만은 참판 고故 정진正鎭의 손자이다. 조부의 학풍을 이어받아 문장과 행실이 두드러졌다. 이때는 장성에 살고 있었다. 동학 무리가 난을 일으켰을 때 도적들은 서로 주의를 주면서 그가 사는 곳에 들어가지 않았다.

---

117 『고종실록』 1895년 2월 2일자 기사 참조.

새롭게 탄생한 120여 년 전의 동학농민혁명 기록

— 박맹수(원광대 원불교학과 교수)

'동학농민혁명' 100주년이던 1994년 겨울, 필자는 반가운 소식을 접했다. '동학농민혁명' 연구에서 고전古典으로 널리 알려진 『오하기문梧下記聞』이 김종익 선생의 노고에 힘입어 한글판으로 출간된다는 소식이었다. 그때 필자는 동학의 2대 교주 해월海月 최시형崔時亨 선생에 대한 연구로 박사과정을 밟고 있던 터라, 김 선생이 참으로 대단한 작업을 해내셨구나 하는 생각을 했었다. 그로부터 어언 20여 년이 지난 올 6월에 우연히 김 선생과 처음으로 대면하는 기회를 갖게 되었다. 일본 리쓰메이칸대학立命館大學 특임교수 서승 선생, 홋카이도대학北海道大學 명예교수 이노우에 가츠오井上勝生 선생과 동석한 저녁 식사 자리였는데, 기연奇緣이라면 기연이었다. 동학同學인 두 사람의 첫 만남치고는 너무나 늦은 감이 있기 때문이다. 그 자리에서 김 선생은 20여 년 전에 냈던 『번역 오하기문』을 완전히 새로 번역하여 다시 낼 것이라는 소식을 전했고, 그 며칠 뒤 번역본의 파일을 보내드리겠으니 한 번 읽어주면 좋겠다는 부탁을 했다. 예전에 『오하기문』 한글판의 덕을 톡톡히 입었던 연구자의 한 사람으로서, 김 선생의 제안을 흔쾌히 받아들였다.

이번에 펴내는 새로운 『오하기문』, 곧 『오동나무 아래에서 역사를 기록하다』의 해제를 쓰게 된 사연은 대강 이러했다. 이 글에서는 먼저 『오하기문』의 저자 매천梅泉 황현黃玹(1855~1910) 선생의 생애를 간략히 소개하고, 다음으로 『오하기문』의 저술 시기를 비롯하여 주요 내용과 그 특징에 대해 개관하며, 마지막으로 이전과 달리 완전히 탈바꿈하여 펴내는 이번 책의 특징과 번역자 김종익 선생을 소개하겠다.

1910년 8월, '경술국치庚戌國恥' 직후에 "내가 꼭 죽어야 할 이유가 있어서 죽는 것이 아니다(吾無可死之義)"라고 하면서, "나는 강한 자가 약자를 삼키는 것을 원망하지 않는다. 약자가 강자에게 먹히는 것이 그저 서러울 따름이다(吾不怨強者食弱, 而弱者見食於強)"라는 유서를 남기고 자결한 매천 황현 선생. 그는 조선왕조가 낳은 '마지막 선비'이자 평생토록 참을 추구했던 '진정한 지식인'이었다.

매천은 1855년에 지금의 전라남도 광양시 봉강면 서석촌西石村에서 태어났다. 10세를 전후하여 구례의 왕석보王錫輔(1816~1868), 해학海鶴 이기李沂(1848~1909)의 문하에서 수학했으며, 15세를 전후하여 '황초립黃草笠'이라는 이름으로 문명文名을 알리기 시작했다. 20세가 되던 1875년에 단신으로 상경하여 당대의 문장가인 영재寧齋 이건창李建昌(1852~1898), 창강滄江 김택영金澤榮(1850~1927) 등과 교류하면서 서로 평생지기가 되었다. 1883년에는 부친의 뜻을 받들어 별시 보거과保擧科에 응시하고 초시初試에 장원으로 뽑혔으나, 당시 시관이 그가 시골의 한미한 집안 출신임을 눈치채고 2등으로 낮추는 비리를 접하고는 청운의 꿈을 포기한 채 낙향했다. 그러나 부친의 엄명으로 1888년에 다시 성균관 생원시에 응시하고 마침내 1등으로 뽑혀 성균관 관원인 생원生員이 되었다. 하지만 부패한 현실에 환멸을 느낀 매천은 친구들의 만류에도 불구하고 벼슬길을 마다한 채 향리로 돌아왔다.

매천은 1886년에 광양 서석촌에서 구례 만수동萬壽洞으로 거처를 옮겼다. 그곳에 가족이 거처할 초가집 몇 칸을 짓고 식수로 사용할 샘을 파는 한편, 언덕배기에는 매화 몇 그루를 심은 뒤 스스로 매천거사梅泉居士라 자임했다. 1902년까지 이어지는 만수동 시절에 매천은 손수 농사를 지으며 생활하면서 3,000여 권의 책 더미에 쌓여 독서를 즐기고 1,000여 수 이상의 시작詩作을 하며, 『오하기문』을 비롯한 역사서를 저술했다. 그러나 1894년 동학농민혁명의 발발은 매천에게 '엄청난' 충격을 안겨준 것 같다. 매천이 받은 충격의 실상은 다음 글을 통해 짐작할 수 있다.

> 이건창은 동학란으로 대표되는 농민의 반란을 용서하려 하지 않았다. 그러나 농민의 반란이 지방 관리들의 무참한 가렴주구에서 발단된 것임을 이건창은 누구보다도 잘 알고 있었다. 관가를 부수러 온 농민들의 분노를 잠재울 생각은 않고 무작정 도망쳐서 관가의 무기고를 송두리째 반란군에게 넘겨 준 나머지 급기야 수습할 수 없는 무정부 상태로 몰고 간 당국의 처사에 더욱 분노를 터뜨렸다고 보는 것이 옳은 것 같다. 황매천 형제도 그러했고, 홍문원, 정기당, 이건승, 이건방 등 한때 강화에서 양명학을 강론하던 인사들이 역시 모두 그러했다.
> ─민영규, 「강화학 최후의 광경」, 『회귀』 제3집, 1987, 17쪽.

1894년 음력 1월 10일의 고부 농민 봉기를 계기로 같은 해 3월부터 본격적으로 시작된 '동학농민혁명'이 몰고 온 충격, 그리고 그 이듬해 이른바 '을미사변'으로 일컬어지는 명성황후 시해 사건 등의 커다란 충격 속에서 매천은 당대사 서술의 필요성을 절감하고 마침내 붓을 들었던 것으로 보인다.

주지하듯이, 『오하기문』은 조선 말기를 대표하는 재야 지식인 가운데 한 사람인 매천 자신이 직접 보고 듣고 경험한 주요 사건에 대해 편년체編年體와 강목체綱目體를 적절하게 구사하면서 서술한 당대사當代史이다. 매천은 당대에 일어났던 주요 사건에 깊은 관심을 가지고 실사구시實事求是의 관점에서, 또한 전통적 역사 서술의 기준이던 춘추필법春秋筆法의 관점에서 역사를 서술했는데, 그 대표적인 역사서가 바로 『오하기문』이다. 일종의 초고草稿 형태로 서술한 『오하기문』은 뒷날 『동비기략東匪紀略』과 『매천야록梅泉野錄』을 저술할 때 저본이 되었다.

『오하기문』의 저술 시기는 대체로 동학농민혁명 직후인 1895년 이후에, 저술 장소는 구례 만수동과 광의면 월곡 마을로 추정되는데, 서술 대상 시기를 중심으로 보면 크게 두 부분으로 나뉜다. 1860년부터 1895년 3월까지의 부분과 1895년 4월부터 1907년까지의 부분이 그것이다. 전자는 수필首筆에서 시작하여 3필三筆까지 구성된다. 김종익 선생이 번역하여 펴내는 이 책이 바로 그 부분이다. 이 부분의 한문 필사본筆寫本은 현재 국사편찬위원회가 소장하고 있다. 후자, 즉 1895년 4월 이후의 부분은 전주대학교에서 간행한 『매천전집』 제 5권에 포함되어 있으나, 아직 한글 번역은 이루어지지 않은 상태다.

이번에 김 선생이 새로이 옮긴 『오하기문』의 첫 부분, 즉 수필에서 3필까지는 '동학농민혁명에 관한 통사通史'라고 불러도 좋을 만큼 동학농민혁명의 전반적인 내용을 담고 있다. 물론 동학농민혁명을 부정적으로 보았던 보수 지식인의 저술이라는 점에서 일정한 한계가 있는 것도 사실이다. 하지만 매천은 동학교도들 간의 '평등한 관계'라든지, 동학농민군이 자율적으로 질서를 유지하면서 민심을 얻고 있던 사실, 그리고 동학농민군 진압에 나선 일본군의 비리와 만행 등을 있는 그대로 서술하는 객관적 집필 태도를 보이고 있다. 그런데 매천 자신이 당대에 저명했던 문장가 가운데 한 사람이라는 사실, 그리하여 『오하기문』 서술 과정에서 방대한 고사故事가 인용되고, 지금은 그 의미나 유래를 쉽게 짐작할 수 없는 고어古語와 고지명古地名, 고문헌古文獻 등이 대단히 많이 등장하고 있기 때문에 한글로 옮기는 작업이 여간 만만치 않은 일이라는 점이다. 그뿐만 아니라 한글로 옮겼다고 해도, 뜻이 통하는 문장이 되도록 윤문하는 일 또한 쉽지 않다.

하지만 이번에 김종익 선생은 『오하기문』 안에 등장하는 모든 고사故事의 유래를 탐색하여 고증考證해내는 어려운 작업을 완수했다. 김 선생이 고증을 위해 탐색한 문헌들을 살펴보니, 『동경대전』을 필두로 한 동학 교단 측의 자료, 동학농민혁명 당시 임금인 고종의 재위 역사 기록인 『고종실록』을 포함한 『조선왕조실록』 전반, 사서삼경을 포함한 중국의 13경, 『한서』와 『후한서』 등 역대 중국의 모든 역사를 집성한 24사, 『동학농민전쟁사료총서』라는 이름으로 집성된 동학농민혁명 관련 일체 문헌 자료, 『주한일본공사관기록』 등으로 대표되는 일본 측의 동학농민혁명 관련 자료, 『근대중국사료총간』을 비롯한 현대 중국 측의 자료를 모두 섭렵하고 있을 뿐만 아니라, 동학농민혁명 100주년인 1994년부터 최근까지 출간된 관련 연구 성과까지도 두루 참조하는 성의를 보였다. 이 책을 읽는 독자라면 김 선생의 호학好學과 학문적 성실함에 그 누구나 저절로 머리가 숙여지지 않을 수 없을 듯싶다.

이번에 펴내는 『오동나무 아래에서 역사를 기록하다』는 1994년 초판의 부분 개역改譯 수준이 아니다. 완전히 새로 번역한 또 다른 초판본이라 해도 과언이 아니다. 그것은 350쪽 분량의 초판이 이번에 두 배에 이르는 700여 쪽 가까이 대폭 늘어난 사실에서도 잘 알 수 있다. 예전에는 직역 위주였다면, 지금은 김 선생의 오랜 내공 덕분에 유려하면서도 깔끔하고 쉬운 문장으로 새로 태어났다. 이 책을 읽는 독자는 세심하게 다듬어진 단어나 문장 하나하나에서 번역자 김종익 선생의 '인품'을 느낄 수 있을 것이다.

　지난 2014년은 동학농민혁명 120주년의 해였다. 비록 두 해가 지나긴 했지만 김종익 선생의 학문적 성실함의 결실로 새롭게 탄생한 『오하기문』 한글판은 그 120주년을 빛내는 탁월한 학문적 업적으로서 전혀 손색이 없다고 하겠다.

　김종익 선생의 건승健勝과 앞으로의 활약을 기대하며 무딘 글로 해제에 갈음한다.

2016년 7월

제도·기관·관직 등 주요 용어 사전

* 각 용어에 특별히 시대를 명기하지 않은 경우는 조선시대에 해당한다.

ㄱ

각신閣臣
규장각에 소속된 제학提學·직제학直提學·
직각直閣·대교待敎 등의 관원. 조선 후기
의 대표적인 청요직淸要職이었다.

간관諫官
고려시대 낭사郎舍와 조선시대 사간원·사
헌부의 합칭. 또는 두 관서 관원의 총칭.
'간諫'은 선악을 분별하여 국왕에게 진술
함을 뜻하는데, 이를 맡은 관서 또는 관원
을 간관이라 했다. 고려시대에는 문하부門
下府의 낭사인 좌·우간의대부左右諫議大夫
로부터 정언正言까지를 일컬었다. 조선시
대에 이르러 좁은 의미로 쓰일 때는 간쟁
·논박의 임무를 맡은 사간원, 또는 사간원
의 대사간大司諫·사간·헌납獻納·정언 등
의 관원을 간관이라 했다. 그러나 넓게는
관료의 기강을 감찰하는 사헌부와 사간원
모두를 가리켜 대간臺諫, 언관言官, 양사兩
司, 간관이라고 했다.

감관監官
각 관아나 궁방宮房에서 금전과 곡식의 출
납을 맡아보거나, 중앙정부를 대신하여
특정 업무의 진행을 감독하고 관리하던
벼슬아치.

감사監司(관찰사)
중앙에서 각 도道에 파견한 지방장관. 일
명 관찰사觀察使. 감사는 중요한 정치·행
정에 대해서는 중앙의 명령에 따라 시행
했지만, 자신이 관할하고 있는 도에 대해
서는 경찰권·사법권·징세권 등 절대적인
권한을 행사했다. 거의 대부분 문관이 임
명되었으며, 각 도마다 한 명씩 두었다.
감사가 집무를 보는 관청을 감영監營이라
고 한다.

감생청減省廳
불필요한 정부 기구를 축소하고 관원을
감축함으로써 국가재정을 절감하기 위해
설치한 임시 기구. 1882년(고종 19)에 어윤
중魚允中을 총책으로 삼아 관상감 안에 설
치했으나, 종친과 보수적인 대신들의 끊

임없는 반대로 이듬해에 폐지했다.

감역監役
선공감繕工監에서 궁궐과 관청의 토목공사나 건축을 감독하던 종9품의 벼슬. 감역관과 같은 말이다.

감영監營
감사(관찰사)가 집무를 보던 관아.

강서講書
과거 시험의 과목 중 하나. 강경講經이라고도 한다. 시험관이 제시하는 사서오경 가운데 지정된 부분을 읽고 해석한 뒤, 시험관의 질문에 답하는 형식으로 진행되었다. 원래 응시자가 시험관과 마주 보고 시험을 치렀으나, 나중에는 장막을 쳐서 시험관과 응시생이 서로 볼 수 없도록 격장법隔帳法을 사용했다.

결가結價
토지 1결에 매기던 조세 액수.

경리청經理廳
북한산성을 관리하던 관청. 1712년(숙종 38) 북한산성에 처음 설치했다. 1747년(영조 23) 총융청摠戎廳에 합병했다가 1891년(고종 28) 다시 분리해서 설치했으나, 1894년에 폐지했다.

경모궁景慕宮
창덕궁 안에 있는 장헌세자莊獻世子(사도세자)와 그의 비 헌경왕후獻敬王后(혜경궁 홍씨)의 사당.

경무청警務廳
갑오개혁으로 설치되어 한성부의 경찰·감옥 업무를 총괄한 관청. 1894년(고종 31), 종래의 포도청을 없애고 내무아문 산하에 일본식 경찰 제도를 본뜬 경무청을 설치하여 5개의 경무지서警務支署(나중에 경무서로 개칭)와 50개의 순검번소巡檢番所를 관장하게 했다.

경연관經筵官
고려·조선시대에 경연에 참여한 관직. 국왕에게 유교의 경서를 강론하는 등 학문을 지도하고 치도治道를 강론하며, 때로는 국왕과 함께 정치 현안도 토의하는 관직으로서 가장 명예로운 자리로 여겨졌다. 그런 만큼 경연관에는 학문과 인품이 뛰어난 문관을 임명했다. 조선 후기에 이르러서는 재야 학자, 이른바 산림도 경연에 참여했다.

경연청經筵廳
조선 말기에 시강侍講과 문한文翰 등을 관장하기 위해 궁내부 산하에 설치한 관서. 1894년 갑오개혁 때 관제를 개혁하면서 홍문관弘文館과 예문관藝文館을 합쳐 설치했다. 그러나 이듬해 4월에 폐지되었으며, 그 업무는 시종원侍從院에 통합했다.

경저리京邸吏
고려·조선시대에 중앙과 지방의 연락 사무를 맡아보도록 지방에서 서울로 파견한 지방 벼슬아치. 경주인京主人·경저주인京邸主人·저인邸人이라고도 한다. 교통과 통신이 발달하지 못한 중앙집권국가에서 중앙과 지방의 연락을 담당하는 기관의 하나로 설치되었다. 이들이 서울에서 사무를 보던 곳을 경저京邸라고 했다.

고을

① 주州·부府·군郡·현縣·읍邑 등을 두루 이르던 말.
② 군아郡衙(고을의 사무를 보는 관아. 동헌)가 있던 곳.

공무아문工務衙門

1894년 갑오개혁에 따라 설치된 중앙행정 관서. 조선 전기의 관부官府인 육조六曹 중 공조工曹의 기능을 흡수하여 확대·개편한 관청이다.

공조工曹

나라의 정무를 담당하는 기관인 육조 가운데 산택山澤·공장工匠·영선營繕·도야陶冶를 맡아보던 정2품 아문. 1392년(태조 1)에 설치하였으며, 1894년(고종 31)에 공무아문으로 이름을 고쳤다.

관상감觀象監

정3품 아문으로 천문天文, 지리地理, 역수曆數, 점주占籌(점복 행위에 관련된 산법), 측후測候(천문·기상 관측), 각루刻漏(물시계) 등의 일을 관장했다. 1392년(태조 1)에 설치하여 처음에는 서운관書雲觀이라고 불렀으나, 1425년(세종 7)에 관상감으로 개칭했다. 연산군燕山君 때 사력서司曆署로 개칭했다가 중종中宗 때 다시 관상감으로 환원했지만, 결국 1894년(고종 31)에 폐지했다. 1895년에 관상감의 일을 그대로 맡아본 관상소

觀象所를 학부學部에 두었다.

광흥창廣興倉

1392년에 설치한 정4품 아문으로, 모든 관원의 녹봉祿俸을 관장한 관서. 1894년에 육조를 10개의 아문으로 정비할 때 광흥창을 탁지아문에 부속시켰다.

교리校理

집현전集賢殿, 홍문관, 교서관校書館, 승문원承文院에 속해 문한文翰의 일을 맡아보던 정5품 또는 종5품의 문관 벼슬.

군교軍校

각 군영과 지방 관아에서 군사 업무에 종사한, 품계가 낮은 벼슬아치.

군국기무처軍國機務處

갑오개혁의 중추적 역할을 한 기관으로 정치·군사에 관한 일체의 사무를 관장했다. 동학농민전쟁이 일어난 뒤 조선 침략의 기회를 노리고 있던 일본은 1894년 6월 1일 주한 공사 오토리 게이스케大鳥圭介를 통해 내정개혁안 5개조를 제시하고, 이를 시한부로 시행할 것을 촉구했다. 고종은 이를 거부하고 교정청校正廳을 설치하여 자주적인 내정 개혁을 시도했다. 그러자 일본 공사는 6월 21일 1개 연대 이상의 일본군을 동원하여 경복궁을 포위하고 고종을 협박했다. 결국 내정 개혁을 진행할 기관으로 군국기무처를 설치했다.

군기감軍器監

고려·조선시대에, 병조兵曹에 속하여 병기

· 기치旗幟(군에서 사용한 온갖 깃발) · 융장戎仗(군대 의복) · 집물什物(여러 가지 기구) 따위의 제조를 맡아보던 관아. 군기시軍器寺와 군기감이라는 이름이 몇 차례 돌아가면서 바뀌다가 1884년(고종 21)에 기기국機器局이라는 명칭으로 정해졌다.

군무아문軍務衙門
1894년 관제 개혁에 따라 병조의 후신으로 군사 관련 사무를 통합한 관청. 병조를 비롯해 연무공원鍊武公院 · 총어영撫禦營 · 통위영統衛營 · 장위영壯衛營 · 경리청 · 호위청扈衛廳 · 훈련원 · 군직청軍職廳 · 용호영龍虎營 · 기기국 · 선전관청宣傳官廳이 관장해온 업무까지 포함하여 전국의 육해군을 통할했다.
1895년 이후 군부로 개칭될 때 명칭뿐 아니라 직제도 대폭 개편되었다. 또 군인 봉급의 법제화, 육군 복장의 규칙, 육군 장교의 신분에 관한 법규(분한령分限令), 육군 무관 진급령, 육군 회계 구분령 등이 공포됨으로써 근대적 군사 체제를 갖추었다.

군자감軍資監
정3품 아문으로, 군수품의 비축을 관장했다. 1392년(태조 1)에 설치되었다.

군직청軍職廳
오위五衛에 소속된 군관軍官 가운데 오위장五衛將을 제외한 상호군上護軍(정3품 당하) 이하 부사용副司勇(종9품)까지의 군관이 속한 관청이다. 당하청堂下廳(정3품 이하 종9품까지 당하관이 근무하는 관청)으로서 한성 중부中部 정선방貞善坊에 있었다.

궁내부宮內府
조선 말기, 왕실에 관련된 여러 업무를 총괄하던 관청. 조선시대의 관제는 국정 사무와 왕실 사무의 구분이 명확하지 않았다. 역대 국왕의 계보와 초상화를 보관하며 국왕과 왕비의 의복을 관리하고 왕의 친척을 감독하고 보살피는 종친부, 부마駙馬(임금의 사위)에 관련된 사무를 담당하는 의빈부儀賓府, 종친과 외척의 친목을 위한 사무를 관장하는 돈령부敦寧府 등 왕실 사무를 맡은 기관이 독립되어 있기도 하고 육조에 소속되어 있기도 해서 이중성을 지녔다.
이러한 성격은 1881년(고종 18) 이후 3차에 걸친 관제 개혁에서도 시정되지 않았다. 그 뒤 1894년 전면적인 관제 개편 때, 왕실 관계의 관부 체계와 일반 행정기관의 체계를 완전히 분리하여 앞쪽을 궁내부 관제로, 뒤쪽을 의정부 관제로 정립했다. 이러한 개편은 단순한 행정상의 구분을 넘어, 종래 명확하게 구분되지 않았던 재정상의 분리를 꾀한 데 더 큰 의의가 있다. 이 관청은 1910년까지 존속했다.

규장각奎章閣
내각內閣이라고도 한다. 정조正祖가 즉위한 1776년에 궐내에 설치하여 역대 국왕의 친필 · 서화 · 고명顧命 · 유교遺敎 · 선보璿譜(왕실의 족보) · 보감寶鑑 등을 보관하고 관리하던 곳인데, 차츰 학술 및 정책 연구 기관으로 변하면서 정조 대의 문예 부흥을 주도하고 왕권 안정을 뒷받침했다.
규장각의 명칭은 1464년(세조 10)에 양성지梁誠之가 처음 건의하여 설치되었으나

곧 폐지되었고, 1694년(숙종 20)에 어제御
製·어필御筆을 보관하는 종부시宗簿寺 예
속의 한 소각小閣 이름으로 쓰인 적도 있
으나 역시 곧 폐지되었다. 정조는 즉위하
자 곧바로 창덕궁의 북원北苑에 새로 건물
을 지은 뒤 고사故事에 따라 규장각이라
명명하고, 직제를 갖춘 독립된 기구로서
국립도서관의 기능을 갖게 했다.

규장각은 1894년 갑오개혁 때 궁내부에
두었다가 이듬해 1895년에 규장원奎章院
으로 이름을 고치고 한·중 양국의 도서와
각종 왕가 전보傳寶를 보관했다. 1897년
(고종 34)에 다시 이름을 되돌려 규장각이
라 했다. 1908년 근대적인 직제를 편성하
여 전모典謨·도서·기록·문서 등 4과가 사
무를 집행했으며, 이때 『승정원일기承政院
日記』와 『비변사등록備邊司謄錄』을 비롯하
여 각 관서의 일기 및 등록謄錄, 그리고 정
족鼎足·태백太白·오대五臺·적상赤裳 등의
사고史庫 장서까지 관할했다.

그러나 1910년 국권 피탈로 그 이름이 없
어졌으며, 소장했던 도서는 한때 이왕직
李王職(일제 강점기 때 왕실 사무를 담당한 관청)
에 도서실을 두어 보관했으나, 1911년에
조선총독부 취조국取調局으로 넘어갔다.
1912년 총독부에 참사관실參事官室이 설
치되면서 도서와 관련된 사무는 참사관실
로 이관되었고, 1922년 다시 학무국으로
이관되었다가 이후 또다시 경성제국대학
京城帝國大學으로 이관되었다. 15만 1,519
권의 책이 이때 경성제국대학 도서관으로
옮겨졌다. 이 책은 해방 후 서울대학교에
서 인수하여 관리하고 있다.

균전사均田使(균전관均田官)
논밭에 관계된 일을 감독시키기 위해 임
시로 둔 벼슬.

근수跟隨(근수노跟隨奴)
벼슬아치가 외출할 때 따라다니면서 시중
드는 관아의 사내종. 관리의 벼슬이 높고
낮음에 따라 근수의 수도 정해져 있었다.

금영禁營
일반적으로 궁궐 안을 지키는 병사들이
머물던 군영을 말한다. 그러나 『오하기문』
에서는 오영 가운데 하나인 금위영禁衛營
(국왕 호위와 수도 방어를 위해 중앙에 설치했던
군영)을 가리키는 말로 쓰였다.

기기창機器廠
1883년(고종 20), 무기 제조 관서로 설치된
기기국에 부속된 공장.

기로소耆老所
연로한 문신文臣을 예우하기 위해 설치한
명예 기구. 정식 명칭은 치사기로소致仕耆
老所이며, 왕과 조정 원로의 친목, 연회 등
을 주관했다. 영조 때 수직관守直官 2명과
서리胥吏 2명, 고직庫職 1명, 사령使令 44
명, 군사軍士 1명을 두었는데, 수직관은 승
문원承文院과 성균관에서 7품 이하의 관
원이 차출되었다.

기로소의 유래는 1394년(태조 3), 태조가
60세를 넘자 기사耆社라는 명예 관청을
설치하고서 문신과 무신을 가리지 않고
70세 안팎의 2품관 이상 관료를 선발하여
기사의 명단에 이름을 올리고, 임금 스스

로도 이름을 올린 뒤 명단에 오른 신하에게는 전토田土와 염전鹽田, 어전漁箭, 노비를 하사하고, 군신君臣이 함께 어울려 연회를 베풀며 즐기는 데서 비롯했다. 태종 즉위 초에 이것을 본격적으로 제도화하여 전함재추소前衡宰樞所라 했다. 그러다가 1428년(세종 10년) 치사기로소로 개칭했다. 기로소에 들어가면 녹명안錄名案에 이름이 기록되었는데, 조선 초·중기의 기록은 임진왜란 때 모두 소실되었다. 그 후에 다시 편찬한『기로소제목록후耆老所題目錄後』에 따르면, 여기에 들어온 왕은 태조, 숙종, 영조, 고종 등이며, 최고령자는 현종 때의 윤경尹絅으로 98세였고, 다음으로 숙종 때 97세의 이구원李久源과 96세의 민형남閔馨男 등이 있었다.

기록국記錄局
조선 후기 중앙 관서에 소속되어 행정·통계 사무를 맡아본 부서. 1894년(고종 31) 갑오개혁 이후의 정부(후에 내각)·외무아문外務衙門·탁지아문度支衙門·원수부元帥府에 두었다.

기사관記事官
춘추관春秋館에 둔 관직. 시정기時政記를 기록하는 사관史官으로, 역사의 기록과 편찬을 담당했다. 1894년 갑오개혁 때 폐지되었다.

기주記注
일명 기주관記注官. 춘추관에 둔 관직. 사관의 하나로, 역사의 기록과 편찬을 담당했다. 춘추관의 기사관이 정6품에서 정9품까지의 관직이라면 기주관은 정·종5품의 관직이다.

남대南臺
학식과 덕망을 갖춘 사람으로 추천되어 사헌부의 지평持平·장령掌令·집의執義 등 대관臺官에 임용된 관원. 주로 과거 시험을 단념하고 초야에서 학문을 닦던, 세칭 산림山林에게 제수되었다.
효종 때의 송준길宋浚吉·송시열宋時烈, 현종 때의 윤휴尹鑴·허목許穆 등의 대학자가 남대로 임명되었고, 조선 후기의 홍직필洪直弼·임헌회任憲晦 등도 산림 출신으로서 남대를 지냈다. 그러나 대부분 초야에 묻혀 지냈던 이들 학자는 남대에 임명되었을 때 익숙지 않은 행정 실무로 인해 망신을 당하고 사직하는 경우가 많았다.

남영南營
1887년(고종 24) 경상도 대구에 설치했던 친군영親軍營. 이는 종전의 경상 감영군慶尙監營軍을 친군 체제로 개편한 것으로, 정식 명칭은 '친군 남영'이었다. 그 지휘관을 남영사南營使라 하고 경상도 관찰사가 겸임했다. 1896년에 개편되어 '대구 지방대大邱地方隊'라고 칭했다.

낭관郎官
육조의 5~6품관인 정랑正郎·좌랑佐郎의 통칭. 정랑은 정5품, 좌랑은 정6품관으로, 육조에서 중견 관리급이었다. 특히 이조와 병조의 낭관을 전랑銓郎이라 하는데,

이들은 문·무관의 인사권을 좌우하기도 했다. 관리를 뽑을 때 전랑은 그 관리로 추천된 사람의 명단을 기록하는 일을 맡아보았으므로 혹 개인적 감정이 나쁠 경우 천거 명단에 적지 않은 일도 있었다.

내무아문內務衙門
1894년(고종 31) 갑오개혁 때 설치된 중앙 내무 행정 관청. 지방행정을 총괄하는 부서로서 이전의 이조吏曹·제중원濟衆院·내무부內務府의 직무를 포함했다.

내수사內需司
궁중에서 쓰는 미곡·포목·잡화 및 노비 등에 관한 일과 고려 때부터 내려온 왕실의 재산, 그리고 광대한 왕실 소유의 토지 등을 관리하는 정5품 아문.

내시사內侍司
내시의 일을 맡아보는 관청.

내영內營
대궐 안에 있던 병영.

내영 도통사內營都統使
대궐 안에 주둔하는 병영(내영)의 책임자.

내의원內醫院
궁중의 의약에 관한 일을 맡은 관청. 내국內局이라고도 한다.

농상아문農商衙門
1894년에 설치되었으며, 산하 기구로는 총무국總務局·농상국農桑局·공상국工商局·

산림국山林局·수산국水産局·지질국地質局·장려국獎勵局·회계국會計局 등 8국이 있었다. 1895년에 공무아문과 합해 농상공부로 개편되었다.

답호褡護
관복이나 군복에 입은 소매 없는 옷. 작자綽子·쾌자快子, 褂子·전복戰服·전포戰袍라고도 한다.
1894년 군국기무처는 제도 변경과 관련된 의안을 올리는데, 거기에 '답호' 착용에 관한 항목이 나온다. "조정 관리의 의복제도는, 임금을 뵐 때의 공식 복장은 사모紗帽를 쓰고 깃이 둥글고 소매가 좁은 장복章服을 입는다. 휴식을 취할 때의 사복은 칠립漆笠(사대부가 주로 외출할 때 쓰는 모자로, 옻칠을 한 갓), 답호褡護, 실띠로 한다. 사인士人과 서민은 칠립, 두루마기, 실띠로 한다. 군대의 의복제도는 최근의 예에 따라 시행하되 장수와 병사에 차이를 두지 않는다."

당상堂上(**당상관**堂上官)
정3품 이상의 품계에 해당하는 벼슬을 통틀어 이르는 말. 문관은 통정대부通政大夫, 무관은 절충장군折衝將軍, 종친은 명선대부明善大夫, 의빈은 봉순대부奉順大夫 이상이 당상에 해당한다.

당오전當五錢
1883년(고종 20)에 만들어서 1894년 7월까지 사용한 화폐로, 법정 가치가 상평통보의 5배에 해당했기 때문에 당오전이라는 이름을 붙였다. 그러나 실질 가치는 상평통보의 약 2배에 지나지 않았다.

대간臺諫
대관臺官과 간관諫官을 아울러 이르는 말.

대과大科
문관을 뽑는 과거科擧 시험. 생원과生員科와 진사과進士科에 합격한 사람은 성균관에 입학하여 어느 정도 학문을 연마한 뒤 다시 시험을 치러 관직으로 나아갈 수 있는데, 이때 보는 시험이 대과이다. 생원과·진사과를 소과小科라고 일컬으므로, 이에 상대하여 이르는 말이다.

대관臺官
사헌부의 대사헌 이하 지평持平까지의 벼슬. 관료에 대한 감찰·탄핵 등을 담당했으며, 대신臺臣·헌관憲官이라고도 했다.

대부大夫
벼슬의 품계에 붙인 칭호. 고려시대에는 종2품에서 종5품까지 또는 정2품에서 종4품까지의 벼슬에, 조선시대에는 정1품에서 종4품까지의 벼슬에 붙였다.

대전회통大典會通
1865년(고종 2) 왕명에 따라 영의정 조두순趙斗淳, 좌의정 김병학金炳學 등이 편찬한 조선시대의 마지막 법전. 6권 5책으로 이루어졌다. 1863년(고종 즉위년) 대원군이 정권을 장악한 뒤, 임술농민항쟁(1862)을 수습하고 국가 체제를 강화하는 과정에서 법전 편찬이 요청되어 편찬했다.

도사都事
① 중앙과 지방관청에서 사무를 담당한 관직.
② 의금부義禁府의 벼슬로서 처음에는 종5품이었으나, 나중에는 종6품과 종8품 또는 종9품으로 나누어졌다.
③ 오부五部의 종9품 관직으로, 중부·동부·남부·서부·북부에 각 1명씩 있었다. 시체의 검험檢驗, 도로·교량·반화頒火(매년 병조에서 써오던 불씨를 버리고 새로운 불씨를 만들던 의식)·금화禁火·제처諸處의 수리·청소 등을 맡았다.
④ 팔도 감영의 종5품 관직으로, 감사(종2품)의 다음 관직이며 정원은 1명이다. 지방 관리의 불법을 규찰하고 과시科試 업무를 담당했다.

도정都正
종친부·돈령부·훈련원의 정3품 당상관 벼슬. 종친과 외척에 관한 사무를 맡아보았다.

도찰원都察院
내외 백관의 선악과 공과를 규찰하여 의정부에 알리고, 상벌을 공정하게 행하기 위해 의정부 산하에 설치한 관서. 1894년에 설치했으나, 이듬해 1895년에 폐지했다.

도헌都憲
갑오개혁에 따라 의정부를 다시 설치하면서 둔 벼슬아치의 하나. 사헌司憲을 고친 관직명이다.

동부승지同副承旨

승정원承政院에 속한 정3품 벼슬. 1405년
(태종 5)에 왕명의 출납을 전담하는 기구
로 승정원이 설치되었는데, 그 승정원에
서 형조의 사무를 관장하기 위해 새로 설
치한 동부대언同副代言이 동부승지의 기원
이다. 동부승지는 승정원의 여섯 승지(도
승지, 좌승지, 우승지, 좌부승지, 우부승
지) 중 최하위 자리이며, 승정원에서 공전
工典 담당 부서인 공방工房의 업무를 맡아
보았다. 갑오개혁 때 승정원을 승선원承宣
院으로 개편하면서 동부승지는 우부승선
右副承宣으로 이름이 바뀌었다.

돈령敦寧

종친부에 속하지 않은 종친과 외척을 예
우하여 일컫는 말.

동지경연사同知經筵事

왕과 학자들이 학문을 강론하던 경연청에
둔 종2품의 관직. 다른 관직과 겸임할 수
있으며, 지사知事(중앙의 주요 관청에 설치된
정2품의 관직)를 보좌하는 직책이다.

동헌東軒

지방 관아에서 고을 원員(부윤·목사·군수·현
령·현감 등)이나 감사監司, 병사兵使, 수사水
使 및 그 밖의 수령이 공사公事를 처리하
던 중심 건물.

마패馬牌

관리가 공무로 지방에 나갈 때 역마를 징
발할 수 있는 증표로 쓰인 둥근 구리 패.
지름이 10cm 정도이며, 한쪽 면에는 자
호字號와 연월일을 새기고 다른 한쪽에는
말을 새긴 것으로, 어사가 이것을 인장印
章으로 사용하기도 했다.

명경과明經科

식년式年 문과 초시에서 사경四經을 중심
으로 시험을 보던 과거의 한 분과.

명례궁明禮宮

덕수궁德壽宮의 예전 이름. 본래 덕종德宗
(세조의 아들이며 성종의 아버지)의 맏아들인
월산대군月山大君의 사저私邸였는데, 선조
가 임진왜란 뒤 의주에서 환도하여 머무
르면서 궁으로 사용했다. 창덕궁이 복원
된 뒤 1615년(광해군 7)에 경운궁慶運宮이
라 불리다가, 인조 즉위 후 명례궁으로 이
름을 고쳤다. 1896년(건양 1년)에 고종이
이곳으로 이어하면서 다시 경운궁으로 고
쳤다가, 1907년(융희 1년)에 순종이 덕수궁
으로 이름을 바꾸었다.

명부命婦

국가로부터 작위를 받은 부인들을 통틀어
일컫는 말. 여관女官으로서 품계를 가진
자이다. 종친의 딸과 아내, 문·무관의 아
내에게 벼슬을 내렸는데, 왕궁과 세자궁
에 딸린 내명부와 종실 및 문·무관의 아
내인 외명부로 구분되었다.

무예별감武藝別監
궁궐 문 옆에서 숙직하며 지키거나 왕을 호위하는 일을 맡아보던 군관 또는 관아.

무위영武衛營
조선 말기에 설치한 군영. 대궐을 지키는 일을 맡았다. 1881년(고종 18)에 종래의 오군영을 양영(이군영)으로 개편할 때 무위소武衛所와 훈련원을 합쳐 만들었으나, 1882년 홍선대원군이 폐지했다.

밀부密符
유수留守·감사監司·총융사摠戎使·절도사節度使·방어사防禦使 등에게 임금이 내려주는 병부兵符. 병란兵亂이 일어났을 때, 이것을 이용하면 때를 가리지 않고 급히 군사를 동원할 수 있었다. 둥근 형태로 만들어진 나무패로서, 한 면에 '제 몇 부第○符'라 쓰여 있고, 다른 면에는 임금의 화압花押(붓으로 직접 쓴 서명)이 친서되어 있다.

ㅂ

방백方伯
관찰사를 예스럽게 이르는 말.

법무아문法務衙門
1894년(고종 31) 갑오개혁 때 형조를 대신하여 둔 기관. 사법행정과 사면·복권, 재판소를 관할했다.

별감別監
장원서掌苑署나 액정서掖庭署에 속해서 궁중의 각종 행사에 참여하고 임금이나 세자가 행차할 때 호위하는 일을 맡아보던 하인.

별군관別軍官
조선 후기 군대의 장교. 훈련도감·금위영·어영청·수어청 등 중앙 각 군영에 소속되어 궁궐과 수도를 지켰다.

별입시別入侍
신하가 임금을 사사로운 일로 뵙던 일.

별초군別抄軍
① 어떤 지점을 수비하기 위해 그 부근의 사람들을 뽑아 조직한 군대.
② 조선 중기 이후, 임금이 탄 수레를 호위하기 위해 금군禁軍 이외에 특별히 더 뽑은 군사.

병마절도사兵馬節度使**(병사**兵使**)**
각 도道의 군사적인 지휘를 효율적으로 하기 위해 설치한 종2품 서반西班(무관) 관직. 대개 병사兵使로 약칭되었다. 도의 국방 책임을 맡아 유사시에는 군사적 전제권을 행사할 수 있던 까닭에 주장主將·주수主帥 또는 곤수閫帥·수신帥臣으로도 불렸다.

병부兵符
군대를 동원할 때 표식으로 쓰인 명령서 형식의 부절符節로, 동글납작한 모양의 나무패로 만들어졌다. 일반적으로 한 면에 발병發兵이라는 두 글자가 쓰여 있고, 다른 한 면에 관찰사·절도사·진호鎭號 등이 기록되어 있다. 이 병부의 한가운데를 쪼개어 오른쪽은 책임자에게 주고 왼쪽은 임금이 가지고 있다가, 군대를 동원할 필요가 있을 때 임금의 교서와 함께 그 한쪽을 내려주면, 지방관은 자신이 지닌 것과 맞추어본 뒤 틀림없다고 인정될 때 군대를 동원했다.

병수사兵水使
병사兵使(병마절도사)와 수사水使(수군절도사)를 아울러 이르는 말.

병영兵營
병마절도사가 주둔해 있는 영문營門.

병우후兵虞候
정식 명칭은 병마우후兵馬虞候이다. 서반 무관 외관직으로, 각 도의 병마절도사 밑에서 보좌하는 업무를 맡은 부직副職이다. 병마우후는 종3품으로 병우후(우후) 또는 아장亞將이라고 했으며, 충청병영(해미, 나중에 청주), 경상좌병영(울산), 경상우병영(창원, 나중에 진주), 전라병영(강진, 때로 장흥), 영안북병영永安北兵營(경성鏡城), 평안병영平安兵營(영변)에 각 1명씩 두었다. 한편 수군절도사를 보좌한 수군우후水軍虞候는 정4품이었다.

병조兵曹
육조六曹 가운데 군사와 우역郵驛(공문서의 전달, 관물官物의 운송, 공무를 띤 출장 관리의 숙박 편의 등과 관련된 기관)에 관한 일을 맡아보던 관아.

봉상시奉常寺
정3품 아문으로, 제사와 시호諡號의 의정議定에 관한 일을 관장했다. 1392년(태조 1) 서부 인달방仁達坊에 처음 설치한 뒤, 1409년(태종 9) 전사서典祀署로 고쳤다가, 1421년(세종 3) 봉상시奉常寺로, 1895년(고종 32)에 봉상사奉常司로 고쳤다. 1907년(융희 1)에 폐지되었다.

부府
① 도道와 같은 등급의 고을. 광주廣州·경주·전주·함흥·평양·의주 등 여섯 곳이 있었다.
② 갑오개혁 때 설치한 가장 큰 지방행정 구역의 단위. 8도道를 23부府로 개편했다가 1년 뒤에 13도로 고쳤다.

부사과副司果
오위五衛에 두었던 종6품의 서반 무관직. 정6품 사과司果의 아래 지위.

부수찬副修撰
홍문관에는 교리校理, 부교리副校理 아래에 수찬과 부수찬이라는 관직이 있었다. 수찬은 정6품, 부수찬은 종6품의 관직이다. 홍문관은 왕의 문서를 관리하고, 역사 기술에 관여하며, 왕의 측근에서 왕과 더불어 학문을 의논하며, 사헌부·사간원과 함께 언론 기능까지 담당했다. 이에 따라 홍문관 관원은 중앙의 여러 관서 가운데서도 중요한 핵심 관직에 있다고 할 수 있다. 조선시대 정승 판서 중에 홍문관을 거쳐 가지 않은 사람이 거의 없을 정도다. 홍문관 관료는 문과 합격자 중에서 탁월한 능력이 인정될 때 추천을 받아 임명되었다. 일반적으로 관리의 승진에는 근무 기간이 고려되었지만, 홍문관의 경우에는 예외적으로 근무 일수와 상관없이 상위직에 결원이 생기면 차례로 승진하는 특전이 베풀어졌다.

부약정副約正
향약鄕約에 관한 일을 맡아보던 사족士族의 우두머리 가운데 하나. 도약정都約正의 다음의 직책으로서 오늘날의 부회장과 같다.

부장部將
오위제五衛制(조선 초·중기에 근간을 이루었던 중앙 군사 조직)하의 각 부部를 통솔하는 무반 종6품 관직. 1457년(세조 3)에 이전의 5사司 25령領을 5위 25부로 개편하고 모든 군사를 병종兵種별로 오위에 분속시키면서 오위 체제가 갖추어졌는데, 이때 부장이 처음으로 설치되었다.

부호군副護軍
오위도총부五衛都摠府(오위를 지휘·감독한 최고 군령 기관)에 속한 종4품의 벼슬. 보직補職을 맡지 않은 문관과 무관, 음관蔭官으로 임명했다.

북병영北兵營
함경도 경성鏡城에 두었던 북도 병영. 주로 국경 지역의 수비를 담당했다.

비장裨將
감사·유수·병사·수사 및 견외사신遣外使臣을 수행하고 보좌하면서 일을 돕던 무관 벼슬.

사간원司諫院
정3품 아문으로서 간쟁과 논박을 관장했다. 사헌부와 함께 대간臺諫이라 불리고, 홍문관·사헌부와 함께 삼사三司로 불리며, 형조·사헌부와 함께 삼성三省이라 일컬어졌다. 맡은 임무는 첫째, 국왕에 대한 간쟁, 신료에 대한 탄핵, 당대의 정치·인사 문제 등에 대해 언론을 담당한다. 둘째, 국왕의 시종 신료로서 경연經筵과 서연書筵에 참여한다. 셋째, 의정부 및 6조와 함께 법률 제정에 관한 논의에 참여한다. 넷째, 5품 이하 관료의 인사 임명과 법제 제정에 대해 서경권署經權(동의 또는 거부할 수 있는 권리)을 행사한다. 1894년 갑오개혁 때 폐지되었다.

사복시司僕寺
① 고려 시대 궁중의 가마와 말에 관한 제반 일을 맡아보던 관아. 문종文宗 때 태복시太僕寺라는 명칭으로 설치했다. 충렬왕忠烈王 34년(1308)에 사복시로 고쳤다. 공민왕恭愍王 5년(1356)에 다시 태복시로, 11년(1362)에 또다시 사복시로 고쳤다. 이후 공민왕 18년(1369)에 태복시로 바꾸었다가, 21년(1372)에 또 사복시로 고쳤다.
② 조선 시대 궁중의 가마와 말에 관한 제반 일을 맡아보던 관아. 태조 1년(1392)에 설치했다. 고종 31년(1894)에 태복시太僕寺로 고쳤다. 고종 32년(1895)에 다시 태복사

太僕司로 고쳤다가 융희 원년(1907)에 폐하고 주마과主馬課를 설치했다. 내사복시內司僕寺와 외사복시外司僕寺가 있었다.

사옹원司饔院
임금의 식사와 대궐 안의 식사 공급에 관한 일을 관장한 관서. 계절에 따른 과일이나 농산물이 수확되면 신주를 모신 사당이나 제단에 올려서 먼저 차례를 지내거나 지방 특산물을 왕에게 올리는 일을 관리해온 사옹방司饔房이 1467년(세조 13)에 사옹원으로 개편되면서 비로소 녹봉을 받는 관리인 녹관祿官을 두게 되었다. 사옹원에서는 문소전文昭殿(조선 태조의 비인 신의왕후 한씨의 위패를 모신 사당)의 천신薦新(햇과일이나 햇곡식을 사직과 조상에 감사하는 뜻으로 올리는 의식)도 주관했다. 사옹원의 '옹饔'은 음식물을 잘 익힌다는 뜻이다.

사알司謁
임금의 명령을 전달하는 일을 맡아보던 정6품의 잡직.

사직社稷
토지와 곡식의 번창을 기원하는 제사. 또는 제사를 올리는 그 장소. 사社는 토지신土地神, 직稷은 곡신穀神을 상징한다.

사학四學
한성의 각 부, 즉 동부·서부·남부·중부에 설치된 관립 교육기관. 종6품 아문으로, 관내 유생의 교육을 맡아보았다. 1411년(태종 11)에 설치하고 1894년(고종 31)에 폐지했다.

사헌부司憲府
종2품 아문으로, 시정時政의 옳고 그름을 분별하여 밝히고 관리의 비행과 불법행위를 따져 살피는 동시에, 어지러운 풍속을 바로잡고, 백성에게 원통하거나 억울한 일이 생기면 이를 풀어주며, 관리가 지위를 남용하거나 오용하는 것을 막는 등, 국정 전반에 걸쳐 힘이 미치지 않는 분야가 없을 정도로 다양한 업무를 처리했다. 관리의 비행에 대한 탄핵·감찰권과 일반 범죄에 대한 검찰권, 인사와 법률 개편에 대한 동의권·거부권을 행사할 수 있는 서경권까지 가지고 있었다.

산림山林
조선 중기에 민간의 학문적 권위와 세력을 바탕으로 정치에 참여한 인물들. 특히 인조 시대부터 파격적 대우를 받으며 국가 운영 및 국왕과 세자의 교육에 참가했다. 이들은 중앙 정치 무대에서 사족士族의 주도권을 강화해가는 정치를 운영했으나 점차 위상이 격하되었다.
조선시대에 고위 관원으로 정치에 참여하는 길은 원래 문무 과거를 통해야만 가능한 일이었다. 그러나 사실 그 밖에도, 비록 까다로운 제한이 있기는 하지만 조상의 공덕에 따른 혜택인 음직蔭職을 받거나 개인의 수양·학덕을 인정받아 관직에 진출할 수도 있었다. 그러나 사림파가 정치를 주도한 이후에 학자와 정치가의 구분이 사라지고 학문적 이념과 정치적 명분이 결합된 정도가 깊어짐에 따라, 정치 일선에 뜻을 두지 않고 오로지 학문을 연마하여 높은 수준에 도달한 인물의 경우에는 과거 시험에만 매달리지 않았다는 점에서 오히려 더 높은 정치적 권위를 지닐 수 있었다. 바로 이러한 산림이 조선 중기 이후 정계에 진출했다.

삼공형三公兄

각 고을의 호장戶長, 이방吏房, 수형리首刑吏 등 세 구실아치를 통틀어 일컫는 말이다. 6방六房 중에서도 이·호·형방이 가장 중요하다고 하여 그 우두머리 이속 3명을 삼공형이라 불렀다. 감사나 수령이 자리를 비울 때는 삼공형의 수석인 호방의 우두머리 호장이 대리했다.

상궁尙宮

내명부에 속하는 정5품 벼슬로, 4품 이상의 품계에는 오르지 못했다. 상궁은 그 직책에 따라 이름이 붙고 등급이 따르는데, 다음과 같다.
• 제조 상궁提調尙宮 : 큰방 상궁이라고도 하며, 상궁 가운데 가장 지위가 높다. 내전의 어명을 받들며, 궁중의 크고 작은 재물을 관리했다. 왕을 가까이에서 모시기 때문에 권세를 쥔 상궁도 많았다.
• 부제조 상궁 : 제조 상궁에 버금가는 자리이고, 아리고阿里庫 상궁이라고도 한다. 내전 별고內殿別庫를 관리하면서 옷감·그릇 등 안곳간(內庫間)의 출납을 관장했다.
• 대령待令 상궁 : 지밀至密 상궁이라고도 하며, 대전大殿의 좌우에서 호위하며 임금을 잠시도 떠나지 않고 모시는 상궁이다.
• 보모保姆 상궁 : 왕자·왕녀의 양육을 도맡은 나인 가운데 총책임자로서 동궁을 비롯하여 각 왕자와 왕녀의 궁에 1명씩

있었다.
• 시녀侍女 상궁 : 주로 지밀에서만 봉사하면서 서적 등을 관장하고, 글을 낭독하거나 문서를 정서했다. 대·소 잔치 때는 시위侍衛와 승도承導의 일도 담당했다.

상방尙方

임금의 의복과 궁내의 일용품, 보물 따위의 관리를 맡아보던 관아.

상서원尙瑞院

옥새와 옥보玉寶·부패符牌·절부월節斧鉞에 관한 일을 맡아보던 관아. 1466년(세조 12)에 상서사尙瑞司를 고쳐 운영되었지만, 1894년(고종 31)에 폐지했다.

상의원尙衣院

정3품 아문으로, 왕의 의복과 궁중의 재화 등 물품을 공급하는 일을 관장했다. 1392년(태조 1)에 공조 소속의 관아로 대궐 안에 두었다. 1895년(고종 32)에 상의사尙衣司로 고쳤다.

생원生員

소과小科의 하나인 생원시生員試에 합격한 사람. 이들에게는 진사와 더불어 성균관에 입학할 수 있는 자격이 부여되었다.

서기관書記官

① 조선 말 군국기무처·회계심사국·경무청 등에 둔 벼슬의 하나. 품계는 정8품 통사랑通仕郎.
② 대한제국 시대 각 부府·아문衙門의 주임奏任 벼슬. 1907년(광무 11)에 참서관參書

官을 고친 이름.

서연관書筵官
왕세자의 교육을 담당한 관리들의 총칭.

서윤庶尹
한성부와 평양부에서 판윤判尹·좌윤左尹·
우윤右尹 다음의 종4품 벼슬. 부府의 집행
기구인 육방 중 수석인 이방吏房을 맡아
관리들의 근무 성적을 평가했다.

선공감繕工監
토목과 영선營繕(궁궐·관청의 신축과 수리)에
관한 일을 맡아본 관청.

선전관宣傳官
선전관청에 속한 무관 벼슬. 또는 그 벼슬
아치. 품계는 정3품부터 종9품까지 있었
다. 1882년(고종 19)에 폐지될 때까지 서반
西班의 주요 기관으로 존속했다.

선전관청宣傳官廳
정3품 아문으로서 형명形名(기와 북으로 병
사의 좌립 및 진퇴를 호령하는 것), 계라啓螺(임
금이 거둥할 때 군악軍樂의 시작을 왕가王駕 앞
에서 아뢰는 것), 시위侍衛, 왕명 전달, 부신
符信 출납 등의 일을 관장했다.

선혜청宣惠廳
대동미大同米·대동포大同布·대동전大同錢
의 출납을 관장한 관청. 대동법의 실시에
따라 설치한 기관으로, 함경도와 평안도
를 제외한 6도에 지청支廳을 두었다. 대동
법을 지방별로 시행했기 때문에 설치 연

대가 모두 달라, 처음에 설치한 경기청京
畿廳과 마지막으로 설치한 해서청海西廳은
꼭 100년의 차이가 난다.

성기省記
궁궐과 주요 관청의 야간 당직자·경비원·
순찰자의 명단을 장부에 기록하는 제도.

소과복시小科覆試
초시 합격자를 대상으로 하여 생원과 진
사를 뽑던 소과의 두 번째 시험.

수교首校
각 고을 장교의 우두머리.

소모관召募官
의병을 모집하기 위해 임시로 파견하던
벼슬. 또는 그런 벼슬아치.

수문청守門廳
대궐 문을 지키는 수문장들이 소속되어
있던 관아.

수성장守城將
수성군守城軍(지방에 배치한 군사의 하나)을
통솔하여 산성을 지키던 무관 벼슬.

수신帥臣
병마절도사(병사)와 수군절도사(수사)를 통
틀어 이르는 말.

수직壽職
해마다 정월에 80세 이상의 벼슬아치와
90세 이상의 백성에게 은전으로 주던 명

예직 벼슬.

수진궁壽進宮
한성의 중부 수진방壽進坊(종로구 수송동 부근)에 위치했던 궁.

수재守宰**(수령)**
각 고을을 맡아 다스리던 지방관을 통틀어 일컫는 말로, 군수郡守·현령縣令·현감縣監 등 군·현의 관장官長이다. 수령과 같은 말이다.

수형리首刑吏
지방 관아에 속한 형리의 우두머리. 이방吏房, 호장戶長과 함께 삼공형三公兄의 하나였다.

순변사巡邊使
왕명으로 군무軍務를 띠고 변경을 순찰하던 특사.

순청巡廳
야간 순찰을 돌면서 도성의 도적과 화재를 방지하고, 시간을 알리며, 경계 및 각성문 순찰의 순번 추첨 등을 맡았던 관청. 1894년 갑오개혁 때 내무아문 산하의 경무청 소관으로 바뀌면서 폐지되었다.

승문원承文院
외교문서를 담당한 관청. 중국과 일본의 문서를 관장하고, 이문吏文(중국의 속어를 섞어 쓴 순 한문체의 글로서 공문서 등에 쓰임)의 교육을 담당했다.

승선원承宣院
왕명의 출납을 맡아보던 관아. 갑오개혁 때 승정원을 고친 이름이다.

승후관承候官
임금의 기거起居와 안부를 묻는 일을 담당한 벼슬아치. 종친이나 임금의 외척 가운데서 임명되었다.

시강원侍講院
세자시강원의 약칭. 왕세자의 교육을 담당한 관청이다.

식년式年
'자子', '묘卯', '오午', '유酉'의 간지干支가 들어 있는 해. 예컨대 갑자년甲子年, 정묘년丁卯年, 경오년庚午年, 계유년癸酉年 등인데, 3년마다 한 번씩 돌아온다. 이해에 과거를 실시하거나 호적을 조사했다.

식년과式年科
식년마다 실시한 과거 시험을 통틀어 이르던 말. 문과, 무과, 생원 진사과, 역과, 의과, 음양과, 율과 따위가 있었다.

신포身布
군역에 복무하는 대신 바치던 베.

안무영按撫營
고종 때 함경북도 경성鏡城에 설치한 안무사按撫使의 영문營門. 안무사는 경성 이북의 10개 고을을 다스리던 외관직外官職.

북감사北監司라고도 했다.

안핵사按覈使
조선 후기에, 지방에서 발생하는 민란을
수습하기 위해 파견하던 임시 벼슬.

액례掖隷
액정서掖庭署에 소속된 구실아치와 종(下
隷).

액정서掖庭署
내시부에 부설되어 왕과 왕족의 명령 전
달, 알현 안내, 문방구 관리 등을 관장하
던 관서. 장원서掌苑署와 함께 대표적인
환관 전용 부서였다.

어영청御營廳
오군영(총융청摠戎廳·수어청守禦廳·훈련도감
訓練都監·어영청御營廳·금위영禁衛營)의 하
나. 1623년의 인조반정으로 국내 정세가
어수선하고 국제적으로 후금과 관계가 위
급해진 가운데 처음 설치되었다. 훈련도
감과 더불어 중앙군의 핵심을 이룬 적도
있으나, 그 뒤 재정상의 어려움으로 서울
에 상주시키지 못하고 군대를 양분하여
교대로 번상케 했다. 그러다가 1652년(효
종 3)에 북벌 정책의 일환으로 이완李浣을
대장으로 삼아 위상을 강화했다. 경상도·
전라도·충청도·강원도·경기도·황해도의
6도에 배치했다. 갑오개혁 때 폐지했다.

어의궁於義宮
일명 상어의궁上於義宮이라고 하며, 인조
가 왕위에 오르기 전에 머물던 잠저潛邸

이고, 효종이 태어난 곳이기도 하다. 서울
특별시 종로구 사직동에 위치했던 것으로
보이지만, 정확한 유지遺址를 추정할 수
없다.

영관領官
조선 말의 무관 계급인 정령관正領官·부
령관副領官·참령관參領官을 통틀어 일컫는
말.

영리營吏
감영이나 군영 등의 본영本營에 딸린 구실
아치.

영선사領選使
고종 때 신문화를 받아들이기 위해 천진
天津에 파견한 사절. 김윤식金允植을 대표
로 한 청년 학도 69명이 영선사로 파견되
어 신식 무기의 제조와 사용법을 배우고
돌아왔다.

영장營將
각 진영鎭營의 으뜸 벼슬. 정3품 품계를
지니고 중앙의 총융청摠戎廳·수어청守禦廳
·진무영鎭撫營에 속한 영장과 각 도의 감
영·병영에 속한 영장의 두 가지 계통이
있는데, 모두 지방 군대를 관리했다. 진영
장鎭營將과 같은 말이다.

영저리營邸吏
감영에 소속되어 있으면서 감영과 각 군
현의 연락 업무를 맡아본 구실아치. 영저
인營邸人이라고도 한다.

영희전永禧殿
태조·세조·원종(인조의 친아버지)·숙종·영조·순조의 영정을 모시고 제사 지내는 전각. 지금의 서울특별시 중구 저동에 해당되는 훈도방薰陶坊에 있었다.

예문관藝文館
임금의 말이나 명령을 대신하여 짓는 일을 담당하기 위해 설치한 관서.

예빈시禮賓寺
종6품 아문으로, 대궐에 찾아온 손님들에게 잔치를 베푸는 일과 종실·중신重臣에게 음식 대접을 하는 일 등을 관장했다.

오가작통법五家作統法
범죄자의 색출, 세금 징수 및 부역 동원 따위를 위해 다섯 민호民戶를 한 통씩 묶은 호적 제도. 1485년(성종 16)과 1675년(숙종 1)에 시행했으며, 헌종 때는 천주교를 탄압하는 데 이를 이용했다.

오군영五軍營
조선 전기의 군사 제도인 오위五衛를 없애고 임진왜란 이후 수도 서울과 그 외곽을 방어하기 위해 설치한 다섯 군영. 곧 총융청摠戎廳, 수어청守禦廳, 훈련도감訓練都監, 어영청御營廳, 금위영禁衛營을 말한다. 1881년(고종 18) 군제를 개편할 때 오군영은 무위영武衛營과 장어영壯禦營의 2영으로 개편되었다.

오위五衛
1451년(문종 1)에 개편을 시작하여 1457년

(세조 3)에 완성한 조선 전기의 중앙 군사 조직. 중위中衛로 의흥위義興衛, 좌위左衛로 용양위龍驤衛, 우위右衛로 호분위虎賁衛, 전위前衛로 충좌위忠佐衛, 후위後衛로 충무위忠武衛를 두었다. 한 위를 다섯 부部, 한 부를 네 통統으로 나누어 전국의 군사를 모두 여기에 속하게 했다.

용동궁龍洞宮
명종의 맏아들인 순회세자順懷世子가 살았던 궁. 1908년(융희 2)까지 남아 있었으나, 지금은 서울시 종로구 수송공원(옛 숙명여학교 자리)에 표석만 남아 있다. 용동궁 터의 표석에는 이렇게 쓰여 있다.
"조선조 명종의 장남 순회세자가 책봉을 받았으나 13세에 세상을 떠나 세자빈의 속궁屬宮이 되었다. 조선 말 경운궁(현 덕수궁) 부근에서 이곳으로 이전되었다가 독일인 묄렌도르프에 하사되었으며, 그 뒤 엄비의 소유로 변하여 숙명여학교가 설립, 운영되었다."

우병영右兵營
경상우도 진주에 있었던 병마절도사의 주영駐營.

우수영右水營
전라도와 경상도의 각 우도右道에 둔 수군절도사의 군영. 해남에 전라 우수영, 통영에 경상 우수영을 각각 두었다. 1894년(고종 31), 군제 개편에 따라 없앴다.

우승郵丞
조선 후기에 역승驛丞을 달리 이르던 말.

역승은 각도의 역참驛站 일을 맡아본 동반 종9품 외관직外官職. → 찰방察訪 참조.

우찬성右贊成
의정부의 종1품 관직. 정원은 1명이다. 『대전회통』에 따르면, 의정부에서 영의정·좌의정·우의정의 삼정승을 참찬參贊과 함께 보필하면서 의정부사議政府事와 대소 국정 논의에 참여했다. 좌찬성左贊成과 함께 동벽東壁이라 일컬어졌으며, 이상貳相(삼정승 다음 가는 벼슬이라는 뜻)이라고도 했다. 1895년 의정부가 내각으로 개칭될 때 좌찬성과 합해 내각총서內閣總書가 되면서 폐지되었다.

우후虞候
→ 병우후 참조.

위종衛從
대한제국 시대 황태손강서원皇太孫講書院에 두었던 판임判任 벼슬. 또는 그 벼슬아치.

유수留守
수도 서울 이외의 요긴한 곳을 맡아 다스리던 정2품의 외관外官 벼슬. 개성·강화·광주·수원·춘천 등지에 두었다.

유수부留守府
지방행정구역. 원래 유수부라는 행정구역이 따로 있는 것이 아니라, 부府 가운데서 유수留守를 장관으로 하는 곳을 가리킨다. 옛 도읍지나 군사적으로 중요한 요지에 설치되었다.

유일遺逸
학문을 깊이 성취하고 덕망과 인품을 갖추었지만 벼슬을 하지 않은 채 초야에 묻혀 지내는 선비. 조정에서는 이들을 찾아내어 과거 시험을 보지 않고 천거를 통해 발탁했다.

유학幼學
벼슬을 하지 않은 유생儒生을 칭하는 말. 나아가 양반의 자손이나 사족士族의 신분을 표시하는 말로도 쓰임.

율학律學
1127년(고려 인종 5) 식목도감式目都監에서 경사육학京師六學의 종합 학과 제도를 마련할 때 포함된 잡학의 하나. 경사육학이란 유교 경전을 가르치는 국자학國子學·태학太學·사문학四門學과 잡업을 가르치는 율학律學·서학書學·산학算學을 말한다. 특히 율학은 일종의 직업학으로, 법률 관계 관직에 종사할 전문인을 양성하고자 만든 학제이다. 8품관 이하의 자제와 서인, 8품관 이상의 자제 가운데 원하는 자 등에게 입학 자격이 있었다.

은대銀臺
승정원의 별칭.

의빈儀賓
왕족의 신분이 아니면서 왕족과 통혼한 사람을 통틀어 일컫는데, 특히 국왕이나 왕세자의 부마駙馬(임금의 사위 또는 공주의 남편)를 관제상 지칭한 말.

이교吏校
서리胥吏·아전·군교를 통틀어 이르던 말.
대체로 중인中人 신분으로 지방의 각 관아
나 군영에서 하급 행정 실무를 담당했다.

이방吏房
중앙의 승정원 및 지방 관청에서 이전吏典
을 담당하는 부서. 또는 그 일을 맡은 책
임자. 지방 관서도 중앙 부서와 같이 6전
체제로 편성되었는데, 이방은 6방 중 하나
로서 지방 관아의 행정과 인사 업무를 담
당했다. 지방 아전의 대표격으로 수리首吏
라고도 불렀다.

익위翊衛
세자의 시위侍衛를 맡아본 세자익위사世
子翊衛司의 정5품 관직. 왕세자를 위해 경
서를 강하고 질문에 응답하는 자리에 참
가했던 만큼 그 선발이 매우 엄격했다. 좌
익위와 우익위 각 1명씩 두었으나 1894
년 갑오개혁 때 좌·우익위를 통합하여 익
위로 하고 칙임관勅任官으로 임명했다가,
1895년에 폐지했다.

장령掌令
사헌부의 정4품 관직으로 감찰 업무를 담
당했다.

장생전長生殿
공신의 도상圖像과 관곽을 만드는 데 사용
되는 재료인 동원비기東園秘器(궁궐에서 쓰
던 관곽棺槨)를 보관하던 곳. 관광방觀光坊

(서울특별시 종로구 중학동)에 있었다.

장악원掌樂院
궁중에서 연주하는 음악과 무용에 관한
일을 담당하던 관청.

장어영壯禦營
1881년(고종 18)에 종래의 오군영을 이군
영 체제로 개편하면서 총융청·어영청·금
위영을 통합하고 수도 방위를 위해 설치
한 군영. 초대 장어대장壯禦大將은 신정희
申正熙였다. 그러나 1년 뒤 1882년, 5군영
체제가 다시 회복되면서 폐지되었다.

장흥고長興庫
궁중에서 사용하는 물품을 조달하고 관리
하던 관청.

전각사殿閣司
조선 말기에 전각의 수리와 수호를 맡아
보던 관청.

전보국電報局
조선 말기에 전보·통신 사무를 맡아보던
관청. 1885년(고종 22) 9월 28일, 서울과
인천 간에 처음으로 전신이 개통된 것을
계기로 서울에 한성총국漢城總局, 인천에
분국을 설치했으며, 곧 이어 평양과 의주
에도 분국을 두었다.

전생서典牲署
국가의 제사에 올릴 양·돼지 등 가축의
사육을 관장하던 관청.

전설典設

종7품 내명부 궁관宮官에게 준 품계. 여러 폭의 피륙을 둘러친 포장인 위장幃帳과 왕골로 만든 자리인 인석茵席, 물을 뿌리고 먼지를 비질하는 쇄소灑掃, 물건을 내어놓는 장설張設 등의 일을 했다.

전옥서典獄署

죄수에 관한 일을 담당하던 관청. 전옥서는 전옥(감옥)과 함께 풍수지리적으로 길지라는 중부 서린방瑞麟坊(현재 서울특별시 종로구 세종로 1가 부근)에 설치하여 죄수들이 혹시라도 병들어 죽는 일이 없도록 배려했다. 초기에 몇 차례 화재를 겪었는데, 1430년(세종 12)에는 전소되기도 했다. 조선시대에는 기결수를 감금하는 법이 없었다. 따라서 우선 피의자를 전옥에 수감한 뒤 공판이 있을 때 압송하고, 판결이 나면 사형·도형徒刑·장형杖刑·태형笞刑 등으로 구분하여 처벌했다.

전운사轉運使

지방에서 조세를 거두어 서울로 운반하는 일을 담당한 관리.

조선 후기에 들어 개인 소유의 선박을 빌려 세곡을 운반하는 일이 많아지자 그 과정에서 많은 문제점이 발생했고, 그에 더해 1876년 개항과 동시에 침투한 일본 선운업자와 잦은 갈등이 일어났다. 이에 1883년(고종 20) 조정에서는 전운서轉運署를 설치하고 그 책임자인 전운사를 임명하여 세곡의 운반을 맡겼다. 처음에는 일본과 독일의 윤선輪船을 빌려 세곡 운반선으로 사용하다가 뒤에는 기선汽船을 구입하여 사용했다. 그런데 이 과정에서 조선 후기 이래 관행적으로 납세자에게 전가한 운수 비용이 늘어났고, 결국 납세자의 부담도 커졌다. 게다가 총책임을 맡은 전운사와 그 밑의 감관監官, 포구의 선박 주인 등이 가렴주구를 일삼았기 때문에 폐해가 심각했다.

마침내 1894년(고종 31) 동학농민전쟁을 일으킨 농민군은 전운사의 혁파를 주장하기에 이르렀다. 곧이어 정부에서 갑오개혁을 실시함에 따라 세금을 현금으로 납부하게 되면서 전운서와 그 책임 관리인 전운사가 혁파되었다.

전운소轉運所

임오군란 후의 관제 개혁에 따라 1883년 1월에 통리교섭통상사무아문統理交涉通商事務衙門의 산하기관으로 설치한 부서. 전운국轉運局·전운영轉運營이라고도 했다. 충청도·전라도·경상도 등 삼남 지방 연안 부근의 세미稅米를 뱃길로 운송하는 업무를 관장했다.

전의감典醫監

의료 행정과 의학 교육의 중추 기관으로서 왕실과 조관朝官의 진찰, 약의 조제, 의학 취재取才 시험도 주관했다. 1392년(태조 1)에 설치하여 존속되었으나 1894년(고종 31)에 내의원에 통합되었다.

전의典醫

조선 말기부터 대한제국 시대에 왕의 질병과 황실의 의무醫務를 관장했던 의관직.

정경正卿
정2품 이상의 벼슬아치를 가리키며, 아경亞卿(경卿의 다음 벼슬이라는 뜻)에 상대하여 이르던 말. 의정부 참찬參贊, 육조의 판서判書, 한성부 판윤判尹, 홍문관 대제학 등이 정경에 해당한다.

정랑正郎
정5품 관직으로 육조의 실무를 관장했으며, 청요직淸要職으로 간주되었다. 특히 이조와 병조의 정랑은 좌랑佐郎과 함께 인사 행정을 담당했으며, 전랑銓郎이라고도 했다. 이들은 삼사三司(사헌부·사간원·홍문관) 관직의 임명 동의권인 통청권通淸權뿐 아니라 자신의 후임자도 추천할 수 있는 재량권을 갖고 있었기 때문에 권한이 막강했으며, 이로 인해 붕당의 폐단을 낳기도 했다.

정언正言
사간원의 정6품 관직. 봉박封駁(왕의 명령이 합당하지 못할 경우에 이를 봉함하여 되돌려 공박하는 제도)과 간쟁을 담당했다.

정자正字
홍문관·승문원·교서관校書館의 정9품 관직. 주로 전적典籍이나 문장의 교정을 맡아보았다.

정헌대부正憲大夫
정2품 문무관에게 준 품계. 정2품의 상계上階로서 자헌대부資憲大夫보다 상위 자리이다. 1865년(고종 2)부터는 종친과 의빈의 품계로도 썼다.

제용감濟用監
왕실에 필요한 의복이나 식품 등을 관장하던 관서. 왕실에서 쓰는 각종 직물·인삼의 진상과 국왕이 내려주는 의복 및 각종 비단(사紗·나羅·능綾·단緞)·포화布貨·물감·염색·직조 등에 관한 업무를 맡았다.

제중원濟衆院
1885년(고종 22)에 미국인 선교사이자 외교관인 알렌Allen, H. N(한국 이름 : 안연安蓮)이 세운 우리나라 최초의 서양 의료 기관.

조방장助防將
주장主將을 도와서 적의 침입을 방어하는 장수. 주로 관할 지역 내에 있는, 무재武才를 갖춘 수령이 이 임무를 맡았다.

조지서造紙署
종이 만드는 일을 관리하고 담당했던 관아. 1415년(태종 15)에 처음 설치한 조지소造紙所를 1466년(세조 12)에 고친 이름이다. 민영 제지 수공업이 발달하게 됨에 따라 1882년(고종 19)에 없앴다.

종백부宗伯府
궁내부宮內府에 속하여 궁중의 의식·제향祭享·능침陵寢(왕릉·왕비릉)·종실宗室 등에 관한 일을 맡아보던 부서.

종정경宗正卿
종친부의 종2품 이상 벼슬. 대원군의 왕권 강화 정책과 관련해 종친을 우대하는 과정에서 두었다.

종친부宗親府
정1품 아문으로 역대 국왕의 계보와 초상
화를 보관하고, 국왕과 왕비의 의복을 관
리하며, 선원제파璿源諸派(임금의 집안, 곧 종
친)를 감독하던 관서.

좌수座首
지방의 자치 기구인 향청鄕廳(유향소留鄕所,
향소鄕所)의 우두머리.

좌이佐貳
각 아문의 관리를 중국의 사등법四等法에
준하여 나눈 4등 중 두 번째 서열. 6조의
참관參判·참의參議, 기타 각 관사官司의 차
석을 일컬음. 좌이관의 준말.

주부注簿
관서의 문서와 부적符籍을 주관하던 종6
품 관직.

주사主事
함경도와 평안도의 큰 고을에 둔 향리직.
서울의 서리書吏와 동급의 신분으로, 지방
의 토관土官 아래에서 지방행정 및 군사
업무를 담당했다.

주임관奏任官
갑오개혁 이후 각 부 대신의 추천을 받아
국왕이 임명한 관리의 통칭. 갑오개혁 때
관품 및 관등 제도가 바뀌면서 전체 관리
를 칙임관勅任官·주임관·판임관判任官 등
세 군으로 나누었는데, 주임관은 3품에서
6품까지의 관리를 말한다.

중관中官
① 내시부에 속하여 임금의 시중을 들거
나 숙직 따위의 일을 맡아보던 남자로, 모
두 거세된 사람이었다. 내시라고도 한다.
② 조정에서 근무하는 벼슬아치를 지방의
벼슬아치에 상대하여 이르는 말.

증광과增廣科
나라에 큰 경사가 있을 때 실시한 임시 과
거 시험. 증광시라고도 한다.

중추부中樞府
정1품 아문으로, 관장하는 직무는 따로 없
으며 소임이 없는 문무 당상관을 우대하
기 위해 두었던 관청이다.

중추원中樞院
구한말 의정부에 딸린 관청. 종래 임직이
없는 문무 당상관에게 일정한 사무를 맡
기지 않은 채 우대하는 의미로 두었던 중
추부를 1894년(고종 31)에 중추원이라 고
치고, 이듬해 사무장정事務章程을 만들어
내각의 자문기관으로 정했다.

지중추부사知中樞府事
중추부에 속한 정2품 무관 벼슬.

지평持平
사헌부의 정5품 관직. 정치 시비에 대한
언론 활동, 백관百官에 대한 규찰과 탄핵,
풍속 교정, 백성의 억울한 일을 풀어주는
일 등을 맡았던 관직.

직각直閣
규장각에 속한 정3품에서 종6품까지의 벼
슬. 직각의 상관인 제학提學과 직제학 등
이 모두 타 관서의 중요한 관원으로 본직
을 겸직했기 때문에, 직각은 규장각에서
실질적인 책임자였다. 당대에 가장 명망
있는 젊은 문관 중에서 선임되었으며, 이
를 역임한 자는 그 출세가 보장되기도 하
였다.

진장鎭將
① 고려시대 진鎭의 으뜸 벼슬.
② 조선시대 각 진영鎭營의 으뜸 벼슬.

집의執義
사헌부 소속의 종3품 관직. 집의를 포함
한 대관臺官은 사헌부의 핵심 직책이기 때
문에 그 책무가 막중했다. 따라서 자기의
소신을 굽히지 않고 직언할 수 있는 젊은
인재가 임명되었다.

찬성贊成
의정부에 속해 있던 종1품 벼슬. 1426년
(세종 8)에 의정부를 개편하면서 처음으로
좌찬성과 우찬성 각 1명을 두었다. → 우
찬성 참조.

참봉參奉
여러 관아에 둔 종9품 벼슬. 능陵, 원園,
종친부, 돈령부, 봉상시, 사옹원, 내의원,
군기시 등에 두었다.

찰리사察里使
3품직의 재신宰臣(정2품 이상인 신하. 재상, 대
신이라고도 함)에게 군사 업무를 맡겨 지방
에 내려보낼 때 붙이는 임시 관직.

찰방察訪
각 도의 역참 일을 맡아본 종6품 외직 문
관의 벼슬. 1535년(중종 30)에 역승驛丞을
고친 관직명으로, 공문서를 전달하거나
공무로 여행하는 사람의 편의를 도모했
다.

참의參議
6조에 소속되었던 정3품의 벼슬. 참판參判
과 함께 판서判書를 보좌한 좌이관佐貳官
이었다.
갑오개혁 이후에는 의정부와 내무아문·외
무아문·탁지아문·군무아문·법무아문·공
무아문·농상아문 등 각 아문에 두었던 주
임관奏任官 벼슬을 일컫는다.

참판參判
6조에 속해 있던 종2품 관직. 갑오개혁 이
후에는 협판協辦 또는 칙임관勅任官이라
했다.

총어영摠禦營
종래 오군영으로 편제되어 있던 친군영親
軍營 체제를 1888년(고종 25)에 삼군영(통위
영·장위영·총어영) 체제로 개편하면서 고친
친군의 별영別營. 이 군영에는 병정 2,250
명, 작대병作隊兵 1,960명이 있었다. 1894
년 갑오개혁 때 군제 개편에 따라 폐지되
었다.

총위영總衛營
경기 지역에 있는 각 진鎭의 군무를 맡아
보던 군영. 1846년(헌종 12)에 총융청을 고
친 이름으로, 1849년(철종 즉위년)에 다시
총융청으로 고쳤다. 1884년(고종 21)에 아
주 없앴다.

추은推恩
임금이 신하의 부모에게 관작을 내리던
일. 시종신侍從臣·병사兵使·수사水使 등의
아버지로서 70세가 넘는 사람에게 품계를
주었다.

춘추관春秋館
시정時政을 기록하는 일을 맡아보던 관청.
조선 개국 당시까지는 예문춘추관이라고
하다가, 1401년(태종 1) 예문관과 분리하여
춘추관으로 독립했다. 대체로 문과에 새
로 급제한 유망한 청년이 춘추관직의 사
관으로 임명되었다. 직위는 낮았지만 항
상 왕 곁을 떠나지 않고 국가의 중대 회의
에 모두 참석했기 때문에 그 직임이 매우
중요하게 여겨졌다. 춘추관에서는 실록을
각지의 사고史庫에 보관하고, 동시에 자신
이 1부를 보관했다.

충훈부忠勳府
정1품 아문으로, 공신功臣에 관한 사무를
맡아본 관부.

친군영親軍營
임오군란이 계기가 되어 편제한 중앙 군
제로, 청나라의 군사 제도를 모방하여 친
군 좌영·우영·전영·후영·별영을 설치함

으로써 5영의 체제를 갖추었다. 1882년(고
종 19) 11월 훈련원에서 원세개袁世凱에게
훈련받는 부대를 신건 친군 좌영新建親軍
左營이라 하고, 동별영東別營에서 주선민朱
先民에게 훈련받는 부대를 친군 우영이라
했다.

태복시太僕寺
궁중의 가마와 말에 관한 제반 일을 맡아
보던 관아. → 사복시 참조

통례원通禮院
국가의 의례를 관장한 관서. 1895년에 장
례원掌禮院으로 개칭되었다.

통위영統衛營
1888년(고종 25) 4월, 종래의 군제는 운영
하는 데 경비가 많이 들고 제도상의 모순
도 많기 때문에 이를 개혁하고자 3영營(통
위영·장위영·총어영)으로 재편성했다. 통위
영은 그 가운데 중영中營으로서 후영後營·
우영右營·해방영海防營을 통합한 것이다.
1894년 갑오개혁 때 군제 개편에 따라 폐
지되었다.

통정대부通政大夫
문신 정3품 상계上階의 품계명. 통훈대부
通訓大夫보다 상위 자리로 당상관堂上官의
말미이다. 정3품 상계부터 당상관이라 하
고, 하계 이하를 당하관堂下官이라고 했다.
1865년(고종 2)부터는 문관뿐 아니라 종친
과 의빈의 품계로도 썼다.

통제영統制營(통영統營)

삼도수군통제사三道水軍統制使의 군영. 1593년(선조 16)에 삼도수군통제사 직제를 새로 만들어 전라좌수사에게 이를 겸임케 한 데서 비롯했다. 삼도수군통제영으로 통칭되며, 약칭은 통영이다. 임진왜란 때 초대 통제사로 제수된 전라좌수사 이순신李舜臣의 한산閑山 진영이 최초의 통제영이다. 정유재란(1597)으로 한산 진영이 폐허가 되자, 통제영은 전세에 따라 이리저리 떠돌아다녔고, 전란이 끝난 뒤에도 거제도 오아포烏兒浦, 고성현 춘원포春元浦 등지로 옮겨 다니면서 제자리를 잡지 못했다.

1603년(선조 36) 제6대 통제사 이경준李慶濬이 통제영을 두룡포頭龍浦(현 통영시 문화동)로 정한 뒤 터를 닦고 건물을 세우기 시작하여 1605년(선조 38) 음력 7월 14일에 여황산 남쪽 기슭에 객사 세병관洗兵館과 백화당百和堂, 정해정靖海亭 등을 창건했다. 1895년(고종 32) 각 도의 병영 및 수영이 없어질 때까지 존속했다.

판관判官

지방장관 밑에서 민정을 보좌하던 벼슬아치. 관찰부, 유수영 및 주요 주州·부府의 소재지에 두었다.

판의금부사判義禁府事

의금부의 으뜸 벼슬인 판사判事로 종1품 관직.

판중추원사判中樞院事

조선 전기 중추원의 으뜸 벼슬. 원래 정2품 벼슬이었으나 1466년(세조 12)에 판중추부사로 고치고 종1품으로 올렸다.

품질品秩

옛 벼슬아치의 관직 등급. 관원의 등급을 품品·유품流品·관품官品이라 하고, 품의 고하에 관한 정식程式을 품계·품질·관계官階·직품職品이라 한다.

조선시대에는 각 품을 정正·종從으로 나누어 정1품에서 종9품까지 18품으로 하고, 다시 종6품 이상의 정·종은 각각 상·하의 2계階로 나누어 정3품 상계上階 통정대부 이상은 당상관, 정3품 하계下階 통훈대부 이하 종6품까지를 당하관·참상參上이라 하고, 정7품부터 종9품까지를 참하參下라 하여 구분했다. 따라서 조선시대의 품계는 사실상 30계로 나뉘었다.

포량미砲糧米

고종 때 강화 진무영江華鎭撫營의 운영을 위해 징수하던 세미稅米.

하대부下大夫

당하관 대부大夫. 정3품 통훈대부通訓大夫부터 종4품 조봉대부朝奉大夫까지이다.

한림翰林

예문관의 봉교奉敎·대교待敎·검열檢閱 등을 두루 이르던 말. 주로 예문관 검열의 별칭으로 불렸다. 한림은 춘추관의 기사관記事官을 겸하는 사관史官으로서 평소에 사초史草를 기록해 두었다가 실록 편찬 때 납입하는 책임도 졌다.

한림권점翰林圈點

예문관의 검열(정 9품 벼슬)을 뽑는 절차. 예문관을 한림원이라고 한 데서 나온 말이다. 7품 이하의 예문관원이 문과에 급제한 사람 가운데 검열의 후보자를 선정하여 명단을 만들면 현임 검열 및 검열을 지낸 3인 이상이 모여 후보자의 성명 아래에 둥근 점을 찍는 권점을 행했다. 그런 다음 의정議政과 제학提學에게 명하여 다시 권점을 행하고, 그 결과를 임금께 아뢰면 차점 이상의 사람을 왕지王旨로 불러들여 한림소시翰林召試라는 시험을 치른 뒤 예문관 검열에 임명했다.

해방영海防營

친군영의 하나. 경기·황해·충청 세 도의 수군을 통할하던 군영으로, 1884년(고종 21)에 설치했다. 1888년 군사 제도를 3영으로 재편성할 때 후영後營, 우영右營과 함께 통위영統衛營으로 통합되었다.

호군護軍

오위五衛에 속한 정4품 벼슬. 현직이 아닌 정4품의 무관이나 음관蔭官 가운데서 임명했다.

호위청扈衛廳

궁중의 호위를 맡아본 군영으로, 1623년(인조 1)에 설치했다. 처음에는 3개 청을 두었다가 1777년(정조 1)에 1개 청으로 축소했다. 호위청은 1894년 갑오개혁 때 군제 개편에 따라 해체되었다.

호장戶長

각 고을의 호구戶口, 토지제도, 조세, 기타 재정 경비에 관한 일을 담당했던 아전.

호포戶布

호戶를 단위로 베를 징수하던 세금. 이른 바 병역세라 할 수 있다.

조선 후기 들어 삼정의 문란이 심각한 가운데 집권한 흥선대원군은 환곡, 전세와 함께 군정에도 일대 개혁을 단행하여 종래 양반의 면세 특권을 폐지하고 신분의 고하를 막론해 호포를 거두었다.

홍문관弘文館

궁중의 경서經書·사적史籍의 관리, 문한文翰의 처리 및 왕의 자문에 응하는 일을 맡아보던 관청. 옥당玉堂·옥서玉署·영각瀛閣이라고도 하며, 사헌부·사간원과 함께 이른바 언론 삼사三司로 일컬어졌다. 청요직淸要職의 상징으로서, 정승과 판서 등 고위직 관리는 거의 예외 없이 홍문관을 거쳤다.

환포還布

환곡還穀과 군포軍布를 아울러 이르는 말.

훈련도감訓鍊都監

오군영의 하나. 수도 경비와 포수砲手·살수殺手·사수射手의 삼수군三手軍 양성을 맡아보던 군영으로, 선조 때 임진왜란 중에 설치했다. 1881년(고종 18) 군제 개혁으

로 별기군別技軍이라는 신식 군대가 조직
되자 그 이듬해 폐지되었다.

훈척勳戚
나라를 위해 공로를 두드러지게 세운, 임
금의 친척.

회계사會計司
호조에 예속된 3사司(관적사版籍司·회계사·
경비사經費司) 가운데 하나로, 서울과 지방
의 각 관청에 모아 둔 금전과 식량의 수지
계산, 해유解由(벼슬아치가 물러날 때 후임자에
게 사무를 넘기고 호조에 보고하여 책임을 벗어
나던 일), 휴흠虧欠(물건·재산 등에서 정수 부족
의 유무를 밝히는 일), 저적儲積(저축) 등에 관
한 일을 맡아보았다. 1405년(태종 5) 3월에
설치하고, 1894년(고종 31)에 폐지했다.

회시會試
과거에서 초시에 합격한 사람들이 서울에
모여 두 번째로 보던 시험. 복시覆試라고
도 한다.

인명록

가사도賈似道 1213~1275년

　　남송 말기의 군인·정치가. ☞ 본문 269~270쪽 각주 32 참조

강로姜㳰 1809(순조 9)~1887(고종 24)년

　　자는 기중期中, 호는 정은貞隱. 1837년(헌종 3) 진사시를 거쳐, 1848년 증광
문과에 병과로 급제했다. 북인 계열로서 노론 중심의 세도정치 아래 중용되
지 못했으나, 흥선대원군이 집권하면서 남인계와 북인계를 기용함에 따라
1866년(고종 3) 병인양요로 피폐해진 강화도에 위유사慰諭使로 임명되어 파
견되었다. 이어 대원군의 중용으로 1871년 병조 판서, 1872년 좌의정에 올
랐다. 1873년 대원군을 탄핵한 최익현崔益鉉의 처벌을 주장했지만, 고종의
친정親政으로 정세가 전환되면서 파직되었다. 1874년 판중추부사判中樞府事
로 재기용되었지만, 임오군란(1882) 때 대원군 파로서 난도亂徒들과 작당했
다는 탄핵을 받아 1883년에 경상남도 안의安義로 유배되었다. 이듬해 풀려
나 1887년에 사면되었다.

고경명高敬命 1533(중종 28)~1592(선조 25)년

　　자는 이순而順, 호는 제봉霽峰·태헌苔軒. 1592년(선조 25) 7월 임진왜란 당시
금산 전투에서 아들 인후因厚 및 유팽로柳彭老, 안영安瑛 등과 함께 순절했
다.

1558년(명종 13) 왕이 성균관에 직접 나와 실시한 시험에서 수석을 하여 곧
바로 전시殿試에 응시할 수 있는 특전을 받았다. 같은 해 식년 문과에서 장
원급제하여 성균관 전적成均館典籍에 임명되었고, 이어서 공조 좌랑이 되었
다. 1561년 사간원 헌납司諫院獻納이 된 뒤에는 파직과 등용을 거듭했다.

1592년 임진왜란이 일어나 서울이 함락되고 선조가 의주로 파천했다는 소
식을 전해 들은 그는 각처에서 도망쳐온 관군官軍을 모았다. 전라좌도 의병
대장에 추대된 그는 전라도 의병군의 결성과 왜적을 격퇴하겠다는 출사표
를 조정에 전달하고, 6월 1일 담양을 출발하여 북상했다. 6월 13일 전주에
도착하여 아들 인후를 시켜 무주·진안 등의 중요 길목에 복병을 배치한 뒤
영남에서 호남으로 침입하는 왜적을 막도록 지휘했다. 27일 은진에 도착하
여 왜적의 동태를 살피고 있던 중, 황간·영동 등지에 주둔한 왜적이 금산을
점령하고 장차 전주를 경유해서 호남을 침범할 계획이라는 정보를 입수했
다. 7월 1일 연산連山으로 회군했다. 이곳에서 충청도 의병장 조헌趙憲에게
서신을 보내 금산의 왜적을 공격할 것을 제의했다. 9일 금산에 도착하여 방
어사 곽영郭嶸의 관군과 좌·우익으로 진을 편성한 뒤 정예 수백 명을 거느
리고 적의 본진을 공격했으나, 적의 군센 저항과 관군의 소극적 태도로 퇴
각했다. 10일에 800여 명의 정예로 선제공격을 했지만 왜적은 약한 관군을
먼저 일제히 공격했다. 이에 겁을 낸 관군은 앞을 다투어 패주하고, 사기가
떨어진 의병군도 붕괴하고 말았다. 그는 전세를 가다듬어 후일을 기약하자
는 주위의 설득을 뿌리치고 "패전장에게는 죽음이 있을 뿐이다"라고 하면서
물밀듯이 밀려오는 왜적에 맞서 싸우다가 순절했다. 저서로는 시문집『제봉
집霽峰集』, 무등산 기행문인『서석록瑞石錄』, 각처에 보낸 격문을 모은 『정기
록正氣錄』이 있다.

곽광霍光 생년 미상~기원전 68년

전한前漢의 무제武帝·소제昭帝·선제宣帝 때의 정치인. 자는 자맹子孟. 무제가
죽고 여덟 살의 어린 소제가 즉위하자, 대사마대장군大司馬大將軍으로서 무
제의 유조遺詔를 받들어 소제를 보좌했다. 모든 정사를 관장했으며, 이후 민
생이 안정되고 외침外侵이 사라졌다. 소제가 죽자 곽광은 창읍왕昌邑王 하賀

(무제의 손자)를 옹립했다. 그러나 음행이 심하다는 이유로 하賀의 제위를 박탈하고 무제의 증손을 선제로 추대했다. 정치는 모두 곽광이 먼저 살핀 다음에야 천자에게 올라갔다. 그의 일족은 곽광의 위세를 믿고 권력을 농단하는 등 오만하기 짝이 없었다. 곽광도 선제의 황후인 허평군許平君(공애황후恭哀皇后)을 독살하고 자신의 딸을 선제의 새 황후로 들여보냈다. 곽광이 죽자 그의 일족은 곽광만큼 인망을 잃었기 때문에 선제에게 실권을 빼앗겼고 최후에는 모반을 계획했다가 반역죄로 일족이 몰살되는 운명을 맞았다.

관부灌夫 생년 미상~기원전 131년

전한前漢 사람. 자는 중유仲孺. ☞ 본문 36쪽 각주 19 참조

관자管子 생년 미상~기원전 645년

관중管仲을 높여서 부르는 말. 춘추시대 제齊나라의 정치가이고, 법치주의를 주장하며 법가法家를 열었다. 자는 중仲, 이름은 이오夷吾. 젊은 시절에 포숙아鮑叔牙와 사귀었는데, 포숙은 관중을 현인이라 여겼다. 가난한 관중은 포숙을 속이는 일이 잦았으나, 그럼에도 불구하고 포숙은 그를 변함없이 좋게 대했다. 세월이 흘러 포숙은 제나라 공자 소백小白을 섬기게 되고, 관중은 소백의 형 규糾를 섬기게 되었다. 소백은 규와의 경쟁에서 승리하여 환공桓公이 되었다. 규는 죽고 관중은 사로잡혀 옥에 갇혔다. 포숙은 그런 관중을 환공에게 추천했고, 마침내 관중이 제나라 국정을 맡게 되었다. 관중은 환공의 재상이 되어 제나라의 부국강병을 이루었다.

관중은 포숙에 대해 다음과 같이 말했다. "일찍이 포숙과 함께 장사를 했는데, 이익을 나눌 때면 내가 더 가졌지만 포숙은 나를 욕심이 많은 사람이라고 하지 않았다. 내가 가난하다는 형편을 알고 있었기 때문이다. 또 포숙을 위해 사업을 경영했다가 실패해서 다시 곤궁해졌지만, 포숙은 나를 우매하다고 하지 않았다. 시운에 따라 이롭기도 하고 그렇지 않기도 하다는 점을 알았기 때문이다. 또 나는 세 번 벼슬길에 나갔다가 세 번 모두 임금에게 쫓겨났지만, 포숙은 나를 무능하다고 하지 않았다. 내가 시운을 만나지 못했다고 생각했기 때문이다. 또 나는 세 번 싸웠다가 세 번 다 패해서 달아났지

만, 포숙은 나를 겁쟁이라고 하지 않았다. 나에게 봉양해야 할 늙은 어머니가 있음을 알았기 때문이다. 공자 규가 환공에 패했을 때 동료인 소홀召忽은 싸우다 죽고 나는 잡혀 욕된 몸이 되었지만, 포숙은 나를 부끄러움을 모르는 자라고 하지 않았다. 내가 작은 일에 부끄러워하기보다는 오히려 공명을 천하에 날리지 못하는 것을 수치스럽게 여겼음을 알았기 때문이다. 나를 낳아준 이는 부모지만, 나를 알아준 이는 포숙이다." 이렇듯 두 사람은 우정으로 맺어져 평생 변하지 않았다. 관중과 포숙의 우정을 가리켜 후세 사람은 '관포지교管鮑之交'라고 이른다.

관중은 제나라 국정을 맡아 백성과 고락을 같이하며, 바다를 낀 이로움을 살려 해산물을 팔아서 재정을 늘리는 등 부국강병을 이루었다. 관중의 저서로 알려진 『관자管子』(후학이 가필한 것으로 평가됨)에는 다음과 같은 유명한 구절이 있다. "백성은 창고가 차야 예절을 알고, 의식이 족해야 영욕을 안다. 위에 있는 자가 절도를 지키면 육친六親이 굳게 결합되고, 사유四維(예의 염치)가 펼쳐지지 않으면 나라는 망한다." "'주는 것이 갖는 것임을 안다'는 정치의 요체이다."

금일제金日磾 기원전 134~기원전 86년

전한前漢 시대 흉노계 정치가. 자는 옹숙翁叔. 흉노 휴도왕休屠王의 태자.

한漢의 표기장군驃騎將軍 곽거병霍去病은 흉노를 항복시킨 뒤 휴도왕이 하늘에 제사를 지낼 때 사용하는 황금상黃金像을 손에 넣었다. 당시 휴도왕의 열네 살 태자(일제日磾)와 가족은 관노가 되었고, 일제는 마부가 되었다. 한 무제는 키가 크고 뛰어난 풍격과 위엄을 갖춘 일제의 용모를 보고 마감馬監으로 삼았다. 일제는 이후 시중부마도위侍中駙馬都尉, 광록대부光祿大夫에 올랐으며, 계속 신뢰를 얻어 무제를 가까이서 모시는 근신近臣이 되었다. 또한 휴도왕의 황금상과 관련하여 한 무제로부터 '금金' 씨 성을 하사받았다.

기원전 87년 병상에 눕게 된 무제는 곽광霍光, 금일제, 상관걸上官桀 세 사람을 불러, 소제昭帝를 보좌하라며 후사를 부탁했다. 곽광은 당초 금일제에게 소제를 보좌하는 지위를 양보하려고 했다. 하지만 금일제는 "나는 외국인입니다. 그런 일을 하면 한漢은 흉노에게 업신여김을 당합니다."라며 거부하여, 곽광이 보좌가 되었다. 소제가 즉위하고 1년 남짓 후에 금일제가 죽었다. 그는 죽기 직전에 병상에서 열후列侯에 봉해지고 죽은 뒤에는 경후敬侯라는 시호를 하사받았다. 일제에게는 아들이 여럿 있었는데, 그 가운데 상賞은 태복太僕, 건建은 부마도위駙馬都尉에 이르는 부귀를 누렸으나, 손자 대에 이르러서는 가문이 쇠미해졌다.

김가진金嘉鎭 1846(헌종 12)~1922년

호는 동농東農. 1886년(고종 23) 정시 문과에 급제하고, 1887년부터 판사대신辦事大臣 주일 공사로 4년간 도쿄에 주재했으며, 1891년부터 안동대도호부 부사安東大都護府使를 지냈다. 1894년 군국기무처 회의원이 되어 내정 개혁에 참여했고, 병조 참의, 외무독판 서리外務督辦署理, 전우국 총판電郵局總辦, 공조 판서 등을 역임했다. 갑오개혁이 실패한 뒤에는 1896년 7월에 조직된 독립협회의 위원으로 선임되었으며, 이때 독립문 현판석의 '독립문' 글씨를 한자와 한글로 썼다.

1902년 국문학교國文學校를 설립하여 한글 교육에 적극 참여했으며, 1905년 을사늑약 체결에 강하게 반대했다. 1910년 국권이 강탈된 뒤 「조선귀족령」에 따라 남작 작위가 주어졌으나 곧 반납하고 대외 활동을 중단했다. 1919년 3·1운동 직후, 제2의 독립 만세 시위를 일으키기 위해 조직된 대동단大同團의 총재로 추대되었다. 같은 해 10월 중국 상해로 망명하여 상해임시정부의 활동에 참여했다.

황현은 동학농민전쟁 당시 김가진이 조정에서 전라도 감사 김학진金鶴鎭을 적극 옹호했다고 『오하기문』에 기록해 놓았다. ☞ 본문 336쪽 참조

김개남金開南 1853(철종 4)~1895(고종 32)년

동학농민군의 지도자. 본관은 도강道康. 초명은 영주永疇, 자는 기선箕先·기범箕範. 전라북도 태인(지금의 정읍시) 출신. 1890년 무렵 동학에 입도한 것으로 전해지며, 동학의 시천주侍天主 신앙과 후천개벽後天開闢 사상에 남다른 관심을 가지고 수행과 포교에 열중했다고 전해진다.

1891년(고종 28) 포교를 위해 전라도 지역을 찾은 최시형崔時亨을 처음 만나

직접 가르침을 받았으며, 접주의 신분으로 타 지역 접주들과 접촉하면서 의기가 상통하는 고부 접주 전봉준全琫準, 금구 접주 김덕명金德明, 무장 접주 손화중孫華仲, 주산舟山 접주 최경선崔景善 등과 동지적 연대감을 형성한 것으로 전해진다. 1892년 동학교도들이 탐관오리의 척결과 교조 신원을 위해 집결한 삼례 집회 때 수많은 인원을 동원하는 등 탁월한 지도력을 발휘하여 동학의 지도자가 되었다.

1893년 보국안민輔國安民과 척왜척양斥倭斥洋의 깃발을 내걸은 보은 장내리 집회 때 호남 교도들을 이끌고 참가하여 태인포泰仁包라는 포(동학의 조직) 이름과 함께 대접주라는 직책을 받았다. 1894년 동학농민전쟁이 일어난 초기에 그가 어떤 활동을 했는지에 대해서는 자세히 전해지지 않는다. 그러나 전주화약 후 나주·남원·운봉 등 세 고을이 집강소 설치에 불응하자 3,000여 명의 병력을 이끌고 남원을 점령했다. 이곳에 주둔하며 전라좌도를 관할하면서 폐정 개혁을 추진했다. 9월의 2차 봉기 때 전봉준이 공주로 진공했지만 김개남은 이 진공에 합류하지 않았다. 10월이 되어서야 장수·금산·진잠(지금의 대전 지역)을 거쳐 청주 병영을 공격했다. 13일 새벽에 청주를 공격했으나 일본군의 화력을 견디지 못해 100여 명의 전사자를 내고 퇴진했다. 비록 병력을 뒤로 물리기는 했으나 청주 병영을 공격한 일은 청주의 관군이 공주에서 전투를 치르는 전봉준 쪽에 투입되지 못하게 하는 효과가 있었다. 청주에서 패퇴한 뒤 진잠을 거쳐 연산連山 쪽으로 남하하여 회문산의 산골 마을 종송리(지금의 정읍시 산내면 종성리)에 있는 매부 서영기徐永基의 집에 은신했으나, 옛 친구 임병찬林炳瓚의 밀고로 강화의 중군中軍 황헌주黃憲周에게 사로잡혔다.

『오하기문』에는 김개남의 최후가 다음과 같이 기록되어 있다.

"감사 이도재가 개남을 신문했다. 개남은 도리어 큰소리를 쳤다. '우리가 한 일은 모두 대원군의 은밀한 지시에 따랐을 뿐이다. 지금 일이 실패한 것은 또한 하늘의 뜻이거늘 무엇 때문에 신문한다고 법석을 떠는 것이냐? 도재는 혼란을 초래하는 것이 두려워 감히 서울로 개남을 압송하지 못하고 곧바로 참수했다. 배를 갈라 내장을 끄집어내 커다란 동이에 담았는데, 보통 사람의 내장보다 훨씬 크고 많아 한가득 찼다. 개남에게 원한을 품은 가문의

㉠
김경징

사람들이 다투어 개남의 내장을 씹었으며, 개남의 살점을 나누어 가지고 가서 개남에게 희생된 사람들의 제사를 지냈다. 그리고 머리는 상자에 담아 대궐로 보냈다." ☞ 본문 506쪽 참조

김경징金慶徵 1589(선조 22)~1637(인조 15)년

조선 중기의 문신. ☞ 본문 34쪽 각주 15 참조

김구주金龜柱 1740(영조 16)~1786(정조 10)년

조선 후기의 척신戚臣이자 남인의 거두. 영조의 장인인 김한구金漢耈의 아들이자 영조의 계비인 정순왕후貞純王后의 오빠이다.

1763년(영조 39) 강서 현령으로 증광 문과에 병과로 급제, 홍문관 부교리에 임명되었다. 1772년 공조 참판 재직 당시 청의淸議와 명절名節을 우선하는 정치적 결사 모임인 청명류淸名流가 발각되었는데, 그도 여기에 참여했던 까닭에 영조의 탕평책에 대한 배신으로 지목되면서 유배에 처해졌다. 그는 이렇게 된 일을 홍봉한洪鳳漢(당시 왕세손인 정조의 외숙) 같은 외척의 정치 탓으로 돌리고, 사촌 동생 관주觀柱와 함께 홍봉한을 제거하는 것이 의리라는 내용으로 상소를 올렸다. 이 상소는 왕세손의 지위를 위협하는 행위로 간주되었고, 마침내 정조 즉위년(1776)에 역적으로 몰렸다. 게다가 영조의 딸 화완옹주和緩翁主의 양자인 정후겸鄭厚謙 및 홍인한洪麟漢, 정이환鄭履煥 들과 결탁하여 정조를 해치려 했던 사실까지 드러남으로써 흑산도에 유배되었다. 1784년(정조 8)에 흑산도에서 나주로 이배되는 감형 조치를 받고, 1786년 나주에서 사망했다.

김규홍金奎弘 1845(헌종 11)~몰년 미상

자는 화일華一. 1864년(고종 1) 증광 문과에 을과로 급제한 뒤 1889년 전라도 관찰사로 부임하고, 1891년 형조 판서를 시작으로 예조 판서, 공조 판서, 경기도 관찰사, 황해도 관찰사를 지냈다. 1894년 7월 개화파 정권으로부터 탄핵을 받고 면직되어 잠시 관직에서 물러나 있었다. 그러나 아관파천으로 개화파 정권이 붕괴하자 건양·광무 연간(1896~1906)에 다시 등용되었다.

1903년 8월에는 북간도로 이주한 백성들을 보호하기 위해 북간도에 보호관을 둘 것을 상주했다. 그에 따라 이범윤李範允이 북간도의 한인을 보호하는 관리로 처음 파견되었다.

동학농민전쟁 당시에는 황해도 관찰사로 재직했다. 황현은, 김규홍이 전라도 관찰사로 재직하면서 자행한 탐학이 동학농민전쟁의 내인內因을 조성했다고 보았으며, 이른바 동학농민전쟁 오적五賊(조병갑, 조필영, 김문현, 김창석, 김규홍) 가운데 한 명으로 지목했다. ☞ 본문 119쪽, 206쪽 참조

김기수金綺秀 1832(순조 32)~몰년 미상

자는 계지季芝, 호는 창산蒼山. 1875년(고종 12) 현감으로 별시 문과에 병과로 급제하여 홍문관 응교에 올랐고, 1876년 강화도조약 체결 후 통정대부通政大夫에 제수되었다. 예조 참의로 수신사修信使에 임명되어 근대 대일 교섭의 첫 사절이 되었다.

사절 단원 76명을 이끌고 4월 4일 서울을 출발했다. 29일에 부산을 출발하여 이튿날 일본 시모노세키下關에 도착했다. 5월 7일 요코하마橫濱에 입항하여 일본 외무성 관리의 마중을 받고 특별 열차편으로 같은 날 도쿄에 도착했다. 5월 27일 도쿄를 떠날 때까지 20여 일간 체류하면서 개화한 일본의 문물, 전신과 철도의 가설, 군함과 대포 제조를 비롯하여 군사·기계·학술·교육 등의 시설을 시찰했는데, 외교 의례상 전례가 없는 환대를 받았다. 그의 일본 견문기는 『일동기유日東記游』와 『수신사일기修信使日記』에 나타나 있다.

수신사 일행의 보고와 함께 그가 고종에게 올린 복명별단復命別單은 고종과 민비, 그리고 척신과 조정의 신하들에게 개국에 대한 커다란 흥미와 관심을 불러일으켰다. 그 결과 일본에 대한 인식이 새로워져, 1880년 제2차 수신사 김홍집金弘集 일행과 1881년 신사信使(통신사를 개칭한 말. 이른바 신사유람단紳士遊覽團)를 파견하는 계기를 만들었다.

김덕령金德齡 1567(선조 즉위년)~1596(선조 29)년

자는 경수景樹. 성혼成渾의 문하에서 수학했다. 1592년 임진왜란이 일어나

자 형과 함께 의병을 일으켜 고경명高敬命의 막하에서 전라도 경내로 침입하는 왜적을 물리치기 위해 전주에 이르렀다. 그러나 그때, 되돌아가서 어머니를 봉양하라는 형의 권고를 받고 귀향했다. 1593년 어머니 상중에 담양 부사 이경린李景麟, 장성 현감 이귀李貴 등의 권유로 담양에서 의병을 일으켜 세력을 크게 떨치자, 선조로부터 형조 좌랑의 직함과 함께 충용장忠勇將의 군호를 받았다. 의병장의 자격으로 곽재우郭再祐와 함께 권율權慄의 휘하에서 영남 서부 지역의 방어 임무를 맡으며 거제도와 고성 등지에서 여러 차례 외적을 격파했다.

1596년 도체찰사都體察使 윤근수尹根壽의 노복을 장살한 죄로 투옥되었으나, 영남 유생들의 상소와 정탁鄭琢의 변호로 곧 석방되었다. 7월 홍산鴻山에서 이몽학李夢鶴이 반란을 일으키자, 도원수 권율의 명을 받아 진주에서 운봉雲峯까지 진군했다. 이미 난이 평정되었다는 소식을 듣고 고향 광주로 돌아가려 했지만 허락을 받지 못해 다시 진주로 왔다. 그런데 이때 신경행辛景行과 한현韓絢의 무고로 이몽학과 내통했다는 죄를 뒤집어쓰고 최담년崔聃年·곽재우·고언백高彦伯·홍계남洪季男 등과 함께 체포되었다. 이에 정탁과 김응남金應南 등이 그의 무고를 힘써 변명했으나, 20일 동안 여섯 차례의 혹독한 고문을 견디지 못하고 옥사했다. 체구가 작지만 날래고 민첩하며 신용神勇을 지닌 것으로 유명했다. 그의 용력에 대한 전설적인 이야기가 많다. 1661년(현종 2)에 신원伸寃되어 관작이 복구되었으며, 1788년(정조 12)에는 의정부 좌참찬에 추증되고 부조특명不桃特命(국가에 공훈이 있는 인물의 신주를 영구히 사당에 제사 지내게 하는 특전)이 내려졌다.

황현은 『오하기문』에서 정충신鄭忠信과 함께 김덕령을 가리켜 한 시대를 풍미한 용맹스런 장군으로 평가했다. ☞ 본문 104쪽 참조

김만기 金萬基 1633(인조 11)~1687(숙종 13)년

자는 영숙永淑, 호는 서석瑞石. 송시열宋時烈의 문인이다. 1652년(효종 3) 사마시를 거쳐 이듬해 별시 문과에 을과로 급제하여 승문원에 등용되었다. 1659년 5월 효종이 죽고 인조의 계비인 자의대비慈懿大妃의 복상服喪 문제로 논란이 일자(1차 예송禮訟 논쟁), 효종이 적장자가 아님을 근거로 기년설朞

年說(만 1년간 상복을 입어야 한다는 주장)을 주장하여 3년설을 주장한 남인의 윤선도尹善道를 공격했다. 1671년(현종 12)에 딸을 세자빈(후에 인경왕후仁敬王后)으로 들여보냈다. 1674년에 효종 비 인선왕후仁宣王后가 죽자, 다시 자의대비의 복제에 대해 소를 올려 3년상을 주장했다.(2차 예송 논쟁. 이때 서인은 9개월설을 주장하고 남인은 기년설을 주장했으나, 김만기는 서인임에도 당파의 주장과 다른 3년상을 주장했다.) 그해 숙종이 즉위하자 김만기는 임금의 장인으로서 영돈령부사領敦寧府事로 승진하고 광성부원군光城府院君에 봉해졌다. 총융사摠戎使를 겸관하여 병권을 장악했고, 김수항金壽恒의 천거로 대제학이 되었다. 1680년(숙종 6) 경신환국庚申換局 때 훈련대장으로서 끝까지 굽히지 않고 남인과 맞서, 마침내 남인을 물러나게 했다. 1689년 기사환국己巳換局으로 남인이 정권을 잡자, 노론 과격파로 지목되어 삭직되었다가 나중에 복직되었다. 저서로는 『서석집』 18권이 있다.

김문현金文鉉 1858(철종 9)~몰년 미상

자는 원부元敷. 1878년(고종 15) 정시 문과에 병과로 급제했다. 1884년 안악 군수로 있을 때 백성이 들고일어난 사건이 발생했기 때문에 황해 감사로부터 문책을 당했다. 갑신정변 후 신내각에서 병조 참의에 임명되었다. 1893년(고종 30) 동학교도의 보은 집회가 열리자, 조정에서는 이를 무마하고 억누르기 위해 그를 광주부廣州府 유수에서 전라도 관찰사로 임명했다. 이해 12월 고부 군수 조병갑趙秉甲이 임기 만료(1893년 11월)로 전임 발령을 받았는데, 김문현은 조병갑이 선정을 펼쳤다면서 조정에 유임을 요청했고, 마침내 그를 고부 군수로 계속 남게 만들어 고부 민란의 발생에 중요한 원인을 제공했다.

황현은 『오하기문』에서 김문현에 대해, 고부 민란이 소강 상태에 빠지자 오히려 부자들을 잡아들여 민란을 일으켰다는 죄를 덮어씌운 뒤 뇌물을 받고서야 풀어주었다고 말한다. 이 때문에 당시 사람들이 김문현을 동학농민전쟁의 오적五賊 가운데 한 명으로 지목했다고 한다. ☞ 본문 124쪽 참조

또한 당시 이설李偰은 상소문에서 김문현에 대해 다음과 같이 비판했다. "재물에 눈이 뒤집혀 더러운 짓도 서슴없이 자행함으로써 난을 조성했습니다.

또 실상을 파악하고도 어루만져 위로하지 않았기 때문에 백성은 어찌할 바를 몰랐습니다. 그런데도 끝내 과격하게 다그쳐서 결국 난을 일으킬 명분을 제공했습니다. 도적들의 깃발이 한번 펄럭이자 놀란 나머지 신발을 거꾸로 신고 허겁지겁 자신의 관할 구역에서 빠져나가 구차하게 목숨을 보전하고 살아남았습니다. 조경묘와 경기전의 소중함은 안중에도 두지 않았을 뿐 아니라 나라의 중요한 요충지인 전주성을 도적들에게 빼앗기는 치욕적인 사태를 초래했습니다. 이렇게 하고도 신하의 도리를 다했다고 할 수 있겠습니까?"

김문현은 결국 황토현 전투와 장성 전투의 패배, 농민군의 전주성 입성 등으로 문책을 받고 파면되어 1894년 5월 거제도로 유배되었다.

김병기 金炳冀 1818(순조 18)~1875(고종 12)년

자는 성존聖存, 호는 사영思潁. 할아버지는 김조순金祖淳, 아버지는 김영근金泳根이다. 영의정 김좌근金左根에게 입양되었다.

1847년(헌종 13) 정시 문과에 병과로 급제하고, 이듬해 사복시 정司僕寺正이 된 뒤 여러 관직을 두루 거쳤다. 1862년(철종 13)에는 삼남 지방으로부터 시작된 전국적인 민란(임술농민항쟁)의 대책을 강구하기 위해 설치한 삼정이정청三政釐整廳의 구관당상句管堂上이 되었다. 철종 때 안동 김씨의 세도정치하에서 이조 판서, 어영대장, 판돈령부사직을 두 차례, 호조 판서직을 다섯 차례나 거치는 관력官歷을 뽐냈다.

고종 즉위 후 흥선대원군이 실권을 잡자, 1864년(고종 1) 판돈령부사, 광주廣州 유수 등 한직으로 밀려났다. 그러다가 다시 요직에 기용되어 1865년부터 1867년까지 병조 판서, 좌찬성, 공조 판서, 예조 판서, 이조 판서 등을 차례로 역임했다.

흥선대원군이 집권하면서 안동 김씨의 대부분이 제거되었지만 김병기는 비록 한직이나마 여전히 관직에 머물 수 있었는데, 이는 안동 김씨의 세도정치가 한창일 때 초야에 있던 흥선대원군과 교유한 인연 덕분이었다. 저서로 『사영집』이 있다.

김보현金輔鉉 1826(순조 26)~1882(고종 19)년

자는 공필公弼, 호는 난재蘭齋. 1848년(헌종 14) 증광 문과 별시에 을과로 급제하여 대교待敎가 되었다. 1864년(고종 1) 흥선대원군에 의해 관직에서 축출되었지만, 이후 민씨 일파의 척족으로 다시 정계에 나와 형조 판서, 이조 판서, 선혜청 당상을 지냈다. 선혜청 당상으로 재임할 때 부정한 방법으로 이익을 탐하는 일이 많아 원성을 샀다. 1881년(고종 18) 통리기무아문의 통상당상通商堂上에 임명되었다. 이듬해 조미수호통상조약에서 체결된 관세율을 일본에도 적용시키려는 정부의 방침에 따라 전권대관全權大官으로 임명된 그는 일본 공사 하나부사 요시모토花房義質와 협상을 벌이기도 했다.

임오군란(1882) 발발 직전, 군영의 군인들에게 지급되어야 할 녹봉미祿俸米가 13개월이나 밀렸다가 겨우 나눠 준 달치에 겨와 모래가 섞여 있자, 군인들은 당시 선혜청 당상인 민겸호閔謙鎬와 경기도 관찰사인 김보현에게 그 책임이 있다고 여겼다. 임오군란을 일으켜 대궐 안으로 난입한 군인들은 마침내 민겸호와 함께 그를 중희당重熙堂에서 살해했다.

김상용金尚容 1561(명종 16)~1637(인조 15)년

자는 경택景擇, 호는 선원仙源·풍계楓溪·계옹溪翁. 1582년(선조 15) 진사가 되었으며, 1590년 증광 문과에 병과로 급제하고, 승문원 부정자承文院副正字, 예문관 검열藝文館檢閱이 되었다. 임진왜란이 일어나자 강화江華 선원촌仙源村(현 인천광역시 강화군 선원면 냉정리)으로 피난했다가 양호 체찰사兩湖體察使 정철鄭澈의 종사관이 되어 왜군 토벌과 명나라 군사 접대에 공을 세우고 1598년(선조 31) 승지로 발탁되었다. 그 뒤 왕의 측근에서 전란 중의 여러 사무를 보필했으며, 성절사聖節使로 명나라에 다녀오기도 했다.

1617년(광해군 9)에 폐모론廢母論이 일어나자 이에 반대하여 벼슬을 버리고 원주로 거처를 옮겨 화를 피했다. 인조반정(1623) 뒤에는 판돈령부사, 병조·예조·이조의 판서를 역임했다. 1636년(인조 14) 병자호란 때, 묘사廟社의 신주를 받들고 빈궁과 원손을 수행하여 강화도로 피난했다. 이듬해 성이 함락되자, 성의 남문루南門樓에 있던 화약에 불을 지르고 순절했다. 한때 그의 죽음을 놓고, 스스로 분신한 것이 아니라 실화失火 때문이라는 이설도 제

기된 바 있다. 그러나 박동선朴東善·강석기姜碩期·신익성申翊聖 등의 변호로 정려문旌閭門이 세워지고, 1758년(영조 34) 영의정에 추증되었다.

김석주金錫胄 1634(인조 12)~1684(숙종 10)년

자는 사백斯百, 호는 식암息庵. 1657년(효종 8) 진사가 되었으며, 1661년(현종 2) 왕이 직접 성균관에 거둥하여 실시한 시험에서 우수한 성적을 거둬 곧 바로 전시殿試에 응시할 수 있는 특전을 받고, 이듬해 증광 문과에서 장원을 차지했다. 당시 서인 중의 한 분파인 한당漢黨(한강 이북에 거주했던 사림이 결집한 붕당. 김육金堉을 영수로 하고 대동법을 주장)에 가담했기 때문에 집권당이던 산당山黨(김집金集을 영수로 하고 지방 서원을 중심으로 세력을 형성한 서인 세력의 한 붕당)에 중용되지 못했다. 그러나 그 뒤 1674년(현종 15) 자의대비慈懿大妃의 복상 문제로 제2차 예송 논쟁이 일어나자, 남인 허적許積 등과 결탁하여 송시열宋時烈·김수항金壽恒 등 산당을 숙청하고 수어사守御使에 이어 도승지로 특진했다.

하지만 남인 정권이 강화되자 도리어 이를 제거하기 위해 다시 서인들과 제휴함으로써 송시열을 제거하려는 남인의 책동을 꺾었다. 이때부터 송시열과 밀접한 관계를 맺었다. 1680년(숙종 6) 허적 등이 유악油幄 남용 사건(왕실에서 쓰는 장막을 사사로이 가져다가 사용했다는 이유로 일어난 사건)으로 실각한 뒤, 이조 판서가 되어 남인의 잔여 세력을 박멸하고자 허견許堅(허적의 서자)이 모역을 꾀한다고 고변하게 하여 이들을 추방했다. 1683년에 사은사로 청나라에 다녀온 뒤 음험한 수법으로 남인의 타도를 획책했다고 하여 같은 서인의 소장파로부터 반감을 샀고, 마침내 서인이 노론·소론으로 분열하는 원인의 하나를 제공했다. 저서로는 『식암집』과 『해동사부海東辭賦』가 있다.

김윤식金允植 1835(헌종 1)~1922년

자는 순경洵卿, 호는 운양雲養. 어려서 부모가 모두 사망하는 바람에 숙부인 청은군淸恩君 김익정金益鼎에게 의탁하여 성장했다. 유신환兪莘煥과 박규수朴珪壽의 문인이다.

1865년(고종 2) 음관蔭官으로 출사하여 건침랑健寢郎이 되었다. 1874년 문과에 급제한 뒤 황해도 암행어사를 시작으로 여러 관직을 역임했다.

정부의 개화 정책에 따라 영선사領選使로 임명되어 학도學徒와 공장工匠을 이끌고 1881년 중국으로 건너가 그들을 기기국機器局에 배치한 뒤 중국의 선진 문물과 신기술을 익히도록 했다.(당시 청나라 측이 제시한 유학생의 수는 38명이다. 이 가운데 중인 이상의 신분 20명을 학도라 했고, 천인 신분 18명을 공장이라 했다. 영선사 일행은 이 밖에 관원·통사通事·수종隨從 등 모두 69명이 정식 인원이며, 유학생의 수종도 14명이 있었다.) 청나라 체류 중에 국내에서 임오군란이 일어났다는 소식을 듣자, 문의관問議官 어윤중魚允中과 상의하여 청나라에 파병을 요청하는 동시에 흥선대원군을 제거할 수 있는 방략 등을 제의함으로써 청나라 개입을 주도했다. 오장경吳長慶·마건충馬建忠이 이끄는 청나라 군대와 함께 귀국했다. 임오군란이 수습되고 흥선대원군이 청나라로 납치된 후, 그해(1882) 9월 재차 청나라로 건너가 학도와 공장을 본국으로 철수시켰다. 또한 이때 청나라로부터 각종 기기를 도입하고, 조선에 기기창機器廠을 설치할 수 있는 기반을 마련했다. 강화부 유수로 있을 때 원세개袁世凱의 도움으로 병사 500명을 선발하여 진무영鎭撫營을 설치했다. 이 영군은 신무기로 무장하고 중국식으로 훈련을 받았으며, 갑신정변 때 상경하여 궁중 수비를 담당했다.

1884년 갑신정변이 일어나자 김홍집金弘集·김만식金晩植과 함께 원세개에게 구원을 요청하여 청나라 군대와 친군 좌우 영병親軍左右營兵으로 하여금 창덕궁을 점거하고 있던 일본군을 공격함으로써 정변을 끝냈다. 정변 이후에는 병조 판서와 독판교섭통상사무가 되어 대외 관계를 담당했다. 독판 재임 중, 민씨 척족과 친일 급진 개화파 세력에 대항하기 위해 흥선대원군의 귀국을 도모하여 실현했다. 원세개가 주차조선총리교섭통상사의駐箚朝鮮總理交涉通商事宜로 새로이 부임하자 김윤식의 친청親淸 노선은 한층 굳어졌다.

1887년(고종 24) 유배(부산 첨사 김완수金完洙가 일본 상인에게 사채를 빌린 문서에 결재했다는 죄목에 따라 받은 형벌)되었다가 1895년에 등용되었다. 그가 석방되고 곧 등용될 수 있었던 배경은, 청일전쟁 직전에 일본 세력의 지원으로 민씨 척족 세력이 제거되고 흥선대원군이 집권에 성공했기 때문이다. 김홍집 내각에 등용되어 군국기무처 회의원으로 갑오개혁에 간여했고, 이후

독판교섭통상사무, 외무아문 대신을 역임했다. 갑오개혁의 입안자로 참여하는 한편, 일본에 의해 국권이 잠식당하는 굴욕적인 모든 조약이나 조처에 순응했다.

1896년 2월(이하 양력) 아관파천 사건이 일어나자 외무 대신직에서 면직되었다. 을미사변과 관련하여 탄핵을 받고 제주도로 종신 정배되는 형벌에 처해졌으나, 일진회의 간청과 70세 이상자에 대한 정부의 석방 조처에 따라 10년 만에 해금되어 서울로 돌아왔다. 한말 애국계몽운동이 활발해지자 기호학회畿湖學會 회장, 흥사단 단장, 교육구락부 부장, 대동교총회大同教總會 총장으로 활약했다. 3·1운동이 일어나자 이용직李容稙과 더불어 독립을 요구하는 '대일본장서對日本長書'를 제출했는데, 이 일로 2개월간 투옥된 일이 있다. 저서에는 『운양집』, 『임갑령고壬甲零稿』, 『천진담초天津談草』, 『음청사陰晴史』, 『속음청사續陰晴史』 등이 있다.

김인배金仁培 1870(고종 7)~1894(고종 31)년

본명은 용배. 전북 금구현(지금의 김제시 봉남면 화봉리) 출생. 순천을 거점으로 활약한 농민군 지도자 가운데 한 사람이다. 어렸을 때 글을 잘하고 똑똑해서 주위로부터 신망을 받았다. 동학에 입도한 시기는 명확하지 않으나, 1894년 백산白山 봉기 때 김덕명金德明과 함께 농민군을 거느리고 합류했다. 농민전쟁 기간 중에 주로 광양·순천·하동 지역을 중심으로 활약했다. 영남과 호남을 모두 관할하라는 뜻에서 김개남으로부터 영호嶺湖 대접주의 직함을 받았다.

황현은 『오하기문』에서, 하동·진주의 전투 상황과 김인배의 활약상을 상세히 기술하고 있다. 자신이 살아가는 현재의 역사에 충실하고자 역사의 푸른 물결에 온몸을 던진 봉건 왕조시대의 양반 청년이 결국 뜻을 성취할 수 없음을 알아챈 뒤, 전투에 함께 참가했던 처남에게 남겼다는 다음과 같은 말에서 청년 김인배의 모습을 어렴풋이나마 그려볼 수 있을 것 같다. "장부가 사지에서 죽음을 얻는 것은 떳떳한 일이요, 다만 뜻을 이루지 못함이 한이로다. 나는 함께 살고 함께 죽기를 맹서한 동지들과 최후를 같이할 것이니 그대는 집으로 돌아가 부모를 봉양하라."

김재찬金載瓚 1746(영조 22)~1827(순조 27)년

자는 국보國寶, 호는 해석海石. 1773년(영조 49)에 사마시에 합격하여 진사가
되고, 이듬해 정시 문과에 병과로 급제했다. 1780년(정조 4)에 검열檢閱이 되
어 『이문원강의摛文院講義』를 편집했으며, 이후 규장각 직각奎章閣直閣에 임
명되었다. 1786년(정조 10) 원춘도原春道(1782년 8월 2일 강원도 출신의 이택징
李澤徵이 대역죄에 걸린 일로 강원도를 원춘도로 이름을 바꾸었으나, 1791년 1월 2
일에 다시 옛 이름으로 복호되었다) 관찰사에 임명되어 울릉도에 잠입해서 물
고기와 향나무의 채취를 금했고, 영동 지방의 무사들을 삼진三鎭에 속하게
한 후 봄·가을로 나뉜 시험 날짜를 한날로 하도록 건의해서 시행하게 했다.
1800년(순조 즉위년) 정조가 승하하자 『건릉표석음기健陵表石陰記』를 지었
고, 숭록대부崇祿大夫로 품계가 올랐다. 또한 『정조실록』 편찬에도 참여했다.
1805년(순조 5)에 우의정 부임을 거절함으로써 황해도 재령에 부처付處(자신
이 원하는 일정한 곳에서 생활하게 하는 형벌. 유배형의 하나)되었으나, 이듬해 석
방된 후 영중추부사, 우의정에 다시 임명되었다. 조정에 들어가서 당시 공
정성 없는 과거의 폐단을 지적하며 시정을 요구했다. 1809년 영의정에 올
라 영남 지방의 대동미 3분의 1과 호남 지방의 대동미 4분의 1을 아울러 줄
이도록 조처했다. 저서로는 『해석집』, 『해석일기』가 있고, 편서로는 『이문원
강의』가 있다.

김조순金祖淳 1765(영조 41)~1832(순조 32)년

자는 사원士源, 호는 풍고楓皐. 1785년(정조 9) 약관의 나이로 정시 문과에 병
과로 급제하여 검열檢閱이 되었다.
1788년(정조 12) 규장각의 대교待敎로 있을 때 시파時派와 벽파僻派의 붕당
싸움이 일어나자, 중립을 지키면서 당쟁을 없앨 것을 주장했다. 그러나 황
현은 『오하기문』에서 김조순에 대해, "정조가 탕평 정책으로 노론이 주도하
는 정국을 변화시키고 왕권 강화를 도모했을 때 찬성을 표명한 정파(시파)와
반대를 표명한 정파(벽파)를 가린다는 명분으로 만만찮은 상대를 비열하게
죽여 없애는 등 권세를 휘두르는 간신의 잔인한 면모 역시 지니고 있었다."
라며 전혀 다른 평가를 내렸다. ☞ 본문 29쪽 참조

순조 즉위 후 부제학, 행호군, 병조 판서, 이조 판서, 선혜청 제조 등 여러 요
직에 제수되었으나 항상 조심하는 태도로 사양했다. 1802년(순조 2) 그의 딸
이 순조 비(순원왕후純元王后)로 책봉되자, 영안부원군永安府院君에 봉해졌다.
1814년 금위대장, 1826년 양관 대제학이 되었다.

어릴 때부터 기량과 식견이 뛰어났으며 성격이 곧고 밝아서 정조의 사랑을
받았다. 그 자신은 시벽의 당파나 세도의 풍을 형성하지 않으려고 노력했음
에도 불구하고, 그를 둘러싼 척족 세력이 뒷날 안동 김씨 세도정치의 기반
을 조성하는 결과를 초래했다. 저서로『풍고집』이 있다.

김창석金昌錫 1846(헌종 12)~몰년 미상

1878년(고종 15) 정시 문과에 을과로 급제했다. 1890년 호남 균전관湖南均田
官으로 재직할 때 농정農政을 제대로 살피지 못해 농민의 피폐함을 불러옴
으로써 농민전쟁이 일어나게 된 원인을 제공한 인물로 꼽힌다.

황현은『오하기문』에서 김창석에 대해 다음과 같이 기록하며 동학농민전쟁
의 오적 가운데 한 명으로 지목했다. "김창석은 농지의 측량과 정확한 조사
를 통해 민정을 살피는 임무를 맡은 균전어사均田御史로 파견되었지만, 수확
이 없어서 면세를 받아야 할 땅에 억지로 세금을 매기어 거두는가 하면, 조
세 대상으로 토지대장에 올라 있는 논밭의 면적을 떼어내 자신의 사유지에
편입시켜 제 이익을 취하는 데 몰두했다. 이런 짓을 자행하면서도 임금에게
는 끊임없이 예물을 바쳐 총애를 샀다. 그러나 백성의 원성은 자연히 날로
높아져갔다. 또한 직무를 팽개치고 시골집에서 빈둥거렸는데도 공로를 세
웠다고 기록되어 관직이 승지에 이르렀다. 이런 상황으로 인해 전라우도는
더욱 피폐해졌다." ☞ 본문 110쪽 참조

장지연張志淵은『진휘속고震彙續攷』에서 김창석이 시서화詩書畵 삼절三絶로
이름이 높았다고 기록했지만, 지금까지 알려진 그의 작품은 없다.

김천일金千鎰 1537(중종 32)~1593(선조 26)년

자는 사중士重, 호는 건재健齋. 이항李恒의 문인으로, 김인후金麟厚·유희춘柳
希春 등과 교유했다.

1573년(선조 6) 학행學行으로 발탁되어 군기시 주부軍器寺主簿가 되었다. 용안龍安 현감과 강원도·경상도 관찰사를 역임했지만, 시폐를 적극 논한 소를 올려 임실 현감으로 좌천되기도 했다.

1592년 임진왜란이 일어나자 고경명高敬命·박광옥朴光玉·최경회崔慶會 등에게 글을 보내 창의기병倡義起兵 할 것을 제의했다. 그리고 본인은 나주에서 의병 300명을 모아 북쪽으로 출병했다. 수원의 독성산성禿城山城을 거점으로 본격적인 군사 활동을 전개하며 유격전으로 개가를 올렸다. 특히 금령金嶺 전투에서는 일시에 왜적 15명을 참살하고 많은 전리품을 노획하는 전과를 올렸다. 강화도로 진을 옮긴 뒤 매일같이 강화 연안의 적군을 공격했으며, 양천·김포 등지의 왜군을 패주시켰다. 전라 병사兵使, 경기 수사水使, 충청 병사兵使, 추의병장秋義兵將 우성전禹性傳 등의 관군 및 의병과 합세하여 양화도楊花渡 전투에서 대승을 거두었다. 1593년 정월에 명나라 군대가 평양을 수복하고 개성으로 진격할 때 이들의 작전을 도왔으며, 명·일 간에 강화가 제기되자 반대운동을 전개했다. 서울이 수복된 뒤 굶주리는 양민을 보고 배로 쌀 1,000석을 공급하여 구휼했다.

1593년 명·일 간에 강화가 추진되는 와중에 다른 한편에서는 서울에서 철수한 왜군의 주력이 경상도 밀양 부근에 집결하여 1차 진주성 전투(1592년 10월)의 패배를 설욕하기 위해 진주성 공격을 서두르고 있었다. 이에 김천일은 왜군을 추격하여 6월 14일 300명의 의병을 이끌고 진주성에 입성했다. 이곳에서 관군·의병을 이끄는 총책임자인 도절제都節制가 되어 항전 태세를 갖추었다. 10만에 가까운 적의 대공세에 맞서 분전했으나 끝내 함락되고 말았다. 아들 상건象乾과 함께 촉석루에서 남강南江에 몸을 던져 순사했다. 저서로는 『건재집』이 있다.

김학진金鶴鎭 1838(헌종 4)~몰년 미상

자는 성천聖天, 호는 후몽後夢. 김상헌金尙憲의 11대손이다. 1871년(고종 8) 문과에 급제했으며, 1894년에 형조 판서, 공조 판서가 되었다. 전라도에서 동학농민군이 봉기하자 조정에서는 전라 감사 김문현金文鉉을 파직하고, 김학진을 후임으로 임명했다. 황현은 『오하기문』에서 김학진이 시문에는 자못 능하지만 주관이 없기 때문에 한 도의 행정 책무를 맡을 만한 소양을 갖추지 못했다고 혹평했다. 그러나 오히려 김학진은 임지에서 자신의 판단에 따라 일을 처리할 수 있는 권한(편의종사便宜從事)을 달라고 임금에게 요구할 정도로 뚜렷한 주관을 지닌 인물이었다. 김학진은 부임 초기인 1894년 6월 초, 농민군의 남원 집회에 군관을 보내서 다음과 같은 제안을 했다. '① 폐정은 일체 뜯어고치는데, 작은 것은 자신이 실시하고 큰 것은 조정에 보고하여 고친다. ② 농민군이 편안히 생업에 종사할 것을 보장하는데, 억울한 일은 각 면面과 리里 단위에 설치된 집강을 통해 호소하면 감영에서 처리한다. ③ 무기를 반납하는 일 이외에 곡식을 빼앗은 일 등은 없었던 일로 하게 할 것이다. ④ 올해의 각종 세금은 모두 면제할 것이다.'(☞ 본문 298~299쪽 참조) 이 제안은 농민군의 활동을 일정 부분 인정하는 것으로, 기득권층의 비난을 피할 수 없는 조치였다. 아마도 동학농민전쟁을 야기한 실상을 직접 파악하고 그에 따른 수습책을 고민한 결과인 듯싶다. 또 7월에 열린 남원 집회에도 군관을 보내, 모두 함께 국난(일본군의 경복궁 침탈)에 대처하자고 제의했다. 김학진은 이 제의를 받아들인 전봉준과 전주에서 만나 면담했는데, 두 사람은 밀담을 나눌 정도로 시세에 대한 인식을 공유했다. 김학진은 농민군의 강압에 따른 것이 아니라 자신의 판단으로 농민군의 집강소 활동을 인정했고, 감사의 집무실인 선화당宣化堂을 전봉준의 집무실로 사용하도록 했다. 황현은 『오하기문』에서 김학진의 이런 처사를 다음과 같이 비판한다. "학진은 마치 꼭두각시처럼 남이 시키는 대로 했으며, 일상생활은 물론 심지어 침을 뱉고 재채기하는 것조차 마음대로 할 수 없었다. 다만 시키는 대로 문서에 관한 일만 실행했을 뿐이다. 이런 그를 가리켜 사람들은 '도인 감사道人監司'라고 했다." ☞ 본문 335쪽 참조

김학진은 농민군을 강하게 진압했던 나주 목사 민종렬閔種烈과 순창 군수 이성렬李聖烈 등의 파직을 조정에 요청했다. 조정에서는 김학진을 병조 판서로 전임시키고 전라 감사에 장흥 부사 박제순朴齊純을 새로 임명했지만, 김학진은 자신이 아니면 현재의 국면을 안정시킬 수 없다면서 박제순에게 전라 감사의 인부印符를 인계하지 않았다. 조정에서는 이런 김학진을 잡아들이려고 했으나, 일가붙이인 김가진金嘉鎭의 적극적인 변호로 박제순을 충

청 감사로 전임 발령 내고 사건을 마무리했다.

동학농민군의 2차 봉기 때 김학진은 위봉산성에 비축한 무기를 농민군에게 내어주고, 자신은 농민군의 운량관運糧官이 되기도 했다. 결국 10월 6일, 조정은 이도재李道宰를 전라 감사로 임명하여 내려보냈다. 김학진은 전주를 떠나 서울로 돌아갔다.

1910년 우리나라를 병탄한 일제로부터 남작 작위를 받았다.

남종삼南鍾三 1817(순조 17)~1866(고종 3)년

자는 증오曾五, 호는 연파煙波·중재重齋. 천주교 순교자로서 세례명은 요한이다. 22세 때인 1838년(헌종 4년) 문과에 급제하여 홍문관 교리, 영해寧海 현감을 거쳐, 철종 때에는 승지承旨가 되어 왕을 보필했다. 고종 초에는 왕족 자제들의 교육을 담당했으며, 실권자인 흥선대원군과도 친교가 있었다.

천주교에 입교한 것은 1827년(순조 27) 북경에서 영세를 받고 입교한 아버지의 영향을 받았으나, 스스로도 『동전한문서학서東傳漢文西學書』에 심취하여 읽으며 입교했다. 한때는 베르뇌Berneux(프랑스인 신부. 제4대 조선 교구장) 주교를 자기 집에 숨겨 두는 등 열렬한 신자가 되었다.

철종 말에 이르러 미묘한 국제 정세 속에 두만강을 경계로 국경을 접한 러시아가 통상을 요구하며 자주 국경을 넘어오자 조정은 위기감에 휩싸였고, 흥선대원군은 사태 해결책을 강구했다. 이때 남종삼은 여러 교인들과 상의한 뒤 흥선대원군에게 러시아의 침략을 막는 방책(방아책防俄策)을 건의했다. 그 방아책이란 베르뇌·다블뤼Daveluy(제5대 조선 교구장) 등 프랑스 선교사의 힘을 빌려 영국·프랑스와 동맹을 맺고 러시아를 견제하자는 내용이었다.

대원군은 처음엔 관심을 보였으나 베르뇌·다블뤼와 면담이 지연되자 심경의 변화를 일으켰다. 설상가상으로 북경에서 천주교 박해가 일어났다는 와전된 정보가 전해지자 대원군은 천주교 접근 정책에서 박해 정책으로 돌변했고, 마침내 1866년(고종 3)을 전후하여 천주교 박해령을 내렸다. 이때 남종삼뿐만 아니라 프랑스 선교사 7명을 비롯한 수많은 신자들이 체포되어 3월 7일 서소문 밖 네거리에서 참수형을 당해 순교했다(병인박해). 1984년 5월에 성인품聖人品에 올랐다.

마건충馬建忠 1844~1900년

청 대의 정치가. 자는 미숙眉淑. 양무파洋務派(서양의 근대 문물을 받아들여 부국강병을 이루려 한 양무운동의 중심 세력)의 이론가로 유명하다.

1878년 이홍장李鴻章이 그를 낭중郎中 자격으로 국제법을 배워 오라며 프랑스에 파견했다. 파리에서 중국인으로서는 최초로 바칼로레아baccalauréat(프랑스의 대학 입학 자격시험)를 통과했고, 파리 정치학원에서 법학 학위를 취득했다. 1880년에 귀국하여 이홍장의 막료로 양무운동을 추진했는데, 통행세의 폐지, 관세 자주권 회복, 무역 확대, 민간 산업 진흥, 의회 제도 채용 등을 주장했다. 1882년 조선에 파견된 뒤 외교 문제에도 수완을 발휘하여 조선과 영국·미국·독일의 통상조약 체결을 추진했다. 임오군란이 발생하자 흥선대원군을 압송해서 중국으로 돌아갔다. 저서로는 『적가재기언기행適可齋記言記行』, 『마씨문통馬氏文通』이 있다. 『마씨문통』은 유럽어의 문법을 중국어에 적용한 최초의 문법서로 유명하다.

마테오 리치Matteo Ricci(중국 이름 : 이마두利瑪竇) 1552~1610년

이탈리아인으로 로마 예수회 선교사이다. 프란치스코 하비에르Francisco Xavier(1506~1552년. 인도와 일본에서 포교 활동을 전개한 예수회 선교사이자 로마 가톨릭 교회의 성인)가 꿈꾸었던 중국 선교를 고생 끝에 성공하고, 명나라 궁중에서 활약했다. 중국에 유럽의 최신 기술을 전하고, 유럽에는 중국 문화를 소개하여 동서 문화의 가교 역할을 했다.

중국 문화에 정통했으며, 이를 바탕으로 중국 지식계급에도 큰 영향을 끼쳤다. 그리하여 『농업전서農業全書』를 저술한 서광계徐光啓와 이지조李之藻 같은 지식인을 기독교도로 이끌었다. 마테오 리치의 업적과 중국에 대한 순응 정책은 이후 명·청의 황제들을 섬긴 예수회 선교사들의 활동으로 이어졌다. 1610년 북경에서 사망했으며, 만력제萬曆帝의 지시로 부성문阜成門 밖에 묘소가 만들어졌다.

저서로는 기독교를 설명한 『천주실의天主實義』(1595), 세계지도인 〈곤여만국전도坤輿萬國全圖〉(1602), 유클리드 기하학의 한문 번역서인 『기하원본幾何原本』(1607) 등이 있으며, 이들 책을 중국에서 간행했다. 이 가운데 특히 『천주실의』는 조선의 천주교 성립에도 큰 영향을 미쳤다.

몰렌도르프Paul George von Möllendorf(한국 이름 : 목인덕穆麟德) 1848~1901년

조선 말기의 외교 고문을 지낸 독일인. 마틴 루터 할레비텐베르크 대학교에서 동양어와 법률을 전공한 후, 주청 독일 영사관에서 근무했다. 1869년 청의 세관리稅關史가 되었다.

1882년 임오군란 이후 이홍장李鴻章의 추천을 받아 한국 최초의 서양인 고문으로 초빙되어 통리아문의 외무 협판을 역임하며 외교 고문으로 활동했다. 또한 해관 총세무사가 되어 해관 신설 등 통상·무역 업무도 총괄했다. 1884년 천진天津 주재 러시아 공사 베베르가 내한하자, 직접 교섭에 나서서 조러수호통상조약이 체결되는 데 일조했다. 1885년 갑신정변의 뒤처리를 위해 부사副使 자격으로 일본에 가서 주일 러시아 공사 다비도프와 러시아 훈련 교관의 초빙 문제를 비밀리에 협의했다. 이 때문에 정부 관리들과 청·일 양국으로부터 강한 반발을 사 외무 협판과 해관 총세무사에서 해임되었다. 그 후 조선을 떠나 청의 영파寧波에서 죽었다.

몰렌도르프의 행적은 『오하기문』에 두 번 기록되어 있다. 갑신정변 때 수구파에 협력한 몰렌도르프가 우정국 연회에서 부상을 당한 민영익을 부축하여 달아난 일, 그리고 나중에 민영익이 몰렌도르프를 따라 청나라로 갔다는 사실이다.(☞ 본문 67~69쪽 참조) 저서로 『만주어문전滿洲語文典』이 있다.

민규호閔奎鎬 1836(헌종 2)~1878(고종 15)년

호는 황사黃史. 1859년(철종 10) 증광 문과에 합격한 뒤, 여흥驪興 민씨가 고종 비(민비閔妃)로 책립되자 중용되었다. 민비의 참모 가운데 한 사람으로서 흥선대원군의 축출에 힘썼다. 1873년(고종 10) 흥선대원군이 하야하고 민씨 세력이 국정을 장악하자, 민씨 일족의 대표적 정객으로 정권에 깊숙이 참여했다. 쇄국 정책을 지양하고 개항을 주장하는 민씨 정권의 개국론開國論으로 조선왕조의 개항에 막후 영향력을 행사했다. 1878년 10월 우의정에 서임되었으나 7일 만에 사망했다.

민두호閔斗鎬 생몰년 미상

민영휘閔泳徽의 아버지이며, 민씨 세도가의 한 명이다. 1887년(고종 24)부터 1893년까지 춘천 부사로 재직하면서 가렴주구를 일삼고 백성을 괴롭혀, 이른바 '세 놈의 민씨 도둑놈(서울의 민영주閔泳柱, 관동의 민두호, 영남의 민형식閔炯植)' 가운데 한 명으로 지목되었다. 『오하기문』에 따르면, 당시 강원도 백성들은 재물을 탐내어 가혹한 학정을 펼치는 민두호를 가리켜 '민 쇠갈고리'라 불렀다고 한다. 춘천부 유수留守로 재임할 때 동학농민전쟁이 발발하여 물러났다. 1900년(광무 4) 의정부 찬정議政府贊政에 임명되고, 칙임관 1등에 서임되었다. 1902년 종1품 숭록대부崇祿大夫에 올랐다.

민승호閔升鎬 1830(순조 30)~1874(고종 11)년

자는 복경復卿. 민비의 오빠이다. 1864년(고종 1) 증광 문과에 병과로 급제한 뒤 홍문관 교리에 임명되었다.

1866년 여동생이 왕비로 책봉되자 그도 따라 중용되어 그해 8월 이조 참의를 시작으로, 호조 참판, 형조 판서, 병조 판서를 차례로 역임했다. 이 무렵 서계書契(조선과 일본이 주고받은 공식 외교문서) 문제로 홍선대원군이 일본 메이지 정부의 국교 요청을 거절하고 급기야 국서 수리 거부로 이어지는 일이 벌어졌는데, 민승호는 대원군의 그 같은 정치에 반대하면서 '국서를 거절함으로써 일본의 분노를 사게 된다면 반드시 후환이 있음은 물론이요, (반대로 국서를 받아들이고) 양국이 상호 제휴한다면 문명개화를 할 수도 있을 것'이라고 주장했다. 그러고는 홍선대원군의 형 이최응李最應과 모의하여 박정양朴定陽을 부산으로 파견하고 형세를 관찰하게 했다. 1873년(고종 10) 이후 민씨 척당戚黨의 우두머리로서 민비의 배후 인물로 암약했으며, 홍선대원군 축출 공작을 폈다. 마침내 대원군이 실각하자, 국정 전반에 참여했다. 그러나 다음 해인 1874년 폭탄이 장치된 소포가 배달되어 폭발하면서 일가와 함께 폭사했다.

민영주閔泳柱 1846(헌종 12)~몰년 미상

1887년(고종 24) 정시 문과에 병과로 급제했다.

1899년(광무 3) 전 비서원 승지書院丞 송정섭宋廷爕, 궁내부 수륜과장宮內府輪
輪課長 강견희姜見熙 등과 공모하여 정부로부터 월미도 개척권을 인가받은
뒤, 그 이권을 일본인 요시카와 사타로吉川佐太郎에게 일화 3만 9,000엔을
받고 팔았다가 발각되었다. 민영주의 아들 민경식閔景植이 아버지에게 화가
미칠 것을 걱정하여 평리원平理院 재판장 김영준金永準에게 사건의 해결 방
안을 상의했다. 김영준은, 왕을 러시아 공사관으로 옮기고 민영환閔泳煥·민
병석閔丙奭·심상훈沈相薰 등을 죽임으로써 정권을 잡게 되면 사건을 해결할
수 있다고 제의했다. 이에 민경식이 동의하고 실행에 옮기려 했으나, 그 모
의 진행 중 이해관계가 틀어진 김영준이 월미도 사건의 전모를 고발함으로
써 민영주가 투옥되었다. 또한 모의 사실이 밝혀짐에 따라 김영준은 사형되
고, 민경식은 유배형을 받았다.

황현은 『오하기문』에서 민영주를 이른바 '세 놈의 민가 도적' 가운데 한 명
으로 지목해서 다음과 같이 기록했다. "민영주는 유생 시절부터 서울의 부
자들과 서울 근교의 주요 나루인 오강五江(한강·용산·마포·현호玄湖·서강)의
거상들을 약탈했다. 법을 무시하면서 사적으로 사람들의 주리를 틀고 거꾸
로 매다는 등 온갖 악형을 가해 날마다 많은 돈을 긁어모았으며, 일상생활
은 거의 임금 수준의 호사를 누렸다. 과거에 급제한 지 사오 년 만에 파격적
으로 참판에 임명되었지만, 거칠고 악독한 성품은 조금도 달라지지 않았다.
사람들은 영주를 가리켜 '민閔 망나니'라고 불렀다. 우리나라 사람들은 사형
집행인을 속된 말로 '망나니'라고 불렀는데, 대개 이루 말할 수 없이 악하고
천한 자를 표현하는 말이다." ☞ 본문 92쪽 참조

민영휘閔泳徽 1852(철종 3)~1935년

초명은 영준泳駿이며, 나중에 영휘로 개명했다. 자는 군팔君八, 호는 하정荷
汀. 민영휘는 각종 기록에 민영준 또는 민군팔로 등장한다.

1877년(고종 14) 정시 문과에 병과로 급제했다. 민씨 척당의 중심인물로서
1882년 임오군란 때는 난군의 습격으로 집이 파괴되기도 했다. 1884년 김
옥균 등의 갑신정변을 진압한 공으로 이듬해 이조 참의에 임명되었다. 1887
년 평안 감사로 부임했는데, 가혹한 세금을 징수한 일로 악명이 높았다. 황

현은 『오하기문』에서 당시의 사정을 이렇게 기록했다. "영휘는 평안도 전역에서 가혹하게 세금을 거두어들이고 무리하게 재물을 빼앗아 금송아지를 만들어 가지고 돌아와 임금에게 바쳤다. 임금은 영휘를 충성스럽다고 여겨 그에게 국정 운영을 일임했다." ☞ 본문 72쪽 참조

동학농민전쟁이 발발하자 민영휘는 "동학이 기승을 부리는 것은 풍속이 어지러워졌기 때문"이라며 국정 운영자로서 전혀 책임을 지지 않는 발언을 하는가 하면, 청나라 원세개袁世凱에게 동학농민군 토벌을 위한 지원을 요청하기도 했다. 민영휘의 국정 농단과 부패에 대해 황현은 『오하기문』에서 다음과 같이 탄식했다. "민영휘는 세금을 강제로 거둬들이거나 뇌물을 긁어모으는 역할을 수행하면서 임금과 뗄 수 없는 관계를 유지하며 권력을 전횡한 지 오래되었다. 전국의 모리배가 그에게 몰려들었으므로 인심이 들끓었다. 그의 크고 화려한 집, 음란하고 사치스러운 첩들, 호기를 부리는 하인들은 세도가 생겨난 이래 처음 보는 것들이었다. 논밭에서 거두어들이는 소작료가 100만 섬이나 되는데, 조선·중국·일본 세 나라에서도 손꼽히는 갑부로 중국 신문에 실려 세상에 알려졌다. 이 또한 추하기 짝이 없었다. … 영휘의 재산은 아무리 헐값에 팔아도 3년 동안 군대와 국정을 운영하는 데 드는 비용을 충당할 수 있다." ☞ 본문 86쪽, 306쪽 참조

갑오개혁이 단행되면서 민영휘는 탐학을 했다는 죄목으로 임자도에 유배되었으나, 나중에 유배지를 탈출하여 평양으로 가서 청나라 군대에 들어가 중국으로 도망쳤다. 이듬해 대원군 측의 이준용李埈鎔(흥선대원군의 손자이자 고종의 조카)과 교환 조건 형식으로 대사령을 받아 귀국했다. 1909년 일제로부터 자작 작위를 받았으며, 거액을 투자하여 천일은행天一銀行과 휘문학교를 설립했다.

민응식閔應植 1844(헌종 10)~몰년 미상

자는 성문性文, 호는 우당藕堂. 1882년(고종 19) 증광 문과 별시에 병과로 급제했다. 같은 해 임오군란이 일어났을 때 장호원에 있는 자신의 집을 민비의 피신처로 제공하여 출세의 길을 열었다. 민태호閔台鎬 등 척신들과 함께 수구파를 형성한 뒤 원세개袁世凱의 세력을 업고 개화파 타도에 앞장섰으며,

김옥균金玉均이 일본의 폭력배를 데리고 강화도에 침입했다는 말을 유포하여 민심을 동요시키기도 했다. 민씨 척족 세도의 중심인물로, 민영익閔泳翊 등과 같이 원세개의 세력을 제거하기 위해 러시아 세력을 끌어들이려는 운동을 제창하기도 했다.

1891년(고종 28) 예조 판서가 되었으며, 이듬해 방곡령防穀令으로 인한 황두黃豆 배상 문제가 발생하자 이를 극력 반대하면서 일본의 고압적인 태도를 규탄했다. 갑신정변의 실패로 일본에 망명해 있는 김옥균의 암살을 민병석閔丙奭 등과 함께 모의하고 장응규張應奎를 자객으로 밀파하여 살해를 시도했으나 실패했다. 1894년 갑오개혁으로 성립한 김홍집 내각이 여러 척신을 혁신파 인물로 대치할 때 물의를 일으켜서 전라도 고금도로 유배되었다.

민형식閔炯植 1859(철종 10)~몰년 미상

1882년(고종 19) 임오군란으로 민비가 충주로 피신할 때 호종했다. 선천 방어사宣川防禦使, 전라우도 수군절도사, 전라도 병마절도사, 병조 참판, 형조 참판 등을 역임했다. 1894년 갑오개혁으로 김홍집 내각이 수립되자, 척신 계열의 거두들과 함께 밀려나고 통제사統制使 재임 시절에 자행했던 탐학 때문에 녹도鹿島에 유배되었다. 그 뒤 풀려나서 여러 관직을 두루 거친 뒤 1906년(광무 10)에는 육군 부장, 1907년(융희 1)에는 참모관을 지냈다. 1910년 국권을 강탈한 일제로부터 남작 작위를 받았다.

황현은 『오하기문』에서 민형식에 대해 다음과 같이 기록했다. "형식은 응식應植의 사촌 형제이다. 몇 년 전 임오군란 때 왕비가 머물렀던 집의 주인이라는 인연으로 미천한 무관직에서 벗어나 비로소 제법 권력을 누리는 벼슬 자리에 임명되었다.(민비가 피신했던 집은 민형식의 집이 아니라 민응식의 집이며, 민비를 호종할 당시 민형식은 이미 무관의 직책에 있었다. ─옮긴이 주) 이후 파격적인 발탁이 이어지면서 나이 서른이 채 안 되어 임금의 특별 명령으로 삼도수군통제사三道水軍統制使가 되었다. 형식이 통제영에 부임한 지 1년 만에 군교들이 사방으로 나가 부자들을 잡아들였는데, 밭 사오백 이랑가량을 소유했다면 모두 붙잡아 가두었다. 계속되는 수감으로 육로와 수로에는 끌려오는 사람들이 줄을 이었고, 억울함을 호소하는 애끊는 목소리가 도로에 넘쳐났다. 연이어 영남에서 호남까지 부자들을 찾아내 그들로부터 갈취한 돈꿰미가 산더미처럼 쌓였지만, 그래도 형식은 여전히 욕심을 다 채우지 못했다. 일반적으로 민씨 성을 가진 사람들은 하나같이 탐욕스러웠다. 그런 민씨들이 전국 큰 고을의 수령 자리를 대부분 독차지했다. 평안도 관찰사와 삼도수군통제사는 이미 10년 넘게 민씨가 아니면 차지할 수 없었다. 그 가운데서도 저 형식이라는 놈은 고금에 다시없는 탐관오리였다. 오죽했으면 백성들이 그를 '악귀'라고 불렀을까? 그것도 모자라 '미친 호랑이(狂虎)'라고 부르기도 했다. 이런 말들은 그가 사람을 산 채로 씹어 먹을 만큼 포악하다는 표현이었다." ☞ 본문 93쪽 참조

Ⓗ
박제순

박제순朴齊純 1858(철종 9)~1916년

호는 평재平齋. 1883년(고종 20) 별시 문과에 급제했다. 1893년 호조 참판으로 재직하고 있을 때 동학도들이 척왜양창의斥倭洋倡義를 내세우며 보은 집회를 개최하자, 원세개와 청나라 군사의 파병 문제를 협의했다. 1894년 동학농민전쟁이 일어나자 이조 참판에서 장흥 부사로 전임되었다가 전라도 관찰사로 임명되었는데, 김학진金鶴鎭의 인계 거부로 다시 충청도 관찰사로 전임되었다. 충청도 관찰사로서 일본군 및 경군京軍과 연합하여 공주에서 동학농민군 토벌 작전에 참여했다.

1905년 외부 대신外部大臣으로 을사늑약을 체결했기 때문에 이른바 '을사오적(박제순, 이지용李址鎔, 이근택李根澤, 이완용李完用, 권중현權重顯)' 가운데 한 명으로 지목된다. 이후 이완용 내각에서 내부 대신을 지냈으며, 1909년 이완용이 저격을 당하자 내각 총리 대신 서리를 지냈다. 1910년 8월에는 내부 대신으로 '한일합병조약'에 서명했다. 일제로부터 자작의 작위와 은사금을 받은 대표적 친일파이다.

백낙관白樂寬 1846(헌종 12)~1883(고종 20)년

자는 경교景敎, 호는 추강秋江. 1880년(고종 17) 개화를 반대하는 척사 상소를 올린 일로 체포되었다가 곧 석방되었다. 1881년에도 청주에서 한홍렬韓洪烈과 함께 충청도 유림 명의로 척사 상소를 올리려 했으나 실패했다.

1882년 6월에는 단독으로 서울 남산에서 봉화를 올리고 척사 상소를 제출하여 또다시 체포, 투옥되었다. 같은 해 7월, 임오군란을 일으킨 군졸들이 그의 석방을 요구하고 애쓴 덕에 의금부에서 풀려났으며, 군졸들로부터 '백충신白忠臣'으로 추앙받았다. 그러나 청군의 개입으로 군란이 진압되고, 정언正言을 지낸 김재봉金在鳳이 '백낙관의 범죄는 용서할 수 없으니, 속히 처분을 내려 전형典刑을 분명하게 하라'는 요지로 글을 올림으로써 백낙관은 다시 체포되어 제주도에 유치된 뒤 결국 처형당했다.

번숭樊崇 생년 미상~27년

신 대新代부터 후한後漢 시대 초기에 걸친 무장. ☞ 본문 336쪽 각주 83 참조

ⓗ
번숭

보우普雨 1509(중종 4)~1565(명종 20)년

호는 허응虛應·나암懶庵. 보우는 법명이다. 문정대비文定大妃의 후원을 받으며 도첩度牒 제도와 승과僧科 제도를 부활하는 등 조선시대 억불 정책 속에서도 불교 중흥을 꾀했다.

15세에 금강산 마하연암摩訶衍庵으로 출가한 뒤 금강산의 장안사長安寺·표훈사表訓寺 등에서 6년 동안 정진하며 대장경과 『주역』 등을 공부했다. 유학자들과도 깊이 사귀었으며, 특히 재상 정만종鄭萬鍾과 교유하면서 문정왕후와 밀접한 관계를 맺게 되었다. 1548년(명종 3) 봉은사奉恩寺 주지로 취임했다. 1550년 12월 문정대비가 선교禪敎 양종을 다시 부활시키는 비망기備忘記를 내림으로써 1551년 5월에 선종과 교종이 다시 부활했다. 같은 해 6월, 봉은사가 선종의 본사로, 봉선사가 교종의 본사로 지정되었다. 같은 해 11월 도승시度僧試를 실시하여 도첩 제도를 부활했고, 1552년 4월에는 승려 대상으로 과거 시험을 실시하여 승과 제도를 부활했다. 1555년 9월 각종 제도적 장치의 결과로 종단이 안정된 기반을 갖게 되자 판사직과 봉은사 주지직을 사양하고 춘천의 청평사淸平寺에 머물렀다. 1560년 12월 다시 선종 판사禪宗判事로 임명되고 봉은사로 돌아왔다. 1565년 4월에 문정대비가 죽자 한계산 설악사雪岳寺에 은거했다. 이이李珥가 「논요승보우소論妖僧普雨疏(요사한 승려 보우를 논하는 상소)」를 올려 그에게 귀양 보낼 것을 주장함에 따라

1565년 제주도로 유배되었고, 제주 목사 변협邊協에게 살해되었다.

보우는 선교일체론禪敎一體論을 주창하여 선과 교를 다른 것으로 보고 있던 당시의 불교관을 바로잡았고, 일정설一正說을 정리하여 불교와 유교의 융합을 강조했다. 저서로는 『허응당집虛應堂集』 3권, 『나암잡저懶庵雜著』 1권, 『수월도장공화불사여환빈주몽중문답水月道場空花佛事如幻賓主夢中問答』 1권, 『권념요록勸念要錄』 1권 등이 있다.

사고史高 생년 미상~기원전 42년

전한前漢 사람. 자는 자장子長. 선제宣帝의 조모인 사량제史良娣의 오빠(선제의 입장에서는 진외종조부陳外從祖父) 사공史恭의 아들. 선제는 어렸을 때 사씨에게 양육되었다. 선제가 황제에 오르자, 사고는 시중侍中·관내후關內侯의 벼슬을 얻었으며 곽우霍禹 등의 모반을 고발한 공적으로 기원전 66년 악릉후樂陵侯에 봉해졌다.

선제는 죽음에 임해 사고를 대사마거기장군령상서사大司馬車騎將軍領尚書事로 삼아 소망지蕭望之 등과 함께 원제元帝를 보좌하도록 했다. 그러나 사고는 중서환관中書宦官 홍공弘恭, 석현石顯과 결탁하여 소망지를 배제했다. 기원전 43년, 흉작이 들어 백성이 유민이 되어 떠도는 실정을 이유로 승상 우정국于定國과 함께 은퇴를 신청했지만, 오히려 파면당하고 귀향했다. 다음 해 사망했다.

사바티노 데 우르시스Sabatino de Ursis(중국 이름 : 웅삼발熊三拔) 1575~1620년

이탈리아 사람으로 로마 예수회 선교사이다. 서양의 과학 기술을 중국에 소개한 인물 가운데 한 명이다. 1607년, 마테오 리치의 천문 연구를 보조해주기 위해 북경에 파견되었다. 서광계徐光啓, 마테오 리치와 함께 유클리드 기하학의 한문 번역서인 『기하원본幾何原本』의 번역에도 협력했다. 중국 역법에 기반한 일식 예측이 빗나갔기 때문에 명 조정에서는 우르시스를 비롯한 예수회 선교사에게 개력改曆을 명했지만, 중국 천문학자의 반대로 중지되었다. 1616년 남경南京의 고관인 심각沈㴶의 선동으로 기독교도가 박해를 당할 때 우르시스도 마카오로 추방되어 1620년 그곳에서 사망했다. 우르시스의 번역서로 유명한 것은 1612년 아고스티노 라멜리Agostino Ramelli의 수리학水理學을 번역한 『태서수법泰西水法』이 있다.

상앙商鞅 기원전 390~기원전 338년

전국시대 진秦나라의 정치가·장군·법가·병가. 조상은 희씨姬氏로 성은 공손公孫이며, 이름은 앙鞅이다. 상앙이란 호칭은, 부국강병을 이룬 그에게 나중에 상商(섬서성陝西省 상현商縣)이 봉토로 하사되었기 때문에 '상군商君 앙鞅'이라는 의미의 존칭이다. 법가 사상을 바탕으로 국정 개혁을 추진하여 진나라가 천하를 통일하는 기반을 구축했지만, 정작 자신은 개혁을 단행하면서 주위의 원한을 산 탓에 처형되었다.

황현은 『오하기문』에서 정치가는 '실질'을 중시해야 한다고 역설했는데, 그 예로 관중管仲과 함께 상앙을 들었다. ☞ 본문 284쪽 참조

상유한桑維翰 898~946년

오대五代 시대 후진後晋의 정치가. ☞ 본문 285쪽 각주 52 참조

서병학徐丙鶴 생년 미상~1894(고종 31)년

일명 병학丙學. 충청북도 충주 출신이며, 동학 혁신파의 지도자이다. 1880년대 서인주徐仁周(서장옥徐長玉) 등과 함께 동학에 입도한 것으로 추정되며, 1892년(고종 29)에 전개된 교조신원운동의 실질적 주도자였다. 동학의 창시자로 억울하게 죽은 최제우崔濟愚의 한을 풀어주고 동학교도들에 대한 관의 부당한 주구誅求에 항의하자면서 동학 교주 최시형崔時亨을 설득하여, 전라도 삼례에서 동학교도를 모아 교조신원운동을 전개했다. 마침내 전라도 관찰사 이경직李耕稙으로부터 '백성에게 가해지는 부당한 주구를 금지한다'는 명령을 받아냈다.

그러나 부당한 주구의 금지령에도 불구하고 동학에 대한 관의 탄압은 더욱 심해졌다. 이에 다시 최시형을 설득하여 동학교도들을 이끌고 1893년 2월 서울에서 복합상소운동을 적극 주도했다. 이 복합伏閤 상소를 이용하여 교도들에게 군복을 입히고 병대兵隊와 협력해서 조정의 간당奸黨을 소탕한 뒤

대개혁을 단행하고자 행동에 옮기려 했으나, 보수파의 반대로 실행하지 못했다. 그러자 '외국 종교 배척', '외국 상인 축출'을 요구하는 글을 서울의 기독교회와 각국 영사관 벽에 붙이는 '괘서掛書 사건'을 주도했으나 이 또한 실패했다. 같은 해 3월, 충청도 보은에서 '척왜양斥倭洋'의 기치를 내걸고 보은 집회를 적극 주도했다. 이때 서병학의 지위는 '차좌次座'였으나 보은 집회의 실질적 주도자였다. 보은 집회 역시도 양호 선무사로 파견된 어윤중魚允中의 해산 명령으로 상층 지도부가 몰래 도망함으로써 뚜렷한 성과 없이 끝나고 말았다.

그러나 그의 혁신 노선은 1892~1893년의 동학교조신원운동에 이 시기 농민들의 반봉건·반외세 요구를 어느 정도 반영함으로써 동학농민전쟁의 역사적 선구가 되었다는 평가를 받는다. 전봉준이 주도한 1894년의 동학농민전쟁은 혁신파였던 서병학의 노선을 계승, 발전시켰다고 평가되고 있다.

(ㅅ)
선우협

선우협鮮于浹 1588(선조 21)~1653(효종 4)년

　　조선 후기의 학자. ☞ 본문 346쪽 각주 91 참조

설류泄柳 생몰년 미상

　　춘추시대 노魯나라의 현사. ☞ 본문 25쪽 각주 4 참조

손화중孫華仲 1861(철종 12)~1895(고종 32)년

　　이름은 정식正植, 자는 화중華仲·和中·化中, 호는 초산楚山. 전라북도 정읍 출생이며, 동학농민전쟁을 이끈 지도자이다.

　　1881년(고종 18) 처남 유용수柳龍洙를 따라 지리산 청학동에서 동학에 입도하고 수도했다. 1883년 고향 정읍으로 돌아와 무장·고창·부안 등지에서 포교 활동을 전개했다. 1892년 삼례의 교조신원운동에 많은 교도들을 동원했으며, 1893년 서울 광화문에서 복합伏閤 상소를 올릴 때 호남 대표의 한 사람으로 참가했다. 보은 집회에서도 교도의 동원과 통솔에 뛰어난 지도력을 발휘했다.

　　1894년 농민전쟁 시기에는 전봉준全琫準·김개남金開南과 손을 잡고 황토현

전투에 이어 장성 전투를 치르고 전주 점령에 적극 참여했다. 집강소 기간 중에는 전봉준의 노선을 지지하여 장성·광주 등지에서 활동했다. 전주화약 후 나주 지방을 중심으로 폐정 개혁을 지도했고, 9월의 2차 봉기에 즈음해서는 일본군의 배후 상륙에 대비하여 최경선崔景善과 함께 나주 부근에 주둔했다.

농민군의 주력 부대가 공주 전투에서 패한 뒤 패잔병을 수습하여 나주 등지에서 최후의 항전을 벌였으나 결국 패배하고, 몸을 숨긴 이씨 재실齋室에서 재실지기 이봉우李鳳宇의 고발로 체포되었다. 그러나 손화중의 체포와 관련하여 이이화는 이러한 사실에 의문을 제기한다. "그러나 이 이야기는 믿을 수가 없다. 우선 이봉우는 재실지기가 아니라 '유학'이라는 양반 신분이었다. 또 손화중을 잡는 데 다른 고을인 고부·순창의 민병 10여 명이 동원되었고, 이들은 그를 잡은 공로로 포상을 받았으며, 체포 당시 손화중의 부하 두 명이 포살되었기 때문이다"(이이화, 『발굴 동학농민전쟁 인물열전』, 한겨레신문사, 1994, 70쪽). 이후 손화중은 나주 감옥으로 이송되어 전봉준과 함께 수감되었다가, 이듬해 전봉준·김덕명金德明·최경선·성두환成斗煥 등과 함께 처형되었다.

봉건 시대 부유한 가정에서 성장했지만 자신의 출신 배경을 타도하기 위한 봉기에 가담했던 한 지식인은 이렇게 그 생을 마감했다.

송덕상宋德相 생년 미상~1783(정조 7)년

자는 숙함叔咸, 호는 과암果菴. 송시열의 현손玄孫. 1753년(영조 29) 좌의정 이천보李天輔의 천거로 세자익위사 세마世子翊衛司洗馬에 임명되었다. 정조 즉위 후, 홍국영洪國榮의 뒷배로 1776년 동부승지, 이조 참의, 예조 참의, 한성부 좌윤, 좨주祭酒, 이조 판서를 역임했다. 그러나 1779년(정조 3) 홍국영이 실각하자 삼수부三水府에 유배되었다. 그 뒤 왕위 계승에 대해 올린 상소에 흉역凶逆의 뜻이 담겼다 하여 옥에 갇히고, 많은 유생의 공격을 받았다. 대학자의 후예임에도 철저한 학문적 기반을 갖추지 못한 채 한때 세도 세력에 힘입었으나, 결국 함께 몰락하고 말았다.

송준길 宋浚吉 1606(선조 39)~1672(현종 13)년

자는 명보明甫, 호는 동춘당同春堂. 어려서 이이李珥를 사숙했으며, 20세 때 김장생金長生의 문하생이 되었다. 1624년(인조 2) 진사가 된 뒤 학행으로 천거되어 1630년 세자익위사 세마에 제수되었다. 그 뒤 여러 관직에 두루 임명되었으나 대부분 나가지 않고, 단지 1633년(인조 11)에만 잠깐 동몽교관童蒙教官직에 나갔다가 장인 정경세鄭經世의 죽음을 이유로 사퇴했다.

1649년(효종 즉위년) 김장생의 아들로 산당山堂의 우두머리인 김집金集이 이조 판서로 기용되자 송시열과 함께 발탁되어 부사직副司直, 진선進善, 사헌부 장령과 집의, 통정대부通政大夫를 역임했다. 인조 말부터 김자점金自點·원두표元斗杓 등 반정공신 일파를 탄핵하여 몰락시켰으나, 김자점이 효종의 반청 정책을 청나라에 밀고함에 따라 송준길 또한 벼슬에서 물러났다.

그러나 1658년(효종 9년) 이후 송시열과 함께 다시 국정에 참여했다. 1659년 효종이 죽고 현종이 즉위하자, 효종의 어머니 자의대비慈懿大妃의 복상 문제로 이른바 예송禮訟이 일어났다. 송준길은 송시열의 기년제朞年祭(만 1년간 상복을 입는 것)를 지지했다. 남인의 3년설과 논란을 거듭한 끝에 일단 기년제를 관철했다. 그러나 이후 기년제의 잘못을 규탄하는 남인의 거듭된 상소로 여러 관직을 사퇴해야 했다. 1675년(숙종 1년) 남인이 정권을 장악하면서 허적許積·윤휴尹鑴·허목許穆 등의 공격을 받아 관작이 삭탈되었다.

그러다가 1680년 경신환국庚申換局으로 서인이 재집권하면서 관작이 복구되었다. 송시열과 동종同宗이면서 학문 경향을 같이한 성리학자로, 이이의 학설을 지지했다. 특히 예학禮學에 밝아 일찍이 김장생이 그를 두고 예학의 종장宗匠이 될 것을 예언하기도 했다. 문장과 글씨에도 능했다. 저서로 『어록해語錄解』, 『동춘당집』이 있다.

순원왕후 純元王后 1789(정조 13)~1857(철종 8)년

조선 순조의 비. 영안부원군永安府院君 김조순金祖淳의 딸, 익종翼宗(효명세자)의 어머니이자 헌종憲宗의 조모. 1802년(순조 2) 10월 왕비로 책봉되었다. 1809년 왕세자 영昊(효명세자, 헌종 때 익종으로 추존되고 고종 때 다시 문조文祖로 추존됨)을 낳았다. '昊'의 독음은 햇빛 '대'와 클 '영' 두 개다. 현재 각종

사료에는 '대' 자와 '영' 자가 혼용되고 있다. 이상각은 『효명세자』(서해문집, 2013년)에서, 네 살의 원자를 세자로 책봉하면서 종묘에 고할 때 세자의 이름을 '일日' 자에 '대大' 자를 붙인 '昊'로 정하고 '영'으로 부르도록 했다며, 효명세자의 이름은 이영李昊이라고 주장한다. 그러나 『순조실록』, 『헌종실록』, 『승정원일기』 등 각종 사료에는 '昊' 자의 독음을 정한 내용이 존재하지 않는다.

익종(문조)은 1812년 세자로 책봉되고 대리청정代理聽政을 4년간 하다가 왕위에 오르지 못하고 1830년 22세로 죽었다. 그의 아들 헌종이 1834년에 즉위했으나 1849년에 후사 없이 죽자, 순원왕후는 원상院相에 권돈인權敦仁을 지명했다. 그리고 영조의 혈맥을 잇기 위해 전계대원군全溪大院君 광瓚의 셋째 아들이자 은언군恩彦君(장헌세자의 서자)의 손자로 왕통을 잇게 하고(철종), 자신이 수렴청정을 했다. 1851년(철종 2) 자신의 외가인 김문근金汶根의 딸을 철종의 왕비로 책봉함으로써 이후 안동 김씨의 세도정치가 절정을 이루는 데 기여했다.

능호는 인릉仁陵으로, 서울시 서초구 내곡동(헌인릉길)에 있다.

신정왕후神貞王后 1808(순조 8)~1890(고종 27)년

익종(순조의 세자)의 비이며 헌종의 어머니. 풍양豊壤 조씨趙氏. 아버지는 풍은부원군豊恩府院君 조만영趙萬永이다. 12세 때 세자빈이 되고, 1827년(순조 27) 헌종을 낳았다. 1834년 헌종이 왕위에 오르고 죽은 남편이 익종으로 추봉되자 왕대비가 되었다. 1857년(철종 8) 순조 비인 순원왕후가 죽자 대왕대비가 되었다.

철종이 재위 13년 만에 후사 없이 죽자, 왕실 최고 어른인 대왕대비로서 왕실의 권한을 한손에 쥐게 되었다. 흥선군 이하응 및 조카 조성하趙成夏와 손을 잡고, 흥선군의 둘째 아들로 왕위를 계승하게 했다. 또한, 안동 김씨 세력을 약화하기 위해 고종을 아들로 삼아 철종이 아니라 익종의 뒤를 잇게 했다. 내전에 고종의 옥좌를 마련하고 1866년(고종 3) 2월까지 계속 수렴청정을 했으나 흥선대원군에게 모든 정권을 잡도록 하교한 바 있다.

친정 세력을 대거 기용했지만 잇따른 정변에 희생되어 조씨 가문이 쇠락하고, 더욱이 국가가 여러 재난에 시달리게 되자 눈물을 흘리면서 죽지 않는 것을 한탄했다고 한다.

능호는 수릉綏陵으로, 경기도 구리시 인창동에 있다.

신정희申正熙 1833(순조 33)~1895(고종 32)년

자는 중원中元, 호는 향농香農. 정약용丁若鏞의 실학 사상에 영향을 받은 초기 개화론자로 평가된다. 무과에 급제한 뒤 1877년(고종 14)부터 좌·우포도대장을 비롯하여 여러 무관직을 역임했다. 1882년 임오군란 발발에 대한 문책이 단행되자 당시 장어대장壯禦大將이던 그도 파직되어 임자도에 유배되었다. 1884년 석방되어 한성 부윤에 임명되었으나, 1893년 동학교도들의 교조신원운동을 막지 못했다는 문책을 받고 부윤직에서 스스로 물러났다. 1894년 전국적으로 동학농민전쟁이 일어나고 호남과 호서의 동학농민군이 북상하자, 조정에서는 신정희를 양호 순무사兩湖巡撫使로 임명하여 동학농민군 토벌을 맡겼다.

심순택沈舜澤 1824(순조 24)~몰년 미상

자는 치화穉華. 1850년(철종 1) 문과에 급제한 뒤 홍문관 교리가 되었다. 1882년(고종 19) 임오군란이 일어났을 때 도봉소 당상都捧所堂上으로 재직하고 있었기에(선혜청의 창고인 도봉소는 구식 군인에게 녹봉미를 지급했던 곳이다) 군란에 대한 문책을 받고 파면되었다.

이후 다시 등용되어 1884년 우의정, 좌의정을 역임했다. 갑신정변이 실패로 끝난 뒤 새롭게 조직된 수구당 내각에서 영의정에 올랐다. 조선에 대한 이권을 둘러싼 청일 양국의 분쟁으로 정치적 고충을 겪으며, 오토리 게이스케大鳥圭介 일본 공사의 강압적인 내정 개혁 요구에 직면하여 사표를 제출했다. 1896년 아관파천 직후 보수적 새 정부에 참여하여 주도적 역할을 담당했으며, 1897년 대한제국의 수립과 함께 의정議政으로 임명되었다. 공홍식孔洪植 옥중 살해 사건(1898년 김홍륙金鴻陸이 고종을 시해할 목적으로 공홍식을 시켜 고종과 태자가 마시는 커피에 아편 독소를 투입했으나 미수로 그쳤는데, 체포되어 옥에 갇힌 공홍식이 갑작스레 살해된 일을 가리킨다)이 계기가 되어 독립협회의 탄핵을 받고 체직 처분을 받았다.

안기영 安驥泳 1819(순조 19)~1881(고종 18)년

자는 덕보德步. 1857년(헌종 8) 정시 문과에 병과로 급제했다. 1866년(고종 3) 병인양요가 일어나자 순무영 종사관巡撫營從事官으로 종군하여 통진에 출진했다. 1873년 최익현崔益鉉이 흥선대원군의 정책을 비난하며 하야를 요구하는 격렬한 상소를 거듭 올리자, 대원군의 비호를 받던 안기영은 정언正言 허원식許元栻과 함께 최익현을 규탄하는 상소를 올렸다가 바로 그날로 유배를 당했다.

1881년(고종 18) 민씨 정부의 개화 정책에 반대하는 신사척사辛巳斥邪 상소 운동이 일어나면서 전국 유림 사이에 민씨 척신戚臣에 대한 반대 여론이 들끓자, 대원군의 서자 이재선李載先을 추대하기 위해 국왕(고종) 폐립 거사를 음모했다. 그러나 8월, 같이 모의에 참가했던 광주 장교 이풍래李豊來의 고변으로 체포된 뒤 국문 끝에 모반대역부도죄로 단정되어 사형을 당했다.

어윤중 魚允中 1848(헌종 14)~1896년(건양 1)년

자는 성집聖執, 호는 일재一齋. 1868년(고종 5)에 지방 유생 50명을 뽑아 바로 전시殿試를 볼 수 있게 하는 칠석제七夕製라는 자격시험에서 장원급제했다. 이듬해 1869년 문과에 병과로 급제한 뒤 승정원의 주서注書로 임명되어 관리 생활을 시작했다.

1877년(고종 14) 전라우도 암행어사로 임명되어 만 9개월간 전라도 일대를 고을마다 샅샅이 돌아다니면서 지방행정을 정밀히 조사하여 탐관오리를 징벌하고, 돌아온 뒤에는 파격적인 개혁안을 내놓아 국왕과 대신들을 놀라게 했다. 이때의 개혁안에서 전라도 지방 농민의 참상 원인이 조세 수탈에 있음을 지적하고, ① 잡세 혁파 ② 지세地稅 제도 개혁 ③ 궁방전과 아문의 둔전 제도 개혁 ④ 환곡 제도 폐지 ⑤ 삼수포세三手砲稅 폐지 ⑥ 재결災結 감세 ⑦ 도량형 통일 ⑧ 지방 수령의 5년 이상 임기 보장 ⑨ 조운선漕運船 제도 개혁 ⑩ 역로 제도 개혁 등 구체적 방안을 제시했다. 이 개혁안은 결국 채택되지 못했다. 그러나 그는 이후 1894년 갑오개혁 때 직접 더욱 진전된 개혁을 단행했다.

1893년 동학교도들이 교조 신원과 척왜양창의斥倭洋倡義를 내걸며 보은에서 집회를 개최하자 호서·호남 지방이 동요했고, 조정에서는 이를 무마하기 위해 그를 양호 순무사兩湖巡撫使로 파견했다. 당시 관료들이 모두 동학도를 비도匪徒라 하면서 탄압만 하는 분위기였지만, 어윤중은 처음으로 동학도를 '민당民黨'이라 부르며 그들의 요구에 동정을 표시함으로써 동학도의 지지를 얻은 반면, 관료들로부터는 빈축을 샀다. 어윤중은 하층 농민들로 구성된 동학도를 '민당'이라고 표현한 최초의 관료였다.

1894년 갑오개혁에 따라 수립된 김홍집 내각과 이후 박정양朴定陽 내각에서 탁지부 대신에 임명되어 재정·경제 부문의 대개혁을 단행했다. 특히 잡세와 무토궁방세無土宮房稅 혁파, 조세법정주의에 의거한 조세 제도의 개혁은 농민층의 부담을 크게 줄여주었기 때문에 상당한 지지와 환영을 받은 것으로 평가된다. 어윤중은 온건 개혁파에 속한 인물이지만 개인적 성품은 매우 강직하고 담대했다. 갑오개혁 와중에 고종과 민비가 설령 작은 요청을 해올지라도 그것이 법률에 어긋나면 모두 거절했다고 한다. 갑오개혁의 재정·경제 부문에서 전반적인 대개혁은 어윤중이 중심이 되어 이루어진 것으로 평가된다.

1896년 2월 아관파천이 일어나면서 갑오개혁으로 수립된 내각이 붕괴하자 각료의 대부분이 국외로 망명했다. 어윤중은 김홍집과 함께 일본 망명을 거절하고, 고향인 보은으로 피신했다. 자신은 농민들로부터 지지를 얻고 있었으므로 고향으로 피란하는 것이 안전하리라고 생각했던 것이다. 그러나 경기도 용인을 지날 때 산송山訟 문제로 원한을 품은 향반 무리와 그들에게 동원된 머슴들로부터 기습을 받아 1896년 2월 17일 49세의 나이로 죽었다. 저서로는 『동래어사서계東萊御史書啓』, 『수문록隨聞錄』, 『서정기西征記』, 『간독요초簡牘要抄』, 『종정연표從政年表』 등이 있다.

엄세영嚴世永 1831(순조 31)~1900년

자는 윤익允翼, 호는 범재凡齋. 1864년(고종 1년) 증광 문과에 병과로 급제하여 승정원 가주서承政院假注書, 부사정副司正에 임명되고, 다음 해에 주서가 되었다. 1881년(고종 18) 2월 신사信使(신사유람단)의 한 사람으로 일본에 파견되어 일본의 사법성司法省을 시찰했고, 귀국한 뒤 이를 토대로 경리통리기무아문사經理統理機務衙門事로서 율례사 당상律例司堂上이 되었다.

1894년 동학농민전쟁이 일어나자 행호군行護軍으로 삼남 염찰사三南廉察使와 호남 선무사湖南宣撫使로 임명되어 동학교도의 귀향을 주관했다. 김홍집 내각 성립 후 농상아문 대신과 판중추부사를 지냈다. 1895년부터 1900년까지 중추원 일등의관中樞院一等議官, 경상북도 관찰사, 궁내부 특진관 등을 역임했다.

에마누엘 디아스 Emmanuel Diaz(중국 이름 : 양마락陽瑪諾) 1574~1659년

포르투갈인으로 로마 예수회 선교사이다. 자는 연서演西. 1592년 예수회에 입교했다. 1610년 중국에 들어왔다가 1659년 항주杭州에서 사망했다. 1608년 네덜란드에서 발명된 망원경을 몇 년 뒤 중국으로 들여오는 등 유럽의 천문학 지식을 중국에 소개했다.

왕망王莽 기원전 45년~기원후 23년

전한前漢 말의 정치가이자 신新 왕조의 건국자. 자는 거군巨君. ☞ 본문 115쪽 각주 149 참조

왕안석王安石 1021~1086년

북송北宋의 정치가·시인·문장가. 자는 개보介甫, 호는 반산半山. ☞ 본문 285쪽 각주 53 참조

요한 아담 샬 폰 벨 Johann Adam Schall von Bell(중국 이름 : 탕약망湯若望) 1591~1666년

독일인이며, 예수회 선교사이다. 1622년 중국 서안西安에 도착해, 1627년 북경으로 가서 포교에 종사했다. 월식을 예측한 말이 적중하면서 명성을 떨쳤고, 마침내 숭정제崇禎帝에게 초대되었다. 한림원 관리인 서광계徐光啓와 함께 서양 천문학 서적을 번역하여 1642년 『숭정역서崇禎曆書』라는 이름을 달아 궁중에 제출했다. 망원경과 대포도 제조했다.

1644년 명이 망하고 청이 중국을 지배하자, 서양 천문학에 기반한 달력을 작성하라는 명을 받고 다음 해 『시헌력時憲曆』을 완성해서 헌상했다. 1646년 순치제順治帝의 명으로 흠천감 정欽天監正(천문대 장관)에 임명되었다. 이는 원 대元代를 제외하면, 서양인으로 중국에서 정식 관리가 된 최초의 사례이다. 그러나 이 일이 도리어 중국의 전통적 천문학자와 이슬람 천문학자의 질투를 불러일으킴으로써 참언을 당해 실각했다. 1665년 사형선고를 받았지만, 태황태후의 주선으로 간신히 석방되었다. 그러나 다음 해 북경에서 객사했다.

황현은 『오하기문』에서, 서세동점西勢東漸의 한 현상으로 예수회 선교사들의 중국 입국을 들었다.

우탁禹倬 1262(고려 원종 3)~1342(고려 충혜왕 복위 3)년

자는 천장天章·탁보卓甫, 호는 백운白雲·단암丹巖·역동易東. 흔히 역동 선생이라 불리었다. 1278년(충렬왕 4) 향공鄕貢 진사가 되어 과거 시험에 합격한 뒤 영해 사록寧海司錄이 되고, 1308년(충선왕 즉위년)에는 감찰규정監察糾正이 되었다.

충선왕忠宣王이 부왕의 후궁인 숙창원비淑昌院妃와 통간하자 우탁은 백의 차림에 도끼를 들고 거적자리를 짊어진 채 대궐로 들어가 극간했다. 그러고서 곧 향리로 물러나 학문에 정진했으나, 그의 충의를 가상히 여긴 충숙왕의 여러 번에 걸친 소명으로 다시 벼슬길에 나섰고 성균좨주成均祭酒를 마지막으로 벼슬에서 물러났다. 그 뒤 예안禮安에 은거하며 후진 교육에 전념했다. 이 무렵 원나라를 통해 새로운 유학인 정주학程朱學이 수입되었는데, 이를 깊이 연구하여 후학에게 전했다. 『고려사』 열전에는 '역학易學에 더욱 조예가 깊어 복서卜筮가 맞지 않음이 없다'고 기록되어 있다.

원술袁術 155~199년

후한後漢 말기 무장이자 정치가. 자는 공로公路. ☞ 본문 230쪽 각주 242 참조

유복통劉福通 1321~1363년

원나라 말기에 홍건紅巾의 난을 지도한 인물. 1351년 5월, 유복통은 한산동韓山童과 함께 백련교도(백련교는 민간신앙 및 불교의 겁劫 사상과 미륵 사상이 결합된 종교 ☞ 본문 101쪽 각주 127 참조) 및 황하黃河 굴착 공사에 징용된 민중을 이끌고 영주穎州에서 원나라에 대항하며 반란을 일으켰다(홍건의 난). 반란군은 안휘安徽·하남河南을 공격하면서 원나라 말기에 최대 규모의 농민 반란으로 발전했다. 1355년 한산동의 아들 한림아韓林兒를 황제로 세워 송조宋朝를 열고 자신은 소명왕小明王이 되어 호주亳州(안휘성 호현亳縣)를 도성으로 정했다. 1363년 3월 평강로平江路(현 강소성江蘇省 소주蘇州)에서 정권을 수립한 장사성張士誠이 여진呂珍을 파견하여 홍건군을 공격했는데, 유복통은 이 전투에서 전사했다.

유수劉秀 기원전 6~기원후 57년

후한의 초대 황제(재위 25~57년). 중국 역사상에서 유일한, 이미 멸망한 왕조(한漢)의 부흥을 기치로 삼아 이를 성공한 군주이다. 자는 문숙文叔, 시호는 광무제光武帝. 전한前漢 고조高祖 유방劉邦의 9세손으로 한 왕실의 일족이다. 22년 남양南陽에서 거병하여 곤양昆陽에서 왕망王莽 군을 격파한 뒤 한漢을 다시 일으키고 낙양洛陽에 도읍했다. 유학을 장려하고, 예교禮敎·명절名節을 존중했다. '한위노국왕漢委奴國王'의 금인金印을 왜(일본)의 노국奴國 사절에게 준 황제로 유명하다. 그의 시호는 한조漢朝를 중흥한 일을 기려 '광光', 화란을 평정한 업적을 기려 '무武'라는 글자를 채용해 '광무제'가 되었다.
'득농망촉得隴望蜀'(농隴을 얻고서 촉蜀까지 취하고자 한다는 뜻으로, 만족할 줄을 모르고 계속 욕심을 부리는 경우를 비유적으로 이르는 말), '유지자사경성有志者事竟成'(뜻이 있으면 끝내 이룬다), '유능제강柔能制剛'(부드러움이 강함을 이긴다) 등의 말을 남겼다(『후한서』).

유재현柳載賢 생년 미상~1884(고종 21)년

조선 말기 환관. ☞ 본문 68쪽 각주 74 참조

윤자덕尹滋悳 1827(순조 27)~1890(고종 27)년

자는 중수仲樹, 호는 국헌菊軒. 1848년(헌종 14) 증광 문과에 갑과로 급제했다. 1880년(고종 17) 정부가 개화·자강의 방침 아래 관제 개혁을 단행하여 통리기무아문統理機務衙門과 12사司를 설치할 때 김보현金輔鉉·김홍집金弘集 등과 함께 당상관堂上官이 되었다. 신사信使(신사유람단)가 귀국한 뒤 12사를 7사로 관제를 재개편할 때 전선사典選司와 통상사通商司의 당상 경리사堂上經理事에 임명되는 등 개혁 정권의 핵심 역할을 맡았다. 1882년 임오군란 때 가옥이 피습당한 바 있다.

1889년(고종 26) 정순왕후와 대왕대비전의 옥책문제술관玉冊文製述官을 맡는 등 뛰어난 문재를 인정받았다. 1890년 지중추부사가 되었으나 이해 사망하자, 고종이 예관禮官을 보내어 치제致祭하도록 했다.

윤지충尹持忠 1759(영조 35)~1791(정조 15)년

초기 천주교의 순교자로, 세례명은 바오로이며, 정약용丁若鏞의 외사촌이다. 1783년(정조 7) 25세 때 진사가 되었으며, 이듬해인 1784년 겨울 서울에 올라가 김범우金範禹로부터 처음으로 천주교 서적을 빌려보았다. 3년 후 정약용 형제들에게서 교리를 배워 입교했다.

천주교 박해가 일어나는 와중에도 비밀리에 신앙을 지켜 나가던 중, 1791년 여름에 어머니 상을 당하자 교리를 지키기 위해 제사를 지내지 않고 신주를 불살랐다. 이러한 사실이 곧 친척과 유림에게 알려지면서 불효자라는 지탄을 받게 되었고, 결국 관가에 고발이 들어가 체포되었다. 진산珍山 군수 신사원申史源은 여러 가지 말로 그에게 회유도 하고 위협도 했으나, 그는 오히려 교리의 타당함을 주장하며 끝까지 신앙을 고수했다. 그를 따르던 외사촌 권상연權尙然과 함께 전주 감영으로 이송되었다. 여기에서도 혹독한 고문을 당하고 배교를 강요받았지만 끝까지 굽히지 않았다. 그해 12월 8일 참수되어 순교했다. 이 사건이 바로 신해박해 또는 진산 사건이라 불리는 천주교 박해 사건이다.

응후應侯 생년 미상~기원전 255년

전국시대 위魏나라 사람 범수范雎를 말한다. 자는 숙叔, 이름은 저雎, 且라고
도 한다. 다른 이름은 장록張祿이다.

범수는 원교근공遠交近攻(먼 나라와 친교를 맺고 가까운 나라를 공략하여 영토를
넓힌다는 뜻)의 정책을 진秦 소양왕昭襄王에게 진언하여 진나라가 전국시대에
우세를 점하는 결정적 계기를 만들었다. 진의 재상이 되고 응후에 봉해졌
다. 범수는 처음엔 위나라 대부 수고須賈를 섬겼는데, 수고의 모함으로 매질
을 당해 갈비뼈와 이빨이 부러지고 거의 죽기 직전의 몸으로 거적에 싸여서
변소에 버려졌다. 그리하여 사람들이 누는 오줌으로 온몸이 젖는 모욕을 당
했다. 나중에 진나라의 재상이 된 후, 위나라 사신 자격으로 진나라를 방문
한 수고에게 말의 여물을 먹이며 보복하는 등 과거의 사소한 원한까지 모두
앙갚음했다.

사마천司馬遷은 『사기史記』에서 다음과 같이 말했다. "한비자韓非子는 '소매
가 길면 춤을 잘 출 수 없고, 돈이 많으면 장사가 잘 된다'고 했는데, 이 말
은 참된 말이다. 응후는 세상에서 말하는 '일체변사一切辯士', 그러니까 어떤
경우에도 자유자재로 변론을 펼 수 있는 웅변가이다. 그런데도 제후들의 나
라를 돌아다니며 유세遊說하는 동안 머리털이 하얘지도록 그를 받아주는 제
후를 만나지 못한 것은 그의 계책이 서툴렀기 때문이 아니다. 그 제후국들
이 약하고 작았기 때문이다. 마침내 진나라로 들어가 경상卿相의 지위에 오
르고 공업功業을 천하에 드리우게 된 것은 진나라가 다른 여러 나라보다 강
했기 때문이다. 선비에게는 우연히 때를 만나게 되는 경우도 있다. 하지만
이에 못지않은 어진 선비임에도 뜻을 이루지 못한 사람은 이루 다 헤아릴
수 없다. 응후도 곤궁한 처지에 빠지지 않았다면 어떻게 분발해서 성공을
거둘 수 있었겠는가?"

이가환李家煥 1742(영조 18)~1801(순조 1)년

자는 정조廷藻, 호는 금대錦帶·정헌貞軒. 이익李瀷의 종손이며, 천주교인 이
승훈李承薰의 외숙이다.

학문적 교우를 맺은 이로는 정약용丁若鏞·이벽李檗·권철신權哲身 같은 초기

천주교 신자가 많았다. 1771년(영조 47) 진사가 되고, 1777년(정조 1) 증광
문과에 을과로 급제, 1780년 비인庇仁 현감이 되었다.

1784년 생질인 이승훈이 북경에서 돌아오고 동료 학자들이 서학에 관심을
가질 때, 천주교에 대한 학문상의 관심과 우려로 이벽과 논쟁을 벌이다가
도리어 설득되어 천주교인이 되었다. 이벽으로부터 서학 입문서와 『성년광
익聖年廣益』 등을 빌려 탐독하고 제자들에게도 전교하는 열렬한 신자가 되
었다. 그러나 1791년(정조 15) 신해박해 때는 교리 연구를 중단하고, 광주廣
州 부윤으로서 천주교를 탄압했다. 그 뒤 대사성, 개성 유수, 형조 판서를 지
냈지만, 1795년 주문모周文謨 신부의 입국 사건에 연루되어 충주 목사로 좌
천되었다. 그곳에서도 천주교인을 탄압하다가 파직되었다. 그러나 그 뒤 다
시 천주교를 연구했으며, 끝내 1801년(순조 1) 이승훈·권철신 등과 함께 옥
사로 순교했다.

정조로부터 '정학사貞學士'라고 호칭될 만큼 대학자였다. 특히 천문학과 수
학에 정통해서 스스로 "내가 죽으면 이 나라에 수학의 맥이 끊어지겠다"라
고 말할 만큼 수학의 대가였다. 저서로는 『금대유고』가 있다.

◎
이가환

이건창李建昌 1852(철종 3)~1898년(광무 2)년

아명은 송열松悅, 자는 봉조鳳朝·鳳藻, 호는 영재寧齋. 할아버지(이조 판서를
역임했던 이시원李是遠)가 개성 유수로 재직할 때 관아에서 태어났기 때문에
출생지는 개성이지만 선대부터 강화에 살았다. 할아버지로부터 충의忠義와
문학文學을 바탕으로 한 가학家學의 가르침을 받고, 장성한 뒤에는 모든 공
사公私 생활에서 할아버지의 영향을 받았다. 강위姜瑋·김택영金澤榮·황현黃
玹 등과 교분이 두터웠다. 용모가 빼어나고, 천성이 강직해서 부정·불의를
보면 추호도 용납하지 않았으며 친척·친구나 지위의 고하를 막론하고 처단
했다. 이런 성격 때문에 인심을 얻는 데는 도리어 결점이 되기도 했다.

15세인 1866년(고종 3)에 별시 문과에 병과로 급제했으나 너무 어린 나이
에 등과했기 때문에 19세에 이르러서야 홍문관직의 벼슬을 받았다. 병인양
요 때 강화에서 자결한 할아버지의 유지를 받들어 개화에 부정적 견해를 지
니고, 철저한 척양척왜斥洋斥倭의 길을 걸었다. 불의와 타협하지 않는 강직

한 성품과 삶의 태도로 관직 생활 중 여러 차례 부침을 겪었다. 이건창이 추구한 공명정대하고 당당한 처세는, 고종이 신임 관리를 임명하면서 했던 다음의 말에서 그 일단을 엿볼 수 있다. "그대가 가서 잘못하면 이건창이 가게 될 것이다."

이건창과 황현은 서로 시세를 보는 관점에 공감하면서 막역한 관계를 유지했으며, 황현은 이건창의 학문과 처세를 높이 평가했다. 한말에 문장과 시로 일세를 풍미한 김택영金澤榮이 우리나라 역대 문장가를 추숭하여 여한구대가麗韓九大家를 선정할 때 이건창을 마지막 대가로 꼽았을 만큼 대문장가로 평가받았다. 갑오개혁 이후에는 모든 관직을 사양하고 향리에 칩거했다. 그의 문필은 송 대宋代의 대가인 증공曾鞏과 왕안석王安石의 영향을 많이 받았다. 그는, 정제두鄭齊斗가 양명학陽明學의 지행합일知行合一 학풍을 세운 이른바 강화학파江華學派의 학문 태도를 실천했다. 저서로는 『명미당집明美堂集』, 『당의통략黨議通略』 등이 있다.

이경방李經方·李經芳 1855~1934년

청나라 말기의 관료이며 외교관이다. 자는 백행伯行, 호는 단보端甫. 이홍장李鴻章의 동생인 이소경李昭慶의 아들로, 1862년에 백부 이홍장의 양자가 되었다.

1877년부터 천진天津의 직예총독 아문에서 홍여규洪汝奎에게 수학했으며, 1882년 과거에 합격한 뒤 이홍장 밑에서 외교 사무를 담당했다. 이후 주영 공사의 수행원, 주일 공사를 역임했다. 1895년 이홍장과 함께 시모노세키 조약(중국 측에서 일컫는 조약 이름은 '마관조약馬關條約')을 체결하고, 타이완 할양 전권위원이 되었다. 청나라 멸망 후에는 사업가로 전향했다.

◎
이경방

이도재李道宰 1848(헌종 14)~1909년

자는 성일聖一, 호는 심재心齋·운정篔汀. 1882년(고종 19) 생원으로 정시 문과에 병과로 급제, 홍문관 부수찬에 임명되었다. 1886년 호군護軍 재임 중 시대 수구파에 의해 고금도에 가극안치加棘安置되었다. 1894년 갑오개혁으로 개화파 정부가 수립되자 풀려나와 공무 협판, 군국기무처 의원을 거쳐 전라도 관찰사로 부임하고, 그해 12월 동학농민군 지도자 전봉준을 순창에 서 사로잡아 서울로 압송했다.

1895년 5월 지방 관제 개혁에 따라 전주부 관찰사가 되고, 이어서 군부 대 신과 학부 대신을 역임했다. 학부 대신 재임 중 단발령이 강행되자 이에 반 대하여 사직했다. 다시 관직에 들어서 학부 대신으로 있을 때 지석영池錫永 의 건의를 받아들여 한성의학교 설치를 인가하고, 우리나라 최초의 서양 의 학 교육기관을 세우는 데 기여했다. 1899년(광무 3) 법부 대신이 되어 고등 재판소 재판장을 겸했다. 1907년(융희 1) 7월 총리 대신 이완용李完用의 모 함으로 박영효朴泳孝 등과 함께 나문정죄拿問定罪(죄인을 잡아다 신문하고 죄를 판단하여 결정함)를 당했다.

이두황李斗璜 1858(철종 9)~1916년

자는 공칠公七·설악雪嶽. 1882년(고종 19) 임오군란 뒤 무과에 급제했다. 1894년 동학농민전쟁이 일어나자 장위영 영관壯衛營領官에서 초토영 중군 剿討營中軍, 죽산 부사 겸 양호 도순무영 우선봉으로 승진하여 동학농민군과 많은 전투를 치렀다. 특히, 동학의 북접北接이 제2차 봉기에 참가하기 위해 보은 장내로 모여들자, 이들을 기습 공격했다. 김개남의 동학농민군을 목천 세성산細城山에서 격파함으로써, 공주로 북상하던 전봉준의 동학농민군과 합세하지 못하게 만들었다. 또한 후퇴하는 동학농민군을 추격하여 해미·유 구·노성·논산 등지에서 농민군을 수없이 살육하고, 전주에 재집결한 동학 농민군을 크게 물리친 뒤 전주를 다시 빼앗았다.

청일전쟁 때는 장위영 참령관으로서 평양에 있던 청나라 군대를 공격하는 일본군에 파견되어 정찰 임무를 수행하고 정보를 제공하는 등의 일을 맡았 다. 이때 평양 백성을 강제로 부역에 동원하여 청나라 군대의 시체를 처리 하기도 했다. 1895년 훈련대 제2대 대장으로 민비 시해에 가담하여 광화문 경비를 담당했다. 을미사변에 가담한 죄로 체포령이 내려지자, 아들 진백鎭 白과 함께 부산으로 도주했고 그곳에서 일본인들의 도움을 받아 일본으로 망명했다.

1907년(순종 즉위년)의 특별사면으로 10여 년의 망명을 끝내고 귀국했다. 조선 정부에 친일파를 심어 놓으려는 이토 히로부미伊藤博文의 계략에 힘입어 중추원 부찬의中樞院副贊議가 되었으며, 바로 의병 투쟁이 치열하던 전라북도에 관찰사 겸 재판소 판사로 임명되어 의병 진압에 앞장섰다. 일제로부터 여러 차례에 걸친 서위敍位와 거액의 상여금을 받은 대표적 친일파이다. 유길준兪吉濬과 친밀한 관계를 맺고, 특히 일본인들과 교유가 많았다. 일본 불교를 철저히 신봉했기 때문에 자신의 장례도 화장으로 치르도록 유언했다.

이면상李冕相 1846(헌종 12)~몰년 미상

자는 성규聖圭. 1889년(고종 26) 친림경무대 문과에 갑과로 급제하자마자 파격적으로 승정원 우부승지에 임명되었다. 이후 대사간을 거쳐 전라도 암행어사로서 지방을 살펴본 뒤 백성의 고통을 덜어주기 위해 수령구임법守令久任法(수령의 임기에 상관없이 유임케 하는 법)의 제정과 계방촌契防村(사사로이 부역을 징수하는 대신에 백성이 져야 하는 각종 신역을 면제해주던 마을. 아전들은 이곳을 통해 이익을 도모했고, 이곳의 사람들이 부담해야 할 각종 잡역과 군역은 다른 마을 주민에게 넘어가 폐단이 컸다) 혁파 등을 건의했다. 그러나 몹시 재물을 탐하고 호기롭던 운봉雲峰의 향리 출신 박문달朴文達을 잡아 가두고 뇌물을 빼앗으려 했다고도 한다.

1892년 영선사의 후신 격인 제2대 주진독리駐津督理로 중국 천진天津에 약 반년 동안 파견되었다. 고종은 그에게, 무기를 비롯한 각종 기계 제작술을 학습하고 당시 말썽 많은 청나라 선박의 한강 정기 운항을 중지시킬 것을 이홍장과 상의하며 또 상해와 북경의 정세를 염탐해 오라는 명령을 내렸다. 갑오개혁 이후에는 한동안 등용되지 못했으나, 수구파가 정계에 복귀하여 정권을 잡은 건양·광무 연간에는 많은 구관료와 마찬가지로 중추원 의관, 궁내부 특진관, 봉상시 제조奉常寺提調, 동지돈령원사同知敦零院事 등 왕실의 전례와 관련된 직책을 역임했다.

이밀李密 582~618년

수隋나라 말기의 군웅 중 한 명. 자는 현수玄邃·법주法主. ☞ 본문 230쪽 각주 243 참조

이상황李相璜 1763(영조 39)~1841(헌종 7)년

자는 주옥周玉, 호는 동어桐漁·현포玄圃. 1786년(정조 10) 사마시에 합격하여 진사가 되고, 이해 정시 문과에 병과로 급제하여 검열檢閱에 임명되었다. 1792년 영남 지방의 암행어사로 나가 역전驛田의 세금과 시노비寺奴婢(관청 소속의 노비)의 신공을 줄일 것을 청했다. 1831년(순조 31) 서울과 지방의 무뢰배가 궁방과 아문을 빙자하여 쌀·소금 등의 매매를 침탈하는 행위를 금지하도록 주장했다. 1833년에 영의정에 올랐고, 1835년(헌종 1년)에는 실록 총재관에 임명되어 『순조실록』의 편찬을 주재했다. 검소한 성품이고, 업무 처리를 주도면밀하게 실시했다고 한다. 저서로는 『동어집』, 『해영일기海營日記』가 있다.

이설李偰 1850(철종 1)~1906년

자는 순명舜命, 호는 복암復菴. 1876년(고종 13) 개항 이후 일본인들이 점차 득세하고 척화斥和를 주장하는 사람들이 죄를 입게 되자, 1878년에 화친을 주장하는 것은 매국이라는 내용의 상소를 올렸다. 1889년 전시殿試 급제로 홍문관 부수찬에 임명되었다. 1894년 부응교副應敎, 사복시 정司僕寺正, 응교가 되었는데, 이때 동학농민전쟁이 발생하자 폐정 개혁을 위한 5개조의 상소를 올렸다. 얼마 뒤 일본의 간섭에 의한 갑오개혁이 이루어지자 관직을 버리고 낙향했다. 그 뒤 총리 대신 김홍집이 불렀으나 일체 응하지 않았다. 1895년 민비 시해 사건이 일어나자 김복한金福漢 등과 함께 홍주목洪州牧 이승우李勝宇를 설득하여 홍주성을 거점으로 삼아 의병을 일으켰다. 그러나 이승우가 관군과 내통해서 군대를 끌어들이는 바람에 김복한과 함께 체포되었다. 이로써 1차 홍주 의거는 실패하고 서울로 압송되었으나, 국왕의 특사로 석방되었다. 1904년 일본이 전국의 황무지 개척권을 요구하자 이에 분격하여 전국에 토왜격문討倭檄文을 돌려 반대운동을 펼쳤다. 1905년 일본이 을사늑약을 강제 체결하고 국권을 박탈하자 홍주 일대의 지사들을 모아서 2차 홍주 의거를 계획했다. 그러나 병이 깊어 무력 투쟁에 한계를 느끼고 김복한과 함께 상경한 뒤 일본을 규탄하면서 을사늑약 파기와 을사오적의 처형을 요구하는 상소를 올렸다가 일본 경찰에 붙잡혔다. 그 뒤 석방되어 1906년 1월 고향으로 돌아왔으나 국권 피탈에 통분해하며 식음을 전폐하고 자결했다.

이승훈李承薰 1756(영조 32)~1801(순조 1)년

자는 자술子述, 호는 만천蔓川. 세례명 베드로. 한국 천주교회 창설자의 한 사람으로, 한국인 최초의 영세자이며, 어머니가 이가환李家煥의 누이이다. 정재원丁載遠의 딸을 아내로 맞아, 정약전丁若銓·약현若鉉·약종若鍾·약용若鏞과 처남 매부 사이가 되었다.

1780년(정조 4) 진사시에 합격했으나 벼슬을 단념하고 학문에만 전념했다. 서학 모임의 중심인물인 이벽李檗과 친교를 맺으면서 천주교를 알게 되었다. 1783년 동지사 서장관인 아버지를 따라 북경에 들어가 약 40일간 머물면서 그곳의 선교사들로부터 필담으로 교리를 배운 뒤, 그라몽Grammont, Jean Joseph(1736~1812. 중국 이름 양동재梁棟材. 프랑스 예수회 신부) 신부에게 세례를 받아 한국인 최초의 영세자가 되었다.

1784년 수십 종의 교리 서적과 십자고상十字苦像·묵주默珠·상본像本 등을 가지고 귀국하여 이벽·이가환·정약종 형제 등에게 세례를 주고, 그들과 상의하여 명례동의 김범우金範禹 집을 신앙 집회소로 정한 뒤 정기적인 신앙 모임을 가짐으로써 한국 천주교회를 창설했다.

1789년에 평택 현감으로 등용되었다. 1790년 북경에 밀파되었던 윤유일尹有一이 돌아와서 가성직제도假聖職制度(사제가 없는 상황에서 평신도가 독자적으로 미사와 성사를 집전했던 제도)와 조상 제사를 금지한 북경 주교의 명을 전하자, 보유론적補儒論的 이해에서 출발한 그의 신앙은 유교적 예속과 천주교 회법의 상치라는 현실에 직면했고 고민 끝에 교회를 떠났다. 1791년 전라도 진산에서 윤지충尹持忠·권상연權尙然의 폐제분주廢祭焚主(제사를 폐하고 신주를 불사른 일) 사건(진산 사건)이 일어나자 이승훈도 권일신權日身과 함께 체포되었으나, 관직만 삭탈당하고 곧 방면되었다. 1795년에는 주문모周文謨 신부를 체포하려다 실패한 을묘실포乙卯失捕 사건이 일어나 다시 체포되었는데, 이 일로 충청남도 예산으로 유배되었다가 얼마 뒤 풀려났다. 1801년 (순조 1) 신유박해로 이가환·정약종·홍낙민洪樂民 등과 함께 체포되어 4월 8

일 서대문 밖 형장에서 대역죄로 참수되었다.

이용태李容泰 1854(철종 5)~1922년

1873년(고종 10) 진사가 되고, 군수로서 1885년 증광 문과에 병과로 급제했다. 1887년 영국·러시아·이탈리아·프랑스 등 5개국 공사관 참찬관參贊官에 임명되었다. 1894년 장흥 부사로 재직하던 중 동학농민군의 봉기가 일어나자 안핵사按覈使로 임명되었으나, 오히려 탐학과 학정을 일삼은 고부 군수 조병갑趙秉甲을 두둔하고 자신은 그 지위를 이용해 재물을 약탈하며 난민을 반역죄로 몰아 난을 격화시켰다. 이설李偰의 탄핵 등을 받고 파직되어 금산 군에 유배되었다.

1899년(광무 3)에 다시 등용되어 이완용 친일 내각의 학부 대신을 역임하고, 1910년 우리나라가 일제에 병탄되자 일본으로부터 자작 작위를 받았다.

황현이 『오하기문』에서 인용한 이설의 상소문에는 이용태의 실정을 이렇게 기록했다. "난을 수습하라는 전하의 명령을 받들어 백성의 고충을 사실대로 자세히 조사하고 살피자면 당연히 언행을 조심하고 삼가야 합니다. 그런데 안핵사가 된 기회를 이용해서 재물을 약탈하고 도리어 탐욕을 부리며 백성을 들볶았던 탓에, 꺼져가는 불길에 부채질을 하여 난을 재촉한 자는 이용태가 아니고 누구이겠습니까?" ☞ 본문 195쪽 참조

이원회李元會 1827(순조 27)~몰년 미상

호는 중곡中谷. 무과 출신으로 1864년(고종 1)부터 여러 관직을 거친 뒤 1872년 전라우도 수군절도사를 역임했다. 1881년 초 조사시찰단朝士視察團으로 일본에 가서 총포·선박 등 주로 육군 조련 관계 분야를 시찰하고 돌아왔다. 1885년 영국이 러시아를 견제하려는 목적으로 거문도를 점령한 사건이 벌어지고 청나라의 중재로 1887년 2월 완전히 철수한 뒤, 이원회는 거문도 경략사經略使로 임명되어 거문도 사건의 뒤처리를 맡았다.

1894년 동학농민전쟁이 일어났을 때는 양호 순변사兩湖巡邊使가 되어 친군親軍의 장위壯衛·통위統衛 양 영병을 인솔하고 양호 초토사 홍계훈洪啓薰과 협력하여 전주를 수복했다. 갑오개혁으로 개화파 중심의 정부가 수립되자

좌포도대장에 기용되었다. 저서로 『일본육군조전日本陸軍操典』 4책이 있다. 황현은 『오하기문』에서 양호 순변사 이원회에 대해 다음과 같이 평했다. "이원회로 말하자면, 덕망을 갖추었다는 명성은 있지만 장수로서 자질은 없었다. 게다가 너무 늙었기 때문에, 그가 부임하자 호남 백성들은 그를 경시하였다." ☞ 본문 159쪽 참조

이인명 李寅命 1819(순조 19)~몰년 미상

자는 기영祈永. 1858년(철종 9) 생원으로 정시 문과에 병과로 급제하여 승정원 주서를 거친 뒤, 1861년 홍문관의 교리·수찬을 선임하는 도당록都堂錄에 올랐다. 1862년 삼정三政의 문란 등에 항거하는 농민 봉기가 전국적으로 일어나자 지방관의 불법행위를 규찰하고 민정을 파악하기 위해 암행어사로 경상우도에 파견되었다. 1863년 지평持平이 되어 진주사陳奏使 서장관書狀官으로 청나라에 다녀왔다. 1878년(고종 15) 대사헌으로 있으면서, 철인대비(효휘전孝徽殿)의 상喪 때 조정 관리의 곡반哭班 대열에 참여하지 않은 강로姜㳣와 한계원韓啓源을 탄핵하는 소疏를 올리고, 이어 사간원과 연차聯箚하여 그들을 유배보내도록 했다.

1884년 예조 판서에 임명되었을 때 복제服制를 개혁하여 소매의 폭을 줄인 착수의窄袖衣 차림의 절목節目을 마련하라는 고종의 명을 받았는데 전래의 풍속에 위배된다면서 반대 상소를 올렸다가 탄핵을 받고 만경현에 유배되었다. 그러나 곧 방면되어 의정부 당상에 오르고, 1887년에는 재차 판의금부사에 임명되었다.

이재면 李載冕 1845(헌종 11)~1912년

자는 무경武卿, 호는 우석又石. 뒤에 희熹로 개명했다. 홍선대원군 이하응의 장남으로, 고종의 형이다. 1863년(철종 14) 사용司勇의 직을 맡았다가 이듬해 정시 문과에 병과로 급제했다. 1882년(고종 19) 6월 임오군란 때 무위대장武衛大將으로 사태 수습의 임무가 맡겨졌다. 그해 12월, 이미 7월에 청나라에 호송되어 감금 생활을 하던 아버지 홍선대원군을 방문했다. 이듬해 3월에 일시 귀국했다가 5월에 다시 청나라로 가서 홍선대원군을 봉양했다. 1885

년 4월 귀국했다가 아버지를 잊지 못해 세 번째로 청나라에 가서 8월에 흥선대원군이 환국할 때 배종했다. 그 뒤 약 10년간 운현궁에서 칩거했다. 1894년 6월 흥선대원군이 집정하자 통리기무아문의 동문사 당상 경리사同文司堂上經理事에 임명되고, 제1차 김홍집 내각 때 궁내부 대신을 지냈다. 1910년 8월 22일 어전 회의에 황족 대표로 참석하여 한일합병조약에 동의했다. 1912년 8월 1일 일본 정부로부터 한국병합기념장을 받았다.

이준용李埈鎔 1870(고종 7)~1917년

자는 경극景極, 호는 석정石庭·송정松亭. 흥선대원군의 장남인 이재면李載冕의 아들이다. 1884년(고종 21) 갑신정변 때 세마洗馬가 된 뒤 1886년 문과에 급제했다.

1886년 한·러 밀약 사건을 계기로 청나라의 원세개袁世凱가 대원군과 협력하여 고종을 폐위시키고 이준용을 국왕으로 세우려 했으나, 북양대신 이홍장李鴻章의 제지로 좌절되었다. 1894년 동학농민전쟁과 청일전쟁을 계기로 민씨 척족 세력이 타도되자, 권력의 전면에 나서게 된 대원군이 친일 정권을 등에 업고 한때 이준용을 국왕으로 추대하려 했으나 일본 공사 오토리 게이스케大鳥圭介가 제지하여 실패했다. 그 뒤 이준용은 갑오개혁 기간 중에 내무 협판 겸 친군 통위사親軍統衛使, 내무 대신 서리 등으로 임명되어 인사권과 군사권을 장악했으나, 군국기무처의 반발로 내무 협판을 사임했다.

대원군의 후원하에 밀사를 지방으로 파견하여 호남 지방의 유생과 동학농민군, 그리고 평양에 주둔한 청나라 군대의 도움을 받아 일본군을 몰아내고 친일 정권의 전복을 기도했지만, 탄로 나고 말았다. 그리하여 새로 부임한 일본 공사 이노우에 가오루井上馨의 압력으로 대원군은 정계에서 은퇴하고, 이준용은 주일 특명전권공사로 내정되었다. 공사직을 맡지 않은 상황에서 1895년 5월 군국기무처 의원 김학우金鶴羽 암살 사건에 연루되고, 또 박영효朴泳孝·서광범徐光範 등 친일파 내각 대신을 암살하려 했다는 죄목으로 붙잡혀 특별재판소에서 사형 판결을 받았다. 그러나 국왕의 특사로 교동부喬桐府에 10년 유배형으로 감형되고, 그해 8월 특별사면으로 석방되었다. 1896년 을미사변 직후 일본에서 유학하며 유럽을 돌아다니고 다시 일본으로 돌아와 한거하다가 1907년 순종이 즉위하자 귀국했다.

일본 시조신(아마테라스 오미카미)을 단군과 함께 한·일의 공동 선조로 묘사하여 내선일체內鮮一體·일선동조日鮮同祖의 역사상을 전파했고, 국권 피탈후에는 일제로부터 16만 8,000엔에 달하는 은사금과 병합기념장을 받았다.

이재수李在秀 1770(영조 46)~1822(순조 22)년

자는 신로新老. 1809년(순조 9) 별시 문과에 갑과로 합격했다.

1813년 제주도에서 관리의 탐욕과 횡포에 못 견딘 양제해梁濟海가 조정에서 부임해 오는 관리들을 몰아내고 제주인들 중심의 자치를 실현하고자 반란을 일으켰는데, 거사를 성공하지 못하고 일당 50여 명과 함께 붙잡힌 일이 있다. 이때 사건 처리를 위해 파견된 인물이 바로 이재수이다. 이 사건과 관련해 이재수는 제주도의 실정을 낱낱이 조사하고 폐단을 시정하는(이폐조목釐弊條目) 보고서를 조정에 올렸다.

1816년 사간원 대사간, 1819년 이조 참의, 1820년 경상도 관찰사를 역임했다. 1822년 경상도 관찰사로 재임하다가 임지에서 사망했다.

◎ 이재수

이최응李最應 1815(순조 15)~1882(고종 19)년

자는 양백良伯, 호는 산향山響. 흥선대원군 이하응의 형으로 흥인군興寅君에 봉해졌다. 쇄국 정치를 반대했기 때문에 대원군과 반목이 심했으며, 민씨 정권의 주요 인물이다.

대원군 정권에서는 요직에 등용되지 못하다가, 1873년(고종 10) 대원군이 실각한 뒤 비로소 12월에 좌의정이 되었다. 이후 영의정, 총리 대신이 되었으나, 1881년 유림들의 반대로 사직하고 한직인 영돈령부사가 되었다. 1882년 6월 10일, 임오군란 때 군인들에게 살해되었다.

황현은 『오하기문』에서 이최응의 정치적 역할과 역량에 대해 다음과 같이 비판한다. "최근에는 이최응이 9년 동안 혼자서 영의정·좌의정·우의정을 겸직했지만 민규호閔奎鎬와 민영익閔泳翊의 의견에 따라 직무를 수행했을 뿐이다. … 병자년丙子年(1876, 고종 13년)에 일본의 특명관리대신 구로다 기요타카黑田淸隆와 부대신 이노우에 가오루井上馨가 우리나라에 왔다. 조정의 모든 관리가 매일같이 의정부에 모여 대책을 논의했다. 그 가운데 한 사람이 '그 일은 이렇게 해야 한다'고 하면, 이최응은 '네'라고 했고, 또 다른 사람이 '그 일은 저렇게 해야 한다'고 하면, 또 '네'라고 했다. 아무런 자기주장도 없이 그저 '네, 네'라는 말만 되풀이했다. 그래서 세상에서는 최응을 가리켜 '네네 대신'이라고 했다."

이현일李玄逸 1627(인조 5)~1704(숙종 30)년

자는 익승翼升, 호는 갈암葛菴. 1646년(인조 24)과 1648년에 초시에 모두 합격했으나 벼슬에 뜻이 없어 복시를 단념했다. 1652년(효종 3) 둘째 형 휘일徽逸이 『홍범연의洪範衍義』를 편찬하는 데 참여했다. 1666년(현종 7)에는 영남 유생을 대표하여 송시열宋時烈의 기년예설朞年禮說을 비판하는 소를 올렸다.(☞'기년설'과 '예송 논쟁'은 앞의 김만기와 송준길 인물편 참조) 1674년에 학행으로 명성이 높아지자 영릉 참봉寧陵參奉에 천거되었으나 부친상을 당해 나가지 않았다. 이후 여러 차례 관직에 제수되었지만 상소를 올려 사직했다. 1694년(숙종 20) 4월, 인현왕후가 복위된 뒤 갑술환국甲戌換局(폐비 민씨의 복위운동에 반대하던 남인이 대거 화를 입어 실권하고 소론과 노론이 재집권한 사건) 때 조사기趙嗣基를 신구伸救(죄가 없음을 사실대로 밝혀 구원하는 일)하다가 함경도 홍원현으로 유배되었다. 유배지에서 글을 가르치며 『수주관규록愁州管窺錄』을 완성했다. 1699년에는 방귀전리放歸田里(고향으로 내쫓는 형벌)의 명을 받았다.

1701년 인현왕후가 죽자 이전에 내려졌던 석방 명령이 환수되었으나 압송되지는 않았다. 1704년에 금양錦陽에서 사망했다. 1710년에 죄명이 풀리고 이듬해 복관되었다가 환수되었다. 영남학파의 거두로 이황의 학통을 계승하여 이기호발설理氣互發說을 지지하고, 이이의 학설에 반대했다. 저서로는 『갈암집』, 편서로 『홍범연의』가 있다.

이홍장李鴻章 1823~1901년

청 말의 정치가. 자는 소전少荃. 호는 의수儀叟. 태평천국太平天國의 난을 진압하는 공적을 세워 직예총독·북양대신에 올랐다. 양무운동을 추진하여 산

업의 발전을 꾀했으나, 파벌 중심의 전근대적 운영으로 성과를 거두지는 못
했다. 시모노세키 조약 체결, 의화단 사건 처리 등 청나라 말기의 많은 외교
문제를 담당했다.

1895년 청일전쟁의 패배로 실각 위기에 처했으나, 엄벌을 원했던 광서제光
緖帝와 달리 서태후西太后의 총애를 받고 있었기 때문에 요직을 벗는 정도의
경미한 처분에 그쳤다. 그러나 청일전쟁에서 패한 결과 30년 가까이 그가
추진해 온 양무운동은 좌절되었다.

아편전쟁 이후 청나라 고위 관리들은, 영국을 가상 적국으로 삼는 해방파海
防派(대표적 인물 : 이홍장)와 러시아를 가상 적국으로 삼는 색방파塞防派(대표
적 인물 : 좌종당左宗棠)로 갈라졌다. 이홍장의 정치적 실추로 해방파는 타격을
입었지만, 색방파는 좌종당의 죽음으로 조정에서 중심인물을 잃었다. 이에
따라 해방파는 계속해서 요직을 차지할 수 있었다. 이홍장도 얼마 안 되어
서태후의 주선으로 복권했다.

1896년 5월 26일, 러시아의 요청으로 러시아 황제 니콜라이 2세의 대관식
에 참석하고 6월 3일 러시아와 밀약을 체결했는데, 이로써 사실상 만주를
러시아에 넘겨주는 결과를 초래했다. 1900년에 일어난 의화단 사건 때, 정
부로부터 다시 직예총독·북양대신에 임명되었다. 1901년 11월에 병사했다.

이회정

이회정李會正 1818(순조 18)-1883(고종 20)년

초명은 종정鍾正, 자는 경숙景淑. 1862년(철종 13) 정시 문과에 병과로 급제
한 뒤, 1864년(고종 1)부터 부수찬, 이조 참의, 한성부 판윤, 강원도 관찰사,
도총관 등 여러 관직을 두루 역임했다. 1882년 임오군란이 일어나자 대원
군에게 발탁되어 예조 판서가 되고, 민비의 장례를 주관하는 국장도감 제조
國葬都監提調에 임명되었다. 이때 민비의 국상國喪 발표를 신중하게 해야 한
다고 주장했다가 예조 판서로 임명된 지 4일 만에 내의원 제조內醫院提調로
벼슬이 바뀌었다. 그러나 피신했던 민비가 8월에 복위한 뒤, 9월 22일 유학
김병설金炳卨이 이회정에 대해 민비의 의대장례衣襨葬禮 문제를 찬성했다는
점을 들어 탄핵했고, 그 뒤에도 양사兩司의 연명차자를 비롯하여 계속된 탄
핵의 결과, 마침내 강진현 고금도로 유배되었다. 1883년 2월 18일 향리로

방축되었으나, 4월 대원군의 당여黨與로 지목되어 조병창趙秉昌·조우희趙宇
熙·임응준任應準 등과 함께 원악도遠惡島에 위리안치가 결정되고, 4월 29일
사사되었다.

임응준任應準 1816(순조 16)~1883(고종 20)년

자는 재전在田, 호는 담재澹齋. 1848년(헌종 14) 증광 문과에 병과로 급제하
여 경연관이 되었다. 고종이 즉위하고 흥선대원군이 집권하자 승정원 승지
에 발탁된 뒤 병조 참판, 이조 참판, 공조 판서, 사헌부 대사헌 등을 역임했
다. 1882년(고종 19) 6월 임오군란이 일어나자, 대원군에게 발탁되어 예문관
제학에 임명되었다. 그해 7월 대원군이 청군에 납치되어 청나라로 끌려가고
이로써 대원군 정권도 붕괴하자, 임오군란 직후 청에 보내는 표자문表咨文을
찬했다는 이유로 9월에 유학 김병설金炳卨의 탄핵을 받았다. 이후 9~11월에
걸쳐 그를 탄핵하는 양사兩司의 연명차자가 계속되었기 때문에 마침내 전라
도 진도부 금갑도로 유배되었다. 1883년 2월 향리로 쫓겨났으나, 4월 흥선
대원군의 당여黨與로 군변에 가담했다고 탄핵되어서 조병창趙秉昌·조우희趙
宇熙·이회정李會正 등과 함께 원악도에 위리안치가 결정되고, 뒤이어 사사
되었다.

임칙서林則徐 1785~1850년

청 말의 정치가. 자는 원무元撫·소목少穆, 호는 사촌 노인竢村老人. 아편 금연
론을 주창했고, 흠차대신欽差大臣으로서 영국과 갈등을 빚는 무역 문제 해결
에 진력했다. 아편전쟁(1840~1842) 때 육군과 해군의 최고 책임자가 되었다.
영국과 화의가 성립된 후 변경인 이리伊犁(신강新疆의 지명)로 좌천되었지만,
개간 사업에 공적을 세운 일을 인정받아 운남雲南·귀주貴州의 총독으로 승
진했다. 홍수전洪秀全의 난(태평천국운동)이 발생했을 때 토벌군 사령관으로
임명되었지만 진군 중에 병사했다. 청렴결백하고 사적 용무를 돌아보지 않
았으며, 좌천되어서도 항상 국가의 일을 생각하는 자세는 후세 사람들로부
터 깊은 존경을 받고 있다. 현대 중국에서 당대 제일의 애국자로 재평가되
고 있다.

임헌회任憲晦 1811(순조 11)~1876(고종 13)년

자는 명로明老·중명仲明, 호는 고산鼓山·전재全齋·희양재希陽齋. 송치규宋穉
圭와 홍직필洪直弼의 문인이다.

1858년(철종 9) 효릉 참봉孝陵參奉에 임명되었으나 부임하지 않았고, 이듬해
내려진 관직도 모두 사양했다. 1861년에 조두순趙斗淳 등의 천거로 경연관
에 발탁되었으나 역시 소를 올려 사직했다.

1865년(고종 2) 호조 참의가 되었는데, 만동묘萬東廟(임진왜란 때 도와준 명나
라 신종神宗을 기리기 위해 세운 사당)의 제향을 폐지하라는 왕명이 내리자 절
대 부당하다며 상소하여 이를 관철하고 다시 제향하게 했다. 나중에 대사
헌, 좌주祭酒 등에 임명되었다. 경학과 성리학에 조예가 깊었으며, 낙론洛論
의 대가로서 이이·송시열의 학통을 계승하고 제자인 전우田愚에게 전수했
다. 저서로는 『전재문집』 20권이 있다.

황현은 『오하기문』에서 산림이 세도가와 어울리는 현실을 개탄하면서 경
연관 임헌회도 민씨 일족의 민규호閔圭鎬와 둘도 없는 단짝이라고 말했다.
☞ 본문 26쪽 참조

장거정張居正 1525~1582년

명나라의 정치가. 자는 숙대叔大, 호는 태악太岳. 1547년 진사에 급제하여
한림원 길사吉士가 되었다. 그의 재능을 인정한 서계徐階의 문하 제자가 된
뒤, 서계가 수보首輔(재상)가 되자 이에 힘입어 그도 예부 우시랑, 이부 좌시
랑, 예부 상서 등을 역임했다. 그러나 장거정은 서계의 정적인 고공高拱과
결탁하여 서계를 제거하고, 그 뒤 다시 어린 만력제萬曆帝를 부추겨 고공을
해임했으며, 독재적인 수완을 발휘해가면서 점차 강력한 대내외적 개혁을
단행했다. 장거정이 이룩한 최대 공적은 전국적인 전답 면적의 측량과 일조
편법一條鞭法의 실시이다. 당시 지방에서 강한 세력을 구축한 향신鄕紳은 자
신이 소유하고 있는 토지 면적을 적게 보고하여 세금을 피하는 일이 많았는
데, 장거정은 이를 단호하게 조사함으로써 대량의 은폐된 전답을 적발했다.
또 오랫동안 유지되어 온 양세법兩稅法은 항목이 너무나 복잡하고 공정성
이 심하게 훼손된 조세제도였다. 그는 복잡한 항목을 일원화하고 과세 대상

임헌회

을 토지로 옮겨서, 당시 보급이 진행되고 있는 은으로 납세하게 했다. 이것이 바로 일조편법으로, 이러한 개혁을 통해 명나라 재정이 크게 호전되면서 국고에는 10년분의 식량과 400만 냥의 자금이 축적되었다고 한다. 그러나 다른 면에서 언론 탄압과 기득권 침해 등으로 인해 조야로부터 심한 불만을 샀다. 1577년 부친상을 당했는데, 상례에 따르자면 복상을 위해 관직을 사임해야 했지만 이직 중의 탄핵을 두려워하여 직무를 계속했다. 1581년 병으로 쓰러져서 다음 해 죽었다.

장거정은 교사로서 만력제를 매우 엄격하게 가르쳤지만, 오히려 그것이 역효과를 일으켰다는 평가가 있다. 장거정이 죽은 뒤 만력제는 과도한 사치와 정치 무관심에 빠져서 이전에 축적해 놓은 재정을 탕진했다. 이후 명나라는 완전히 쇠퇴하고 멸망의 길로 내달렸다.

황현은 『오하기문』에서 흥선대원군 이하응의 권력 독점을 장거정의 권력 독점에 비유했다. ☞ 본문 38쪽 참조

장안세張安世 생년 미상~기원전 62년

전한前漢 시대의 사람. 자는 자유子孺. 어사대부御史大夫이자 혹리酷吏로 유명했던 장탕張湯의 아들. 무제武帝 시대부터 선제宣帝 시대에 걸쳐 활약했다. 장안세는 아버지의 임자任子(한나라의 관리 등용법 중 하나로, 고급 관료의 자제 가운데 한 명을 등용했다)에 의해 낭郎이 되어 상서尙書로 임명된 뒤 승진했다. 무제가 거둥 중에 자신이 매우 아끼는 책을 분실했는데, 우연히 장안세가 그 책의 내용을 암기하고 있었다. 그는 황제 앞에서 전체 내용을 암송했고, 무제는 그런 그를 상서령尙書令으로 발탁했다. 무제가 죽은 뒤에는 소제昭帝와 선제로부터 신임을 받아 중용되었다. 장안세는 선제로부터 절대적인 신뢰를 받아 권력을 장악했지만 가능한 한 두드러진 행동을 피하려 했고, 일부러 국정의 중요한 결정에 참여한 일을 숨기거나 자신과 가족에 대한 선제의 은총을 사양하는 일이 자주 있었다고 한다.

장화張華 232~300년

서진西晉의 정치가이자 학자. 자는 무선茂先. 인재를 좋아하고, 우수한 인물

이면 신분의 귀천을 가리지 않고 온 힘을 다해 천거했다고 한다. 진수陳壽
(『삼국지』의 저자)는 촉한蜀漢 멸망 후 자신의 불우한 신세를 한탄하고 있었는
데, 장화에 의해 효렴孝廉에 천거되었다. 또한 오吳나라의 명장 육항陸抗의
아들인 육기陸機·육운陸雲 형제에 대해서도 장화는 그들이 비록 적장敵將이
지만 훌륭한 재능을 지닌 인물로 평가하여 무제武帝에게 천거했다.
『진서晉書』「열전」에는 다음과 같은 일화가 각각 전해지고 있다. 나중에 요
서遼西에 할거해 전연前燕(5호 16국의 하나. 선비족鮮卑族인 모용황慕容皝이 건국.
337~370)의 실질적인 창시자가 된 모용회慕容廆, 양주涼州에 할거해 전량前涼
(5호16국의 하나. 양주 자사刺史 장궤張軌가 자립하여 건국. 301~376)의 실질적인
창시자가 된 장궤, 형주荊州를 통괄해 건국 초기의 동진東晉을 떠받쳤던 도
간陶侃 등 차세대의 뛰어난 인물도, 젊은 시절의 장화가 그 미래를 예측했다
고 한다. 문학적 재능이 뛰어나서 『박물지博物誌』라는 저서를 남겼다. 「초료
부鷦鷯賦」와 여성 심리를 노래한 시가 유명하다.

장헌충張獻忠 1606~1647년

명나라 말기에 농민 반란군을 이끈 지도자. 호는 경헌敬軒. ☞ 본문 336쪽 각
주 83 참조

전봉준全琫準 1855(철종 6)~1895(고종 32)년

초명은 철로鐵爐, 자는 명숙明淑·명좌明佐, 호는 해몽海夢. 동학농민전쟁의
지도자이다. 몸이 왜소해서 흔히 녹두綠豆라고 불렸다고 하며, 그래서 녹두
장군이라는 별명이 생겼다고 한다. 아버지는 고부군 향교의 장의掌議를 지
낸 전창혁全彰赫이며, 어머니는 광산 김씨이다.
아버지 창혁은 고부 군수 조병갑趙秉甲의 탐학에 저항하다가 모진 곤장을
맞고 한 달 만에 죽었다. 뒷날 전봉준이 사회 개혁의 큰 뜻을 품게 된 데
는 아버지의 영향이 컸던 것으로 보인다. 어린 시절 집안이 가난하고 안정
된 생업이 없던 탓에 약을 팔아 생계를 유지하며 방술方術을 배웠다. 이 시
절 그는 "크게 되지 않으면 차라리 멸족되는 것만 못하다"고 입버릇처럼 말
했다 한다. 태인 산외리山外里 동곡東谷 마을로 옮겨 자리를 잡았을 때는 다

섯 명의 가솔을 거느린 가장으로서 스스로 선비로 자처하며 세 마지기(三斗落)의 전답을 경작하는 소농이었다. 이 무렵 농사일 외에 동네 어린이들에게 글을 가르쳐주는 훈장 일로 생계를 보태기도 했다.

그의 나이 35세 전후인 1890년(고종 27) 무렵 동학에 입교하고, 얼마 안 되어 동학 2대 교주인 최시형崔時亨으로부터 고부 지방의 동학 접주接主로 임명되었다. 동학에 입교하게 된 동기는 그 스스로 말하듯이, 동학은 경천수심敬天守心의 도道로서 충효를 근본으로 삼고 있기 때문에 보국안민輔國安民하기 위해서였다고 한다. 동학을 사회 개혁의 지도 원리로 인식하고, 농민의 입장에서 동학교도와 농민을 결합함으로써 농민운동을 지도해 나갈 수 있었다.

농민 봉기의 불씨는 고부 군수 조병갑의 탐학에서 비롯되었다. 1893년 12월 농민들은 동학 접주 전봉준을 장두狀頭(여러 사람이 서명한 소장에서 첫머리에 이름을 적는 사람)로 내세워 관아에 가서 조병갑에게 진정했으나 받아들여지지 못하고 쫓겨났다. 이에 전봉준은 동지 20명을 규합하여 사발통문沙鉢通文을 작성하고 거사할 것을 맹약했다. 드디어 이듬해인 1894년 정월 10일, 1,000여 명의 동학농민군을 이끌고 봉기했다. 이것이 고부 민란이다. 농민군이 고부 관아를 습격하자 조병갑은 전주로 도망갔다. 고부읍을 점령한 농민군은 무기고의 무기로 무장하고, 군수의 학정으로 강탈당한 세곡稅穀을 창고에서 꺼내 농민들에게 돌려주었다. 고부 민란에 대한 보고를 접한 정부는 조병갑 등 부패하고 무능한 관리를 처벌하고, 장흥 부사 이용태李容泰를 안핵사로, 용안 현감 박원명朴源明을 고부 군수로 임명하여 사태를 조사하고 수습하도록 했다. 이 사이, 자연 발생적으로 고부 민란에 참여했던 농민들은 대개 집으로 돌아갔고, 전봉준의 주력 부대는 백산白山으로 이동하여 주둔하고 있었다.

그러나 안핵사로 내려온 이용태가 사태의 모든 책임을 동학교도에게 돌리고, 체포와 분탕, 살해를 일삼는 등 악랄한 행동을 자행하자, 이에 격분한 전봉준은 1894년 3월 하순에 마침내 인근 각지의 동학 접주에게 통문을 보내 보국안민의 기치를 내걸고 봉기할 것을 호소했다. 백산白山에 집결한 동학 농민군의 수는 1만 명이 넘었으며, 여기에서 그는 동도대장東徒大將으로 추대되고 손화중孫華仲·김개남金開南을 총관령總管領으로 삼았다. 그는 4개 항의 행동 강령을 내걸고 창의倡義의 뜻을 밝혔으며, 또한 격문을 작성하여 각처에 보내서 농민들의 적극적인 호응을 요청했다. 이로써 민란은 동학농민전쟁으로 전화했다.

1894년 4월 4일 그가 이끄는 동학농민군은 부안을 점령하고, 전주를 향해 진격하는 중에 황토현에서 영군營軍을 대파하고, 이어서 정읍·흥덕·고창을 석권하고, 파죽지세로 무장에 진입하여 완전히 이곳을 장악했다. 여기에서 전봉준은 창의문을 발표하여 동학농민군이 봉기하게 된 뜻을 재천명했다. 4월 12일에서 4월 17일 사이에는 영광·함평·무안 일대로 진격하고, 4월 24일 드디어 장성을 출발, 4월 27일 전주성을 점령했다.

한편, 이보다 앞서 양호 초토사兩湖招討使 홍계훈洪啓薰은 정부에 외국 군대를 불러들일 것을 요청했다. 결국 정부의 원병 요청으로 청나라 군대가 충청남도 아산만에 상륙했고, 일본 군대도 천진조약天津條約을 빙자하며 제물포(지금의 인천)에 들어왔다. 전봉준은 외세 개입을 우려하여 홍계훈의 선무宣撫(흥분된 민심을 어루만져 가라앉힘)에 일단 응하기로 하고 폐정개혁안弊政改革案을 내놓았는데, 이를 홍계훈이 받아들임으로써 5월 8일 이른바 전주화약이 성립되었다. 그리고 전라도 각 지방에는 집강소執綱所를 두어 폐정개혁을 위한 행정 관청의 구실을 하게 했다.

그러나 오래지 않아 청일전쟁이 일어나서 사태는 또 다른 국면으로 접어들었다. 마침내 9월 중순을 전후하여 동학농민군은 항일 구국의 기치 아래 다시 봉기했다. 전봉준 휘하의 10만여 명의 남접 농민군과 최시형을 받드는 손병희 휘하의 10만 명의 북접 농민군이 합세하여 논산에 집결했다. 전봉준은 자신의 주력 부대 1만여 명을 이끌고 공주를 공격했다. 몇 차례의 전투를 거쳐 11월 초 우금치牛金峙 전투에서 대패했고, 나머지 농민군도 금구金溝 전투를 마지막으로 일본군과 정부군에게 진압되고 말았다.

전봉준은 금구·원평을 거쳐 정읍으로 피신했다가 순창에서 전 부하였던 김경천金敬天의 밀고로 12월 2일 체포되었다. 그리고 곧바로 일본군에게 넘겨져 서울로 압송된 뒤 재판을 받고 교수형에 처해졌다. ☞ 전봉준의 체포와 관련해서는 본문 499쪽 각주 71 참조

정사호鄭賜湖 1553(명종 8)~몰년 미상

자는 몽여夢輿, 호는 화곡禾谷. 1573년(선조 6) 사마시에 합격하고, 1577년 별시 문과에 병과로 급제하여 주서로 있었으나 1582년에 경망하다는 탄핵을 받고 파직되었다. 대사헌으로서 진하사은사進賀謝恩使가 되어 명나라에 다녀온 뒤 이조 참의, 동지중추부사 등을 역임했다. 1607년 황해도 관찰사가 되었지만, 정철鄭澈의 아들 종명宗溟을 안성 군수로 삼은 책임을 지고 또 파직되었다. 선조가 죽고 광해군이 즉위하자 병조 참판에 복직되었다. 곧 이조 참판에 올라 동지춘추관사가 되어 『선조실록』의 편찬에 참여했다. 임진왜란 때 군량을 관장하여 보급에 힘썼으며, 소를 올려 정인홍鄭仁弘·이이첨李爾瞻 등을 논책했다.

정성공鄭成功 1624~1662년

명 말 청 초의 군인, 정치가. 자는 명엄明儼, 일본 이름은 후쿠마쓰福松. 해상 무역을 하던 중국인 아버지와 일본인 여성 사이에서 태어났다. 일본의 히라도平戸에서 자랐으나 아버지의 부름을 받고 일곱 살 때 혼자 명나라로 건너갔다. 명이 멸망한 후에도 청에 항복하지 않고 대만을 근거지로 삼아 청나라 군대에 항거했다. 남명南明의 당왕唐王(명 태조 주원장朱元璋의 후손)으로부터 명나라 황실의 성인 '주朱'씨 성을 부여받아 국성야國姓爺로 불렸다. 이 이름이 네덜란드어로 변형되면서 '콕싱가'가 되었고, 그에 따라 유럽에서 정성공은 콕싱가로 알려져 있다. 타이완과 중국에서는 민족적 영웅으로 묘사되고 있으며, 특히 네덜란드 군대를 토벌한 업적을 높이 산 대만에서는 그를 손문孫文(쑨원)·장개석蔣介石(장제스)과 나란히 '세 명의 국신國神'으로 존경하고 있다.

정인홍鄭仁弘 1535(중종 30)~1623(인조 1)년

자는 덕원德遠, 호는 내암來庵. 조식曺植의 수제자로서 경상우도의 남명학파南冥學派를 대표하며, 임진왜란 때는 의병장으로 활약했다.

1573년(선조 6) 학행으로 천거되어 6품직에 오르고, 1575년 황간 현감에 나가 선정을 베풀었다. 당파가 동서로 양분되자 남명학파의 다른 학인들과 함

ㅈ
정사호

께 동인 편에 서서, 서인 쪽의 정철鄭澈·윤두수尹斗壽 등을 탄핵하려다가 도리어 해직당해 낙향했다. 1589년 정여립鄭汝立 옥사를 계기로 동인이 남인과 북인으로 나뉠 때 북인에 가담하여 영수領首가 되었다.

1592년 임진왜란이 일어나자 합천에서 성주에 침입한 왜군을 격퇴하고, 10월 영남 의병장의 호를 받아 많은 전공을 세웠다. 이듬해 의병 3,000명을 모아 성주·합천·고령·함안 등지를 방어했으며, 의병 활동을 통해 강력한 재지在地 기반을 구축했다.

1602년 대사헌에 승진, 동지중추부사와 공조 참판 등을 역임했다. 이후 환로의 부침을 거듭하다가 광해군의 즉위로 유배에서 풀려나 대사헌에 기용되었고, 조정에서 소북(북인에서 갈린 당파. 영창대군을 지지하고 옹립하려 했음) 일당을 추방하고 대북(광해군을 지지하는 당파) 정권을 수립했다. 대북 정권의 고문 또는 산림山林의 위치에 있던 그는 유성룡柳成龍 계의 남인과 서인 세력을 추방하고, 스승 조식의 추존 사업을 적극 추진하는 한편, 문묘 종사 문제를 둘러싸고 이언적李彦迪과 이황李滉을 비방하는 소를 올려 두 학자의 문묘 종사를 저지시키려 했다. 하지만 도리어 8도 유생들로부터 탄핵을 받고 성균관 유생들에 의해 청금록靑襟錄(유적儒籍)에서 삭제되는 등, 집권을 위한 싸움으로 정계에 큰 파문을 일으켰다.

1612년(광해군 4) 우의정에 오른 뒤, 1613년 이이첨李爾瞻과 함께 계축옥사癸丑獄事를 일으켜 영창대군을 제거하고 서령부원군瑞寧府院君에 봉해졌다. 1618년에는 인목대비仁穆大妃 유폐 사건에 가담하여 영의정에 올랐다. 이후 대북의 영수로서 1품의 관직을 지닌 채 고향 합천에 기거하면서 요집조권遙執朝權(멀리서 조정의 권세를 좌지우지함)의 위치에 있었다.

그러나 1623년 인조반정이 일어나자 참형되고, 가산이 적몰당했으며, 끝내 신원되지 못했다. 이이李珥는 일찍이 그를 가리켜 "강직하나 식견이 밝지 못하니, 용병에 비유한다면 돌격장이 적격이다."라고 평했다. 저서로 『내암집』이 있다.

정충신鄭忠信 1576(선조 9)~1636(인조 14)년

자는 가행可行, 호는 만운晚雲. 1592년(선조 25) 임진왜란이 일어나자 광주光

州 목사 권율權慄의 휘하에서 종군했다. 이때 권율이 장계를 행재소行在所에 전달할 사람을 모집했으나 응하는 사람이 없었는데, 17세의 어린 그가 가기를 자청해서 왜군으로 가득한 길을 단신으로 뚫고 행재소에 장계를 전달했다. 병조 판서 이항복李恒福이 그에게 사서史書를 가르쳤는데, 머리가 총명하여 아들같이 사랑했다고 한다. 이해 가을에 행재소에서 실시하는 무과에 응시하여 합격했다.

1621년(광해군 13) 만포 첨사로 국경을 수비했으며, 이때 명을 받고 여진족 진영에 들어가서 여러 추장을 만나기도 했다. 1624년(인조 2) 이괄李适의 난 때는 도원수 장만張晚의 휘하에서 전부대장前部大將이 되어 난을 진압했고, 그 공을 인정받아 진무공신振武功臣 1등으로 금남군錦南君에 봉해졌다. 1627년 정묘호란 때는 부원수를 지냈다. 1633년 조정에서 후금後金(청淸)과 단교하기 위해 사신을 보내려 할 때, 김시양金時讓과 함께 이를 반대했기 때문에 당진에 유배되었다. 이후 풀려 나와 이듬해 포도대장, 경상도 병마절도사를 지냈다.

1636년 병이 심해지자 인조가 의관에게 명해 치료에 진력하게 했으나, 효험을 보지 못하고 죽었다. 왕이 내시로 하여금 호상하게 하고 어복御服을 주어 수의襚衣로 하게 했으며, 관청에서 의로써 장사를 치르게 했다. 키가 작으면서도 씩씩했고 덕장이라는 칭송을 들었다. 저서로는 『만운집』, 『금남집錦南集』, 『백사북천일록白沙北遷日錄』 등이 있다.

황현은 『오하기문』에서 '호남은 인재도 많고, 절개와 의리를 숭상하며, 참으로 속이지 않는다'는 세상의 말을 들어, 그 대표적 인물의 한 사람으로 정충신을 꼽고 한 시대를 풍미한 용맹한 장수라고 평했다. ☞ 본문 105쪽 참조

조경호趙慶鎬 1839(헌종 5)~몰년 미상

자는 회경會慶, 호는 구당鷗堂. 흥선대원군 이하응의 사위이다. 1865년(고종 2) 직장直長으로서 식년 문과에 병과로 급제하여 규장각 대교가 되었다. 이후 1882년까지 규장각 직제학, 이조 참판, 형조 판서, 한성부 판윤, 예조 판서 등을 역임했다. 임오군란으로 흥선대원군이 민비의 장례를 치르려고 할 때 종척집사宗戚執事에 임명되었으며, 곧이어 광주廣州 유수로 외직에 나갔

다. 광주 유수로 재직 시에 흉년이 들어 민심이 불안해지자 환곡을 정퇴停退하는 등 진휼에 힘썼다. 만년에는 정계와 관계를 단절하고 은거했다. 1910년 국권 강탈 이후 일본 정부가 남작 지위를 주었으나, 거절했다.

조대림趙大臨 1387(고려 우왕 13)~1430(조선 세종 12)년

자는 겸지謙之. 조선 태종의 부마駙馬이다. 1402년(태종 2) 생원시에 합격하여 덕수궁 제공德壽宮提控에 보임되었다. 1403년 태종의 둘째 딸 경정공주慶貞公主와 혼인하고 11월에 평녕군平寧君에 봉해졌으며, 1406년 평양군平壤君으로 개봉되었다. 1408년 12월 반란자 목인해睦仁海의 꾐에 빠져 도성에서 군사를 일으켰다가 곧 잡혀 순군사巡軍司에 감금되었는데, 왕의 부마로서 혐의가 없다는 구실로 석방되었다. 1416년 숭록대부崇祿大夫에 오르고, 이듬해 4월 경복궁 북동北洞의 삼공신회맹제三功臣會盟祭에서 개국開國·정사靖社·좌명佐命 3공신의 적장嫡長을 대표했다. 세종 즉위와 함께 총제가 되고, 유후사留後司로서 여러 차례에 걸쳐 사신을 접반했다.

조두순趙斗淳 1796(정조 20)~1870(고종 7)년

자는 원칠元七, 호는 심암心菴. 1826년(순조 26) 황감제시黃柑製試(매년 제주도에서 진상하는 밀감을 임금이 성균관 유생들에게 하사하면서 거행하는 일종의 과거시험)에서 장원으로 뽑히고, 이어 그해 4월에 열린 경과 정시 문과에 병과로 급제하여 규장각 대교로 선발되었다.

1866년(고종 3) 영의정으로 치사致仕하기까지, 40년 동안 줄곧 벼슬하면서 순조·헌종·철종·고종을 보필했다. 정원용鄭元容·김흥근金興根·김좌근金左根 등 세도 대신들과 함께 삼정이정청三政釐整廳의 총재관摠裁官을 지냈고, 고종을 임금으로 세우는 데 주도적인 역할을 했다. 흥선대원군 집권 초기에 영의정이 되어 1년간 경복궁 재건을 맡았으며, 『대전회통』의 편찬과 삼군부三軍府 설치 등의 지휘를 맡았다. 저서로 『심암집』이 있다.

조병갑趙秉甲 생몰년 미상

영의정 조두순趙斗淳의 서질庶姪이다. 여러 주군州郡을 돌아다니며 수령으로

재작하는 동안 탐학 행위를 저질렀다. 1892년(고종 29) 4월 고부 군수로 부임한 뒤, 동학농민전쟁으로 비화하는 고부 민란의 원인을 제공했다. 1894년 1월 농민들이 고부 관아를 습격하자 전주로 도망쳤지만, 고부 민란의 원인이 된 탐학 행위로 탄핵을 받고 귀양을 갔다.

☞ 조병갑의 학정 및 고부 민란의 원인은 본문 119쪽 각주 155를 참조하고, 고부 민란의 경과는 본문 118쪽 각주 153을 참조

조병식趙秉式 1823(순조 23)~1907년

자는 공훈公訓. 1858년(철종 9) 정시 문과에 병과로 급제했다. 1876년(고종 13) 충청도 관찰사로 나갔다가 1878년에 이조 참판이 되었다. 그러나 바로 그해(1878), 충청도 관찰사로 있을 때 자행했던 탐학 사실이 드러나면서 전라남도 나주의 지도智島에 유배되었다. 이듬해 1879년에 풀려나 1883년 형조 참판이 되었으나, 죄인을 함부로 형살刑殺시킨다는 죄목으로 다시 유배되었다.

1885년 진주부사陳奏副使로 청나라에 가서 흥선대원군의 석방을 주청했다. 1888년 함경도 관찰사로 부임한 뒤 독판교섭통상사무로서 데니Denny, O. N.(한자 이름 : 덕니德泥)와 더불어 조선을 대표해 러시아의 베베르Veber, K. I.와 조러육로통상장정을 체결했다.

1891년 충청도 관찰사로 부임했다. 1892년 10월 21일, 공주에 모인 동학교도들이 충청 감사 조병식에게 「각도 동학 유생 의송단자各道東學儒生議送單子」를 제출했다. 동학교도의 주장은 다음과 같았다. '① 동학은 사학邪學이 아니라 유불선儒佛仙을 합일한 것으로, 유교와 대동소이하여 이단이 아니다. ② 서양 오랑캐의 학문이 우리나라에 들어오고, 왜倭의 해독은 다시 외진外鎭에서 날뛰며 흉악한 역도가 일어나고 있다. ③ 특히 왜국은 각 항구에서 통상을 통해 이익을 독점하고 전곡錢穀을 다 빼내어 가기 때문에 백성들이 어려움에 처해 있다. 서울과 지방의 주요 시장, 관세와 시장세, 산림천택山林川澤의 이익이 모두 외부의 오랑캐에게 돌아간다. ④ 가혹한 탄압으로 동학교도들이 극심한 고통을 당하고 있다. 체포된 교도들을 석방해달라. ⑤ 교주 최제우의 신원을 조정에 건의해달라.'

Ⓩ
조병식

그러나 조병식은 '동학은 이단일 뿐이며 사학邪學의 여파'로 규정하고 동학교도의 제의를 묵살하는 한편, 탄압과 기찰을 강화함으로써 사태를 더욱 악화시켰다. 동학교도에 대한 조정의 무마책으로 1893년 1월 경질되었다.

이후 황국총상회장皇國總商會長이 되어 황국협회를 배후에서 조종하며, 독립협회를 타도하는 데 선봉에 서는 등 횡포가 심했다. 독립협회의 처벌 요구로 통진에 유배되었다. 그러나 곧 방면되어 여러 고관직을 역임했다.

조필영趙弼永 생몰년 미상

1886년(고종 23) 이후 총무관總務官으로서 호남 전운사가 되었다. 전운사의 직권을 이용하여 수세미收稅米에 대한 불법 수탈을 자행함으로써 동학농민전쟁의 한 빌미를 제공했다. 이 때문에 1894년 전라도 강진현 고금도에 유배되었지만, 그 이듬해 석방되고 1904년에는 내장원경內藏院卿이 되었다.

동학농민전쟁의 이른바 오적 가운데 한 명으로 지목되었다. 황현은 『오하기문』에서 조필영에 대해 다음과 같이 말하고 있다. "조필영은 세곡稅穀의 운반을 주관하는 전운사가 된 것을 틈타 교묘한 명목으로 세금에 세금을 더해 불법적인 수탈을 자행했다. 해마다 임금에게 사적으로 엽전 100만 꿰미를 바치고도 3년 사이에 일약 소론小論의 갑부가 되었다. 그러나 호남 전역은 모두 골병이 들고 말았다." ☞ 본문 110쪽 참조

조헌趙憲 1544(중종 39)~1592(선조 25)년

자는 여식汝式, 호는 중봉重峯·도원陶原·후율後栗. 이이李珥와 성혼成渾의 문인이며, 임진왜란 때 의병장으로 활약했다. 1567년(명종 22) 식년 문과에 병과로 급제했다. 1568년(선조 1년) 처음으로 관직에 올라 정주목·파주목·홍주목의 교수를 역임하면서 사풍士風을 바로잡았다.

1572년 교서관校書館 재직 시 궁중의 불사봉향佛寺封香에 반대하는 소를 올려 선조를 진노케 했다. 1587년 동인 정여립鄭汝立의 흉패함을 논박하는 만언소萬言疏를 지어 현도상소縣道上疏(관찰사를 통해 올리는 상소) 하는 등 다섯 차례에 걸쳐 상소문을 올렸으나 모두 받아들여지지 않았다. 다시 일본 사신을 배척하는 소와 함께 이산해李山海가 나라를 그르침을 논박하는 소를 대

궐 문 앞에 나아가 올려 선조의 진노를 샀다.

관직에서 물러난 뒤 옥천군 안읍밤티(安邑栗峙)로 들어가 후율정사後栗精舍라는 서실을 짓고 제자 양성과 학문을 닦는 데 전념했다. 1589년 지부상소持斧上疏(도끼를 지니고 올리는 상소)로 시폐時弊를 극론하다가 길주 영동역嶺東驛에 유배되었으나, 이해 정여립 모반 사건으로 동인이 실각함에 따라 풀려났다.

1591년 일본의 도요토미 히데요시豊臣秀吉가 겐소玄蘇 등을 사신으로 보내와 명나라를 칠 길을 빌려달라고(정명가도征明假道) 한 까닭에 조정의 상하가 어찌할 바를 모르고 있을 때, 조헌이 옥천에서 상경하여 대궐 문 밖에서 3일간 일본 사신의 목을 벨 것을 지부상소로 청했으나 받아들여지지 않았다. 1592년 4월 임진왜란이 일어나자 옥천에서 의병 1,600여 명을 모아 전투를 치르며 청주성을 수복하는 성과를 올렸다. 그러나 충청도 순찰사 윤국형尹國馨의 방해로 조헌이 이끈 의병은 강제 해산당했다. 불과 700명의 남은 병력을 이끌고 금산에서 왜군에 맞서 싸웠으나 8월 18일 중과부적으로 전사했다.

주당周黨 생몰년 미상

전한前漢 말~신新, 후한後漢 광무제光武帝 때의 사람. 자는 백황伯況. 가산이 천금에 이르는 부자였지만 어려서 고아가 되었다. 친척이 그를 길렀는데 양육에 부당한 점이 많았고, 그가 성장한 뒤에는 가산을 돌려주지 않았다. 이에 소송을 제기하여 마침내 가산을 되찾았다. 그러고서 되찾은 재산은 친척에게 나누어주고, 노비들은 모두 면천해주고, 자신은 장안長安으로 유학을 떠났다.

예전에 향좌鄕佐(세금을 걷는 자)가 주당에게 모욕을 준 일이 있었다. 주당이 이 일을 늘 기억하고 있었다. 나중에 『춘추春秋』 강의에서 복수는 아무리 시간이 지나도 늦은 것이 아니라는, 복수에 대한 의義를 들은 뒤 돌아가서 향좌와 싸울 날을 정했다. 칼을 들고 서로 싸우다가 주당은 상처를 입고 의식을 잃었다. 향좌가 그 의義에 감복하여 그를 수레에 싣고 돌아가 치료해주었다. 며칠 후 회복한 그는 문득 깨닫고 고향 광무廣武로 돌아갔다. 이때부터 몸과 마음을 갈고닦아 고상하다는 평을 받았다.

왕망王莽이 찬위하자 병을 칭하고 문을 닫아걸었다. 이때부터, 난폭하게 종횡하며 군현郡縣 짓밟는 도적이라도 주당이 사는 광무 땅에 이르면 성을 지나치고 들어가지 않았다. 왕망을 멸하고 후한을 세운 광무제가 불러서 의랑議郞에 임명했지만, 병을 핑계로 사직했다. 또다시 광무제의 부름을 받자, 어쩔 수 없이 흩옷을 걸치고 나무껍질로 된 관을 쓰고서 광무제를 만났다. 주당은 자신의 소신대로 살 수 있게 해달라고 엎드려 청했다. 광무제가 허락했다.

주운朱雲 생몰년 미상

전한 시대의 인물. 자는 유游. ☞ 본문 288쪽 각주 55 참조

증국번曾國藩 1811~1872년

청 말의 정치가, 학자. 초명은 자성子城, 자는 백함伯涵, 호는 척생滌生. 1838년 진사가 되었다.

1851년에 태평천국의 난이 발발하자 청 정부는 청나라 정규 군인인 팔기八旗를 출동시켜 진압했지만, 연전연패했다. 팔기는 세월이 흐름에 따라 귀족화되면서 약화되었던 것이다. 결국 청나라 정부는 전국 각지의 향신鄕紳들에게 향용鄕勇이라고 불리는 임시 군대의 징집을 명했다. 이때 명을 받은 증국번은 여러 개의 단련團練(지방 유력자가 자위를 위해 자주적으로 조직한 민병 조직)을 수습하여 향용을 조직했다. 이 조직이 나중에 상군湘軍으로 일컫는 군대이며, 강맹함을 발휘하여 최종적으로 태평천국군을 격파했다. 그는 이 공적으로 후작이 되었으나, 바로 그 때문에 정부로부터 경계 대상이 되었다. 결국 자신이 거느리고 있는 거대한 병력인 상군을 해산시켜 어려움을 피했다.

이후 서양 기술을 도입한 무기 공장을 설립하고 미국에 유학생을 파견하는 등 양무운동을 추진했다. 후진 육성에도 주력하여 이홍장李鴻章・좌종당左宗棠 등 많은 인재를 배출했다.

(ㅈ)
증국번

채경蔡京 1047~1126년

북송 말기의 정치가, 재상, 화가. 자는 원장元長. ☞ 본문 269쪽 각주 32 참조

채동술蔡東述 1841(헌종 7)~1881(고종 18)년

자는 학조學祖. 채제공蔡濟恭의 손자이다. 1861년(철종 12) 식년 문과에 병과로 급제했다. 1881년(고종 18) 안기영安驥泳·권정호權鼎鎬 등과 함께 이재선李載先(흥선대원군의 서자)을 왕으로 추대하려 했는데 이풍래李豊來의 고변으로 실패하고, 지정불고죄知情不告罪로 참형되었다.

철인대비哲仁大妃(철인왕후) 1837(헌종 3)~1878(고종 15)년

철종의 비妃. 영돈령부사 김문근金汶根의 딸이다. 대왕대비 순원왕후純元王后(순조의 비)의 근친으로, 1851년(철종 2) 왕비에 책봉되어 어의동於義洞 본궁에서 가례를 올렸다. 1858년 원자를 낳았으나 곧 죽었다. 1864년 고종이 즉위하자 왕대비가 되었다. 1878년(고종 15) 창경궁에서 42세의 나이로 죽었다. 순조 때부터 이어 온 안동 김씨의 세도정치는 그가 왕비에 오른 이후 절정에 달했다.

능호는 예릉睿陵으로, 경기도 고양시 덕양구 원당동 서삼릉 내에 있다.

최경선崔景善 1859(철종 10)~1895(고종 32)년

본명은 영창永昌, 자는 경선卿宣. 동학농민전쟁을 이끈 농민군 지도자. 농민전쟁 관련 자료에는 경선의 한자가 敬善, 慶善 등으로 표기되었으며, 족보에는 병석炳碩으로 올라 있다.

1893년(고종 30) 11월, 고부 인근의 동학 접주들이 중심이 되어 농민 봉기를 준비했던 사발통문 거사 계획에 함께했다. 1894년 정월 고부 봉기에 전봉준과 더불어 주도적 역할을 했고, 3월의 1차 봉기 때 백산白山에서 농민군 조직의 영솔장領率將을 맡았다. 이후 농민군이 전라도 서남 해안을 돌아 5월 6일 전주성에 입성할 때까지 선봉장으로 활약했다. 전주화약 이후 집강소 설치를 위해 활동했으며, 7월에 집강소 설치를 반대하는 나주성을 공격했으나 끝내 설치하는 데는 실패했다. 그러나 전봉준이 단신으로 나주성에 들어

가 부사 민종렬閔種烈과 담판하여 집강소를 설치하자, 나주 집강소의 행정을 감독했다. 전봉준이 2차 봉기를 준비할 때 최경선은 광주 지방에서 군수전 과 군수미 그리고 농민군을 모집해서 보내주는 일을 수행했다. 전봉준은 일 본군을 막기 위해 최경선을 손화중과 함께 광주를 지키게 했다.

11월 27일 전봉준의 주력 부대가 태인 전투를 끝으로 해산하자, 잔여 농민 군은 손화중·최경선의 부대로 몰려들었다. 이들은 늘어난 병력으로 나주성 을 공격했으나 실패했고, 일본군의 공세로 물러날 수밖에 없었다. 최경선은 동복현 벽성리에 숨어 있다가 밀고로 체포되었으며, 이듬해 3월 봉기의 동 지인 전봉준·손화중과 함께 친일 정권에 의해 처형되었다.

지주의 아들로 태어나서 민중의 고난에 동참하며, 부패한 관리와 외세의 꼭 두각시가 된 봉건 왕조의 관료를 향해 앞장서 죽창을 겨누고 그들의 가슴에 죽창을 꽂았던 중년의 한 대장부는 "전봉준의 모주謀主가 되어 도당을 모은 뒤 고부 관아에 들어가 난동을 부리고 그곳에서 전라 감영의 군사를 격파하 였으며, 정읍 등 여러 고을을 거쳐 전주에 들어가 전투를 벌일 적에 전봉준 의 팔다리가 되었고, 전봉준이 2차 봉기를 벌일 때 그 경륜에 참여하여 도 당을 모았다."는 죄목으로 처형되어 삶을 마감하고 민중의 가슴에 묻혔다.

최익현崔益鉉 1833(순조 33)~1906(광무 10)년

자는 찬겸贊謙, 호는 면암勉菴. 14세 때 성리학의 거두 이항로李恒老의 문하 에서 성리학의 기본을 습득했다. 이 과정에서 이항로의 '애군여부愛君如父 우국여가憂國如家'의 정신, 즉 애국과 호국의 정신을 배웠다.

1855년(철종 6) 명경과에 급제하고 승문원 부정자承文院副正字로 관직 생활 을 시작했다. 이후 여러 관직을 두루 역임하고, 1870년(고종 7) 승정원 동부 승지를 지냈다.

1868년(고종 5)에 올린 상소에서 경복궁 재건을 위한 대원군의 악정惡政을 비판하고 시정을 건의했다. 이 상소는 그의 강직성과 우국 애민 정신의 발 로이며 막혔던 언로를 여는 계기가 되었다. 1873년에 올린 '계유 상소癸酉上 疏'는, 1871년의 신미양요를 승리로 이끈 대원군이 그 위세에 힘입어 만동 묘萬東廟를 비롯한 서원의 철폐를 단행하자 그 시정을 건의한 것이다. 이 상소를 계기로 대원군의 10년 집권이 무너지고 고종의 친정이 시작되었다. 이후 고종의 신임을 받아 호조 참판에 제수되어 그간의 누적된 시폐를 바로잡으려 했으나 권신들의 반발에 직면했다. 그리하여 민씨 일족의 전횡을 비난하는 「사호조참판겸진소회소辭戶曹參判兼陳所懷疏(호조 참판의 사직을 청하며 아울러 소회를 진술하는 상소)」를 올렸는데, 상소 내용이 과격하고 방자하다는 이유로 제주도로 유배되었다. 1873년부터 3년간 유배 생활을 겪은 뒤 관직 생활을 청산하고, 우국애민과 위정척사의 길을 택했다. 그 첫 시도로 1876년 「병자지부복궐소丙子持斧伏闕疏(병자년에 도끼를 등에 지고 대궐 앞에 엎드려 올리는 상소)」를 올려 일본과 맺은 병자수호조약에 결사반대했다. 이 상소 때문에 흑산도로 유배되었으나 그의 신념과 신조는 꺾이지 않았다.

유배에서 풀려나 1895년 을미사변이 일어날 때까지 약 20년 동안은 침묵을 지켰다. 이 시기는 일본에 의해 강제 개국을 당한 뒤 임오군란, 갑신정변, 동학농민전쟁, 청일전쟁 등의 사건이 연이어 일어나 국내외 정세가 복잡했던 때이다. 특히 1881년 신사척사운동이 일어나면서 위정척사 사상이 고조될 때 그가 지킨 침묵은 많은 의문을 남기고 있다.

1895년 을미사변의 발발과 단발령을 계기로 오랜 침묵을 깨고 「청토역복의제소請討逆復衣制疏(역적을 토벌하고 의복제도의 복구를 청하는 상소)」를 올려 항일척사운동에 앞장섰다. 이때 여러 해에 걸쳐 고종으로부터 요직에 제수되었으나 매번 사퇴하고 오로지 시폐의 시정과 일본을 배격할 것을 상소했다. 1905년 을사늑약이 체결되자 곧바로 「청토오적소請討五賊疏(오적의 토벌을 청하는 상소)」와 재소를 올려 조약의 무효를 국내외에 선포하고, 망국 조약에 참여한 박제순朴齊純 등 오적의 처단을 주장했다. 이 사건을 계기로 위정척사운동은 집단적 무력적인 항일의병운동으로 전환했다. 1906년 윤4월 전라북도 태인에서 궐기했다. 74세의 고령으로 의병을 일으켜 최후의 진충보국盡忠報國을 이루려 했으나 끝내 뜻을 실현하지 못하고 적지인 대마도 옥사에서 순국했다. 저서로는 『면암집』 40권, 속집 4권, 부록 4권이 있다.

최제우崔濟愚 1824(순조 24)~1864(고종 1)년

초명은 복술福述·제선濟宣, 자는 성묵性默, 호는 수운水雲·수운재水雲齋. 동학

의 교조敎祖이다. 그의 7대조 최진립崔震立은 임진왜란과 병자호란 때 혁혁한 공을 세워 병조 판서의 벼슬과 정무공貞武公의 시호가 내려진 무관이었으나, 6대조부터 벼슬길에 오르지 못한 몰락 양반 출신이다.

열 살 때 모친을 잃고, 열여섯 살 때 부친마저 잃는 불우한 어린 시절을 보냈으나, 다행히 부친으로부터 유학을 체계적으로 수학했다. 1842년(헌종 8) 열아홉 살 때 울산 박씨와 결혼하고, 스무 살 때 화재로 생가가 전부 타버리자, 이듬해부터 전국을 유랑하는 일종의 구도길에 올랐다.

31세(1854년)까지 10년 이상 전국 각지를 유랑하며 유불선儒佛仙 삼교, 서학西學, 무속, 『정감록』과 같은 비기·도참 사상 등 다양한 사상을 접하는 동시에, 서세동점西勢東漸과 삼정三政(전정·군정·환곡)의 문란이라는 이중의 위기에서 고통당하는 민중의 참담한 생활을 직접 경험했다. 32세(1855년)에 우연히 『을묘천서乙卯天書』라는 비서秘書를 얻어 신비한 체험을 한 끝에 경상남도 양산 통도사 근처에 있는 천성산 자연 동굴에 들어가 49일 동안 기도 생활을 했다. 그러나 이때까지 특별한 변화는 일어나지 않았다. 생계를 꾸려가기도 힘든 상황에 처한 가족을 처가에 맡겨 두고 구도 생활을 계속하다가 36세(1859년)가 되던 해에 오랜 유랑 생활과 처가살이를 청산하고 고향 용담으로 돌아와 정착했다.

고향에 정착한 지 1년 뒤인 1860년(철종 11) 음력 4월 5일 아주 특별한 체험을 하게 되는데 이른바 '천사 문답天師問答'이라고 불리는, 하늘님과의 문답이다. 이 일이 있고 나서 동학을 창시했다. '천사 문답' 이후 1년간 수련을 거듭한 뒤 1861년 음력 6월부터 본격적으로 동학의 가르침을 펴는 포덕布德 활동을 시작했다. 그가 포덕 활동을 시작하자마자 '경주 용담에 신인이 났다'는 소문이 널리 퍼지면서 수많은 민중과 일부 양반 지식인들이 다투어 동학에 입도하기 시작했다. 민중은 '모든 사람은 제 안에 거룩한 하늘님을 모신 존재'라는 수운의 시천주侍天主 사상에 공감하여 몰려들었고, 일부 양반 지식인들은 조선 500년을 지탱해 온 유학이 생명력을 잃어가는 데 실망하고 동학을 통해 희망을 발견하고자 몰려들었다. 그러나 유학만이 정학正學이라고 고집하는 보수적인 양반 지식인들과 지배층은 조직적으로 동학을 배척하고 탄압하기 시작했다. 그 결과 그가 동학을 펴기 시작한 지 만

ㅊ
최제우

3년도 채 안 되는 1863년 11월 20일에 체포되어, 이듬해(고종 1년) 3월 10일 '삿된 도로 정도를 어지럽힌 죄(左道亂正之律)'로 대구의 경상 감영 안 관덕정 觀德亭 뜰 앞에서 처형당했다. 이때 그의 나이 41세였다. 최제우가 죽은 뒤 동학은 그의 수제자 해월海月 최시형崔時亨에 의해 재건되었다. 그리고 한국 근대사에서 최고의 민족민중운동으로 평가받는 1894년 동학농민전쟁의 사상적 조직적 기반이 되었다. 또한 동학 이후 우리 땅에서 수많은 신종교가 창도되는 디딤돌 역할을 하게 된다. 저서로는 후일 동학 2대 교주 해월 최시형이 집성한 『동경대전』(한문 경전), 『용담유사』(한글 경전)가 있다.

콘스탄틴 폰 한네켄 Constant von Hanneken(중국 이름 : 한납근漢納根) 1855~1925년
독일 군인이며, 베를린 주재 청나라 공사관의 초청으로 천진天津에서 교관 겸 이홍장李鴻章의 부관을 지냈고, 여순구旅順口 포대에서 건축 설계를 담당 했다. 청나라가 영국으로부터 임대한 상선 고승호高陞号에 승선하여 동학농 민군을 진압하기 위해 조선으로 왔으나, 풍도豐島 앞바다에서 일본군의 공 격을 받고 배가 침몰하여 바다에 빠졌다. 수영에 능숙했던 덕에 인근 섬에 상륙하여 살아났다. 청일전쟁에 참여했으며, 전쟁이 끝난 뒤에는 교관으로 임명되었다. 1918년에 중국 정부가 독일로 돌려보냈으나 1921년 다시 중국 으로 돌아왔고, 1925년 천진에서 죽었다.

페르디난트 페르비스트 Ferdinand Verbiest(중국 이름 : 남회인南懷仁) 1623~1688년
자는 훈경勳卿·돈백敦伯. 벨기에 출신의 선교사로, 1641년 예수회에 가입했 다. 1657년 중국 선교사로 명령을 받고 출발하여 1658년 마카오를 거쳐 청 나라로 들어왔다. 이후 남회인南懷仁이라 이름을 짓고, 산서성山西省에서 포 교 활동을 전개했다. 1660년 강희제康熙帝의 명을 받고 북경으로 들어온 뒤, 흠천감 부欽天監副(천문대 부장副長)로서 흠천감 정欽天監正(천문대 대장臺長)인 아담 샬Adam Schall(중국 이름 : 탕약망湯若望)을 보좌하며 천구의天球儀 등을 제 작했다.
1664~1665년에 가톨릭을 싫어하는 수구파 관리 탕광선湯光先 등에 의해 아 담 샬과 함께 투옥되었다. 그때 탕광선은 역법曆法 개정 작업을 진행하고 있

ㄱ, ㅍ

었는데 끝내 완결할 수 없어 실각하고, 페르비스트에게 이 작업이 맡겨졌다. 그리하여 그는 중국의 태음력과 유럽의 태양력을 비교해서 1668년 중국의 천문역법을 개정했다. 아담 샬의 뒤를 이어 1673~1688년까지 흠천감 정을 역임했다. 1674년 삼번三藩의 난이 일어났을 때는 대포를 제작하여 황제의 환심을 샀다. 만주어를 습득한 덕에 강희제의 신뢰를 받았고, 강희제에게 천문학·수학·지리학 등을 만주어로 강의했다.

한계원韓啓源 1814(순조 14)~1882(고종 19)년

자는 공우公佑, 호는 유하柳下. 1835년(헌종 1) 별시 문과에 급제하고 이듬해 홍문관 관원을 시작으로 1872년(고종 9)까지 요직을 두루 역임했다. 1873년 전 장령 김영훈金永薰이 상소를 올려 그를 탄핵했는데, 그가 평안 감사로 재직할 때 부신符信을 소홀히 관리했다는 이유였다. 이 일로 김제군으로 유배되었다. 그러나 한 달이 채 지나지 않았을 때 특별히 방면되었으며, 1874년 다시 등용되었다.

1878년 철인대비(효휘전孝徽殿, 철종 비)가 죽었는데, 그 곡반哭班에 참여하지 않았다는 이유로 이인명李寅命으로부터 탄핵을 받아 다시 춘천부로 유배되었다. 이때 삼사三司에서 더 무거운 처벌을 내릴 것을 다섯 번이나 청했으나, 고종은 끝내 허락하지 않았다. 그리고 5개월 뒤 왕세자의 병환이 나아진 것을 축하하는 진하陳賀 사면으로 풀려나고, 이듬해 1879년 판부사判府事로 등용되었다.

1881년에는 이재선李載先의 역모 사건을 사사로움에 치우쳐서 제대로 밝히지 않고 성급히 미봉했다고 다시 양사兩司의 탄핵을 받았다. 그러나 역시 고종이 그를 두둔하면서 지나치게 인책하지 말도록 했다.

해서海瑞 1514~1587년

명나라 중기의 정치가. 자는 여현汝賢·국상國祥, 호는 강봉剛峰. 1566년 호부戶部의 주사主事 시절, 가정제嘉靖帝가 도교에 빠져 국사를 소홀히 하자, 이를 심하게 간하며 상소했기 때문에 투옥되었다. 가정제는 도교의 불로장생 술법에 몰두하며 오랫동안 정무를 보지 않았다. 나라가 내우외환에 시달리

한계원

는데도 군주로서 의무를 다하지 않았지만, 아무도 감히 가정제에게 간하지 못했다. 이런 상황에서 해서가 충의를 다하기 위해 군주에게 간언했다. 이 때 반드시 그를 포박해 두라고 엄명한 가정제에게 환관 황금黃錦이 "이분은 상소에 즈음하여 관을 사고, 처자에게 이별을 고하고, 죽음을 각오하고 있습니다. 도망갈 사람은 아닙니다."라고 진언했다. 가정제는 1567년 12월 도교의 방사方士가 헌상한 단약丹藥을 복용하고 급사했다. 해서는 석방되어 원직에 복귀하고 대리승大理丞으로 승진했다.

가정제의 뒤를 이은 융경제隆慶帝, 만력제萬曆帝 시대에는 장거정張居正이 정권을 장악하고 있었기에 요직에서 배제되었다. 그러나 그의 근엄한 모습은 변함없었다. 장거정이 죽은 뒤 만력제에게도 상소를 올리며 정책 제언을 했지만, 채용되지 않았다.

허백許伯 생년 미상~기원전 61년

전한 시대의 환관이자 외척. 본명은 허광한許廣漢. 선제宣帝의 황후인 허 황후(공애황후恭哀皇后 허평군許平君)의 아버지이다.

젊은 시절 창읍왕昌邑王의 낭郞이 되었는데, 무제를 따라 감천甘泉에 갔을 때 실수로 다른 낭郞의 안장을 자신의 말에 걸었다. 곧 안장을 훔쳤다고 탄핵을 받았으며 그 죄로 죽을 뻔했으나 궁형宮刑을 받고 환관이 되었다.

나중에 상관걸上官桀의 반란에 연루되어 액정掖庭으로 나가서 폭실暴室(여관女官을 유폐하는 곳)의 하급 관리가 되었다. 그 무렵 반란을 일으킨 황태자 유거劉據의 손자인 유병이劉病已(나중에 선제)가 액정으로 보내져서 양육되었는데, 허광한과 같은 관사에서 살았다. 액정의 우두머리 장하張賀는 유병이를 매우 극진히 길렀고, 자신의 손녀를 그에게 시집보내려고 했다. 그러나 장하의 동생인 우장군 장안세張安世의 반대에 부딪쳐 그만두었다. 이때 허광한의 딸 허평군은 내자령內者令 구후씨歐侯氏의 아들과 혼례가 예정되어 있었는데, 혼례를 앞두고 신랑이 사망했다. 허광한은 딸을 유병이에게 시집보냈다. 허평군은 결혼 후 1년 만에 아들 석奭(나중에 원제元帝)을 낳았다. 소제昭帝가 죽자 우여곡절 끝에 유병이가 황제(선제)가 되고 허평군은 황후가 되었다.

허백

홍계훈洪啓薰 생년 미상~1895(고종 32)년

초명은 재희在羲, 자는 성남聖南, 호는 규산圭珊. 1882년(고종 19) 임오군란이 발발했을 때 민비를 궁궐에서 탈출시킨 공으로 중용되었다. 1893년 5월 동학교도의 보은 집회를 진압하기 위해 장위영 정령관壯衛營正領官으로 임명되어 경군 600명을 이끌고 청주로 출동했다. 1894년 동학농민전쟁이 일어나자 다시 양호 초토사로 임명되어 장위영 군사 800명을 이끌고 출전했다. 5월 31일(음력 4월 27일) 동학농민군이 전주성을 함락하자, 그는 곧바로 공격을 감행하지 않고 위협적인 포격만 가함으로써 되도록 농민군을 회유하여 해산시키려는 전략을 구사했다. 마침내 전봉준 등이 제시한 폐정개혁안을 받아들임으로써 6월 11일(음력 5월 8일) 전주화약이 성립되고, 농민군은 유혈 싸움 없이 전주성에서 철수했다.

한편, 동학농민군이 전라도 일대를 석권하고 있을 무렵, 영광에 출진한 그는 관군의 힘만으로 농민군을 진압하기 어렵다는 판단을 내리고 고종에게 직접 전황을 보고하여 청나라에 구원병을 요청하게 함으로써 청일전쟁이 발발하게 된 원인을 제공했다. 그러나 동학농민군의 예봉을 꺾은 공으로 훈련대장으로 승진되었다. 1895년 을미사변 때 훈련대장으로 광화문을 수비하다가 일본군의 총탄에 맞아 사망했다.

홍국영洪國榮 1748(영조 24)~1781(정조 5)

자는 덕로德老. 홍국영의 집안은 정조의 외조부인 우의정 홍봉한洪鳳漢과 이조 판서 홍인한洪麟漢과 가까웠으나, 그의 아버지는 벼슬을 하지 못했다. 1771년(영조 47) 정시 문과에 병과로 급제한 뒤 승문원 부정자承文院副正字를 거쳐 설서設書가 되었다.

영조 말년 벽파僻派의 횡포 속에서 홍국영은 세손(나중에 정조)을 보호한 공로로 세손의 각별한 총애와 신임을 얻게 되었다. 사서로 승진한 뒤, 세손의 승명대리承命代理를 반대하던 벽파 정후겸鄭厚謙·홍인한·김구주金龜柱 등을 탄핵하여 실각시켰다. 1776년(정조 즉위년)에는 홍상간洪相簡·홍인한·윤양로尹養老 등이 세손을 모해하려는 모역을 적발하여 처형했다. 그해 정조가 즉위하자 곧 동부승지로 특진했다. 그 뒤 날랜 군사를 뽑아 숙위소宿衛所를 창설하여 숙위대장을 겸직하는 등 왕궁 호위를 전담하며 도승지에 올랐다. 실권을 잡은 그는 삼사三司의 상소문뿐만 아니라 지방에서 올라오는 장계·공문서까지 모두 보고 심지어 인사권에도 개입했기 때문에 삼공육경三公六卿마저 그에게 맹종했다. 정조의 두터운 신임을 받고 있던지라 조정 백관은 물론 8도 감사나 수령들도 그의 말에 감히 이의를 제기하지 못했다. 모든 관리가 그의 명령을 얻어야 행동할 수 있었으므로 '세도勢道'라는 말이 생겨났다.

홍봉한洪鳳漢 1713(숙종 39)~1778(정조 2)년

자는 익여翼汝, 호는 익익재翼翼齋. 딸이 혜경궁惠慶宮 홍씨로, 사도세자의 장인이며, 정조의 외할아버지다.

1735년(영조 11) 생원이 되고, 음보蔭補로 참봉에 등용되었다. 세자익위사 세마로 있을 때인 1743년, 딸이 세자빈으로 뽑혔다. 영조의 계비 정순왕후貞純王后의 친정 인물인 김구주金龜柱 세력과 권력을 다투었다. 영조 연간 중반 이후 김구주 중심의 남당南黨에 대립했던 북당北黨의 중심인물로 평가된다. 노론·소론이 대립하는 가운데 1762년 세자가 영조에게 죽임을 당할 때 방관적인 태도를 취한 탓에 후일 정적들로부터 많은 공격을 받았다.

그러나 영조가 '사도思悼'라는 시호를 내리는 등 세자에 대한 처분을 뉘우치자, 그 사건의 빌미를 초래한 김구주 일파를 탄핵하여 정권을 장악했다. 또한 세자 죽음의 전말을 상세히 적은 『수의편垂義篇』을 편찬하여 반대파를 배격하는 구실로 이용했다. 정조 연간에는 그의 행적에 대한 시비가 정파 대립의 중요한 주제가 되기도 했다. 그를 공격하는가 또는 두둔하는가의 여부로 벽파僻派와 시파時派를 구분했던 것이다. 영조를 도와 조선 후기의 문화 부흥에 많은 업적을 남겼다. 저서로는 국정 운영에 대한 그의 주장을 정조가 친히 편찬한 『어정홍익정공주고御定洪翼靖公奏藁』가 있으며, 그 밖에 『정사휘감正史彙鑑』, 『익익재만록翼翼齋漫錄』 등이 있다.

홍재학洪在鶴 1848(헌종 14)~1881(고종 18)년

자는 문숙聞叔. 이항로李恒老의 문하에서 사사했다.

1876년(고종 13) 일본과 수호조약이 맺어지려 할 때 유생들과 더불어 반대 상소를 가지고 상경했으나 뜻을 이루지 못했다. 이때 같은 뜻으로 반대 상소를 올린 참판 최익현崔益鉉이 흑산도로 귀양을 가자, 이를 통탄해하면서 귀향했다. 이 일을 계기로 척사斥邪 의식이 더욱 강해져서 1881년의 신사척사운동에 앞장서게 된다.

1880년 일본에서 돌아온 수신사 김홍집金弘集이 중국의 황준헌黃遵憲이 지은 『조선책략朝鮮策略』을 고종에게 올린 뒤 이에 대한 찬반론이 일어났는데, 당시 조정은 개화 정책을 추진하기 위해 『조선책략』 복사본을 전국의 유생에게 배포했다. 이러한 정부의 개화 정책에 수구파 정객과 전국의 유생들은 강력하게 반대했다. 신사척왜상소의 첫 포문은 1881년 2월 이만손李晩孫을 소두로 하는 영남만인소嶺南萬人疏였다. 홍재학 또한 상소를 올렸는데, 당시 개화 정책에 앞장선 김홍집·이유원李裕元에 대한 규탄뿐만 아니라 국왕까지도 비판했다. 국왕이 국정을 보살핀 이래 위정척사에 대한 태도가 애매했을뿐만 아니라 사학의 무리를 방치했던 실정을 지적하고, 나아가 척사 윤음을 반포한 이후의 태도가 구태의연한 것은 국민을 우롱하는 처사라고 비판했다. 또 개국 이래 국내에 보급된 『중서문견中西聞見』·『태서문견泰西聞見』·『만국공법萬國公法』 등을 사악한 책으로 규정했다. 신사척왜상소 가운데 홍재학의 상소가 가장 과격했다고 평가된다. 결국 이 상소로 그는 참형을 당했다.

홍종우洪鍾宇 1854(철종 5)~몰년 미상

1890년(고종 27) 말에 법률 공부를 하기 위해 프랑스에 갔다. 그러나 일이 뜻대로 되지 않자 파리 키메박물관의 촉탁으로 있으면서 『춘향전』·『심청전』 등 고전을 프랑스어로 번역하는 일에 종사했다.

1893년 7월 파리를 떠나 귀국하는 길에 도쿄에 머무르면서 친구 김유식金有植을 통해 이일직李逸稙과 만나게 되었다. 이때 이일직은, 갑신정변을 일으킨 역적으로 일본에 망명 중인 김옥균·박영효 등을 주벌하라는 국왕의 밀명을 받고 일본에 왔다고 털어놓았다. 그리고 김옥균을 암살하는 일에 가담해줄 것을 권유했다. 이 제의를 받아들여 김옥균에게 접근하고 마침내 그를 중국 상해로 유인한 뒤, 1894년 3월 28일 상해에 있는 미국 조계租界 내 일본 호텔 동화양행同和洋行에 투숙한 김옥균을 권총으로 살해하고 그곳의 경찰에 붙잡혔다. 그러나 조선 정부와 청국 정부의 교섭으로 석방되어, 4월 13일 청국 군함의 호송을 받으면서 김옥균의 시체를 가지고 양화진楊花津으로 귀국했다. 김옥균 암살의 공으로 고종과 민씨 척족 정권으로부터 홍문관 교리직을 제수받고 서울에 사택까지 하사받아 세도를 누렸다.

1898년 황국협회皇國協會에 가담한 뒤 길영수吉永洙 등과 함께 약 2,000명의 보부상을 동원하여 독립협회가 개최한 만민공동회萬民共同會를 습격했다. 수구파 정권을 옹호하는 데 앞장섰기 때문에 길영수·박유진朴有鎭과 더불어 개화 세력에게 삼간三奸으로 지목되기도 했다. 1898년 말에 독립협회가 해체되자 수구파 내각의 의정부 총무국장이 되었다.

홍직필洪直弼 1776(영조 52)~1852(철종 3)년

초명은 긍필兢弼. 자는 백응伯應·백림伯臨, 호는 매산梅山. 17세 때 이학理學에 밝아, 성리학자 박윤원朴胤源으로부터 '오도유탁吾道有托(올바른 도를 맡길 만함)'이라는 찬사를 받았다. 1801년(순조 1) 사마시에 응시하여 초시에 합격했으나 회시에서 실패했다. 이로부터 성리학에 전념했다. 당시의 원로 명사인 송환기宋煥箕·이직보李直輔·임로任魯 등과 연령을 초월하여 교유했다. 특히 오희상吳熙常과 가장 오래 교유했는데, 그로부터 유종儒宗(유학자의 으뜸)이라 일컬어졌다. 또한 이봉수李鳳秀로부터는 학문이 가장 뛰어나다는 칭찬을 받았다.

1812년(순조 12) 동궁東宮(효명세자, 익종翼宗)이 왕세자에 책봉되자 1814년 당대의 유명 인사들을 뽑아 서연을 열 때 발탁되었다. 이후 여러 차례 관직에 제수되었으나 소를 올려 사양했다. 1851년 7월 형조 판서에 제수된 뒤 얼마 지나지 않아 이듬해 사망했다.

황준헌黃遵憲 1848~1905년

청 말의 정치가, 시인. 자는 공도公度. 호는 인경려주인人境廬主人·관일도인觀日道人·동해공東海公·법시상임재주인法時尚任齋主人·수창안홍관주인水蒼雁

紅館主人.

몇 번의 과거에 실패한 후, 29세에 거인擧人(중국 각 성도에서 실시하는 향시鄕試에 합격한 사람)이 되었다. 이후 정치 무대에 등장하여 일본 공사 서기관, 샌프란시스코 총영사, 영국·프랑스·벨기에·이탈리아 겸임 공사 서기관, 싱가포르 총영사를 차례로 역임했다.

청일전쟁의 뒤처리에 따른 시모노세키 조약의 체결에 반대하는 사람들이 부국강병의 길을 모색하기 위해 강학회强學會라는 단체를 상해에 설립했는데, 황준헌도 여기에 참여했다. 이때 강유위康有爲와 양계초梁啓超를 만나 그 정치 개혁 사상에 공감하게 되었다. 특히 양계초와 가까워져 평생 변하지 않는 우정을 이어갔다. 1898년 강유위와 양계초가 중심이 되어 부국강병을 목표로 무술변법戊戌變法을 일으켰다. 양무운동이 무기와 공장 기계의 도입에 제한된 서구 문명을 수용하려고 했던 개혁인데 비해, 무술변법은 정치와 외교 등 제도까지 포함한 전반적인 개혁을 목표로 했다. 황준헌은 이 무술변법을 강력하게 지지했다. 그가 실시하려고 했던 개혁 가운데 하나는 지방자치의 도입이었다. 그러나 무술변법의 별명이 '백일유신百日維新'인 것처럼 단기간으로 끝나고 말았다. 원세개袁世凱의 배신 및 밀고에 따른 서태후의 변법과 타도로, 이른바 무술육군자戊戌六君子(담사동譚嗣同, 양예楊銳, 임욱林旭, 강광인康廣仁, 유광제劉光第, 양심수楊沈秀)는 형장의 이슬로 사라졌다. 무술변법이 좌절되자 황준헌은 시작詩作과 교육 보급에 열중했다.

황현은 『오하기문』에서, 1880년 일본에 수신사로 갔던 김홍집이 황준헌의 『사의조선책략私擬朝鮮策略』(원문에는 『이언易言』으로 기술되어 있다)을 가지고 귀국했는데 이 책이 조선 정부의 개화에 큰 영향을 끼쳤다고 서술했다.

☞ 본문 51쪽과 각주 41 참조

ⓗ
황준헌

【 참고자료 】

壯金·磚趙와 壯洞·磚洞

황현은 『오하기문』에서 순원왕후純元王后(순조 비)의 친정인 안동安東 김씨金氏 일족을 '壯金', 신정왕후神貞王后(익종 비)의 친정인 풍양豊壤 조씨趙氏 일족을 '磚趙'라고 표현했으며, 『매천야록』에서는 이를 '壯洞', '磚洞'으로 표현했다. 이전에 한글 번역본으로 간행된 『오하기문』과 『매천야록』에서는 이를 '장김' '전조' 및 '장동' '전동'으로 옮겼다. 그러나 여러 자료를 살펴볼 때 磚洞은 전동이 아니라 박동으로 불린 것으로 확인된다. 아마도 이는 磚과 礡이 '박'이라는 이형동음의 글자로 사용되었기 때문인 듯싶다. 또한 礡의 목판 글자가 갖추어지지 않아서 이형동음 글자인 磚를 채용했다는 추측이 가능하다. 이 책에서는 지도, 연구 자료, 신문 등을 참고하여 磚洞을 박동으로, 磚趙를 박조로 옮겼다.

자료 1 : 지도 자료(『서울, 하늘·땅·사람』, 서울역사박물관·고려대학교박물관 발행, 2002)

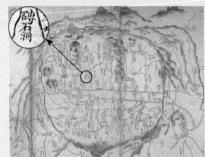

97쪽. 〈도성삼군문분계지도都城三軍門分界地圖〉 (1751년 제작) '磚石洞'으로 표시되어 있다.

105쪽. 〈대동여지도大東輿地圖─도성도都城圖〉 (1861년 제작) '磚洞'으로 표시되어 있다.

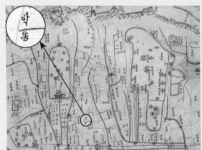
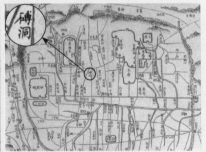

109쪽. 〈슈선전도首善全圖〉 (1892년경 제작) '박동'으로 표시되어 있다.

110쪽. 〈동여도東輿圖─도성도都城圖〉 (1852~1872년 제작) '磚洞'으로 표시되어 있다.

자료 2 : 연구 자료

오인환은 「구한말 大韓每日申報社의 위치와 사옥에 대하여」(『향토 서울』 제64호, 2012년 4월 17일, 196쪽)에서 '전동'이 '박동'이라고 밝혔다.

"대한매일신보는 신문사 社告에서 발행소의 위치를 **박동**대한미일신보사법어학교압견 영국인셜필림집자리오'라고 밝히고 있다.(대한매일신문 1904년 7월 18일자 창간호) 당시 박동으로 불리던 지역은 현재 종로구 수송동의 일부 지역으로서 석탄회관에서 조계사 후문과 수송공원 사이를 지나 안국동 로터리로 나가는 길 양쪽 지역을 가리킨다. 옛 지도 〈首善全圖〉에는 한글로 '**박동**'으로 표시되어 있고, 서양 선교사들이 만든 1902년 지도에는 한글로 '**박셕동**'으로 나와 있다. 박동의 '박'자는 한자로는 돌석 변에 엷을 박을 쓴 '널리 덮힐 박' 자인 礴이었는데 1900년의 〈한양경성도〉, 1907년의 〈최신경성전도〉, 1911년의 〈경성부지도〉 등에서는 벽돌 전, 기와 전 자인 磚으로 표기되어 있다. 당시의 신문에 나온 기사나 광고에서도 박동이 대부분 磚洞으로 나와 있다. 이를 한글로 전동으로 표기하면 우정국로 건너편에 있던 당시의 典洞과 혼돈을 일으키게 된다."

자료 3 : 신문 자료

〈중앙일보〉 1932년 12월 12일자 기사인 「大京城市中의 建物로── 맨쓰(2), 慶州金氏살든터로 普成校되어 英才養成」에서는 다음과 같이 밝히고 있다.

"──노론·소론의 싸움을 이 집에서도 하고 당대 명사들의 출입도 이 집에 많았다, **박동**에 잇는 金敎獻 씨의 舊基──

박동 명성여자실업학원 문패가 달린 그전 보성고등보통학교 터는 어떤 역사를 가졌나. 그 터는 3백 년 동안 경주 김씨의 살아오던 터이다. 최근에 대종교주로 바람 거친 북간도에서 활동하다가 돌아간 김교헌 씨가 곧 주인이었썼다. 김교헌 씨의 9대조 김남중金南重 씨 때부터 그 집을 장점하였는데 조선 5백 년간 제일 유명한 신임당쟁辛壬黨爭이란 싸움도 그집을 중심으로 일어났었다. 경은부원군 김주신金柱臣 …숙종대왕의 3취 장인으로, 숙종이 승하하압시고 경종이 등극하시자 경종께옵서 병환이 계시와 사속 볼 희망이 없음에 소론은 경종의 아들로 다른 종친 중 한 사람을 들여세우려 하고 노론은 효종 현종 숙종의 혈통이라 하여 경종의 아우 연잉군을 들여세우려고 하여 서로 궁중을 중심으로 맹렬한 싸움을 하다가 결국 연잉군이 대통을 이어 영종이 되었으니 이 주선은 모두 김주신 씨의 도움…(자료 절취 부분) 었지만은 그 일만은 노론과 같이 하였으니, 그것은 영종이 자기 외손이 되므로 권리를 쥐게 되는 까닭이다. 그때에는 김주신 씨를 끼고 숙종 왕비를 움직이려 노론 거두는 밤마다 그 집으로 몰렸다. 그러므로 노론 소론의 모태죽엄에 그집은 중대한 고동을 쥐었었다. 영종께옵서 당신을 들여세운 그 외조의 공덕을 잊지 못하여 김주신 씨가 돌아가진 제삿날이면 반드시 참사하신 까닭으로 그집 사당집 마당은 유독 박석을 깔았었다. …(자료 절취 부분) 이라."

참고문헌

구선희, 「開化期 朝鮮의 對淸政策 연구」, 고려대학교 사학과 박사학위논문, 1997.

김수산·이동민 공편저, 『鄭鑑錄』, 명문당, 1981.

노태구 엮음, 『동학혁명의 연구』, 백산서당, 1982.

동학농민전쟁100주년 기념사업 추진위원회, 『동학농민전쟁연구자료집 1』, 여강출판사, 1991.

동학농민혁명참여자명예회복심의위원회, 『동학농민혁명사 일지』, 2006.

배항섭, 「동학농민전쟁 연구」, 고려대학교 사학과 박사학위논문, 1996.

신복룡, 『全琫準의 生涯와 思想』, 양영각, 1982.

왕현종 외, 『청일전쟁기 한·중·일 삼국의 상호 전략』, 동북아역사재단, 2009.

우윤, 『전봉준과 갑오농민전쟁』, 창작과비평사, 1993.

이은순, 『朝鮮後期黨爭史硏究』, 일조각, 1993.

이이화, 『발굴 동학농민전쟁 — 인물 열전』, 한겨레신문사, 1994.

정창렬저작집 간행위원회, 『정창렬 저작집 1 — 갑오농민전쟁』, 도서출판 선인, 2014.

천웨이팡陳偉芳 지음, 권혁수 옮김, 『청·일 갑오전쟁과 조선』, 백산자료원, 1996.

최제우 지음, 박맹수 옮김, 『동경대전』, 지식을만드는지식, 2012.

국사편찬위원회, 『駐韓日本公使館記錄』(통감부 문서)

김재득 편저, 『古文獻用語解例』, 배영사, 1982.

오지영, 『東學史』(대광민속총서 1), 대광문화사, 1984.

中央研究院近代史研究所編, 『中國近代史資料彙編 — 淸季中日韓關係史料』第六卷.

평양사회과학원 민족고전연구소, 『이조실록』, 여강출판사, 1993.

한국인물유학사편찬위원회, 『韓國人物儒學史』 1~4, 한길사, 1996.

김원중 편저, 『虛辭辭典』, 1994, 현암사.

단국대학교 동양학연구소 편찬, 『韓國漢字語辭典』 1~4권, 2002.

諸橋轍次(모로하시 데쓰지), 『大漢和辭典』 1~12, 大修館書店, 1956.

법제처 편, 『古法典用語集』, 도서출판 육지사, 1979.

이만열 엮음, 『韓國史年表』, 역민사, 1985.

이현종 편저, 『東洋年表』, 探究堂, 1971.

한국학대백과사전 편찬위원회 편찬, 『한국학대백과사전』 1~3권, 을유문화사, 1989.

漢語大辭典編纂委員會, 『漢語大辭典』 1~12, 漢語大辭典出版社, 1994.

『史記』, 漢太史令 司馬遷 撰, 宋中郞外兵曹參軍 裴駰 集解, 唐國子博士弘文館學士
　　司馬貞 索隱, 唐諸王侍讀率府長史 張守節 正義. 景仁文化社 影印.

『詩經』·『書經』·『論語』·『大學』·『周易』, 이기석 등 옮김, 홍신문화사, 1974.

『禮記』, 권오순 옮김, 홍신문화사, 1976.

二十四史(『三國志』,『晉書』,『宋書』,『魏書』,『舊唐書』,『唐書』,『宋史』등)

『春秋』, 景文社 影印.

『春秋公羊傳』, 景文社 影印.

『春秋左傳』 1~4, 中華書局, 1977.

『漢書』, 漢 班固 撰, 唐 顔師古 注. 景仁文化社 影印.

『後漢書』, 宋(南朝) 范曄 撰, 唐 李賢 等 注. 景仁文化社 影印.

絶命詩

鳥獸哀鳴海岳嚬
槿花世界已沈淪
秋燈掩卷懷千古
難作人間識字人

새도 짐승도 슬피 울고 강산도 찡그리니
무궁화 온 세상이 이젠 망해버렸네
가을 등불 아래 책 덮고 옛일 곰곰이 생각하니
인간 세상에 글 아는 사람 노릇하기 어렵구나

— 매천梅泉 황현黃玹